J. L. Morenos Werk in Schlüsselbegriffen

Christoph Hutter • Helmut Schwehm (Hrsg.)

J. L. Morenos Werk in Schlüsselbegriffen

2. Auflage

 Springer VS

Herausgeber
Christoph Hutter
Lingen, Deutschland

Helmut Schwehm
Goslar, Deutschland

ISBN 978-3-531-19593-3
DOI 10.1007/978-3-531-19594-0

ISBN 978-3-531-19594-0 (eBook)

Die Deutsche Nationalbibliothek verzeichnet diese Publikation in der Deutschen Nationalbibliografie;
detaillierte bibliografische Daten sind im Internet über http://dnb.d-nb.de abrufbar.

Springer VS
© VS Verlag für Sozialwissenschaften | Springer Fachmedien Wiesbaden 2012

Einbandentwurf: KünkelLopka GmbH, Heidelberg

Gedruckt auf säurefreiem und chlorfrei gebleichtem Papier

Springer VS ist eine Marke von Springer DE. Springer DE ist Teil der Fachverlagsgruppe Springer
Science+Business Media
www.springer-vs.de

Inhaltsübersicht

Die Instrumente des Psychodramas

Der psychodramatische Prozess

Inhalt

Die Grundorientierung

Die drei Strukturtheorien

Der psychodramatische Prozess

Siglenverzeichnis

Die Quellen im Buch werden mit Hilfe folgender Kurztitel angegeben:

- Das Testament des Vaters 1922: <u>Testament 1922</u>
- Das Stegreiftheater 1924: <u>Stegreiftheater 1924</u>
- The Words of the Father 1941: <u>Words 1941</u>
- Globale Psychotherapie und Aussichten einer therapeutischen Weltordnung 1957, Buer, Jahrbuch 1991: <u>Globale Psychotherapie 1957, Jahrbuch 1991</u>
- Gruppenpsychotherapie und Psychodrama 1959: <u>Gruppenpsychotherapie 1959</u>
- Die Psychiatrie des Zwanzigsten Jahrhunderts als Funktion der Universalia Zeit, Raum, Realität und Kosmos 1966, Petzold, Angewandtes Psychodrama 1978: <u>Universalia 1966, Petzold 1978</u>
- Die Grundlagen der Soziometrie 1974: <u>Grundlagen 1974</u>
- Soziometrie als experimentelle Methode 1981: <u>Methode 1981</u>
- Group Psychotherapy. Journal of Sociopsychopathology and Sociatry (1950ff), Beacon House Inc., Beacon N.Y.: <u>GP</u>
- Fromm-Reichmann/Moreno, Progress in Psychotherapy I: <u>Progress I</u>
- Masserman/Moreno, Progress in Psychotherapy II-V: <u>Progress II-V</u>
- Petzold/Mathias, Rollenentwicklung und Identität 1982: <u>Petzold/Mathias 1982</u>
- The Religion of God-Father, Johnson, Healer of the Mind 1972: <u>The Religion of God-Father, Johnson 1972</u>

Mit ° werden deutsche Begriffe gekennzeichnet, die Moreno im englischen Original unübersetzt verwendet.

Vorwort

Die Theoriebildung zu Psychodrama und Soziometrie kann ebenso wenig wie die psychodramatische und soziometrische Praxis an der Person und den Texten von Jacob Levi Moreno vorbei gehen. Jede Praxisform und jede Theorie transportiert subtil oder ganz offen das Erbe ihrer Väter und Mütter. So ist es wichtig, sich mit Morenos Denken zu beschäftigen, wenn man die Praxis erlernen möchte, die auf ihn zurückgeht. Und: es ist vielleicht noch wichtiger, sich mit Morenos Therapeutischer Philosophie zu beschäftigen, wenn man ihn kritisieren und über ihn hinausgehen möchte. Gerade der Widerspruch muss gut verstehen, wogegen er widerspricht. Noch ein weiterer Bedarf liegt auf der Hand: Möchten Psychodramatikerinnen und Psychodramatiker in den Austausch mit anderen Disziplinen gehen, dann müssen sie sowohl über ihre Quellen als auch über ihren aktuellen Diskussionsstand Auskunft geben können.

Die Auseinandersetzung mit Moreno und seinen Theorien war in Deutschland aber viele Jahre lang wenig en vogue. Moreno galt unter Psychodramatikerinnen und Psychodramatikern als kompliziert, schwer lesbar, manchmal chaotisch und kaum verständlich. In der Tat stellte Moreno ja auch kein systematisiertes Werk zur Verfügung, sondern in den frühen Jahren Texte, die in expressionistischer Sprache verfasst waren, und später situativ entstandene und beständig weiter entwickelte Beiträge, die sich nicht selten im Detail widersprachen und die kaum in die gängigen wissenschaftlichen Diskussionszusammenhänge eingepasst waren.

Angefangen mit Grete Leutz und Ferdinand Buer gab es in Deutschland Ansätze, Morenos Œuvre als Gesamtsystem zu rekonstruieren und es theoretisch zu unterfüttern. Christoph Hutter legte 2000 erstmals eine Rekonstruktion der Therapeutischen Philosophie Morenos vor, die sich auf den gesamten Kanon von Morenos Schriften bezog und diesen zu einer schlüssigen theoretischen Landkarte zusammen führte. An dieses Projekt knüpft das vorliegende Buch an. Die Landkarte von Morenos Theorie hat sich im Lauf der Jahre im Gespräch mit Fachkolleginnen und -kollegen natürlich verändert. Sie wird im einleitenden Kapitel entwickelt und erläutert. Der Rest dieser Publikation ist Morenos Originalton vorbehalten. Ausgehend von der theoretischen Landkarte findet sich zu jedem Theoriekapitel eine Zusammenstellung der wichtigsten Zitate aus Morenos Artikeln und Büchern, aus dem Früh- und seinem Spätwerk, die sich in ihrer Zusammenschau zu Morenos theoretischem Fundament verdichten.

Es ist eine Freude zu sehen, dass der Deutsche Fachverband für Psychodrama (DFP) diese notwendige Grundlagenarbeit nach Kräften mitträgt. Der Vorstand hat die Realisierung des Projekts ideel und finanziell unterstützt, wofür wir uns an dieser Stelle bedanken. Vor allem aber vielen Dank für das konzeptionelle und inhaltliche Gespräch: Angelika Schneider, Winfried Jancovius und Helmut Schwehm haben wertvolle Rückmeldungen zu dem Projekt gegeben, Andrea Struth hat formale und juristische Fragestellungen geklärt, Angelika Schneider das Buch aufmerksam und kritisch korrigiert. Die abschließende Korrektur lag – wie so oft in den letzten Jahren – bei Andrea Beer: herzlichen Dank für diese verlässliche und kompetente Unterstützung.

Unser Dank geht auch an Zerka Moreno, die das Projekt unterstützt und die Realisierung durch die Erteilung der Abdruckgenehmigung der allermeisten Texte ermöglicht hat.

Ein herzlicher Dank geht an Kea S. Brahms vom VS Verlag für ihre ermutigende und engagierte Unterstützung. So manche rechtliche und formale Klippe wäre ohne ihre kompetente Hilfe nicht zu umschiffen gewesen.

Schließlich geht der Dank von Christoph Hutter an meine Frau Andrea Beer und unsere Kinder Samuel, Noemi und Ruben, die mit viel Geduld den Raum gegeben haben, dieses Projekt zu realisieren.

Last, but not least dankt der Vorstand des Deutschen Fachverbandes für Psychodrama auch im Namen seiner Mitglieder ganz herzlich Christoph Hutter, der den Reader konzipiert, die Texte aufbereitet und zusammengestellt hat.

Unser Wunsch ist es, dass diese Zusammenstellung für Ausbildung und Forschung, für das Fachgespräch miteinander und über die Grenzen der Psychodramaszene hinaus Morenos Texte nicht nur zur Verfügung stellt, sondern sie erschließt und sie damit stärker als bisher ins Gespräch bringt.

                                                    Christoph Hutter und Helmut Schwehm

Einführung in die Texte Jacob Levi Morenos (Christoph Hutter)

Einladung zu einer Begegnung

Jacob Levi Moreno hat über alle seine Frühschriften den Satz „Einladung zu einer Begegnung" gesetzt. Dies war eine Einladung, den Text zu lesen, es war aber noch deutlich mehr – es war die Einladung, über das Buch hinaus zu einer wirklichen Begegnung zu kommen. In dem Sinne meint auch diese Einladung zu einer Begegnung zweierlei. Erstens ist es eine Einladung, sich auf das Denken Morenos einzulassen. Wer sich heute mit Soziometrie, Psychodrama und Gruppenpsychotherapie beschäftigen möchte, der muss sich früher oder später auch mit den Texten von Moreno auseinandersetzen. Morenos Experimente und Ideen führten dazu, dass sich diese drei Bereiche weltweit etabliert haben. Seine Methoden sind durchdrungen von seinen Erkenntnissen und seiner Philosophie. Deshalb wird es wohl kaum möglich sein „an Moreno vorbei" psychodramatisch zu arbeiten. Im Sinne Morenos weist jedes Buch aber auch über sich selbst hinaus. Es genügt nicht, ein Gedankengebäude zu rekonstruieren, um es festzuschreiben. Jeder Gedanke drängt zu einer Praxis und zu seiner kritischen Revision. Insofern ist die Einladung, sich mit Morenos Denken zu beschäftigen – zweitens – die Einladung dazu, die Theorien des Psychodramas zu sichten und sie von Moreno her, aber auch über Moreno hinaus weiterzuentwickeln.

In diesem Buch werden ausschließlich Ausschnitte aus Originaltexten Morenos präsentiert. Es ist bekannt, dass sich Morenos Œuvre nicht unmittelbar erschließt. Moreno selbst schreibt sprunghaft und assoziativ, manchmal kryptisch und nicht selten begrifflich wenig klar. Und er hat darauf verzichtet seine Gedanken zu einem geschlossenen Gesamtwerk zusammenzufügen. In der wiederholten Lektüre von Morenos Texten ist es gelungen, alle Begriffe und Denkfiguren Morenos so zueinander in Beziehung gesetzt werden, dass ein sinnvolles theoretisches Gesamtkonzept entsteht (Hutter 2000, 2004, 2005, 2008). Dieses Gesamtkonzept wurde als Raster für die Darstellung der Textauszüge gewählt. Es soll im Folgenden kurz dargestellt werden.

Die Heilung der Szene als Grundoption

Morenos Denken und Handeln beginnt stets mit der Wahrnehmung von Szenen. Die Szene ist die Bezugsgröße, in der alle relevanten Stränge zusammenlaufen. Szenisch zu denken und zu handeln ist ein grundsätzliches Bekenntnis zu einem nicht-reduktionistischen Vorgehen. Der Mensch lässt sich nicht auf seine somatischen Symptome reduzieren, auch nicht auf die Rolle, die er gerade ausfüllt, oder

seine familiären Beziehungen. Der Mensch ist mehr als seine parteipolitische Überzeugung, als seine Milieuzugehörigkeit, als seine ethnische oder sexuelle Identität
… Und doch gehören all diese Dimensionen zum Menschen. Sie verflechten sich in
einzigartiger Weise in seiner Biografie, oder konkreter: in einzelnen Situationen, in
denen sich dieser Mensch wieder findet. Diesen hoch komplexen situativen Zusammenhängen gilt Morenos Interesse. Er nennt sie Szenen. Formal sind es Akti-
ons- bzw. Interaktionszusammenhänge im Hier und Jetzt. Diese können auf unterschiedlichen Realitätsniveaus wahrgenommen werden, denn auch die bloße
Wahrnehmung der empirisch erhebbaren Alltagsrealität stellt für Moreno eine
Verkürzung der Szene dar – Gefühle, Träume, Wünsche oder Ideale gehören für
ihn selbstverständlich zur Realität des Menschen dazu. Morenos Entscheidung für
ein szenisch orientiertes Vorgehen ist ein wesentliches Charakteristikum der Therapeutischen Philosophie. Er ist der Überzeugung, dass angemessenes Handeln
möglich ist und dass konstruktive Lösungen gefunden werden können, wenn man
sich der Wirklichkeit möglichst unverkürzt stellt anstatt sie frühzeitig zu reduzieren. Die Entdeckung der Szene ermöglicht es Moreno, diese Komplexität thematisieren und darstellen zu können, ohne sie umfassend analysiert und durchdrungen
zu haben. Szenisch zu denken und zu arbeiten bedeutet nicht, die Szene en détail
verstanden zu haben, sondern die überkomplexe Szene als Bezugspunkt und
Korrektiv für die weitere Arbeit zu installieren.

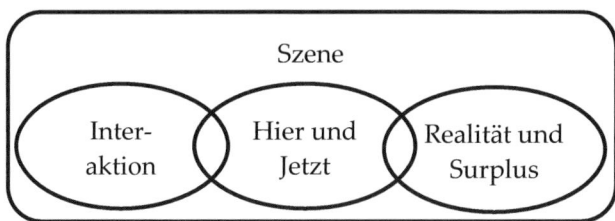

Ebenso klar wie der Ausgangspunkt von Morenos Denken ist auch das Ziel seiner
Arbeit zu benennen. Er beschäftigt sich mit Szenen nie um ihrer selbst willen, aus
einem „reinen Forschungsinteresse" (dem er jede Berechtigung abspricht). Stattdessen möchte er mit einer klaren Option für die Betroffenen deren Situation
verbessern. Dieser Optimierungsprozess wird analog zum Szenebegriff extrem
weit gefasst. Es kann sich dabei um einen Lernprozess ebenso handeln wie um einen somatischen oder psychischen Heilungsprozess, um Wachstum und Integration ebenso wie um Innovation oder Klärung. Begrifflich steht an dieser Stelle in

Morenos Denkgebäude der Terminus Katharsis. In der Polarität von Szene und Katharsis, von unverkürzter Realität und der gemeinsamen Suche nach einer für die
Betroffenen relevanten Verbesserung dieser Realität liegt das Rückgrat der Therapeutischen Philosophie

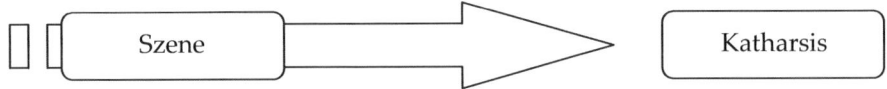

Vier Pfade durch Morenos Denken

Sämtliche Begrifflichkeiten, Denkfiguren und methodischen Vorschläge Morenos
lassen sich in dieser Spannung zwischen Szene und Katharsis einordnen. Sie dienen – kurz gesagt – dazu, die Szene besser zu verstehen und sie dadurch einer kathartischen Veränderung näher zu bringen. Dies geschieht in vier voneinander un-
terscheidbaren Dimensionen, die ich als „vier Pfade" beschreiben möchte, die Moreno von der Szene zur Katharsis anbietet: Auf einer analytischen Ebene beschäftigt sich Moreno mit den Strukturen der Szene (1) und ihren inhaltlichen Dimensionen (2). Im praktischen Handeln stellt er spezifische Instrumente (3) und einen
bestimmten Prozessablauf zur Verfügung (4). Somit ergibt sich eine erste grobe
Landkarte von Morenos Therapeutischer Philosophie:

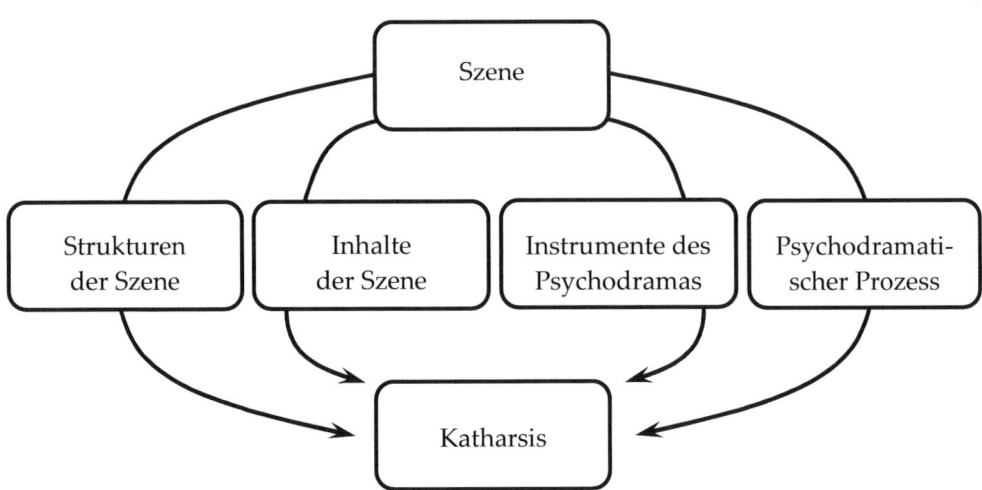

Die drei Strukturtheorien

Was genau sehen Psychodramatikerinnen und Psychodramatiker vorrangig, wenn sie eine Szene wahrnehmen? Worauf legen sie ihr Augenmerk primär, selbstverständlich und mit spezifischer Kompetenz? Diese Fragen finden eine erste Antwort in den drei Theorien, die Moreno in unterschiedlichsten Arbeiten am weitesten entfaltet hat: der Soziometrie, dem kreativen Zirkel und der Rollentheorie.

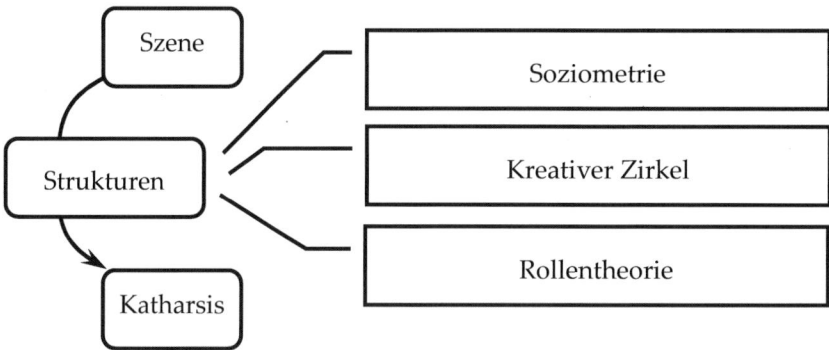

Im Zentrum der Soziometrie stehen die Begriffe Tele und Begegnung, mit deren Hilfe Moreno die Beziehungsstruktur der Szene und deren Veränderung näher beschreibt. Indem er anhand von klar definierten Kriterien die Wahlen sichtbar macht, mit denen Menschen sich anziehen, abstoßen oder gleichgültig gegenüberstehen, kann er das komplexe Beziehungsnetz rekonstruieren, das jede Szene durchzieht.

Der kreative Zirkel ist genau genommen keine Strukturtheorie, sondern eine Strukturveränderungstheorie. Um die Zentralbegriffe Spontaneität, Kreativität und Konserve entwickelt Moreno ein Kreislaufschema, mit dessen Hilfe er die Veränderung von einem relativ stabilen Ausgangszustand (Konserve I) in einen Endzustand beschreibt, der wiederum relativ stabil ist (Konserve II). Einen Impuls, der Veränderung initiiert, nennt Moreno Spontaneität. Dieser setzt unspezifische Erwärmungsprozesse in Gang, die sich bündeln und gegenseitig verstärken. Sie können dazu führen, dass das System in einen hochenergetischen, instabilen Zustand versetzt wird, in dem es sich in einem höchst dynamischen Prozess neu organisieren muss. Diesen Zustand nennt Moreno Stegreiflage, die danach ablaufende Neuorganisation kreative Gestaltung. In dem Kreismodell des kreativen Zirkels setzt Moreno die drei Zustände (Konserve I, Konserve II, Stegreiflage), die für Veränderung verantwortlichen Kräfte (Spontaneität und Kreativität) und die dabei ablaufenden Prozesse (Erwärmung und Gestaltung) zueinander in Beziehung.

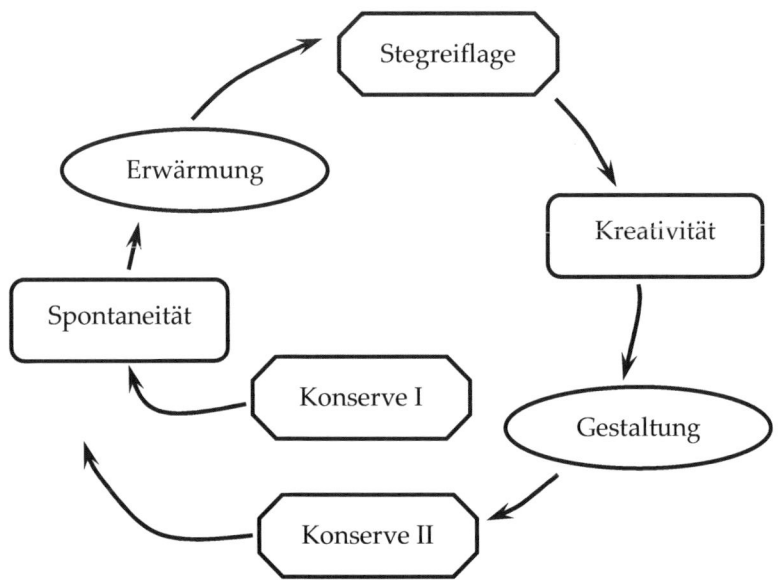

Drittens wählt Moreno den Rollenbegriff, um sich der Struktur der Szene anzunähern. Sein Interesse gilt dabei der Entstehung von Rollen, ihrer Beschreibung und den Prozessen, aufgrund derer im Lauf des Lebens aus einzelnen Rollen immer komplexere Rollenkonfigurationen entstehen.

Die sechs inhaltlichen Dimensionen der Szene

Parallel zu diesen strukturellen Aspekten interessieren natürlich immer auch die Inhalte, die in einer Szene thematisiert werden. Moreno beschreibt in seinem Œuvre sechs Methoden, die auf unterschiedliche Inhaltsebenen fokussieren. Sie kommen in jeder Szene vor und lassen sich zu einem Modell der szenischen Diagnostik zusammenfassen (Hutter 2005, 2007).

1. Im *Physiodrama* geht es um die somatische Dimension der Szene. Jede Szene ist davon geprägt, dass die Beteiligten sich als leibliche Wesen begegnen, sie haben eine Haltung, Gestik, Mimik, sie berühren sich oder wahren einen Abstand, sie haben spezifische Organfunktionen (z.B. Pulsschlag, Atmung)

und individuelle körperliche Wahrnehmungen. So wenig sich dieser Begriff in der theoretischen Beschreibung von Psychodrama und Soziometrie auch eingebürgert hat, so fundamental prägt die physiodramatische Realität doch alles, was in der Szene möglich oder unmöglich ist.

2. Die *psychodramatische Dimension* ist neben der soziometrischen die Psychodramatikerinnen und Psychodramatikern vertrauteste inhaltliche Ebene. Hier werden oftmals Themen subsumiert, die eigentlich anders benannt werden müssten. Streng genommen umfasst die psychodramatische Dimension nur den individualistisch verengten Blick auf den Protagonisten und seine Biografie. Es geht also zum einen um das, was gewöhnlich als Charakter beschrieben wird, jene Merkmale also, die (ausschließlich oder zumindest vorrangig) dem Individuum zugeschrieben werden können. Zum anderen geht es um die Szenen, die das Individuum zusammenfügt, um seine individuelle Biografie zu konstruieren.

3. In der dritten inhaltlichen Dimension taucht zum zweiten Mal der Begriff *Soziometrie* auf (nachdem sich bereits die erste Strukturtheorie mit soziometrischen Fragen beschäftigt hat). Jetzt geht es aber nicht um die Mechanismen und Strukturen, die den Menschen in das soziale Gefüge der Szene einbinden, sondern um die erlebten Beziehungen der Protagonisten. Ebenso wie jeder an einer Szene Beteiligte seinen Körper und seine unverwechselbare Lebensgeschichte hat, lässt sich keine beziehungslose Szene vorstellen. Wo immer Menschen aufeinander treffen, werden ihre Beziehungen implizit oder explizit zum Thema. Exemplarisch geht es dabei um Interaktionszusammenhänge wie Teufelskreise oder Kollusionen.

4. Mit der Methode des *Soziodramas* fokussiert Moreno auf eine vierte inhaltliche Dimension, die in jeder Szene relevant ist – den Einfluss der Gesellschaft auf die Beteiligten und ihre Interaktion. Dabei kann es beispielsweise um Armut und Reichtum, den gesellschaftlichen Status von Mehrheiten und Minderheiten, um Milieuzugehörigkeiten, Arbeit, Arbeitslosigkeit, um Geschlechter- und Generationenbeziehungen oder den Einfluss von gesellschaftlichen Institutionen (Schulen, Gerichte, Krankenhäuser) gehen. Sämtliche makrosoziologischen, ökonomischen und juristischen Einflüsse auf die Szene spiegeln sich in dieser Dimension wider.

5. In einer fünften Dimension beschäftigt sich jede Szene mit *axiologischen Themen*. Axiologie (gr.: Wertelehre) meint dabei die Beschäftigung mit Werten,

Normen und Traditionen. Hier können religiöse und philosophische Inhalte ebenso zum Thema werden wie kulturelle Rahmenbedingungen (z.B. Entwurzelung, Kulturschock) oder die Auseinandersetzung mit existentiellen Themen (z.B. Tod).

6.   Die sechste und letzte Dimension der Szene unterscheidet sich deutlich von den fünf vorangehenden. Sie hat weniger eine diagnostische Bedeutung („Welche Themen beschäftigen den Protagonisten?"), vielmehr geht es hier darum, in diagnostikkritischer Funktion eine erkenntnistheoretisch bedeutsame Einschränkung zu formulieren: Jede noch so präzise diagnostische Einschätzung wird den Protagonisten niemals umfassend durchschauen oder abbilden können. Auch diese sechste Dimension steht in enger Korrespondenz mit einer Praxismethode Morenos – dem Stegreiftheater. Der Stegreif ist für ihn ja genau der Raum der Unverfügbarkeit, der Spontaneität, der immer größeren Möglichkeit (Surplus) und der Überschreitung des gesteckten Rahmens. Inhaltlich beschreibt der Begriff Stegreif also präzise diesen erkenntniskritischen Vorbehalt. Der Begriff des Stegreifs scheint mir aber dennoch missverständlich zu sein, benennt er doch üblicherweise eine Form der Theaterproduktion und weckt dabei Assoziationen an das freie Spiel. So scheint es mir angezeigt, in der Bezeichnung dieser sechsten Dimension Morenos Begriff des Stegreifs durch Foucaults Terminus „*Singularität*" zu ergänzen. Dieser bringt das Gemeinte präziser zum Ausdruck: Eine Szene ist prinzipiell unterschieden von allen anderen Szenen. In dieser Dimension ist die Szene diagnostisch nicht zu erfassen und sie versperrt sich jeder Subsumierung und Verallgemeinerung.

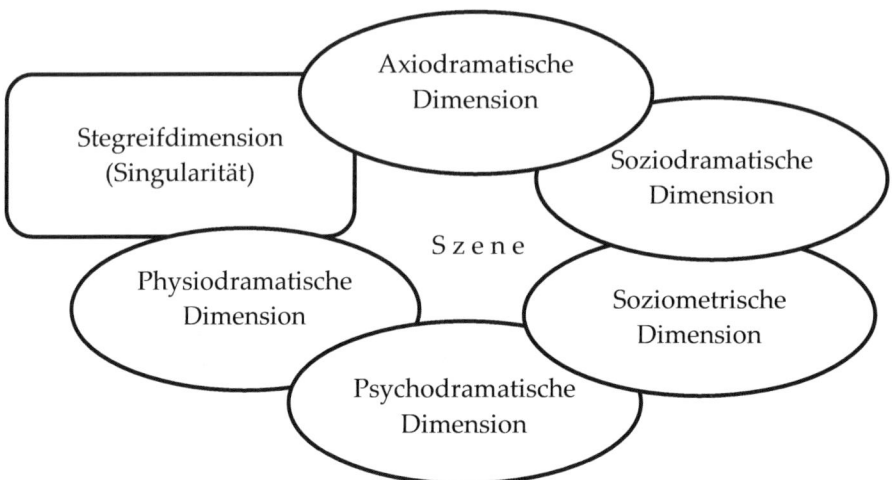

Es liegt auf der Hand, dass diese in analytischem Interesse eingeführte Unterscheidung der sechs Dimensionen in der praktischen Arbeit nicht trennscharf aufrechterhalten werden kann. Zwei Beispiele dazu: Die Eltern des Protagonisten gehören ebenso zu seinem relevanten soziometrischen Umfeld wie sie Teil seiner individuellen Biografie sind. Religiöse Vollzüge gehören als sinnstiftende Handlungen der axiologischen Dimension der Szene an, sie werden aber oftmals auch im soziodramatischen Bereich relevant, wenn beispielsweise das Tragen eines Kopftuches die Protagonistin einer gesellschaftlichen Minderheit zuordnet. Zwischen den Dimensionen gibt es also Grauzonen und Überschneidungen. Es geht bei der szenischen Diagnostik ja auch nicht um eine analytische Festschreibung der Szene, sondern um ein Suchraster, mit dessen Hilfe Themen identifiziert werden können, die für die Betroffenen von Bedeutung sind.

Die Instrumente des Psychodramas

Beschreiben die Strukturtheorien und die Inhaltsdimensionen die Szene analytisch, so liefern die beiden verbleibenden Pfade den theoretischen Hintergrund für die praktische Rekonstruktion und Bearbeitung von Szenen. Zuerst soll es dabei um die „Instrumente des Psychodramas" gehen. Der doppelte Verweis auf Musikinstrumente und Werkzeuge macht deutlich, dass es hier um ein Instrumentarium geht, das gleichermaßen handwerklich präzise wie künstlerisch virtuos eingesetzt werden muss. Moreno selbst hat stets von fünf Instrumenten (Gruppe, Bühne, Protagonist, Hilfs-Ich, Leiter) gesprochen und beinahe alle Rezipienten sind ihm darin gefolgt. Mir scheint es hilfreich zu sein, von drei Instrumenten zu sprechen (Gruppe, Bühne, Handlungsrollen), um deren Beziehung zueinander exakt klären zu können.

Das erste Instrument psychodramatischer und soziometrischer Arbeit ist unumstritten die Gruppe. Sie stellt den primären Handlungsraum dar, in dem sowohl die gruppenprozessorientierte Arbeit, wie auch die szenische Arbeit ihren Ort haben. Auf der Suche nach einem Raum, der möglichst lebensnah strukturiert ist, ist Moreno stets auf die Gruppe als Handlungsrahmen zurückgekommen. Gerade die Versuche, psychodramatische Arbeit aufgrund von äußeren Zwängen in eine monodramatische Arbeit zu übersetzen und die Anstrengungen, die unternommen werden, um Morenos Instrumentarium für die Einzelarbeit zu „retten", zeigen, dass die Gruppe mehr ist als ein willkürlicher Bezugspunkt – sie bildet einen Brennpunkt des psychodramatischen Handlungsrepertoires.

Der Gruppe steht als zweiter Handlungsraum die Bühne gegenüber. Diese grenzt sich nicht lokal ab, sondern durch ihre innere Struktur. Die Bühne ist kein Ort, sondern eine Handlungslogik. Insbesondere erschließt sie durch ein differenziertes Instrumentarium Dimensionen der Szene, die im Alltag unzugänglich und damit auch nicht bearbeitbar sind.

In beiden Handlungsräumen treffen wir Handlungsrollen an. Dies ist zum ersten der soziometrische Star, der Träger des Gruppenprozesses, in dessen Wahrnehmungen, Interaktionen und Szenen sich das Gruppengeschehen in besonderer Weise verdichtet. Diese Position nennt Moreno den Protagonisten.

Des Weiteren institutionalisiert Moreno sein Prinzip gegenseitiger Hilfe (Mutualismus) in unterschiedlichen Handlungsrollen, die er unter dem Begriff der Hilfs-Ichs zusammenfasst. Er beschreibt damit die auf der Bühne besetzten Antagonistenrollen, die Mitspieler, die als Doppel auf die Bühne kommen, und den Gruppenteilnehmer, den sich der Protagonist als seinen Stellvertreter wählt, als sein zweites ich: das Alter-Ego. Im Bereich der Gruppe ist das mutualistische Prinzip nicht als Rolle installiert. Hier gilt die gegenseitige Hilfe vielmehr als tragendes (therapeutisches) Prinzip.

Als letzte Handlungsrolle identifiziert Moreno schließlich die Leitung, der er vor allem die strukturelle Verantwortung für den Prozess zuweist.

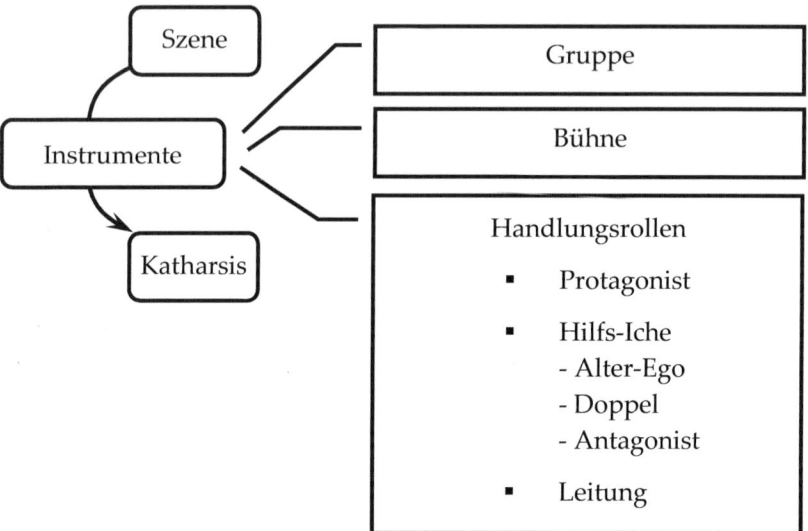

Der psychodramatische Prozess

Auf dem letzten Pfad kommt Morenos Beschreibung des psychodramatischen Prozesses in den Blick. Moreno entwickelt ein Prozessmodell – er verweist zumindest immer wieder auf relevante Teile dieses Modells – mit dessen Hilfe psycho-soziale und pädagogische Veränderungsprozesse moderiert und optimiert werden können.

Entsprechend seines Modells des kreativen Zirkels beginnt jeder Veränderungsprozess mit einer Phase der Erwärmung, in der spontane Impulse im Hier und Jetzt aufgenommen und gebündelt werden.

Wird eine kritische Schwelle überschritten (Stegreiflage), so drängt die Dynamik der Situation zu einer Handlung. Diese Aktion kann sowohl in einem soziometrischen Experiment im Rahmen der Gruppe oder aber in einem szenischen Experiment auf der Bühne bestehen.

Moreno verweist immer wieder darauf, dass diese Experimente weder Selbstzweck noch letztlich um den Protagonisten zentriert sind. Jedes Experiment muss in einer Integrationsphase in den laufenden Prozess der Gruppe eingewoben werden. Diese Integrationsphase kann aus unterschiedlichen Elementen bestehen; dazu gehört die Einbettung der vorangehenden Szenen in biografische Bezüge der anderen

Teilnehmerinnen und Teilnehmer (Sharing), die weitere Auswertung dieser Szenen durch die Mitspieler (Rollenfeedback), die Benennung von Identifikationsprozessen, die während der Aktion mit dem Protagonisten oder Antagonisten abgelaufen sind (Identifikationsfeedback) und das gemeinsame theoriegestützte Durchdringen der abgelaufenen Prozesse (Prozessanalyse oder Processing).

Einen Abschluss findet der Prozess in seiner gemeinsamen Reflexion und Bewertung. Auch wenn Moreno hier wenig zur Theoriebildung beigetragen hat, so stellt er doch den Begriff der „existentiellen Validierung" zur Verfügung, der zumindest als Korrektiv zu einer allzu blinden Empiriegläubigkeit fungieren kann.

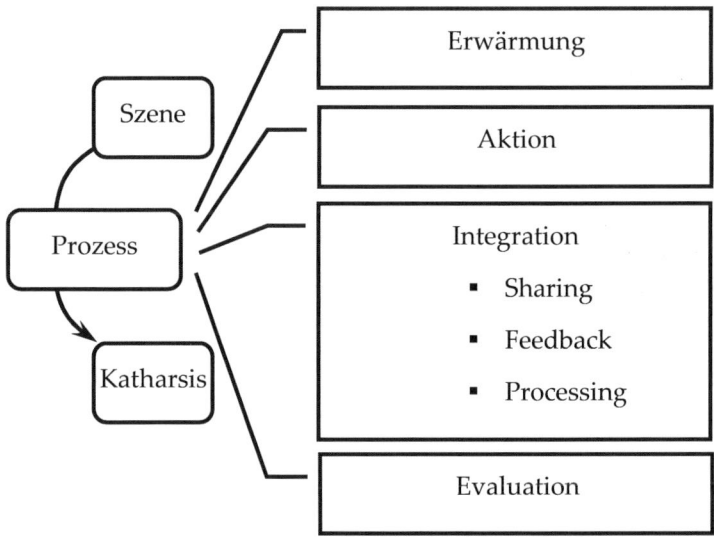

Die Integrationskraft des szenischen Denkens

Auch wenn die Texte, die in diesem Buch vorgestellt werden, alle von Moreno verfasst sind und die Überlegungen somit werkimmanent bleiben, soll auf eine wichtige Tatsache hingewiesen werden, die mit Blick auf die theoretische Landkarte schnell einsichtig ist. Das grundlegende Anliegen der Therapeutischen Philosophie, Szenen in einem kathartischen Prozess subjektiv heiler zu machen, lässt großen Raum für die Adaptation von Fremdtheorien und macht das szenische Denken zu einem theoretischen Ansatz mit hoher Integrationskraft. Zur Erinnerung: So-

wohl „Szene" als auch „Katharsis" sind sehr umfassende Begriffe, die dazu dienen
sollen, möglichst unverkürzt der Realität Raum zu bieten. Die innere Logik psychodramatischer und soziometrischer Arbeit besteht darin, die angebotenen Szenen mit Hilfe der Betroffenen und der Gruppe besser zu verstehen und dadurch
Spielräume zu ihrer Veränderung zu eröffnen. Dies bedeutet aber, dass jede Theorie, die etwas zum Verständnis der Szene beisteuern kann, willkommen und integ-
rierbar ist. Die Therapeutische Philosophie eröffnet ja gerade nicht den Streit um
die „wirkliche" und „richtige" Deutung der Szene, sondern einen experimentellen
Raum, in dem Deutungen daraufhin überprüft werden können, ob sie adäquat und
hilfreich sind.

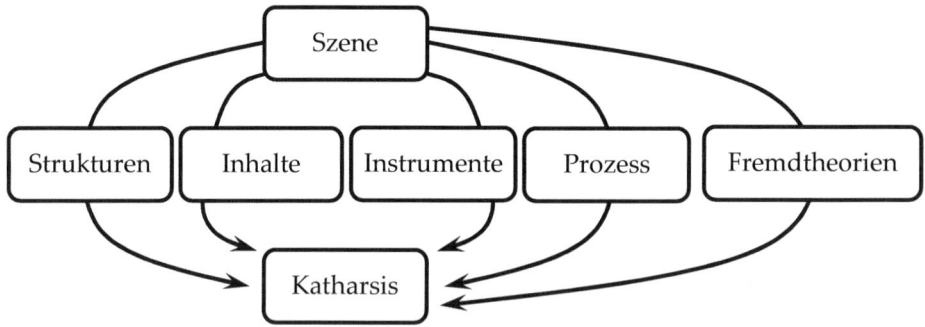

Die Verflechtung der Theoreme

An einigen Stellen wurde bereits deutlich, dass sich zentrale Begriffe an mehreren
Stellen der Landkarte wieder finden. Dies muss als wesentliche Eigenart von Morenos Denken begriffen werden. Moreno denkt extrem vernetzt und ist in seinen
Texten immer wieder damit beschäftigt, seine Theoreme ineinander zu verschrän-
ken. Es ist wohl davon auszugehen, dass sich jeder Begriff der Landkarte in jedem
anderen widerspiegelt.

An einem Beispiel kann dies verdeutlicht werden: die Strukturtheorie der Soziometrie nimmt primär das Zustandekommen einer Beziehung und die dabei wirksamen Telekräfte in den Blick. Dieses Zustandekommen oder Nichtzustandekom-
men einer Beziehung bzw. die mögliche Veränderung dieser Beziehungsstruktur
muss man sich als spontan-kreativen Prozess vorstellen, d.h. das Geschehen lässt
sich in einem kreativen Zirkel darstellen. Begegnung ist niemals losgelöst von den
Rollen, in denen wir uns begegnen. In letzter Konsequenz hat Moreno dies bei der

Vereinigung des Rollenatoms eines Menschen (kulturelles Atom) mit seinem Beziehungsatom (soziales Atom) zum soziokulturellen Atom reflektiert. Begegnung lässt sich damit also auch als Wechselspiel von Rollenkonstellationen interpretieren. Auch der Blick auf die szenische Diagnostik zeigt, dass eine Begegnung – durch dieses Raster wahrgenommen – differenziert wird: es ist eine Begegnung von Körpern, ein Aufeinandertreffen von Biografien, eine soziometrische Konfiguration sowie eine Begegnung gesellschaftlicher und axiologische Welten. Aber auch im praxisorientierten Teil der Therapeutischen Philosophie bleibt der Begegnungsbegriff präsent: Gruppe und Bühne sind Begegnungsräume, das Zusammenspiel von Protagonist und Hilfs-Ich ist ein Begegnungsgeschehen und „der höhere Arzt heilt durch Begegnung" (Moreno). Erwärmung ist immer auch eine Erwärmung füreinander, Aktion ist Interaktion und die Integration der Aktion wird durch ein differenziertes Begegnungsgeschehen moderiert.

Buchstabiert man die Verschränkung der Theoreme durch, so erhält man zuletzt ein Geflecht von Theoremen, das sich am besten in einer Tabelle abbilden lässt:

	Begegnung	Spontaneität	Rolle	etc.
Begegnung	---	Begegnung als spontan-kreativer Akt	Begegnung als Rollenkonfiguration	
Spontaneität	Spontaneität als Stiften von Beziehung	---	Spontaneität als Rollenneuschöpfung	
Rolle	Rolle als Beziehungsraum	Rollenspiel als spontaner bzw. konservierter Akt	---	
etc.				---

Zwischen Bühne und Kosmos – Der „tree of science"

Blickt man noch einmal auf Morenos Texte, so fällt auf, dass er seine Begrifflichkeiten in sehr unterschiedlichen Kontexten benutzt. So taucht der Begriff der Kreativität in der Beschreibung eines methodischen Vorgehens (Erwärmung durch kreative Methoden) ebenso auf wie bei der Konstruktion von Morenos Gottesbild (der spontan-kreative Funke, der alle Wesen im Kosmos zueinander in Beziehung setzt), und auch beim Entwurf einer Strukturveränderungstheorie (kreativer Zirkel) spielt er eine zentrale Rolle.

Hilarion Petzold (2003) hat mit dem „tree of science" eine hilfreiche Folie entwickelt, um die unterschiedlichen Dimensionen der Begriffe systematisch zu erschließen. Petzold identifiziert in Auseinandersetzung mit theoretischen Modellen drei Ebenen, die miteinander verschränkt sind, aber analytisch voneinander getrennt werden können: die Praxeologie, die Interpretationsfolien und die Metatheorien.

Auf der praxisnächsten Ebene der Praxeologie geht es um das Orientierungswissen, das man benötigt, um Prozesse anstoßen und gestalten zu können. Dies meint zumindest ein Wissen über Prozessverläufe, spezifische Symptome, psycho-soziale Verfahren, die Rahmenbedingungen unterschiedlicher psycho-sozialer Formate und über die Integration dieser jeweiligen Wissensbestände in einer konkreten Situation. Bezogen auf die Therapeutische Philosophie geht es also um Wissen über Erwärmungsprozesse, soziometrische Wahlen, das Einrichten einer Bühne, die Durchführung eines Rollentauschs oder die Integration einer Bühnenarbeit durch ein Sharing.

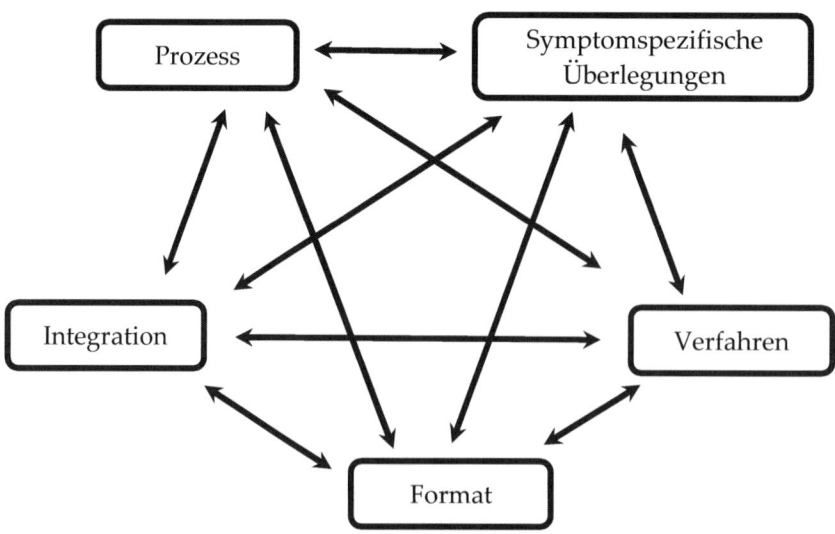

Interpretationsfolien markieren vor allem den Bereich der Hypothesenbildung. Sie stellen Zusammenhänge zwischen unterschiedlichen Beobachtungen her und geben ihnen eine hypothetisch gültige Bedeutung. Für Psychodramatikerinnen und Psychodramatiker relevante Interpretationsfolien sind u.a. Gesundheits- und Krankheitslehren, Persönlichkeitstheorien, Entwicklungstheorien oder Wahrnehmungspsychologie. Sie beschäftigen sich mit Lernen, Gedächtnis, Denken, Motivation und Emotionen oder sozialpsychologischen Phänomenen. Aber auch Theorien aus der Ökonomie (z.B. zu Armut und Globalisierung), der Jurisprudenz (z.B. zum Familienrecht), den Naturwissenschaften (z.B. zur Ökologie) und der Medizin können punktuell wichtig werden. Identifiziert man in Morenos Œuvre diese Theorien mittlerer Reichweite, so stößt man z.B. auf Aussagen zu Gesundheit und Krankheit (das therapeutische Proletariat) oder auf Überlegungen zur Entstehung des Ich und des Selbst innerhalb der Rollentheorie.

Metatheorien formulieren und begründen schließlich die philosophischen Grundannahmen, die die psychodramatische Theorie und psychodramatisches Handeln prägen. Als große Teilbereiche sind hier Wissenschafts- und Erkenntnistheorie, die Axiologie, die sich in Anthropologie, Kosmologie und Ontologie („Seinslehre") aufteilt, und die Gesellschaftstheorie zu nennen. Alle Metatheorien finden ihren Fluchtpunkt in den ethischen Grundannahmen der Therapeutischen Philosophie. In Morenos Denkgebäude werden diese Metatheorien vor allem von den drei Strukturtheorien her entworfen, so spricht Moreno von einer Pflicht zur Begegnung mit allen an einer Szene Beteiligten oder von der Verantwortung, die daraus erwächst, dass sich der Mensch als Ko-Kreator der Welt versteht.

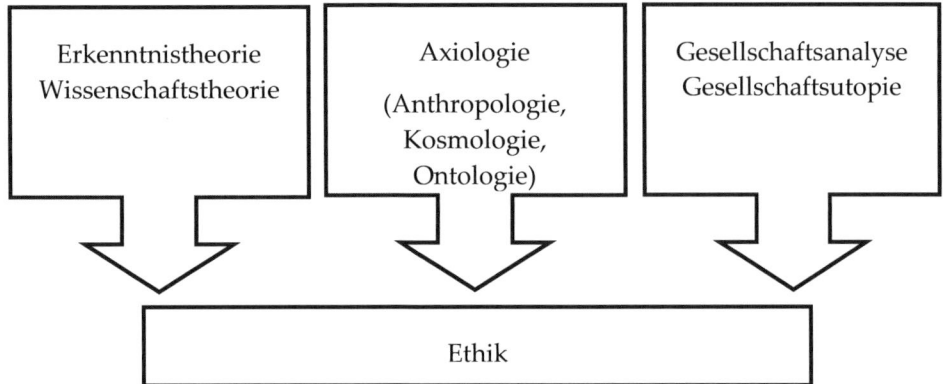

Frühe und späte Schriften Morenos

Auf eine letzte Differenzierung in Morenos Werk muss noch hingewiesen werden. Lokal, aber auch inhaltlich und stilistisch lassen sich in seinen Texten unschwer größere Brüche nachweisen. Sinnvollerweise wird man die wichtigste Zäsur mit dem Jahr 1925 ansetzen, in dem Moreno von Österreich in die USA ausgewandert ist. Dieses Jahr scheidet das europäische Frühwerk vom amerikanischen Spätwerk. Schreibt Moreno bis zu seiner Emigration als utopisch, expressionistisch, theologisch und metaphorisch zu qualifizierende Texte mit primär künstlerisch-existentiellem Anspruch, so versucht er danach, sein Denken in wissenschaftliche Diskurse einzubringen und die explizite Theoriebildung zu Gruppenpsychotherapie, Psychodrama und Soziometrie voranzutreiben. Doch so deutlich diese beiden Perioden unterscheidbar sind, so unmissverständlich sind auch Morenos Aussagen zur Einheitlichkeit seiner Schriften. Er beharrt in Amerika stets darauf – verstärkt zum Ende seines Lebens hin –, dass seine wissenschaftlichen Gedanken nicht zu seinen Frühschriften in Widerspruch stehen, sondern diese reformulieren und weiter entfalten. Besonders zum Ausdruck kommt dies, wenn er die beiden zentralen frühen Schriften – „Das Stegreiftheater" und „Das Testament des Vaters" – in amerikanischen Versionen vorlegt.

Einige Hinweise für den Gebrauch dieses Buches

Das vorliegende Buch wird wohl in den seltensten Fällen von der ersten bis zur letzten Seite durchgelesen werden – dazu wurde es auch nicht geschrieben. Es versteht sich als Studien- und Lesebuch und nicht zuletzt als Nachschlagewerk, das Morenos Originaltexte zugänglich machen möchte. Die folgenden Hinweise sollen dazu beitragen, dass auf gesuchte Textbelege noch präziser zugegriffen werden kann.

- Die einzelnen Kapitel folgen der gerade entwickelten Landkarte von Morenos Therapeutischer Philosophie.

- In jedem Kapitel werden die großen Theoriekomplexe nochmals nach den wichtigsten Schlagworten unterteilt.

- In den entsprechenden Abschnitten finden sich die zentralen Auszüge aus Morenos Werk in der zeitlichen Reihenfolge, in der sie verfasst wurden.

- Morenos Texte sollen in diesem Buch für sich selbst sprechen. Dennoch wurde nicht völlig auf einführende Hinweise und Erklärungen verzichtet. Diese sind kursiv gesetzt.

- Wenn Texte bereits ins Deutsche übersetzt wurden, so wird aus der deutschen Version zitiert, Textauszügen, die bisher nur in englischer Sprache vorlagen, wurden von Christoph Hutter ins Deutsche übertragen.

- Die Rechtschreibung der Originaltexte wurde behutsam der heutigen Schreibweise angeglichen.

- Es wurde bereits darauf verwiesen, dass die zentralen Begriffe Morenos eng miteinander verflochten sind. Für die umfassende Rekonstruktion eines Begriffs sei deshalb auf den Personen- und Sachindex am Ende des Buches verwiesen. Dieser enthält neben den Belegstellen der jeweiligen Begriffe auch Hinweise auf sinnverwandte Textbelege.

- Um die Zitation nicht unnötig zu verlängern, wurde auf Kurztitel zurückgegriffen. Eine Übersicht über diese Kurztitel findet sich im Siglenverzeichnis hinter dem Inhaltsverzeichnis.

Literatur

- Hutter, Christoph (2000). Psychodrama als experimentelle Theologie. Rekonstruktion der Therapeutischen Philosophie Morenos aus praktisch-theologischer Perspektive, LIT, Diss., Münster.
- Hutter, Christoph (2004). Konzepte in der Persönlichkeitstheorie Morenos, in: Klaus Ottomeyer/Hildegard Pruckner/Jutta Fürst (Hg.), Psychodrama-Therapie. Ein Handbuch, Fakultas Universitätsverlag, Wien, 103-113.
- Hutter, Christoph (2005). Szenisches Verstehen in der Ehe-, Familien-, Lebens- und Erziehungsberatung – Eine diagnostische Landkarte für ein überkomplexes Feld, in: Psychodynamische Psychotherapie (PDP). Forum der tiefenpsychologisch fundierten Psychotherapie, 4/2005, Schattauer, Stuttgart, New York, 206-216.
- Hutter, Christoph (2009). Das Menschenbild des Psychodramas von J. L. Moreno, in: Hilarion Petzold (Hg.), Menschenbilder in der Psychotherapie, Edition Donau-Universität. Krammer Verlag, Wien, in Druck.
- Petzold, Hilarion G. (2003). Integrative Therapie. 3 Bde. Junfermann, Paderborn.

Theorie ist Biografie

1. Vier Vorbemerkungen zum Gesamtwerk

Morenos assoziativer Schreibstil, sein Verzicht auf eine konsequente Systematisierung sei-
ner Gedanken und sein Rückgriff auf unterschiedliche Denk- und Schreibtraditionen haben
dazu geführt, dass nur punktuell auf sein Werk zugegriffen wird. Einzelne Zitate sind sehr
bekannt, viele Gedanken aber werden übersehen oder sogar bewusst übergangen. Moreno
aber erhebt sehr wohl den Anspruch, ein philosophisches, wissenschaftliches und prakti-
sches Gebäude geschaffen zu haben, in dem Früh- und Spätwerk, Medizin, Soziologie und
Philosophie, Theorie und Praxis, Kunst und Wissenschaft nicht auseinander gerissen wer-
den dürfen.

Die Quellen der Therapeutischen Philosophie

1974: Die drei Quellen meines Systems […] a) Die Formulierung einer kosmischen
Theorie. Diese Kosmogenese sollte eine Theorie der kosmischen Dynamik und des
„kosmischen Menschen" sein. Sie wurde der Inhalt meiner frühen Werke, der Dialoge, des Testaments des Vaters, 1914-1920. Meine kosmische Theorie sollte eine
Fortsetzung der Lehren Buddhas und Christi darstellen. b) Die Formulierung einer
Theorie der Gesellschaft, die dem Positivismus Comtes und der revolutionären
Theorien Marx überlegen sein sollte. Ich nannte sie Soziometrie und Mikrosoziologie. Während die kosmische Theorie den Kosmos und den Menschen im Kosmos
betrifft, bezieht sich die Soziometrie auf die menschliche Gesellschaft. Ihre Mikrogruppen sind von Comte und Marx so gut wie gar nicht beachtet worden. Mein
wichtigstes Werk über die Soziometrie erschien 1934 unter dem Titel „Who Shall
Survive?" […]. c) Die Formulierung einer Theorie des Individuums. Parallel meiner Bewegung von der universellen Ebene der kosmischen Theorie zur menschlichen Gesellschaft bewegte ich mich jetzt auf einer tieferen Ebene zur Theorie des
kosmischen Individuums. Dem nähern wir uns vornehmlich durch das Psychodrama (1923-1937). Durch diese Methode versuchte ich die Psychoanalyse zu über-
treffen.

(Grundlagen 1974, 384f)

Bedeutung des Frühwerks

1943: Diese Publikationen sind in Deutsch geschrieben und stellen den Hintergrund, wenn nicht das Rückgrat der zweiten, „englischen" Hälfte meines Werkes, das in den Vereinigten Staaten publiziert wurde, dar.

(Sociometry and the Cultural Order, Sociometry VI 3/1943, 299)

1957: Es wird dem deutschen Leser leichter fallen, sich in das Wesen des Psychodramas einzufühlen, wenn er den deutschen Text einer meiner früheren Beschreibungen des Psychodramas liest; sie waren in meinem Buche „Das Stegreiftheater" enthalten [...]. Obwohl in künstlerischer, unärztlicher Sprache geschrieben, habe ich nichts Besseres in Amerika in englischer Sprache produziert. Diese Ur-Form hat sich inzwischen in Amerika zu einer komplizierten Methode der Psychotherapie entwickelt.

(Die epochale Bedeutung der Gruppenpsychotherapie, Zeitschrift für
Diagnostische Psychologie und Persönlichkeitsforschung V, 3-4/1957, 148)

Philosophie und Methodik

1959: Es muss eine Unterscheidung gemacht werden zwischen den psychodramatischen Methoden und der Therapeutischen Philosophie, auf der diese Methoden beruhen. Während die Methoden in der ganzen Welt Anerkennung gefunden haben, ist meine Therapeutische Philosophie immer noch umstritten. Das ist eine natürliche Entwicklung. Die verschiedenen Methoden werden nicht nur von Psychodramatikern, sondern auch von Psychoanalytikern der verschiedenen Schulen, von Individual-Psychologen, Soziologen, Anthropologen, industriellen und geistlichen Beratern angewandt. Zeit und weitere Forschung werden zeigen, ob meine Methoden in wirksamer Weise angewandt werden können, ohne meine theoretischen Grundlagen zu akzeptieren.

(Gruppenpsychotherapie 1959, 104)

Ich habe keine Lehre zu geben

1923: Ich habe keine Lehre zu geben. Weder eine Lehre von der Lehre, noch eine Lehre von der Nichtlehre. Weder eine Lehre vom Schweigen, noch vom Reden. Weder eine Lehre vom Da-Sein, noch vom Nicht-Da-Sein. Weder eine Lehre vom Werden, noch von Vergangenem. Weder eine Lehre vom Stegreif, noch von der Wiederkehr. Weder eine Lehre von jenem Augenblick, noch von diesem Augenblick.

(Rede über den Augenblick 1923, 15)

2. Schlüsselszenen und Projekte

Morenos Biografie geht seiner Theorie voraus. Er betont immer wieder, dass er das, was er in seinem Leben als heilsam und wirkmächtig erlebt hat, weiter erforscht und in Soziometrie und Psychodrama praktisch fruchtbar gemacht hat. Im Folgenden finden sich Schlüsselszenen und wegweisende Projekte aus Morenos Leben. Diese geben das szenische Material ab, aus dem sich die Therapeutische Philosophie entwickeln, illustrieren und besser verstehen lässt.

Theorie ist Biografie

1925: Wie und nach welchem Gesetz treten jene Ideen auf, welche die Strukturen einer Geschichtsphase bestimmen? Wenn eine Krise alle Teile der Gesellschaft erfasst hat, tritt sie erst in ihren obersten Teilen, den leitenden Ideen, welche zugleich auch die verletzlichsten sind, in Erscheinung. Diese Umstellung erfolgt ohne leiseste äußere Erschütterung. Und doch ist der Plan der kommenden Welt völlig fertig. Immer sind es ein oder mehrere Träger, die getrieben sind, in leidender Form die Überprüfung der bestehenden und die Vision einer neuen Ordnung zu erleben. Die Ideen sind zu jeder Zeit in einem amorphen Zustand potentiell vorhanden. Der Träger ist es, welcher sie aufgreift und zu neuem Leben in neuer Gestalt wieder erwachen lässt. Ideen schwimmen nicht auf Oberflächen, sondern das alte, immer wiederkehrende Zentrum wird als Schnittpunkt nie da gewesener Zusammenhänge gesehen und gestaltet. Die Ideen sind nicht in der Zeit, sondern ihre Formen. Geschichtliche Duplizität der Form ist ohne Sinn. Der Geist kehrt wieder, nicht die Gestalt. Formen sind immer so neu, wie die Ideen zeitlos sind. Diese machen das Objekt, jene das Subjekt der bestehenden Gesellschaft aus. Allmählich schreitet die Entwicklung von oben nach unten in vertikaler Gliederung fort. Alle Komplexe werden von innen nach außen gewendet, nach den Fragen werden die Antworten sichtbar. Allenthalben tauchen Missionare auf, welche den verbrauchten Formen neue gegenüberstellen. [...] Das Schaffen in einer Epoche ist nicht eine Summe von disparaten Vorgängen, deren Resultate gleichartig und deren Resultierende wie durch ein Wunder sinnvoll ist, sondern ein umfassender, einheitlicher Prozess, dessen anonyme Zusammenhänge nur Blinden und Heuchlern undurchsichtig bleiben.

(Rede vor dem Richter 1925, 11f)

1955: Spontaneität ist schwer zu definieren, aber dies befreit uns nicht von der Frage, welche Bedeutung sie hat. Eine wichtige Informationsquelle sind dabei die Er-

fahrungen des eigenen subjektiven Lebens. Ich entdeckte den spontanen Menschen
das erste Mal, als ich im Alter von vier Jahren versuchte Gott zu spielen, fiel und
mir den rechten Arm brach. Ich entdeckte ihn wieder, als ich siebzehnjährig vor
einer Gruppe von Menschen stand. Ich hatte eine Rede vorbereitet; es war eine gute und sensible Rede, aber als ich vor ihnen stand, merkte ich, dass ich keines dieser herrlichen und guten Dinge sagen konnte, die ich zu sagen vorbereitet hatte.
Ich merkte, dass es dem Augenblick und den Menschen, die mich umringten, gegenüber unfair gewesen wäre, nicht den Augenblick mit ihnen zu teilen und mich
selbst nicht so auszudrücken, wie die Situation und die gegenwärtigen Bedürfnisse
der Menschen es verlangten. Ich entdeckte den spontanen Menschen wieder, als
ich anfing Rollenspiele und Psychodramasitzungen zu leiten.
Im Verlauf von tausenden von Sitzungen, die ich in den letzten vier Jahrzehnten
geleitet habe, sooft ich mit Gruppen gearbeitet habe, habe ich gespürt, dass ich im
Hier und Jetzt arbeiten muss und dass jedes Wiederkäuen nicht nur unethisch,
sondern auch unwahr und schließlich auch untherapeutisch gewesen wäre.

(The Discovery of the Spontaneous Man, GP VIII 2/1955, 105)

1974: Das Psychodrama meines Lebens ging dem Psychodrama als Methode voraus. Ich war der erste Patient der psychodramatischen Methoden, Protagonist und
Leiter in einem. Mit Hilfe unwissentlicher Hilfs-Iche, den Menschen um mich herum, entwickelte ich eine Surplus-Realität, eine neue Welt, die die wirkliche Kultur
nicht bereitstellte und dies auch nicht konnte. Von diesen Erfahrungen und meinem Erfolg mit ihnen stammte die Vitalität und der Antrieb, solche Techniken
auch mit anderen Menschen anzuwenden. Ich bemerkte auch, dass ich ein machtvolles Vehikel für eine kulturelle Revolution gefunden hatte. Es war eine Herausforderung für mich, da ich mich nicht nur für das Spiel meines Parts inspirieren,
sondern auch die Menschen um mich zum Mitspielen bewegen musste.

(Autobiografie 1974/1995, 39)

Morenos Name

1958: Vor 1921 veröffentlichte ich unter dem Namen Jakob Moreno Levy. Als ich
im Oktober 1925 in den Vereinigten Staaten ankam, fing ich an, den Weg für
Gruppenpsychotherapie, Psychodrama und Soziometrie zu bahnen und wurde als
J. L. Moreno bekannt. Im Adressbuch der American Psychiatric Association bin ich
als Jacob Levy Moreno aufgeführt. Der Name Moreno wurde oft für einen spani-
schen oder italienischen Namen gehalten. Keines von beiden stimmt. Ich bin

sephardischer Jude. Ich bin kein Sohn eines Rabbiners, obwohl es unter meinen Vorfahren Rabbiner gegeben hat. Der Name meines Vaters war ursprünglich Morenu Levy; Morenu ist ein hebräisches Wort, das „unser Lehrer" bedeutet. Er veränderte Morenu zu Moreno und so wurde mein Name J(acob) L(evy) Moreno.

(On the History of Psychodrama. Personal Meeting of Dr. C. Joergernsen, Copenhagen with Dr. J. L. Moreno, Beacon, N. Y., GP XI 3/1958, 260)

1974: Ich begann nicht direkt mit Anonymität, sondern mit einem Zwischending. Zuerst änderte ich meinen Namen von Jacques Levy in Jakob Levy, wodurch ich mein Judentum betonte; dann fügte ich den zweiten Vornamen meines Vaters, Moreno, hinzu – Jakob Moreno Levy. Noch später drehte ich die Namen herum und wurde J. L. Moreno. All diese subtilen Unterschiede begannen, mich zu stören, und so entschied ich mich, meinen Namen ganz fallen zu lassen und völlige Anonymität anzunehmen.

(Autobiografie 1974/1995, 100)

Geburt und erste Jahre (1889-1894)

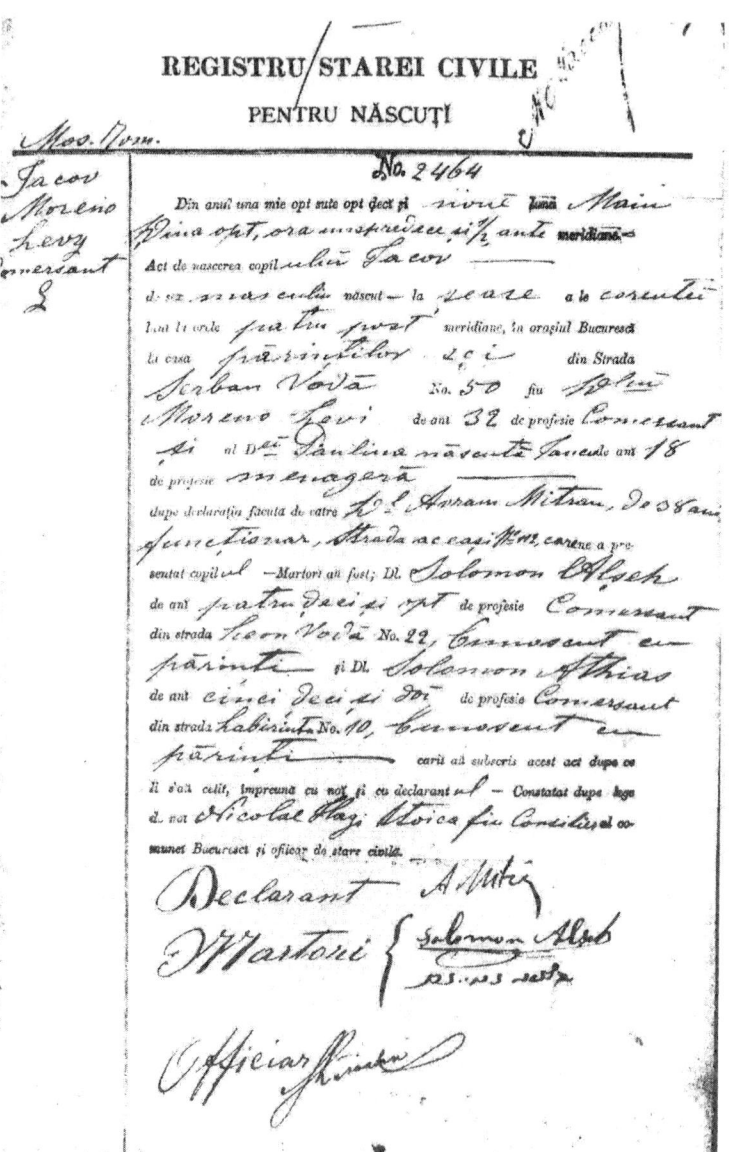

(Morenos Geburtsurkunde, aus: Marineau 1989, 7)

1974: Ich wurde in einer stürmischen Nacht geboren, unterwegs mit einem Schiff auf dem Schwarzen Meer vom Bosporus nach Konstanza in Rumänien. [18. Mai 1889] Es war im Morgengrauen des heiligen Sabbat, und die Entbindung fand kurz vor dem ersten Gebet statt. Meine Geburt auf dem Schiff resultierte aus einem ehrbaren Irrtum; die Entschuldigung ist, dass meine Mutter erst 16 Jahre und mit der Mathematik der Schwangerschaft kaum vertraut war. Niemand kannte die Nationalität des Schiffes. War es ein griechisches, türkisches, rumänisches oder spanisches Schiff? Die Anonymität der Nationalität des Schiffs führte zur Anonymität meines Namens und zur Anonymität meiner Staatsbürgerschaft. Als der Erste Weltkrieg ausbrach, wusste niemand, ob ich Türke, Grieche, Rumäne, Italiener oder Spanier war, da ich keine Geburtsurkunde besaß. Als ich meine Dienste der österreichisch-ungarischen Monarchie anbot, wurde ich anfangs nicht akzeptiert, da ich keinen Nachweis meiner Nationalität besaß. Ich wurde als Weltbürger geboren, ein Seefahrer auf der Reise von Meer zu Meer, von Land zu Land.

(Autobiografie 1974/1995, 15)

1974: Ich verbrachte meine ersten fünf Jahre in Bukarest, Rumänien. Wir lebten in einem kleinen Haus an der Donau. Rumänien ist ein vornehmlich landwirtschaftlich ausgerichtetes Land. Der Mais ist berühmt – der beste, den ich jemals gegessen habe. Das Land ist ziemlich flach und wird Richtung ungarische Grenze hügeliger. Die Donau fließt auf ihrem Weg zum Schwarzen Meer durch Rumänien; das Donaudelta ist für Rumäniens landwirtschaftliche Reichtümer verantwortlich.
Bukarest wurde aufgrund des starken französischen Einflusses oft Klein-Paris genannt. Alle kultivierten Rumänen sprachen Französisch. Die Pariser Mode, die Pariser Kultur waren in Bukarest sehr wichtig. Wie Paris hatte die Stadt viele breite Boulevards.
So verbrachte ich jene ersten fünf Jahre in einem fremden kulturellen Milieu: die Pariser Zivilisation und die ungebildete, bäuerliche Mentalität; das kulturelle Ferment der Großstadt eines großen Reiches und der Provinzialität landwirtschaftlicher Rückständigkeit. Ich wuchs mit diesen Widersprüchen auf.

(Autobiografie 1974/1995, 18)

In der Bibelschule (um 1893)

1972: Die beiden frühesten Begebenheiten in meinem Leben, die etwas mit meinem Gott-Bewusstsein zu tun haben, ereigneten sich, als ich zwischen vier und fünf Jahren alt war, ungefähr im Jahr 1895. Ich besuchte eine Bibelschule für sephardische Juden. Damals lernte ich Hebräisch, und als ich das erste Mal das Buch Genesis las,

den ersten Teil des hebräischen Testaments, sah ich vor mir die Worte „Bereshit
Adonai Elohenu Adonai Echod"[1]. Der Lehrer war ein alter Rabbi mit einem langen
weißen Bart, wie es der Brauch war. Sein Name war Bigireanu.

(The Religion of God-Father, Johnson 1972, 206)

1974: Als ich vier war, ging ich zur sephardischen Bibelschule. Ich besuchte sie
über mehrere Monate. Der Leiter der Schule war Rabbi Bigireanu [Bekhor Hayyim
Ben Moses Bejerano, 1850 bis 1931]. Ich wurde zum ersten Mal mit der Bibel kon-
frontiert, mit dem Buch Genesis, das mit den Worten „Brayshith Boro Elohim es
Hashomaim ves Ho-orets" (Am Anfang schuf Gott Himmel und Erde) beginnt.
Dort lernte ich wahrscheinlich zum ersten Mal lesen – in Hebräisch.

(Autobiografie 1974/1995, 21)

Das Gott-Spiel (um 1894)

1974: Die erste psychodramatische Sitzung fand statt, als ich im Alter von vier Jahren irgendwann im Jahr 1894 Gott spielte. An einem Sonntagnachmittag gingen
meine Eltern Freunde besuchen. Ich blieb zu Hause, um mit einigen Nachbarskin-
dern zu spielen. Wir waren im Keller unseres Hauses, einem großen, bis auf einen
riesigen Eichentisch in der Mitte leeren Raum. Beim Versuch, ein Spiel auszuden-
ken, kam ich auf die Idee: „Lasst uns Gott und seine Engel spielen!" „Aber wer soll
Gott spielen?" „Ich bin Gott und ihr seid meine Engel", erwiderte ich. Die anderen
Kinder stimmten zu. „Wir müssen zuerst die Himmel bauen", erklärte eins der
Kinder. Wir schleppten Stühle aus dem ganzen Haus in den Keller, stellten sie auf
den großen Tisch und begannen, einen Himmel nach dem anderen zu bauen, indem wir mehrere Stühle auf einer Ebene zusammenbanden und weitere Stühle
darauf stellten, bis wir die Decke erreichten. Dann halfen mir alle Kinder, auf den
obersten Stuhl zu klettern, wo ich einigermaßen sitzen konnte. Die Kinder gingen
dann singend um den Tisch herum, wobei sie ihre Arme als Flügel benutzten. Ein
oder zwei der größeren Kinder hielten den Berg von Stühlen fest, den wir zusam-
mengetragen hatten. Plötzlich fragte mich eins der Kinder: „Warum fliegst du
nicht?" Ich breitete meine Arme aus und versuchte es. Auch die Engel, die die
Stühle hielten, flogen davon. Einen Augenblick später fiel ich und fand mich mit

---

[1] Moreno vermischt hier zwei Bibelstellen: In Genesis 1,1 ist zu lesen: „Bereshit bara elohim et hasha-
mayim ve'et ha'arets" – „Am Anfang schuf Gott Himmel und Erde". Im „Schma Jisrael", dem zentralen Glaubensbekenntnis des Judentums, betet der gläubige Jude: „Schma jisrael adonai elohenu adonai echad" – „Höre Israel, der Herr ist unser Gott, der Herr ist einzig" (Deuteronomium 6,4).

gebrochenem rechten Arm auf dem Boden wieder … Das Psychodrama des gefallenen Gottes. Das war, soweit ich mich erinnern kann, die erste „private" Psychodramasitzung, die ich jemals geleitet habe. Ich war zugleich Leiter und Protagonist. Ich bin oft gefragt worden, weshalb die Psychodramabühne die Form hat, die sie hat. Möglicherweise stammt die ursprüngliche Inspiration von dieser persönlichen Erfahrung. Die bis zur Decke reichenden Himmel haben vielleicht den Weg zu meiner Idee der verschiedenen Ebenen der Psychodramabühne und deren vertikaler Dimension gebahnt – die erste Ebene die Ebene der Empfängnis, die zweite Ebene die Ebene des Wachstums, die dritte Ebene die Ebene der Vollendung und der Handlung, die vierte Ebene, der Balkon, die Ebene des „Über-Ichs", des Messias" und der Helden. Meine Erwärmung für die schwere „Rolle" Gottes mag den Erwärmungsprozess des Rollenhandelns auf der Psychodramabühne vorweggenommen haben. Dass ich fiel, als die Kinder aufhörten die Stühle zu halten, hat mich vielleicht die Lektion gelehrt, dass sogar das höchste Wesen von anderen – „Hilfs-Ichs", abhängig ist und dass ein Patient-Protagonist sie für angemessenes Handeln braucht. Allmählich lernte ich auch, dass andere Kinder ebenfalls gerne Gott spielten.

(Autobiografie 1974/1995, 21f)

Vor der Statue (1903)

1989: Als ich vierzehn Jahre alt war, hatte ich eine Erscheinung. Da gab es eine Nacht, in der ich ziellos durch die Straßen von Chemnitz lief, der deutschen Provinzstadt, in der wir damals lebten. […] Als ich aufsah, fand ich mich in einem kleinen Park vor einer Statue von Jesus Christus stehen, die vom matten Mondlicht erleuchtet war. […] Dort vor der Statue stehend wusste ich, dass ich eine Entscheidung treffen musste, eine, die den weiteren Verlauf meines Lebens bestimmen würde. Ich glaube, dass alle Menschen in ihrer Jugend solche Entscheidungen treffen müssen. Dies war der Augenblick meiner Entscheidung. Die Frage war, wie ich mich entscheiden würde: War meine Identität das Universum, oder war sie in einer einzelnen Familie oder in dem Clan, von dem ich abstammte? Ich entschied mich für das Universum, nicht weil meine Familie minderwertiger war als andere Familien, sondern weil ich im Namen des größeren Settings leben wollte, zu dem jedes Mitglied meiner Familie gehörte und zu dem ich mir wünschte, dass sie zurückkehren würden. Meine Entscheidung bedeutete, dass alle Männer und Frauen meine Brüder und Schwestern waren, dass alle Mütter und Väter meine Mütter und Väter waren, dass alle Kinder, wer auch immer ihre Eltern waren, meine Kinder waren und dass alle Frauen meine Frauen, dass aller Besitz mein Besitz und umgekehrt, dass all mein Besitz der Besitz der Welt war. Die kleine Statue vor mir symbolisierte, dass Jesus den Weg des Universums gegangen war und alle damit verbundenen Konsequenzen auf sich genommen hatte. Das bedeutete für mich, mich nicht mehr treiben zu lassen, sondern dass von nun an jedes Handeln, alle Entscheidungen und alle Begegnungen so gestaltet werden mussten, dass sie mit dieser Lebenseinstellung übereinstimmten.

(zitiert in: Marineau, Moreno 1989, 23f)

Das Spiel mit den Kindern (1907-1913)

1923: Ich wurde Freund der Kinder, ihr ständiger Begleiter. Sie liebten den Mann ohne Hut, ohne Herkunft, ohne Hinkunft, der nur da war mit seiner zu ihnen sprechend schweigenden Gegenwart. Sie lobten mich, wenn ich nicht bei ihnen war. Ich war ihr Ratgeber, Lehrer und Wanderstock.
Ich ruhte auf dem Ast eines Baumes und erzählte ihnen Märchen vom König, den Kinder suchen müssen, wenn sie die Aufgaben schreiben mit dem Federkiel in der Tinte oder im Papier, wenn sie darauf Schnörkel und Häuser machen, wenn sie das Spiel spielen: wer die Aufgabe zuerst beendet, der ist der König.
Ich hatte Kinder aller Zonen der Stadt zu Freunden, die mir die Hand reichten, wenn sie mich sahen, ihren Vater, die mit mir durchgingen, wenn es wo einen Berg gab, den niemand vor uns bestiegen hatte.

(Der Königsroman 1923, 105)

1923: Die Leute aber, Eltern, Berufskaninchen, Dichter, Weise nörgelten. […] Warum ich gerade zu Kindern spreche? […] Was wollte ich den Klugen sagen? Dass ich verbrenne? Wie eine Motte im Licht meiner Angst vergehe, ihm, den ich suche, in der Spanne meines Lebens nicht zu begegnen; dass ich zu den Kindlein getreten bin, um bei ihnen, wenn auch nur einen Hauch, das Lachen, mit dem sie befreien, den Zipfel seines Rockes, zu finden, dass ich unter den Kindern den König suche und darum mit ewiger Lampe, die in meinem Herzen brennt, Gärten und Straßen beleuchte.

(Der Königsroman 1923, 123)

1927: Die Kinder wurden lange Zeit von einem spanisch-jüdischen Medizinstudenten erzogen, einem apostelähnlichen Original, der eine Schöpfung der phantastischen Ethik eines Jakob Wassermann gewesen sein könnte. Er war zuallererst ein brillanter Pädagoge, so naiv oder so weit Künstler, dass er nicht einmal in der Lage war, die verschiedenen Lehrfächer zu unterscheiden. Liesel … weiß selbst heute nicht, ob sie sie alle zugleich lernte. Es geschah alles auf natürliche Weise. […] Bei ihren Spaziergängen wurden die Kinder angehalten, ihre wenigen Pfennige, die ihnen für Milch, Obst oder das Karussell gegeben worden waren, den noch ärmeren Kindern zu überlassen. Der Lehrer [Moreno] ließ sie die Backen aufblasen und versicherte ihnen enthusiastisch, wie wunderbar das fantasierte Stück Schokolade war. Oder sie gaben beim Spielen in den Parks der Stadt ihre Bälle fort und warfen sich dann mit leeren Händen Klumpen von Luft zu.

(Arthur Elösser – Biograf von Elisabeth Bergner – 1927, zit. in: Autobiografie 1995, 40f)

1974: Ich fand im Gott-Spielen der Kinder eine tiefe Bedeutung. Als Student pflegte ich durch die Gärten Wiens zu gehen, Kinder um mich zu scharen und Gruppen für Stegreifspiele zu bilden. Ich wusste natürlich von Rousseau, Pestalozzi und Fröbel. Aber dies war eine neue Richtung. Es war ein Kindergarten in kosmischen Dimensionen, eine kreative Revolution unter Kindern. Es war kein philanthropischer Kreuzzug von Erwachsenen für Kinder, sondern ein Kreuzzug der Kinder für sich selbst, für eine Gesellschaft ihres eigenen Alters und ihrer eigenen Rechte. Ich wollte den Kindern die Fähigkeit zum Kampf gegen soziale Stereotypen, gegen Roboter für Spontaneität und Kreativität geben. In meiner Arbeit mit den Kindern kristallisierte sich meine Theorie der Spontaneität und Kreativität heraus.

(Autobiografie 1974/1995, 44f)

Die Religion der Begegnung (1908/1909-1914)

1974: Ich hatte die idée fixe, dass ein einzelner Mensch keine Autorität besaß, sondern dass er die Stimme einer ganzen Gruppe sein müsse. Es muss eine Gruppe sein; die neue Botschaft muss von einer Gruppe kommen. Deshalb zog ich aus, um Freunde, Anhänger, gute Menschen zu finden. Meine neue Religion war eine Religion des Seins, der Selbstvervollkommnung. Es war eine Religion des Helfens und Heilens, denn Helfen war wichtiger als Reden. Es war eine Religion des Schweigens. Es war eine Religion des Handelns um seiner selbst Willen, ohne Belohnung, ohne Anerkennung. Es war eine Religion der Anonymität.

(Autobiografie 1974/1995, 41)

1974: Auf diese Weise wurde in den Jahren 1908 bis 1914 die Religion der Begegnung zum Leben erweckt. Meine Gruppe von Anhängern zählte mit mir fünf junge Männer. Wir hatten uns alle der Anonymität, der Liebe, dem Geben und einem direkten, konkreten Leben mit allen, die wir in der Gemeinde trafen, verpflichtet.

Wir verließen Heim und Familie und begaben uns auf die Straßen. Wir waren namenlos, konnten aber leicht an unseren Bärten und unserer warmen, menschlichen
und fröhlichen Zuwendung für alle, die zu uns kamen, erkannt werden. Keiner
von uns nahm Geld für die Dienste, die wir den anderen erwiesen, aber wir erhielten viele Geschenke von anonymen Spendern. Alle Geschenke, die wir erhielten,
flossen in den Fonds für das Haus der Begegnung. […] Wir fanden ein Haus in einem zentralen Bezirk Wiens. Jeder der kam war willkommen und konnte, ohne
Miete zu zahlen, bleiben. Und so kamen sie von überall her. Sie kannten unsere
Namen nicht, trugen aber Bilder oder manchmal recht bizarre Beschreibungen des
Gründers und seiner Helfer mit sich. […] An den Wänden des Hauses gab es far-
big gemalte Inschriften mit folgender Verkündigung: „Kommt zu uns aus allen
Ländern. Wir werden Euch Unterkunft geben". […] Nach dem Abendessen hielten
wir Treffen ab, in denen Probleme vorgetragen und Streitigkeiten geschlichtet
wurden. Diese frühen „Encounter-Gruppen" waren das Vorbild der Encounter-
Gruppen, die sich nun über die ganze Welt ausbreiten. Aber die nächtlichen Treffen waren keine bloßen Diskussionssitzungen. Nachdem wir unsere Gefühle einander mitgeteilt hatten, sangen und tanzten wir und spielten Spiele. Die Teilnahme
an den Begegnungen war eine religiöse Erfahrung, eine freudvolle.

(Autobiografie 1974/1995, 48-50)

Homo Juvenis (1908/1914)

1970: Meine frühen deutschen Schriften sind wenig bekannt. Dennoch sind sie
wichtig, weil sie die Einstellung der heutigen jungen Generation prophetisch vor-
wegnehmen. Ich habe den Begriff Homo Juvenis als Kontrast zum Homo Sapiens
geprägt um, vielleicht erstmalig in der Literatur, auf philosophische Art und Weise
auf eine Kluft zwischen den Generationen hinzuweisen. Ich habe Homo Juvenis
1908 geschrieben und es wurde 1914 in „Einladung zu einer Begegnung" erstmals
publiziert. Dies ist das erste Mal, dass dieses Stück ins Englische übersetzt wird.
Ich habe es zu vielfältigen Anlässen während der Jahre 1908-1914 als Inbegriff der
Jugendbewegung vorgetragen. Viele der jungen Menschen von damals wurden in
ihrem Erwachsenenleben wohlbekannt. Siegfried Bernfeld, der später ein angese-
hener Psychoanalytiker wurde, Ruth Eisler, die später Ruth Fischer hieß, Führerin
der deutschen kommunistischen Partei, ihr Bruder Gerhard Eisler, der bekannte
kommunistische Spion und Elisabeth Bergner, die große Dame des deutschen Theaters unter Max Reinhardt, um nur ein paar zu nennen. Es ist bemerkenswert, dass
sich fast 70 Jahre später, noch während meines Lebens, dieselbe oppositionelle

Stimmung bei der heutigen Jugend durchsetzt. Es gibt nichts Neues unter der Sonne. Interessant ist, dass mein Sohn Jonathan, als er dies las, sagte: Genau so ist es.
So fühlen junge Menschen heute.

(Homo Juvenis, the Generation Gap, Group Psychotherapy and Psychodrama XXIII 3-4/1970, 79)

Die Prostituierten vom Spittelberg (1913)

1950: Hier gab es eine Klasse von Menschen, die „vierte" Klasse, die bei dem sozi-
alrevolutionären Programm der Marxisten übergangen wurden, als ob sie es nicht
wert wären an der proletarischen Revolution teilzunehmen. Die Argumentation
war, dass Prostitution eine ökonomische Ursache habe und diese in einer kommunistischen Gesellschaft verschwinden würde. Aber diese Argumentation war nur
zum Teil wahr, wie dies bei vielen marxistischen Thesen der Fall ist. Ich entgegnete
mit der Annahme, dass die Prostitution nicht verschwinden würde und dass sie
einer eigenen Revolution bedürfe. Daher gab es hier, wenn die Bourgeoisie, die
mittlere Klasse, das Feudalsystem durch die Französische Revolution gestürzt hatte und die dritte Klasse, das Proletariat, versuchte die kapitalistische Bourgeoisie
zu stürzen, eine vierte Klasse, groß und mächtig, vielleicht älter als der Staat selbst,
aber für unwürdig gehalten, gemeinsam am selben Tisch zu sitzen und Seite an
Seite mit der Arbeiterklasse für ihre Rechte zu kämpfen. Ich wurde zum Sprecher
dieser Frauen, die keinen Status und keine Partei hatten, zu der sie gehörten. Die
Positionen, die ich den Mädchen gegenüber einnahm, waren die Ansichten, die sie
über sich selbst hatten, soweit sie sich trauten, diese bewusst zu erleben, die Ansichten ihrer eigenen Welt. Es wurde nichts unternommen sie zu verändern, sie zu
analysieren, zu ihnen zu predigen, sie zu taufen, sondern wir versuchten, sie das
sein zu lassen, was sie sind, sie das werden zu lassen, was sie werden wollten. Die
bürgerlichen Formen der Psychoanalyse konnten ihre Bedürfnisse nicht erfassen.
Erstens war dies kein individuelles Problem. Welches Problem die Prostituierten
auch immer als Individuen hatten, ihre kollektive Situation war das wirklich brennende Problem. Zweitens war ihr Bedürfnis nicht, sich an einen sozialen Code anzupassen, was in der Tat einem Gruppensuizid („Soziozid") gleichgekommen wäre, sondern die offene Akzeptanz ihrer Unangepasstheit. […]
Man könnte sagen, wir planten den Samen einer „Sexualgewerkschaft", einer Ge-
werkschaft für Prostituierte. Obgleich dies unser unmittelbares Ziel war, versuchten wir eigentlich etwas Tieferes zu erreichen, eine warme, menschliche Atmosphäre von Freundschaft und Kameradschaft unter den Mädchen selbst, die entstand, als sie anfingen sich gegenseitig ihre Bedrängnis als Kameraden in einem

verzweifelten Kampf ums Überleben zu erzählen, zusammengehalten von dem
unsichtbaren Gesetz, gemeinsam ausgeschlossen zu sein. Sie begannen für die
Ausgaben ihrer Organisation wöchentlich Abgaben zu zahlen und obwohl dies
nur ein paar Cent waren, war es das Symbol einer neuen Emanzipation. Eine wurde zum therapeutischen Helfer der anderen, wobei sie sich gegenseitig befreiten.
Damals begann das Konzept einer therapeutischen Revolution in mir zu entstehen,
die den bürgerlichen und den proletarischen Revolutionen der Vergangenheit
überlegen wäre, einer therapeutischen Revolution, die deren Werte alle umfassen
sollte, aber die sich um alle Klassen von Menschen kümmern würde, die von der
angestrebten Gesellschaft der Zukunft ausgeschlossen worden waren: die Prostituierten, die Penner und vor allem die riesige Zahl emotional Ausgeschlossener, die,
weil sie keine sichtbare makrosoziologische Klasse bildeten, keine Chance hatten
politische Macht oder Repräsentation zu erringen und für ihre Rechte zu kämpfen.
Der therapeutische Wert der Treffen wurde dadurch offensichtlich, dass ihre
Kommunikation über die Aufschneiderei, über ihren Erfolg bei Männern, über die
Eifersucht und Rivalität untereinander und über ihre komplizierten sozio-
sexuellen Netzwerke an Spontaneität zunahm. Es war Gruppenpsychotherapie in
situ, d.h. innerhalb ihres eigenen Milieus, in dem sie lebten und arbeiteten, und
nicht außerhalb, im künstlichen Setting einer Klinik, wo sie individuell als Patienten und in ihrer Gruppe, als unangepasste und minderwertige Minderheit stigmatisiert worden wären.
Das Ziel der Prostituierten-Bewegung in Wien war nicht, die Prostituierten gegen
ihren Willen zu verändern, wie wohlmeinend unsere Ziele auch immer sein mögen, sondern sie dazu zu ermutigen sich selbst zu behaupten, ihren Status zu erhöhen, positiv und frei Marx' Diktum ausweitend, das Proletariat seines eigenen
Status bewusst und darauf stolz zu machen, wird das Proletariat emanzipieren.
Wendet man dies auf die Prostitution an, bedeutet es, indem wir den Prostituierten
ihre eigene Bedeutung bewusst machen, können wir vielleicht den Beginn ihrer
Emanzipation anstoßen. Die Emanzipation der Prostituierten muss durch die Prostituierten selbst angestoßen werden und nicht durch die Mitarbeiter des Roten
Kreuzes, durch christliche Arbeiter, Behörden oder irgendwelche politischen Organisationen. Meine These war deshalb, dass sie ihre eigene sozio-therapeutische
Organisation gründen sollten, dass sie die einzigen waren, die sich selbst retten
könnten, dass sie die einzigen waren, die das Ansehen von Liebe, und sogar von
öffentlicher Liebe, vielleicht zu höherer Bedeutung führen könnten, sowohl für jene, die Sexualität geben, als auch für jene, die sie erhalten. Ich hatte das paradoxe
Konzept im Kopf, dass eine soziale Revolution des Eros in den tiefsten Tiefen be-

ginnen muss und dass von der Liebespraxis der Parias unserer Kultur eine neue
Renaissance der Liebe und Sexualität kommen könnte.

(Group Psychotherapy, Theory and Practice, GP III 2+3/1950, 180-182.
Vgl. auch: Gruppenpsychotherapie 1959, 134f)

1974: Wiens Rotlichtdistrikt, ein Ghetto für Prostituierte, befand sich im ersten Bezirk in der berühmten Straße „Am Spittelberg". Hier wurde eine ganze Klasse von
Menschen nicht wegen ihrer Religion oder ihrer ethnischen Herkunft, sondern wegen ihrer beruflichen Tätigkeit vom Rest der Gesellschaft getrennt. Sie waren für
die Bourgeois, die Marxisten und sogar für die Kriminellen unakzeptabel. Ein
Straftäter ist nach Verbüßung seiner Haftstrafe wieder ein selbständig handelnder
Mensch. Aber diese Frauen waren für immer verloren. Sie besaßen keine Bürger-
rechte. Es gab keine Gesetze oder gar sozialen Mechanismen, um ihre Interessen zu
schützen. Ich begann in der Begleitung eines Arztes, Dr. Wilhelm Grün, eines
Facharztes für Geschlechtskrankheiten, und Carl Colberts, des Herausgebers der
Wiener Zeitung „Der Morgen", ihre Häuser zu besuchen. Unsere Besuche waren
weder durch den Wunsch, die Mädchen zu bekehren, noch sie zu analysieren, motiviert. Die Mädchen waren uns gegenüber anfänglich skeptisch eingestellt, da die
katholischen Wohlfahrtseinrichtungen oft versucht hatten, auf ihr Leben einzuwir-
ken. Ich hielt auch nicht nach der „charismatischen Prostituierten" unter ihnen
Ausschau. Diese ist eine Kreatur der Fantasie von Sozialarbeitern: eine starke, att-
raktive Frau, die dazu gebracht werden kann, ihr Leben zu verändern und ihre
Schwestern aus einem korrumpierten Leben herauszuführen. Unabhängig von
Ideologie hatte ich das im Sinn, was Lassalle und Marx für die Arbeiterklasse getan
hatten. Sie machten die Arbeiter ehrbar, indem sie ihnen ein Gefühl der Würde gaben. Sie organisierten sie in Gewerkschaften, die den Status der gesamten Klasse
anhoben. Abgesehen vom angestrebten ökonomischen Nutzen für die Arbeiter
ging diese organisatorische Tätigkeit mit ethischen Errungenschaften einher. Ich
hatte im Sinn, dass für die Prostituierten etwas Ähnliches getan werde könne. Ich
nahm an, dass der „therapeutische" Aspekt hier weit wichtiger sei als der ökonomische, da die Prostituierten so lange als verabscheuungswürdige Sünderinnen
und unwürdige Menschen stigmatisiert worden waren, dass sie dies allmählich als
unveränderliche Tatsache akzeptiert hatten. Es war leichter, der Arbeiterklasse zu
helfen. Obwohl manuelle Arbeit als gewöhnlich eingeschätzt worden war und von
manchen Leuten auch jetzt noch wird, war es vergleichsweise einfach, ihr mit Hilfe
fachgerechter Propaganda die Merkmale von Dienstbarkeit und Würde zu geben.
Aber wir waren optimistisch und begannen, Gruppen von acht bis zehn Mädchen
zwei- oder dreimal pro Woche in ihren Häusern zu treffen. Es geschah nachmit-

tags, wenn die Wiener die so genannte „Jause" machten, ein Gegenstück zum britischen Fünf-Uhr-Tee. Kaffee und Kuchen wurden serviert; wir saßen um einen Tisch herum. Die Zusammenkünfte beschäftigten sich zunächst einfach mit alltäglichen Ereignissen, die die Mädchen erlebten: Festnahmen; Schikanen durch Polizisten wegen Tragens anzüglicher Kleidung; Verhaftungen aufgrund falscher Anschuldigungen von Kunden; Geschlechtskrankheiten, für die sie keine Behandlung bekommen konnten; Schwangerschaften und die Geburt eines Babys, das unter falschem Namen in einem Pflegeheim versteckt werden musste, während die Identität der Mutter vor dem Kind verheimlicht werden musste, indem sie sich als liebe „Tante" ausgab. Zunächst fürchteten die Frauen Strafverfolgung und öffneten sich nur sehr langsam. Als sie aber anfingen, den Zweck der Gruppe und ihren Nutzen zu erkennen, erwärmten sie sich und wurden ziemlich offen. Die ersten Ergebnisse, die wir vermerkten, waren eher praktischer Art. Beispielsweise konnten wir Rechtsanwälte finden, die sie vor Gericht vertraten. Wir fanden einen Arzt, der sie behandelte, und ein Krankenhaus, das sie als Patienten aufnahm. Schrittweise erkannten sie den tieferen Wert der Treffen. Es wurde ihnen möglich, sich untereinander zu helfen. Die Mädchen zahlten jede Woche freiwillig einen kleinen Geldbetrag für die Unkosten der Versammlungen und für die Einrichtung eines Sparkontos für Notfälle. Gegen Ende 1913 veranstalteten die Prostituierten eine Großveranstaltung in einem der größten Säle Wiens, dem Sofiensaal. Zu dieser Zeit gab es eine richtige Organisation mit gewählten Amtsträgerinnen. Sie leiteten das Treffen. Dr. Grün und Herr Colbert saßen auf dem Podium. Ich war lediglich als „Zivilist" dort und blieb im Zuschauerraum. In dieser Nacht waren die Mädchen sehr stolz auf sich. Am Ende wurde es zu einer wilden Angelegenheit. Es gab einen Streit zwischen Zuhältern und Prostituierten. Schließlich erzwang sich die Polizei den Weg in den Saal und brach die Versammlung ab. Äußerlich betrachtet sah es so aus, als hätten wir die Prostituierten gewerkschaftlich organisiert. Eigentlich war es jedoch einer meiner ersten Versuche, Gruppentherapie bei einem der schwierigsten menschlichen Probleme, der Prostitution, anzuwenden.

(Autobiografie 1974/1995, 56-58)

Mitterndorf (1915-1917)

1974: In einem Flüchtlingslager in Mitterndorf bei Wien wurden damals Tiroler Bauern angesiedelt, die vor der herannahenden italienischen Armee geflüchtet waren. Ich erlebte in diesem Lager die Entstehung einer neuen Gemeinschaft und erkannte angesichts der sich dort entwickelnden sozialen Nöte die Sinnlosigkeit des großen Weltkriegs und der drohenden sozialen Revolutionen. Plötzlich wurde mir klar, dass von großzügigen Ideen und politischen Fantasien, die uns von einem Wirbel in den anderen stürzen, für die Menschheit nichts zu hoffen ist. Ich war überzeugt, dass ein neuer Anfang gemacht werden müsste und wir da beginnen müssen, wo alles beginnt: bei den Menschen selbst, bei den Beziehungen zwischen ihnen, und dass ein Maß für die wirklichen Verhältnisse gefunden werden muss. Es ist der Soziometrie gelungen, ein solches Maß zu entdecken.

(Grundlagen 1974, XLVI)

1974: Das Problem der geplanten Bevölkerungsumsiedlung wurde von mir zum ersten Male in den Jahren 1915 bis 1918 studiert. Der Untersuchungsort war eine italienische Kolonie mit einer Bevölkerung von mehr als 10.000 Menschen. Während des Ersten Weltkriegs wurden viele Bauern österreichischer Nationalität und italienischer Abstammung, die vor der herannahenden italienischen Armee geflüchtet waren und ihre Südtiroler Heimat verlassen hatten, von der österreichischen Regierung in Mitterndorf bei Wien angesiedelt. Dieses Lager bestand aus Wohnbaracken, deren jede etliche Familien beherbergte und von einem capo di baracco überwacht wurde, der für das Ergehen der Gruppe verantwortlich war. Das Minimum an Unterhaltskosten wurde von der österreichischen Regierung gestellt; zusätzlich war eine Schuhfabrik eingerichtet worden, in der zeitweise 1000-2000 Arbeiter angestellt waren. Die Regierung hatte drei Probleme zu erwägen und sie in der Siedlungsplanung zu berücksichtigen: Sicherung vor dem Feind, Lagerhygiene und Unterhalt. Eine soziale und psychologische Planung aber wurde nicht berücksichtigt; es wurde überhaupt nicht an eine solche gedacht. Die Regierung beauftragte die medizinische Abteilung, der ich angehörte, mit der Überwachung des sanitären Problems der neuen Gemeinschaft. In dieser Position und später als Chefarzt des Lagerkinderkrankenhauses hatte ich Gelegenheit, diese Gemeinschaft von den ersten Anfängen bis zu ihrer Auflösung zu studieren, die nach drei Jahren stattfand, als die Siedler bei Kriegsende wieder in ihrer Tiroler Heimat zurückkehren konnten. Während dieser Zeitspanne entwickelte sich ein kompliziertes Gemeinschaftsleben. Nach und nach wurden Schulen, Krankenhäuser, Kirche, Theater, Läden, Kaufhäuser, Zeitung, Gewerbe und soziale Klubs eingerichtet. Doch obgleich die Regierung versuchte, der äußeren Notlage zu begegnen, und trotz der Einführung aller äußeren Einrichtungen, die durch das Gemeinschaftsleben bedingt werden, bestanden Reibungen und großes Unbehagen unter der Bevölkerung. Ganze Weinbauerndörfer waren in einen industriereichen Vorortsbezirk verpflanzt worden, Tiroler Gebirgsleute in einen flachen Landstreifen bei Wien. Sie

waren wahllos zusammengewürfelt, nicht aneinander gewöhnt und fremd in der
Umgebung. Als ich die psycho-sozialen Strömungen studierte, die sich in Bezug
auf verschiedene Kriterien entwickelt hatten – z.B. das Kriterium der nationalen
Zugehörigkeit, der politischen Parteizugehörigkeit, Sexualität, Verwaltung contra
Siedler usw. –, begann ich, diese Missstände als die Hauptquelle der berüchtigten
Unzulänglichkeiten und Zwischenfälle zu betrachten. Infolge dieser Erlebnisse
keimte in mir die Idee einer psycho-sozial geplanten Gemeinschaft. Es wurde mir
damals klar, dass der Kern jeder psycho-sozialen Planung, jeder therapiebedürfti-
gen Gesellschaft die „Soziometrie" sein muss. Ich wandte mich mit diesem Vorschlag an das Österreichische Ministerium des Innern. Dieses war jedoch nicht in
der Lage, mich bei einem solchen Experiment zu unterstützen. Und so kam der
Plan zu einem frühen Ende.

(Grundlagen 1974, 43f)

Das Diwan-Experiment (1921)

1959: Der Schritt vom Diwan zu einem freien, mehrdimensionalen Raum war von
großer theoretischer und praktischer Bedeutung. Im Anfang machte ich den Versuch (1923), die Psychoanalyse auch in der Gruppe fortzusetzen, und man stellte
so viele Diwane nebeneinander auf, als es Patienten gab; aber diese Experimente
misslangen. Die Patienten setzten sich spontan auf, gingen herum und fingen an,
sich miteinander zu unterhalten. Die Gruppe braucht eben nicht nur ein abstraktes
Bett, sondern einen konkreten Raum, in welchem die Interaktionen zwischen den
Patienten sich ungezwungen abspielen können. Der Raum kann aus einem Podium
bestehen, auf dem der Therapeut steht, oder die Patienten sitzen im Halbkreis auf
Stühlen oder ungezwungen auf dem Boden im freien sokratischen Gespräch, oder
man bedient sich eines therapeutischen Theaters mit einer eigenen Bühne um den
therapeutischen Zweck der Gruppe zu betonen.

(Das Psychodrama. Mit einleitenden Anmerkungen über die Gruppenpsychotherapie,
Frankl/Freiherr von Gebsattel/Schultz, Handbuch der Neurosenlehre
und Psychotherapie 1959, 314. Vgl. Gruppenpsychotherapie 1959, 46)

1959: Nachdem ich weder eine logische Theorie noch eine therapeutische Technik
hatte musste ich ganz von Vorne anfangen. In meiner Verzweiflung – es war am
Beginn meiner psychiatrischen Forschungsarbeit – unterzog ich eine Gruppe von
fünf Patienten folgendem Test. Jeder der fünf wurde, ermuntert für eine Art Grup-
penpsychoanalyse, auf eine Couch gelegt. Jeder benutzte die Technik der feien Assoziation und ich wartete geduldig auf einen Anhaltspunkt für die unbewussten

Inhalte, die sie möglicherweise gemeinsam hätte. Aber die Couchtechnik, bei der jeder Patient Seite an Seite frei assoziiert war nicht lohnend. Weil das riesige Bollwerk der Individualmethoden wenig viel versprechend aussah begann ich mit den einfachsten und natürlichsten Methoden. Ich ermutigte sie zu „Interaktion" und „Kommunikation" untereinander. Es musste ein natürliches Gespräch sein, anstatt freier Assoziation, ein Minimum an Gestik und Handlung, zumindest so viel, wie die Dialoge im alltäglichen Leben auch begleitet. Allmählich bekam der Therapeut eine aktivere Rolle, indem er die Aufmerksamkeit der Mitglieder auf das eine oder andere Problem das sie gerade hatten hinlenkte, wobei er als Beobachter, Katalysator und Erklärer handelte.

Der zentrale Punkt war nicht, was der Therapeut machte – er war selbst Mitglied der Gruppe – sondern, wie die Patienten, die die Gruppe formten sich miteinander fühlten, ihre „zwischenmenschliche Beziehung°" und ihre zwischenmenschliche Bemessung und wie diese Kräfte genutzt werden könnten, um interpersonelle und Gruppenpsychotherapie zu ermöglichen. Ich bemerkte dann, dass ich kaum an der Oberfläche der Gruppenbeziehungen gekratzt hatte und dass gewagtere Techniken entwickelt werden müssten, um Gruppenstrukturen auf den Grund zu gehen.

(Psychodrama II 1959, 56f)

Die Stegreifaufführung im Komödienhaus (1921)

1974: Die erste offizielle psychodramatische Sitzung fand 1921 im Komödienhaus, einem berühmten Wiener Theater, statt. [...] Ich stand an diesem Abend alleine auf der Bühne. Ich hatte keine Gruppe von Schauspielern und kein Stück. Ich war völlig unvorbereitet vor einem Publikum von mehr als 1000 Menschen. Als der Vorhang hochging, war die Bühne leer, bis auf einen roten Plüschsessel, der wie ein Königsthron ein vergoldetes Gestell und eine hohe Lehne hatte. Auf der Sitzfläche lag eine vergoldete Krone. Der Großteil der Zuschauer war auf der Suche nach Kuriositäten oder Skandalen. Aber es gab eine Reihe von Politikern, religiösen und kulturellen Führern. Es gab auch ein paar ausländische Würdenträger. Wenn ich an jene Nacht zurückblicke, bin ich über meine Kühnheit erstaunt. Ich wollte dieses Publikum von einer Krankheit, einem pathologischen kulturellen Syndrom, das alle in dieser Nacht im Theater Anwesenden teilten, heilen oder reinigen. Im Nachkriegs-Wien brodelten Revolten. Es gab keine gefestigte Regierung, keinen Kaiser, keinen König, keinen Führer. Der letzte habsburgische Monarch war nach Italien geflüchtet. Und wie andere Nationen der Erde suchte Österreich ruhelos nach einer neuen Seele. Aber psychodramatisch gesprochen hatte ich Mitwirkende und ein Stück. Die Zuschauer waren meine Mitwirkenden. Die Menschen im Publikum waren wie Tausende unbewusster Bühnenautoren. Das Stück war die Situation, in die sie durch die historischen Ereignisse hineingeworfen worden waren, in der jeder von ihnen einen wirklichen Part spielen musste. Es war, wie wir heute sagen würden, mein Ziel, Soziodrama in statu nascendi anzuregen und die entstehende Produktion zu analysieren. Wenn es mir nur gelänge, das Publikum in Akteure zu verwandeln, in Akteure ihres eigenen kollektiven Dramas, des kollektiven Dramas sozialer Konflikte, in das sie in der Tat täglich verwickelt waren, dann würde meine Kühnheit belohnt werden, und die Sitzung hätte etwas erreicht. Das natürliche Thema war die Suche nach einer neuen Ordnung der Dinge, die Prüfung jedes einzelnen im Publikum, der nach Führerschaft strebte, um so vielleicht einen Erlöser zu finden. […] Niemand war vorbereitet. Unvorbereitete Personen spielten in einem unvorbereiteten Stück vor einem unvorbereiteten Publikum.

(Autobiografie 1974/1995, 79f)

Das Stegreiftheater (1921-1925)

1974: Unsere Stegreiftheatergruppe traf sich im Café Museum. Nach dem Debüt im Komödienhaus waren wir zuversichtlich, dass das Stegreiftheater eine lebensfähige Kunstform war und in Wien aufrechterhalten werden konnte. Unsere Gruppe bestand zu dieser Zeit aus Anna Höllering, Elisabeth Bergner – wann immer sie mit uns in Wien sein konnte –, Hans Rodenberg und Robert Blum. Peter Lorre war ebenfalls mit dem Aufbau des Stegreiftheaters beschäftigt. […]
Das Theater war immer gefüllt. Bis zu vierzig Menschen passten in den Raum. Das Stegreiftheater wurde schnell zu einem bekannten Treffpunkt für Künstler und Intellektuelle. Viele Auswärtige bemühten sich, ins Stegreiftheater zu kommen, wann immer sie in Wien waren.
Dramatisches Material wurde vom Publikum vorgeschlagen oder erwuchs aus den eigenen Ideen der Schauspieler. Manchmal gab es Themen, die die Schauspieler gerne ausarbeiteten. […]
Das Stegreiftheater mit seinem Ziel 100%-iger Spontaneität war mit enormen Schwierigkeiten konfrontiert. Die erste Schwierigkeit kam von den Zuschauern. Sie waren erzogen worden, im Alltag Kulturkonserven zu gebrauchen, auf sie zu vertrauen und ihrer eigenen Spontaneität zu misstrauen. Die einzige Spontaneität, die sie zu schätzen gelernt hatten, war die, die aus der „belebten Konserve" kam. Wenn den Zuschauern wahre Spontaneität gezeigt wurde, vermuteten sie deshalb entweder, sie sei gut einstudiert oder ein Versuch, sie zu verulken. Wenn eine Sze-

ne schlecht gespielt war, betrachteten sie es als Zeichen, dass Spontaneität nicht funktionierte. Um den Unglauben des Publikums zu umgehen, wandten wir uns der Technik der „lebendigen Zeitung" zu. Da die Vorführungen auf den aktuellen Ereignissen des Tages beruhten, konnte niemand bezweifeln, dass sie spontan und ungeprobt waren.

(Autobiografie 1974/1995, 81f)

Der Fall Barbara (zwischen 1921 und 1924)

1946: Es gibt eine vierte Wiege [des Psychodramas]. Nach dem Gott-Spielen, der Gartenrevolution und dem Komödienhaus kam das Stegreiftheater in der Maysedergasse, in der Nähe der Wiener Oper, das in einer schwer zu bestimmenden Nacht vom Stegreiftheater zu einem therapeutischen Theater wurde. Wir hatten eine junge Schauspielerin, Barbara, die für das Theater arbeitete und die an einem neuen Experiment teilnahm, mit dem ich begonnen hatte: der improvisierten, lebendigen Zeitung. Sie war aufgrund ihrer exzellenten Darstellung unschuldiger, heroischer und romantischer Rollen eine der Hauptattraktionen. Bald wurde offensichtlich, dass sie einen jungen Dichter und Stückeschreiber liebte, der stets in der ersten Reihe saß, applaudierte und jede ihrer Bewegungen beobachtete. Barbara und George verliebten sich ineinander. Eines Tages wurde ihre Hochzeit bekannt gegeben. Dennoch änderte sich nichts, sie blieb unsere Hauptdarstellerin und er bleib sozusagen unser Hauptzuschauer. Eines Tages kam Georg zu mir. Seine normalerweise lustigen grauen Augen waren höchst beunruhigt. „Was ist passiert?" fragte ich ihn. „Oh, Doktor, ich kann es nicht ertragen." „Was ertragen?" Ich sah ihn fragend an. „Dieses süße, engelsgleiche Wesen, das ihr alle bewundert, benimmt sich wie eine teuflische Kreatur, wenn sie mit mir allein ist. Sie benutzt die ausfälligsten Worte und wenn ich ärgerlich auf sie werde, so wie letzte Nacht, dann schlägt sie mich mit ihren Fäusten." „Warte ab", sagte ich, „komm wie gewöhnlich in das Theater, ich werde versuchen, Abhilfe zu schaffen." Als Barbara an diesem Abend hinter die Bühne kam, bereit eine ihrer üblichen Rollen reiner Weiblichkeit zu spielen stoppte ich sie. „Schau, Barbara, du hast bis heute fabelhaft gespielt, aber ich habe Sorgen, dass [dein Spiel] schal wird. Die Leute wollen dich in Rollen sehen, in denen du Bodenständigkeit, die Rohheit der menschlichen Natur, ihre Vulgarität und Dummheit, ihre hündische Realität darstellst, die Menschen nicht nur wie sie sind, sondern schlimmer als sie sind, Menschen wie sie sind, wenn sie durch ungewöhnliche Umstände zum Äußersten getrieben werden. Willst du das versuchen?" „Ja", sagte sie enthusiastisch, „Ich bin froh, dass du das vorschlägst. Ich fühle schon seit einiger Zeit, dass ich dem Publikum eine neue Erfahrung bieten muss. Aber glaubst du, ich kann das schaffen?" „Ich vertrau auf dich", antwortete ich. „Gerade kam die Nachricht herein, dass ein Mädchen, das sich prostituierte, in Ottakring (einem Elendsviertel von Wien), von einem Fremden angegriffen und getötet worden war. Er ist immer noch auf freiem Fuß. Die Polizei sucht nach ihm. Du bist die Straßendirne. Hier ist der Freier (indem ich auf Richard, einen der männlichen Darsteller, zeigte). Bereitet die Szene vor." Eine Straße wurde auf der Bühne improvisiert, ein Cafe, zwei Straßenlaternen. Barbara ging hinaus. Georg saß extrem aufgeregt auf seinem gewöhnlichen Platz in der ersten Reihe. Richard kam in der Rolle des Freiers mit Barbara aus dem Cafe und folgte ihr. Sie hatten eine Begegnung, die sich rasch zu einem hitzigen Wortgefecht entwickelte. Es ging um Geld. Plötzlich wechselte Barbara zu einem Spielstil, den man von ihr überhaupt nicht erwartet hatte. Sie fluchte wie ein Landsknecht, während sie nach dem Mann boxte und ihn immer wieder zwischen die Beine schlug. Ich sah Georg halb erhoben, wie er ängstlich die Arme zu mir erhob, aber der Freier wurde wild und begann Barbara zu jagen. Plötzlich zog er ein Messer, eine Requisite, aus der Innentasche seiner Jacke. Er jagte sie im Kreis, [kam] näher und näher. Sie spielte so gut, dass sie den Eindruck erweckte, als habe sie wirklich Angst. Die Zuschauer sprangen auf und schrieen „Aufhören! Aufhören!" Aber er hörte nicht auf, bis sie vorgab ermodert zu sein. Nach der Szene war Barbara überschäumend vor Freude, sie umarmte George und die beiden gingen verzückt nach Hause. Sie spielte weiterhin solche niederträchtigen Rollen. Am nächsten Tag suchte mich George auf. Er verstand sofort, dass dies Therapie war. Sie spielte Gesinde, einsame Jungfern, rachsüchtige Ehefrauen, gehässige Geliebte, Barmädchen und Flintenweiber. George erstatte mir täglich Bericht. „Nun", sagte er zu mir nach einigen Sitzungen, „irgendetwas geschieht mit ihr. Sie hat zuhause immer noch ihre Zornausbrüche, aber sie haben an Intensität verloren. Sie sind kürzer und inmitten der Ausbrüche lächelt sie oft und, so wie Gestern, erinnert sie sich dann an eine Szene, die sie auf der Bühne gespielt hat und sie lacht und ich lache mit ihr, weil ich mich auch daran erinnere. Es ist als wenn wir uns in einem psychologischen Spiegel sehen. Wir lachen beide. Manchmal sieht sie vorher, was passieren wird und beginnt schon zu lachen bevor sie den Anfall hat. Sie steigert sich zwar unter Umständen doch noch hinein, aber in viel schwächerer Form als früher." Es war wie eine Katharsis, die aus Lachen und Humor erwuchs. Ich setzte die Behandlung fort, indem ich ihr vorsichtig die Rollen übertrug, die sie oder die er gerade brauchte. Eines Tages offenbarte George, welchen Effekt diese Sitzungen auf ihn hatten, während er sie sah und er die Deutungen aufnahm, die ich hinterher gab. „Ihre Stücke auf der Bühne zu sehen machte mich Barbara gegenüber toleranter und weniger ungeduldig." An dem Abend sagte ich Barbara, welch große Fortschritte sie als Schauspielerin gemacht hat und ich fragt sie, ob sie nicht mit George zusammen auf der Bühne spielen wollte. Sie taten es und ihre Duette auf der Bühne, die Teil unseres offiziellen Programms waren, ähnelten immer mehr den Szenen, die sie täglich zu Hause hatten. Allmählich wurden ihre Familie und seine, Szenen aus der Kindheit, ihre Träume und Pläne für die Zukunft dargestellt. Nach jeder Aufführung kamen einige Zuschauer zu mir und fragten, warum die Barbara-und-George-Szenen sie so viel tiefer berührten als andere (Zuschauertherapie). Einige Monate später saßen Barbara und George alleine mit mir im Theater. Sie hatten sich selbst und einander wieder gefunden, besser, sie hatten sich selbst und einander zum ersten Mal gefunden. Ich analysierte die Entwicklung ihres Psychodramas, Sitzung für Sitzung und erzählte ihnen die Geschichte ihrer Heilung.

(Psychodrama I 1946, 3-5. Vgl. Gruppenpsychotherapie 1959, 14f)

Vöslau (1918-1925)

1974: Nach dem ersten Weltkrieg entschied ich mich, nicht in einer großen Stadt wie Wien zu leben und zu praktizieren. […] Es war für den Gemeindearzt der Stadt [Vöslau] üblich, zum leitenden Arzt der Kammgarnspinnerei, einer großen Textilfabrik in der Stadt, ernannt zu werden. Die Stadt sorgte für Unterkunft, die Fabrik für ein Gehalt. So war ich gut versorgt. Mir widerfuhren viele außergewöhnliche Dinge in Vöslau, was erklärt, weshalb ich zum „Arzt des Volkes" wurde. Ich ging mit der Idee der Anonymität bis zum äußersten. In Vöslau war ich nur als der Doktor bekannt. Ich hatte weder ein Schild an der Tür, noch hatte ich einen Rezeptblock […]. Ich hatte die feste Idee, es sei nicht fair, von Patienten Geld zu nehmen, und so akzeptierte ich von denen, die privat zu mir kamen, nie Geld.

(Autobiografie 1974/1995, 90-92)

Nationalsozialismus (um 1921)

1974: An der Universität Wien gab es zahlreiche Zusammenstöße zwischen nationalistischen und zionistischen Studenten, Gefolgsleuten von Theodor Herzl.

(Autobiografie 1974/1995, 54)

1974: Zeitweise erschien es uns, als sei unser Leben bedroht. Man sah und hörte Gruppen nationalistischer Studenten nachts durch das Tal gehen. Sie schrien zu uns herüber und brüllten verleumderische Beleidigungen. Oft standen sie vor unserer Tür, sangen nationalistische Lieder und schauten in der Hoffnung, uns zur Gegenwehr provozieren zu können, zu unseren erleuchteten Fenstern herauf. Manchmal hörte man Schüsse im Tal, und die Luft war voller Panik.

(Autobiografie 1974/1995, 100f)

1974: Hätte ich nicht die Liebe einer Christin für einen Juden, den Kampf eines überlegenen Juden gegen das vorherrschende Mittelmaß der damaligen deutschen Gesellschaft, den gegen mich gerichteten Neid und den Wunsch nach Rache erlebt, hätte ich vielleicht nie die Eingebung entwickelt, Europa rechtzeitig zu verlassen und in den Vereinigten Staaten einen neuen Hafen zu finden. Ich war wie ein Wandervogel, der die kalten Herbstwinde auf seinen Flügeln spürt, lange bevor sie tatsächlich über ihn streichen.

(Autobiografie 1974/1995, 101)

Sing-Sing (1931)

1974: Das National Committee on Prisons and Prison Labor (NCPPL) war eine Organisation, die Innovationen im Bereich der Strafvollzugslehre und der Kriminologie forderte. [...] Als ich nach Amerika kam, waren meine Ideen zur Gruppentherapie und zur Struktur menschlicher Beziehungen in Institutionen weit entwickelt und hatten in Amerika einige Aufmerksamkeit erregt. Das National Committee on Prisons and Prison Labor war an meinen früheren Arbeiten interessiert und half mir, Wege zu finden, um diese Arbeit in amerikanischen Institutionen weiterzuführen. [...] Ich wurde zum Direktor für Sozialforschung am Amt für Sozialwesen des Staates New York ernannt. Meine Forschung bezog sich zu diesem Zeitpunkt auf zwei Gebiete: Gefängnisarbeit, vornehmlich im Gefängnis Sing-Sing, und Arbeit an der New York State Training School for Girls in Hudson, New York. [...] Es war unser Ziel, das Gefängnis in eine therapeutische Gemeinschaft zu verwandeln, in der die Männer auf Grundlage der Bedürfnisse und Stärken jedes einzelnen Mannes in Gruppen organisiert wurden. Aus früheren Erfahrungen wusste ich, dass die bloße Zuweisung von Menschen in Gruppen, in denen jeder günstig wirken konnte, viel zur Verbesserung ihrer psychischen Gesundheit beitragen und positive Auswirkungen auf ihre soziale Interaktion haben würde.

(Autobiografie 1974/1995, 106f)

Hudson (1932-1938)

1974: Das Vorhaben, die soziometrische Organisation einer Gemeinschaft zu erforschen, scheint auf den ersten Blick eine kaum zu bewältigende Aufgabe zu sein. Eine genaue Analyse der in einem sozialen Gebilde ablaufenden Prozesse darf nämlich nicht nur den an der Oberfläche der Bevölkerung erscheinenden Tendenzen Rechnung tragen. Zahlreiche Einzelprozesse tragen zu dem Gesamtbild bei und jeder einzelne von ihnen besteht selbst aus einer Reihe von Problemen, die einer sachlichen Behandlung bedürfen. Alle diese Schattierungen müssen innerhalb der Gesamtanalyse zum Ausdruck kommen, falls nicht Fiktionen an Stelle wissenschaftlicher Wahrheit treten sollen. Es war daher unsere erste Aufgabe, die einzelnen Angehörigen einer Gemeinschaft in ihrem sozialen Zusammenhang zu analysieren. Die Erfahrungen anderer Wissenschaften ermutigten uns, diese schwierige Aufgabe in Angriff zu nehmen; einige sorgfältig durchdachten Zuchtexperimente Mendels führten zur Formulierung des biogenetischen Vererbungsgesetzes – aus der gründlichen Analyse einer Anzahl von Individuen resultierte eine gute Allgemeinkenntnis psychodynamischer Prinzipien. Daher rechneten wir damit, dass sich auch aus dem sorgfältigen Studium einer Reihe von kleinen Gemeinschaften ein besseres Verständnis für die dynamischen Grundlagen jeder anderen Gemeinschaft entwickeln würde. Schließlich hofften wir, dass wir durch das gründliche Studium einer bestimmten Gemeinschaft – wie eigenartig und von anderen Gemeinschaften verschiedenartig sie auch sei – Mittel und Methoden gewinnen würden, die auf alle Gemeinschaften angewendet werden könnten.

Die Gemeinschaft, in der diese Studie ausgeführt wurde, befindet sich in der Nähe von Hudson, New York. Sie hat die Größe eines kleinen Dorfes. Die Einwohnerzahl liegt zwischen 500 und 600 Personen. Die Gemeinschaft ist geschlossen. Die Bevölkerung ist ausschließlich weiblichen Geschlechts. Die Mädchen sind noch im Entwicklungsalter und bleiben, bis ihre Erziehung beendet ist, einige Jahre in Hudson. Sie werden aus allen Teilen des Staates New York durch die Gerichte in diese Anstalt überwiesen. Sie stellen einen Querschnitt durch alle Nationalitäten und sozialen Gruppen New Yorks dar. Die Organisation hat einen doppelten Charakter: sie setzt sich aus zwei Gruppen, der Gruppe des Verwaltungspersonals und der Schülerinnengruppe zusammen. 16 kleine Häuser dienen zur Unterbringung, außerdem sind eine Kapelle, eine Schule, ein Krankenhaus, ein Industriebetrieb, ein Warenhaus, eine Dampfwäscherei und ein landwirtschaftlicher Betrieb vorhanden. Die Hausmutter übernimmt die Funktion der Eltern. Alle Mahlzeiten werden in jedem Haus einzeln unter der Leitung eines Küchenchefs zubereitet. Die Mädchen

arbeiten in verschiedener Weise im Haushalt mit, als Aufwärterinnen, Küchenge-
hilfinnen, Köchinnen, Kellnerinnen, Wäscherinnen und Stubenmädchen. Die farbi-
gen Einwohner sind von den weißen Mädchen getrennt in besonderen Häusern
untergebracht. Im täglichen Verkehr außerhalb der Wohnhäuser hingegen, in der
Schule, auf den Arbeitsstätten, in der Kapelle usw., mischen sich Weiße und Farbige zwanglos. Diese und ähnliche Dinge können als „offizielle soziale Organisation" der Gemeinschaft bezeichnet werden. Außer dieser formellen Struktur gibt es
eine unsichtbare soziometrische Organisation der Hausgemeinschaft, innerhalb
der jeder Einzelne seine Stellung und Funktion hat.

(Grundlagen 1974, 97f)

Beacon (1935/1936)

1974: 1935 fand ich ein schönes Haus am Hudson River. […] In dem großen weißen
Haus in Beacon […] fühlte ich mich wieder wie ein Gott. Anfangs war es eine Klinik ohne Patienten. Ich war mein einziger Patient. Aber dann geschah ein Wunder,
das anderen Wundern den Weg ebnete. […] Da ich ein sehr spezieller Fall für Gott
war, machte ich mit meinen Plänen für das Hospital weiter. Ich bestellte Klempner,
Elektriker, Zimmerer, Maler und alle Handwerker, die man braucht, um ein Sanatorium einzurichten. […] Am nächsten Tag hatte ich das Gefühl, dass ich sofort
Glück haben müsse, sonst wäre ich erledigt. An diesem Tag bekam ich einen An-
ruf. […] Als [Gertrude Tone] von meinen Plänen für ein Sanatorium hörte, und ich
ihr davon erzählte, dass ich dort ein Theater für Psychodrama bauen würde, sagte
sie in einem Ausbruch freudigen Enthusiasmus sofort: „Was für eine wunderbare
Idee! Ich würde gerne daran Teil haben. Könnte ich kommen? Ich spüre, dass dies
meine Bestimmung ist. Ich bin eine starke Trinkerin und Raucherin. Wenn ich dabei bleibe, werde ich sterben. Mein Leben ist leer, meine Kinder sind erwachsen.
Dieser Traum ist das, was ich brauche." […]
Frau Tone war eine Art Muse wie in alten Zeiten. Sie war wegen ihrer Abstammung und ihres Reichtums berühmt. Sie war an meiner Arbeit interessiert und
versuchte, sie zu unterstützen. […] Während Gertrude in Beacon war, war ich un-
gewöhnlich produktiv. Ich fühlte die alte Leidenschaft des Gott-Spielers, wenn
auch nicht auf die Weise, die von 1909-1914 und erneut in Vöslau vorgeherrscht
hatte. Ich lebte das Leben eines wohl situierten Mannes, einer Art Grandseigneur.
Dieser Lebensstil war ein gutes Gegenmittel gegen all die Stürme der früheren Jahre voller Abenteuer.

(Autobiografie 1974/1995, 113-118)

Das soziometrische Institut (1941)

1974: Ende 1941 begründeten wir an der Park Avenue 101 das Soziometrische Institut. Die offizielle Eröffnung des Instituts fand im März 1942 statt. Es war unser Ziel, dass es ein Mekka für Sozialwissenschaftler von überall her, besonders aus Europa werden sollte. Sie sollten kommen, um sich mit den neuesten sozialwissenschaftlichen Entwicklungen auseinanderzusetzen, damit ihre Völker die Lehren, die die Soziometrie zu bieten hatte, nutzen konnten.

[...]

Als das Institut im März 1942 seine Pforten öffnete, war es unser Ziel, ca. 50.000 Männer und Frauen als Soziometriker auszubilden. Sie sollten in alle Lebensbereiche der USA und Übersee geschickt werden, um dabei zu helfen, eine neue Form von Demokratie hervorzubringen – eine Form, in der, um aus unserer Eröffnungsverlautbarung zu zitieren, „jedes Mitglied dieser Gruppen durch Soziometrie verstehen lernen sollte, dass eine wahrhaft lebendige Demokratie nicht erreicht werden kann, sofern sie nicht auf der Kenntnis der tatsächlich wirkenden interpersonellen und intergruppalen Beziehungen basiert. Diese existieren und funktionieren unter der Oberfläche offizieller Institutionen, Gesetze, Gerichtshöfe und deren unterschiedlichen kulturellen Einrichtungen. Die wahre und vollständige Bedeutung der Soziometrie wird unerkannt bleiben, falls nicht eine weltweite Perspektive gewählt wird. Ihre Aufgabe kann in einem isolierten und vom lebendigen Netz sozialer Aktualitäten losgelösten Laboratorium nicht erfüllt werden. Wenn eine ganze Nation in einen Konflikt involviert ist, darf man sich in einem wissenschaftlichen Sozialprogramm nicht auf eine Gruppe konzentrieren und alle anderen auslassen. Das ganze, durch die gesamte Nation repräsentierte Gewebe menschlicher Beziehung muss als ein einziger Betrachtungsgegenstand ins Auge gefasst werden."

(Autobiografie 1974/1995, 140f)

Morenos Grabstätte (1974/1993)

Moreno stirbt am 14. Mai 1974 in Beacon. 1993 werden seine sterblichen Überreste nach Wien überführt und er erhält ein Ehrengrab auf dem Wiener Zentralfriedhof. Bereits in „Psychodrama III" hat er verfügt, was auf seinem Grabmal stehen sollte.

1969: Ich möchte, dass mein Grabstein die Aufschrift trägt: „Hier liegt der Mann, der Freude und Lachen in die Psychiatrie gebracht hat."

(Psychodrama III 1969, 258)

1993:
Der Begründer der Soziometrie,
der Gruppenpsychotherapie,
des Psychodramas.
Der Mann, der Freude und Lachen
in die Psychiatrie brachte.
J.L.M

(Inschrift auf Morenos Ehrengrab in Wien)

3. Zeitleiste

Wie wohl bei jedem schaffenden Menschen sind auch bei Moreno Biografie und Theoriebildung untrennbar ineinander verflochten und aufeinander bezogen. Sein Denken und seine Praxisentwürfe werden verständlicher, vielleicht überhaupt erst verstehbar, wenn man sie auf ihren historischen Kontext, auf Menschen, die für Moreno und seine Philosophie wichtig waren, und auf berufliche Kontexte, in denen er stand, bezieht. Eine erste Annäherung an diese Kontexte soll die folgende Zeitleiste ermöglichen, in der neben den wesentlichen biografischen Daten Morenos auch Bezugsdaten aus der Psychologie- und Weltgeschichte verzeichnet sind.

Jahr	Morenos Biografie	Psychologiegeschichte	Weltgeschichte
1844			Friedrich Nietzsche wird in Röcken bei Lützen geboren
1849		Iwan Petrowitsch Pawlow wird in Rjasan geboren	
1856	Morenos Vater Nissim Moreno Levy wird geboren	Sigmund Freud wird in Freiberg/Mähren geboren	
1859		John Dewey wird in Vermont geboren	
		Charles Darwin publiziert: „Über den Ursprung der Arten durch natürliche Zuchtwahl"	
1863		George Herbert Mead wird in Massachusetts geboren	
1867			Entstehung der Doppelmonarchie Österreich-Ungarn
1870		Alfred Adler wird in Rudolfsheim bei Wien geboren	
1873	Morenos Mutter Paulina Iancu wird geboren		
1875		C.G. Jung wird in Kesswil geboren	
1878			Martin Buber wird in Wien geboren
1879			Albert Einstein wird in Ulm geboren

1883			Karl Marx stirbt in London
1886			erstes Auto von Benz und Daimler
1888	Hochzeit der Eltern		
1889	18. Mai: Moreno wird als erstes von sechs Kindern in Bukarest geboren	In Paris findet der erste internationale Psychologen-kongress statt	
1890	Geburt der Schwester Victoria	Kurt Lewin wird in Posen geboren	1890-1910: Wiener Moderne
		Christian von Ehrenfels begründet mit seinem Buch „Über Gestaltqualitäten" die Gestaltpsychologie	
		William James veröffentlicht „Principles of Psychology"	
1892	Geburt des Bruders William		
1893	Geburt der Schwester Charlotte Unterricht bei dem Rabbiner Bekhor Hayyim Ben Moses Bejerano (1850 bis 1931) (More-no selbst spricht in seiner Autobiografie (S. 21) von „Rabbi Bigireanu"		
1894	Umzug der Familie nach Wien		
1896		Freud verwendet zum ersten Mal den Begriff „Psychoana-lyse"	
1898	Geburt der Schwester Clara		
1899	Geburt des Bruders Norbert		
1900		Freud publiziert „Die Traumdeutung"	Nietzsche stirbt in Weimar
1902		Carl Rogers wird in einem Vorort von Chicago geboren	
1904	1904/05: Die Familie zieht nach Berlin um, dann nach Chem-nitz. Moreno bleibt bei Freun-den der Familie in Wien und arbeitet als Hauslehrer		

1905		Pawlow veröffentlicht erste Untersuchungen zum „bedingten Reflex" Alfred Binet und Theodore Simon entwickeln den ersten Intelligenztest.	Die expressionistische Künstlergruppe Die Brücke wird in Dresden gegründet
1906	~ 1906: Scheidung der Eltern		
1907	1907-1913: Stegreifspiele mit Kindern in den Wiener Augärten		
1908	~ 1908/09: Entstehung der „Religion der Begegnung" Gründung des Haus der Begegnung		
1909	1909-1917: Studien der Medizin, Psychologie und Philosophie in Wien		
1910			Die expressionistische Zeitschrift „Der Sturm" erscheint bis 1932
1911		W. Stern entwickelt das Konzept des Intelligenz-Quotienten (IQ)	Der expressionistische Künstlerkreis „Der blaue Reiter" entsteht in München
1913	Aufbau einer Selbsthilfegruppe von Prostituierten am Spittelberg	Mead publiziert „The Social Self" Freuds Bruch mit Jung	
1914	„Einladung zu einer Begegnung" Das Haus der Begegnung wird geschlossen 1914-1917: Dienst als Sanitäter in der österreichischen Armee in Tirol	Charles Sanders Peirce stirbt in Milford, Pennsylvania	1914-18 Erster Weltkrieg
1915	1915-17: Arbeit als Arzt im Flüchtlingslager Mitterndorf		Einstein veröffentlicht die allgemeine Relativitätstheorie
1916		Virginia Satir wird in Wisconsin (USA) geboren	
1917	5.Februar: Promotion zum Doktor der gesamten Heilkunde		

1918	Herausgeber von „Daimon" „Die Gottheit als Autor" 1918-1925: Gemeindearzt und medizinischer Direktor der „Kammgarn Fabrik" in Vöslau bei Wien		
1919	Mitherausgeber von „Der Neue Daimon" „Die Gottheit als Redner" „Erklärung an Spartakus" „Die Gottheit als Komödiant" 1919-1925: Beziehung zu Marianne Lörnitzo	John B. Watson veröffentlicht „Psychology from the standpoint of a behaviorist"	Weimarer Republik 1919/20 Versailler Vertrag
1920	Mitherausgeber von „Die Gefährten"		
1921	Das gruppenanalytische Diwan-Experiment 1921-1925: Stegreiftheater in der Maysedergasse 2 in Wien	Hermann Rorschach entwickelt den Rorschach-Test	
1922	„Das Testament des Vaters"		
1923	„Der Königsroman" „Rede über den Augenblick"		Bubers „Ich und Du" erscheint
1924	„Das Stegreiftheater", englisch 1947 25. September: Konfrontation mit Kiesler bei der Eröffnung der Internationalen Ausstellung neuer Theatertechnik in Wien „Rede über die Begegnung"		
1925	19. Januar: Plagiatsprozess Kiesler gegen Moreno „Rede vor dem Richter" Emigration in die Vereinigten Staaten	Burrow prägt den Begriff der Gruppenanalyse, infolgedessen Bruch mit Freud	
1927	Moreno erhält die Erlaubnis, in den Vereinigten Staaten als Arzt zu praktizieren		Werner Karl Heisenberg formuliert die Heisenbergsche Unschärferelation
1928	31. Mai. Hochzeit mit Beatrice Beecher		
1929	1929-1931: Informelle Aufführungen des „Impromptu Group Theatre" in der Carnegie Hall in New York City		Mit dem Schwarzen Freitag (25. Oktober) beginnt die Weltwirtschaftskrise

1931	5. April: Offizielle Eröffnung des „Impromptu Group Theatre"	Mead stirbt in Chicago

1931   5. April: Offizielle Eröffnung
        des „Impromptu Group Theat-
        re"
        Moreno prägt den Begriff
        „Gruppenpsychotherapie"
        Zusammenarbeit mit dem
        „National Committee on Pris-
        ons and Prison Labor"
        (NCPPL)
        Soziometrische Umstrukturie-
        rung des Sing-Sing-Gefängnis,
        Ossining, N.Y.
        5. Juni: Aufnahme in die Ame-
        rican Psychiatric Association
        (APA) bei der Versammlung in
        Toronto
        Disput mit Dr. A. A. Brill über
        dessen Vortrag „Abraham
        Lincoln als Humorist"

Mead stirbt in Chicago
1931-35: Postume Publikation
der gesammelten Werke
Peirces

1932   Soziometrisches Projekt in der
        Brooklyn Public School 181,
        Brooklyn, N.Y.
        Symposium der APA in Phila-
        delphia: Diskussion der Sing-
        Sing-Studie
        1932-1933: Soziometrisches
        Projekt in der Riverdale
        Country School, Riverdale, N.Y.
        1932-1938: Soziometrische
        Studien in der New York State
        Training School for Girls in
        Hudson, N.Y.

1933   1933-1938: Soziometrische   Hitler wird Reichs-
        Unterstützung der Siedlungs-   kanzler
        experimente Centerville und
        Freetown

1934   „Who Shall Survive?" (erwei-
        terte Auflage 1953)
        Moreno erhält die amerikani-
        sche Staatsbürgerschaft
        Scheidung von Beatrice Beecher

1936	Gründung des Beacon Hill Sanatoriums und Errichtung der ersten Psychodramabühne in Beacon, N.Y. Gründung des Verlags Beacon House Inc. Gründung der Zeitschrift „Sociometric Review"	Pawlow stirbt in Leningrad
1937	Die Zeitschrift „Sociometric Review" wird in „Sociometry" umbenannt Lehrtätigkeit Morenos an den Universitäten von Columbia und New York	Adler stirbt in Aberdeen
1938	Hochzeit mit Florence Bridge	
1939	Geburt der Tochter Regina Moreno	Freud stirbt in London	1939 - 1945 Zweiter Weltkrieg
1941	8. Juni: Eröffnung einer Psychodramabühne im St. Elisabeths Hospital in Washington D.C. Gründung des Sociometric Institute in New York City „The Words of the Father" (stark veränderte und erweiterte Übertragung von „Das Testament des Vaters")		
1942	Eröffnung des Sociometric Institute und des New York Theatre of Psychodrama in New York City Bau einer dritten Psychodramabühne Gründung der American Society of Psychodrama and Group Psychotherapy (1950 umbenannt in American Society of Group Psychotherapy and Psychodrama)	Foulkes: Gruppenarbeit auf analytischer Basis entsteht in Northfield	
1945			Gründung der UNO Atombombenabwürfe auf Hiroshima und Nagasaki

1946	„Psychodrama I"	
1947	Gründung der Zeitschrift „Sociatry"	Lewin stirbt in Massachusetts
1948	Mansfield Theatre (therapeutisch-soziodramatisch orientiertes Stegreiftheater) Gastdozentur an der Harvard University Scheidung von Florence Bridge	
1949	Die Zeitschrift „Sociatry" wird in „Group Psychotherapy" umbenannt 18. Dezember: Hochzeit mit Celine Zerka Toeman		Wahlen zum ersten Deutschen Bundestag Gründung der NATO
1950		Theodor W. Adorno beschreibt zusammen mit seinen Kollegen die Autoritäre Persönlichkeit Balint entwickelt seine Gruppengespräche
1951	„Sociometry, Experimental Method and the Science of Society" (deutsch 1981) Umbenennung des Beacon Hill Sanatoriums in Moreno Sanatorium Gründung des International Committee of Group Psychotherapy in Paris 1951-1966: Adjunct Professor für Soziologie an der New York Universität	Rogers veröffentlicht „Die klientenzentrierte Gesprächspsychotherapie" Perls entwickelt die Gestalttherapie
1952	Geburt des Sohnes Jonathan D. Moreno	Dewey stirbt in New York
1954	„Die Grundlagen der Soziometrie" 1. Internationaler Kongress für Gruppenpsychotherapie in Toronto. Es folgen Kongresse in Zürich (1957) und Mailand (1963)	

1955		Ruth Cohn experimentiert erstmals mit der Methode der „Themenzentrierten Interaktion"	Zusammenschluss des Warschauer Pakts Einstein stirbt in Princeton
1956	„Sociometry and the Science of Man" Die American Sociological Society übernimmt die Herausgeberschaft für die Zeitschrift „Sociometry"		
1957	Präsident des International Council of Group Psychotherapy „Globale Psychotherapie und Aussichten einer therapeutischen Weltordnung"		
1958	Europa- und Nahostreise	Lawrence Kohlberg stellt sein Stufenmodell der Moralentwicklung vor	
1959	„Psychodrama II" „Gruppenpsychotherapie und Psychodrama" Reise in die Sowjetunion mit Vorträgen in Moskau und Leningrad Ehrendoktor der Medizinischen Fakultät der Universität Wien	Schindler gründet den österreichischen Arbeitskreis für Gruppentherapie und Gruppendynamik	
1960	„The Sociometry Reader"		
1961		C.G. Jung stirbt in Küsnacht	Bau der Berliner Mauer
1962		Die Milgram-Experimente werden durchgeführt	
1963			Martin Luther King Jr. hält seine Rede „I have a dream" John F. Kennedy wird erschossen

1964	1. Internationaler Kongress für Psychodrama in Paris. Es folgen die Kongresse in Barcelona (1966), Prag/Baden bei Wien (1968), Buenos Aires (1969), Sao Paulo (1970), Amsterdam (1971), Tokyo (1972) und Zürich (1974)	1967 Gründung des DAGG	1964-1972 Vietnamkrieg
1968	14. Oktober: Doktor honoris causa der medizinischen Fakultät der Universität Barcelona		Martin Luther King Jr. wird in Memphis erschossen
1969	14. Mai. Goldenes Doktorat der Universität Wien Ehrung in Bad Vöslau „Psychodrama III" erscheint	Albert Bandura veröffentlicht „Prinzipien der Verhaltensmodifikation"	Erste Landung auf dem Mond
1970	Die Zeitschrift „Group Psychotherapy" wird in „Group Psychotherapy and Psychodrama" umbenannt	1972 Horst Eberhard Richters Buch „Die Gruppe" erscheint	
1973	Gründung der International Association of Group Psychotherapy in Zürich		
1974	14. Mai: Moreno stirbt in Beacon		Watergate-Affäre und Amtsenthebungsverfahren gegen Präsident Richard Nixon
1981	Der Sammelband „Soziometrie als experimentelle Methode" erscheint		
1987		Rogers stirbt in Kalifornien	
1989	J. Fox gibt den Sammelband „Psychodrama und Soziometrie" heraus		
1993	Überführung der sterblichen Überreste nach Wien; Ehrengrab auf dem Wiener Zentralfriedhof		
1995	Die Autobiografie erscheint		

4. Morenos Sozialatom

Eines der wichtigsten soziometrischen Instrumente ist das Soziokulturelle Atom – die punktuelle und auf ein bestimmtes Kriterium bezogene Darstellung der Rollen und Beziehungen eines Menschen. Es zeigt den einzelnen Menschen eingebunden in das familiäre, berufliche, aber auch geistesgeschichtliche Beziehungsgeflecht, das ihn geprägt hat und das ihn erst zu dem macht, was er ist. In diesem Kapitel werden wesentliche Bezüge Morenos aufgezeigt.

Familie

1974: Meine Eltern stammten von sephardischen Juden ab. Meine Mutter Pauline war eine Waise, die von ihren zwei älteren Brüdern großgezogen wurde. Als sie heranwuchs, sandten sie sie in eine römisch-katholische Klosterschule, da sie keine Vorstellungen hatten, wie sie für ein jugendliches Mädchen sorgen sollten. Ein Kloster war der einzige Ort, an dem ein Mädchen zu jener Zeit irgendeine Ausbildung bekommen konnte. Die Nonnen übten auf sie einigen Druck aus, zum Christentum überzutreten. [...] Meine Mutter hatte eine merkwürdige Einstellung zur Religion. Sie verband Elemente ihrer jüdischen Erziehung und ihrer Tage im Kloster. Sie war auch abergläubisch, glaubte sehr an die Deutung von Träumen und ans Wahrsagen. [...] Meine Mutter war voller Ideen und Träume, eine große Geschichtenerzählerin. Sprachlich vielseitig ...

(Autobiografie 1974/1995, 15f)

1974: Mein Vater, Nissim Moreno Levy, war ein schlanker, ca. 1,75 m großer Mann. Er war ernst und zurückgezogen, der unangefochtene Herr des Hauses, ein liebevoller und herzlicher Vater. Wechselhaft in seinen Gewohnheiten, ein Schürzenjäger, kam und ging er, wie er wollte. Er war gut darin, neue Geschäfte zu beginnen und damit zu scheitern. Er und meine Mutter trennten sich letztlich im Guten, als ich 14 Jahre alt war. Die Trennung ging ohne jegliche gewalttätigen, offenen Konflikt oder jegliche formelle, gesetzliche Trennung oder Scheidung vonstatten. Es schien, als ob er einfach davon glitt.

(Autobiografie 1974/1995, 18)

1974: In jenen Tagen besaßen die Häuser keine sanitären Anlagen. Wir hatten draußen ein Klosett. Piroschka, unser ungarisches Dienstmädchen, brachte mich in regelmäßigen Abständen zum Klo und weihte mich in die Geheimnisse des Urinierens und des Stuhlgangs ein. Es war bitterkalt. Schnee lag über der Landschaft. Ich sah Piroschka als einen Guru des mystischen Animismus. Sie erklärte mir, dass der Urin ins Wasser, in den Fluss, in den See fließt. Fäces wandert in den Boden, die Erde und die umliegenden Hügel. Sie vermittelte mir einen tiefgehenden Respekt nicht nur für sie selbst, sondern für die einfachen kosmischen Geschehnisse und für meinen Platz im Universum. Auf diese Weise begann in meiner frühen Kindheit meine Faszination für die Idee von Gott. Die berühmteste Person im Universum war Gott, und ich mochte es, mit ihm verbunden zu sein.

(Autobiografie 1974/1995, 21)

Moreno war der Erstgeborene von sechs Geschwistern. Es folgten Victoria (1890), William (eigentlich: Volf-Valerian 1892), Charlotte (1893), Clara (1898) und Norbert (1899). Bis auf Charlotte emigrierten alle Geschwister, angefangen mit William, in die Vereinigten Staaten. Moreno erwähnt in seinen Schriften lediglich seinen Bruder William.

1974: [Morenos Bruder] William reiste kurz vor mir nach Amerika. Er ging in New York City ins Textilgeschäft, verdiente eine Menge Geld und besaß schließlich eine eigene Firma. William war damals meine rechte Hand. Er war immer bereit anzuhören, was ich zu sagen hatte ... gewillt mir auf jede ihm mögliche Weise bei der Durchführung meiner Ideen zu helfen. (1942) spendete William (die Geldmittel) für unser Psychodramatheater in New York City [...] William war auch beim Start unseres Verlages Beacon House hilfreich. Die Zeitschrift Sociometry war unser erstes Unternehmen. Es folgte die amerikanische Ausgabe des Testaments des Vaters und dann viele andere Veröffentlichungen. [...] Er sorgte sich zudem darum, dass ich einen angemessenen Schaukasten für meine Arbeit hatte. Und er wollte mit allem, was ich tat, eng verbunden sein. [...] Wie die reichen Onkel, die uns geholfen hatten, als wir Kinder waren, widmete er sich immer der Familie. Wenn irgendeiner von uns etwas benötigte, musste er nur William fragen. So war mein Bruder William meine Muse. Er war das einzige Mitglied meiner Familie, das mir immer volle Unterstützung und Ermutigung gab.

(Autobiografie 1974/1995, 119f)

Frauen

1974: Frauen haben ein größeres Potential, um einen Gott-Spieler zu stimulieren und inspirieren. [...] Eine Frau hat den Vorteil, vom anderen Geschlecht zu sein und eine andere physische Anziehungskraft als ein Mann zu haben. Sie kann Partnerin, Liebhaberin, Ko-Kreatorin werden. [...] Ich war durch viele Formen der

Nichtheirat gegangen, ohne mich jedoch auf irgendeine dauerhafte Form einzulassen. Es steht zur Debatte, ob zwei Menschen, die sich finden, Mann und Frau, sich
gegenseitig ergänzen und mit ihren Stärken und Schwächen in annehmbarer Harmonie leben können. Es sind jedoch mehr Fehlschläge bekannt als Erfolge.

(Autobiografie 1974/1995, 121f)

1974: Marianne […] Sie wurde meine platonische Geliebte und spirituelle Partnerin
[…] Ich habe versucht, meine Beziehung zu Marianne zu definieren. Anfänglich
resultierte aus diesen Bemühungen die Erkenntnis, welche Art von Beziehung es
nicht war … Unsere Beziehung war nicht von der üblichen Sorte, wie bei zwei
Menschen, die sich verlieben, eine Affäre haben und auseinander gehen, nachdem
die Phase des Verliebtseins vorüber ist. […] Wir waren auch nicht wie zwei Menschen, die sich begegnen, sich verlieben und heiraten, um Kinder zu bekommen
und eine Familie zu gründen. Es gab keinen gesetzlichen Zwang für unsere Beziehung. Wir trafen eine freie Entscheidung, sie und ich, obwohl die Entscheidung nie
mit vielen Worten ausgedrückt oder dramatisch formuliert wurde. […] Ich glaube,
dass diese Art der Beziehung ausgesprochen modern, ultramodern ist. Sie hat eine
globale und sogar eine kosmische Bedeutung. Sie existiert überall in variierenden
Formen. Bei aller Modernität hat sie solange existiert, wie die menschliche Geschichte zurückreicht, obwohl sie von Sitten und sozialen Banden, Religion und
Moralvorschriften nie so unabhängig gewesen sein mag wie in unserer Zeit. Es ist
möglich, dass diese kostbare Form der Beziehung nicht überdauern wird. Vielleicht wird sie durch den schrecklichen Drang des Menschen, alles in leicht kon-
trollierbare Ordnungen zu stecken, zerstört […] Wir wollten heiraten, obwohl wir
nur selten über Heirat sprachen […] Am Vorabend meiner Abreise in die Vereinigten Staaten im Februar 1925 folgte sie mir nach Hamburg. Wir verbrachten dort eine Liebesnacht, die in unserer gesamten früheren Beziehung nicht ihresgleichen
fand. Ich versprach, nach ihr zu schicken, sobald ich mich in den Vereinigten Staaten niedergelassen hatte. Ich beabsichtigte, sie zu mir kommen zu lassen, und wir
korrespondierten eine Zeit lang. Einige ihrer Briefe bewegten mich tief. […] Nach
mehreren Monaten hörte ich auf, ihre Briefe zu beantworten. Irgendwie starben
meine Gefühle für sie ab, während für mich ein erregendes neues Leben begann.

(Autobiografie 1974/1995, 94f)

1974: Beatrice Beecher gab am Mt. Sinai Vorlesungen. Sie war Expertin für Famili-
enprobleme und soziale Beziehungen von Kindern. Nach einer ihrer Vorlesungen
wurden wir uns vorgestellt. Wir sprachen über die Arbeit, die ich mit den Dokto-

ren Schick und Wiles machte. Mein Einwanderungsstatus kam ins Gespräch, da ich
zu dieser Zeit kurz vor der Rückkehr nach Europa stand und dies Thema für mich
von größter Bedeutung war. Beatrice, die Enkelin von Henry Ward Beecher, dem
berühmten Prediger, schlug vor, dass sie mich für die Einwanderung heiraten
würde, um sich dann von mir scheiden zu lassen. So gingen wird zur City Hall
und heirateten. Ich wurde von einer frommen Frau geheiratet. […] Beatrice und ich
lebten für kurze Zeit zusammen, bevor wir uns scheiden ließen. Aber wir waren
nicht dafür geschaffen, zusammen zu bleiben. […] Beatrice führte Psychodrama bei
den Kindern im Plymouth Institute ein. […] Es war eine ungewöhnliche Art der
Freundschaft. Wir waren Vertraute, aber keine Liebhaber.

(Autobiografie 1974/1995, 105f)

1974: Helen H. Jennings war damals eine junge Studentin an der Columbia Universität. Immer an neuen Ideen interessiert wurde sie zu meiner begeisterten Schüle-
rin. Soziometrie, Gruppentherapie und Psychodrama fanden ihr Interesse. Ihre Arbeit trug über die Jahre viel zur Verbreitung meiner Ideen in die Welt bei. Helen
war brillant und ehrgeizig. Ich gab ihr meine Stelle als Direktor für Sozialforschung, d.h. sie machte die Arbeit und bekam das Gehalt, während ich den Titel
behielt. Ich hielt immer eine Menge von Helen. Sie ist eine der begabtesten Sozial-
wissenschaftlerinnen, die ich je getroffen habe.

(Autobiografie 1974/1995, 111)

1974: Augenblicke großer Freude schwinden genauso schnell wie Augenblicke tief
greifenden Abscheus … Schauspielerinnen, Tänzerinnen, Autorinnen, Psycholo-
ginnen, Rebellinnen: Viele versuchten mich zu verführen. Viele hatten Erfolg …

(Autobiografie 1974/1995, 122)

1974: Ich begegnete einem schönen, sensiblen und zartfühlenden Mädchen, das
kurz zuvor ihren Abschluss am Elmira College […] gemacht hatte. Ihr Name war
Florence Bridge. […] Unsere Heirat fand gerade statt, als ich mein Leben in Beacon
begann und das Sanatorium eröffnet hatte. […]

Florence war eine hervorragende Forscherin und veröffentlichte mehrere Artikel in
unserer Zeitschrift. Sie interessierte sich besonders für die Erziehung von Kindern
und erforschte Interaktionen zwischen Kindern in Kindergärten. Unsere Tochter
wurde 1939 geboren. Regina war ein schönes kleines Mädchen und Florence war
eine besonders hingebungsvolle Mutter … aber unsere Ehe verschlechterte sich

und wir wurden 1949 geschieden. Ich hätte Florence nie heiraten sollen. Und ich war kein guter Ehemann für sie.

(Autobiografie 1974/1995, 123f)

1974: Eine der Schwierigkeiten in unseren Mythologien von Gott besteht darin, dass er gewöhnlich als einzelne Person, entweder als Gott oder als Göttin, dargestellt wird. Einsamkeit ist der Preis, den wir für den Monotheismus zahlen müssen. In der griechischen Mythologie, in der das Pantheon auf einem niedrigeren Intensitätsniveau existiert, heiratete Gott und schuf Nachkommen wie zum Beispiel Zeus und Hera. Die Geschichten dieser Ehen sind voll von Enttäuschungen, aber sie sind für Sterbliche wirklicher als die Persönlichkeiten der monotheistischen Götter. Ich war jedenfalls auf der Suche nach einer integrierten Partnerschaft, nach der Muse der Integration, um den Gott-Spieler herunter auf die Erde zu bringen. An einem sonnigen Sommernachmittag im Jahr 1941 öffnete sich die Tür und eine junge Frau schritt in mein Büro. Sie wurde von drei weiteren Personen begleitet, aber sie bemerkte ich zuerst. […] Ich sah sie an; sie sah mich an. Das war es. Ich sagte zu mir – mein Doppel spricht: „Ja, ja, ja" – und ich breite meine Arme in einer weiten, alles umarmenden Geste aus. Ich fühle, dass sie bereits die Meine ist und dass ich bereits der Ihre bin. Dort ist sie. Ich weiß nichts über sie, nur dass sie [Celina Zerka Toeman] Sie ist.

(Autobiografie 1974/1995, 126)

Das intellektuelle Sozialatom

1949: Es wird mir oft nachgesagt, eine besondere Vorliebe für psychiatrische Konzepte zu haben und die soziologischen und psychologischen Beiträge der Vergangenheit, von F. Znaniecki, G. Gurvitch und L. von Wiese zum Beispiel, schlecht zu kennen. Der Umstand, dass ich von Beruf Psychiater bin, ist jedoch falsch ausgelegt worden. Bevor ich mein Medizinstudium begann, hatte ich mir bereits ein bestimmtes Weltbild angeeignet. Ich hatte an der Universität von Wien Philosophie studiert, bei Adolf Stöhr Psychologie und Semantik, bei Wirtinger Mathematik, bei Swoboda Gestalttheorie; aber selbst diese Einflüsse waren im Vergleich zu meinem privaten Studium der Theologie und Philosophie zweitrangig. Das Spektrum meiner Lektüre beinhaltete nur zu einem geringen Teil medizinische Werke. Es umfasste alle Bereiche der Wissenschaft und einen beträchtlichen Teil der soziologischen Literatur. Unter den Soziologen, die ich las, waren Georg Simmel („Die Philosophie des Geldes"), Lazarus, Stein und Bachofen, Marx und Engels, Proudhon

und Sorel, und als ich im Februar 1918 Herausgeber der Monatsschrift „Daimon"
wurde, befanden sich unter den Mitherausgebern nur ein Psychiater, nämlich Alfred Adler, zwei Soziologen, Max Scheler und H. Schmidt, die Schriftsteller Franz
Werfel, Franz Kafka, Heinrich Mann, Jakob Wassermann, Ottokar Breszina, die Re-
ligionsphilosophen Francis Jammes und Martin Buber. Die Gesellschaft dieser
Männer zeigt wohl deutlich genug, dass ich bei der Entwicklung der Soziometrie
nicht allzu sehr von Psychiatern beeinflusst wurde. Es lässt sich allerdings nicht
leugnen, dass die Psychoanalyse als ein „negativer" Faktor einen starken Einfluss
auf meine Formulierungen hatte. In Bezug auf meine soziologische Orientierung
kann aber dasselbe über den Marxismus, in Bezug auf meine theologische Orientierung über den Spinozismus gesagt werden.

(Ursprünge und Grundlagen der interpersonalen Theorie,
Soziometrie und Mikrosoziologie, Methode 1981, 269)

1974: Ausgedehnte und fieberhafte Lektüre religiöser, philosophischer und ästhetischer Literatur bereitete die innere, psychische Szenerie für die kommende, entscheidende Phase vor. Die Lektüre religiöser Bücher konzentrierte sich auf das Alte und Neue Testament, die Heiligen Paulus, Augustinus, Origen, Benedikt, Franziskus, Meister Eckart, Angelus Silesius, Friedrich Novalis, die Apokryphen, den
Sohar und Jezira, Blaise Pascal. Sören Kierkegaards Schriften hatten zu Beginn des
20. Jahrhunderts in ganz Europa großen Einfluss, und auch ich verfiel seinem Zauber. Unter den Philosophen, in die ich mich besonders vertiefte, waren Spinoza,
Descartes, Leibnitz, Kant, Fichte, Hegel, Marx, Schopenhauer und Nietzsche. Unter
den Schriftstellern waren es Dostojewski, Tolstoi, Walt Whitman und Goethe. Aus
dieser Liste wird deutlich, dass ich diese Bücher mit vielen meiner Generation teil-
te, aber es war meine Reaktion auf diese Bücher, die mich von ihnen absetzte.
Meine Lektüre war keineswegs systematisch. Hier ein Buch, da ein Buch. An einem
Punkt bewegte mich besonders die Kabbala. Während meines Studiums trat die
jüdische mystische Bewegung in den Vordergrund und berührte mich tief. Die
zentralen Lehren der Kabbala, dass alle Kreation eine Emanation der Gottheit ist
und dass die Seele in der Ewigkeit existiert, kamen zu meiner ursprünglichen Beschäftigung mit dem Buch Genesis hinzu. „Am Anfang schuf Gott Himmel und
Erde" beeindruckte mich sehr …
Ein Ergebnis meiner theologischen und philosophischen Lektüre war heftige Opposition. Nicht so sehr gegen die Heilmittel, die die Schreiber anboten – diese waren vortrefflich und wunderschön ausgedrückt –, sondern gegen ihr Verhalten als
Individuen und als Repräsentanten der Werte, die sie predigten. Sie prophezeiten

Unheil, sofern nicht ein bestimmter Handlungspfad befolgt würde, aber sie über-
ließen es schlauen und opportunistischen Politikern, die Welt zu führen. Mit wenigen Ausnahmen handelten sie selbst nicht. Sie verbargen sich hinter tiefschürfen-
den Büchern und schönen Predigten. Es schien, als glaubten sie, dass ihre Arbeit
mit dem Schreiben ihrer Bücher oder dem Predigen ihrer Predigten getan sei. Keiner von ihnen wagte den Sprung heraus aus dem Buch und hinein in die Realität.

(Autobiografie 1974/1995, 34-36)

1974: Ich [verbrachte] viel freie Zeit im Café Museum und im Café Herrenhof. Die
Cafés waren Orte, wo sich Intellektuelle und Künstler jeglicher Art versammelten.
[…] Bekanntschaft wuchs zu Freundschaft, und dann begannen einige von uns,
zusammen zu arbeiten. […] Im Café Museum traf ich Martin Buber, Arthur
Schnitzler, den Verfasser von Komödien mit philosophischer Aura und regelmäßigen Teilnehmer im Stegreiftheater; Jakob Wassermann, Schriftsteller im Stil Dostojewskis; Rober Musil, Franz Lehar und viele andere, die für mich wichtig wurden.
Es dauerte nicht lange, bis ich daran dachte, eine monatliche Zeitschrift für existentielle Philosophie herauszugeben. […] Jede große Stadt hat Plätze wie das Museum
oder den Herrenhof. Aber Wien war in den zwanziger Jahren für Intellektuelle
und Künstler einer der lebendigsten Orte der Welt. […] Obwohl ich durch den Dai-
mon-Zirkel hunderte von Kontakten hatte, besaß ich nur wenige wirklich Vertraute. Franz Werfel war damals einer meiner engsten Freunde […] Die vielleicht populärste politische Philosophie unter Intellektuellen und Künstlern war der Marxismus. Gustav Landauer schrieb ein bekanntes Buch über Geschichte und Politik
[…] Wir hatten mit Franz Blei, einem theologischen Schriftsteller aus Berlin, einen
kleinen Skandal. Blei verfasste ein neues, angeblich von einem griechischen Christen namens Appollonius geschriebenes Evangelium. Als wir es veröffentlichten,
war es eine Sensation. Ich war auf Blei wegen seiner Fälschung ziemlich ärgerlich.
Zu diesem Zeitpunkt war er ärgerlich auf mich, da er dachte, ich sei in seine Liebs-
te verliebt.

(Autobiografie 1974/1995, 76-78)

Jüdische Bezüge: Buber und Spinoza

1941: [Die Akteure des religiösen Lebens experimentieren, indem sie ihr Leben] als
Material und als Werkzeug nutz[en], mit dem sie die Existenz und die Essenz der
Gottheit erforsch[en]. Indem sie sich von einer Ebene der Verkörperung zur nächs-
ten erwärm[en], versuch[en] sie, stückweise nicht primär die Bedeutung ihres ei-

genen, individuellen Lebens, sondern die Bedeutung der Existenz selbst zu bestimmen.

(Words 1941, 196f)

1941: Buddha und Christus waren Experimentatoren. Spinoza nicht, er wies Experimente zurück; er versuchte Gott durch Denken zu finden und zu definieren.

Spinoza repräsentiert eine Regression des Denkens. Wenn er über Gott sprach, war er, verglichen mit Buddha oder Jesus, reaktionär. Durch die experimentelle Verkörperung einer Idee wird die höchst mögliche Konzentration auf einen Zustand hervorgebracht und dessen exaktest mögliche Erfahrung erreichbar. Dies ist auch der wesentliche Vorbereitungsschritt für eine analytische Erforschung und Erkenntnis der Idee. Eine experimentelle Verkörperung mag den Nachteil haben, dass sie durch die Tatsache der Individualität eingeschränkt ist, aber wenn viele Experimente vom selben Individuum durchgeführt werden, wird eine Begrenzung die andere ausgleichen und ein universales Bild der Gottheit hervorbringen. Ungeachtet der logischen Überlegenheit seines Systems über die unvollendeten Experimente von Jesus und Buddha ist Spinoza ein verwirrender Theologe. Zwei Stimmen hallen in seiner Ethik wider: Die Stimme des Philosophen, der mit geometrischen Methoden arbeitet, und die Stimme des Theologen, der mit theologischen Formeln arbeitet. Spinoza hatte als Theologe überhaupt keine Autorität und so scheiterte der Versuch, diesen Gegensatz zu überbrücken. Die Reichhaltigkeit seines großartigen Werks weist weniger wahre Einheit auf als die persönlichen Leben von Jesus und Buddha.

Die Objektivität Spinozas, die ihm als Philosoph von Vorteil war, war ihm als Theologen von Nachteil. Er sagt: „Wenn Gott zielgerichtet handelt, dann erstrebt er notwendigerweise etwas, das ihm fehlt. ... Gott existiert notwendigerweise, er ist eins, er ist und handelt aus reiner Notwendigkeit seiner Natur. Er ist die freie Ursache aller Dinge, alles ist in Gott und alles hängt von ihm ab, nichts kann ohne ihn sein oder ausgedacht werden. Alles ist im Voraus von Gott festgesetzt, allerdings nicht aufgrund von Freiheit oder absoluter Willkür, sondern aufgrund der absoluten Natur Gottes oder seiner unendlichen Macht."

Die Quelle dieser Erklärungen ist weder Naturwissenschaft noch Logik. Die Sicherheit, mit der sie präsentiert werden, muss sich also von den geringeren oder größeren experimentellen Theologen herleiten. Spinozas letzte Quellen sind die konkreten Verkörperungen des Schöpfer-Komplexes, die Meisterstücke und die Fehlschläge der großen Heiligen und der Halb-Heiligen aller Zeiten. Spinozas Objektivität ist in Wirklichkeit ein Kommentar zu Jesus und den Propheten. Er erklärt, dass sie zwei verschiedene Sphären vermischt haben: Die Idee des Menschen und die Idee Gottes. In der Praxis, ein Gott zu werden, haben sie die Theorie, ein Gott zu werden, verzerrt. Spinoza ging um des Intellektes und der Vernunft willen gewaltsam gegen den Mensch-Gott vor. Er formulierte seine Gottes-Idee in solcher Weise, dass es dem Menschen technisch unmöglich, wurde ihn zu verkörpern; es war gegen die Gesetze der Natur, die Gesetze der Logik; es war bedeutungslos. Spinoza befreite das Konzept von Gott von emotionalen Verunreinigungen, aber gleichzeitig machte er es für Gott unmöglich, im Menschen verkörpert zu werden. Er war der wichtigste moderne Faktor, Gott von der Erde zu vertreiben. Seine Kritik erwies dem christlich-jüdischen Gott einen ähnlich schlechten Dienst wie Buddha dem Brahma.

Für Spinoza war Gott bereits in der Gesamtheit der Natur verkörpert. Es erschien ihm nicht logisch anzunehmen, dass Gott einer speziellen Verkörperung, zum Beispiel im Menschen, oder irgendeiner anderen seiner Manifestationen bedürfe. Er dachte, nur ein verwirrter Verstand könne diese fantastischen Vorstellungen von sich geben. In der Folge davon brach Spinoza mit allen religiösen Traditionen und unternahm jede Anstrengung, um zu vermeiden, selbst als Prophet betrachtet zu werden.

Spinoza nahm das Gottes-Konzept als selbstverständlich an. Er lebte in der Illusion, dass er es der Klarheit seines Denkens verdankte, es für selbstverständlich anzunehmen. Er sah nicht, dass die wahre Quelle des Gottes-Konzeptes ein Prozess der Subjektivität von Gottes-Erfahrungen war, der sich durch mehrere tausend Jahre hindurch entwickelt hatte und ihm in den religiösen Traditionen aller Menschen überliefert worden war. Ohne dieses konkrete Erbe wäre sein Versuch, eine exakte und vollständige Sicht von Gott zu entwickeln, ohne jegliche materiale Basis gewesen. Material – das bedeutet durch subjektive Anreicherung [excitation] – hat er zur Idee Gottes nichts beigetragen. Spinozas ethisches Problem war, dass er den Wert seiner Abstraktionsleistung unbewusst überbewertete, den Wert der traditionell überlieferten Arbeit Gottes in materialer Form aber unterschätzte. Er steht am Ende einer langen Kette von Taten, die von einer Reihe von Menschen aktiv hervorgebracht wurden. Aus der Distanz konnte er ihre Ergebnisse beobachten, aber er verstand kaum etwas von den stürmischen Prozessen, in die sich die Menschen begeben mussten, um bei diesen Ergebnissen anzukommen. Er dachte, dass er, weil er hier und da die Endprodukte der Leben und Taten prophetischer Menschen nehmen und sie von dem, was er für Schmutz hielt, reinigen konnte, einen Zustand erreicht habe, der ihn von ihnen absetzen und über sie erheben würde. In seinem Streben nach Abstraktion objektivierte er nicht nur die objektiven, sondern auch die subjektiven Faktoren. So gewann er ein logisches Verständnis Gottes, aber er verlor den Sinn von Gottes Wachstum und Existenz.

(Words 1941, 200-203)

1974: Martin Buber war ein anderes hochbegabtes Mitglied unseres Kreises. Für sein Buch über den Chassidismus, Baalshem, erhielt er den Goethe-Preis. Buber war eine zeitlang Mitherausgeber des Daimon. Sein berühmtes Buch, Ich und Du, wurde 1923 neun Jahre nach meiner Einladung zu einer Begegnung veröffentlicht. Buber erhielt häufig Anerkennung, das Konzept der Begegnung in den Mittelpunkt der Erforschung zwischenmenschlicher Beziehung gesetzt zu haben. Buber erhielt seine Idee jedoch eindeutig von mir und arbeitete sie in seinem Buch aus. Da er zwölf Jahre älter war als ich und eine enorme literarische Gefolgschaft hatte, verdrängte Ich und Du die Einladung zu einer Begegnung aus dem Rampenlicht. Aber ich möchte nicht unterstellen, dass Buber und ich irgendwelche Streitigkeiten wegen des Geschehenen hatten. Buber war ein großer Ehrenmann mit einer warmen, herzlichen Art.

(Autobiografie 1974/1995, 78f. Vgl. Gruppenpsychotherapie 1959, 103f)

Jesus und das Christentum

1957: Christus […] hätte wohl niemals eine Predigt gehalten, weil er niemals eine Kirche erreicht hätte. Mit seiner „Freundlichkeit" gegenüber dem Universum wäre er auf seinem Weg zur Kirche durch unzählige Ereignisse aufgehalten worden – indem er den unmittelbaren Bedürfnissen der Menschen entgegengekommen wäre in dem Haus, in dem er lebte, gegenüber dem Bettler an der Hecke, dem kleinen Jungen, der mit ihm spielen wollte, einem lahmen und müden Pferd, das einen Wagen zog, und einem alten Freund, der ganz plötzlich erschienen wäre und seinen Arm ausgestreckt hätte, um ihn zu berühren. Indem er dem therapeutischen Prinzip des Hier-und-Jetzt gefolgt wäre, hätte er das Ritual der Liebe an Ort und Stelle ausgeübt.

(Globale Psychotherapie 1957, Jahrbuch 1991, 33)

1974: Das Christentum kann als die größte und genialste psychotherapeutische Methode angesehen werden, die jemals auf die Menschheit angewendet worden ist; und verglichen mit ihm ist die medizinische Psychotherapie bis jetzt von nur geringer Bedeutung gewesen. Man darf sagen, dass von Anfang an die Heilung der ganzen Menschheit das Ziel des Christentums gewesen ist, und dass es nie in seiner Absicht lag, nur für einzelne Individuen oder einzelne Gruppen da zu sein.

Seit der Zeit seines Bestehens war es vielen Angriffen ausgesetzt, doch nie zuvor
waren diese so heftig und überzeugend wie in den letzten hundert Jahren. Die eine
gegnerische Richtung, wie sie besonders von Marx vertreten wurde, behauptete,
dass das Christentum ein Werkzeug der kapitalistischen Klasse sei, Opium fürs
Volk, um dieses weiterhin unterdrückt zu halten. – Die andere Richtung, vertreten
durch Nietzsche, behauptete, dass das Christentum eine feine Sublimationsmetho-
de eingeführt habe, mit der es versuchte, die natürlichen Triebe des Menschen zu
unterdrücken, dass aber dieser Sublimationsprozess nie mehr als die Oberfläche
verändert habe und dass die menschliche „Bestie" bei jeder Gelegenheit wieder
aus diesen Ketten ausbreche. Marx hielt wenig von psychotherapeutischen Methoden. Er glaubte, psychische Prozesse seinen eine Sache für sich, und er erwartete
nur von der ökonomischen Seite eine Lösung der sozialen Frage. Aber Nietzsche
proklamierte und Freud führte später in größerem Maßstab eine „negative" Sublimation ein, die auf der Analyse der psychischen Entwicklung aufgebaut war und
eine Umkehrung der christlichen Sublimation bedeutete. Beide waren sich nicht
bewusst, dass sie sich auf einer Nebenlinie eben dieser christlichen Doktrin fort-
bewegten, die sie zu überwinden suchten. Die wahre Überwindung der christlichen Sublimation kann nämlich nicht aus ihrer Analyse resultieren, sondern nur
aus dem Fortschritt zu einem umfassenderen Prinzip, dem Prinzip der Spontaneität.

(Grundlagen 1974, 4f)

1974: Christus würde nackt sein, beschlossen wir, nicht weil er ein primitives Wesen wäre, sondern weil Nacktheit die dynamische, äußerliche Geste des Aus-
schlusses, der Ablehnung allen kulturellen Drum und Drans ist. Nicht Adam würde zurückkehren, sondern Christus. Unser wiederkehrender Christus bräuchte eine dramatische Art, seine Nicht-Akzeptanz unserer technologischen Kultur zu verkünden. Er wäre kein Exhibitionist, sondern ein Mann, der Achtung vor dem natürlichen Zustand seines Körpers hätte. […] Er würde zu Fuß kommen. Er würde
nicht auf einem weißen Pferd geritten kommen, nicht in einer Kutsche oder einem
Automobil. Er würde nicht ins Theater oder in Lichtspielhäuser gehen. Er würde
nicht in Tempel oder Kirchen gehen. Er würde in die Häuser der Menschen, in ihre
Werkstätten, ihre Läden, ihre Hospitäler gehen. Er würde draußen auf der Straße
sein, wo immer Menschen wären. Da es das größte Verbrechen unserer Kultur ist,
pathologisch zu sein, sich auf pathologische Weise zu verhalten, würde er in der
Art eines pathologischen Mannes erscheinen und humorvoll alle Anzeichen von

Wahnsinn zeigen. Er würde sagen: „Ich bin ein psychisch Kranker; schaut mich an; lasst alle Geisteskranken zu mir kommen."

(Autobiografie 1974/1995, 43)

Kierkegaard, Bergson, Nietzsche

1953: Eine andere zeitgenössische Entwicklung ist die Philosophie Henri Bergsons. Höchstwahrscheinlich wäre die Philosophie der Spontaneität, wie wir sie heute sehen, ohne die Inspiration, die von Bergson kam, nicht möglich gewesen.

(Sociodramatic Approach to Minority Problems, GP V, 1-3/1953, 7)

1959: Kierkegaards Protest wendete sich gegen zwei Ziele: (a) die christliche Kirche. Er behauptete, dass die Kirche im Stand der Unwahrheit war, ein völliger Verrat an Christus. Es war ein überzuckerter, ästhetisierter Christus, der von den Autoritäten der Kirche (und damit meinte er speziell die protestantische Staatskirche von Dänemark) an die Stelle des realen historischen Christus gesetzt worden war. Er bestand darauf, dass die Bischöfe (die er persönlich angriff) zumindest eingestehen müssten, dass sie sündig und inkompetent seine. Wenn sie ihre Sünden bekannt hätten und ihr Versagen darin, wirkliche Christen zu sein zugegeben hätten, dann hätte er ihnen vielleicht vergeben. (b) Das andere Ziel war die Philosophie Hegels, der er ebenfalls vorwarf, eine Intellektualisierung des Geistes zu sein, die reale Situation zu transzendieren und denselben tragischen Fehler in der Philosophie zu machen, wie ihn die Bischöfe in der Religion machten. Kierkegaard war nicht in der Lage, seinen Lebenstraum zu verwirklichen und selbst ein existentieller Philosoph zu werden. Aber eines versuchte er zu tun und er war damit erfolgreich: mit sich selbst ehrlich zu sein, seine persönliche Existenz zu analysieren, deren Mängel offen zu legen und zumindest sein eigenes Leben in Übereinstimmung mit seiner subjektiven Wahrheit zu führen […]. Kierkegaard wurde ein „Daseinsanalytiker°" wider Willen. Er wollte das Dasein° nicht analysieren; er wollte ein Dasein° schaffen, eine höhere Form der Existenz. Er wollte sich nicht selbst analysieren, sondern Hier und Jetzt der Heiler und Retter der Christenheit seiner Zeit werden […]. Es gibt in allen Schriften Kierkegaards keine Passage, die so charakteristisch ist, wie die Fantasie, die er einige Monate vor seinem Tod in sein Tagebuch schrieb. Er beschreibt darin den Kierkegaard, der er vielleicht gerne gewesen wäre und wie er sich gewünscht hätte, dass Kierkegaard gehandelt hätte. Er stellt sich vor, wie er in einer großen Kirche Kopenhagens die Sonntagspredigt hält. Er sieht sich selbst auf der Kanzel. Die Kirche ist bis auf den letzten Platz besetzt mit

Kirchgängern. Sie tragen alle ihre besten Kleider, sauber und fein; ansehnliche, ordentliche Menschen, wohlwollend lächelnd, die vom Pastor erwarten, dass er ihnen auf die Schultern klopft und nett und süß spricht. Aber an der Stelle bricht sein Ärger aus ihm heraus und er sagt: „Wenn ich jedem einzelnen von euch in die Augen sehe, dann sehe ich nichts als Mord und Falschheit. Ich höre all die Lügen, die ihr sprecht. Dies ist kein Platz für Lügner, Diebe und Mörder auch wenn sie ungestraft davon kommen. Ihr gehört nicht hierher. Hinaus aus der Kirche! Ihr seid keine Christen! Dies ist ein Haus Christi, nicht eine Bank oder ein Marktplatz!" Und während er spricht stehen die Leute auf und protestieren ärgerlich. In der Kirche kocht die Revolte und in diesem Augenblick unterbricht der Pastor und er spricht freundlich zu der Menge: „Genau so wollte ich euch haben – dass ihr echt werdet, dass ihr euch in Ärger und Zorn gegen mich erwärmt, denn als der Herr auf der Erde war wurde er nicht mit süßen Worten und freundlichen Predigten empfangen. Die Priester seiner Zeit und die Menschen in den Dörfern zeigten Ärger und Feindschaft. Sie spuckten auf ihn; sie drohten ihm mit Gefängnis und schlussendlich kreuzigten sie ihn. Jetzt, da ihr richtig wachgerüttelt seit, kann ich meine Predigt beginnen." Kierkegaard war im Wesentlichen das, was wir heute einen „frustrierten Psychodramatiker" nennen würden, der unfähig war, die wesentlichen Situationen seines Lebens zu einem siegreichen Ende zu führen. Kierkegaard wurde in seinem Leben nie selbst der aktive, dynamische Prophet dieser Fantasie, aber er hinterließ der nächsten Generation ein Testament um ihm nachzufolgen.

Wenn man diese Geschichte wörtlich nimmt und nicht nur als geistreiche Bemerkung in einem Tagebuch, dann ist es wie die Aufführung eines Psychodramatikers (oder, wie wir oft sagen, eines „Axiodramatikers") angesichts einer feindseligen Gruppe. Aber dort, wo Kierkegaards Fantasie abbrach hätte die wahre Psychodramasitzung begonnen, indem die Gruppe in situ erforscht und mit ihr gearbeitet worden wäre.

(Psychodrama II 1959, 207-209. Vgl. Gruppenpsychotherapie 1959, 104)

1964: Marx, Kierkegaard, Nietzsche und Bergson können als Vorläufer der dritten psychiatrischen Revolution angesehen werden, weil ihre Schriften das Vorspiel zu Gruppen- und Handlungsmethoden waren. Zum Beispiel war Karl Marx mit seinem Diktum in „Das Kapital (1867)" ein Vorläufer der industriellen Soziometrie: „Wenn ein Dutzend Menschen zusammen arbeiten, produzieren sie in ihrem kollektiven Arbeitstag von 144 Stunden weit mehr als 12 isolierte Menschen, die jeweils 12 Stunden arbeiten, oder als ein Mensch, der 12 Tage hintereinander arbeitet". Kierkegaards religiöse Fantasien, die nach einem heroischen Existentialismus strebten, waren ein Vorspiel für Handlung, Handlungsmethoden und das Psychodrama. Nietzsche, in „Zarathustra" und „Ecce Homo", versuchte verzweifelt ein heroisches Leben zu erreichen. Er war ein weiterer Vorläufer der Handlungsmethoden. Auch Kierkegaard und Nietzsche haben ihre Hoffnungen und Träume nicht erreicht, sie lösten den Ruf nach Handlung aus. Ein anderer Vorläufer war Henri Bergson, der Autor von „L'évolution créatice", der den Weg für das moderne Konzept der Spontaneität bereitet hat.

(The Third Psychiatric Revolution and the Scope of Psychodrama, GP XVII 2-3/1964, 151)

1974: Bergson gehört das Verdienst, das Prinzip der Spontaneität zu einer Zeit in die Philosophie eingeführt zu haben, als die führenden Wissenschaftler diesem Prinzip keinerlei Bedeutung für die objektive Wissenschaft beimaßen. Seine „données immediates", sein „élan vital" und „durée" waren Gleichnisse der einen, sein ganzes Lebenswerk durchziehenden Grunderfahrung – der Spontaneität –, die er jedoch vergeblich zu definieren versuchte. Sie blieb für Bergson daher ein biologisches Mysterium.

(Grundlagen 1974, 437)

Rousseau, Froebel

1950: Historisch erwuchs das Psychodrama aus dem Prinzip des Spiels. Das Spiel hat es immer gegeben; es ist älter als der Mensch, es hat das Leben der Organismen als überschreitendes [Prinzip] begleitet, indem es Wachstum und Entwicklung vorweggenommen hat. In unserer Kultur waren es besonders Rousseau und Froebel, die unsere Aufmerksamkeit auf den pädagogischen Wert des Spiels gelenkt haben. Aber eine neue Vision der Prinzipien des Spiels wurde geboren, als ich in den Jahren vor dem Ausbruch des ersten Weltkriegs begann, mit Kindern in den Gärten und Straßen von Wien zu spielen: Spiel als Prinzip der Heilung, als Form von Spontaneität, als eine Form der Therapie und als eine Form von Katharsis; Spiel nicht als eine Erscheinung, die biologische Zwecke begleitet und unterstützt, sondern als Phänomen sui generis, als positiver Faktor, der mit Spontaneität und Kreativität verbunden ist. Das Spiel wurde schrittweise von seinen metaphysischen, metabiologischen und metapsychologischen Verbindungen getrennt und in ein methodisches und systematisches Prinzip umgewandelt. All dies hat die Idee des Spiels zu einer neuen Universalität gebracht, die bis dahin unbekannt war; es hat die Entwicklung von Spieltechniken, Spieltherapie, Stegreiftheater und therapeutischem Theater vorangetrieben und inspiriert und gipfelte im Rollenspiel, Psychodrama und Soziodrama unserer Zeit.

(Hypnodrama and Psychodrama, GP III 1/1950, 1 f)

Freud

Der von Moreno zusammen mit seiner Frau Zerka T. Moreno 1959 herausgegebene Band Psychodrama II ist vollständig dem interdisziplinären Diskurs zwischen den unterschiedlichen therapeutischen Schulen – insbesondere dem Brückenschlag, aber auch der Abgrenzung zwischen Psychodrama und Psychoanalyse – gewidmet.

1950: Das psychoanalytische Vehikel war die Couch. Die antiquierte Couch wurde in eine multidimensionale Bühne umgewandelt, die Raum und Freiheit für Spontaneität gibt, Freiheit für den Körper und für Körperkontakt, Freiheit für Bewegung, Aktion und Interaktion. Freuds freie Assoziation wurde durch die psychodramatische Produktion und die Partizipation des Publikums ersetzt, durch Handlungsdynamik und die Dynamik von Gruppen und Massen. Durch diese Veränderungen in der Forschung und im therapeutischen Vorgehen wurde der Rahmen der psychoanalytischen Konzepte, Sexualität, Unbewusstes, Übertragung, Widerstand und Sublimation, durch einen neuen, psychodramatischen und soziodynamischen Satz von Konzepten ersetzt, durch die Spontaneität, die Erwärmungsprozesse, das Tele, die Interaktionsdynamik und die Kreativität. Diese drei Transformationen des Vehikels, der Form und der Konzepte hat die nützlichen Teile des psychoanalytischen Beitrags verändert, aber nicht eliminiert. Die Couch steckt immer noch in der Bühne, [...] Sexualität steckt immer noch in der Spontaneität, das Unbewusste steckt immer noch im Erwärmungsprozess und die Übertragung steckt immer noch im Tele; es gibt ein Phänomen, Produktivität-Kreativität, für das uns die Analyse lediglich ein gestörtes Gegenüber gegeben hat: Sublimation.

(Hypnodrama and Psychodrama, GP III 1/1950, 2)

1950: Das ideale Ziel der psychoanalytischen Therapie ist die totale Analyse. Sie möchte dem Patienten mehr analytische Einsicht geben, als das alltägliche Leben in ihm spontan aktiviert. Das Ziel der psychodramatischen Therapie ist das Gegenteil; es ist die totale Produktion von Leben, es versucht den Patienten mit mehr Realität auszustatten, als der Lebenskampf ihm spontan zu erreichen erlaubt, mit einem „Realitäts-Mehrwert".

(Hypnodrama and Psychodrama, GP III 1/1950, 10)

1959: Die Meinungsverschiedenheiten die die psychotherapeutischen Schulen gerade bedrängen sind vielfältig. Wir werden sie nicht auf einen Schlag lösen können, aber wir hoffen wertvolle Resultate erzielen zu können, indem wir eine Diskussion zwischen den Schulen beginnen, an der die Repräsentanten der unterschiedlichen Richtungen teilnehmen. Mit ihrer Kooperation soll ein Schritt auf die
Klärung von Begriffen, Konzepten, Abläufen und gemeinsamen Zielen hin gemacht werden.

(Psychodrama II 1959, 45)

1959: Lassen Sie mich zusammenfassend klar stellen, dass es keine Meinungsverschiedenheiten zwischen der Individuellen Psychotherapie der 1920er Jahre von
Freud, Adler und Jung auf der einen Seite und der Interpersonellen Therapie und
Gruppentherapie der 1950er Jahre auf der anderen Seite gibt, die nicht aufgelöst
werden können. Die Differenzen bestehen aufgrund von Versäumnissen oder aufgrund von Unkenntnis. Das Problem, wie man ein intimes zwischenmenschliches
Ensemble behandeln sollte wurde von den Verfechtern der individuellen Methoden nie aufgeworfen. Es war die Errungenschaft unserer Generation das Problem
zu erkennen, es klar zu formulieren und Heilmittel vorzuschlagen.

(Psychodrama II 1959, 58)

1964: Eine der amüsantesten frühen Definitionen von Psychodrama wurde Moreno
von einem Wiener Dichter, Peter Altenberg, einem chronischen Alkoholiker, gegeben, während er eines Nachts mit ihm die Kärntnerstraße entlang ging. „Moreno",
rief er, „ich stimme Ihnen zu. Wenn ich sterben müsste, dann würde ich lieber an
Durchfall sterben als an Verstopfung. So weit ich sehe, ist dies der Unterschied
zwischen Ihnen und Freud."

(The First Psychodramatic Family 1964, 17)

1974: 1912 besuchte ich eine von Freuds Vorlesungen. Er hatte gerade die Analyse
eines telepathischen Traums beendet. Als die Studenten herausgingen, holte er
mich aus der Menge heraus und fragte mich, was ich mache. Ich antwortete: „Nun,
Dr. Freud, ich beginne dort, wo Sie aufhören. Sie treffen Menschen in der künstlichen Umgebung Ihres Büros. Ich begegne ihnen auf der Straße und in ihren Hei-
men, in ihrer natürlichen Umgebung. Sie analysieren ihre Träume. Ich gebe ihnen
den Mut, wieder zu träumen. Sie analysieren sie und reißen sie in Stücke. Ich lasse
sie ihre konflikthaften Rollen ausagieren und helfe ihnen, die Teile zusammenzufügen."

(Autobiografie 1974/1995, 65. Und: The First Psychodramatic Family 1964, 16f)

Weitere therapeutische Einflüsse

1933: Psychoanalyse und Gestaltlehre treffen natürlich in der Soziometrie zusammen, da diese eine Synthese der beiden darstellt. Die Untersuchung der charakteristischen Muster der Gruppenorganisation und ihrer Beziehung zu entwicklungsspezifischen (zeitlichen) und geografischen Aspekten mag bei den Gestaltforschern den Anschein erwecken, als entspräche sie ihren Untersuchungen auf dem Gebiet der Wahrnehmung. Die Soziometrie [...] betrachtet die Gestalt niemals losgelöst vom Schöpfer und schöpferischen Akt. [...] Diese soziometrischen Konfigurationen entsprechen nicht dem, was gemeinhin als Gestalt bezeichnet wird, obwohl sie gewisse Merkmale aufweisen, die der Gestalt zugeschrieben werden könnten. Ein Teil der Struktur steht in wechselseitiger Abhängigkeit zu einem anderen Teil; eine Veränderung der Stellung eines Individuums kann sich auf die ganze Struktur auswirken. [...] Wenn die Soziometrie auch einige Merkmale mit einer Gestalt teilt, so doch nicht das entscheidende, nämlich dass die atomaren Elemente nicht in sich selbst, sondern nur als Teil eines Ganzen Realität besitzen. Die atomaren Elemente eines Soziogramms sind analytisch bestimmbar.

(Bemerkungen zur Soziometrie, Gestalttheorie und Psychoanalyse, Methode 1981, 31)

1948: Die Richtung, in die wir uns bewegen: Es gab Behaviorismus, dann Psychoanalyse, später Gestalt und jetzt gibt es etwas, das ich „Aktismus" oder „Aktionismus" genannt habe (Handlungsmethoden, Handlungstechniken, Handlungstests und Handlungsforschung), mit Psycho- und Soziodrama als den wichtigsten Vertretern. Aber jeder Schritt ist annähernd aufgehoben im nächsten Schritt; Behaviorismus, Psychoanalyse und Gestalt sind eingefasst und fortgeschrieben im Aktionismus; es ist eine Synthese und kein Zurücklassen; Der Hund von Pawlows Experiment (im Behaviorismus) und der Patient auf der Couch (in der Psychoanalyse) kehren wieder im sich bewegenden und gestikulierenden Aktor-Kreator des Psychodramas; sie sind alle noch da, noch nicht getrennt vom ursprünglichen Akt. Aber etwas Neues wurde hinzugefügt, der experimentelle Hund und der Patient auf der Couch sind zum Aktor in situ geworden.

(Editorial, Sociatry II 1-2/1948, 5)

1954: Man muss in seinem Denken offen und flexibel sein; manchmal mag es eine Indikation dafür geben, eine autoritäre Methode zu benutzen, manchmal eine demokratische, manchmal mag es wichtig sein direktiv zu sein, manchmal eher passiv zu bleiben, aber man muss bereit sein, sich schrittweise von einem Extrem zum anderen zu bewegen, wenn es die Situation verlangt. Ebenso wie es eine Wahl des

Therapeuten gibt, soll es eine Wahl des Vehikels geben – Couch, Stuhl oder Bühne
– und bis ein System formuliert ist, das die Zustimmung von allen gewinnt, soll es
eine Wahl geben, welches System von Begrifflichkeiten und Deutungen ein Patient
braucht.

(Transference, Countertransference and Tele: Their Relation to Group Research
and Group Psychotherapy, GP VII 2/1954, 107)

1959: Adlers Konzept des Gemeinschaftssinns und meine Konzepte des Tele und
der Gruppenkohäsion wurden zweifellos von gleichen ideologischen und ethnischen Trends beeinflusst. Niemand kann einen Vorrang für diese „Trends" beanspruchen. Es ist dennoch offensichtlich, dass wir uns auf unterschiedlichen Gleisen
bewegt haben. Das Konzept der Gruppenkohäsion ist das Ergebnis wissenschaftlicher Analysen von Gruppenstrukturen, mit dem Akzent auf Messung. Adlers Ge-
meinschaftssinn oder beispielsweise Kropotkins „gegenseitige Hilfe" sind Ausdruck einer sozialethischen Philosophie. Man könnte sogar mit einiger Berechtigung sagen, dass die Gruppenkohäsion eine Funktion der christlichen „Nächstenliebe" ist, unterstellend, dass Jesus viele soziometrische Konzepte und Techniken
ebenso beeinflusst hat wie Kropotkins gegenseitige Hilfe und Adlers Gemein-
schaftssinn.

(Psychodrama II 1959, 129f)

Marx

1937: Die ökonomische Situation einer Gruppe und ihr dynamischer Einfluss auf
die soziale und psychologische Struktur dieser Gruppe kann erst richtig verstanden werden, wenn wir auch die soziale und psychologische Situation dieser Gruppe kennen und ihren dynamischen Einfluss auf die ökonomische Situation untersuchen. Vom Standpunkt der Soziometrie aus ist das ökonomische Kriterium nur
ein Kriterium für die Entwicklung der sozialen Struktur.

(Die Soziometrie in ihrer Beziehung zu anderen Sozialwissenschaften, Methode 1981, 45)

1947: Seine [Marxens] erste Schlussfolgerung war, dass es unmöglich sei, sofort eine „klassenlose" Gesellschaft zu errichten. [...] Ein paar Monate nach der russischen Revolution von 1917 sagte ich voraus, dass „die Revolution" ohne eine spezifische soziometrische Zielsetzung keinen Erfolg haben würde. Der Ersatz der
Herrschaft einer Klasse durch die einer anderen, wie zum Beispiel die Verdrän-
gung der Herrschaft der Bourgeoisie durch die Herrschaft des Proletariats, ist
zweitrangig. Entscheidend ist, dass der zweite, neu errichtete Staat, die Diktatur

des Proletariats, die vom unterdrückten Volk als Organ der Revolution eingesetzt wurde, wirklich gänzlich verschwindet. Dieser Staat kann nur beseitigt werden, wenn eine vollkommene innere Umstrukturierung aller Teile der Gesellschaft stattgefunden hat.

(Soziometrie und Marxismus, Methode 1981, 211f)

1947: Es gibt Ähnlichkeiten und Unterschiede zwischen soziometrischen und sozialistischen Veränderungsmodellen. Einige der Ähnlichkeiten sind: 1. beide befürworten direkte Aktion; 2. beide sind revolutionär, das heißt, sie fordern radikale Veränderung der bestehenden sozialen Ordnung; 3. beide sind gegen symptomatische und provisorische Maßnahmen; 4. beide behaupten, dass eine wissenschaftliche Kenntnis der Dynamik sozialer Beziehungen für eine Theorie der sozialen Revolution unerlässlich sei; 5. beide behaupten, dass alle sozialen Missstände ökonomischer, psychologischer, axiologischer und kultureller Art eng miteinander verbunden seien; 6. beide bestehen darauf, dass das Volk für sich selbst handelt und dass es zu universeller sozialer Aktion aufgerufen wird. Einige Unterschiede sind: 1. eine wissenschaftliche Kenntnis der Ökonomie ist wichtig, reicht aber für eine wahre Veränderung der sozialen Ordnung nicht aus; neben der Ökonomie muss man die dynamische Struktur des Sozius, der interindividuellen und intergruppalen Beziehungen kennen und bei der Aufstellung einer Theorie der sozialen Revolution in Betracht ziehen; 2. Sozialismus ist die Revolution einer Klasse, des ökonomischen Proletariats; soziometrische Revolution ist eine Revolution aller Klassen, der gesamten Menschheit, aller Völker, aller Individuen und aller Gruppen ohne Ausnahme – legaler oder illegaler, formeller oder informeller, großer oder kleiner Gruppen, eine Revolution aller souveränen und aller nicht anerkannten Nationen und Staaten. Das soziometrische Proletariat hat seine Opfer in allen Klassen, bei den Reichen oder Armen, den Schwarzen oder Weißen, bei Menschen hoher oder niedriger Intelligenz, hoher oder geringer Spontaneität; 3. der Marxismus versucht, das Klassenbewusstsein des Proletariats zu festigen und den Massen ihre Macht und die tatsächlichen bestehenden ökonomischen Bedingungen bewusst zu machen. Die politische Soziometrie dagegen versucht, in den Massen einen hohen Grad an „soziometrischem Bewusstsein" zu entwickeln, das heißt, Kenntnis der Gruppen, denen sie unmittelbar angehören, und in Bezug auf alle Kriterien, nach denen Gruppen gebildet werden können (der ökonomische Faktor ist nur ein wesentliches Kriterium). Sie versucht, die Massen dazu zu ermutigen, auf der ihrer zugrunde liegenden dynamischen Struktur entsprechenden Veränderung der rechtlichen, sozialen politischen und kulturellen Ordnung zu beharren.

Sie betont, dass ökonomische Revolutionen, die die Dynamik der tatsächlichen Struktur der menschlichen Gesellschaft nicht kennen, kurzsichtig sind und dass die soziale Ordnung, die sie schaffen, früher oder später entweder wieder in den vorhergegangenen Zustand, den sie zu verändern suchten, zurückfallen oder zur sozialen Anarchie regredieren wird.

(Soziometrie und Marxismus, Methode 1981, 215f)

1948: Für ihn [Marx] war die Gesellschaft eine riesige Zielscheibe, ein weites, brodelndes Feld voller menschlicher Aktivität. Er erforschte die Kräfte und Ideologien, die auf dieses Feld einwirkten. Aber die menschliche Gesellschaft als solche war für ihn eine amorphe, undifferenzierte Masse von Individuen und Ereignissen, welche den von ihm entdeckten mächtigen ideologischen Kräften ausgesetzt war. Ökonomische Institutionen wie der Kapitalismus, kulturelle Institutionen wie Religion oder Familie, politische Institutionen wie Regierungsformen, ihr Ursprung und ihre historische Entwicklung und die durch sie bedingte gesellschaftliche Schichtung – das waren die Schwerpunkte seines dialektischen Materialismus. Dass aber die menschliche Gesellschaft eine eigene soziale Struktur besitzt, die zu ihrer Untersuchung und Veränderung spezifischer Mittel bedarf, lag jenseits seines Vorstellungsvermögens. Er konnte nur die Auswirkungen eines heftigen Kampfes zwischen zwei ideologischen Kräften – zwischen Arbeit und Kapital – sehen. Man kann sagen, dass Marx der vielleicht größte Realist in der Beurteilung der von außen auf die menschliche Gesellschaft einwirkenden Kräfte war, hinsichtlich der „inneren" Struktur der menschlichen Gesellschaft aber ein Irrealist und Illusionist.

(Soziometrie und die experimentelle Methode, Methode 1981, 79)

1957: Die neuen Erkenntnisse über die Feinstruktur der Menschheit haben zu einer völligen Desillusionierung angesichts der Versprechungen des dialektischen Materialismus von Marx und Engels geführt – der Idee, dass die Abschaffung des Kapitalismus und die allmähliche Abschaffung des privaten Eigentums nicht nur die ökonomischen Konflikte lösen würde, sondern auch die Spannungen und Feindseligkeiten zwischen den Menschen abschaffen würde und ebenso Geisteskrankheiten, Prostitution und Verbrechen. Mit anderen Worten: Der Marxismus tat unbewusst so, „als ob" er eine therapeutische Weltordnung sei und beanspruchte, den Bedürfnissen der Massen besser zu entsprechen als jedes andere soziale System. Obwohl sie nicht Teil des „Systems" waren, wogen diese vorgegebenen therapeutischen und ethischen Vorteile schwerer für das System des sowjetischen Kommunismus als sein ökonomisches Programm. Aber da der Marxismus in einer Zeit entworfen worden war, als es kein sicheres Wissen über die tatsächliche dynamische Struktur der menschlichen Gesellschaft gab, bemerkte er nicht, dass der Widerstand gegen jeglichen Wandel und jegliche Revolution von der latenten sozialen Struktur selber kam.

(Globale Psychotherapie 1957, Jahrbuch 1991, 28)

1974: Als ein in Rumänien gebürtiger Europäer, der seine Jugend- und Studienjahre in Wien verbracht hat, bin ich von jeher zwischen Ost und West gestanden und schon früh marxistischen Theorien ausgesetzt gewesen. Bis zu meiner Emigration in die Vereinigten Staaten von Amerika im Jahre 1925 war mir die amerikanische Soziologie völlig fremd. Die ersten Anfänge des soziometrischen Systems und der Mikrosoziologie reichen jedoch in meine Entwicklungsjahre zwischen 1908 und 1925 zurück. Mir war es schon damals selbstverständlich, das marxistische System auf seine von Marx nicht erfassten schwachen Punkte hin zu untersuchen. Mein soziometrisches System kann daher als eine Erweiterung und Weiterentwicklung des Marxismus betrachtet werden, sozusagen als seine Revision vom Gesichtspunkt der Mikrogruppe aus.

(Grundlagen 1974, 383)

1974: Ich habe den Klassengefühlen der Arbeiter als sich in den Mikrogruppen auswirkenden Kräften stets Rechnung getragen. Über Marx hinausgehend, habe ich aber gezeigt, dass noch andere grundlegende Ursachen und Gefühle die Struktur der Mikrogruppen beeinflussen. Neben dem ökonomischen Faktor spielen Rasse, Sexualität, Alters- und Reifegruppe sowie Kultur eine entscheidende Rolle.

(Grundlagen 1974, 384)

1974: Die Anwendung der Soziometrie auf politische Probleme führt zu folgender These: Weder das auf kapitalistischen Vorstellungen aufgebaute, noch das auf dem wissenschaftlichen Sozialismus begründete demokratische System ist gesund; beide Systeme sollten durch ein umfassenderes auf empirischen Tatsachen und experimentelles Beweismaterial zurückgehendes System ergänzt werden. Zur Lösung der gegenwärtigen Probleme der menschlichen Gesellschaft ist das soziometrische System besser geeignet als die kapitalistische Demokratie oder der wissenschaftliche Sozialismus. Der die Masse der Arbeiter ausbeutende Kapitalismus ist ein pathologisches Syndrom, das überwunden werden muss. Auf der anderen Seite muss aber auch das die individuelle Initiative auf ein Minimum reduzierende kommunistische System als gleichermaßen pathologisch betrachtet und demzufolge umgangen werden. […]

Die Ansicht, der Kapitalismus müsse als ein soziopathologisches Syndrom betrachtet und abgeschafft werden, teile ich mit Marx [...]. Mit gleichem Nachdruck habe ich jedoch immer die Diktatur des Proletariats als ein diesem Zweck inadäquates Mittel abgelehnt und auf die Notwendigkeit einer tiefer gehenden, die Mikrogruppen erfassenden und sich auf die Ergebnisse mikrosoziologischer und soziometrischer Forschung stützenden „soziometrischen Revolution" hingewiesen.

(Grundlagen 1974, 424)

1974: Marx konnte sich zu seiner Zeit dieser Tatsache [einer soziometrischen Struktur der Gesellschaft] noch nicht bewusst sein. Ihm war die ökonomische Struktur der Gesellschaft das Hauptanliegen; ihre spezifisch soziale Struktur war ihm unbekannt.

(Grundlagen 1974, 425)

1974: Marx sagte zwei Entwicklungsphasen der kommunistischen Gesellschaft voraus. In der ersten Phase nach sozialen Revolutionen „können Gleichheit und Gerechtigkeit noch nicht verwirklicht werden. Selbst ungerechte Unterschiede in der Güterverteilung werden noch eine Zeitlang existieren. Die Ausbeutung des Menschen durch den Menschen wird jedoch aufgehört haben. Der Lohn eines jeden wird sich nach der geleisteten Arbeit und nicht nach seinen Bedürfnissen richten". In der zweiten, höheren Phase der kommunistischen Gesellschaft, die nach unbestimmt langer Zeit eintreten soll, „wird die Menschheit von der formalen zur realen Gleichheit fortgeschritten sein und die Regel – von jedem nach seinen Fähigkeiten, für jeden nach seinen Bedürfnissen – in die Wirklichkeit umsetzen können". Über welche Stufen und praktische Maßnahmen die Menschheit sich diesem hohen Ziel nähern wird, „wissen und können wir nicht wissen", sagte Lenin. Heutzutage kennen wir jedoch einige solcher praktischer Maßnahmen. Es gibt zwar noch vieles zu tun, doch können wir mit den soziometrischen Methoden wenigstens auf dieses Ziel hinarbeiten. Wir können das Kollektiv allmählich so organisieren, dass ein jeder eine seinen Bedürfnissen entsprechende Produktivität entwickeln kann.

(Grundlagen 1974, 425)

Galilei, Bacon, Newton, Mill, Comte

1923: Die experimentelle Methode in der Physik wurde in der ersten Hälfte des siebzehnten Jahrhunderts vor allem durch Galilei, Bacon und Newton vorangetrieben. Die experimentelle Methode in den Sozialwissenschaften konnte sich nicht entwickeln, solange sie dem physikalischen Modell zu folgen versuchte.

(Drei Bezugspunkte für die Soziometrische Forschung, Methode 1981, 21)

1948: Das von den Wissenschaftlern allgemein anerkannte Prinzip der experimentellen Methode in der Wissenschaft ist von John Stuart Mill maßgeblich formuliert worden. […] Zwischen der Arbeit Mills und Auguste Comtes besteht ein enger Zusammenhang. Mill gibt zu, dass sein System der Logik Comtes viele wertvolle Ideen verdankt […] Das Modell für die Validierung der Entdeckungen der Sozialwissenschaften entnahm Mill der Naturwissenschaft. Er kam zu dem ärgerlichen Schluss, dass die experimentelle Methode nicht auf die Sozialwissenschaften angewandt werden könne, da ihr Gegenstand zu komplex sei. Hier stellt sich die Frage, ob er nicht von einer falschen Voraussetzung ausging und ob das Modell, das er den Sozialwissenschaften aufoktroyierte, nicht verkehrt war.

(Soziometrie und die experimentelle Methode, Methode 1981, 51)

Einstein

1974: Ich war insbesondere von Einsteins Vermögen beeindruckt, sich den gesamten Kosmos vorzustellen. Das Universum schauend, war er von der Idee Gottes berauscht. Er war nicht nur Physiker, er war ebenso Theologe. Er sagte zu uns: „Sie wissen, Gott würfelt nicht mit dem Universum." Einstein war überzeugt, dass er die allgemeinen Gesetze, die das Universum lenkten, entdecken könne, indem er das Universum als durch aktive Kräfte zusammengefügte Entität betrachtete. Indem er den Kosmos mit seiner bloßen Intuition durchdrang, war er in der Lage, ungeheuerliche Entdeckungen zu machen, die vor ihm niemand auch nur angerührt hatte.

(Autobiografie 1974/1995, 66)

Pragmatismus

1946: John Dewey, der profunde Analytiker des Erziehungsprozesses hat einst geschrieben: „Nachdem Lernen etwas ist, was der Schüler selbst und für sich selbst tun muss, liegt die Initiative im Lernenden. Der Lehrer ist ein Führer und Anleiter; er steuert das Boot, aber die Energie, die es antreibt muss von denen kommen, die lernen" (John Dewey, „How we Think", S. 35, D. C. Heat & Co, 1933). So weit können Philosophen in der Beschreibung der Situation des Lernenden kommen. Es

blieb der Handlungs- und Spontaneitätsforschung überlassen, das Problem weiter
zu erhellen. […]

Das Problem, das sich ergab war, wie eine Behandlungssituation geschaffen werden könnte, die so lebensnah wie möglich wäre, aber ergiebiger in ihren Möglichkeiten, flexibler und unmittelbarer Kontrolle zugänglicher. Die Antwort auf diese
Frage wurde gefunden. „Learning by doing" wurde ersetzt oder besser gesagt um-
geformt in ein Lernen durch Spontaneitätstraining und psychodramatische Prozesse, in denen Therapie und Handlung Hand in Hand gehen: einer ein immanenter
Teil des anderen.

(Psychodrama I 1946, 150, 152)

1950: Drei Faktoren scheinen hauptsächlich dafür verantwortlich gewesen zu sein,
die Grundlagen für das experimentelle Fundament der Gruppenpsychotherapie zu
legen […] 1) In den Vereinigten Staaten von Amerika war der Boden für Gruppenpsychotherapie bereits gedüngt durch die kraftvolle Philosophie des Pragmatismus und der progressiven Erziehung, verkörpert durch so große Werke wie die
von Sanders Peirce, William James und John Dewey.

(Cradle of Group Psychotherapy. Its Twentieth Anniversary Within the
American Psychiatric Association, GP III 2+3/1950, 136f)

1956: Die Entwicklung der Soziometrie in den USA war kein Zufall. […] Pragmatismus und Soziometrie entwickelten sich zum Beispiel in historischer Abfolge, das
eine bereitete den Weg für das andere. Mehr als jede andere Lebensauffassung ist
der Pragmatismus die natürliche philosophische Marke [der Therapeutischen Phi-
losophie] und Soziometrie, im weitesten Sinne wird immer mehr zu seiner [des
Pragmatismus] natürlichen Sozialwissenschaft. Pragmatismus und Soziometrie
sind nahe verwandt, sie verbinden das Wahrnehmbare mit dem Messbaren. Es ist
auffällig, dass der späte John Dewey 1934 kurz nach dem Erscheinen von „Who
shall survive?" einen Brief schrieb, in dem er sagte: „Dies scheint der nächste
Schritt zu sein und die Technik ist bereits ziemlich entwickelt."

(American Culture-in-Transition, Sociometry XVIII 4/1956, 351)

1961: Die erste Akademie wurde in Beacon, N.Y im Frühjahr und Sommer 1940 abgehalten. […] Unter den Mitgliedern des Beirates der Akademie war Professor
John Dewey.

(Academy of Psychodrama and Group Psychotherapy, GP XIV, 1-2/1961, 97)

1974: Bald nach [Bergson], aber unabhängig von [ihm], machte der Amerikaner
Charles Sanders Peirce, der Begründer des Pragmatismus, erstaunliche Bemerkun-

gen über die Spontaneität. Erst lange nach seinem Tode wurden sie veröffentlicht: „Was ist Spontaneität? Das, was nicht gesetzmäßig aus Vorausgegangenem resultiert." „Ich kann der Spontaneität keine andere Bedeutung als die des Neuen, Frischen, Andersartigen beimessen." Im ganzen posthum veröffentlichten Werk Charles Sanders Peirces findet man Bemerkungen über die Spontaneität verstreut. Seine Spekulationen hatten aber in der Gleichsetzung von Zufall und Spontaneität einen schwachen Punkt. Solange diese beiden Begriffe nicht unterschieden wurden, konnte kein Fortschritt in der Spontaneitätsforschung gemacht werden.

(Grundlagen 1974, 437f)

Mead

1947: Die nächste Frage, die sich deshalb stellt, ist, ob Mead und ich die gleichen Zielvorstellungen hatten. Ja, ich glaube, dass wir beide Vorbereitungen für eine sich kreativ entwickelnde und soziometrisch geordnete Gesellschaft getroffen haben. Ein Vergleich von Meads „Philosophie der Gegenwart" mit meiner „Philosophie des Augenblicks" weist auf eine andere Meinungsverschiedenheit, vielleicht sogar auf einen Unterschied in der geistigen Grundhaltung hin. [...] Meads Gegenwart ist eine universale, statische und passive „Kategorie", sie ist sozusagen automatisch ein Korrelat jeder Erfahrung. Als Übergang von der Vergangenheit zur Zukunft ist sie immer vorhanden. Die Gegenwart ist im Gegensatz zum Augenblick, der eine dynamische und kreative Kategorie darstellt, eine formale Kategorie. Wenn sich die formale Kategorie der Gegenwart durch einen spontankreativen Prozess in einen Augenblick verwandelt, erhält sie dynamische Bedeutung. Ein völlig automatischer und rein mechanischer Prozess, wie zum Beispiel die Wiederholung eines Films, hat gleich der intensivsten kreativen Erfahrung eine Gegenwart, jedoch keinen Augenblick. Mead hat die Idee der Gegenwart verfeinert und erweitert – allerdings in einer diametral entgegengesetzten Richtung. Er, der analytische Beobachter, war an der komplexen Relativität der Gegenwärtigkeit im Rahmen der wissenschaftlichen Methode interessiert. Ich interessierte mich für den schöpferischen Akt und die „Evolution des Schöpfers". Anscheinend sind wir beide von Bergson beeinflusst worden. Während aber Mead das mystische Element in Bergsons „durée" ausließ, verarbeitete ich es und ging darüber hinaus, indem ich Aktions- und Trainingsmethoden entwickelte, die die Kreativität sowohl lernbar als auch messbar machten.

(Soziometrie und die Rollentheorie, Methode 1981, 167)

1964: Es ist ein „Mythos", dass der amerikanische Soziologe G. H. Mead bedeutenden Einfluss auf das psychiatrische Rollenkonzept und die dazugehörige Psychopathologie gehabt hat. Die Ausformulierung und Entwicklung des psychiatrischen
Rollenkonzepts und der Rollenspieltechniken ist die ausschließliche Domäne der
Psychodramatiker. […] Es waren die Psychodramatiker, die nicht nur das Konzept
formuliert haben, sondern mehr als vierzig Jahre hindurch ausführliche empirische
und klinische Forschung initiiert und durchgeführt haben. Es war mein deutsches
Buch „Das Stegreiftheater", 1923 (Übersetzung: „The Theatre of Spontaneity"),
welches das Tempo für das experimentelle Psychodrama und die „Hier und Jetzt
Techniken" angab.

G. H. Meads postum erschienenes Buch „Mind, Self and Society" erschien im De-
zember 1934, ungefähr ein Jahr nach meinem Buch „Who Shall Survive?", das im
Januar 1934 herausgegeben wurde. An keiner Stelle benutzt Mead die Begriffe Rollenspieler, Rollenspiel oder Rollenspieltechniken, oder beschäftigt sich mit den
psychopathologischen Implikationen des Rollenkonzeptes. Er war ein exzellenter
Theoretiker, aber er hat den Bereich der Theorie nie verlassen. Wäre es ihm überlassen gewesen, so würde das weite Feld der Rollenexperimente und der Rollenforschung nicht existieren. Wir Psychodramatiker haben (a) den Rollenprozess im
Lebenskontext beobachtet; (b) ihn unter experimentellen Bedingungen untersucht;
(c) ihn als Psychotherapiemethode benutzt (Situations- und Verhaltenstherapie);
und (d) Verhalten im „Hier und Jetzt" diagnostiziert und trainiert (Rollentraining,
Spontaneitäts- und Verhaltenstraining).

(Psychodrama I 1964, II)

Morenos Sozialatom

*In der folgenden Abbildung finden sich – dem Konzept des Sozialatoms entsprechend – aus
unterschiedlichen Bereichen wichtige Personen, zu denen sich Moreno in Beziehung gesetzt
hat, mit denen er sich inhaltlich auseinander setzte bzw. zu denen er real Kontakt pflegte.*

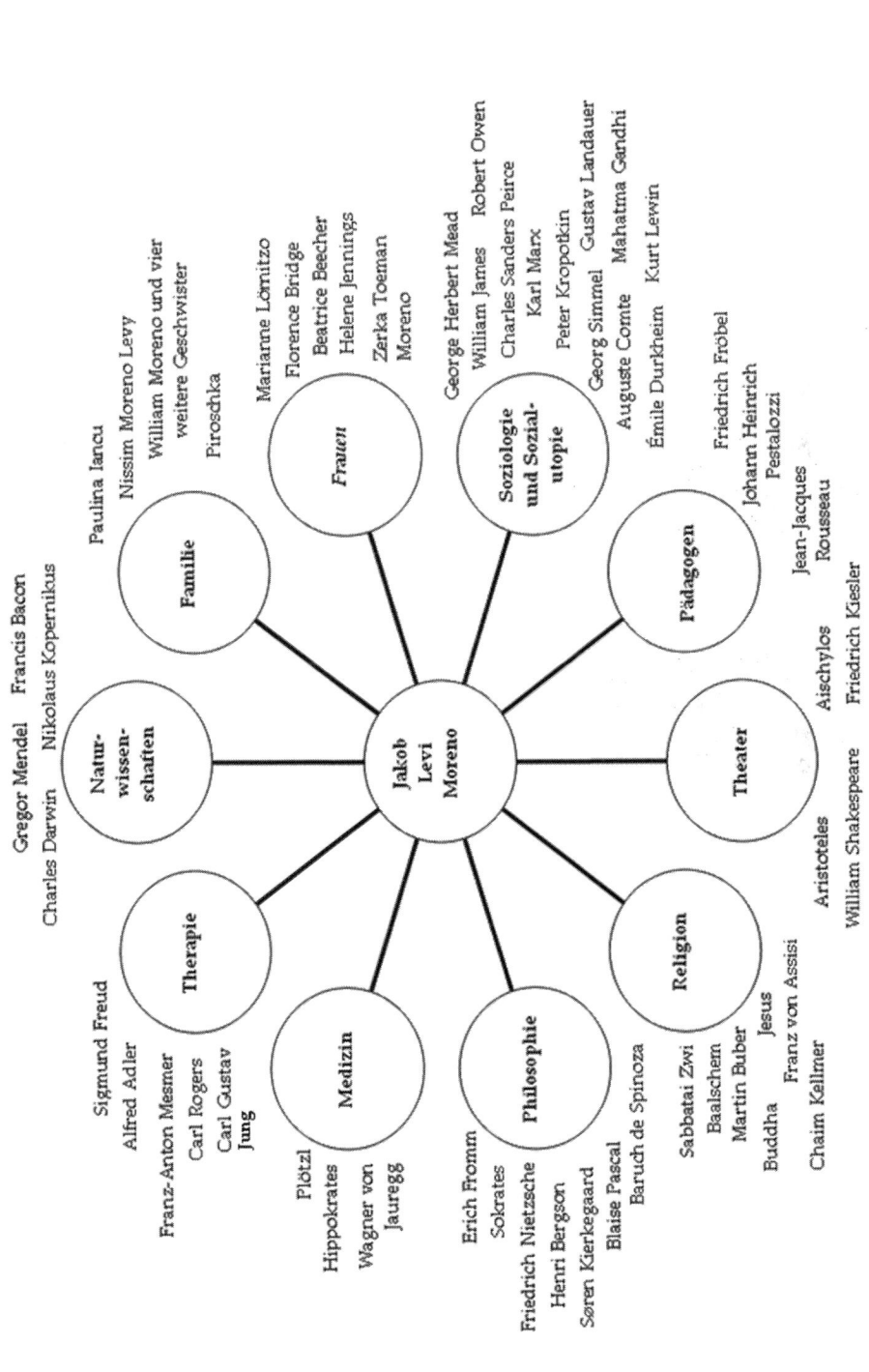

Sir Francis Galton   Albert Einstein
Gregor Mendel   Francis Bacon
Charles Darwin   Nikolaus Kopernikus

Paulina Iancu
Nissim Moreno Levy
William Moreno und vier
weitere Geschwister
Piroschka

Marianne Lörnitzo
Florence Bridge
Beatrice Beecher
Helene Jennings
Zerka Toeman
Moreno

George Herbert Mead
William James   Robert Owen
Charles Sanders Peirce
Karl Marx
Peter Kropotkin
Georg Simmel   Gustav Landauer
Auguste Comte   Mahatma Gandhi
Émile Durkheim   Kurt Lewin

Friedrich Fröbel
Johann Heinrich
Pestalozzi
Jean-Jacques
Rousseau
Friedrich Kiesler

Aristoteles   Aischylos
William Shakespeare

Sabbatai Zwi
Baalschem
Martin Buber
Buddha   Jesus   Franz von Assisi
Chaim Kellmer

Erich Fromm
Sokrates
Friedrich Nietzsche
Henri Bergson
Sören Kierkegaard
Blaise Pascal
Baruch de Spinoza

Plötzl
Hippokrates
Wagner von
Jauregg

Sigmund Freud
Alfred Adler
Franz-Anton Mesmer
Carl Rogers
Carl Gustav
Jung

Familie

Frauen

**Soziologie
und Sozial-
utopie**

**Natur-
wissen-
schaften**

**Jakob
Levi
Moreno**

Pädagogen

Therapie

Theater

Medizin

Philosophie

Religion

Die Grundorientierung
5. Die Szene

Der Begriff der Szene (man könnte übersetzen: der Situation) steht im Zentrum von More-
nos Praxismethoden. Dennoch finden sich relativ wenige Quellen, in denen er ausdrücklich
darüber reflektiert, was eine Szene ist, beziehungsweise wie ein szenisches Verständnis der
Wirklichkeit die psycho-soziale Arbeit verändert. Wir sind deshalb darauf angewiesen, die
Begriffe zu identifizieren, mit denen Moreno beschreibt, was seinen szenischen Ansatz
ausmacht. In den Frühschriften spricht er z.B. von der Lage und der Begegnungslage.
Darüber hinaus werden in diesem Kapitel Gedanken benannt, mit denen Moreno weiter
differenziert, was szenisches Verstehen und Arbeiten ausmacht.

Vorläufer des Szenebegriffs in den Frühschriften: Lage und Begegnungslage

1919: Das Schauspiel ist eine Art der Dichtung, diese ein Sonderfall der vielfältigen
Aussagekünste. Das System hat zum Gründer die Lüge; es möchte alles in sich
saugen. Auch das nie Vollzogene: Vergangenheit und Zukunft, den Heiligen, Sieger und Don Juan. Das Essay hat zum Gründer die Feigheit: es bellt um alle Dinge
herum und beißt nicht. Die Wissenschaft hat zum Schlüssel das Sammeln und das
Schauen: sie herrscht in einer Welt, die von Gott nicht bereist wird. Die Dichtung
hat zum Bildner die Imagination, Exponenten der Sehnsucht: der Wortgötze ersetzt Gott, bis dieser kommt. System, Essay, Wissenschaft, Dichtung sind Natur-
produkte, der Kausalität unterworfen und erweisen sich als das zufällige Resultat
aus praktizierten und nicht praktizierten Befunden. Die erste Vorarbeit einer
theurgischen Aussagenlehre ist die Ausräumung aller nicht praktizierten Bewusst-
seinsbestände. Der Bericht schlechthin ist die Darstellung einer Praxis. Die wirklich
erstiegenen Zustände des Bewusstseins nenne ich: die Erlebnislagen oder die Voll-
ziehungen. Die wirklich ausgebrochenen Beziehungen im Raum nenne ich: die Be-
gegnungslagen.

(Die Gottheit als Komödiant, Der Neue Daimon 1919, 60f)

1924: Da beschränkt sich einer darauf, seinen Wohnungsgenossen zu entsprechen
und wenn ein Konflikt da ist, so übt er den Kampf, beharrt er im Kampf, trägt er
den Kampf aus, so hat er auch mir entsprochen. Wenn aber einer den nächsten Genossen umgangen hat, und mag sein Trachten noch so groß sein, er hat mir nicht
entsprochen. [...] Hast du selbst allen Lagen entsprochen und ebenso jene, denen

du begegnet bist, und jene die diesen begegnet sind, und so ins Unendliche fort, dann kann ich zu dir sagen: Ich fühle dich, ich denke deine Gegenwart, ich sehe dich, ich höre dich, ich taste deine Hände, deine Haut und ich nehme dich vollkommen wahr. Nichts ist mehr, das dich hindert mir zu begegnen, deine Gefühle sind geheilt, der Knoten ist gelöst.

(Rede über die Begegnung 1924, 32f)

Die Übersummativität und Untrennbarkeit der Szene

1918: Ich rufe ein zweites Kind unserer Erinnerung auf, die kleine Hella. Du gedenkst, da wir im Garten zwischen den Teichen saßen und du die Kinder versammeltest und frugst: „Was ist das, ein Vogel?" Darauf das eine Mädchen: „Ein Vogel, das ist ein Wesen, das Federn hat ..." „und Flügel" unterbrach das andere, bis die kleine Hella mit ihrer reinen Stimme alle Maße durchstrich: „Ein Vogel, das ist ein Spatz, eine Lerche, eine Schwalbe, dieses, da ist es." Und es trug einen warmen lebenden Vogel in unsere Hände. Was wollte Hella sagen? Gott könnte es nicht reiner. Wenn du ihn darum fragtest, er würde sich selbst leise als ein warmer lebender Vogel in deine Arme tun. Denn dieser ist kein Begriff, kein Gedicht, kann durch diese ganze Bibliothek nicht umschrieben werden. Was aber für den geringsten Vogel auf dem Felde wahr ist, wird wohl auch für unseren Herrn gelten, nicht, da er unser Vorbild ist, das er nie seyn kann, sondern weil Sinn und Schweigen die Grenzen seines Reiches sind, an die wir stoßen.

(Die Gottheit als Autor, Daimon 1918, 14f)

1974: Die einzige Kategorie, die wirklich volle soziometrische Gültigkeit hat, ist daher das ganze lebendige soziale Aggregat, das Kompositum aller individuellen und symbolischen Repräsentanten, zu dessen Bildung alle vorher erwähnten Kategorien [nämlich die psychologischen Kategorien wie Gefühle, Wahlen, Entscheidungen sowie die soziologischen Kategorien wie Familie, Kirche, Industrie, sowie die kulturellen, ökologischen, biologischen Kategorien] ihren Beitrag liefern.

(Grundlagen 1974, 33)

1974: Es wird oft gefragt, ob alle Strukturen einer Konfiguration bestimmt werden müssen oder ob schon ein Minimum der wichtigsten Strukturen ein zuverlässiger Index ihrer Messung sein könnten. Ungenügend für einen Vergleich wäre es, wenn nur die Isolierten einer Konfiguration gezählt würden. Es bliebe unbekannt, ob die übrigen Individuen ohne Erwiderung wählen oder Paare bilden. Andererseits würde auch die Zählung der gegenseitigen Paare keine zuverlässige Vergleichsbasis bilden. Unbekannt bliebe, ob sich der Rest der Konfigurationen aus völlig ungewählten Personen oder praktisch isolierten Paaren zusammensetzt. Die Zahl der Kettenbeziehungen, Dreiecke, Vierecke usw. scheint weitgehend von der Zahl gegenseitiger Paare abzuhängen. Diese Tatsache erfordert eine eingehendere Erklärung. Ein Soziogramm kann viele gegenseitige Paare, aber keine Kettenbeziehungen oder komplexere Strukturen enthalten. Andererseits sind neben einer großen Anzahl komplexer Strukturen relativ viele Paare vorhanden. Aus Sachlichkeitsgründen muss das statistische Verfahren soziale Konfigurationen in ihrer Gesamtheit behandeln. Statistiken einzelner, von der Gesamtkonfiguration gelöster Strukturen geben ein falsches Bild.

(Grundlagen 1974, 350)

1974: Bei der Konstruktion eines Experiment war ich [...] immer bestrebt, so viel wie möglich der Lebenslage zu entsprechen und ihre Komplexität eher zu vergrößern als zu reduzieren.

(Grundlagen 1974, 406)

Die Szene als Abbild des Alltags

1937: Die Behandlungsszene ist für den Patienten dieselbe wie seine Lebensszene. Es ist die Essenz der soziometrischen Behandlung, dass die soziale Situation und die therapeutische Situation des Patienten ein und dieselbe sind [...] Das therapeutische Theater [...] ist eine Welt en miniature. Es ist ein Platz, an dem durch psychodramatische Mittel alle Situationen und Rollen gespielt werden, die in der Welt vorkommen oder vorkommen können.

(Inter-personal Therapy and the Psychopathology of Inter-personal Relations, Sociometry I 1937, 24f)

Die Wahrheit und Autorität der Szene

1946: Sogar der Direktor ist der Situation untergeordnet; es ist ein Teil der Strategie von Psycho- und Soziodrama, dass er seinen offenkundigen Einfluss zu bestimmten Zeiten bis auf ein Minimum reduzieren muss, sich selbst entfernen muss und die Führung einem anderen Mitglied der Gruppe überlassen muss.

(Psychodrama I 1946, 362)

Sprachfreiheit der Szene

1950: Gemäß der psychodramatischen Theorie ist ein beträchtlicher Teil der Psyche nicht sprachlich codiert [language-ridden], er ist nicht durchsetzt mit den gewöhnlichen bedeutungsvollen sprachlichen Symbolen und es ist anzunehmen, dass diese stillen Teile der Psyche eine große Rolle bei der Entwicklung der Psychosen spielen. Deshalb sind der Körperkontakt mit solchen Patienten, wenn er hergestellt werden kann, Berührung, Zärtlichkeit, Umarmung, Händeschütteln, die Teilhabe an stillen Aktivitäten, Essen, Spazierengehen oder konfuser Aktivitäten, wichtige Vorstufen zur psychodramatischen Arbeit selbst. Körperkontakt, Körpertherapie und Körpertraining wirken in der psychodramatischen Situation weiter.

(Hypnodrama and Psychodrama, GP III 1/1950, 5)

6. Aktion

Psychodrama und Soziometrie haben eine Handlungstheorie. Handelnde Menschen werden zum Gegenstand der Untersuchung, Forschung wird im Modus des Handelns vorangetrieben und die Arbeit zielt auf neue, erweiterte oder veränderte Handlungsalternativen ab. Wie wichtig Aktion für Moreno ist, zeigt sich darin, dass er den Begriff bereits sehr früh betont und sein Leben lang an einem Primat der Handlung festhält. Er stellt ihn mit dem Begriff des Handlungshungers an zentraler Stelle in seine Entwicklungstheorie, er verknüpft Forschung mit Handlung und er benennt den Aktionsbegriff als mögliche Brücke zum Pragmatismus und zur marxistischen Theorie.

Der Aktionsbegriff in den Frühschriften

1914: Zwei Knaben saßen und weinten am Ufer des Lebens. / Vor ihrem Auge rollte die steigende Flut. / Der eine tat den Leib in das Meer und wurde zum Gotte. / Und aus der Träne wuchs eine Perle auf sandigem Grund. / Der andere sann am Ufer und die Augen gingen ihm über. / Er sang den Ufermenschen vom Meer des Lebens. / Seinem jungen Gefährten sang er Lob. / Aber nie hatte noch seinen Fuß das Wasser benetzt. / Als er starb, der singende Gott, da bauten die am Ufer / Ein Steinbild über den weißen Leichnam. / Sie schlugen die Hände zusammen: „Die Götter dämmern". / Eben schaukelte der jüngere Bruder auf einem Wasserkamme und lachte einer Seeschwalbe ins feuchte Ohr: / „Wir sind und sehen, wir sehen und sind: Götteraufgang". / Von seinem Leibe fand auf dem Meere keiner die Spur. / Es sei – die Perle am Grund. Es sei – der Schaum auf dem Wasserberge.

(Einladung zu einer Begegnung 1914, 6)

1914: Der Kritiker sieht die Bewegung des Lebens im Sinne einer Unendlichkeit, die sich bei der Berührung verflüchtigt, der Dialektiker im Sinne eines Stromes oder ruhenden Sees, in den er sich durch eine Anstrengung versenkt. Beide vernachlässigen das Wachstum des eigenen Ich auf Kosten der Sehnsucht nach einem unerfahrenen Gott, den sie aus der Welt herausschälen oder verbannen, oder nach einer unerfahrenen Entwicklung, die sie aus gelebten Stücken zusammenschweißen. Aber die Wirklichkeiten des eigenen Ich spuken, wenn auch verdeckt, in diesen Ergüssen. Bei der Betrachtung des Charakters von Mensch und Tier bauen sie Gegensätze auf zwischen Form und Inhalt, Geist und Stoff, die sie auch in die zeitliche Dimension übersetzen, wobei ein Glied das andere hervorbringt oder auslöst, eines zum Scheine herabgedrückt wird, auf Kosten der Erhöhung des andern. Dabei bleibt es gleichgültig, ob ein schöpferischer oder mechanischer Prozess in die

Zwei- oder Mehrteilung der ursprünglichen Einheit endet. Stets bleibt die Methode die, das Gelebte zu erklären, statt es in sich zu vertiefen und vollständig auszuschöpfen, das Gesehene zu zerlegen, statt es für sich zu steigern, das Geschaffene zusammenzustellen, statt es für sich fortzusetzen.

(Einladung zu einer Begegnung 1914, 19)

Der Primat der Aktion

1959: Mit Veränderungen in der Methode gehen Veränderungen in der Theorie einher. Das Problem des „Ausagierens" [acting-out] ist eng mit dem Problem des Unbewussten verbunden. Die Dynamik des Ausagierens fordert eine Umgestaltung des Systems des Unbewussten, wenn dessen [theoretische] Vitalität aufrechterhalten werden soll. Wie wichtig verbales Verhalten auch sein mag, die Handlung geht dem Wort voran und „schließt es ein". Die Niederschläge von Handlung sind im Unbewussten topographisch vor den Niederschlägen von Worten. Die Aufnahme des motorischen Endes des psychischen Apparates in das System des Unbewussten wird zu einer bislang umgangenen Schlussfolgerung. Freud unterschied das Unbewusste in zwei Arten von Prozessen: vorbewusste und unbewusste; ein dritter müsste hinzugefügt werden: Die Dimension der Handlung oder motorischer Abläufe im Unbewussten.

(Psychodrama II 1959, 101. Vgl. Gruppenpsychotherapie 1959, 98)

1959: „Spontaneität" und „Selbstverwirklichung" gehören zu einer Klasse von Begriffen, die theoretisch nur dann vollständig erfasst werden können, wenn sie durch den Prozess der Konkretisierung gegangen sind. Ein theoretischer Christus zum Beispiel ist ein wichtiger Anfang, aber erst der realisierte Christus macht den Begriff sinnvoll. So ist es auch im Psychodrama. Existenz und Begegnung müssen vom Protagonisten realisiert werden und in ihrer Gesamtheit gelebt und erlebt werden, um auch einen theoretischen Sinn zu bekommen. Es ist wesentlich für alle existentiellen Konzepte, dass sie zum „Leben" kommen müssen, dass das Wort in „Da"-Sein und „Da"-Tat verwandelt wird. „Selbst-Verwirklichung" geht einen Schritt weiter als „Selbst-Erkenntnis". Die Verwirrung stammt von den in unserer Kultur am meisten angewandten Formen der Verständigung, die aus Worten und Schriften bestehen, und nicht aus „Hier- und Jetzt-Sein", aus „Taten" und „Handeln". Der „Begriff" mag in abstrakten Bereichen genügen, aber in existentiellen Wissenschaften muss das Wort durch Sein und Tat vertieft und gesteigert werden.

(Gruppenpsychotherapie 1959, 102f)

1969: Selbst wenn eine Deutung gegeben wird, ist die Aktion das Primäre. Es kann keine Deutung ohne eine vorausgehende Aktion geben. Eine Deutung kann in Frage gestellt oder zurückgewiesen werden oder vollständig ineffektiv sein. Die Handlung spricht für sich selbst. Außerdem ist die Deutung von der Orientierung des einzelnen Therapeuten gefärbt. So wird ein Freudianer von einem anderen Rahmen her deuten als ein Adlerianer, Jungianer oder Horneyaner etc. Aber dies verändert den Wert der Produktion selbst in keinster Weise. Es macht die Deutung lediglich weniger wichtig. Manchmal können Deutungen in der Tat eher destruktiv als konstruktiv sein; es könnte sein, dass der Patient keine Analyse, sondern eine emotionale Identifikation braucht.

(Psychodrama III 1969, 237)

Handlungshunger/cosmic hunger

1946: Das subjektive Zeitkonzept Erwachsener hat drei Dimensionen – Vergangenheit, Gegenwart und Zukunft. Die Zeit des Kindes hat nur eine Dimension – die Gegenwart. Das Kind erwärmt sich für unmittelbare Situationen und Zeiten, wenn es sich überhaupt erwärmt. […] Es verhält sich, als würde es an einem Handlungshunger-Syndrom leiden. Seinem Handlungshunger entspricht die Kategorie der Gegenwart – des Augenblicks.

(Psychodrama I 1946, 67)

1955: Als Baby war [das Kind] der ganze Kosmos, zumindest kannte es nichts anderes. Es wusste nicht, dass es Dinge außerhalb von sich selbst gibt. Aber jetzt, seit es herausgefunden hat, dass es weh tut hinzufallen, dass es Objekte im Raum gibt, die scharf sind und hart und die vermieden werden müssen, dass Geräusche laut und schrill und fremd sein können, dass es unzählige Individuen und Objekte außerhalb des kleinen Körpers gibt, die verstreut sind, wo immer es hinkommt, hat es eine Art Hunger entwickelt, sie alle in sich selbst hineinzunehmen, etwas wie einen „kosmischen Hunger". Es versucht in dem Bestreben, seine Identität und sein Gleichgewicht mit ihnen, eine Art „Kosmostase", herzustellen, all die liebevollen und ängstigenden Teile des Universums, die ursprünglich zu ihm selbst gehörten, stückweise zu erobern.

(The Discovery of the Spontaneous Man, GP VIII 2/1955, 109)

1955: Das Gedächtnis des Kindes liegt in seinen Handlungen und nicht in seiner Erinnerung. Der Handlungshunger des Kindes lässt sein Gedächtnis kurzlebig sein.

(The Discovery of the Spontaneous Man, GP VIII 2/1955, 124)

1956: Das Gedächtnis des Kindes ist in seinen Handlungen und nicht in seiner Erinnerung. Der Handlungshunger des Kindes ist der Grund dafür, dass sein Gedächtnis so kurzlebig ist. Die Handlungen folgen so schnell aufeinander, dass die Erinnerungsspannen zwischen ihnen nur kurz sind. […] Der Hunger nach Ausdruck ist Handlungshunger, bevor er ein Hunger nach Worten ist.

(The Discovery of the Spontaneous Man, Sociometry XVIII 4/1956, 432.
Und: Sociometry and the Science of Man 1956, 176)

1959: Der „Handlungshunger" eines Individuums sucht ständig nach situativen Gelegenheiten, um sich auszudrücken. […] Die Widerstandskräfte des Patienten gegen seine Heilung werden geschwächt oder befriedet, wenn Handlungstechniken [acting out techniques] offiziell und legitim Teil der therapeutischen Abläufe werden.

(Psychodrama II 1959, 98)

1959: Der Hunger sich auszudrücken ist Handlungshunger ehe er Worthunger wird.

(Psychodrama II 1959, 156)

1959: Er [Jonathan] wusste nicht, dass es Teile außerhalb von ihm gibt. Aber jetzt, seit er herausgefunden hat, dass es weh tut hinzufallen, dass Objekte im Raum scharf und hart sind und gemieden werden müssen, dass Töne laut und schrill und fremd sein können, dass es außerhalb seines kleinen Körpers unzählige Individuen und Objekte gibt, breitet er sich aus wo immer er hingeht, er hat eine Art Hunger entwickelt, sie alle in sich hinein zu nehmen, so etwas wie einen „kosmischen Hunger". Er versucht stückweise alle liebevollen und erschreckenden Teile des Universums zu erobern, die ursprünglich zu ihm gehörten, in einem Versuch seine eigene Identität und Ausgeglichenheit mit ihnen wieder herzustellen, eine Art „Kosmostasis".

(Psychodrama II 1959, 141)

Aktion als zentraler Forschungsmodus

1914: [Wir umgehen] die Versuche, die auf ein allgemeines Leben oder eine allgemeine Entwicklung zielen und berufen uns auf das Selbstgelebte und Selbstgesehene, wenn die Frage des Lebens aufgerollt wird. Ein solcher Fall liegt im Wachstum des eigenen Ich vor: der einzigen, von der Natur gesetzten Versuchsanordnung im uns zur Verfügung gestellten Daseinsausschnitt, in dem wir Betrachter und Versuchsperson sind.

(Einladung zu einer Begegnung 1914, 19)

1946: Mein Buch über Spontaneitätsforschung markierte die Veränderung von zwei Kernpunkten in unseren psychologischen und soziologischen Konzepten, die noch immer vehement umkämpft sind, obwohl seither zwanzig Jahre vergangen sind. Die Hinwendung von verbalen Methoden zu Handlungsmethoden (bei denen der verbale Aspekt des Verhaltens nur noch ein Phänomen ist) und von individuellen psychologischen Methoden hin zu Gruppenmethoden (in denen der individuelle Verhaltenskontext übernommen aber in einen größeren Bezugsrahmen gestellt wird). In der psychodramatischen Methode sind Handlungs- und Gruppenmethoden in Abhängigkeit vom jeweiligen Anwendungsfeld zeitweise kombiniert.

(Psychodrama I 1946, 246)

1947: Der Titel beinhaltet die ganze Idee: „Einladung zu einer Begegnung". Er ist wörtlich zu verstehen – meine (des Autors) Einladung, Ihnen (dem Leser) zu begegnen. Sie sollte eine falsche oder sekundäre Begegnung, jene zwischen Autor und Leser (dem Leser, der ein Buch liest) durch eine wirkliche Begegnung, in der die Person des Autors der Person des Lesers tatsächlich begegnet, ersetzen. [...] Durch das ganze Buch zogen sich Überlegungen darüber, was die Begegnung eines Menschen mit einem anderen mit sich bringt und wie die Vorbereitungen für dieses Ziel aussehen. Die imperative Erwartung der Begegnung hatte Konsequenzen. Der Autor begann seine Rolle zu verändern, er sollte in einen Handelnden verwandelt werden, und der Leser oder die Leser begannen gleichermaßen ihre Rollen zu verändern, in Handelnde verwandelt zu werden. Der Autor erwärmte sich für die Begegnung mit ihm, bis schließlich die Begegnung stattfinden sollte – als Vorbedingung für die Entwicklung einer echten Beziehung. Mir schien, dass nur Menschen, die einander „begegnen" oder auf dem Weg sind, einander zu begegnen, eine Gemeinschaft bilden können. Diese Begegnung war eine Kategorie der Verwirklichung und fand auf einer anderen Ebene statt als die intellektualisierten Derivate zwischenmenschlicher (bzw. interpersonaler) Beziehung. Ich versuchte unaufhörlich, von einer fiktiven Ebene auf eine reale Produktionsebene überzugehen, ohne beim Wechsel auf die Wirklichkeitsebene auf irgendetwas zu verzichten, was der Intellekt zur Steigerung der Spontaneität und Kreativität beitragen konnte. Das Ergebnis eines solchen Zugangs zu Menschen und Dingen war die Entwicklung einer sozialen Methode, die als Methode des analytisch Handelnden bezeichnet werden kann, im Gegensatz zur Methode des analytisch Beobachtenden, als Aktionsforschung im Gegensatz zur Beobachtungsforschung. Ich verwandelte mich in einen Handelnden, um mehr über meine Gedanken (Wahlen und Entscheidungen) zu erfahren; ich verwandelte auch meine Mitmenschen in Handelnde und kehrte ihre Rollen um, damit auch sie mehr über ihre Gedanken (Wahlen und Entscheidungen) und übereinander erfahren würden. Im weiteren Sinn liegt hier der methodologische Ursprung für das, was später als interpersonales System, als Soziometrie und Psychodrama bekannt wurde. Es geht weder um den unbewusst handelnden Menschen von früher noch um den Analytiker von früher, sondern um eine Synthese der beiden – ein analytisch Handelnder begegnet einem anderen. Das analytische Element beeinträchtigt nicht die Spontaneität und Kreativität des Handelnden, es ist ein Teil von ihm. Im Lauf der Zeit kann sich das analytische Element in der Persönlichkeit des Handelnden zum analytischen Selbstbeobachter entwickeln, eine weitere Synthese, die zwischen der Methode des analytisch Handelnden und der des analytisch Beobachtenden findet statt.

(Soziometrie und die Rollentheorie, Methode 1981, 166f)

1950: Freud und Jung haben den Menschen in seiner historischen Entwicklung studiert; der eine von den biologischen, der andere von den kulturellen Aspekten her. Im Kontrast dazu war mein Zugang der über das direkte Experiment: der Mensch in Aktion, der Mensch geworfen in Aktion, der Augenblick nicht als Teil der Geschichte, sondern die Geschichte als Teil des Augenblicks – sub species momenti.

(Group Psychotherapy, Theory and Practice, GP III 2+3/1950, 149)

1957: Die Praxis der therapeutischen Wissenschaft ist selbst die Wissenschaft.

(The First Book on Group Psychotherapie 3. Aufl 1957, XXIV)

1959: Psychodrama kann als diejenige Methode bezeichnet werden, welche die Wahrheit der Seele durch Handeln ergründet. Die Katharsis, die sie hervorruft, ist daher eine Handlungskatharsis.

(Gruppenpsychotherapie 1959, 77)

1959: Die Rollen, die von ihm [dem Protagonisten] und den Hilfs-Ichen gespielt werden lenken seine Aufmerksamkeit vom leitenden Therapeuten ab, der dann bessere Chancen hat, das Verhalten des Patienten objektiv zu beobachten. Die Technik bietet dem Analysten noch weitere Vorteile; er hört nicht nur die Worte, die der Patient spricht sondern er kann seine Handlungen sehen und sein Verhalten direkt studieren. Je mehr der Patient verstrickt wird, desto weniger bewusst ist er sich seiner Handlungen. Es ist als würde man dem Unbewusste selbst dabei zusehen, wie es ausagiert. Der objektive Hinweis darauf ist, dass der Patient sich im Nachhinein kaum daran erinnert, was er getan hat.

(Psychodrama II 1959, 98)

1974: [Selbst die] gewissenhaftesten Beobachtungen der Interaktionen [können] unvollständig, bedeutungslos oder nutzlos für die Akteure sein.

(Grundlagen 1974, 32)

Das Handlungsgedächtnis

1974: Da wir uns um die Übung von Stegreiflagen und nicht nur um das Lernen ihres Inhalts bemühen, versuchen wir, die durch traditionelle Erziehungsmethoden gefestigte Verbindung von Lage und Inhalt zu lockern. Überschätzung und Eintrichterung des Inhalts spaltet den Spieler in eine Inhalts- und eine Handlungspersönlichkeit. Es war uns eine wertvolle Hypothese, zwei Gedächtniszentren, ein Handlungs- und ein Inhaltszentrum, anzunehmen. Diese Gedächtnisspaltung kann folgendermaßen erklärt werden: Zumindest in unserer Gewöhnung wird ein Inhalt nicht schon im Handlungsbeginn erlebt. Im Gegensatz zu den in erregten Situationen ausgeführten Handlungen lernen wir ihn in einer gefühlsarmen Lage kennen. Beide Lagen bewegen sich wahrscheinlich durch verschiedene Bahnen des Nervensystems und erfüllen daher unser Gedächtnis nicht gleichzeitig, sondern getrennt und zu verschiedenen Zeiten. Der gelernte Stoff gelangt nicht ins Handlungszentrum der Persönlichkeit. Die dadurch entstandene Gedächtnisspaltung verhindert die Einfügung des Wissens in die handelnde Persönlichkeit. Die Kenntnis bleibt „unverdaut" und ohne Einfluss auf die Tat- und Urteilskraft des Individuums. In wirklichen Lebenslagen ist aber gerade dieses Zusammenwirken von größter Wichtigkeit.

(Grundlagen 1974, 330)

Korrespondierende Konzepte

1960: Eine zweite wichtige Brücke für Psychoedukation und Psychotherapie ist die zwischen dem marxistischen Konzept der „Praxis" und den amerikanischen [Konzepten] „learning by doing", Spontaneitätstraining, Rollenspiel und Aktionsmethoden, die in Erziehung, Industrie und Beratung breit eingesetzt werden.

(Psychiatric Encounter in Soviet Russia. Journey to Moscow and Leningrad, Progress V 1960, 11)

7. Die Universalia Raum, Zeit und Realität

1966 hält Moreno auf dem 2. Internationalen Kongress für Psychodrama in Barcelona ein Referat über vier Universalia – man könnte den Begriff mit „Dimensionen" übersetzen – die menschliches Leben und die psychosoziale Arbeit prinzipiell prägen: Zeit, Raum, Realität und Kosmos. In der Systematisierung von Morenos Therapeutischer Philosophie werden die ersten drei Kategorien dem Begriff der Szene zugeordnet. Zum einen bedient sich Moreno der raum-zeitlichen Struktur des Lebens, um die Szene zu konstruieren. Zum anderen unterscheidet er unterschiedliche Realitätsebenen und besteht auf deren Berücksichtigung in der psychodramatischen Arbeit. Dass der Mensch immer auch ein kosmisches Wesen ist, wird später, unter dem Stichwort der Axiologie, ausführlich zu thematisieren sein.

Raum

Schon früh sucht Moreno nach Mitteln und Wegen, um für jeden Menschen den/einen richtigen Platz in der Welt zu finden. Dieses Projekt, das er anfangs „Theometrie" nennt, wird zum Kerngedanken soziometrischer Arbeit. Über diesen Gedanken des „guten Ortes" wird die reale Position der TeilnehmerInnen im Raum zu einer wichtigen diagnostischen und methodischen Kategorie für das Psychodrama und die Soziometrie.

Der Stegreifort

1924: Raum- und Bewegungszeichen: Den Zeichen (Verbindungszeichen), welche das Zusammenspiel herstellen, entsprechen solche, die das Stellungs- und Bewegungsspiel auf ein Maß bringen. Derselbe, welcher Führer im Stücke oder einer bestimmten Phase ist, hat auch die Führung im Raum-Stellung-Nehmen inne. Der einmal bestimmte ist auch sein idealer Ort während des ganzen Spiels, zu dem er immer wieder zurückstreben muss. Mit dem Wechsel des Ortes würde er auch die Idee verlassen, welche er darstellen soll. Wie die Lage sein innerer, ist dieser Ort sein äußerer Pol. Die übrigen Spieler erhalten ihren Ort im harmonischen Verhältnis zur Position des Führers. So wird das zeitliche durch ein räumliches Äquilibrium unterstützt. (Die innere Lage hat hier ein Äquivalent in der äußeren Lage: Stegreifharmonie.) Von diesem idealen Punkt im Raum laufen alle Bewegungen aus und kehren zu ihm zurück.

(Stegreiftheater 1924, 51)

Der theometrische Ort

1919: Das Erlebnis vollziehen und haben ist genug; von ihm aussagen überflüssig. Der Bericht von Erlebnislagen ist als Selbstzweck in der Begegnung verboten. Alle Sünde entsteht durch den falschen Ort.

(Die Gottheit als Komödiant, Der neue Daimon 1919, 61)

1922: Als ich, vom Schlafe erwacht, die Augen aufschlug, / War ich vom Anblick der jüngsten Engel gerührt und gebannt. / Mit hymnischem Ruf schwebten sie, selige Schar, / Jeder besetzte den Platz, der seinem Herzenswunsche glich, / Im Ozean oder im Meer, in der Kluft oder Wand. / Der Ort, der ihnen am besten gefiel, wurde Eden benannt.

(Testament 1922, 79)

1923: Zu einem Werk, welcher Art immer, gehört nicht nur, was in ihm geschrieben, sondern auch, was um es herum ist, was mit ihm geschieht. Ein Geschöpf muss einmalig sein wie Gott, der es schuf. Eine Kreatur mit zahllosen Doppelgängern ist unsinnig wie Gott, wenn er Doppelgänger hätte, die er sich nicht selbst erschaffen hat. Daher muss ein vollkommenes Kunstwerk einzig sein wie ein bestimmtes Eichhörnchen oder eine bestimmte Rose. Das Buch aber schändet ein Wortwerk, das es umhüllt, schon dadurch, dass es zahllose gleiche hat, von denen jedes als Original gelten kann.

Unsittlich ist der Rahmen um ein Bild, der nicht vom Maler selbst als unerlässlicher Teil des Werkes gefühlt und errichtet wurde. In Eden strahlt, ob geschrieben, gemalt, gewebt, das Kunstwerk wie eine Blume am Rain, das Kunstwerk als Original, das Kunstwerk als Selbstwerk, das Kunstwerk als Einkönig, das Kunstwerk als Selbstgott. Über alle Edlen wird die Weisheit kommen, dass es einen göttlichen Befehl im Körperlichen gibt, da wie das Innere auch die Hülle bis zum vollen sinnlich-sittlichen Erfolg zur Erzeugung Gottes gehöre. […] Zur Statue, zum Bild, zum Wort gehört die Luft, die sie umgab, die Erde, die sie trug, die Sonne, die sie beschienen hat. Jede Verwandlung der Umgebung, jede Fortschaffung vom Orte ist eine Veränderung des Originals, Entwertung heiliger Kräfte, Mord an der Kunstnatur. Der Kultus der Stätte wird den literarischen Kult des Gegenstandes verdrängen.

(Der Königsroman 1923, 22f)

1924: Durch die Geometrie der Örter wird der Ort geometrischer Figuren, durch eine Theometrie der wahre von Ideen und Dingen bestimmt. Der Ort einer Blume ist die Stelle, auf der sie Blume geworden ist und nicht im Haar einer Frau, der Ort einer Malerei der Stoff und die Stelle, in die sie gebannt ist. Zur Stelle gehören die Umdinge. Wird das Bild im Raum verschoben, ist es ein Ding, Umding geworden, ein Geschenk, ein Wert, Geld. Es hat die richtige Heiligkeit, seine Schein-heiligkeit verloren. Der Ort eines Wortes ist der Mund des Sprechers oder das einzige Exemplar seiner Handschrift. Das Wort nachgesprochen, ist ein hässlicher Mund, die Handschrift vervielfältigt, eine geistige Ware. Die gegenständliche Seligkeit ist erloschen. Wiederkehrende sinnliche Erscheinung und Rufgewohnheit trügen für eine Reihe von Dingen ein einziges vor. Durch theometrische Konstruktion kann der Übergangspunkt eines Dinges in ein anderes bestimmt werden. Der David des Michelangelo im locus nascendi ist der David des Michelangelo. In ein Museum gestellt wirkt er mit an der Entstehung eines neuen Dinges, Museum. Er ist jetzt ein museumschaffender Teil. Die Lilie in der Hand einer Frau ist keine Lilie mehr, sondern eine Verzierung dieser Hand, dieses Leibes. Ebenso wie gekochtes Hammelfleisch nur durch die Täuschung des gemeinsamen Namens als Rest eines ehemaligen Hammels gedacht wird. Es ist Kocherei, Teil eines Gemenges und bildet eine Phase im Kreislauf der Nahrung. Die ursprüngliche Lage ist der Fetischzustand des Dinges, die Geburtsstätte, das einzige Mal, dass es einen Ich-Namen verdient. Die erste Sprache ist beim Anblick der Dinge am Fetisch-ort entstanden. Die Idee der Leib- und Seelenwanderung ist ein Irrtum des Wandernden, dessen Augen, Ohren, Sinne wandern, die Gegenstände nicht. Sie sind nur im theometrischen Moment, längst erloschen wuchern noch ihre Namen über das Grabmal. Es gibt keine Erhaltung und Fortpflanzung der Dinge, nur Übergänge von einem zum anderen. Die Umschaltstelle, gefunden durch theometrische Untersuchung, ergibt das Ende eines Dinges und den gleichzeitigen Beginn eines zweiten.

(Stegreiftheater 1924, 7f)

Beinahe identisch erscheint der Text im gleichen Jahr ein zweites Mal. Substantiell unterschiedlich ist allein, dass der Begriff der Theometrie durch den weit harmloseren, aber in Morenos Wahrnehmung wohl wissenschaftlich akzeptableren der Lokometrie ersetzt wurde.

1924: Durch die Geometrie der Örter wird der Ort geometrischer Figuren bestimmt. Durch die Lokometrie werden der locus nascendi von Ideen und Dingen (belebt und unbelebt) und ihre Bewegung von einem Ort zum anderen bestimmt. Der Ort einer Blume zum Beispiel ist nicht das Haar einer Frau, sondern das Beet, in dem sie Blume geworden ist. Der Ort eines Gemäldes ist seine spezifische, ursprüngliche Umgebung. Wird das Gemälde aus dieser ursprünglichen Umgebung räumlich entfernt, wird es zu einem anderen „Ding" – zu einem sekundären, aus-

tauschbaren Wert. Der Ort eines Wortes ist die Zunge desjenigen, der es ausspricht, oder die Zeilen, in denen es zum ersten Mal niedergeschrieben wird. Das Wort, nachgesprochen, wird zu einem anderen und hässlicheren Laut, die Handschrift, vervielfältigt, lediglich zu einem intellektuellen Gebrauchsgegenstand. Wiederum ist die Einzigartigkeit zerstört. Nur vom Standpunkt der Nützlichkeit und Praktikabilität aus gesehen gibt es keinen Unterschied zwischen dem Original eines Gemäldes und seinen Reproduktionen. Ob ein Wort von einem Menschen ausgesprochen wird oder gedruckt vorliegt, der Inhalt, der dem Außenstehenden vermittelt wird, bleibt derselbe. Wenn von einem Original viele Reproduktionen vorhanden sind, entsteht der irreführende Eindruck, dass es viele Originale gibt oder dass das Original und seine Reproduktionen die gleiche Bedeutung haben. Da alle Exemplare eines Buches gleich aussehen, mag sogar der Eindruck entstehen, dass es kein wirkliches Original gibt – sondern nur Kopien. Man muss sich fragen, welcher innere Umwandlungsprozess stattfindet, wenn eine kreative Äußerung von ihrem locus nascendi auf neue Orte oder Medien übertragen wird. Ein „Ding" verwandelt sich in ein anderes „Ding", obwohl auf Grund der Mangelhaftigkeit der Sprache dasselbe Wort für viele verschieden Objekte und Ereignisse verwendet werden kann; aber auf Grund unserer verzerrten Wahrnehmung eines toten Dinges kann dieses sogar als lebendiges Ding angesehen werden, wie auch ein lebendiges Ding als tot angesehen werden kann. Folglich ist der David des Michelangelo im locus nascendi der wirkliche David von Michelangelo. In ein Museum gestellt, ist er es nicht mehr: er wirkt nun mit an der Entstehung eines anderen „Dinges", des Museums. Er ist jetzt ein museumschaffender Teil. Ähnlich ist auch die Lilie in der Hand einer Frau keine Lilie mehr, sondern eine Verzierung dieser Hand, dieses Leibes. Die ursprüngliche Lage eines Dinges ist seine Geburtsstätte.
Dinge, Formen oder Ideen haben immer einen Platz, einen Ort, der ihnen am besten entspricht und an dem ihr Sinn am idealsten und vollkommensten zum Ausdruck kommt. Am locus nascendi eines Ereignisses spürt man etwas von seiner ursprünglichen Atmosphäre. Man kann den wahren Ort des Theaters, des Briefes, des Buches bestimmen. Der wahre Ort des Theaters ist das Theater für Stegreifaufführungen. Ein Brief hat seinen idealen Ort in den Händen desjenigen, an den er geschrieben wurde; in unerwünschte Hände geraten, in die Hände eines Fremden, an den der Brief nicht gerichtet ist, verlieren die ausgedrückten Inhalte und das, was zwischen den Zeilen steht, ihren Sinn, der Brief ist im Exil, am falschen Ort.
Das Wesen der Lokometrie ist dialektisch, wie auch das Wesen der sich verändernden Dinge dialektisch ist. Das lebende und das tote Lamm werden mit dem gleichen Wort bezeichnet, obwohl sich ihr locus und ihre Struktur verändert ha-

ben. Beim Wort „Lammkotelett" schwingt noch die Illusion desselben Dinges mit, obwohl es sich jetzt um etwas Gebratenes, ein mit verschiedenen Zutaten schmackhaft zubereitetes Gemenge handelt und obwohl es eine Phase im Kreislauf der Nahrung darstellt.

Die Dinge sind nur im lokometrischen Moment. Längst erloschen wuchern noch ihre vergangnen Bilder und Erscheinungen, ihre Einflüsse und ihre Namen über ihre Grabmäler. Ein und dasselbe Ding kann weder erhalten noch fortgepflanzt werden, innerhalb eines Universums gibt es nur Übergangsstadien von einem Ort zum anderen. Die Umschaltstelle, gefunden durch lokometrische Untersuchung, kündigt das Ende eines Dinges und den gleichzeitigen Beginn eines anderen Dinges an.

(Lokometrie, die Wissenschaft der Örter und Positionen, Methode 1981, 27f)

1924: Jeder Gegenstand bedarf, wenn er seine ursprüngliche Region verlässt, einer Leitung. Die edlen Dinge verlieren die ahnungslose Sicherheit des Ganges, wenn sie aus ihrem Haus geraten. Das Schöne bleibt nicht überall schön, das Wahre nicht überall wahr, das Edle nicht überall edel. Ein geistiger Gegenstand muss handeln wie ein Mensch und ist zu behandeln, als ob er ein Mensch wäre. Sein Prüfstein ist das Gesetz des notwendigen Handlungsortes.

(Rede über die Begegnung 1924, 39)

1941: Die Einheit der Gottheit ist austauschbar mit der Einheit der Natur. Die Unterteilung der Wissenschaften in Geometrie, Astrometrie, Biometrie, Anthropometrie, Soziometrie und ähnliche ist künstlich und vorübergehend. Sie alle gehen auf in der breitesten und universellsten Wissenschaft: der Theometrie.

(Words 1941, 195)

Status und locus nascendi

1947: Ich gehe gern an den Ursprung einer Idee, ihren status nascendi zurück, um sie zu ergründen. Denn die endgültige Form einer Idee ist oft enttäuschend. Diese Methode war mir beim Verständnis anderer nützlich. Hier wende ich sie auf mich selbst an. Es ist eine Illusion zu glauben, ein Autor kenne seine Arbeit gut, weil er es ist, der sie geschrieben hat. Ein fünfzigjähriger Autor kann sich von sich selbst als zwanzigjährigem weiter entfernt haben als von einem anderen fünfzigjährigen. Wenn ich darum im Zweifel darüber bin, ob eine Idee, die mir in den Sinn kam, stimmen könnte oder nicht, richte ich meine Aufmerksamkeit auf den Augenblick, in dem ich meine erste Eingebung hatte und ihr die erste Form gab, als der Einfall noch frisch und ungetrübt war.

(Soziometrie und die Rollentheorie, Methode 1981, 165)

1962: Unsere Literatur ist voll von Berichten über die Pathologie unserer Kultur, beispielsweise tendieren wir dazu, in Studien über Liebe und Ehe deren Endprodukte zu betonen: Frustration, Disharmonie, Misslingen und Scheidung. Die ersten Begegnungen, die Anfänge der Liebe und die produktiven Anfänge in der Kunst, in den Wissenschaften und in zwischenmenschlichen Beziehungen werden oft als selbstverständlich angesehen, übergangen und vernachlässigt. Es ist in jedem Evaluationsprozess wichtig, auf welche Phase wir zuerst unser Augenmerk richten.

(The Place of Group Psychotherapy, Psychodrama and Psychoanalysis in the
Framework of Creativity and Destruction, GP XV 4/1962, 340)

1941: Die Sozialwissenschaften haben sich zu sehr mit Untersuchungen von Prozessen, die bereits abgeschlossen sind, beschäftigt. Der status nascendi ist missachtet worden. Die meisten Untersuchungen der Mann-Frau-Beziehungen werden durchgeführt, wenn der Umschwung bereits stattgefunden hat – wenn der Gefühlsstrom zwischen dem Mann und der Frau versiegt ist und die Liebe, die sie zusammengeführt hat, zu Ende ist. Die Untersuchung von Fertigprodukten, von Kulturkonserven und von Stereotypen hat natürlich in einem System der Sozialwissenschaften ihren Platz und Sinn. Die intensive Beschäftigung mit ihnen ist nicht überraschend. Es ist viel leichter eine Beziehung zu untersuchen, wenn diese „fertig" und fest begründet ist und wenn sie das enttäuschende Aussehen eines Endergebnisses besitzt. Vielleicht hat sich die Soziologie aus diesem Grund hauptsächlich für die Untersuchung der greifbaren Strukturen in der Gesellschaft interessiert. Die wichtigeren Anregungen und Entscheidungen kommen aber von den sozialen Situationen in statu nascendi. Ihr starker Einfluss auf alle zwischenmenschlichen Beziehungen ist nachgewiesen worden. Das Problem bestand darin, diese unfassbaren, esoterischen Phänomene zu ermitteln und zu untersuchen. [...]

Eine Untersuchung zwischenmenschlicher Beziehungen, die von ihrem status nascendi ausgeht anstatt von ihrem Endprodukt, hat große theoretische Vorteile. Sie kann den dualistischen Charakter, der sozialen Prozessen zugeschrieben wird, beseitigen. Es gibt zum Beispiel keine wahre Dichotomie zwischen zugrunde liegenden und Oberflächenstrukturen oder zwischen genetischen Phänomenen und Symptomen. Ebenso wie jede Ursache Teil ihrer Wirkung und jede Wirkung Teil ihrer Ursache ist, hat auch jede zugrunde liegende Struktur an der peripheren Struktur teil und umgekehrt.

(Grundlagen der Soziometrie. Konzepte und Experimente mit Gerüchten, Methode 1981, 194)

Zeit

Der Zeitbegriff dient dazu, die Komplexität der Szene zu rekonstruieren. Im Augenblick bündelt sich die (zeitliche) Realität der Menschen. Hier treffen sich erinnerte Vergangenheit und erwartete Zukunft. Im Augenblick wird aber auch der chronologische Zeitfluss aufgebrochen und es entsteht der Kairos: der Augenblick, in dem die Welt handelnd aus den Angeln gehoben werden kann.

Der Zeitbegriff der Frühschriften

1923: Stets war der Augenblick frei: eine ungerufene Schau, eine ungehobene Lust, eine unerschaffene Zeit. Nach allen Seiten konntet ihr gehn. Neues entdecken, Entdecktem neu [sic!], alles konntet ihr wählen, konntet ihr werden, alles erneun. Ihr aber seid hier.

(Rede über den Augenblick 1923, 9f)

1923: Ein Augenblick entsteht, wenn er vorher abwesend gewesen ist. Wenn aber ein Teil der Welt, die einen Augenblick bildet, Raum oder Zeitpunkt, Gefühl oder Gedanken, Wahrnehmung oder Berührung, vorher bestimmt, oder gewünscht wird, dass nicht alle Teile, die ihn bilden, als ein Stück entbunden werden, so ist der Augenblick als nicht entstanden zu betrachten.

(Rede über den Augenblick 1923, 18)

1924: Im Stegreiftheater entscheidet [sic!] aber nicht das Gesamtwerk, das „Drama", sondern die szenischen Atome. [...] Es wird nicht „Zeit" gespielt, sondern Momente. Die Akte eines Stückes sind voneinander gelöst: sie bilden eine Schnur von je und je aufleuchtenden Impulsen. Auch der Zuschauer erlebt Momente, nicht Zusammenhänge.

(Stegreiftheater 1924, 37)

1925: Was die Originalität der Idee betrifft, wenn sie schon ein- oder mehrmals in der Geschichte der Menschheit aufgetreten ist, so habe ich sie schon damals vertreten. Da ich aber Grund habe anzunehmen, dass die Vorstellung, es habe auch vor dieser Zeit Generationen und Epochen gegeben, von den Namenstellern nicht erlebt, sondern abgehört worden ist, um sich vor den gegenwärtig lebenden Göttern

in die Karbonzeit flüchten zu können und um die vergangen lebenden Götter gegen die gegenwärtig lebenden Götter auszuspielen, erkläre ich: alle Generationen
und Epochen sind im bestehenden Moment enthalten und nehmen Stellung, es
gibt nur eine Zeit, nur einen Konflikt.

(Rede vor dem Richter 1925, 24)

Die Bedeutung des Augenblicks

1959: Das wichtigste Konzept im gesamten menschlichen Denken, das Konzept des
Augenblicks – der Augenblick des Seins, des Lebens und des Schöpfens – war das
Stiefkind aller bekannten philosophischen Systeme.

(Psychodrama, Arieti, American Handbook of Psychiatry II 1959, 1380)

Die Spontaneität des Augenblicks

1957: Eine der wesentlichen Vorentscheidungen, die bedacht werden müssen, ist
der Schritt der Initiation selbst. Wer fordert die Gruppenmitglieder auf, sich zu
treffen – wo (Ort) und wann (Zeit)? Wenn alle Gruppemitglieder denselben Status
haben und jeder die Verantwortung für den gesamten Gruppenprozess hat, dann
sollte es niemand auf sich nehmen und die Gruppe auffordern, sich zu treffen. Gott
zu spielen ohne gewählt zu sein ist ein Akt gegen die Gruppe, der viel Abneigung
gegen den Gottspieler hervorruft, aber selbst wenn es eine „wir"-Entscheidung ist,
muss irgendjemand den anderen vorgeschlagen haben, eine wir-Entscheidung zu
treffen. Wenn vorher keine „Organisation" eingerichtet wurde, dann gibt es keine
vorher verteilten Rollen wie Präsident, Schriftführer oder Schatzmeister, die Entscheidungen für andere treffen und zu einem Treffen einladen könnten. Wenn ein
Mitglied der entstehenden Gruppe unabhängig die Autorität übernommen hätte,
ein Treffen einzubestellen, in anderen Worten, wenn jeder von ihnen Gott gespielt
hätte, wären Zeit und Ort des Treffens wohl in vielfacher Uneinigkeit gewesen.
[…] Es muss darauf hingewiesen werden, dass die vorherige Vereinbarung selbst
durch ein Team im Gegensatz zu dem Vorschlag stehen, das Treffen hic et nunc
starten zu lassen und es beginnen zu lassen, wenn es eben beginnt, sub specie
momenti. Die Konsequenz daraus ist, dass niemand ein Treffen einberufen kann,
weil niemand die Autorität hat, dies zu tun. Niemand möchte gerne Gott spielen,
weil alle dasselbe Privileg haben Gott zu spielen. Wenn alle Gott spielen, dann ist
keine Abmachung möglich, solange nicht einer den „ersten" Gott (Präsidenten)
spielt. […] Dementsprechend gibt es zwei Alternativen: (a) ein Treffen einzuberu-

fen – durch eine individuelle Entscheidung oder eine wir-Entscheidung, oder (b) ein Treffen geschehen zu lassen. […] Dies wäre das Ende des „organisierten Menschen" und der Anfang davon, nur den Augenblick darüber entscheiden zu lassen, was passiert […]. In diesem Geist habe ich im Frühling 1914 mein erstes Buch „Einladung zu einer Begegnung" publiziert. Das wer und wann und wo wurde vollkommen dem Zufall überlassen und ich hatte damals das Gefühl, dass es vorzuziehen sei, alles dem Zufall zu überlassen, statt in die Organisationsprozeduren hineinzugeraten, ein Durcheinander, das wohl niemand mehr stoppen kann, wenn es einmal angelaufen ist. Ich zog es damals vor, einem Mann, den ich treffen wollte, nicht zu schreiben oder ihn anzurufen, sondern die Dinge geschehen zu lassen, was natürlich die furchtbare Konsequenz hatte, dass ich ihn vielleicht niemals treffen würde, weil er aus der Stadt weggezogen oder gestorben sein konnte, ehe mein Treffen mit ihm vollendet war. Aber ich hatte den Trost, dass ich jemanden ebenso guten oder besseren treffen könnte, während ich durch die Straßen laufe. Alle Begegnungen waren spontan und nicht erzwungen, und ich kam nie auf die Idee eine „Organisation" zu gründen. So wurden alle traditionellen, für unsere moderne Welt charakteristischen Wege, Gruppen zu organisieren, vermieden. Es ist, als wäre ich zu einer Form der Kultur zurückgekehrt oder regrediert, in der das kosmische Geschehen den Vorrang vor dem sozialen und politischen Geschehen hatte. Diese Lebensart stellt die Idee der freien Begegnung ins Zentrum sozialer Erfahrung und sowohl vor die Gruppentherapie als auch vor das Gruppentraining.

(Ontology of Group Formation. Group Training Versus Group Therapy, GP X 4/1957, 346f)

Der Augenblick als Kulminationspunkt von Vergangenheit und Zukunft

1949: Der Augenblick steht nun in Beziehung zur Situation und ist ein Teil von ihr. Er ist nicht mehr ein Teil der „Zeit" wie die ständig dahinschwindende Gegenwart, die zu einer Vergangenheit und einer Zukunft in Beziehung steht, der Endpunkt vergangener Episoden und der Ausgangspunkt zukünftiger Episoden, der Ursache und Wirkung, dem psychologischen und sozialen Determinismus unterworfen ist. Der Augenblick bewegt sich in einer ganz anderen Dimension als die Kontinuität von Vergangenheit-Gegenwart-Zukunft; er hat Berührungspunkte mit ihr, ist aber nicht mit ihr identisch.

(Ursprünge und Grundlagen der interpersonalen Theorie,
Soziometrie und Mikrosoziologie, Methode 1981, 268)

1959: Das „Hier und Jetzt" der Existenz ist ein dialektisches Konzept. Die einzige Art und Weise, in der wahrgenommene Vergangenheit und wahrgenommene Zukunft existieren, ist im Hier (an diesem Ort) und Jetzt (in diesem Augenblick). Das Hier und Jetzt kann sich in zahlreichen Vergangenheiten ereignet haben und sich in zahlreiche Zukünfte bewegen. Der einzig echte Gegensatz zum Hier und Jetzt ist das Konzept des völligen Nichts, das Nicht-Hier und Nicht-Jetzt, die Nicht-Vergangenheit und Nicht-Zukunft, das Nicht-Ich und Nicht-Du, das heißt Nicht-Leben.

(Psychodrama II 1959, 226)

1966: Trotz ihrer Wichtigkeit bedeutet die Vergangenheit eine „Reduktion der Zeit". Durch eine einseitig auf sie bezogene Stellungnahme wird der Gesamtfluss der Zeit auf die Psyche verkannt und entstellt. Hier erhebt sich mein erster Konflikt mit dem Gesichtspunkt Freuds. Unter ihm werden nämlich die fortlaufend im „Jetzt und Hier" stattfindenden Erlebnisse übersehen, falsch beurteilt oder gänzlich außer Acht gelassen. Ich habe dagegen schon immer auf die Bedeutung der anderen Phasen der Zeit hingewiesen und die Dynamik der Gegenwart, des Jetzt und Hier, hic et nunc, aufgezeigt. Bereits in meinen frühen Schriften (1914-1924), ja sogar in meinem ersten Buch aus dem Jahre 1914, schickte ich mich an, den Augenblick in seiner ganzen Dynamik zu erfassen und sowohl die Erwärmung für den Augenblick als auch die Dynamik der Gegenwart, des Jetzt und Hier, mit allen unmittelbaren, persönlichen, sozialen und kulturellen Implikationen herauszuarbeiten [...]. Eine weitere Dimension der Zeit, die bis vor kurzem vernachlässigt wurde, ist die Zukunft. Für das Leben ist sie dennoch von besonderer Bedeutung, denn wir leben normalerweise viel mehr in der Zukunft als in der Vergangenheit. Ereignisse der Zukunft zu erwarten, ist dennoch etwas anderes als sie vorwegzunehmen. Für therapeutische Zwecke habe ich daher Techniken entwickelt, die es uns gestatten, bereits in der Gegenwart „à la recherche du temps de l'avenir" zu handeln, so als spiele sich die Zukunft „gerade hier" ab [...]. Wir simulieren das Morgen so konkret wie möglich und kommen dadurch in die Lage, künftige Ereignisse besser einschätzen und uns auch besser auf sie vorbereiten zu können.

(Universalia 1966, Petzold 1978, 102. Original: GP XIX 3-4/1966)

In situ

1946: Die Behandlungsweisen können offen oder geschlossen sein. Die offene Behandlung wird in der Mitte der Gemeinschaft ausgeführt, mehr oder weniger mit vollem Wissen und vielleicht unter Teilnahme der Gruppe. Das Verfahren der soziometrischen Zuordnung ist ein Beispiel für eine offene Behandlung. Es ist eine Behandlung in situ. Die Szene der Behandlung ist für den Patienten dieselbe Szene wie seine Lebensszene. Es ist die Essenz der soziometrischen Behandlung, dass die soziale Situation des Patienten und die therapeutische Situation des Patienten ein und dieselbe sind.

(Psychodrama I 1946, 182)

1948: Psychodramatische Methoden versuchten das [psychoanalytische Setting] zu verbessern. Die konstruierte psychoanalytische Arzt-Patient Beziehung wurde aufgegeben, und das Individuum kehrte an den Ort zurück, an dem es tatsächlich lebt und handelt, zurück in die natürliche Atmosphäre seines Daseins, in die Situation im eigentlichen Sinn des Wortes, in situ, den Ort, wo es natürlich, spontan und bis zu einem gewissen Grad kreativ denkt, fühlt und handelt. Diese Rückkehr in das natürliche Setting hätte einen Rückschritt bedeutet, wenn wir den materialen Teil der psychologischen Situation nicht bewusst über Freuds Leistung hinaus vertiefen und erweitern hätten können. Ich gestaltete die experimentelle Situation in der Weise, dass sie für das Individuum ein Abbild des Lebens, eine Miniaturausgabe seiner Lebenssituation sein konnte. Der Klient wurde nicht nur aufgefordert, über sich selbst zu sprechen, sich frei zu äußern, sondern er wurde auch aufgefordert zu handeln, sich auszuleben, ein Handelnder zu sein.

(Soziometrie und die experimentelle Methode, Methode 1981, 57)

1948: Das Experiment muss in situ durchgeführt werden, das heißt, an dem Ort, an dem die Individuen die größte Spontaneität entfalten, d.h. in dem Setting, für das sie äußerst intensiv erwärmt sind und über das sie aus eigener Erfahrung am meisten wissen. Wenn die Individuen gewaltsam vom Schauplatz ihrer Liebe und ihres Hasses entfernt werden, sind auf Grund der Natur des Erwärmungsprozesses ihre – selbst ehrlich gemeinten – Mitteilungen nicht von gleichem Wert.

(Soziometrie und die experimentelle Methode, Methode 1981, 66)

1959: Direkte Lebenserfahrung ist der beste psychodramatische Lehrer. Wir nennen das Psychodrama in situ. Es ist natürlich jedem oberflächlich gespielten Psychodrama aufgrund der tiefen Ernsthaftigkeit, mit der sich ein Individuum ohne Vorbehalte hineinwirft, vorzuziehen. Aber selbst in einem Psychodrama unter Laborbedingungen gibt es den Anspruch sich maximal einzulassen. Diese Dinge wie „Ort" und „Dauer" sind dennoch relativ.

(Psychodrama II 1959, 186)

Realität und Surplusrealität

Das psychodramatische Handwerkszeug ermöglicht einen differenzierten Umgang mit den vielfältigen Realitäten menschlicher Existenz. Die Bühne bildet Realität nicht ab indem sie empirisch beobachtbare Fakten kopiert, sondern indem sie subtile Dimensionen der Realität wie Ängste, Wünsche oder Träume identifiziert und diese in der Inszenierung sichtbar und damit sowohl der Exploration wie auch der experimentellen Veränderung zugänglich macht.

Realität

1959: Das Ziel der psychodramatischen Therapie ist [...] die totale Produktion von Leben. Sie versucht, den Patienten mit mehr Realität zu versehen, als der Lebenskampf ihm bisher erlaubt hat. Ihr Ziel ist eine vollgültige Realität. Dieser Reichtum an lebendiger Lebenserfahrung hilft dem Patienten, durch Erlebnis und Übung und nicht nur durch Analyse die Kontrolle und Beherrschung seiner selbst und der Welt ständig zu erweitern.

(Gruppenpsychotherapie 1959, 92f)

1966: Das Psychodrama als psychotherapeutische Methode hatte von seinen ersten Anfängen an die Schaffung einer therapeutischen Situation nach dem Modell des Lebens zum Gegenstand, in welcher angefangen von den Universalia Zeit, Raum, Realität und Kosmos bis hinunter zu den Einzelheiten des Alltagslebens alle Lebensmodalitäten integriert werden können.

(Universalia 1966, Petzold 1978, 101. Original: GP XIX, 3-4/1966)

1966: Es kann [...] sein, dass die Art und Weise, auf die wir in der uns eigenen Realität leben und zu den für unsere Existenz wichtigen Menschen in Beziehung treten, defekt oder inadäquat ist, so dass wir eine Veränderung herbeisehnen und neue Lebensweisen versuchen möchten. Ein Wechsel kann jedoch derart bedrückend und schwierig erscheinen, dass wir uns lieber im alten Geleise bewegen als Schwierigkeiten riskieren, deren Bewältigung wir nicht sicher sind. Daher wird eine therapeutische Situation zum Erfordernis, welche eine Simulation der Realität erlaubt und den Menschen gestattet, neue Lebensweisen zu entwickeln und zu lernen, ohne ernstliche Konsequenzen oder gar eine Katastrophe zu riskieren, wie dies im wirklichen Leben der Fall sein könnte.

(Universalia 1966, Petzold 1978, 105. Original: GP XIX, 3-4/1966)

1966: Wir leben in Zeit, Raum und Realität. Den Umgang mit diesen Universalia können wir nicht lernen oder verbessern, sofern wir ihn nicht in einer experimentellen Situation testen, in welcher Zeit, Raum und Realität zum Ausdruck gebracht, erlebt, geübt und reintegriert werden.

(Universalia 1966, Petzold 1978, 111. Original: GP XIX, 3-4/1966)

Surplusrealität

1943: Man kann sagen, dass Psychodrama ein Versuch ist, den Dualismus zwischen Realität und Fantasie aufzuheben und die ursprüngliche Einheit wiederherzustellen.

(Soziodrama 1943, Petzold/Mathias 1982, 297f)

1946: Die alten Realitäten werden zu Irrealitäten. Auf den ersten Blick scheint es so, als würden sich die psychodramatische Realität und die Alltagsrealität gegenseitig ausschließen. Tatsächlich ist dies nur ein äußerer Anschein, die Bühne ist keine Bühne im Sinne des Theaters, sie ist eine soziale Plattform, die Darsteller sind keine Spieler, sondern wirkliche Menschen und sie spielen nicht, sondern sie präsentieren ihr eigenes Selbst. Die Stücke sind keine Theaterstücke, sondern deren innerste Probleme. [...] Die Realität verliert ihre Autonomie und wird ein Teil der psychodramatischen Realität.

(Psychodrama I 1946, 247f. Vgl.: Psychiatric Encounter in Soviet Russia, Progress V 1960, 19)

1948: Psychodrama beschäftigt sich wie Mathematik mit hypothetischen Fragen. Wir bewegen uns auf eine psychodramatische Logik zu, in der ein Pferd mit Flügeln ebenso real ist wie eines ohne; in der Wahnvorstellungen und Halluzinationen ebenso real sind wie Sinneswahrnehmungen. Wir bewegen uns auf einen weiteren Realitätsbegriff zu, einen „dynamischen Realismus", der die Dichotomie zwischen Realität und Irrealität aufheben kann.

(Editorial, Sociatry II 1-2/1948, 5)

1963: Das therapeutische Theater ist ein Vehikel, um ein unveränderliches Universum in ein veränderbares zu verwandeln. Es befreit den Patienten von der Langeweile der alltäglichen Realität und von der Couch und dem Stuhl der konventionellen Therapie. Es eröffnet ihm ein weites Feld, seine Sehnsüchte und Möglichkeiten zu erforschen. Er liegt oder sitzt nicht; er bewegt sich, agiert und spricht wie im wirklichen Leben; manchmal fühlt er sich gar keiner Sache verpflichtet, er bewegt sich nicht, noch handelt oder spricht er, sondern er ist einfach nur da. Der Raum, in dem er sich bewegt, kann manchmal so rigide strukturiert sein wie die soziale Realität, die ihn umgibt; zu einem anderen Zeitpunkt kann er so irreal sein wie ein Traum oder den halluzinatorischen Charakter von Wahnvorstellungen haben. Zeitweise kann er ein Ort für die brutale Logik der Realität sein, zu einer anderen Zeit kann er Platz für die innere Logik der Fantasie bieten und schließlich ein Raum für Erfahrungen aus dem Land der „Unlogik" und der „Nichtexistenz" sein. Seine Plätze können ein Raum, eine Straße, ein Gehweg, ein Bahnsteig [a skyrange …] oder jegliche Art von Kommunikation sein. Aber er kann auch räumliche und zeitliche Strukturen haben, die nicht existieren; es ist der natürliche Lebensraum der Spontaneität, wo sich der Patient ganz und gar ins Leben stürzen kann, ohne unter den Konsequenzen sozialer, moralischer und wissenschaftlicher Urteile und Strafen leiden zu müssen. Dieses Vehikel, das er betritt, muss wie ein Maßanzug passen, der Millionen unterschiedlicher privater und sozialer Welten Raum bietet – das psychodramatische Theater.

(The First Psychodramatic Family, GP XVI 4/1963, 215f. Vgl. Psychodrama II 1959, 135)

1966: Wir erreichen nun eine noch andere Ebene der Strukturierung, welche den imponderablen, unsichtbaren Dimensionen unseres intra- und extra-psychischen Lebens entspricht und die ich „Realitätsüberschuss" genannt habe. [… Surplus-reality] besagt in unserem Fall, dass gewisse unsichtbare Dimensionen unserer Lebensrealität nicht voll erlebt oder dargestellt werden und wir sie daher mit „Über-schuss-Methoden" und Instrumenten in die therapeutische Situation hereinholen müssen.

(Universalia 1966, Petzold 1978, 105. Original: GP XIX, 3-4/1966)

1966: [Der Protagonist] ist im Psychodrama Herr und nicht Knecht seines anatomischen und physiologischen Zustandes. Im psychodramatischen Kosmos kann der Mensch auch Tiere verkörpern – Hunde, Tiger, Bären, Fische, Vögel, Insekten – überhaupt jedwede Imagination, und zwar nicht in Form einer Regression, sondern in Form schöpferischer Aktion. Er ist frei von den Fesseln der Aktualitäten und Tatsachen, zollt ihnen aber trotzdem höchsten Respekt. Dank seiner bisherigen wissenschaftlichen Erfahrungen hat er guten Grund, an die Änderung und Weiterveränderung der Dinge zu glauben und sich vom Wechsel gewisser, sogar über Jahrtausende konstant gebliebener Bedingungen ergreifen zu lassen. Hierdurch soll keine Lanze für Illusionen oder die Flucht aus der Wirklichkeit gebrochen werden, sondern das genaue Gegenteil, eine Lanze für die Kreativität des Menschen und des Universums.

(Universalia 1966, Petzold 1978, 109. Original: GP XIX, 3-4/1966)

1974: Im Psychodrama werden nicht nur vergangene, gegenwärtige und zukünftige real erfahr- und vorstellbare Episoden gespielt und erlebt. Dies wäre ein Missverständnis. Im Psychodrama können auch Erfahrungen gemacht werden, die über die Wirklichkeit hinaus ein neues und umfassenderes Wirklichkeitserleben ermöglichen. Bei der Prägung des Terminus „Wirklichkeits-Mehrwert" (surplus-reality) ließ ich mich durch die Vorstellung von Karl Marx über den „Mehrwert" beeinflussen. Unter Mehrwert wird jenes Anwachsen des Kapitals verstanden, das dem Arbeiter vom Arbeitgeber genommen wird. Der Wirklichkeits-Mehrwert bedeutet im Gegensatz dazu keinen Verlust, sondern eine Bereicherung der Realität durch eine Intensivierung und lebendige Anwendung der Imagination. Eine derartige Erweiterung der Erlebnisfähigkeit wird im Psychodrama durch besondere Methoden ermöglicht: die Hilfs-Iche, Doppelmethode, den leeren Stuhl, Rollenwechsel, Spiegelmethode, Zauberladen, den hohen Stuhl, das psychodramatische Baby, Selbstgespräche, Lebensprobe und andere Methoden. Zwar sind diese Methoden oft beschreiben worden, doch dürfte es wertvoll sein, auch im Zusammenhang mit dem Wirklichkeits-Mehrwert auf ihre Bedeutung hinzuweisen […] Das Hilfs-Ich (auxiliary ego) wird gewöhnlich als eine Person definiert, die einen Abwesenden darstellt; im Sinne des Wirklichkeits-Mehrwerts kann sie sich über Einschränkungen durch Geschlecht, Alter und Tod hinwegsetzen. Im Psychodrama kann ein Mann eine Frau spielen und umgekehrt. Es gibt kein Geschlecht im Psychodrama. Ein alter Mann kann ein Kind darstellen, ein Kind einen Greis. Es gibt kein Alter im Psychodrama. Ein Toter kann ins Leben zurückgerufen werden. Es gibt keinen Tod im Psychodrama. Das Psychodrama bedeutet die Rückkehr der Magie in die Wissenschaft. Es setzt quasi den ganzen Kosmos in Szene.

(Grundlagen 1974, 419f. Und: Therapeutic Vehicles and the
Concept of Surplus Reality, GP XVIII 4/1965, 213)

8. Katharsis

Frühe Ideen und Befunde

In den Frühschriften denkt Moreno sehr unkonventionell über das Heilungsgeschehen nach. Er versucht die Heilungsbegriffe von Theater, Religion und Psychoanalyse zusammen zu denken und sie gleichzeitig weiter zu entwickeln. Wichtige Gedanken dabei sind, dass die bewusste Wiederholung dem traumatischen Moment seine Schärfe nimmt, dass Spontaneität ein probates Gegengift zu seelischen Verletzungen ist und dass die mächtigste reinigende Kraft das menschliche Lachen ist.

Historische Wurzeln des Katharsisbegriffs

1924: Diese vielfache Ortsbestimmung des Theaters gestattet, die gewonnene Auffassung von der Ansicht des Aristoteles (in der Poetik) abzugrenzen. Sein Urteilsgrund ist die fertige Tragödie. Ob nach seinen Worten die läuternde Wirkung im Leser (Zuhörer) oder in den tragischen Personen der Dichtung eintritt: der Streit darüber währt bis in die Gegenwart; er sucht irrtümlich von der Wirkung aus den Sinn des dogmatischen Theaters zu erschließen [...] Der Urteilsgrund dieser Schrift ist kein fertiger Prozess, sondern die gleichzeitige Materialisation einer in Bildung begriffenen Dichtung. Und es tritt eine (unbedingte) heilende Wirkung ein: doch nicht im Zuhörer (erwünschte Wirkung), noch in den dramatis personae eines imaginären Werkes, sondern in den Dichtern, den Schauspielern der Tragödie, die sie bilden, indem sie sich zugleich von ihr befreien.

(Stegreiftheater 1924, 81)

1940: Historisch gibt es zwei Wege, die zur psychodramatischen Sichtweise der Katharsis führen. Der eine führt vom griechischen Drama zum konventionellen heutigen Drama, und damit einher ging die allgemeine Übernahme des aristotelischen Katharsis-Konzepts. Der andere Weg geht zurück auf die Religionen des Ostens und des Nahen Ostens. Diese Religionen gingen davon aus, dass ein Heiliger eine Anstrengung unternehmen musste, um ein Erlöser zu sein; er musste sich zunächst selbst erlösen. Mit anderen Worten, in der griechischen Situation dachte man sich den Prozess der geistigen Katharsis im Zuschauer lokalisiert – eine passive Katharsis. In der religiösen Situation wurde der kathartische Prozess im Individuum selbst lokalisiert. Dies war eine aktive Katharsis. Im griechischen Konzept fand der Prozess der Realisierung einer Rolle in einem Objekt, in einer symbolischen Person auf der Bühne statt. Im religiösen Konzept fand der Prozess der Realisierung im

Subjekt – der lebenden Person, die die Katharsis suchte – statt. Man könnte sagen, dass die passive Katharsis hier einer aktiven Katharsis gegenübersteht; eine ästhetische Katharsis einer ethischen Katharsis.

Diese beiden Entwicklungen, die bisher unabhängig voneinander verliefen, wurden im psychodramatischen Konzept der Katharsis zu einer Synthese gebracht. Von den alten Griechen haben wir das Drama und die Bühne beibehalten, und wir haben die Sicht der Katharsis des Nahen Ostens übernommen, derzufolge der Schauspieler zum Ort für die Katharsis gemacht wurde. Der alte Ort (der Zuschauer) wurde zweitrangig. Außerdem haben wir als Schauspieler auf unserer Bühne jetzt Privatpersonen mit persönlichen Tragödien statt der alten griechischen Darsteller tragischer Rollen mit ihren Masken, ihrer Schminke und ihrer Distanz gegenüber dem Thema des Dramas.

> (Psychodrama und Soziometrie 1989, 89f. Vgl. Gruppenpsychotherapie 1959, 314f. Original: Mental Catharsis and the Psychodrama, in: Sociometry III/1940)

Die Wiederholung im Weihetheater

1922: Noch einmal, / Zum Troste, / Erschuf ich das All. / Das Schöne zum Scheine, / Das Ewige schön. / Die Folge der Zeiten, / Den Ort und das Mal, / Die Zeugung, / Das Glück, / Den Dahingang der Engel, / Genau wie es war.

> (Testament 1922, 95)

1924: Vom Augenblick des Konfliktes an werden sie durch die Tatsache des Raumes und der Zeit immer breiter ineinander verwickelt. Es kann die Angst im Haus so groß sein, dass den Zweien oder Vielen kein Schweigen hilft, weil Zwei oder Viele darin sind – kein Gespräch, weil die Störung nicht mehr im Geist, sondern schon im Leibe steckt, keine Verwandlung, auch nicht die augenscheinlichste, der Tod. Es ist der Zustand zweier Wesen, die einander trotz vollster Klarheit nicht verstehen. Es ist der Zustand zweier Seelen, denen keine Verwandlung des Geistes, des Gemütes, des Leibes helfen kann, nur Liebe. Alles geschieht vergeblich. Sie leben in ewiger Wiederkehr und Vertiefung des gleichen Übels, und auch Selbstzerstörung wäre hier Vernichtung des Bewusstseins, nicht des Konflikts; der Knoten durchhaut, nicht gelöst. Das Haus, in dem sie wohnen, ist ein Schutz vor Einblick, der Körper, der sie umgibt, ein Siegel vor Begegnung, der Konflikt innerer Vorwand, sich tiefer zu verbergen. Aber aus diesem Labyrinth der Verwicklungen mit Vater und Mutter, Frau und Kind, Hausfreund und Hausfeind im Laufe des Lebens, aus Missverständnissen oder zufolge Verständnissen erwachsen, kommt von selbst die Frage:

Wie soll die Lüge, der Kummer, das Geschwätz, der Schmerz, die Torheit, der Wahn, die Wahrheit, die Erkenntnis, die Kenntnis, die Entrücktheit, das Heil, der Hass, die Furcht, das Grauen, die zahllosen Verschmelzungen dieser Zustände miteinander, wie sollen diese gerettet werden?

Durch das letzte Theater. Die Personen spielen sich wie einst aus Not in selbstbewusster Täuschung dasselbe Leben vor. Der Ort des Konflikts und seines Theaters ist gleich. Sein und Schein werden gleichnamig und gleichzeitig. Sie wollen das Sein nicht mehr überwinden, sie bringen es hervor. Sie wiederholen es. Sie sind souverän: nicht nur als Scheinende, sondern auch über ihr eigenes Sein. Wie könnten sie es sonst noch einmal gebären? Denn soviel tun sie. Das ganze Leben wird entfaltet, seine gegenseitigen Verwicklungen, im zeitlichen Zusammenhang, kein Augenblick ist ausgelöscht, jede Langeweile, jede Frage, jeder Angstanfall, jeder Frost tritt wieder auf. Es sind nicht nur Gespräche, die sie vorführen, auch ihre Körper haben sich verjüngt, ihre Nerven, ihre Herzfasern, sie spielen sich selbst von Anfang her wie aus einem göttlichen Gedächtnis noch einmal. Doppelgängerglück, alle ihre Kräfte, Taten, Gedanken treten in der ursprünglichen Zusammensetzung auf, genauer Abdruck der Stadien, die sie einmal durchmessen haben. Die ganze Vergangenheit, ausgefahren in einem Augenblick.

Die Zuschauer der Weihebühne: Zuschauer der Weihebühne ist die gesamte Gemeinde. Alle sind geladen und versammeln sich vor dem Hause. Die Einweihung beginnt, wenn der Letzte erschienen ist.

Der Sinn des Spiels: Doch diese wahnsinnige Passion, diese Aufrollung des Lebens im Schein, wirkt nicht wie ein Leidensgang, sondern bestätigt den Satz: jedes wahre zweite Mal ist die Befreiung vom ersten. Befreiung ist eine idealisierende Benennung, denn restlose Wiederholung macht ihren Gegenstand lächerlich. Man gewinnt zu seinem eigenen Leben, zu allem, was man getan hat und tut, den Aspekt des Schöpfers – das Gefühl der wahren Freiheit, der Freiheit von seiner Natur. Das erste Mal bringt durch das zweite Mal zum Lachen. Auch das zweite Mal wird – zum Schein – gesprochen, gegessen, getrunken, gezeugt, geschlafen, gewacht, geschrieben, gestritten, gekämpft, erworben, verloren, gestorben. Doch derselbe Schmerz wirkt auf Spieler und Zuschauer nicht mehr als Schmerz, dieselbe Begierde nicht mehr als Begierde, derselbe Gedanke nicht mehr als Gedanke, sondern schmerzlos, bewusstseinslos, gedankenlos, todlos. Jede Gestalt aus Sein wird durch sich selbst in Schein aufgehoben und Sein und Schein gehen in einem Lachen unter. Es ist das letzte Theater. Das Stegreiftheater war die Entfesselung des Scheins. Dieser Schein ist die Entfesselung des Lebens. Das Theater des Endes ist nicht die ewige Wiederkehr des Gleichen aus eherner Notwendigkeit, sondern das

Gegenteil davon, die selbst erzeugte Wiederkehr seiner selbst. Prometheus hat sich bei den Fesseln gepackt, nicht um sich selbst zu überwinden oder umzubringen. Er bringt sich selbst noch einmal hervor und beweist durch den Schein, dass sein Dasein in Fesseln die Tat seines freien Willens war.

(Stegreiftheater 1924, 75-78. Vgl. Gruppenpsychotherapie 1959, 88f)

Stegreif als Kritik und als Entgiftung der Seele

1924: Die Kritik wird nicht analytisch-zerstörerisch, sondern Produktion; Kritik als Schein-Kritik und als eigentlicher Genuss des Schaffenden, Umschaffenden; Kritik als ob; Kritik als das reinste Theater; Kritik des Unkritikers; Kupfer wird in seinen zerstörenden Händen zu Gold.

(Stegreiftheater 1924, 12)

1924: Die Ein- und Ausatmung der Lunge ist ein Bild der Entgiftung. Durch Einatmung von Sauerstoff wird der Körper lebend erhalten, aber dadurch die Bildung der tödlichen Kohlensäure veranlasst; durch Ausatmen wird das Gift entfernt. Das Leben ist die Einatmung, Stegreif Ausatmung der Seele. Durch Einatmung entstehen Gifte (Konflikte), durch Stegreif werden sie wieder frei. Stegreif lässt das Unbewusste unverletzt (durch das Bewusstsein) frei steigen. Diese Lösung tritt nicht durch fremden Eingriff ein, sondern autonom. Darauf beruht seine Bedeutung als Heilmittel. An Stelle der Tiefenanalyse tritt Tiefenproduktion, für den Arzt Selbsthilfe. Absicht ist, die Krankheit sichtbar zu machen; nicht gesund, sondern krank werden. Der Kranke treibt selbst seine Krankheit aus. Die Wiederholung in der Illusion macht ihn frei, wie Schutzimpfung die Entstehung der Blattern kupiert. Der Kranke geht den Weg des Dichters. Das Stegreifspiel korrigiert unglückliches Schicksal. Es kann im Schein die Erfüllung eines gewünschten Zustandes gewähren. Vorwegnahme des idealen Lebenszieles: die kleine Harmonie. Edler ist es, nicht nur auf fremde, sondern auch auf die eigene Hilfe zu verzichten. Der höhere Arzt heilt nicht durch Mittel, sondern durch bloße Begegnung.

(Stegreiftheater 1924, 71)

Lachen als zentrale kathartische Kraft

1919: Schauspieler: Ich vernichte und verkläre meinen gewesenen Ernst, mich durch den Schein.

Ich: Indem ich meine einstige Tragödie noch einmal scheine, wirke ich auf mich, den ursprünglichen Heros der Tragik, komisch, befreiend, erlösend. Ich breche, in-

dem ich mich doch zugleich tiefernst vor dem Volk, nackt, wie ich war, wieder-
spiele, innerlich in Gelächter aus; denn ich sehe meine Welt des vormaligen Lei-
dens aufgelöst in Schein. Sein ist plötzlich nicht mehr schmerzlich, sondern lustig.
Meine ehemaligen Schmerzen, Wutanfälle, Begierden, Freuden, Jubel, Siege, Tri-
umphe sind schmerzlos, gierlos, freudlos, jubellos, sieglos, triumphlos, gegens-
tandslos geworden. War ich das je, Bruder Zuschauer, was aus mir spielt und
spricht? Oder dünkt es den Göttern so? Oh! Das Lachen, das Lachen, das endlose
Lachen hat Gott überrumpelt und das Publikum kichert mit.
Schauspieler: Wie entstand das endlose Lachen?
Ich: Das Lachen entstand dadurch, dass Gott sich selber sah. Am Sabbat der Schöpfung geschah es, dass Gott auf die sechs Werktage zurücksah und plötzlich über
sich selber lachen musste.
Schauspieler: Wenn Gott ausgelassen wird, erzittern seine Augen von Jubel und
unter seinen Füßen schlägt sich schnell – eine Bühne auf.

(Die Gottheit als Komödiant, Der neue Daimon 1919, 62f)

1922: O mein Gelächter. / Schwoll höher an, / je mehr ich mich erblickte. / Als ich
begann, erstarrten alle Kehlen, / Sie hatten ihre Lust in mir versammelt. / O Lachen
ohne Himmel, ohne Gründe. / Nackt sein vor sich, / O nackt vor allen. / Aufge-
decktes Haupt, / Entdeckt von allen. / Schöpfer vor sich, / Schöpfer vor allen. / O
All, das ich gebar, sein Ebenbild, / So viele Mal als Schein erschaffen, / Zu steigern
meine Lust, / Die Lust von allen. / Die Engel wurden leichter, / Lösten sich erlöst
von ihren Stellen, / Schwebten hinan, / Mein aufgelöstes Lachen zu erreichen, /
Doch es entflog so ferne ihren Lippen, / Kaum konnte ich ihm folgen.

(Testament 1922, 101)

1924: Die Stegreifmächtigen liefern den metapraktischen Beweis eines Reiches der
Freiheit, der Schein ist streng vom Sein gesondert. Es gibt aber ein Theater, in dem
das Sein, durch den Schein begründet, eingeweiht wird, eines, das den Zusammenhang zwischen den zwei Meta-Zonen wieder herstellt – durch den Riss des
Gelächters.

(Stegreiftheater 1924, 75)

Pathologie und Normalität

*Morenos Katharsisbegriff ist nicht losgelöst von dem Verständnis erschließbar, das er von
Gesundheit und Krankheit entwickelt. Anschlussfähig an moderne Theorien ist die von*

*Moreno vertretene Koppelung von Inklusionsprozessen und (der gesellschaftlichen Zu-
schreibung von) seelischer Gesundheit. Die in dieser Argumentation enthaltene Relativie-
rung von Normalität treibt Moreno so weit, dass er von einer pathologischen Seite gesellschaftlicher Normalität spricht.*

1951/1974: Von einem allgemeinen Gesichtspunkt aus gesehen stellen die Anoma-
len eine Minderheit dar. Sie sind verhältnismäßig harmlos, da sie, noch bevor sie
gefährlich werden können, schnell abgesondert werden. Außerdem sind sie verhältnismäßig immun gegen soziale Empfindungen und Vorurteile, die sich durch
die sozio-emotionalen Netzwerke der so genannten Normalen rasch verbreiten.
Nur zu oft vergessen wir, dass die großen Manifestationen sozialer Unausgegli-
chenheit wie Kriege und Revolutionen Produkte normaler Durchschnittsgruppen
sind. Die Mitglieder dieser Gruppen beeinflussen sich gegenseitig durch die mächtigen von ihnen unbewusst geschaffenen Netzwerke, durch die ihre Liebes- und
Hassgefühle und ihre direkten und symbolischen Vorurteile fließen. Der Pathologie und Therapie normaler Gruppen wurde bis jetzt nur wenig Rechnung getragen, obgleich die soziale Gesundheit der Menschheit gerade von diesen Gruppen
abhängt.

(Grundlagen 1974, 219. Und: The Function of a „Department of Human Relations"
Within the Structure of the Government of the United States, GP III 4/1951, 287)

1951: Wenn wir alle solchen abnormen und alle „abwegigen" Individuen überall
vom Blickpunkt eines Weltmaßstabes ins Auge fassen, so stellen sie eine kleine
Minderheit dar; sie sind relativ harmlos; sie werden rasch abgesondert, bevor sie
viel Schaden stiften können; und schließlich sind sie vergleichsweise immun gegen
viele der Eindrücke, Ideen und Vorurteile, die den „normalen" Netzwerken zwischenmenschlichen emotionellen Verkehrs innewohnen. Innerhalb einer Irrenan-
stalt z.B. beeinflussen sie einander und formen ihre eigenen Verkehrs-„Netzwerke", die dann ihrerseits wiederum ihre Verhaltensregeln und Wertmaßstäbe
bestimmen. Sie kopieren nicht die „Normalen", vor denen sie oft Furcht haben und
gegen die sie Ablehnung empfinden.
Die großen Äußerungen gesellschaftlichen „Irreseins" – Kriege und revolutionäre
Gewaltausbrüche – sind Produkte der normalen, durchschnittlichen, nicht-
„abwegigen" Köpfe. Diese beeinflussen einander vermittels mächtiger sozialer
„Verkehrs"-Netze, die sie unbewusst geschaffen haben und durch die ihre Gefühle
ihren Weg (zum nahen und zum fernen) Mitmenschen nehmen. Die Pathologie

und die Therapie der normalen Gruppen ist bisher vernachlässigt worden. Sie sind es aber, auf denen der soziologische „Gesundheits"-Bestand einer Nation beruht.

(Die Soziometrie und ihre Anwendbarkeit auf die praktische Politik der Gegenwart, Soziologische Forschung in unserer Zeit 1951, 163f)

1955: Das auffallendste Charakteristikum der derzeitigen Psychiatrierevolution ist, dass sich das Problem verändert hat. Das Kardinalproblem unserer Zeit ist nicht die Psychopathologie des pathologischen Individuums – der Geisteskranken und der Kriminellen – das Kardinalproblem ist die „Pathologie der Normalen". Geisteskranke und Kriminelle sind eine kleine Minderheit, die in die Sicherheit der Gefängnisse und der Heime weggesperrt werden. Es ist die normale Gruppe, die für den allgemeinen sozialen und moralischen Verfall verantwortlich ist, für die Kriege und Revolutionen, die nachweislich nicht konstruktiv sind und unfähig, die Versprechen der Führer zu erfüllen. Aufgrund der Pathologie der normalen Gruppe mussten überall und in allen Schichten der Gesellschaft neue Instrumente entwickelt werden. Instrumente wie Psychodrama, Soziodrama, Rollenspiel und Gruppenpsychotherapie wurden notwendig, die sui generis für die normale Gruppe entwickelt und speziell auf ihre Bedürfnisse zugeschnitten und nicht von der Behandlung abnormaler Individuen ausgeliehen sind. Es ist keine „angewandte" Pathologie. Dieses Prinzip muss bis ins Extrem ausgeführt werden. Dies ist notwendig, obgleich es eine völlige Umkehrung der Position von Psychiatrie und psychischer Gesundheitspflege bedeutet, wie sie vor ein paar Jahrzehnten gesehen wurde. Es ist der therapeutische Imperativ des Zwanzigsten Jahrhunderts. All unsere Anstrengungen müssen auf die Behandlung normaler Gemeinschaften ausgerichtet sein, statt den Patienten der Psychiatrien eine besondere Aufmerksamkeit zu schenken. Hervorstechendes Merkmal dieser neuen Psychiatrierevolution ist, dass sie nicht nur eine Moralpredigt ist; sie ist nicht mit dem Entwurf von „Zielen" und „Idealen" zufrieden zu stellen, die elegant in Büchern präsentiert werden, sondern sie hat spezifische Instrumente und Handlungsmethoden entwickelt.

(Plan of Discussion, GP VIII 2/1955, 105. Vgl. Psychodrama II 1959, 104)

1959: Unter „pathologisch" verstehen wir nichts Absolutes. Vom Standpunkt des Universums gibt es keine „Pathologie", nur vom Standpunkt der menschlichen Wissenschaft. Gemeint sind Abweichungen von kulturellen Normen und sozialer Gesetzgebung oder seelischer Leere, die vielfach zur Verschlechterung des soziometrischen „Status" der Individuen beitragen. Es muss aber hervorgehoben werden, dass der soziometrische Status der Isolierung z.B. nicht immer mit Nachteilen verbunden ist; in manchen Kulturen werden die Isolierten mit besonderer Reverenz behandelt.

(Gruppenpsychotherapie 1959, 53)

1959: Unser Ziel muss es sein, den Patienten mit seinem von der Norm abweichenden Benehmen wieder in die Kultur einzureihen, als ob alles selbstverständlich und natürlich sei und ihm die Gelegenheit geben, sich in den verschiedensten Gebieten schöpferischer Tätigkeit zu bewähren. Das ist das Ziel psychodramatischer Therapie. Möglicherweise ist unsere Besessenheit von der Idee der Konformität der Grund für den ungeheuren Preis, den wir für die Aufrechterhaltung von Irrenanstalten zu zahlen haben.

(Gruppenpsychotherapie 1959, 317)

1960: Lassen Sie uns das andere Ende des Prozesses nicht übersehen, wenn wir die offenen Türen der Psychiatrien betrachten. Wenn das Krankenhaus seine Türen geöffnet hat, aber die Türen der Gemeinschaft verschlossen bleiben, dann haben wir die Angst der Patienten vergrößert statt sie zu lindern. Wenn wir wirklich das Krankenhaus als therapeutische Gemeinschaft anstreben, dann sollten wir gleichzeitig anstreben, die offene Gemeinschaft in eine therapeutische Gemeinschaft zu transformieren. Das gesamte Problem bedeutet, dass das Gemeinwesen als Ganzes auf die Ideale einer therapeutischen Gesellschaft hinarbeiten sollte.

(The „Open Door" Policy in Mental Hospitals vs. the
„Closed Door" Policy in the Community, GP XIV 1-2/1960, 18)

1963: So versuchte der frühe Moreno durch Gruppenpsychotherapie das zu erreichen, was „Religion ohne Wissenschaft" in der Vergangenheit nicht zu Wege gebracht hat und was „Wissenschaft ohne Religion" in der Gegenwart nicht zu Wege gebracht hat. Er sah vorher, dass die Gesellschaft der Patient ist. Er nahm vorweg, dass wir über die Psychiatrie hinausgehen müssen und „Soziatrie" entwickeln müssen, die Erforschung der Pathologie der menschlichen Gesellschaft als einer Gesamtheit.

(The Actual Trends in Group Psychotherapy, GP XVI 3/1963, 118)

1963: Das Ergebnis ist unsere Epoche, die Epoche immer wachsender globaler Aufklärung, in der wir mit Hilfe der Wissenschaft und Technologie mehr und mehr wissen, aber immer weniger „sind".

(The First Psychodramatic Family, GP XVI 4/1963, 230)

Interpersonelle Krankheitsbeschreibungen

Wenn Moreno von Krankheit spricht, so hat er primär Phänomene nicht glückender Einbindung in soziale Kontexte vor Augen. In den Frühschriften lastet er diese Exklusionsprozesse dem egozentrischen Individuum an und spricht von einer Ichseuche, an der die Gesellschaft leidet. In späteren Jahren bleibt die Grundannahme der sozialen Bedingtheit von Krankheit bestehen, aber die Beschreibungen gehen jetzt mehr von den zugrunde liegenden gesellschaftlichen Prozessen aus und nicht mehr vom defizitären Individuum. Die Gesellschaft leidet an ihrer eigenen Kohäsionsschwäche und sie bringt auf unterschiedlichsten Ebenen (Arbeit, Liebe, Freundschaft, Besitz etc.) Menschen in prekäre Lebenslagen. Diese ausgeschlossenen Menschen beschreibt Moreno als soziometrisches Proletariat. Ebenfalls historisch hellsichtig, aber doch lediglich ein Nebengleis in der Diskussion von gesellschaftlicher Bedingtheit von Krankheit, sind Überlegungen zu belastenden Beschleunigungsprozessen in der Moderne.

Der Begriff der Frühschriften: Ich-Seuche

1925: Es ist die Demokratie. Diese hat die Menschheit mit einem schrecklichen Segen verflucht. Es ist ein Danaergeschenk der Demokratie: das Ich. Sie hat jedem ein Ich zugerechnet. Ob einen die Natur noch so schmal bemessen hat, jene widerspricht dieser. Jeder trägt sein Joch: das Ich. Und da der Hunger nach dem Besitz mit der Entfernung zunimmt, tritt der Größenwahn umso hemmungsloser in Erscheinung, je leerer die Hülse ist. Der weiße Neger avanciert am raschesten. So hat der Mangel einen inneren Brand entfacht, dessen Feldherr ein Dämon ist, der die Eingeweide von Milliarden Wesen bevölkert. Eine Ich-Seuche verzehrt die Menschheit. Das Ich ist der Baal, dem die Natur geopfert, ihr Wochenbett, auf dem die junge Generation vergewaltigt wird. Es ist eine Plage und eine Plage zu leben. Die Kinder kommen als Autoren auf die Welt. Jeder muss nicht nur einen Namen, sondern auch ein Ich haben. Jeder dünkt sich Selbstherrscher. Jeder will Weltherrscher sein. Das Ich wird zum Ich-thyosaurus statt zum Ich. Und da das Spiel privater Kräfte an die Stelle der Elemente tritt, ist das Chaos voll von Luft. Wo alle atmen, ist die Luft am dünnsten. Jeder spricht. Je geschwinder, desto schlechter. Die kleinen Häfen gehen rasch auf, die großen langsam. Der Turm von Babel ist wiedergekehrt. Ruhm ist Geld, Geld ein Name und ein Name der Geburtsschein des Ich. Der Ichgötze regiert die Epoche. Der Name, eine Vortäuschung des Ich, käuflich und leicht demokratisch, diese Hure wird dem Ich vorgezogen. Die Welt liebt die Betrüger, denn sie haben die Majorität. Da diese Seuche sich mit einer Schnelligkeit verbreitet, wie kein anderes Laster jemals, ist ein allgemeiner Krieg im Zug, ein Krieg aller gegen alle, ein Krieg wie nie zuvor, und im Gefolge alle Arten Ausschweifung der vom Ich überschwemmten Natur: Menschenfresserei nicht aus Mord-, sondern Gewinnsucht, Menschenmord nicht aus Lust, sondern aus Prahlerei. Und in den Rachen des Ichthyosaurus gleiten täglich neue weiße Knabenleiber und ersäufen. Politik, Theater, Kino und Radio, nichts als der Tanz des goldenen mit dem gedruckten Kalb in den Wahnwitz, der die Menschheit verschlingt. Und dieser fürchterlichste, männermordenste aller Kriege hat kaum begonnen. Dieser poröse Zustand der Allgemeinheit erklärt die Handlungsweise des Klägers: es ist seine Natur, welche sich an der Gesellschaft rächt. Diese muss sein Wesen hinnehmen, weil sie sein Hirn mit einem Ich befleckt hat. Es ist die Krise der Demokratie. Wo ist ein Rettungsseil? Das einzige Mittel gegen die Seuche ist wieder das Ich. Es gibt keine Flucht aus dem Ich heraus, nur hinein. Wer aus diesem Labyrinth flüchten will, muss an sein Ende. Das Ich, zu Ende gedacht, führt aus dem Labyrinth hinaus, ins Zentrum. Alle Wege gehen nach Rom, aber von Rom weg gehen die Wege anders.

(Rede vor dem Richter 1925, 9f)

1925: Alle die mit dem Schall und Rauch ihrer Namen die geistige Atmosphäre dieser Stadt ersticken, haben denselben Leitfaden. Es ist die windschiefe Relation ihrer privaten zu ihrer öffentlichen Lage. Der Unfug, Geist als Kapital anzusehen, hat zu Fug geführt, von seinen Zinsen leben zu wollen. Werk schob sich als Ware vor und sein Index, der Fabrikant. Man dachte, im Interesse eines allgemeinen Bewusstseins, die private Essenz vernachlässigen zu dürfen. Der Imperativ, Geist in Geld wurde allmählich zum Desperativ, Geld in Geist umzusetzen. Irgendeiner […], nicht erpicht sich privat anzustrengen, sah sich auf dem Markt nach Geld und wertbeständiger Geistware um, sie zu lancieren. Eine Synthese von Geld und Geist entstand, nicht auf produktivem sondern energetischem Wege. Vom Geld kam Geltung, Geltung ist an das kontinuierliche Band des Namens gebunden und Name trägt Zinsen. So bringt Geld zu Namen, Name zu Geld und beide werden zuletzt Wechselbegriffe.

(Rede vor dem Richter 1925, 17f)

Krankheit als soziales Phänomen

1937: Ich habe bemerkt, dass in einer wirklich inter-personalen Neurose die Neurose nur so lange existiert, wie ein kontroverser Emotionsfluss zwischen zwei Personen besteht. In unserem Fall können Herr und Frau A. neurotische Individuen sein oder auch nicht. Ihre inter-personale Neurose besteht unabhängig davon und sie ist ein zusätzlicher Zustand. Es ist methodologisch angebracht, diese als eigenes Thema zu untersuchen.

(Inter-personal Therapy and the Psychopathology of Inter-personal Relations, Sociometry I 1937, 14)

1950: Der Mensch lebt nicht allein und wird nicht allein krank. Seine Probleme entwickeln sich in Gruppen, Gebilden spezieller Art. In der modernen Gesellschaft sind sie nicht mit unseren sozialen Institutionen, der Familie, den beruflichen und den religiösen Gruppen identisch. Sie sind fließend und beweglich und schwer aufzuspüren und festzumachen. Die Menschen, die den dynamischen sozialen Status einer Person beeinflussen, sind oftmals eine wunderliche Sammlung von Individuen.

(The Sociometric Approach to Social Case Work, Sociometry XIII 2/1950, 173)

1950: Eine individuelle Klassifikation ist unzureichend. Der Mensch lebt in Gruppen und er wird in seinen Handlungen sehr weitgehend von ihnen bestimmt.

(Group Psychotherapy, Theory and Practice, GP III 2+3/1950, 152)

1957: Wir haben uns voneinander isoliert. Jeder denkt heute an sich selbst. Wir haben vergessen, dass wir eine Gruppe von Menschen sind. Wir haben vergessen, dass wir eine Gemeinschaft von Menschen sind und dass jeder einzelne, tot oder lebendig, darin eine Bedeutung hat.

(Psychodrama, Fairchild, Personal Problems & Psychological Frontiers 1957, 282)

1959: Der natürliche Widerspruch zwischen dem individuellen (und kollektiven) Unbewussten von A und dem individuellen (und kollektiven) Unbewussten von B ist das Dilemma, das überwunden werden muss. Wenn A und B zwei einander völlig Fremde wären, so könnte man von dieser Dringlichkeit absehen, indem an beiden individuelle Therapie verordnen würde. Aber wenn zwei oder mehr Menschen miteinander verzahnt sind und ihr Zusammenleben für ihr Wohlergehen und oft auch für ihre Existenz unumgänglich geworden ist, ist es oftmals angezeigt, sie als ein Ganzes zu behandeln. Menschen die in enger Symbiose miteinander leben wie Mutter und Kind, oder wie Philemon und Baucis, das berühmte Paar der Griechischen Folklore, entwickeln im Laufe der Zeit gemeinsame Inhalte, das, was man das „Ko-Unbewusste" nennen könnte. Ich wurde immer wieder mit emotionalen Problemen konfrontiert, die zwischen Individuen entstehen, die in großer Nähe zueinander leben. Ich habe dann nicht die eine Person behandelt oder die andere, sondern die zwischenmenschliche Beziehung oder das, was man zwischenmenschliche Neurose nennen könnte.

(Psychodrama II 1959, 50)

1974: Die größte Schwäche der gegenwärtigen Gesellschaft ist die Unkenntnis ihrer eigenen Struktur, vor allem der Struktur kleiner örtlicher Gruppen, in denen der Mensch tatsächlich sein Leben verbringt.

(Grundlagen 1974, 26)

1974: Mittlerweile ist es eine Binsenweisheit, aber damals schien es für viele eine Offenbarung zu sein. „Menschen werden in Gruppen krank; sie werden in Gruppen besser gesund."

(Autobiografie 1974/1995, 143)

Kohäsionsschwäche

1950: Es könnte sein, dass die amerikanische Nation als Gruppe an einer sozialen Krankheit leidet, die ich „niedrige Kohäsion" genannt habe. Wenn wir das Soziogramm der Nation zeichnen könnten, würden wir vermutlich Millionen kleiner Gruppen sehen, die alle um ihr eigenes Zentrum kreisen, deren Verbindungen untereinander in den meisten Fällen aber fehlen, schwach oder verkümmert sind. Dies würde den Schluss nahe legen, dass es eines Bindemittels bedarf, um die Teile zusammenzufügen. Ebendies verspricht die Gruppenpsychotherapie im weitesten Sinne des Wortes zu leisten. Sie versucht Bereiche niedriger Kohäsion in Bereiche hoher Kohäsion zu transformieren, ohne die Spontaneität und Freiheit der kleinen Gruppen zu opfern. Die Kohäsion der Gruppe wird durch den Grad der kooperativen und gemeinschaftlichen Interaktionen gemessen, die von möglichst vielen Mitgliedern für den Zweck bereit stehen, für den die Gruppe gebildet wurde. Die Kohäsion einer Gruppe scheint in Proportion zur Zahl der unabhängigen Gruppierungen in ihr und in Proportion zur Zahl unabhängiger Ziele (Kriterien), um die diese sich drehen, abzunehmen. Eine freie demokratische Gesellschaft neigt eher dazu, die Entstehung einer großen Anzahl unabhängiger kleiner Gruppen mit einer großen Anzahl unterschiedlicher und unabhängiger Ziele zu erlauben. Im Kontrast dazu neigt die eher autoritäre und unfreie Gesellschaft weniger dazu, die Entstehung einer großen Anzahl unabhängiger kleiner Gruppen zu gestatten. Deshalb ist die Frage, wie es möglich ist, eine Gesellschaft großer Freiheit mit einer Gesellschaft hoher Kohäsion zu kombinieren. Jeder, für den eine Gesellschaft großer Freiheit unumstößlich ist, sollte begreifen, welche Opfer und Risiken dies mit einschließt. Eine Gesellschaft der Freiheit braucht Gruppenpsychotherapie und Massenpsychiatrie. Eine Gesellschaft der Restriktion und der Diktatur, egal ob sie politisch ist wie die Sowjetunion oder spirituell wie die katholische Kirche, braucht sie nicht. In der Tat erlauben sie nicht, dass diese entstehen. Sie haben in ihren totalitären Ideologien ein Surrogat, durch das sie an der Oberfläche ihrer sozialen Organisation hohe Kohäsion schaffen.

> (Note as to the Possible Meaning of Group Psychotherapy for the People of the United States, GP III 2+3/1950, 256. Vgl. auch: Die Grundlagen der Soziometrie 1974, 417f)

1951: Die amerikanische Nation als Gesellschaft leidet an einem sozialen Gebrest, das ich „niederen Kohäsionsgrad" genannt habe. […] Könnten wir die soziologische Struktur einer Nation auf einer Karte darstellen, in einer Kartografie (einem sog. Soziogramm) ihrer zwischenmenschlichen Beziehungen, der positiven wie der negativen, ihrer Sympathien und Vorurteile – wir würden wahrscheinlich in den USA Millionen kleiner Gruppen erblicken, jede zu ihrem eigenen Zentrum gravierend, während Verbindungen zwischen ihnen – in der Mehrzahl der Fälle zumindest – fehlen, schwach oder verzerrt sind. Ein solches Kartenbild würde den Schluss nahe legen, dass ein Bindemittel, der Mörtel sozusagen, nötig ist, diese Teile aneinander zu schließen. Das ist es gerade, was moderne Schöpfungen im Sozialen (nämlich: Soziometrie, Gruppen-Psychotherapie, Psychodrama im weitesten Sinne dieses Wortes) in Aussicht stellen und teilweise schon zu leisten begonnen haben. Sie versprechen, Bezirke niederen Kohäsionsgrades in solche hoher Kohäsion umzuwandeln, ohne jedoch dabei die Spontaneität und die Freiheit der kleinen Gruppen aufzuopfern. „Kohäsion" innerhalb einer Gruppe wird gemessen an dem Grad der Zusammenarbeitsbereitschaft auf der aufgewiesenen mit-wirkenden Inter-Aktion zwischen so vielen Untergruppen und Mitgliedern derselben als nur möglich, für den Zweck, zu dem sich die Gruppe gebildet hat.

Die Wahrscheinlichkeit ist groß, dass in einer spontan, unreguliert wachsenden Gesellschaft die Kohäsion steigt oder fällt im Verhältnis der Zahl kleiner, unabhängiger Gruppen innerhalb ihrer, und im Verhältnis der Zahl unabhängiger (selbständiger) Zwecke (=Kriterien), auf die jede dieser Klein-Gruppen abzielt.

Da eine freie, demokratische Gesellschaftsordnung mehr geneigt ist, die Entstehung einer großen Zahl unabhängiger (=selbständiger) Kleingruppen mit einer großen Zahl verschiedener selbständiger Zwecke zu gestatten, so wird der Kohäsions-Grad solcher Gesellschaft die Neigung haben, niedrig zu sein.

Im Gegensatz hierzu: je mehr Autorität und je unfreier eine Gesellschaft ist, desto weniger wird sie geneigt sein, die Entstehung einer großen Zahl selbständiger

Klein-Gruppen zu gestatten. Infolgedessen wird die („äußere") Kohäsion solcher autoritären Gesellschaften hoch sein.

Das Problem ist somit: wie kann eine Gesellschaft mit einem hohen Grad von Freiheit vereint werden mit einer solchen von hoher (und echter) Kohäsion, unter der gleichzeitigen Voraussetzung, dass es die erklärte Absicht ihrer Regierung ist, für alle ihre Bürger höchstmögliche individuelle und kollektive Initiative zu gewährleisten? [...] Stellen wir uns nun für einen Moment vor, dass ein Einzelwesen die Autorität an sich reiße, alle Wahl und Entscheidung für die übrigen Gruppen-Mitglieder zu treffen. Ist er ein guter und gewissenhafter Herrscher, so wird er manche Spannungen „auf einen Streich" vermindern und sein Volk (oder seine „Gefolgschaft") wird manche Befriedigung erfahren ohne eigene Spontaneität auszuüben zu müssen. Aber: im Lauf der Zeit wird die Spontaneität dieses Volkes stumpf und dumpf werden – ein zeitweiliger Gewinn wird sich in einen dauernden Verlust verwandeln. So ist es denn nicht genug für eine Nation, einen „Führer" (oder Diktator) zu haben, der spontan und schöpferisch sein mag, „in Stellvertretung und als Fürsprecher" der Nation. Im Gegenteil: es ist wesentlich, eine Regierung zu haben, die fähig ist, die Spontaneität und das Schöpfertum der Volksmassen zu erregen. Andernfalls mag der – erst so günstig erscheinende – „kurze Weg" zum Ziel der Hoch-Kohäsion zu einem Todesweg für die Freiheit werden. Methodisch wollen wir daher mit der Freiheit – als Prinzip – beginnen und betrachten: was geschieht in einer Gesellschafts-Struktur, wenn der „Freiheit" gestattet ist, zwanglos zu schalten und zu walten? Experimente, angestellt im Feld der Soziometrie und der Soziatrie haben gelehrt, dass spontane Inter-Aktionen in einer Gruppe die Eigenschaft haben, ihre eigenen Zwänge, Spaltungen und Schranken hervorzubringen.

(Die Soziometrie und ihre Anwendbarkeit auf die praktische Politik der
Gegenwart, Soziologische Forschung in unserer Zeit 1951, 161f, 163)

1974: Extrem zentrifugale (oder extravertierte Gruppen) und extrem zentripetale (oder introvertierte Gruppen) Organisation verleihen der Gruppe nur geringe Stabilität.

(Grundlagen 1974, 369)

Das soziometrische/therapeutische Proletariat

1918: Die Hölle ist bloß eine falsche Beziehung.

(Die Gottheit als Autor, Daimon 1918, 13)

1932: Damals begann das Konzept einer therapeutischen, den bürgerlichen und proletarischen Revolutionen der Vergangenheit überlegenen Revolution in meiner Vorstellung zu entstehen. Eine therapeutische Revolution, die all deren Verdienste einschließen sollte, die sich aber [vor allem] um all jene Klassen von Menschen kümmern sollte, die aus der erträumten Gesellschaft der Zukunft ausgeschlossen worden waren, die Prostituierten, die Landstreicher und vor allem die ungeheure Zahl der emotional Enteigneten, die, weil sie keine sichtbare makrosoziologische Klasse bilden, keine Chance haben, politische Macht oder Ausdruck zu erlangen, und für deren Rechte zu kämpfen.

(Group Psychotherapy, Theory and Practice 1932, GP III 2-3/1950, 181f)

1947: Das älteste und größte Proletariat der menschlichen Gesellschaft ist das soziometrische Proletariat. Es besteht aus all den Menschen, die unter der einen oder der anderen Form des Elends leiden, unter psychischem Elend, sozialem Elend, ökonomischem Elend, politischem Elend, rassischem Elend oder religiösem Elend. Es gibt zahlreiche Individuen und Gruppen, deren Anziehungsvolumen oder deren Rollenexpansion, deren Spontaneitäts- und Produktivitätsvolumen weit unter ihren Bedürfnissen und unter ihrer Konsumfähigkeit liegt. Die Welt ist voller isolierter, abgelehnter, ablehnender unerwünschter und vernachlässigter Individuen und Gruppen. [...] Das soziometrische Proletariat kann durch ökonomische Revolutionen nicht „gerettet" werden. Es existiert in der primitiven und vorkapitalistischen Gesellschaft, es existiert in demokratischen Gesellschaften und im sozialistischen Russland.

(Soziometrie und Marxismus, Methode 1981, 221f. Vgl. Gruppenpsychotherapie 1959, 7)

1957: Das älteste und zahlreichste Proletariat der menschlichen Gesellschaft sind die Opfer einer untherapeutischen Weltordnung, das „soziometrische Proletariat". Es besteht aus allen Menschen, die unter der einen oder anderen Art von Elend leiden: physisches Elend, psychologisches Elend, soziales Elend, ökonomisches Elend, politisches Elend, rassisches Elend oder religiöses Elend. Es gibt zahlreiche Individuen und Gruppen, deren Menge an Anziehungen oder Rollen-Ausdehnungen, Spontaneität und Produktivität weit unterhalb oder oberhalb ihrer Bedürfnisse und ihrer Fähigkeit liegen, sie zu konsumieren. Die Welt ist voll von isolierten, abgelehnten, ablehnenden, unerwiderten und vernachlässigten Individuen und Gruppen. Das therapeutische Proletariat kann nicht durch ökonomische Revolutionen „gerettet" werden; es kommt in primitiven und vorkapitalistischen Gesellschaften vor, in kapitalistischen Gesellschaften und im sozialistischen Russland. Der Marxismus ist eine Idee aus dem letzten Jahrhundert. Der Krieg des Kommunismus gegen den Kapitalismus ist eine Verschleppung aus dem 19. Jahrhundert in das 20. Jahrhundert. Es ist der Kampf für eine Idee, die aufgehört hat, die Bedingungen und Probleme unserer Zeit zu verdeutlichen. Die neue Idee ist eine therapeutische Weltordnung, die die kosmische Evolution von Kreativität und die soziodynamische Struktur der Gesellschaft respektiert.

(Globale Psychotherapie 1957, Jahrbuch 1991, 28f. Vgl. Gruppenpsychotherapie 1959, 7)

1960: Wenn Menschen eine Gruppe formen, dann schließen sie eine gewisse Zahl potentieller Mitglieder aus oder zumindest wählen sie diese nicht als Gruppengefährten. Diese ungewählten Menschen werden aus Parteien herausgehalten, sie werden nicht zum Mittagessen eingeladen, und sie bekommen nicht die Frauen und oft auch nicht die Einkommen, die sie sich wünschen. Dennoch sind sie oft die besten Mitglieder der Gesellschaft, ebenso intelligent wie die anderen, wenn nicht sogar intelligenter und ebenso wachsam, körperlich anziehend und moralisch gut. In Amerika und anderswo im Westen glauben diese „Zurückgewiesenen", dass sie neurotisch und nicht gleichwertig sind, und zumeist enden sie auf der Couch des Analytikers. In Russland sind die unerwünschten ebenso schlimm dran, aber auf andere Art und Weise. Wenn ein Russe sich nicht in das Kollektiv einpasst, wird er nicht für neurotisch gehalten, sondern für unerwünscht; z.B. Pasternak. Tatsächlich hängt es von der soziometrischen Anziehungskraft, vom „Group-Appeal" der Person und vom Bedarf der Gruppe nach dieser Person ab, ob ein Mann oder einer Frau von den anderen in einer Gruppe zurückgewiesen wird. Wenn zurückgewiesene Personen an andere Gruppen mit einer anderen soziometrischen Struktur weitergegeben werden können, werden sie oft aufgenommen. Nichts davon hat viel mit Ökonomie zu tun. Menschen können ökonomisch arm, aber soziometrisch reich sein. Einige Menschen haben zu viel emotionales Kapital, andere nicht genug. Man kann diese Balance nicht durch eine ökonomische Revolution ausgleichen. Heute kommt es nicht nur auf das ökonomische, sondern auch auf das soziometrische Proletariat an, die hundert Millionen von Menschen, egal ob sie reich sind oder arm, intelligent oder dumm, die ungewählt bleiben, zurückgewiesen und in der Gruppe, in der sie leben, vernachlässigt.

(Psychiatric Encounter in Soviet Russia. Journey to Moscow and Leningrad,
Progress V 1960, 7. Vgl. auch: Grundlagen 1974, 426)

Beschleunigung

1974: Wenn wir heute noch immer eine so dauerhafte und starre Gesellschafts-
struktur wie im Mittelalter hätten, könnten wir Zahl und Charakter sozialer und
beruflicher Verhältnisse voraussehen und die Individuen für ihre Aufgaben vorbereiten. Heutzutage aber sind von Land zu Land und Staat zu Staat andere Verhältnisse anzutreffen, die sich selbst in kleinen Städten oft schon in wenigen Jahren
ändern. Unsere gegenwärtige soziale Wirklichkeit ist einem dauernden Wechsel
unterworfen. Durch moderne Erfindungen legt der technische Prozess angesehene
Gewerbe lahm und begünstigt neue Berufe.

Die Neigung zu höherer Differenzierung zeigt sich nicht nur in sozialen und beruflichen Lagen, sondern auch in instinktiven Trieben, besonders in den sexuellen
und familiären Impulsen des Menschen. Unsere Gesellschaftsordnung versagt bei
der Lenkung dieser Tendenzen zum Vorteil der Individuen und der Gattung und
ist letztlich für das Unglück der vielen Mädchen unserer Besserungsanstalt [Hud-
son] verantwortlich. Ihre Überweisung in Institutionen kann irreführend sein, da
das Problem an sich nicht geändert wird. […]

Hinsichtlich der dynamischen Wirklichkeit einer offenen Gemeinschaft und der
Ausrüstung eines diese Wirklichkeit meisternden Individuums können zwei
Schlüsse gezogen werden. Der erste Schluss ist z.T. negativ. Das dauernde Einfüh-
ren neuer Berufe, die Unbeständigkeit der sozialen Verhältnisse und immer neue
Abwechslung erschweren die Bestimmung eines der Erziehung dienlichen Kriteri-
ums. […]

Die erfolgreiche Anpassung an verschiedene Umgebungen erfordert eine bewegliche und spontane Persönlichkeit. Welche Methoden ermöglichen uns die Heran-
bildung solcher Persönlichkeiten? Unser bisheriges Erziehungssystem besorgt die
Ausbildung für eine Reihe gegebener sozialer Verhältnisse und fester Berufe. Die
Laufbahn des Einzelnen war vorherbestimmt. Seine Entwicklung konnte nur innerhalb dieser dogmatisch klar vorgezeichneten Grenzen stattfinden; denn jenseits
war Zerfall und Chaos. Im letzten Jahrhundert hat sich ein Wechsel vollzogen.
Aber an Stelle der alten dogmatischen Verhältnisse sind nicht etwa neue dogmatische Verhältnisse getreten, sondern die bisherige Sicherheit ist einer großen Unsicherheit gewichen. Es wird oft behauptet, die industrielle Revolution sei Ursache
dieser Entwicklung; nur durch ein Aufhalten des Siegeszuges der Maschinen könne Abhilfe geschaffen werden. Andere machen die Entartung der menschlichen In-
stinkte für unsere gegenwärtige Lage verantwortlich und sehen das Heil in der
Rückkehr zu einer primitiveren Lebensweise. Vom soziometrischen Standpunkt
aus kann man behaupten, der Mensch sei zu einer Höherdifferenzierung geeignet

und werde innerhalb der jetzt entstandenen höher differenzierten und beweglicheren Gesellschaftsordnung selbst beweglicher werden.

(Grundlagen 1974, 326f)

Intrapersonelle Krankheitsbeschreibungen

Möchte man eine individuelle Beschreibung von abweichendem bis hin zu psychopathologischem Verhalten entwickeln, so ist dies mit der Therapeutischen Philosophie im Rückgriff auf Morenos Strukturtheorie möglich. Als pathologisches Verhalten lassen sich dann eine gestörte Begegnungsfähigkeit, die Hemmung oder der unangemessene Umgang mit Spontaneität und Kreativität oder aber Störungen in der Rollenaneignung und -realisation beschreiben. Einige Anknüpfungspunkte für ein solches Projekt in Morenos Œuvre finden sich in den folgenden beiden Abschnitten.

Spontaneitätshemmung und -überschuss

1947: Freuds Realitätsmodell ist wie ein Haus mit dauerhaften, rigiden „Ausgängen". Es ist im Wesentlichen fertig, wenn das Kind vier Jahre alt ist, von da an muss es nur noch benutzt werden. Alle Emotionen müssen ausschließlich durch diese Ausgänge abreagiert werden. Eine Person wird geisteskrank, wenn sie diese Ausgänge nicht benutzt, sondern Surrogate dafür schafft. Der Patient wird wieder gesund, wenn er lernt, sich den Ausgängen, die er in der frühen Kindheit aufgebaut hat, anzupassen oder zu ihnen zurückzukehren und seine emotionalen Strebungen durch sie abzuführen. Das Realitätsmodell eines Psychodramatikers ist davon substantiell verschieden. Der Aufbau des Hauses geht weiter, solange der Mensch lebt. Er kann niemals aufhören. Es gibt keine rigiden Ausgänge. Die ursprünglichen Ausgänge bewegen sich unmerklich von ihrer anfänglichen Position zu anderen Orten. Eine Person wird krank, weil sie aus Mangel an Spontaneität und Kreativität nicht in der Lage ist, die neuen Ausgänge zu produzieren, die für ihre neuen Sehnsüchte unentbehrlich sind.

(Note on „Models" of Reality, Sociometry 1/1947, 128)

1960: Spontaneität ist der veränderliche Grad der angemessenen Reaktion auf eine Situation mit einem veränderlichen Grad an Neuartigkeit. Neuartigkeit des Verhaltens allein ist kein Maß für die Spontaneität. Die Neuartigkeit muss mit der Angemessenheit in situ abgeglichen werden. Die Angemessenheit des Verhaltens allein ist auch kein Maß für die Spontaneität. Die Angemessenheit muss mit der Neuartigkeit abgeglichen werden. Z.B. kann die Neuartigkeit von extrem psychotischem Verhalten so unangemessen [incohärent] sein, dass der Spieler unfähig ist, irgendein konkretes Problem zu lösen, einen Selbstmord zu planen, ein Stück Brot abzuschneiden oder ein Gedankenproblem zu lösen. Wir sprechen dann von pathologischer Spontaneität. Die Angemessenheit eines Verhaltens kann zu einem so hohen Grad nicht innovativ sein, dass das Verhalten in der strikten, rigiden oder automatischen Konformität einer kulturellen Konserve endet. Dieses Verhaftetbleiben kann schrittweise die Veränderungsmöglichkeiten des Organismus und der Talente des Spielers auslöschen. Spontaneität wirkt im Hier und Jetzt. Die Neuartigkeit eines Augenblicks erfordert eine Vergangenheit, die diese spezielle Neuartigkeit [noch] nicht enthält. Die Spontaneitätsforschung hat uns in die Lage versetzt die unterschiedlichen Phasen und Grade der Spontaneität als einem kontinuierlichen Prozess [zugehörig] zu verstehen: die Reduktion und den Verlust von Spontaneität, die impulsive Abreaktion und den pathologischen Exzess ebenso wie die angemessene und disziplinierte Spontaneität [oder] die produktive und kreative Spontaneität. Sie hat uns auch verstehen lassen, dass Spontaneität nicht in einem Vakuum wirkt, sondern in Beziehung zu bereits strukturierten Phänomenen: kulturellen und sozialen Konserven. […]

Es scheint deshalb sinnvoll zu sein, drei Typen von Spontaneität zu unterschieden: 1) Jedes Mal, wenn eine neue Antwort auftritt, die nicht angemessen ist, dann ist dies undisziplinierte oder pathologische Spontaneität. 2) Jedes Mal, wenn eine angemessene Antwort ohne signifikante Charakteristika von Neuartigkeit und Kreativität auftritt. 3) Jedes Mal, wenn eine angemessene Antwort mit Charakteristika von Neuartigkeit und Kreativität auftritt.

(Creativity-Spontaneity-Cultural Conserves 1960, 8f. Vgl. Gruppenpsychotherapie 1959, 296)

1974: Die Behauptung, das Universum könne ohne speicherbare Energie nicht bestehen, ist eine Binsenwahrheit. Wichtiger ist die Erkenntnis, dass ohne die andere, unkonservierbare Form der Energie – die Spontaneität – die Kreativität des Universums nicht ausgelöst und betätigt werden kann, dass also das Universum zu einem Stillstand käme. Nur wenig Spontaneität scheint im Universum vorhanden zu sein. Sollte dennoch ein Überfluss an Spontaneität bestehen, so steht dem Menschen nur ein geringer Bruchteil zur Verfügung, der kaum zur Sicherung seines zukünftigen Lebens genügt. Bisher hat der Mensch überdies alles getan, um die Entwicklung seiner Spontaneität zu hemmen. Mit einem unpassenden und noch ungeschulten Organismus wollte er sich nicht auf die Beweglichkeit und Unsicherheit des Augenblicks verlassen. Er begünstigte die Entwicklung der Intelligenz, des Gedächtnisses, sozialer, kultureller und technischer Konserven. Sie gaben ihm die gewünschte Stütze, machten ihn aber allmählich zum Sklaven seiner eigenen Krücken. Hat der Spontaneitäts-Kreativitätsprozess eine bestimmte neurologische Lokalität, so hat diese die im ganzen menschlichen Nervensystem am schwächsten ausgebildete Funktion. Die Schwierigkeit besteht darin, dass man Spontaneität nicht aufspeichern kann. Man ist in einem bestimmten Augenblick entweder spontan oder nicht. Warum aber ist die Spontaneität so schwach entwickelt, da sie für den Menschen doch so große Bedeutung hat? Die Antwort lautet: Der Mensch fürchtet die Spontaneität, genau wie sein Vorfahr im Urwald das Feuer gefürchtet hat; er fürchtete es, bis er lernte, selbst Feuer zu entzünden. Der Mensch wird seine Spontaneität so lange fürchten, bis er sie beherrschen und lenken lernt.

(Grundlagen 1974, 18)

1974: Einem großen Teil der menschlichen Psycho- und Soziopathologie liegt eine ungenügende Entwicklung der Spontaneität zugrunde, mangels derer es dem Menschen nicht gelingt, die Quellen der Kreativität zum Sprudeln zu bringen.

(Grundlagen 1974, 441)

Rollenpathologien

1964: In der Regel kann eine Rolle [folgendermaßen beschaffen] sein: 1. Rudimentär entwickelt, normal entwickelt oder überentwickelt. 2. Einer Person fast oder vollständig fehlend (Indifferenz). 3. In eine feindliche Funktion pervertiert.
Jede Rolle in einer der oben genannten Kategorien kann auch aus Sicht ihres Entwicklungsgrades im zeitlichen Verlauf klassifiziert werden: 1. Es hat sie nie gegeben. 2. Sie ist einer Person gegenüber vorhanden, nicht aber einer anderen Person gegenüber. 3. Sie war einst einer Person gegenüber vorhanden, ist jetzt aber verschwunden.
Eine weitere wichtige Meßmethode ist die Analyse von Rollendiagrammen und Soziogrammen von Individuen und Gruppen bezüglicher der Rolleninteraktion, der Rollenclusterung und der Vorhersage zukünftigen Verhaltens.

(Psychodrama I, 3. Auflage 1964, VI)

Verschränkung soziometrischer und rollentheoretischer Beschreibungen von Krankheit

1952: Immer wieder begegnete ich in den Soziogrammen Individuen, die eine große Anzahl an Wahlen erhielten, deren eigene Wahlen aber unerwidert blieben; in der Konsequenz davon fühlten sie sich isoliert und einsam. In der Analyse solcher Fälle sieht man, dass sie beim Treffen ihrer Wahlen mit einem hohen Maß an Zuneigung für die Individuen arbeiten, die sie selbst wählen, aber mit wenig Bewusstsein für deren Gefühle zu ihnen. Sie haben auch wenig Bewusstsein für die Individuen, von denen sie gewählt werden, die sie selbst aber nicht wählen. Es scheint, dass ihr konatives [antriebsgesteuertes] Tele in dem Augenblick, in dem sie wichtige Wahlen treffen, hoch ist, ihr kognitives Tele aber niedrig. Ich habe solche Individuen in soziometrischen Sitzungen Rollentests unterzogen und herausgefunden, dass ihre Wahrnehmung der sozialen Rollen, die die von ihnen gewählten Individuen spielten, schwach war und in keinem Verhältnis zu dem Gefühl von Bewunderung und Ehrfurcht stand, das sie für deren Status und die Rollen und die Menschen hatten, die sie verkörperten. Mit anderen Worten, sie [die Tests] deckten eine Störung auf dem Rollenniveau auf: ein hohes Niveau von Rollenspiel[fähigkeit] gegenüber einem niedrigen Niveau von Rollenwahrnehmung[sfähigkeit]. Parallel dazu wurde ein Konflikt auf dem interpersonalen Niveau sichtbar: ein hohes Niveau von konativem Tele gegenüber einem niedrigen kognitiven Tele.

(Current Trends in Sociometry, Sociometry XV 1-2/1952, 156)

Dimension des kathartischen Geschehens

Morenos Begriff der Katharsis kann am einfachsten erschlossen werden, wenn er als korrespondierender Begriff zum Ausgangspunkt der Szene verstanden wird. Lag das zentrale Interesse beim szenischen Verstehen darin, die Lebenslage der Betroffenen in ihrer Komplexität zum Thema zu machen, so verfolgt Moreno mit dem Terminus der Katharsis das Interesse, jegliche Lern-, Integrations-, Wachstums- und Heilungsprozesse begrifflich zu fassen. Entsprechend breit und facettenreich stellen die folgenden Abschnitte das kathartische Geschehen dar. Auffallend ist, dass der Begriff der Katharsis analog zu den Überlegungen zu Gesundheit und Krankheit deutlich interpersonal konzipiert ist und gerade auch soziale und gesellschaftliche Phänomene beschreibt.

Die Breite des Katharsisbegriffs

1946: Ich setzte mir zum Ziel, Katharsis derart zu definieren, dass jedweder Einfluss, der nachweisbar eine kathartische Wirkung ausübt, als Teil eines einzigen Prinzips angesehen werden kann. Ich entdeckte das gemeinsame Prinzip, das Katharsis hervorruft: Spontaneität. […] All die kleinen Flüsse partieller Katharsis vereinigen sich im Strom der Handlungskatharsis.

(Psychodrama und Gruppenpsychotherapie, Methode 1981, 147)

1946: Es gibt etliche Elemente, die eine partielle Katharsis hervorbringen können. Durch die synthetische Integration aller Elemente kann eine totale Katharsis erreicht werden. […] Es gibt Dutzende von […] einzelnen Elementen, jedes einzelne von gleicher Bedeutung, aber auch von gleicher Begrenzung in seinen Effekten, wie beispielsweise der Einfluss von Farbe, Musik oder plastischen Formen, der Einfluss von Tanz, von Gebräuchen und öffentlichen Festen. Weil praktisch jede menschliche Aktivität zu einem gewissen Grad die Quelle von Katharsis sein kann, ist das Problem zu bestimmen, worin Katharsis besteht, wie sie sich zum Beispiel von Glück, Zufriedenheit, Ekstase, Bedürfnisbefriedigung und so weiter unterscheidet und ob eine Quelle den anderen in der Produktion von Katharsis überlegen ist; in der Tat, ob es ein Element gibt das allen Quellen gemeinsam ist und das bei der Produktion von Katharsis wirksam ist. Deshalb war es mein Ziel Katharsis so zu definieren, dass alle Einflussfaktoren, die nachweislich kathartische Effekte haben, als positive Schritte innerhalb eines einzigen operationalen Prozesses angesehen werden könnten. Ich entdeckte, dass das gemeinsame Prinzip, das Katharsis produziert, Spontaneität ist, spontane dramatische Handlung.

(Psychodrama I 1946, 17f)

1949: Geistige Katharsis wird hier als Prozess definiert, der jede Art des Lernens begleitet, nicht nur das Finden einer Lösung für einen Konflikt, sondern auch die Selbstverwirklichung, nicht nur Befreiung und Entlastung, sondern ebenso auch Ausgleich und Frieden.

(The Spontaneity Theory of Learning, in: Haas, Psychodrama
and Sociodrama in American Education 1949, 7)

1952: Als ich den Selbsteinschätzungstest einführte, rechnete ich damit, dass, wenn die Wahrnehmungsintuition dieser [soziometrisch eingeschränkten] Individuen geweckt und trainiert würde, ihre Wahlen angemessener würden und sich ihr soziometrischer Status verbessern würde. Ich war in der Lage, diese Hypothese in vielen Fällen zu bestätigen.

(Current Trends in Sociometry, Sociometry XV 1-2/1952, 156)

1953: Lernen ist ein allumfassender Prozess, von dem die Schulerziehung [educational learning] nur eine Phase ist. Er muss das Lernen im Leben selbst von der frühen Kindheit bis ins hohe Altern einschließen, für subhumane Organismen ebenso wie für menschliche. Er muss soziales und kulturelles Lernen einschließen, wie es uns in sozialen und kulturellen Institutionen begegnet. Er muss therapeutisches Lernen z.B. auf der Couch oder auf der psychodramatischen Bühne einschließen. Wenn wir so einen breiten Blick auf den Lernprozess formuliert haben, können wir einen Schritt weiter gehen und evaluieren, was all diese verschiedenen Lerninstrumente für die Autonomie, die Spontaneität und die Kreativität der Lernenden selbst leisten.

(Who Shall Survive? 1953, 544)

1964: Der Wahrheit ins Gesicht zu sehen, ist der Anfang [Truth is the beginning].

(The First Psychodramatic Family, 1964, 107)

Integration

1940: [Auf der Bühne geht es darum, dem Leben] Einheit und Vollständigkeit zu verleihen.

(Spontaneität und Katharsis 1940, Psychodrama und Soziometrie 1989, 94)

1956: Katharsis der Integration: Die geistige Katharsis wird hier als Prozess definiert, der jeden Typ therapeutischen Lernens begleitet, nicht nur das Finden einer Lösung für einen Konflikt, sondern auch die Selbstverwirklichung, nicht nur Befreiung und Erleichterung, sondern auch Gleichgewicht und Frieden. Es ist keine Katharsis der Abreaktion, sondern eine Katharsis der Integration.

(The Sociometric School and the Science of Man, Sociometry XVIII 4/1956, 278)

1960: Die psychodramatische Katharsis ist interaktional, kollektiv, strukturiert, integriert und, zumindest der Absicht nach, therapeutisch. Sie resultiert aus der vorsichtigen, systematischen Strukturierung eines Themas, in das zwei oder mehr Individuen involviert sind. Elemente der Abreaktion können vorkommen, aber sie sind in die Szene integriert; es ist eine Katharsis der Integration.

(Psychiatric Encounter in Soviet Russia. Journey to Moscow and Leningrad, Progress V 1960, 19f)

1974: Integrationskatharsis: Geistige Katharsis wird als ein Prozess definiert, der ein jegliches therapeutisches Lernen begleitet, und nicht nur Erlösung von einem Konflikt bedeutet, sondern Selbstverwirklichung, nicht nur Befreiung und Erleichterung, sondern Gleichgewicht und Frieden. Sie ist nicht Abreaktions- sondern Integrationskatharsis.

(Grundlagen 1974, 394)

Abreaktion

Eine Negativfolie für den Katharsisbegriff stellt Freuds Begriff der Abreaktion von Gefühlen dar. Diese Abreaktion ist Teil des Morenoschen Katharsiskonzeptes, die Katharsis erschöpft sich aber nicht darin.

1950: Was wird in der Gruppe aus der Abreaktion? Abreaktion hat tierischen Ursprung und wegen der tierischen Substruktur des Menschen besteht sie weiterhin in ihm fort und geht in „Interaktion" über, die charakteristisch für den Menschen ist. Sobald autistische Abreaktion passiert, hin und her, zwischen verschiedenen Menschen, wird sie zu „Inter-Abreaktion", Interaktion, wie einfach strukturiert diese auch immer ist.

(The Ascendance of Group Psychotherapy and the Declining
Influence of Psychoanalysis, GP III 2-3/1950, 122)

1952: Abreaktion, Inter-Abreaktion und Interaktionsdynamik: Individuelle Abreaktion ist das eine, eine Kette miteinander verbundener Abreaktionen etwas anderes. Die Abreaktion eines Individuums A kann die Abreaktion von B hervorrufen, die von B kann die von C herbeiführen und so weiter; aus Sicht der Gruppe bekommen sie die Form von Inter-Abreaktionen, von einer Kette von Einflüssen, einer Serie von einzelnen „atomaren" Abreaktionen, die sich innerhalb der Gruppe zu neuen Strukturen verflechten.

(Some Misunderstandings in the Terminology of Group
Psychotherapy and Psychodrama, GP IV, 1-2/1952, 112)

Handlungskatharsis

1969: In der Regel ist dem Protagonisten [subject] die vollständige Spontaneität seines Ausdrucks erlaubt. Er probt seine Handlungen nicht im Voraus und die Rollenübernahmen erwachsen aus dem Antrieb des Augenblicks heraus. Weil der Leiter seinen eigenen Plan für die Sitzung hat wird die Spontaneität des Patienten dennoch oft gelenkt. Der therapeutische Wert liegt in der Handlungskatharsis und, anschließend an die Analyse des Leiters, in der Nach-Handlungskatharsis [post-action catharsis].

(Psychodrama III 1969, 184)

1969: Interpretation und die Vermittlung von Einsicht sind im Psychodrama von anderer Natur, als in den verbal orientierten Methoden der Psychotherapie. Im Psychodrama sprechen wir von Handlungseinsicht, Aktionslernen oder Handlungskatharsis. Dies ist ein integrativer Prozess, der durch die Synthese zahlreicher Techniken auf dem Höhepunkt der Erwärmung des Protagonisten bewirkt wird. Psychodrama ist eigentlich die interpretativste Methode, die es gibt, aber der Leiter handelt nach seinen Interpretationen, indem er Szenen konstruiert.

(Psychodrama III 1969, 236)

Somatische Katharsis

1946: Die alte Idee einer somatischen Katharsis wurde durch psychodramatische Methoden wiederbelebt. Sie bringen den Körper, als Zentrum des Trainierens und Umschulens all seiner Funktionen, bewusst und systematisch wieder in Aktion. Indem sie sich aus der Gegenwart in die Vergangenheit begeben haben, haben die Psychoanalytiker nicht nur den Blick für die unmittelbare Bedürfnisse der individuellen Psyche verloren, sondern auch für die unmittelbaren Bedürfnisse des individuellen Körpers und für alle praktischen Belange, die ihre Behandlung zurückstellen und vernachlässigen. Somatische Katharsis wird hier als Reinigung und Säuberung jeden Teiles des Körpers definiert, des Verdauungstraktes, der Harnwege und der Genitalorgane. In der psychodramatischen Theorie sind beispielsweise die Handelnden und die Handlungen Primärdaten und nicht Weiterentwicklungen vergangener Handlungen, während in der psychoanalytischen Theorie die Weiterentwicklung vergangener Handlungen oder die Regression zu ihnen das primäre Ziel ist.

(Psychodrama I 1946, 16)

Ästhetische Katharsis

1974: Die Bedeutung des Kults oder „symbolischen Behälters" für die Entwicklung der großen Religionen ist wohlbekannt. In ihm kommt in ästhetischer oder symbolischer Form der Inhalt der betreffenden Religion zum Ausdruck, wie wir dies von der katholischen Kirche, der jüdischen Synagoge, der Moschee der Mohammedaner, der byzantinischen Kirche oder dem buddhistischen Tempel her kennen. Die dramatische Geschichte des katholischen Glaubens wird durch Skulpturen und Gemälde von Propheten und Heiligen auf den Altarbildern der Kirche geschildert. Jeder symbolische Behälter stellt die Philosophie der betreffenden Religion auf konkrete Weise dar. Sobald der Gläubige die Kirche betritt, wird er von dieser Atmosphäre berührt und eingenommen.

Im Lauf der menschlichen Geschichte mag es zahlreiche Religionen und Therapien gegeben haben. Die meisten sind verschwunden und vergessen. Diejenigen, die sich erhalten haben, scheinen ihr Fortbestehen dem symbolischen Behälter zu verdanken, dessen Ausdruckskraft die menschliche Imagination, vornehmlich die der Intuitiven und Naiven, gefangen nimmt. […] Das Element der Schönheit [war] immer in die religiöse Therapie integriert. Der Petersdom ist nicht nur Versammlungsplatz der Gläubigen, sondern auch Monument der Schönheit und menschlichen Verbundenheit. Auf ähnliche Weise wird im psychodramatischen Theater Wert auf Liebe und Schönheit gelegt; auf der physischen Aktionsebene zum Beispiel auf Farbe und Bewegung. Katharsis kann auf der ästhetischen Ebene der Partizipation stattfinden („ästhetische Katharsis") und eine wichtige Erweiterung der Handlungs- und Gefühlskatharsis sein.

(Grundlagen 1974, 418f)

Heilung als autonomes Geschehen

1923: Auf Fragen, die sie nicht machten, warum sollte ich auf solche Antwort geben? Für Krankheiten, die sie verdeckten, warum sollte ich für solche Salben verschreiben? Ich heilte nur, wovon sie Grund zu heilen gaben. Ich redete, wovon sie Grund zu reden gaben. Ich schwieg, wovon sie Grund zu schweigen gaben – nicht ein ja, nicht ein nein: Vorübergang und nichts darüber.

(Rede über den Augenblick 1923, 25)

1956: Autonome Therapie lehrt einen Menschen, sich selbst zu helfen und sein eigener Therapeut zu sein. Dies ist wahrscheinlich die populärste Form der Psychotherapie. Wenn wir jedes Mal einen Professionellen aufsuchen sollten, wenn wir

Angst haben, eine unangenehme Sorge, einen bösen Traum oder einen Ehestreit, würden wir alle chronisch abhängig von einem Helfer. Intuitiv versucht jeder Mensch seine geistige Balance aufrecht zu erhalten, indem er die spontanen Ressourcen in sich selbst nutzt.

(Psychotherapy, Present and Future, Progress I 1956, 335)

Katharsis als interpersonales Geschehen

1924: Der höhere Arzt heilt nicht durch Mittel, sondern durch bloße Begegnung.

(Stegreiftheater 1924, 71)

1937: An die Stelle von Aristoteles' Tragödie tritt das Psychodrama. Mit ihm verändert sich die Frage nach der geistigen Katharsis. Wie in der Tragödie können im Psychodrama die Teilnehmer zahlreich sein. Die Katharsis in einer Person ist abhängig von der Katharsis in einer anderen Person. Die Katharsis muss interpersonal sein.

(Inter-personal Therapy and the Psychopathology of Inter-personal Relations,
Sociometry I 1937, 22. Vgl. Psychodrama I 1946, 180)

1947: Echte Übertragung im psychoanalytischen Sinn verringert sich in Quantität und Intensität, wenn Individuen erwachsen werden und Gruppen an Zusammenhalt und Integration gewinnen. Der Effekt einer sozialen Katharsis hat die Teleproduktion zwischen den Gruppenmitgliedern zu erhöhen und die Übertragungsproduktion zu vermindern.

(Offener Brief an Gruppenpsychotherapeuten 1947, Geßmann,
Humanistisches Psychodrama 3, 1994, 16f. Und: Sociatry 1 1947, 25)

Zuschauerkatharsis

1940: Wir haben herausgefunden, dass Personen, die Zeugen einer psychodramatischen Aufführung sind, oft sehr verstört werden. Manchmal verlassen sie das Theater jedoch sehr erleichtert, fast als wenn es ihre eigenen Probleme gewesen wären, die auf der Bühne gerade durchgearbeitet wurden. Erfahrungen wie diese führen uns zur aristotelischen Sichtweise der Katharsis zurück – als einer, die im Zuschauer stattfindet –, aber aus einem neuen Blickwinkel und mit einer neuen Perspektive.

(Spontaneität und Katharsis 1940, Psychodrama und Soziometrie 1989, 98)

1969: Eine Sitzung kann so angelegt sein, dass das behandelte Individuum sich nicht selbst spielt, sondern als Zuschauer im Publikum sitzt; sein Problem wird auf der Bühne von einem Doppel dargestellt, einem professionellen Hilfs-Ich. Der therapeutische Nutzen kommt hier von der Zuschauerkatharsis.

(Psychodrama III 1969, 184)

Gruppen- und Netzwerkkatharsis

1955: Gruppenpsychotherapie und Psychodrama haben all dies verändert; sie haben eine psychiatrische Revolution bewirkt. Dieser Heilungsprozess – die Katharsis – findet nicht mehr im Behandlungszimmer des Arztes statt – er findet in der Gruppe, inmitten der Gemeinschaft statt. Der ehrwürdige Eid des Hippokrates wurde durch den Gruppeneid ersetzt.

(Crisis of the Hippocratic Oath, GP VIII 4/1955, 357)

1958: Gruppenpsychotherapie behandelt nicht nur das Individuum, das aufgrund einer Fehlanpassung im Fokus der Aufmerksamkeit steht, sondern die gesamte Gruppe der Individuen, die mit ihm in gegenseitiger Beziehung stehen.

(Earliest Definitions of Group Psychotherapy, GP XI 4/1958, 361)

1959: Manchmal reichen die Telebeziehungen weit in das psychologische Netzwerk der Gemeinde hinein. Dann müssen alle einbezogenen Individuen in der Behandlung berücksichtigt werden (soziale und Netzwerk-Katharsis).

(Gruppenpsychotherapie 1959, 280)

Kohäsion

1948: Ich habe mir oft die Frage nach der Kohäsion der Gruppe und der möglichen Beziehung der Kohäsion zum Behandlungserfolg gestellt. Um aber bestimmen zu können, was Gruppenkohäsion ist, muss die umfassendere Frage beantwortet werden: Wie werden Gruppen gebildet? Welche Faktoren sind an der Gruppenbildung in statu nascendi beteiligt und welche Faktoren rufen einen Wechsel von schwach strukturierten zu stark strukturierten Gruppen hervor? […] Der Unterschied zwischen der Struktur realer Gruppen und der Struktur [von] Zufallsgruppen sowie die Veränderung von schwach strukturierten zu stark strukturierten Gruppen müssen einem spezifischen Faktor, Tele, zugeschrieben werden. Die Kohäsion der Gruppe, K, ist darum eine Funktion, f, des Tele, T: $K = fT$. Eine Anzahl von Experimenten ist durchgeführt worden, um zu beobachten, wann und wie eine Veränderung in der Gruppenstruktur stattfindet, die Veränderung von einer Gruppe mit niedriger Kohäsion zu einer Gruppe mit hoher Kohäsion. Kohäsion wurde durch die Struktur definiert, die eine gegebene Gruppe an den Tag legt, wenn sie einem soziometrischen Test unterzogen wird, die Zahl der Isolierten, Paare, Dreiecke, Ketten, Netzwerke, der positiven oder negativen Stars. [... Experimente wiesen nach], dass mit Hilfe soziometrischer Gruppenmethoden die Kohäsion der Gruppe schneller fortschreitet als bei einer Gruppe, deren spontane Bedingungen unbeeinflusst bleiben. [...] Der Bedarf an Gruppenpsychotherapie kann [... durch die Feststellung der Gruppenkohäsion] festgestellt werden. Sowohl Misserfolg als auch Erfolg der Gruppenpsychotherapie können außerdem genau gemessen werden, Indikationen und Kontraindikationen im Hinblick auf die Art der Gruppenpsychotherapie können festgesetzt und das Ende der Behandlung bestimmt werden.

(Gruppenpsychotherapie und soziale Kohäsion, Methode 1981, 151-153)

1951: Der Versuch, eine Abkürzung hin zu hoher Kohäsion zu nehmen, dürfte sich als Sackgasse für die Freiheit entpuppen. Lasst uns deshalb mit Freiheit beginnen und sehen, was mit sozialen Strukturen passiert, wenn es der Freiheit erlaubt ist, uneingeschränkt zu wirken. Experimente mit Soziometrie und Soziatrie haben uns gelehrt, dass spontane Interaktionen Wege haben, ihre eigenen Beschränkungen, Spaltungen und Barrieren zu entwickeln. [...]
Das Ziel ist fraglos, eine Gesellschaft großer Freiheit und eine Gesellschaft hoher Kohäsion zu verbinden. Zwei Methoden wurden getestet: mit völliger Beschränkung und Diktatur zu beginnen und mehr und mehr Freiheit einzufügen, oder mit Freiheit zu beginnen und mehr und mehr Beschränkungen einzufügen. Die Frage ist, welche Methode besser funktioniert. Die Antwort ist historisch gesetzt. Wir haben mit Freiheit begonnen, wir können unsere eigene Vergangenheit nicht verraten; wir müssen mit Techniken der Freiheit weitermachen. Wir müssen mit unserem Vertrauen in die Wissenschaft weitermachen. Wir sollten nicht auf dem technischen Level anhalten, sondern wir müssen hin zum Sozialen weitergehen. Außerdem müssen wir mit all unserem Einfallsreichtum eine Wissenschaft der menschlichen Beziehungen, präziseres Wissen über soziale Kommunikation und schnellere Wege sozialer Kommunikation entwickeln.

(The Function of a „Department of Human Relations" Within the Structure of the Government of the United States, GP III 4/1951, 287f)

1959: Die soziometrische Forschung war die Grundlage einer diagnostischen Wissenschaft der normalen und pathologischen Gruppe. Die wichtigste Entdeckung war, dass jede Gruppe eine eigenartige Struktur von verschiedener Kohäsion und Tiefe hat, ferner, dass zwei Gruppen niemals gleich sind; jede Gruppe hat schon in der ersten Sitzung eine bestimmte Struktur, die sich im Laufe der Sitzungen typisch fortentwickelt und die Intensität der jeweiligen therapeutischen Erfolge indiziert.

(Gruppenpsychotherapie 1959, 11)

1974: Es kann geschlossen werden, dass je höher die Zahl der Isolationsstrukturen in einer Gruppenorganisation ist, desto niedriger ihr Integrationsstandard sein wird, dass je größer die Zahl der gegenseitigen Anziehung ist, desto höher der Integrationsstandard der Gruppe sein wird. Die Kohäsion einer Gruppe kommt trotz vieler Paarformen zu einem kritischen Punkt, wenn jedes Paar von den anderen Paaren isoliert bleibt. Eine große Zahl gegenseitiger Anziehungen ist der Boden für eine Harmonie, die sich in komplexeren Strukturen wie Ketten, Dreiecken, Vierecken usw. ausdrückt. Disharmonie und Desorganisation werden andererseits durch viele gegenseitige Abstoßungen und abgestoßene Anziehungen begünstigt.

(Grundlagen 1974, 138f)

1974: An dieser Stelle wollen wir einem seit der Einführung soziometrischer Verfahren oft gemachten Einwand begegnen. Immer wieder hieß es: Werden derartig behandelte Gemeinschaften nicht so friedlich und harmonisch, dass ihre Mitglieder in anderer Umgebung der Unbill des Lebens nicht mehr standhalten können? Hierauf entgegnen wir, dass nicht die Ausschaltung heterogener und kontrastierender Elemente oder die Unterdrückung aggressiver Individuen diese Friedlichkeit verursacht. Gerade das Gegenteil wird durch unsere Verfahren bewirkt. Wir bringen alle potentiell vorhandenen spontanen Bevölkerungsregungen zu Bewusstsein und voller Entfaltung und versuchen, durch Zusammenarbeit mit der ganzen Bevölkerung ihre Strömungen aufeinander abzustimmen und zu lenken. Dadurch wird nicht eine scheinbare Eintracht erzielt, sondern ein Zustand herbeigeführt, in welchem sich Disharmonie und Harmonie das Gleichgewicht halten. Die Gefahren überglücklicher Familien sind überdies außerordentlich klein. Nur selten sind ungeteilt Liebe und wahre Eintracht anzutreffen. Das Vorherrschen von Grausamkeit, Angriffslust und Eifersucht jeglicher Art im sozialen Universum hat sich durch unsere Untersuchungen als erschreckende Wahrheit erwiesen. Diese Neigungen sind nicht nur im Individuum vorhanden, sondern tief in der komplizierten Struktur sozialer Interaktion verwurzelt.

(Grundlagen 1974, 324)

1974: Die Unfallrate sinkt mit zunehmender Kohäsion der Gruppe. Um die Unfallrate bei Soldaten und Arbeitern zu reduzieren, sollten Militärgruppen und Ar-
beitsmannschaften soziometrisch organisiert werden.

(Grundlagen 1974, 376)

Mikrorevolutionen

1974: Das praktische Prinzip der Mikrosoziologie: kleine, aber vertiefte soziometrische Revolutionen zu fördern, als die eigentliche Hoffnung auf eine lebenswürdige
Weltordnung, im Gegensatz und an Stelle der hoffnungslosen „großen" Revolutionen der letzten drei Jahrhunderte, wie die amerikanische (1776), die französische
(1789) und die chinesische Revolution (1949). Die Makrorevolutionen der Zukunft
müssen auf Millionen Mikrorevolutionen fundiert sein, oder sie werden immer
wieder scheitern.

(Grundlagen 1974, XXXIV)

Therapeutische Gemeinschaft und therapeutische Gesellschaft

1947: Eine Weltgesellschaft muss einem weiten, offenen Raum gleichen, in dem
sich jedes Volk niederlassen und in dem jede Idee umgesetzt werden kann. Sie sollte äußerst flexibel sein, damit sich die Menschen so frei wie möglich ausbreiten
und sich Werte so frei wie möglich entfalten können. Sie sollte so entworfen sein,
dass die ganze Vielfalt von Individuen und Gruppen darin Platz findet.

(Soziometrie und Marxismus, Methode 1981, 218)

1947: Da die menschliche Gesellschaft krank ist, ist zu erwarten, dass allmählich
ein psychiatrisches Reich entstehen und sich über die ganze Erde verbreiten wird.
Politiker und Diplomaten werden zweitrangig werden. Sozialwissenschaftler, Psychiater, Soziater und soziometrisch orientierte Sozialisten werden an der Spitze
stehen. Der Mentor im Weißen Haus, ein zukünftiger Präsident der Vereinigten
Staaten, könnte in hundert Jahren ohne weiteres ein Psychiater sein. Gleicht nicht
der ganze Kosmos mehr und mehr einem riesigen Irrenhaus mit Gott als leitendem
Arzt?

(Soziometrie und Marxismus, Methode 1981, 221)

1950: Das Ziel ist, ein schwach ausgeformtes System menschlicher Beziehungen
durch eine Methode, die Individuen sozialen Gruppen zuweist, in eine soziale
Gemeinschaft zu transformieren; uns auf eine „therapeutische Gemeinschaft" zu-
zubewegen, die schrittweise den Platz der politisch-ökonomischen Gemeinschaft

unserer Zeit übernehmen kann, ohne irgendeinen der positiven Werte zu opfern, den ihre Ideologien entwickelt haben; eine Gemeinschaft aufzubauen, die ihren Bürgern drei Dinge gibt: die Freiheit, die aus der Spontaneität kommt, die Gerechtigkeit, die aus dem fair play kommt und die therapeutische Balance, die daher kommt, dass die Welt des Menschen mit dem Leben und der Zukunft des Universums verbunden wird – eine freie, eine faire und eine therapeutische Gesellschaft. Die bürgerlichen und proletarischen Revolutionen werden hier durch eine therapeutische Revolution ersetzt: nach dem „Sozialvertrag" kommt der „therapeutische Vertrag". Dieser Plan kann auf jede menschliche Ansiedlung angewandt werden, auf offene ebenso wie auf geschlossene Gemeinschaften, auf Städte, Dörfer, Gefängnisse, Schulen, Krankenhäuser oder was auch immer.

(Group Psychotherapy, Theory and Practice, GP III 2+3/1950, 143)

1956: [Als Hauptaufgabe therapeutischen Handelns bestimmt Moreno] die Transformation der menschlichen Sozialsysteme in eine therapeutische Gesellschaft, die aus unzählbaren kleinen therapeutischen Gemeinschaften besteht, eine Gesellschaft, die zusammen mit all ihren anderen Funktionen als heilende Instanz wirkt.

(Psychotherapy, Present and Future, Progress I 1956, 339)

1957: Die therapeutische Gemeinschaft schlichtet Streitigkeiten zwischen Individuen und Gruppen unter den Regeln der Therapie anstatt unter den Regeln des Gesetzes; sie geht das Problem der Verwaltung einer Kommune an, indem sie das Prinzip benutzt: „Ein Mensch als der therapeutische Anwalt des anderen, eine Gruppe als die therapeutische Anwältin der anderen Gruppe; damit werden ungünstige Gruppenformationen kontrolliert und es wird sichergestellt, dass die Gruppen in Kontrolle bleiben" […]. In dem spontan-kreativen Universum der therapeutischen Gemeinschaft stimuliert die Spontaneität eines Individuums die Spontaneität des anderen und die sich daraus ergebende Summe ist das Gegenteil von dem, was wir gegenwärtig haben, nämlich eine Roboter-regierte Welt, in der Spontaneität ein willkürliches und zufälliges Element darstellt.

(Globale Psychotherapie 1957, Jahrbuch 1991, 33f)

1961: Wenn wir dies [die Politik der „offenen Tür" in Gefängnissen und Psychiatrien] betrachten, sollten wird das andere Ende des Prozesses nicht übersehen. Wenn die Kliniken ihre Türen geöffnet haben, die Türen der Gesellschaft aber verschlossen bleiben, dann haben wir die Ängste des Patienten vergrößert, statt sie zu lindern. Wenn wir wirklich anstreben sollten, die Klinik zu einer therapeutischen Gemeinschaft zu machen, sollten wir gleichzeitig anstreben, die offene Gesellschaft in eine therapeutische Gesellschaft zu verwandeln. Das ganze Problem bedeutet, dass die Gesellschaft als ganze nach den Idealen einer therapeutischen Gemeinschaft funktionieren sollte.

(The „Open Door" Policy in Mental Hospitals vs. the „Closed Door"
Policy in the Community, GP XIV, 1-2/1961, 19)

1969: Therapeutische Gemeinschaft: Dies ist eine Gemeinschaft, in der Dispute und Konflikte zwischen Individuen und Gruppen mit Hilfe der Regeln von Therapie gelöst werden, anstatt mit Hilfe der Regeln des Gesetzes. Die gesamte Population, Patienten ebenso wie Personal, sind verantwortlich für das Wohlergehen jeder anderen Person, nehmen am therapeutischen Prozess teil and haben gleichen Status.

(Psychodrama III 1969, 244)

1974: Ein wirklich therapeutisches Verfahren darf nichts weniger zum Objekt haben als die gesamte Menschheit. Es kann jedoch kein wirksames Heilmittel verschrieben werden, solange die Menschheit nicht als Einheit betrachtet wird und ihr innerer Aufbau nicht bekannt ist. Obwohl zu Beginn unserer Forschung kein gültiger Beweis vorlag, haben wir mit der Hypothese begonnen, dass die Menschheit eine soziale und organische Einheit sei. Nachdem wir dieses Prinzip als Richtlinie gewählt hatten, entwickelten sich daraus notwendiger Weise andere Ideen. Angenommen, die ganze Menschheit stellt eine Einheit dar, so müssen Kräfte vorhanden sein, welche die einzelnen Teile zueinander in Beziehung setzen, und Kräfte, welche die einzelnen Teile verbinden und trennen. Ihre Wirkungen sind manchmal schädlich für die Gesamtheit, günstig für einzelne Teile, vorteilhaft für gewisse Teile, ungünstig für andere. In allen Beziehungen zwischen Individuen und Gruppen treten diese Kräfte – analog zu chemischen Affinitäten – als Anziehung und Abstoßung in Erscheinung. Anziehung und Abstoßung müssen daher als Kräfte angesehen werden, di im ganzen biologischen, sozialen und psychologischen Bereich wirksam sind. Ist dies der Fall, so müssen sie innerhalb dieser Gebiete erforscht werden können. Diese Anziehungen und Abstoßungen und ihre Ableitungsformen haben eine mehr oder weniger starke Wirkung, nicht nur auf unmittelbar beteiligte Individuen, sondern auch auf alle Teile dessen, was wir Menschheit nennen. Diese Kräfte, welche die einzelnen Teile zueinander in Beziehung setzen, müssen natürlichen Gesetzen unterliegen, die genau so fein differenziert sind wie andere Gesetze im übrigen Universum

(Grundlagen 1974, 3. Vgl. Gruppenpsychotherapie 1959, 53)

1974: Als Disziplin befasst sie [die Soziatrie] sich in erster Linie mit der Erforschung der „Pathologie normaler Gruppen". Ihre therapeutische Aufgabe liegt in

deren Diagnose, Prophylaxe und Behandlung. Weder die Gesetze des Zufalls oder
der Vererbung noch ökonomische Kräfte können die Entstehung der menschlichen
Gesellschaft erklären. Neue, an ihrer Bildung unbedingt beteiligte Faktoren, Tele
und Spontaneität, sind nachgewiesen worden. Die Ziele der Soziatrie können nicht
durch Abreaktion oder eine Anpassung à tout prix an die vorhandene soziale und
kulturelle Weltordnung erreicht werden. Die Menschheit muss mit einem neuen
Wertsystem durchdrungen werden, das in Einklang mit soziometrischen und soziatrischen Gesetzen steht. Nur eine radikale Revolution auf allen Lebensgebieten
wird die Einführung dieses neuen Wertsystems ermöglichen.

(Grundlagen 1974, 219)

1974: Das hohe Ideal der christlichen Klöster der ersten Jahrhunderte unserer Zeit-
rechnung kann die Lage und Zukunftsmöglichkeiten moderner Besserungsanstalten beleuchten. Nicht einzelne Heilige wollte das Kloster beherbergen. Sein Ziel
war die Gemeinschaft der Heiligen, eine therapeutische Gesellschaft. Es beabsichtigte, der Welt ein Beispiel einer Gemeinschaft zu geben, in der nicht nur jedes Individuum ein vorbildliches Leben führe, sondern keinerlei Hass und Streit unter
den Gemeinschaftsmitgliedern bestehe. Auch die Leiter von Besserungsanstalten
und ihre sündigen, in der Außenwelt unverbesserlichen Insassen vermögen ihren
höchste menschliche Schwäche spiegelnden Gruppen einen tieferen Sinn zu geben.
Sie sollen beweisen, dass in der Außenwelt für unverbesserlich gehaltene Individuen sich in der Anstalt eine bessere Stellung schaffen können. Während der normale Ablauf des gesamten Gesellschaftslebens durch Gefängnisse und Besserungsanstalten gesichert werden muss, ist es die Aufgabe dieser Institutionen, therapeutische Lösungen zu finden und ohne Gefängnisse auszukommen.

(Grundlagen 1974, 308)

1974: Der zukünftige Architekt wird ein Schüler der Soziometrie sein; die Lage der
Städte, Industriebezirke und Erholungsorte wird nach den Erfordernissen der Bevölkerung bestimmt werden, die in ihnen leben und arbeiten muss.

(Grundlagen 1974, 335)

1974: Ziel der Soziometrie ist die Entwicklung einer Welt, die jedem Menschen ungeachtet seiner Intelligenz, Rasse, Religion oder ideologischen Gebundenheit die
Möglichkeit zur Entfaltung seiner Spontaneität und Kreativität gibt, die Möglichkeit zu leben oder die gleichen Rechte zu genießen. Diesem Ziel nähern wir uns
durch revolutionäre soziometrische Aktion. Der Psychiater mag in ihm eine die
ganze Menschheit umfassende kreative Gesellschaft sehen, in der alle Teile har-

monisch aufeinander abgestimmt sind und allen Menschen die Möglichkeit zur Entfaltung ihrer Fähigkeiten und Verfolgung konstruktiver sozialer Ziele gegeben wird. Dieses Ziel bleibt so lange Utopie, als die Umwandlung ganzer Gemeinden oder der ganzen Menschheit durch eine einzige revolutionäre Maßnahme erreicht werden soll. Es rückt jedoch in den Bereich des Erreichbaren, sobald von den Wurzeln, den sozialen Atomen her, gearbeitet und das „soziometrische Bewusstsein" der Menschen entwickelt wird.

(Grundlagen 1974, 391)

1974: Der erste Satz meines Buches: „Ein wirklich therapeutisches Verfahren darf nichts weniger zum Objekt haben als die gesamte Menschheit" bringt meine eigentliche Absicht zum Ausdruck. Obwohl ich diese Idee dem Leser direkt vor die Nase gesetzt habe, ist sie bedauerlicherweise gänzlich missverstanden worden. Kein anderer Satz des Buches ist öfter zitiert und in seiner Bedeutung weniger begriffen worden.

(Grundlagen 1974, 396)

Globale Psychotherapie und Aussichten einer therapeutischen Weltordnung

1957: Eine therapeutische Weltordnung muss auf einem sozialen System aufgebaut sein, das Spontaneität und Kreativität fördert. Das Leben der Individuen ist am kreativsten, wenn sich diejenigen, mit denen sie eine bestimmte Sache machen wollen, selbst gewählt haben. Die Soziometrie hat die „schöpferische Entstehung" von Gruppen gemäß den Bedingungen dieser fundamentalen Hypothese ermöglicht. Sie hat versucht, den Grad an Kreativität von Gruppen zu messen, die auf der Basis von Freundlichkeit gebildet wurden, und die Kreativität in solchen Gruppen mit anderen Gruppen verglichen, die sich durch Zufall gebildet haben oder auf der Basis von Feindseligkeit organisiert sind. Die größte Freisetzung von Kreativität ist nur in einer therapeutischen Weltordnung möglich. […] Eine therapeutisch integrierte Gesellschaft ist der einzig vorstellbare Schutz. Die Bestrebungen des letzten Jahrhunderts, eine Weltordnung zu entwickeln, sind Ausdruck genau dieses Bedürfnisses. Sie stellen das Verlangen nach einer ausgeglichenen globalen Gesellschaft dar, in denen der Mensch seinen Schutz findet.

(Globale Psychotherapie 1957, Jahrbuch 1991, 24f)

1957: Eine therapeutische Weltordnung wird nicht wie der Plan eines Architekten geliefert werden, aber sie wird sich allmählich aus der Verbindung alter und neuer Methoden der Psychotherapie mit Hilfe eines oder mehrerer therapeutischer Füh-

rer in den verschiedenen Teilen der Welt entwickeln. Es gibt bereits viel versprechende Richtungen der Entwicklung: (a) Anpassung und Integration der Psychotherapie in die kulturellen und ethnischen Gegebenheiten eines jeden Landes; (b)
therapeutische Tendenzen in der Struktur von gegebenen politischen, sozialen und
religiösen Organisationen; (c) moderne existentielle Rituale; (d) therapeutische
Gemeinschaften und (e) Theorien einer therapeutischen Weltordnung.

(Globale Psychotherapie 1957, Jahrbuch 1991, 29)

1957: Die therapeutische Gemeinschaft schlichtet Streitigkeiten zwischen Individu-
en und Gruppen unter den Regeln der Therapie anstatt unter den Regeln des Gesetzes; sie geht das Problem der Verwaltung einer Kommune an, indem sie das
Prinzip benutzt: Ein Mensch als der therapeutische Anwalt des anderen, eine
Gruppe als die therapeutische Anwältin der anderen Gruppe; damit werden ungünstige Gruppenformationen kontrolliert und es wird sichergestellt, dass die
Gruppen in Kontrolle bleiben. [...] In dem spontan-kreativen Universum der therapeutischen Gemeinschaften stimuliert die Spontaneität eines Individuums die
Spontaneität des anderen, und die sich daraus ergebende Summe ist das Gegenteil
von dem, was wir gegenwärtig haben, nämlich eine Roboter-regierte Welt, in der
Spontaneität ein willkürliches und zufälliges Element darstellt. Die Initiative einer
therapeutischen Gruppe im Gegensatz zu Le Bons Masse steigt mit seiner Größe
und mit der Anzahl der Interaktionen seiner Mitglieder. [...] Therapeutische Gemeinschaften haben eine lange Geschichte in einem religiösen Zusammenhang,
aber als Einrichtungen, die ausschließlich auf eine soziotherapeutische Grundlage
hin geschaffen worden sind, stellen sie eine neue Herausforderung dar. In den
vergangenen 25 Jahren sind sie das Modell gewesen für eine therapeutische Gesellschaft in weltweiten Dimensionen. [...]
„Offene" therapeutische Dörfer und Kolonien, die von normalen Gruppen be-
wohnt werden und alle Dimensionen des Lebens einschließen, von der Arbeit bis
zum Familienleben, sind der verheißungsvolle nächste Schritt, der durch die Sied-
lungsexperimente durch die Kwuzoth in Israel vorgenommen wird.
Die Menschheit als handelnde Realität ist noch nicht alt und muss unterschieden
werden von der Ansammlung nationaler Gesellschaften, aus denen sie besteht.
Durch die Jahrtausende hindurch war sie eine Metapher, ungenau und nur mittel-
bar einander bekannt durch die geringe Kommunikation. Seit die historischen
Geografen und Forscher des Mittelalters angefangen haben, den Globus zu um-
runden, haben sich die „Teile" der Menschheit in ihrer Kultur angeglichen und
vermischt. In unserer Zeit ist sie ein geschlossener Zusammenhang geworden

durch Telegraf, Radio, Fernsehen und das Flugzeug, mit einer Schrittmacherfunktion in Richtung auf eine einzige Weltordnung.

Über Jahrtausende hinweg waren die Nationen durch physikalische und kulturelle Grenzen voneinander getrennt. Innerhalb einer einzigen Nation haben sich Klassen und soziale Gruppen aller Art gegenseitig bekämpft, in Städten und Dörfern, eine Familie gegen die andere. Der vergleichsweise Mangel an Einheit unter den ethnischen Gruppen war nicht weiter wichtig, solange es keine Bedrohung für alle gab. Die Bedingungen der Welt heute erfordern die Entwicklung der dichtest möglichen Bindungen zwischen allen Menschen, ähnlich ihrer Existenz in einer Familie, nur auf einer globalen Basis. Die Familie ist eine Art therapeutischer Weltordnung im Kleinen. Die stärksten Bindungen, die wir als wirksam und dauerhaft kennen, bestehen unter den Mitgliedern einer Familie. Sie kommen einander im Allgemeinen in Zeiten von Gefahr und Not zur Hilfe. Die Familie, welche Formen sie auch immer annimmt und mit all ihren Mängeln, ist die einzige Gruppe, von der wir wissen, dass sie den Zusammenbruch aller Zivilisationen überlebt hat. Sie mag als Modell dienen. Die Familie ist nicht ausschließlich auf ökonomische Zustimmung gebaut, sondern auf Liebe und Gegenseitigkeit von Zuneigung, Verantwortung und Glauben. Anstrengungen für eine einzige Weltordnung sind auf der religiösen Ebene (Christentum) gemacht worden und auf einer politischen Ebene (United Federalist Movement for One World). Sie sind niemals auf einer therapeutischen Ebene unternommen worden, da die Idee der „Therapie" mit religiösen und politischen Konzepten verwoben war. Ihre Emanzipation aus dem religiösen und politischen Bereich konnte in der Vergangenheit nicht klar genug wahrgenommen werden. Die moderne Psychotherapie ebenso wie die moderne Sozialwissenschaft sind kaum älter als ein Jahrhundert, und die Beziehung zwischen Psychotherapie und sozialer Struktur war unbekannt.

Das Hauptproblem einer therapeutischen Gemeinschaft besteht darin, wie man Freiheit mit Hilfe und Autonomie mit Abhängigkeit verbünden oder versöhnen kann. Das Konzept der „Therapie" hat oft den Anstrich von Abhängigkeit und Schwäche seitens der betroffenen Individuen und wird deswegen oft im Gegensatz zum Begriff der Freiheit benutzt, für freie, unabhängige und autonome Individuen. Aber eine therapeutische Weltordnung ermutigt autonome Therapie; sie ermutigt den Menschen, sein eigener Therapeut zu sein. Sie verringert das Bedürfnis nach professionellen Psychotherapeuten auf ein Mindestmaß. Ein Selbsttherapeut kann nicht in einem Vakuum leben, sondern in einer Gemeinschaft mit anderen Selbsttherapeuten. Ihre kommunale Autonomie nimmt die Form einer „Autonomie der gegenseitigen Abhängigkeit" an. Er ist nur deswegen abhängig, weil er nicht in einer Welt für sich selbst lebt, sondern in einer „Welt mit anderen". Die Folgerung ist, dass ein freies Individuum unfrei wird und seine Autonomie in einer chaotischen, verwirrten Gesellschaft verliert. Um selbst frei zu sein und eine stabile Stellung innerhalb einer Gemeinschaft zu erlangen, muss er anderen helfen und sich von ihnen umgekehrt helfen lassen. Eine therapeutische Weltordnung muss gleichzeitig autonom und gegenseitig abhängig sein. Sie ist keine Gemeinschaft der Schwächlinge, von Individuen, die dauernde Versorgung und Unterstützung von äußeren Quellen benötigen, sondern eine Welt, die so gebaut ist, dass alle Individuen, die kreativen und starken ebenso wie die schwachen, wirksam leben können. Sogar die freien und starken Menschen können in einer untherapeutischen Welt untergehen; sie werden wohl diejenigen sein, die zuerst untergehen. Eine therapeutische Weltordnung ist nicht für Kranke; eine untherapeutische Weltordnung wie die gegenwärtige macht gesunde Menschen krank.

Angesichts der zunehmenden Krise unserer gesamten Zivilisation können wir professionellen Psychotherapeuten der Verantwortung nicht ausweichen, Bilanz zu ziehen über unsere eigene Schuld an dem globalen Auseinanderfallen des Glaubens, des Charakters und der seelischen Gesundheit. Wir können es uns nicht leisten, unsere Augen geschlossen zu halten angesichts der Leiden, die der Menschheit durch kollektive Scheußlichkeiten im Verlauf blutiger Kriege und Revolutionen zugemutet werden. Die „Krankengeschichte der Menschheit von 1956", die Massaker von wehrlosen Menschen, sind nicht nur von Staatsmännern und Politikern, sondern auch von uns zu verantworten. Die seelischen Opfer der Kriege und Revolutionen werden schließlich unsere Patienten werden. Wie können wir ihnen offen in die Augen sehen, wenn wir selbst durch unsere Untätigkeit an ihrem Leiden mitschuldig sind, als schweigende Teilnehmer von schrecklichsten Ausbrüchen des krankhaften Ausagierens, ohne einen Finger gehoben zu haben?

Im Zentrum der professionellen Psychotherapie steht bisher die Gruppe der geistig Gestörten. Aber ist nicht von wesentlichem Belang für eine kranke Gesellschaft ihre normale Gruppe? Ist ihre normale Gruppe nicht auch verantwortlich für den allgemeinen sozialen und moralischen Abstieg, für die Kriege und Revolutionen, die unsägliches Leid auf die Menschheit bringen? Die geistig gestörten und sozial gefährlichen Individuen sind vergleichsweise kleine Minoritäten, die in der Sicherheit von Gefängnissen und Asylen untergebracht werden. Reicht unser Beruf nicht weiter als zur Behandlung von Individuen? Wen gibt es, der die Behandlung kranker Gruppen und kranker Nationen übernehmen kann? Wer ist da, um unsere kranken sozialen Konstitutionen und Normen, unsere kranken Gesetze und moralischen Vorstellungen zu behandeln? Es übersteigt die Möglichkeiten einer jeglichen therapeutischen Abteilung und Wissenschaft, mit diesen ungeheuren Aufgaben fertig zu werden. Es gibt eine Abteilung für menschliche Beziehungen, die ausschließliche Autorität beanspruchen kann. Aber das letztliche Ziel ist klar. „Eine wahrhaft therapeutische Methode darf nichts weniger zum Objekt haben als die gesamte Menschheit" […] Das endgültige Ziel ist es, eine therapeutische Gesellschaft in einer Welt zu erschaffen, in der es sie früher nicht gab. In einer solchen Gesellschaft wird das Leben selber therapeutisch sein.

Es ist leichter, eine therapeutische Weltordnung zu schaffen, als uns in eine untherapeutische Weltordnung hinein zu verändern. Selbst wenn ein bestimmtes ideologisches oder politisches System die Herrschaft über die Welt gewinnen sollte, z.B. der Kapitalismus oder der Kommunismus, kann es nicht andauern. Es ist die bescheidene Meinung des Autors, dass sich die Geschichte unwiderruflich auf dem Weg zu einer therapeutischen Gesellschaft und einer therapeutischen Religion befindet.

(Globale Psychotherapie 1957, Jahrbuch 1991, 33-36)

Die drei Strukturtheorien

9. Begegnung, Tele und das Projekt der Soziometrie

Ein zentraler Beitrag Morenos war es, den Raum zwischen Menschen als Ort wesentlicher Mechanismen und Prozesse und als Ziel psycho-sozialer Interventionen zu identifizieren. Bereits in den ersten Schriften avancierte das Stichwort der Begegnung dabei zum Dreh- und Angelpunkt von Morenos Denken. Diesen Ansatzpunkt hat Moreno niemals verlassen oder relativiert.

Frühe Beobachtungen und Ideen

Begegnung als zentrale Idee der Wiener Jahre

1918: Was dem Autor Theater, ist der Gottheit Bedingung: die Begegnung. […] Der echte Himmel flammt, wo das Seyn die eindeutige Ebene des Geistes vermag, Engel den Engel berührt.

(Die Gottheit als Autor, Daimon 1918, 13)

1918: Einladung zu einer Begegnung
Das Reich des Schweigens ist die klarste Urne, / Verbirgt nicht, offenbart nicht und vergeht nicht. / Das Reich der Geister ist davon der Schatten, / Verbirgt sich, offenbart sich und vergeht auch. / Das Schweigen ist des Himmels Gegenseite: / Wir können nur die blaue Hälfte schauen. / Das Reich des Schweigens wägt die Götterbilder, / Unsichtbar oder sichtbar, in der Urne. / Das Schweigen das Gewissen Gottes selber.

Ich bin der Halm aus seiner Schweigestunde / Und lade alle Mäher zu der Ernte. / Ich bin die Ernte, ich: Altar dem Gotte. / Ich muss im Schweigen ungepflückt verwelken. / Ich bin des Weltalls Haupt und seinen Losen, / Wenn ich im Dunkel meinen Leib vollende. / Ich glaube meinem Glauben: als der erste / Und will als letzter Freunde für ihn finden. / Der jüngste Tag ist da: ich bin der Jüngste

Es gibt kein Mittel zwischen mir und anderen. / Ich bin unmittelbar: in der Begegnung. / Ich bin nicht einzig: bloß in der Begegnung. / Ob ich ein Gott, ein Narr oder ein Dummer. / Ich bin geweiht, geheilt, gelöst in der Begegnung, / Ob ich das Gras oder die Gottheit treffe. / Ob ich bin der Baum: du siehst nur meine Blätter. / Gehorche meinem Spruch und lass die Worte / Und ziehe ein in ihres Königs Schloss.

Ich bin nicht eitel: Du bist mir nicht Spiegel. / Ich kann auch ohne Brüder froh verscheiden. / Ich bin nicht gierig: andern Wein zu trinken. / Ich muss mich nicht mit fremdem Blute mengen. / Ich gehe nicht zu Gott, Gott nicht zu mir: / Wir sollen uns nicht wollen, sondern finden. / Ich bin nicht Lehrer, Rufer oder Künder, / Weil voll von dem, was mich gerade blendet. / Ich bin der Mythus alles Daseins selber.

Doch heiler denn die bräutliche Umarmung / Macht mich das Brennen vor erreichtem Ziele. / Ich habe meine Einladung gesungen / Ob ich im Schreiten niemals einem zweiten / Dem Leibe nah: ich bin im Schweigen größer / Und aufgebäumt zu seines Himmels First. / Ich gleite sorglos über braune Pfade, / Weiß nicht, wer meine Einsamkeit durchschreitet. / Mein Himmel singt, die Zehrung meiner Stille.

Du, meine Heimat: Schweigen. Wo der Gott allein ist. / Bevor er sprach, er schuf, vor der Begegnung. / Noch ungeteilt, noch ganz die Schöpfung: selber. / Bruder im Schweigen. Wo du einsam weidest. / Du bist in deines Schweigens Dom die Kuppel. / Du meine Heimat: Schweigen. Wo Gott sich schafft, / Und Himmel über Himmel sich versteigen. / Wer taube Ohren will, der geh und höre. / Wer blinde Augen will, der geh und schau.

(Daimon 1918, 206f)

1919: Mein Königstraum von der vollkommenen Begegnung mit dem König! Ich war ein Kind und bekam im Schlaf den Glauben, dass mir Gott einmal begegnen werde. Er wird sich nicht anmelden: durch kein Buch, durch kein Plakat, durch keine Kirche, durch keinen Menschen; nein, er wird eines Tages da sein und ich werde mich ergeben müssen. Und er wird nicht bloß durch meine Seele gehen – was wäre ein Gott, der nur von innen stieße! – sondern wird über die Straße gehen, wirklich, draußen sein, dort. Das Pathos der Nähe ist das Pathos Gottes.

(Die Gottheit als Redner, Der Neue Daimon 1919, 7)

1919: Der Älteste der Zuschauer: Der Dichter ist aus. Das Theater schließt sich von selbst / Der Jüngste der Zuschauer: Der große Mensch geht auf. Ich bin der Makrokosmos. Aus meinem männlichen Glied wird die Hütte Gottes gebaut. Die neue Erde, der neue Himmel, das neue Paradies. / Alle Zuschauer: Gott! Wir wollen keine Mittler mehr gebären. Wenn du nicht selbst zu uns herunterkommst, so steigen wir zu dir hinauf.

(Die Gottheit als Komödiant, Der Neue Daimon 1919, 48)

1957: In diesem Geist veröffentlichte ich im Frühjahr 1914 mein erstes Buch „Einladung zu einer Begegnung [meeting]". Das „wen und wann und wo" wurde völlig dem Zufall überlassen und ich hatte das Gefühl, dass es besser war, alles dem Zufall zu überlassen als in organisierte Abläufe zu geraten, ein Durcheinander, das niemand mehr stoppen könnte, wenn es einmal angefangen hat. Ich zog es damals vor, einem Menschen, den ich sehen wollte, weder zu schreiben noch ihn anzurufen, sondern die Dinge einfach so passieren zu lassen. Dies hatte natürlich die fürchterliche Konsequenz, dass ich ihn vielleicht niemals getroffen habe, weil er möglicherweise aus der Stadt wegzog oder starb, ehe mein Treffen mit ihm stattfand. Aber ich hatte den Trost, dass ich beim Spazieren durch die Straßen jemand ebenso guten oder besseren treffen konnte. Alle Begegnungen [encounters] waren damals spontan anstatt erzwungen, und ich kam nie dazu, eine „Organisation" zu gründen. So wurden all die traditionellen Wege, die für die Organisation von Gruppen in unserer modernen Welt charakteristisch sind, vermieden. Es war so, als müsste ich zurückkehren oder regredieren hin zu einer Kultur, in der das kosmische Geschehen den Vorrang vor dem sozialen und politischen Geschehen hat. Diese Art zu leben stellt die Idee der freien Begegnung [encounter] in den Mittelpunkt sozialer Erfahrung und sowohl vor die Gruppentherapie als auch vor das Gruppentraining. Daher gibt es keinen Zwang, sich zwischen den beiden Systemen mit menschlichen Belangen umzugehen zu entscheiden. Sie sind beide entbehrlich.

(Ontology of Group Formation. Group Training Versus Group Therapy, GP X, 4/1957, 347)

Einladung zu einer Begegnung (Morenos erste Publikation – Auszüge)

1914: Das heilige Feuer, das diese Schrift atmet, ist die Einladung zu einer Begegnung. Auf Gasse oder Markt, im Garten oder Gemach: wo auch immer mein Antlitz und das deine aufgeht, bereiten wir uns zu einem Schweigen oder zu einem Blickwerfen oder zu einem Gespräch. Das allein ist die Tragkraft meines Wortes, dass es den Empfänger zu mir bittet, damit er erst wirklich empfange.
Wer sein Wort herausgibt, der trage die Folgen.

Was von mir ausgeht, kehre zu mir zurück.

Das Geld ist bewegliche Erde, so ist das Buch der unsichtbare Mund und macht die Wirkung in die Ferne möglich; doch wie der Markt nicht Kreuzer feilbietet, sondern Äpfel, so biete ich nicht Bücher, sondern mich dar. Und: Mein Wort wird zur Zunge, zum Auge, zur Gebärde. Mein Gleichnis wird zum Ereignis.

An Stelle der Behauptung tritt das Haupt.

An Stelle des Imperativs der Imperator.

Ein Gang zu zwei: Auge vor Auge, Mund vor Mund.

Und bist du bei mir, so will ich dir die Augen aus den Höhlen reißen und an Stelle der meinen setzen, und du wirst die meinen ausbrechen und an Stelle der deinen setzen, dann will ich dich mit den deinen und du wirst mich mit meinen Augen anschauen.

Meine Freunde und ich: wir verwirklichen die Einsamkeit in der Gemeinsamkeit.

Wir stehen vor jedem Begriff, vor jedem Bilde, vor jeder Erkenntnis.

Wir lehnen daher ab: den Lebensgelehrten, den Lebensdichter, den Lebensphilosophen.

Die Schriftgelehrten sind noch blind; diese aber stellen ihre Kerze vor die Sonne.

Wichtiger als die Wissenschaft ist uns ihre Folge. Die Folge der Wissenschaft ist aber die Unwissenheit zu vermehren. Eine Antwort macht hundert Fragen.

Wichtiger als die Dichtung ist uns ihre Folge. Sie lässt die Leere des Lebens hinter sich spüren.

Wichtiger als die Erkenntnis ist uns ihr Schmerz. Sie kann nie Sühne sein.

Wichtiger als die Zeugung ist uns das Kind.

Wichtiger als eine schöpferische Entwicklung ist uns die Entwicklung des Schöpfers.

Wichtiger als der Wickel der Rede ist unser wirkendes Schweigen.

Unser Schwert des Schweigens wird noch unter die Bücher kommen und sie zermalmen.

Meine Einladung ist aber auch der Erlöser des Wortes: sie weckt es vom Tode und macht es zur lebenden Schnur.

Denn das Wort, das durch dieses Blatt rollt, ist nicht mit geschlossenem Auge geschaut und gegossen; es überspringt nicht die Wirklichkeit, sondern marschiert durch sie.

Wenn ich etwas zu sagen habe, sage ich es erst meinem Bruder auf der Gasse ins Ohr. Ich berichte bloß, das was geschah.

Da ist nicht Saat, sondern Ernte. Ich Zeuger eines steigenden Lebens. Worte, die sich darstellten, Handlungen, die sich ereigneten; das was die Erinnerung an Bildern bewahrt hat.

Zwei Knaben saßen und weinten am Ufer des Lebens. / Vor ihrem Auge rollte die steigende Flut. / Der eine tat den Leib in das Meer und wurde zum Gotte. / Und aus der Träne wuchs eine Perle auf sandigem Grund. / Der andere sann am Ufer und die Augen gingen ihm über. / Er sang den Ufermenschen vom Meer des Lebens. / Seinem jungen Gefährten sang er Lob. / Aber nie hatte noch seinen Fuß das Wasser benetzt. / Als er starb, der singende Gott, da bauten die am Ufer / Ein Steinbild über den weißen Leichnam. / Sie schlugen die Hände zusammen: „Die Götter dämmern". / Eben schaukelte der jüngere Bruder auf einem Wasserkamme und lachte einer Seeschwalbe ins feuchte Ohr: / „Wir sind und sehen, wir sehen und sind: Götteraufgang". / Von seinem Leibe fand auf dem Meere keiner die Spur. / Es sei – die Perle am Grund. Es sei – der Schaum auf dem Wasserberge.

Wir sehen und sind, wir sind und sehen Götteraufgang. / Wem diese Einladung begegnet, der komme, damit ich ihn sehe und damit er mich sehen kann.

(Einladung zu einer Begegnung 1914, 5f)

Rede über die Begegnung (Auszüge)

1924: Ich war auf dem Weg

Da sprach mich ein Mann an:

Ich habe meine Mutter verlassen, Gattin verlassen, Kinder verlassen, Heimat verlassen, um dich zu ehren, dir zu begegnen. Noch von Hunderten weiß ich dort. Tausende warten auf deine Ankunft. Wie lange noch?

Daher begann ich:

Ich bin auf dem Wege. Der Name des Ortes, in dem sie wohnen, ist mir bekannt. Die Namen der Männer, der Frauen, der Kinder sind mir bekannt. Die Straßen, die Häuser, die Wohnungen sind mir bekannt. Ich gehe zu ihnen in höchster Eile. Wie viele Männer dort wohnen, so vielen will ich begegnen. Wie viele Frauen dort wohnen, so vielen will ich begegnen. Wie viele Kinder dort wohnen, so vielen will ich begegnen. Ich habe ihren Ruf gehört.

Doch wie kommt es, dass ich den Ort, in dem sie wohnen, nicht schon erreicht habe? Wie kommt es, dass ich dort nicht längst eingetroffen bin, obwohl ich den kürzesten Weg eingeschlagen habe? Warum haben andere Männer, die mit mir von derselben Stelle und zu gleicher Zeit aufgebrochen sind, den Ort fünfmal überschritten und sind fünfmal zurückgekehrt? Ich aber stecke noch immer in den ersten Meilen? Das kommt daher: zwischen der Stelle, von der ich ausgegangen bin, und dem Ort, in dem ihr wohnet, liegen viele Länder. Und jedes Land, das ich durchquere, besteht aus mehreren Bezirken. Und jeder Bezirk hat soundso viele Gemeinden. Und jede Gemeinde hat mehr als hundert oder mehr als tausend Seelen. Und jede Seele, der ich begegne, erhebt Anspruch auf mich. Daher kommt es, dass ich, ob auch in größter Hast nach dem Orte zustrebend, in dem ihr wohnet, dennoch Mal um Mal aufgehalten bin, mein Ziel zu erreichen.

Was aber ist es, das mich einmal aufhält? Und was, das mich einmal nicht aufhält? Das kommt daher: es kann sein, dass ich auf dem Wege von Einem zum Andern keinen Grund habe und auch kein Grund besteht, nach unserer Lage zu fragen, unsere Lage zu prüfen, unsere Lage zu erkennen und aus unserer Lage herauszuführen. Dieser Fall tritt ein, wenn in einer Begegnung kein Riss, kein Bruch, kein Übel, kein Verdruss, keine Unschicklichkeit, keine Unvollkommenheit besteht. Dann habe ich keinen Grund, nach unserer Lage zu fragen, unsere Lage zu prüfen, unsere Lage zu erkennen und aus unserer Lage hinauszuführen. Dann ist die Begegnung vollendet, dann hält mich die Begegnung nicht auf wie ein Strom, den keine Klippe, keine Biegung, keine Sandbank am Fließen hindert. Dann komme ich rasch vorwärts. Dann komme ich ohne Aufenthalt rascher als alle bis an den Ort, in dem ihr wohnet, und zu mir, der erst in der Begegnung mit euch seine Vollendung erfährt.

Es kann aber sein, dass ich auf dem Wege von Einem zum Andern Grund habe und auch Grund besteht, nach unserer Lage zu fragen, unsere Lage zu prüfen, unsere Lage zu erkennen und aus unserer Lage hinauszuführen. Dieser Fall tritt ein, wenn in der Begegnung ein Riss, ein Bruch, ein Übel, ein Verdruss, eine Unschicklichkeit, eine Unvollkommenheit besteht. Dann habe ich Grund, nach unserer Lage zu fragen, unsere Lage zu prüfen, unsere Lage zu erkennen und aus unserer Lage hinauszuführen. Dann ist die Begegnung nicht entstanden. Dann hält mich die Begegnung auf wie ein Strom, den bald Klippen, bald Biegungen, bald Sandbänke am Fließen hindern. Dann komme ich langsam oder gar nicht vorwärts und mein Weg bis zum Ort, in dem ihr wohnet, dehnt sich ohne Ende.

So ist auch in meiner Begegnung mit dir ein Riss, ein Bruch, ein Übel, ein Verdruss, eine Unschicklichkeit, eine Unvollkommenheit vorhanden. Darum muss ich nach

unserer Lage fragen, unsere Lage prüfen, unsere Lage erkennen, um aus dieser Lage hinauszuführen. Damit bin ich stehen geblieben und rede.
Was hat uns in diese Lage gebracht?
Worin besteht unsere Lage?
Was führt uns aus dieser Lage hinaus?

Was hat uns in diese Lage gebracht?
Zwischen mir und jenen, die mich gerufen haben, breitet sich ein Weg. Dieser Weg ist wie ein Stab mit zwei Enden. An das eine Ende bin ich gestellt, an das andere jene, die mich erwarten. Wie ist ihre Lage beschaffen? Warum sind sie mir nicht entgegengegangen?
Das kommt daher: sie haben nach ihrer Lage nicht gefragt. Sie haben ihre Lage nicht geprüft. Und so haben sie ihre Lage nicht erkannt. Denn es gibt Lagen für Einen. Es gibt Lagen für Zwei. Es gibt Lagen für mehr als Zwei. Es gibt Lagen für Alle: Wenn eine Lage so beschaffen ist, dass ihr Thema an Einem haftet, kann es nur in Einem, dem Betroffenen, in ihm selbst gelöst werden. Wenn aber eine Lage so beschaffen ist, dass ihr Thema nicht an Einem, sondern Zweien haftet, kann es nur in Zweien, von den Betroffenen, durch sie hindurch und zwischen ihnen gelöst werden. Wenn aber eine Lage so beschaffen ist, dass ihr Thema nicht an Zweien, sondern mehr als Zweien haftet, kann es nur von mehr als Zweien, von den Betroffenen, durch sie hindurch und zwischen ihnen gelöst werden. Wenn aber eine Lage so beschaffen ist, dass ihr Thema nicht an mehr als Zweien, sondern Allen haftet, kann es nur von Allen, den Betroffenen, durch sie hindurch und zwischen ihnen gelöst werden. Da haftet einer am Thema: Entstehung von Heiligkeit? Da haftet einer am Thema: ein Liebender? Wo ist Heilung für ihn? Da haftet einer am Thema: Verwirrung im Dorf! Wie ist Ordnung zu machen? Da haftet einer am Thema: Entstehung von Elend. Haftet einer am Thema „Entstehung von Heiligkeit", ist er in der Lage für Einen, denn Heiligkeit kann nicht außer Einem, in Zweien, mehr als Zweien oder Allen, sondern nur in Einem, dem Betroffenen, in ihm selbst entstehen. Haftet einer am Thema „Ein Liebender! Wo ist Heilung für ihn?" ist eine Lage für Zwei entstanden, denn Heilung für den Liebenden kann nicht in Einem, mehr als Zweien oder Allen, sondern nur in Zweien, den Betroffenen, durch sie hindurch und zwischen ihnen entstehen. Haftet einer am Thema „Verwirrung im Dorf! Wie ist Ordnung zu machen?", ist eine Lage nicht für Einen oder Zwei entstanden, denn ein Oberhaupt für den Ort kann nicht in Einem oder Zweien, sondern in so vielen, als der Ort Bewohner hat, nicht in mehr, nicht in weniger als so vielen, nur durch die Betroffenen und aus ihnen entstehen. Haftet einer

am Thema „Entstehung von Elend", ist eine Lage nicht für Einen, Zwei oder mehr als Zwei, sondern für Alle entstanden, denn die Ursache des Elends, ungenügender Verwaltung der Güter, kann nicht in Einem, Zweien, mehr als Zweien, sondern in Allen, den Betroffenen, in ihnen allen entstehen. So auch jene, die mich gerufen haben, die Männer und Frauen aus deinem Dorfe, was tun sie? Wie ist ihre Lage beschaffen? Ist die Lage des Einen oder Anderen so beschaffen, dass das Thema, an dem er haftet, „Entstehung von Heiligkeit" ist, befindet er sich in der Lage für Einen, denn Heiligkeit kann nicht außer Einem in Zweien, mehr als Zweien oder Allen, sondern nur in Einem, dem Betroffenen, in ihm selbst entstehen. Wenn er aber vom Thema „Entstehung von Heiligkeit" behaftet, statt es in sich, dem Einen, dem Betroffenen entstehen zu lassen, es außer sich, in Zweien, mehr als Zweien, Allen entstehen lassen will, ist er am falschen Ort und schwärmt mit seinem Thema von einer Lage zur anderen, ohne Ende und ohne Ergebnis, denn sein Thema kann auf diese Weise nicht befriedigend gelöst werden. So ist er nicht auf dem Wege zu mir, will er auch nicht zu mir gelangen, ist sein Rufen umsonst, werde ich ihm nicht begegnen können. […]

Da es ihr Thema ist, an mir zu haften, wie müssen sie sich verhalten?

Sie müssen sich auf den Weg zu mir machen. Was haben sie aber getan? Sie haben mich gerufen, aber statt an mir zu haften, haften sie bald an diesem, bald an jenem Thema und so wird es klar: sie haben nach ihrer Lage nicht gefragt. Sie haben ihre Lage nicht geprüft. Sie haben ihre Lage nicht erkannt. Und so haben sie uns in diese Lage gebracht.

Worin besteht unsere Lage?

Du hast dich nicht auf ein Echo beschränkt, sondern in Bewegung gesetzt, alles verlassen, Heimat und Heim, Mutter und Schwester, Gattin und Kind, in die Welt gezogen, an mir zu haften, bei mir zu sein. Nahmst das nächste Fahrzeug, die schnellste Zeit. Taub und blind gegen alle, Pflanzen und Tier, jedbestes Wesen, jedbestes Ding. O keinen sehen und nichts behalten. Wolltest keinem begegnen, keinem helfen und keinen ehren: ich allein dein Ziel. Ich fühle dich, ich höre dich, ich taste deine Hände, deine Haut, doch ich nehme dich nicht wahr. Was ist es, das uns hindert zu begegnen? Warum hinken unsere Gefühle? Wo sitzt der Knoten, der uns würgt?

Das ist der erste Knoten

Zwischen dem Ort, von dem du ausgezogen bist, und dieser Stelle liegen viele Länder. Und jedes Land, das du durchquert hast, besteht aus mehreren Bezirken. Und jeder Bezirk hat soundso viele Gemeinden. Und jede Gemeinde hat mehr als hundert oder mehr als tausend Seelen. Und jede Seele, der du begegnest, hat Anspruch auf dich. O wärest du langsamer gewesen! Um an mir zu haften, müsstest du nicht an allen haften, die auf dem Wege zu mir wohnen? Denken wir uns diesen Knoten gelöst, deine Tat vollzogen, ich müsste dennoch sagen: ich fühle dich, ich denke deine Gegenwart, ich sehe dich, ich höre dich, ich taste deine Hände, deine Haut, doch ich nehme dich nicht wahr. Was ist es, das dich hindert mir zu begegnen? Warum hinkt dein Gefühl? Wo sitzt der Knoten, der dich würgt?

Das ist der zweite Knoten:

Du kommst von denen, die auf mich in ihren Häusern warten. Was redest du an ihrer Statt? Warum rühren sie sich nicht selbst? Wie lange noch? Zwischen dem Ort, von dem sie auszugehen haben, und dieser Stelle liegen viele Länder. Und jedes Land, das sie durchqueren sollten, besteht aus mehreren Bezirken. Und jeder Bezirk hat soundso viele Gemeinden. Und jede Gemeinde hat mehr als hundert oder mehr als tausend Seelen. Und jede Seele, der sie begegnen, hat Anspruch auf sie. Um an mir zu haften, müssten sie nicht an allen haften, die auf dem Wege zu mir wohnen? Denken wir uns aber diesen Knoten gelöst, ihre Tat vollzogen, ich müsste auch ihnen sagen: ich fühle euch, ich denke eure Gegenwart, ich sehe euch, ich höre euch, ich taste eure Hände, eure Haut, doch ich nehme euch nicht wahr. Was ist es, das euch hindert mir zu begegnen? Warum hinkt euer Gefühl? Wo sitzt der Knoten, der euch würgt?

Das ist der dritte Knoten:

Zwischen dem Ort, von dem ich ausgegangen bin, und dieser Stelle liegen viele Länder. Und jedes Land, das ich durchquerte, besteht aus mehreren Bezirken. Und jeder Bezirk hat soundso viele Gemeinden. Und jede Gemeinde hat mehr als hundert oder mehr als tausend Seelen. Und jeder Seele, der ich begegnet bin, habe ich mich ergeben. Daher kommt es, dass ich, ob auch in größter Hast nach dem Orte zustrebend, in dem ihr wohnet, dennoch Mal um Mal aufgehalten bin, mein Ziel zu erreichen. Ich habe mich so verhalten und dennoch muss ich sagen: ich fühle mich, ich denke meine Gegenwart, ich sehe mich, ich höre mich, ich taste meine Hände, meine Haut, doch ich nehme mich nicht wahr. Was ist es, das mich hindert zu begegnen? Warum hinkt mein Gefühl? Wo sitzt der Knoten, der mich würgt?

Das ist es, was uns hindert zu begegnen: Wir haben nach unserer Lage nicht gefragt. Wir haben unsere Lage nicht geprüft. Wir haben unsere Lage nicht erkannt. Und so sind wir in diese Lage geraten.

Was führt uns aus dieser Lage hinaus?

Zwischen jedem beliebigen Ort, in dem beliebige Wesen wohnen, und dieser oder jener beliebigen Stelle, in entgegengesetzter und allen möglichen Richtungen, liegen viele Länder. Und jedes der Länder hat mehrere Bezirke. Und jeder Bezirk hat soundso viele Gemeinden. Und jede Gemeinde hat mehr als hundert oder mehr als tausend Seelen. Und jede Seele, wenn eine der anderen begegnet, erhebt Anspruch eine auf die andere. […]

Es gibt unzählige Gemeinden. Und jede Gemeinde besteht aus einer Anzahl Straßen. Und jede Straße hat eine Menge Häuser. Und jedes Haus mehrere Wohnungen. Und in jeder Wohnung leben etliche Personen. So sind es unzählige Millionen von Wesen, von welchen unsere Lage abhängt und deren Lage von uns abhängt. So sind es unzählige Millionen Wesen, die den Knoten bilden, der uns würgt.

Wenn es ihr Thema ist, an mir zu haften, werden sie an den Personen haften, mit denen sie in einer Wohnung wohnen. Und ist das Thema dieser ihrer nächsten Lage vollkommen gelöst, werden sie an den Personen haften, mit denen sie in einem Hause wohnen. Und ist das Thema dieser ihrer nächsten Lage vollkommen gelöst, werden sie an den Personen haften, mit denen sie in einer Straße wohnen. Und ist das Thema dieser ihrer nächsten Lage vollkommen gelöst, werden sie an den Personen haften, mit denen sie in einem Orte wohnen. Und ist das Thema dieser ihrer nächsten Lage vollkommen gelöst, werden sie an den Personen haften, die in den Nachbarorten wohnen. Und ist das Thema dieser ihrer nächsten Lage vollkommen gelöst, werden sie fortschreitend an den Personen haften, mit denen sie in einem Lande wohnen. Und ist das Thema dieser ihrer nächsten Lage vollkommen gelöst, werden sie fortschreitend an allen Wesen haften, die auf der ganzen Erde wohnen. Und ist das Thema dieser ihrer nächsten Lage vollkommen gelöst, werden sie fortschreitend an allen ungezählten Wesen haften, welche den grenzenlosen Raum bewohnen. Und erst wenn alle Themen aller Lagen vollkommen gelöst sind, werden sie alle zusammen an mir haften und mir begegnen können.

Wenn es ihr Thema ist, an mir zu haften, werden sie, wiewohl in den verschiedensten Lagen und von den verschiedensten Themen erfüllt, wiewohl in Berührung mit den verschiedensten Personen und auf dem Weg nach den verschiedensten Orten nur danach streben, mir zu begegnen. Wenn es ihr Thema ist, an mir zu haften, werden sie keine Person auslassen, kein Tierchen auslassen, kein Blümlein auslassen oder sonst ein Wesen auslassen, das auf dem Wege zu mir ist. Wenn es ihr Thema ist, an mir zu haften, werden sie kein Haus umgehen, keine Straße umgehen, keinen Ort umgehen, oder sonst ein Fleckchen der Welt umgehen, das auf ihrem Wege zu mir ist. So kann es geschehen, dass sie, ob auch in größter Hast nach dem Orte zustrebend, in dem ich wohne, von der Fülle der Ereignisse Mal um Mal aufgehalten werden, mich zu erreichen. Aber so sind sie auf dem Wege zu mir, wollen sie zu mir gelangen, wird ihr Rufen wirklich erhört, werde ich ihnen endlich begegnen können.

Doch du bist schon angelangt, du bist da. Zur dir rede ich, für dich lasse ich von allen Seiten die Lage beleuchten, in der wir sind. Ich halte mich fest an dich, so halte ich mich an die Welt. Die Arme von Millionen Wesen stützen sich auf dich. O lasse uns nicht fallen.

Aber du hast deiner Lage nicht entsprochen, so bist du mir nicht begegnet; und wie du mir nicht begegnet bist, auch jenen nicht, die du auf der Reise zu mir getroffen hast. Und alle diese wieder nicht jenen, die von allen möglichen Seiten zu ihnen kamen. Und alle diese wieder nicht jenen, die für sie bestimmt waren. Und endlich haben alle allen Lebewesen nicht begegnen können, weil du mir nicht entsprochen hast.

Um mir begegnen zu können, musst du deinen Weg von vorne beginnen, dort anfangen, von wo du ausgegangen bist, bei dir, und wenn du dir entsprochen hast, bei deinen Mitbewohnern, und wenn du diesen entsprochen hast, bei deinen Hausbewohnern und wenn du diesen entsprochen hast, wirst du fortfahren dürfen, von Ort zu Ort zu wandern, nicht allzu schnell, nicht allzu langsam, sondern wie es eben kommt.

Da verlässt einer seine Hausbewohner und zieht in ein fremdes Haus ein. Da verlässt einer seine Ortsbewohner und lässt sich im Nachbarort nieder. Da verlässt einer die Mitbewohner seines Landes und geht in ein anderes Land über. Da verlässt einer die Erde und lässt sich auf einer anderen Erde nieder. Da verlässt einer den grenzenlosen Raum und geht ins Jenseits über. Aber Krankheit, Schlechtigkeit und Armut seiner Hausbewohner sind kein zwingender Anlass zum Fortgehen. Ein Grund muss da sein. Krankheit, Schlechtigkeit oder Armut seiner Ortsbewohner sind kein zwingender Anlass zum Fortgehen. Ein Grund muss da sein. Krankheit, Schlechtigkeit oder Armut bei den Mitbewohnern seines Landes sind kein zwingender Anlass zum Fortgehen. Ein Grund muss da sein. Krankheit, Schlechtigkeit oder Armut der Erdenbewohner sind kein zwingender Anlass zum Fortgehen. Ein Grund muss da sein. Krankheit, Schlechtigkeit oder Armut aller Bewohner des grenzenlosen Raumes sind kein zwingender Anlass zum Fortgehen. Ein Grund muss da sein. Wenn er seinen Hausbewohnern entsprochen hat, darf er sie verlassen. Und wenn er seinen Ortsbewohnern entsprochen hat, darf er auch diese verlassen. Und wenn er seinen Mitbewohnern im Lande entsprochen hat, darf er auch diese verlassen. Und wenn er den Bewohnern der Erde entsprochen hat, darf er auch diese verlassen. Und wenn er allen Lebewesen des grenzenlosen Raumes entsprochen hat, darf er auch diese verlassen. Und haben alle allen in allem entsprochen und begegnest du dann mir, so hast du auch mir entsprochen.

Wenn dich aber deine Hausbewohner ohne Grund verlassen wollen, so darfst du von ihnen nicht ablassen, du folgst ihnen nach. Wenn dich aber deine Ortsbewohner ohne Grund verlassen wollen, so darfst du von ihnen nicht ablassen, du folgst ihnen nach. Wenn dich aber die Mitbewohner deines Landes ohne Grund verlassen wollen, so darfst du von ihnen nicht ablassen, du folgst ihnen nach. Wenn dich aber die Lebewesen des grenzenlosen Raumes ohne Grund verlassen wollen, so darfst du von ihnen nicht ablassen, du folgst ihnen nach. Und wenn du von ihnen nicht ablässt, sondern mit ihnen bleibst, hast du auch mir entsprochen.

Da macht einer den Versuch, durch sonderbare Lehren und Kämpfe alle Bewohner der Erde zu erlösen, ohne zuvor den Bewohnern seines Landes vollkommen entsprochen zu haben. Da macht einer den Versuch, durch sonderbare Lehren und Kämpfe die Bewohner seines Landes zu erlösen, ohne aber zuvor den Bewohnern seines Ortes vollkommen entsprochen zu haben. Da macht einer den Versuch, durch sonderbare Lehren und Kämpfe die Bewohner seines Ortes zu erlösen, ohne zuvor seinen Hausbewohnern vollkommen entsprochen zu haben. Da macht einer den Versuch, durch sonderbare Lehren und Kämpfe seine Hausbewohner zu erlösen, ohne aber zuvor seinen Wohnungsgenossen vollkommen entsprochen zu haben. Da beschränkt sich einer darauf, seinen Wohnungsgenossen zu entsprechen und wenn ein Konflikt da ist, so übt er den Kampf, beharrt er im Kampf, trägt er den Kampf aus, so hat er auch mir entsprochen. Wenn aber einer den nächsten Genossen umgangen hat, und mag sein Trachten noch so groß sein, er hat mir nicht entsprochen.

So wird es vielleicht sein, dass keiner von allen, die auf dem Wege zu mir sind, über seine Wohnungsgenossen hinauskommt, sondern im Kampf mit ihnen stecken bleibt. So wird es vielleicht sein, dass sie über sich und über ihre Wohnungsgenossen, aber nicht über ihre Ortsbewohner hinauskommen, sondern im Kampf mit diesen stecken bleiben. Wenn sie mir auch auf diese Weise nicht näher kommen, so sind sie doch auf dem Wege zu mir, wollen sie zu mir gelangen, werden sie mir einmal begegnen können.

Hast du selbst allen Lagen entsprochen und ebenso jene, denen du begegnet bist, und jene die diesen begegnet sind, und so ins Unendliche fort, dann kann ich zu dir sagen: Ich fühle dich, ich denke deine Gegenwart, ich sehe dich, ich höre dich, ich taste deine Hände, deine Haut und ich nehme dich vollkommen wahr. Nichts ist mehr, das dich hindert mir zu begegnen, deine Gefühle sind geheilt, der Knoten ist gelöst.

Aber auch ich bin ausgezogen, vom Maithal fort, aus meinem Haus. Nun bin ich
angelangt. Ich bin da und will dir begegnen. Du hältst dich fest an mir, so hältst du
dich an die Welt. Die Arme von Millionen Wesen stützen sich an mich, ich lasse
euch nicht fallen.

Da mache ich den Versuch, durch sonderbare Lehren und Kämpfe alle Bewohner
der Erde zu erlösen, ohne zuvor den Bewohnern meines Landes vollkommen entsprochen zu haben. Da mache ich den Versuch, durch sonderbar Lehren und
Kämpfe die Bewohner meines Landes zu erlösen, ohne aber zuvor den Bewohnern
meines Ortes vollkommen entsprochen zu haben. Da mache ich den Versuch,
durch sonderbar Lehren und Kämpfe die Bewohner meines Ortes zu erlösen, ohne
aber zuvor meinen Hausbewohnern vollkommen entsprochen zu haben. Da mache
ich den Versuch, durch sonderbar Lehren und Kämpfe meine Hausbewohner zu
erlösen, ohne aber zuvor meinen Wohnungsgenossen vollkommen entsprochen zu
haben. Da beschränke ich mich darauf, meinen Wohnungsgenossen zu entsprechen, und wenn ein Konflikt da ist, übe ich den Kampf, beharre auf dem Kampf,
trage ich den Kampf aus, so habe ich auch mir entsprochen. Ich bin mir begegnet
und nachdem ich mir vollkommen entsprochen habe, habe ich mich verlassen und
bin meinen Hausbewohnern begegnet. Und nachdem ich diesen vollkommen entsprochen habe, habe ich sie verlassen und bin meinen Ortsbewohnern begegnet.
Und nachdem ich diesen entsprochen habe, habe ich diese verlassen und bin von
Ort zu Ort gezogen und habe allen entsprochen, die auf dem Wege zu allen waren.
Es ist wie mit den Früchten eines Baumes im Munde eines Knaben, wie mit den
Blättern desselben Baumes auf dem Haare desselben Knaben, wie mit den Ästen
des Baumes in den Händen des Knaben. Die Früchte, losgelöst vom Blatte, gehören
nicht mehr zum Blatte, sondern zum Knaben, sind nicht mehr Früchte. Diese Blät-
ter, losgelöst vom Aste, gehören nicht mehr zum Baume, sondern zum Knaben,
sind nicht mehr Blätter. Die Äste, losgelöst vom Stamme, gehören nicht mehr zum
Stamme, sondern zum Knaben, sind nicht mehr Äste. Die Früchte an das Blatt,
Blätter an den Ast, die Äste an den Stamm, die Stämme an die Wurzel, die Wurzeln an das Erdreich, das sind Früchte, das sind Blätter, das sind Stämme, das sind
Wurzeln, das ist Erdreich, das ist die richtige Verknüpfung.

Habe ich so allen Lagen entsprochen und ebenso jene, denen ich begegnet bin, und
jene, die diesen begegnet sind, und so ins Unendliche fort, dann ist in meiner Begegnung mit dir kein Riss, kein Bruch, kein Übel, kein Verdruss, keine Unschicklichkeit, keine Unvollkommenheit mehr, dann ist die Begegnung vollendet, dann
hält mich die Begegnung nicht auf wie ein Strom, den bald Klippen, bald Biegungen, bald Sandbänke am Fließen hindern. Dann komme ich rasch vorwärts, dann

komme ich rascher als alle bis an den Ort, in dem ihr wohnet, und zu mir, der erst
in der Begegnung mit euch seine Vollendung erfährt. Dann kann ich zu mir sagen:
ich fühle mich, ich denke meine Gegenwart, ich sehe mich, ich höre mich, ich taste
meine Hände, meine Haut und ich nehme mich vollkommen wahr. Nichts ist
mehr, das mich hindert zu begegnen, mein Gefühl ist geheilt, der Knoten gelöst,
die Begegnung vollendet.

(Rede über die Begegnung 1924, 9-36)

Zusammenspiel und Verständigungsseele

1924: Mediale Verständigung: Auf der historischen Bühne reichen fünf Sinne aus.
Das Stegreifzusammenspiel entwickelt einen sechsten Sinn: die verborgene Emp-
findung. Allmählich muss eine eingespielte Truppe auf einen großen Teil der Ver-
ständigungsmittel verzichten können. Es gibt Spieler, die durch eine geheime Korrespondenz miteinander verbunden sind. Sie haben eine Art Feingefühl für die gegenseitigen inneren Vorgänge, eine Gebärde genügt und oft brauchen sie einander
nicht anzusehen. Sie sind füreinander hellseherisch. Sie haben eine Verständi-
gungsseele. (Kastor und Pollux; wie ein Links-innen und ein Links-außen-Stürmer
einander „passen".) Sie bilden eine Schein-Ehe. Je mehr dieser Sinn ausgebildet ist,
desto größer ist die Stegreifeignung.

(Stegreiftheater 1924, 57)

1924: Das erste Stegreifbrett war der Boden der öffentlichen Gärten. In der Mitte
einer angetroffenen Menge wurden Märchen aus dem Stegreif erzählt. Die frühesten Bühnenversuche gehen auf das Jahr 1911 zurück. Auf ungehobelten Brettern
wurde von Kindern gespielt. Die Versuche der ersten Jahre waren bloß auf Spiel-
mächtigkeit gestellt. Als sich eine überwiegende Anzahl misslungener Versuche,
selbst im Zusammenspiel geeigneter Schauspieler zeigte, musste die primitive
Vorstellung des Stegreifspiels einer Kritik unterzogen werden. Wo sitzt der Ha-
ken? Warum vermag ein Schauspieler ein Motiv unter bestimmten Umständen zu
erfüllen, wogegen er bei scheinbar geringfügiger Änderung der Spielerzahl, des
Motivs oder des Schauplatzes versagt? Der Instinkt reicht im Stegreifvortrag des
Einzelnen aus. Das Zusammenspiel ist ein Gesellschaftsproblem. Hier ist ein Zu-
schuss voraussehender Intelligenz unentbehrlich.

(Stegreiftheater 1924, 72)

1961: Das Konzept der medialen Verständigung war der Vorläufer dessen, was ich heute ko-bewusste und ko-unbewusste Zustände nenne.

(Interpersonal Therapy and Co-unconscious States, a Progress
Report in Psychodramatic Theory, GP XIV, 3-4/1961, 237)

1974: Im Verlauf der Stegreifübungen konnten wir beobachten, dass viele Personen eine gewisse „Empfänglichkeit" füreinander haben; sie scheinen wie durch eine gemeinsame Seele verbunden zu sein. Durch diese Wahlverwandtschaft entwickeln sie sofort eine Stegreiflage, in der es ihnen leicht fällt, sich füreinander zu erwärmen. Oft ist nicht das sprachliche Symbol für diese Anziehung verantwortlich, sondern Aktionstendenzen, die schon vor der Sprachbildung existiert haben müssen. Da die Ursachen dieser Affinität durch die Analyse eines einzelnen Individuums nicht zu ermitteln waren, konnten wir nicht umhin, zwei Hypothesen in Betracht zu ziehen: einerseits die Hypothese der soziogenetischen Kausalität einer kollektiven Verflechtung […] andererseits die Möglichkeit einer sozialen Physiologie.

(Grundlagen 1974, 175)

Der Raum zwischen Organismen

1947: Bis heute schienen alle Ergebnisse darauf hinzuweisen, dass die essentiellen Elemente der Existenz in den individuellen Organismen eingeschlossen und nur im Bezug auf das Individuum erkennbar sind. Auch die sozialen Impulse schienen keine Ausnahme von dieser Regel zu sein. Jedoch schrieben wir der Umwelt einen großen Einfluss bei ihrer Formung zu. Die Form, die sie im Lauf ihrer Evolution erreicht hatten, war ausschließlich in dem individuellen Organismus gebunden. Nichts, das fundamental wichtig war, existierte außerhalb davon. Aber es gibt in dem Feld außerhalb des Organismus einen speziellen Raum, den Raum zwischen Organismen. Es ist herausgefunden worden, dass charakteristische Muster von gegenseitigen Beziehungen zwischen Individuen existieren. Deren Entwicklung wird von bestimmten Regeln kontrolliert, und sie haben eine solch andauernde Wirkung auf die verschiedensten Gruppen, dass es scheint, als ob soziale Impulse nicht nur vom individuellen Organismus ausgeformt werden, sondern auch von dem, was sich zwischen den Individuen abspielt.

(Offener Brief an Gruppenpsychotherapeuten 1947, Geßmann,
Humanistisches Psychodrama III 1994, 11f. Und: Sociaty 1/1947, 20)

1974: Vor der Einführung der Soziometrie litten die führenden soziologischen Schulen an einer Überbewertung der Kollektive, oder zumindest wurde kein ernsthafter Versuch gemacht, ihre Struktur auf experimentelle Weise zu untersuchen. Das Ergebnis war daher ein Erstarren der soziologischen Forschung in endlosen Diskussionen und Streitigkeiten um Definitionen und Konzeptionen theoretischer Systeme. Alle psychologischen Schulen schienen hingegen anzunehmen, dass die wesentlichen Elemente der sozialen Existenz an den individuellen Organismus gebunden und nur im Zusammenhang mit dem Individuum zu erkennen seien. Selbst die sozialen Impulse schienen von dieser Regel keine Ausnahme zu machen, obgleich der Umgebung ein großer Einfluss auf ihre Bildung zugeschrieben wurde. Ihre im Lauf der Entwicklung entstandene Form blieb an den individuellen Organismus gebunden; kein wirklich einflussreicher Faktor schien außerhalb des individuellen Organismus zu existieren. Außerhalb des Organismus existiert aber eine besondere Sphäre, die Sphäre zwischen den Organismen. Man erkannte, dass charakteristische Gebilde der menschlichen Beziehungen zwischen den Organismen existieren, dass bestimmte Gesetze die Entwicklung von Stufe zu Stufe, von Ort zu Ort beherrschen. Diese Gebilde sind von einer solchen Regelmäßigkeit der Formen und haben eine so anhaltende Wirkung auf nahe und entfernte Gruppen, dass die sozialen Impulse nicht nur an die individuellen Organismen gebunden sein können, sondern hauptsächlich aus den Wechselbeziehungen zwischen den Individuen hervorgehen. Rückstände dieser Prozesse können bei jeder Analyse sozialer Gruppen beobachtet werden; die Regelmäßigkeit ihrer Entwicklung erfordert eine Erklärung.

(Grundlagen 1974, 178)

Begegnung

1943: Mir wurde klar, [...] dass nur Menschen, die sich begegnen, eine natürliche Gruppe und eine tatsächliche menschliche Gemeinschaft formen können. Es sind Menschen, die sich begegnen, die die verantwortlichen und aufrichtigen Begründer sozialen Lebens sind.

(Sociometry and the Cultural Order, Sociometry VI 3/1943, 310)

1956: [Begegnung ...] bedeutet Zusammentreffen, Berührung von Körpern, gegenseitige Konfrontation, sich gegenüberzustehen, zu kämpfen und zu streiten, zu sehen und zu erkennen, sich zu berühren und aufeinander einzugehen, zu teilen und zu lieben, miteinander auf ursprüngliche, intuitive Art und Weise zu kommunizieren, durch Sprache oder Geste, Kuss und Umarmung, Einswerden – una cum uno. Das Wort Begegnung° enthält als Wurzel das Wort gegen°. […] Es umschließt daher nicht nur liebevolle, sondern auch feindselige und drohende Beziehungen. […] Das deutsche Wort zwischenmenschlich° und das englische „interpersonal" oder „interactional" sind blutleere Begriffe, verglichen mit dem lebendigen Konzept der Begegnung. Begegnung° bedeutet, dass zwei oder mehrere Personen sich treffen, nicht nur, um sich zu sehen, sondern um sich gegenseitig zu erleben und zu erfahren – als Akteure, jeder mit dem gleichen Recht. Es ist nicht nur eine emotionale Beziehung, wie das berufliche Zusammentreffen eines Arztes oder Therapeuten mit dem Patienten, oder ein intellektueller Kontakt wie zwischen Lehrer und Schüler, oder ein wissenschaftlicher Kontakt, wie zwischen einem teilnehmenden Beobachter und seinem Subjekt. Es ist ein Treffen auf dem intensivst möglichen Kommunikationsniveau. Die Teilnehmer werden nicht durch eine äußere Macht in die Situation gedrängt; sie sind da, weil sie da sein wollen – sie verkörpern die höchste Autorität des selbst gewählten Wegs. Die Personen treffen sich im Raum; sie treffen sich vielleicht das erste Mal, in all ihrer Stärke und Schwäche – menschliche Akteure erfüllt von Spontaneität und Begeisterung. Es ist nicht Einfühlung°; es ist Zweifühlung° (Tele) – Zusammensein, Teilen des Lebens. Es ist ein intuitiver Tausch der Rollen, eine Verwirklichung des Selbst durch den anderen; es ist Identität, die seltene, unvergessliche Erfahrung völliger Gegenseitigkeit. Oder, wie ich es vor mehr als vierzig Jahren beschrieben habe: „Ein Gang zu zweit: Auge vor Auge, Mund vor Mund. Und wenn du nahe bist, werde ich deine Augen herausreißen und sie anstelle meiner benutzen, und du wirst meine Augen ausbrechen und sie anstelle deiner benutzen; dann werde ich dich mit deinen Augen sehen und du mich mit meinen." Die Begegnung ist unvorbereitet, nicht strukturiert, nicht geplant, ungeprobt – sie findet unter der Ägide des Augenblicks statt. Sie ist „im Augenblick" und „im Hier", „im Jetzt". Sie kann als Einleitung, als universeller Rahmen aller Formen strukturierten Zusammentreffens, als gemeinsame Matrix aller Psychotherapien von der totalen Unterordnung des Patienten (wie während der Hypnose) bis zur Überlegenheit und Autonomie des Protagonisten (wie im Psychodrama) betrachtet werden. Zusammengefasst ist Begegnung° das Ergebnis von Interaktion, ein Zusammentreffen von zwei oder mehreren Personen, nicht in einer erloschenen Vergangenheit oder einer vorgestellten Zukunft, sondern im Hier und Jetzt, hic et nunc, in der Fülle der Zeit – die reale, konkrete und vollständige Situation für Erfahrung; sie umfasst körperlichen und psychischen Kontakt. Sie ist eine Ich-zu-Ich Beziehung, nicht ein Ich-zu-Du Verhältnis – jedes Du ist ein Ich; ein Du existiert nicht außer in jedem Ich; sie entsteht aus der Konvergenz emotionaler, so-

zialer und kosmischer Faktoren, die in allen Altersgruppen, besonders aber in der
Jugend [...] vorkommen. Sie ist die Erfahrung von Identität und völliger Gegenseitigkeit. Vor allem aber ist Psychodrama die Essenz der Begegnung.

(Philosophy of the Third Psychiatric Revolution, Progress I 1956, 27f. Vgl. Gruppenpsychotherapie
1959, 53f. Vgl. The Principle of Encounter, The Sociometry Reader 1960, 15f)

1959: Im Anfang war die Existenz. Aber Existenz hat keine Bedeutung ohne jemanden der oder etwas das existiert. Am Anfang war das Wort, die Idee – aber die
Tat war früher. Im Anfang war die Tat, aber eine Tat ist nicht möglich ohne den
Täter, ohne ein Objekt, zu dem sich der Täter hinbewegt, und ein Du, dem er begegnet. Am Anfang war die Begegnung. „Und bist du bei mir, so will ich dir die
Augen aus den Höhlen reißen und an Stelle der meinen setzen, und du wirst die
meinen ausbrechen und an Stelle der deinen setzen, dann will ich dich mit den
deinen und du wirst mich mit meinen Augen anschauen."

(Psychodrama II 1959, 234)

1966: Die essentielle Dimension der Begegnung ist das Prinzip der „Anti-Mimesis".
Das Ergebnis ist, dass sich das Psychodrama in einer dialektischen Bewegung zwischen Mimesis und Anti-Mimesis vollzieht. Die beiden sind Extreme, Gegenteile.
Je ähnlicher das Psychodrama dem Theater wird, umso mehr wird es Mimesis und
je ähnlicher es der Begegnung wird, umso mehr wird es zur Anti-Mimesis. Zwischen diesen Polen, Scylla und Charybdis, hat sich das Psychodrama in den letzten
50 Jahren hin und her bewegt, aber es tendiert zur Begegnung als seinem Meister.

(The Roots of Psychodrama, GP XIX 3-4/1966, 141)

1969: Auf der niedrigsten Stufe gibt es die Millionen einfacher, trister Begegnungen
des täglichen Lebens, an denen jeder Teil hat. Auf dem höchstem Niveau gibt es
die seltene, durchdringende, edle Begegnung, die es ein- oder zweimal im Leben
gibt, ein Blitz, eine Begegnung mit der Natur, eine Liebesbeziehung, eine intensive
Freundschaft oder eine religiöse Erfahrung. Es war diese Art der ekstatischen Begegnung in der ich lebte als ich jung war und nach der jeder Mensch heimlich
strebt. Für diese Begegnung sind Raum und Zeit keine Grenzen. Es kann mit jedem, überall und jeder Zeit geschehen. Es kann sich ereignen während man zum
Mond fliegt, oder während man einfach im Lehnstuhl sitzt und sich mit einem
Freund unterhält. Die existentielle Begegnung ist in ihrer höchsten Kommunikati-
onsform mehr als die Begegnung von Rollen. Sie geht über das Psychodrama hinaus. Für diese Art der Begegnung ist keine spezielle Therapie verfügbar, weil es
dafür keiner Therapie bedarf. Sie ist selbst eine Form der Therapie. Aber für die

Arten der Begegnung, die hinter dieser Erfahrung zurückbleiben, ist das Psychodrama die angemessenste Therapieform die wir kennen. Es ist die Therapie aller
menschlicher Klassen, der gesamten Menschheit. Niemand ist ausgeschlossen.
Psychodrama ermöglicht es dem Protagonisten eine Brücke über die Rollen hinaus
zu bauen, die er in seinem alltäglichen Leben spielt, die Lebensrealität, die er lebt
zu übersteigen und zu überwinden, in eine tiefere Beziehung mit der Existenz zu
gelangen und der höchsten Form der Begegnung so nah zu kommen wie er es nur
vermag.

(Psychodrama III 1969, 29)

Die ethische Dimension des Begegnungsbegriffes: Die Pflicht zur Begegnung

1924: Jede Seele, wenn eine der anderen begegnet, erhebt Anspruch eine auf die
andere.

(Rede über die Begegnung 1924, 24)

1925: Eine radikal geänderte Lage kann erst in Gang kommen, wenn zwei einander
begegnen. Aus der einseitigen ist die zweiseitige reziproke Unmittelbarkeit geworden. Es geht das Gesetz des einseitig in das Gesetz des zweiseitig Privaten, der
Begegnung, über. Darum: wer mir begegnet, dem bin ich verfallen. Seine Schuld ist
meine Schuld, was er tut, wir haben es zusammen getan, was er spricht, wir haben
es zusammen gesprochen. So trage ich mit allen die private Verantwortung für alle, die mir begegnet sind. Begegnungen sind Prüfungen.

(Rede vor dem Richter 1925, 14)

1947: Eine bittere Lektion sollten wir aus den hinter uns liegenden fünfundzwanzig Jahren soziometrischer Forschung gelernt haben, dass es sinnlos ist, sich vor
der Dynamik der kleinen Gruppen, denen wir angehören, in die nächst größere
Gruppe zu flüchten. Das brennende Feuer, das wir hinter uns gelassen haben, wird
uns einholen und unser Vorwärtskommen stoppen.

(Editorial: International Sociatry and the United Nations Organization, Sociatry I 2/1947, 147)

1974: Die Hypothese der räumlichen Nähe postuliert, dass zwei Individuen einander umso mehr unmittelbare Aufmerksamkeit, Akzeptanz und Liebe schulden, je
näher sie sich räumlich stehen. Die Verschreibung wäre: Solange du deine Verantwortung gegenüber deinem Nächsten nicht erfüllt hast, beziehungsweise diese ihre Verantwortung dir gegenüber nicht erfüllt haben, solltest du den Individuen
weiter weg keinerlei Aufmerksamkeit schenken. Mit dem „Nächsten" ist derjenige
gemeint, der dir am nächsten wohnt, den du als Ersten auf der Straße triffst, der

neben dir arbeitet, der neben dir sitzt, der, der dir zuerst vorgestellt wird. Die Abfolge der räumlichen „Nähe" etabliert eine präzise Ordnung sozialer Bindungen
und Akzeptanz; die Abfolge des Liebe und Aufmerksamkeit Schenkens ist damit
entlang eines räumlichen Imperativs genau vorherbestimmt.

(Autobiografie 1974/1995, 60f)

*Mit den ersten englischsprachigen Publikationen in den USA tritt neben den Begriff der
Begegnung jener des Tele oder der Telebeziehung. Tele ist dabei der sozialwissenschaftliche
Fachbegriff für die einer Begegnung zugrunde liegende Konstellation von Anziehungs- und
Abstoßungskräften. Das Projekt, diese zu erforschen und sie systematisch beeinflussen zu
lernen, begleitet Morenos gesamtes Schaffen. Eine wichtige Klärung des Telebegriffs ergibt
sich dabei aus seiner Abgrenzung zu den Phänomenen der Übertragung und der Empathie.*

Tele

1923: Man kann [...] annehmen, dass die Anziehungen und Abstoßungen, die zwischen den Individuen wirksam sind, ein soziophysiologisches Korrelat besitzen,
ganz egal wie unterschiedlich sie sich auch manifestieren, ob als Angst, Ärger oder
Sympathie. [...] Die zahllosen Variationen der Anziehung und Abstoßung zwischen Individuen müssen auf einen gemeinsamen Nenner gebracht werden. Ein
Gefühlsstrom geht von einem Individuum zu einem anderen und muss dabei eine
gewisse räumliche Distanz überwinden. [...Wir gebrauchen] den Begriff Tele, um
die einfachste Gefühlseinheit zwischen zwei Individuen zu beschreiben. Tele hat
zwei Anteile, einen projektiven (vom Individuum weggehenden) und einen „retro-
jektiven" (zurückkehrenden) Anteil. [...] Aus realen Individuen zusammengesetzte
menschliche und nichtmenschliche Strukturen weisen eine charakteristische Orga-
nisationsform auf, die sich von zufällig gebildeten oder aus fiktiven Individuen bestehenden Strukturen in signifikanter Weise unterscheidet. Experimente sowie statistische und mathematische Analysen haben dies für menschliche Gruppen nachgewiesen. Es muss einen Faktor geben, das „Tele", das zwischen Individuen wirksam ist (zum Beispiel bei der Suche nach geeigneten Partnern) und sie dazu bewegt, mehr positive oder negative Beziehungen, Paarbeziehungen, Dreiecke, Ketten, Vierecke, Vielecke zu bilden als durch Zufall.

(Drei Bezugspunkte für die Soziometrische Forschung, Methode 1981, 24f)

1934: Das Prinzip der Bisexualität ist nur ein kleiner Ausschnitt aus einem größeren Prinzip: der Bisozialität. Man kann daher annehmen, dass die Anziehungen

und Abstoßungen, die wir von einem Individuum zum anderen oszillierend vorfinden, trotz der Verschiedenheit der davon abgeleiteten Zustände wie Angst, Ärger oder Sympathie, eine sozio-physiologische Basis haben. Die zahllosen Variationen der Anziehung und Abstoßung zwischen Individuen müssen auf einen gemeinsamen Nenner gebracht werden. [… S]o gebrauchen wir den Begriff Tele, um die einfachste Gefühlseinheit zwischen zwei Individuen zu beschreiben.

(Who Shall Survive? 1934, 159)

1937: Tele ist als ein Gefühlsprozess definiert, der in Raum und Zeit projiziert wird und an dem ein, zwei oder mehr Menschen teilhaben können. Es ist die Erfahrung eines realen Anteils der anderen Person und nicht einer subjektiven Fiktion. Es ist mehr eine interpersonelle Erfahrung und nicht der Affekt einer einzelnen Person. Es ist die emotionale Grundlage von Intuition und Einsicht. Es erwächst von Geburt an aus den Person-zu-Person und aus den Person-zu-Objekt Beziehungen, und aus ihm entwickelt sich das Gefühl für inter-personale Beziehungen. Deshalb wird der Teleprozess als Hauptfaktor angesehen, der die Position eines Individuums in der Gruppe bestimmt.

(Inter-personal Therapy and the Psychopathology of Inter-personal Relations, Sociometry I 1937, 16)

1946: Eine weiter gehende Studie und Analyse großer Gruppen normaler und abnormaler Individuen hat gezeigt, dass Übertragung eine bestimmte, aber auch eine begrenzte Rolle in zwischenmenschlichen Beziehungen spielt. Normale Individuen zeigen selektive Affinität zu einigen Personen und einige Personen könnten im Gegenzug eine selektive Affinität ihnen gegenüber zeigen. In jeder Art von sozialen Situationen, in der Liebe, der Arbeit und in Spielsituationen beruht diese Präferenz für andere Individuen oder deren Präferenz in der großen Mehrheit der Fälle nicht auf einer symbolischen Übertragung, sie hat keine neurotische Motivation, sondern sie besteht aufgrund bestimmter Realitäten, die diese andere Person verkörpert und repräsentiert. Auch wenn die Affinität nicht wechselseitig sondern einseitig ist, muss der Faktor, der der zwischenmenschlichen Beziehung ihre Form gibt, solange das Individuum von einer Realität in dieser anderen Person angezogen wird, vom Mechanismus der Übertragung unterschieden werden, wenn wir die Bedeutung des Konzepts nicht unangemessen über seine ursprüngliche Bedeutung hinaus ausweiten wollen. Ein Gefühlskomplex, der eine Person zu einer anderen hinzieht und der von realen – individuellen oder kollektiven – Attributen dieser anderen Person hervorgerufen wird, so einen Prozess nennt man eine Telebeziehung. Die Telebeziehung ist in der Lage den Teil im Psychiater aufzuhellen, der [bisher] mysteriös blieb. Ein Psychiater kann möglicherweise relativ frei von

Übertragungen sein, aber ist nie frei von Teleprozessen. Es kann sein, dass er, von bestimmten Patienten, aufgrund ihrer realen individuellen Attribute natürlich angezogen oder abgestoßen wird oder ihnen gegenüber indifferent ist und das gleiche gilt für die Patienten. Es kann deshalb mit dem Telefaktor zusammenhängen, dass er mit einigen Patienten erfolgreich ist und mit anderen nicht. Deshalb ist unsere [...] Empfehlung, dass der Patient einem Psychiater oder Begleiter sorgsam zugewiesen werden soll, dass nicht jeder Psychiater jedem Patienten gut tut und dass es bestimmte Telebegrenzungen gibt. Die Telebeziehung ist ein universaler Faktor, der in allen normalen und abnormalen Situationen wirksam ist.

(Psychodrama I 1946, 229)

1952: Wir wussten schon einige Zeit, dass Tele neben einem antriebsgesteuerten [conative] auch einen kognitiven Aspekt hat, und dass beide in die Wahlen und Ablehnungen eingehen, die getroffen werden. Aber es gab nie ein Instrument, das ausschließlich den kognitiven Faktor erschließen konnte.

(Current Trends in Sociometry, Sociometry XV 1-2/1952, 155)

1956: Tele-Reziprozität ist das gemeinsame Charakteristikum aller Begegnungserfahrungen. Es ist der intuitive „Klick" zwischen den Teilnehmern – zwischen Mutter und Kind oder zwischen zwei Liebenden muss kein Wort gesprochen werden. Ein intimes Gefühl hüllt sie ein, es ist eine unheimliche Sensibilität füreinander, die Individuen zu einer Einheit zusammen schweißt. In einer wirklichen Liebesbeziehung teilen die Partner ihre Klugheit ebenso wie ihre Begrenztheit. Liebe ist eine Telebeziehung.

(The Sociometric School and the Science of Man, Sociometry XVIII
4/1956, 276f. Vgl. auch: Grundlagen 1974, 393)

1957: Das fünfte Prinzip ist Tele oder universelle Interaktion. Der operationale Aspekt von Tele ist natürlich an experimentelle und nachweisbare Anhaltspunkte auf der menschlichen Ebene gebunden. Es gibt keine Beweise für „operationale Beziehungen" zwischen so weit voneinander entfernten Dimensionen wie z.B. der Größe des Weltenraumes und zwischenmenschlichen Beziehungen. Jede individuelle Interaktion repräsentiert einen Augenblick im Kosmos. Kreativität ist in jedem Moment da. Es gibt unzählige Momente, die anwachsen oder sich zusammenfügen in das, was eine „Gegenwart" des ganzen Kosmos zu jedem Zeitpunkt seiner Existenz ist. Die „Nicht-Vorzeigbarkeit" des Universums ist ein Ausdruck seiner verborgenen Allgegenwart.

(Globale Psychotherapie 1957, Jahrbuch 1991, 24)

1959: Unsere Leithypothese war deshalb die Existenz und Gestuftheit eines hypothetischen Faktors, Tele, der in der der Ausformung von Gruppierungen von Dya-
den und Dreiecken bis hin zu Gruppen beliebiger Größe wirksam ist. Es wurde herausgefunden, dass reale Soziogramme signifikant von Zufallssoziogrammen abweichen. Die größere Anzahl an Paaren, Dreiecken, Ketten und anderen komplexen Strukturen hätte nicht erklärt werden können, wenn in der Ausformung der
realen Soziogramme lediglich der Zufall wirksam gewesen wäre. Daraus wurde
geschlossen, dass ein spezifischer Faktor hier wirksam ist, der verantwortlich für
die Kohäsion einer Gruppe und für ihr Integrationspotential ist. Es wurde gleich-
falls beobachtet, dass diejenigen Mitglieder in Soziogrammen, die einen höheren
Grad an Kohäsion in ihrer Gruppenformation haben als andere auch in ihrer Lebenssituation eine höhere Interaktionsrate haben als jene in den Soziogrammen,
mit einem niedrigeren Kohäsionsgrad. Die Tendenz zu Wahlkonstanz und zur Beständigkeit von Gruppenmustern wurde ebenfalls dem Tele zugeschrieben.

(Psychodrama II 1959, 10)

1960: Tele wurde einerseits als zwischenmenschliche Erfahrung definiert, die, von
Geburt an, aus Person-Person-Kontakten und Person-Objekt-Kontakten erwächst
und die allmählich den Sinn für zwischenmenschliche Beziehungen entwickelt und
andererseits auch als soziometrische Struktur: „Dass [nämlich] ein realer Prozess in
der Lebenssituation einer Person empfindsam ist und mit einem realen Prozess in
der Lebenssituation einer anderen Person korrespondiert und dass es vielfältige
positive und negative Abstufungen dieser zwischenmenschlichen Feinfühligkeit
gibt".
Der Teleprozess ist ein objektives System zwischenmenschlicher Beziehungen [...].
Wenn der Teleprozess ein subjektives System wäre, wie Übertragung, Versuch-
und-Irrtum-Strategien oder wie vage Intuition, dann hätte sich die Anzahl der Paa-
rungen [clicking], der Ketten- und Netzwerkformationen in den untersuchten Konfigurationen nicht über die Zufallswahrscheinlichkeiten hinaus entwickelt. Die mit
wachsender Reife der Teilnehmer und wachsendem Alter der Konfiguration in der
sie sind anwachsende Zahl der Paar- und Kettenbeziehungen deuten darauf hin,
dass ein objektiver Prozess mit Übertragung als psychopathologischem und Empathie als ästhetischem Auswuchs abläuft.

(Statistics of Social Configurations 1960, 40, 43)

1974: Bislang haben wir uns gewohnheitsmäßig vorgestellt, dass Gefühle im Organismus des Individuums entstehen und sich mehr oder weniger intensiv auf Personen und Dinge seiner Umgebung richten. [...] Durch unsere Entdeckung der

dauerhaften Struktur sozialer Atome und Netzwerke und ihrer gesetzmäßigen Entwicklung konnten wir die Existenz extra-individueller Strukturen nachweisen, [...] die diesem Fluss an Ideen und Gefühlen als Bett dienen. Diese Kanäle können als zweibahnige oder mehrbahnige Strukturen aufgefasst werden. Einbahnige oder projizierte Gefühle haben in der Soziometrie keinen Sinn; denn alle Gefühle sind zwei- oder mehrseitige; sie müssen zumindest potentiell ergänzt werden. Die Bedeutung des wechselseitigen Charakters des Tele ist mittels soziometrischer Perzeptionstests nachgewiesen worden: ein Teil kann ohne den anderen nicht bestehen. Bis uns neue Erkenntnisse zur Änderung oder Verfeinerung unserer Begriffe zwingen, müssen wir annehmen, dass ein realer Prozess im Leben des einen Menschen einem ähnlichen Prozess im Leben eines anderen Menschen entspricht – und von diesem empfunden werden kann – und es unendlich viele dieser positiven, negativen und neutralen zwischenmenschlichen Empfindlichkeiten gibt. Zwischen zwei beliebigen Menschen kann potentiell ein Tele bestehen. Es kann wirkungslos bleiben, solange diese Individuen sich nicht begegnen oder durch gewisse Kanäle – wie die Netzwerke – ihre Gefühle und Ideen austauschen. Diese Distanz- oder Teleeffekte haben sich als komplexe soziometrische Strukturen herausgestellt, die von einer langen Individuenkette mit Gliedern ganz verschiedenartiger Empfindlichkeit für das gleiche Tele bewirkt werden.

(Grundlagen 1974, 22f)

1974: Die Telestruktur zwischen den Individuen ist der soziometrische Kern einer Gruppe.

(Grundlagen 1974, 368)

Tele, Übertragung, Empathie und deren Entwicklung

1947: Tele ist der soziogravitationale Faktor für den überzufälligen Realitätsgrad einer sozialen Konfiguration. Es wurde im Experiment statistisch belegt, dass „Tele" zwischen Individuen wirkt, sie dazu bringt, überzufällig mehr positive oder negative Paar-Beziehungen, Dreiecke, Vierecke, Vielecke etc. einzugehen. Der Faktor für den Irrealitätsgrad einer sozialen Konfiguration nahe oder unterhalb der Zufälligkeit kann Übertragung genannt werden. Tele und Übertragung (die pathologische Sinnentstellung von Tele) wurden so leitend für die soziometrische Quantifizierung. Soziometriker differenzieren zwischen drei Beziehungsarten: Realitätsproduzierenden Beziehungen (die oft als ko-existenziell, kooperational, Zwei-Wege oder objektivierte Beziehungen beschrieben werden), delusionale, irrefüh-

rende, täuschende Beziehungen und ästhetische Beziehungen. Die realitätsproduzierenden Beziehungen sind Tele-Phänomene. Von ihnen hängt die Echtheit und
Dauer sozialer Beziehungen ab. Die delusionalen Beziehungen sind Übertragungsbeziehungen und spielen eine Rolle in der Psychopathologie. Die ästhetischen Beziehungen sind Einfühlungsphänomene. Es ist sicher schädigend, die Bedeutung
von Übertragung zu dehnen, um alle menschlichen Beziehungen neben der Definition, die ihr von ihrem Erfinder gegeben wurde, damit zu benennen. […] Das Tele-
Phänomen wirkt schon beim ersten Treffen zweier Individuen. Je länger eine Beziehung andauert, desto mehr wird sie vom Tele und nicht von der Übertragung
dominiert. Sogar wenn die Übertragungsfunktion am Anfang groß war, verschwindet sie oft, wenn die Beziehung sich fortsetzt. Das gilt für alle zwischenmenschlichen Beziehungen […]. So wie die Beziehung anhält, gehen die projektiven Aspekte zurück, und die echten Attribute […] werden wahrgenommen. Mit
anderen Worten: echte Übertragung im psychoanalytischen Sinn verringert sich in
Quantität und Intensität, wenn Individuen erwachsen werden und Gruppen an
Zusammenhalt und Integration gewinnen. Der Effekt einer sozialen Katharsis hat
die Teleproduktion zwischen den Gruppenmitgliedern zu erhöhen und die Übertragungsproduktion zu vermindern. Tele kann deshalb als Gruppen-Binder, Übertragung als Desintegrator definiert werden.

(Offener Brief an Gruppenpsychotherapeuten 1947, Geßmann,
Humanistisches Psychodrama III 1994, 15-17. Und: Sociatry 1/1947, 24f)

1953: Empathie, wie sie von Lipps definiert wird (Theodore Lipps, „Das Wissen
von fremden Ichen", Psychologische Untersuchungen I S. 694, 1907), ist ein einsei-
tiges Gefühl in die private Welt eines anderen Ichs hinein und ein psychologisches
Phänomen. Es befriedigt die Bedürfnisse der Psychologen. Aber es nimmt keine
Rücksicht auf wechselseitige und multiple Gefühle, die in die je anderen privaten
Welten von mehreren Individuen hineingehen und auf die sozioemotionalen
Strukturen, die aus ihnen resultieren.

(Some Comments to the Trichotomy Tele-Transference-Empathy, GP V 1-3/1953, 87)

1958: Das Maß an Instabilität einer Übertragungsbeziehung kann im Verlauf einer Serie von therapeutischen Sitzungen durch eine experimentelle Manipulation der Suggestibilität von Personen überprüft werden. Wenn deren soziometrischer Status niedrig ist, werden sie durch eine winzige, wirkliche oder vorgestellte Veränderung im Beziehungsgefüge der sie umgebenden Personen leicht aufgeschreckt werden (soziometrischer Schock). Es ist offensichtlich, dass Übertragung, ebenso wie Tele, neben psychodynamischen auch soziodynamische Determinanten hat.

(Research Note on Transference and Tele, GP XI 4/1958, 362)

1959: Kinder haben eine scharfe Wahrnehmung der Menschen, die sie lieben oder ängstigen. Ein Kind zwischen 24 und 30 Monaten hat klare Vorlieben und Abneigungen bezüglich der Menschen, die es umgeben und sie treffen klare Entscheidungen, sich zu Menschen hin zu bewegen oder sich von ihnen zurückzuziehen. Die Anziehung oder Zurückweisung der eigenen Mutter ist sehr früh offensichtlich und Kinder täuschen sich nicht in ihrer Einschätzung. Dies ist ebenfalls Tele und nicht Übertragung. Es ist ein Irrtum anzunehmen, dass Kinder besonders mit Übertragungsgefühlen bombardiert werden. Beobachtungen von Babys und Kindern führen vielmehr zu dem Schluss, dass es die Heranwachsenden und Erwachsenen sind, die von Übertragungen bombardiert werden, während die Babys und kleinen Kinder besonders empfänglich für richtige Telewahrnehmungen sind, ohne sich dessen bewusst zu sein. Der dominante Konflikt des Kindes ist der zwischen Tele und Zufall; Kinder haben ein schwaches Tele aufgrund ihres sozialen Reifeniveaus, aber nicht aufgrund von Übertragung. Der Konflikt von Heranwachsenden und Erwachsenen ist der zwischen Übertragung und Tele.

(Psychodrama II 1959, 85f)

1961: Übertragung trennt, Empathie nimmt wahr, Tele integriert.

(Interpersonal Therapy and Co-unconscious States, a Progress Report in Psychodramatic Theory, GP XIV 3-4/1961, 236)

1963: Gruppen entwickeln Kohärenz und Stabilität. Der Faktor, der Gruppen zusammenhält, wird im Kontrast zu Übertragung, die dazu tendiert sie aufzulösen, Tele genannt.

(The Actual Trends in Group Psychotherapy, GP XVI 3/1963, 122)

1964: Tele-Empfindlichkeit ist trainierbar.

(The Third Psychiatric Revolution and the Scope of Psychodrama, GP XVII 2-3/1964, 165)

1974: Zwischen zwei beliebigen Menschen kann potentiell ein Tele bestehen. Es kann wirkungslos bleiben, solange diese Individuen sich nicht begegnen oder durch gewisse Kanäle – wie die Netzwerke – ihre Gefühle und Ideen austauschen.

(Grundlagen 1974, 22f)

1974: Meiner Hypothese nach müssen Einfühlung und Übertragung Teile eines umfassenderen Prinzips, des „Tele", sein. Dieser Telebegriff befriedigt die methodischen Bedürfnisse des Psychologen, Psychiaters und Soziologen. Ich definierte ihn als einen objektiven sozialen Prozess mit Übertragung als pathologischer und Einfühlung als psychologischer Abzweigung. Einfühlung ist zwar positiv, bringt in ihrer Bedeutung aber nicht die Gegenseitigkeit des Prozesses zum Ausdruck. Übertragung ist negativ und verantwortlich für die Auflösung und den Zerfall sozialer Beziehungen. Tele dagegen ist verantwortlich für zunehmende Interaktion zwischen den Gruppenmitgliedern und eine häufigere, die Wahrscheinlichkeit übertreffende Gegenseitigkeit der Wahlen.

(Grundlagen 1974, 174)

1974: Das Tele entwickelt sich mit zunehmendem Alter der Individuen und Gruppen. Unter kleinen Kindern ist es schwächer und weniger differenziert. Die Differenzierung prägt sich in vielerlei Form aus. Mit zunehmendem Alter findet ein außergewöhnlich schnelles Ansteigen des sexuellen Teles statt. Mit zunehmendem Alter findet auch eine sehr rasche Differenzierung des ethnischen Teles statt. Es erfolgt ein Übergang von Neutralität zu Selbstwahl und Selbstbevorzugung.

(Grundlagen 1974, 367)

Tele als Basis therapeutischer Arbeit

1959: Die meisten Protagonisten der Gruppen- und Aktionsmethoden werden alt und angesehen, aber ein Problem bleibt: Wie können die vielfältigen Methoden miteinander in Übereinstimmung gebracht werden, in ein einziges umfassendes System? Im Verlauf dieser Vorträge werde ich die gemeinsamen Nenner mehr betonen als die Unterschiede. Ich werde versuchen alle Spielarten moderner Psychotherapie zusammen zu fügen. Egal ob die Therapiesitzung auf der Couch durchgeführt wird, auf einem Stuhl sitzend, versammelt um einen Tisch oder auf einer Bühne, die Leithypothese ist in all diesen Fällen, dass die Interaktion therapeutische Effekte zeitigt.

(Psychodrama II 1959, 3)

1959: Die Telebeziehungen zwischen Protagonist, Therapeut, Hilfs-Ichen und den signifikanten dramatis personae der Welt, die sie portraitieren, sind entscheidend für den therapeutischen Prozess.

> (Psychodrama, Arieti, American Handbook of Psychiatry II Basic Books 1959, 1380. Und: Psychodrama I, 3. Auflage 1964, XI)

1960: Das wissenschaftliche Gegenstück zu Begegnung ist Tele (Gr. weit, über Distanz beeinflussend). [...] Es kann als Zement betrachtet werden, der Individuen und Gruppen zusammenhält. Gruppenkohäsion, Gegenseitigkeit von Beziehungen, Kommunikation und geteilte Erfahrungen sind Funktionen des Tele. Tele ist der bleibende Bezugsrahmen für alle Formen und Methoden von Psychotherapie, der nicht nur die professionellen Psychotherapiemethoden wie Psychoanalyse, Psychodrama oder Gruppentherapie einschließt, sondern auch die nicht-professionellen Methoden wie Gesundbeten oder Methoden, die anscheinend keine Beziehung zur Psychotherapie haben, wie die Chinesische Gehirnwäsche [Chinese thought reform].

[...]

Weder Übertragung noch Empathie können die auftretende Kohäsion einer sozialen Konfiguration befriedigend erklären.

> (Tele: A Definition 1960, 17. Vgl. Psychodrama II 1959, 234)

1964: Es ist [...] offensichtlich, dass der therapeutische Fortschritt behindert wird, wenn Übertragungs- und Gegenübertragungsphänomene die Beziehung zwischen Hilfstherapeuten und Patient dominieren. Der ausschlaggebende Faktor für den therapeutischen Fortschritt ist das Tele.

> (Psychodrama I, 3. Aufl., 1964, XVIII)

Autotele

1946: Das Soziogramm bildet auch die Beziehung des Patienten zu sich selbst ab – sein Autotele.

> (Psychodrama I 1946, 289)

Moreno versucht das Beziehungsgeschehen zwischen Menschen nicht nur zu beschreiben, sondern er versucht auch dessen materiale Basis zu identifizieren. Seine zentrale Hypothese – neben der Existenz von Telekräften – ist, dass sich zwischen Menschen in ihrer gemeinsamen Interaktion ein so genanntes Ko-Unbewusstes ausbildet, das sich weder aus individuellen noch aus kollektiven Quellen speist, wie dies Freud und Jung angenommen haben, sondern das untrennbar mit der gemeinsam gelebten Geschichte von Menschen verbunden ist. In Zeiten, in denen man um die Plastizität des menschlichen Gehirns weiß, gewinnt diese Intuition auf ganz neue Weise an Bedeutung.

Das Ko-Unbewusste

1954: Menschen, die in enger Symbiose zusammenleben wie Mutter und Kind oder wie das berühmte Paar der griechischen Mythologie Philemon und Baucis, entwickeln im Lauf der Zeit gemeinsame Inhalte, etwas, das „Ko-Unbewusstes" genannt werden kann. Ich wurde häufig mit emotionalen Problemen konfrontiert, die zwischen Individuen entstanden sind, die in großer Nähe zueinander lebten. Ich habe dann nicht die eine Person behandelt oder die andere, sondern eine interpersonale Beziehung, oder etwas, das man eine interpersonale Neurose nennen könnte.

(Interpersonal Therapy, Group Psychotherapy and the Function of the
Unconscious, GP VIII 3-4/1954, 196)

1954: Die psychoanalytische Theorie des Unbewussten verlangt [...] neben der Unterscheidung zwischen vorbewussten und unbewussten Zuständen nach einer weiteren Unterscheidung zwischen diesen und „gemeinsam unbewussten" Zuständen. Dies ist nicht bloß ein Spiel mit Worten. Ich habe in einer großen Zahl von Sitzungen beobachtet, dass es zwischen Mutter und Kind, Vater und Sohn, zwei Liebenden Augenblicke „gemeinsamer Inter-Assoziation" gibt. Solche Menschen in der Arbeit zu sehen ist, als würde man direkt in ihrem Ko-Unbewussten Ausgrabungen machen.

(Interpersonal Therapy, Group Psychotherapy and the Function of the
Unconscious, GP VIII 3-4/1954, 198. Vgl. Gruppenpsychotherapie 1959, 94)

1959: Die psychoanalytische Theorie des Unbewussten braucht, um dieser Situation zu entsprechen, neben der Unterscheidung zwischen vorbewussten und unbewussten Zuständen eine Unterscheidung zwischen diesen und einem „Ko-Unbewussten". Dies ist nicht bloß ein Spiel mit Worten. Ich habe in vielen Sitzungen beobachtet, dass es zwischen Mutter und Kind, Vater und Sohn oder Liebhabern Augenblicke miteinander verbundener Inter-Assoziation gibt. Wenn man diese Menschen in der Arbeit sieht, dann ist es als ob man direkt in ihrem Ko-Unbewussten Ausgrabungen macht.

(Psychodrama II 1959, 52)

1961: Das individuelle Unbewusste ist zugehörig zur Psyche des einzelnen Individuums. Jungs kollektives Unbewusstes ist universal, aber unbeweisbar und nicht auf irgendeine konkrete Gesamtheit anwendbar, der der Therapeut begegnet. Die Annäherungsversuche der interpersonalen Therapie haben es notwendig gemacht, die Phänomene „zwischen" Personen und zwischen Gruppen zu definieren und zu untersuchen und dabei die Existenz von ko-bewussten und ko-unbewussten Zuständen zu hypothetisieren. Die Hypothese von ko-unbewussten Zuständen hat großen Wert; sie ermöglicht uns, unbewusste Zustände innerhalb eines experimentellen Settings zu untersuchen. […]

Die erste Begegnung zwischen zwei Individuen, die dazu bestimmt sind, eine vertraute Beziehung auszubilden, ist der Anfangspunkt ko-bewusster und ko-unbewusster Zustände. Diese Zustände werden von Begegnung zu Begegnung bedeutungsvoller. Sie werden gemeinsam erfahren und produziert und sie können deshalb nur gemeinsam reproduziert oder reinszeniert werden. Ein ko-bewusster oder ein ko-unbewusster Zustand kann nicht Besitz nur eines Individuums sein. Er ist immer ein gemeinsamer Besitz und kann nicht anders als durch eine gemeinsame Anstrengung reproduziert werden. Wenn eine Reinszenierung eines solchen ko-bewussten oder ko-unbewussten Zustands gewünscht oder notwendig ist, muss diese Reinszenierung mit Hilfe aller in das Geschehen involvierter Partner stattfinden. Die logische Methode einer solchen Reinszenierung „à deux" oder „à plusieurs" ist das Psychodrama. Wie groß die Wahrnehmungsfähigkeit eines Partners oder des Ensembles auch sein mag, er kann dieses Geschehen nicht alleine produzieren, weil beide Partner ihre ko-bewussten und ko-unbewussten Zustände gemeinsam haben, die die Matrix bilden, von der her sie ihre Inspiration und ihr Wissen beziehen. Ko-bewusste und ko-unbewusste Zustände sind Phänomene, die sie „ko"-produziert haben und die zwischen Partnern wirken, die in „intimen" Ensembles zusammenleben und die nicht durch andere Personen ersetzt werden können; sie sind unersetzbar. Sie sind durch Begegnungen zusammengebunden; es ist das Leben selbst, das sie zusammenbindet und es ist die Erfahrung des Lebens, die zwischen ihnen eine „Interpsyche", einen strukturierten Strom ko-bewusster und ko-unbewusster Zustände entwickelt. Die Begegnungen zwischen Menschen und die ko-bewussten und ko-unbewussten Zustände, die sich zwischen ihnen entwickelt haben, sind die Quellen, aus denen Tele, Übertragung und Empathie entspringen. Ihr Wirken innerhalb jedes Gruppensettings wurde durch viele Beobachter beschrieben und es wurde ein Konsens erzielt. Übertragung dissoziiert, Empathie nimmt wahr, Tele integriert.

Meine Experimente mit multiplen Couchen (1921) haben die Frage aufgeworfen, wie verschiedene Individuen, jedes mit einem eigenen Unbewussten, auf einem unbewussten Level miteinander kommunizieren können. Um solche Kommunikationen plausibel zu machen, könnten wir die Existenz von ko-bewussten und ko-unbewussten Zuständen annehmen. Sie spielen eine große Rolle im Leben der Menschen, die in vertrautem Kontakt miteinander leben wie Vater und Sohn, Ehemann und Ehefrau, Mutter und Tochter, Geschwister und Zwillinge, Liebende und nahe Freunde, aber ebenso in anderen vertrauten Gruppen wie in Arbeitsteams, in Kampfverbänden im Krieg und in Revolutionen, in Konzentrationslagern oder in charismatischen religiösen Gruppen. Wenn das soziale Geschick solche Menschen zusammen in Situationen bringt, die einer raschen Kommunikation, Ko-Aktion und Kooperation bedürfen, müssen sie oftmals nicht nur als Individuen getrennt voneinander agieren, sondern als Ensemble. Solche Personen, die in eine unmittelbare, oft spontane und schlecht vorbereitete Ko-Aktion involviert sind, müssen zahlreiche emotionale Schwierigkeiten überwinden, wenn sie miteinander konfrontiert werden. Es ist keine Interaktion zwischen ungleichen Partnern wie in der Symbiose zwischen Mutter und Säugling, sondern [eine Interaktion] zwischen zwei gleichen Partnern, die sich ausreichend sicher sind, um sich gegenseitig herauszufordern. Es ist eine „Begegnung" zwischen zwei Individuen, von denen beide ein eigenes Selbst entwickelt haben. […]

Das erste Mal, dass ich die Existenz von ko-bewussten und ko-unbewussten Zuständen erahnte, war in meiner Arbeit mit Stegreifspielern (1921 und 1923). Ein Ensemble von Schauspielern arbeitete Tag für Tag routinemäßig zusammen und musste eine intuitive Wahrnehmung dafür entwickeln, wie die unterschiedlichen Mitspieler in einer „neuen", völlig ungeprobten Situation wohl denken, fühlen und handeln würden, so dass sie in Übereinstimmung mit ihnen spielen und gemeinsam eine aussagekräftige Szene produzieren konnten. Ich forderte dann, dass die Ko-Spieler in Stegreifproduktionen ein bestimmtes Kommunikationstalent entwickeln müssten, das ich „mediale Verständigung°" nannte. „Sie haben eine Art Feingefühl für die gegenseitigen inneren Vorgänge, eine Gebärde genügt, und oft brauchen sie einander nicht anzusehen." [Zitat im Original Deutsch] Das Konzept der medialen Verständigung war ein Vorgänger dessen, was ich heute ko-bewusste und ko-unbewusste Zustände nenne. So eine Technik gegenseitiger Auffassungsgabe und „interpersonalen Gedächtnisses" scheint erstaunliche Ehepsychodramen möglich zu machen, bei denen Ehemann und Ehefrau bis zu ihrer ersten Begegnung zurückgehen und oftmals mit erstaunlichen Details alle Augenblicke der Liebe und des Leides wieder erleben, ihre stillen Tragödien und ihre Augenblicke großer Entscheidungen.

[… S. 237-240]

Man hat begriffen, dass ko-unbewusste Zustände das Ergebnis direkter interpersonaler Erfahrungen zwischen einander nahe stehenden Gruppen von Individuen sind. Sie können aber ebenso das Ergebnis geteilter Erfahrungen auf einem sozialen und kulturellen Niveau sein. Der persönliche Kontakt der einander nahe stehenden Gruppen ist dann durch indirekten, transpersonalen oder symbolischen Kontakt ersetzt. Die familiäre Interpsyche ist dann durch eine „kulturelle Interpsyche" ersetzt. Das Soziodrama einer globalen Gruppe von Teilnehmern wird [dadurch] möglich [...]. Eines der entscheidenden Probleme im Bereich interpersonaler und Intergruppen-Beziehungen ist ein physiologisches, zumindest soweit unser gegenwärtiges Wissen reicht. Jeder einzelne Partner hat sein eigenes Gehirn, das all seine Eindrücke registriert, inklusive der Eindrücke, von denen er unterstellt, dass sein Partner sie hat. [...] Was fehlt ist ein „Ko-Gehirn", ein „Gehirn der Menschheit". Die Tatsache, dass uns die Natur nicht mit einem Ko-Gehirn System ausgestattet hat, einer Art vereinigender cerebraler Physiologie der Menschheit, ist möglicherweise der Grund dafür, dass Soziometriker, Soziologen, Kybernetiker, Anthropologen, Religiöse etc. versuchen, einen Ersatz für ein derartiges Gehirn zu erfinden. Das Soziogramm, die Soziomatrix, die automatische Rechenmaschine etc. sind Illustrationen solcher Versuche. Die Experimente zu übersinnlicher Wahrnehmung, die Trainings in Telewahrnehmung und Spontaneität könnten unter Umständen im Evolutionsprozess Jahrhunderte oder Jahrtausende von jetzt, dieses Ko-Gehirn produzieren. Es wird dann so aussehen, als habe die Natur uns immer schon mit einem solchen Synchronisationsorgan ausgestattet. Es wird ein Teil unseres Weltsystems sein, ebenso gut darin integriert wie der cerebrale Kortex in den individuellen Organismus.

(Interpersonal Therapy and Co-unconscious States, a Progress
Report in Psychodramatic Theory, GP XIV, 3-4/1961, 235-241)

1961: Miteinander eng vertraute Individuen tauschen Rollen leichter als andere von großer psychologischer oder ethnischer Distanz. Die Ursachen für diese großen Unterschiede liegen in der Entwicklung von gemeinsam-bewussten und gemeinsam-unbewussten Zuständen. Weder das Konzept unbewusster Zustände (Freud) noch dasjenige kollektiver unbewusster Zustände (Jung) kann einfach auf diese Phänomene angewandt werden, ohne die Bedeutung der beiden Begriffe zu strapazieren. Die freien Assoziationen von A mögen einen Weg zu den unbewussten Zuständen von A weisen; die freien Assoziationen von B mögen einen Weg zu den unbewussten Zuständen von B weisen; aber kann das unbewusste Material von A sich natürlicherweise und direkt mit dem unbewussten Material von B verbinden, ohne dass sie an gemeinsamen unbewussten Zuständen teilhaben? Das Konzept der individuellen unbewussten Zustände wird für die Erklärung beider Momente, desjenigen der gegenwärtigen Situation von A und, im Rollentausch, desjenigen der gegenwärtigen Situation von B, unbefriedigend. Wir brauchen ein Konzept, bei welchem der objektive Hinweis auf das Vorhandensein dieses doppelläufigen Prozesses nicht aus der Psyche eines Individuums hergeleitet wird, sondern von einer weiteren Realität, nämlich der Tatsache, dass das Unbewusste zweier oder mehrerer Menschen mit einem System gemeinsam-unbewusster Zustände verquickt ist. Diese sind von großer Bedeutung für Menschen in intimen Gemeinschaften wie z.B. Eheleute, Vater und Sohn, Mutter und Tochter, Geschwister und Zwillinge, aber auch in anderen engen Gemeinschaften wie Arbeitsteams, Kampfgruppen, in Konzentrationslagern oder charismatischen religiösen Gruppen. Ehe- und Familientherapie sollte z.B. so durchgeführt werden, dass die „Inter-Psyche" der ganzen Gruppe nachvollzogen wird, so dass alle ihre Tele-Beziehungen, ihre gemeinsam-bewussten und gemeinsam-unbewussten Zustände zum Ausdruck kommen. Gemeinsam-bewusste und gemeinsam-unbewusste Zustände sind, per definitionem, solche Zustände, welche die Partner zusammen erfahren oder hervorgerufen haben und die deshalb auch nur zusammen reproduziert oder nachvollzogen werden können. Ein gemeinsam-bewusster oder ein gemeinsam-unbewusster Zustand kann nicht einem Individuum allein zu Eigen sein. Er ist immer ein gemeinsames Gut und kann nur von beiden Partnern aus reproduziert werden. Wenn ein Nachvollziehen eines solchen gemeinsam-bewussten oder gemeinsam-unbewussten Zustandes erwünscht oder notwendig ist, muss dieses Nachvollziehen mit Hilfe aller an einer Episode beteiligten Partner erfolgen. […] Wie genial auch immer die Wahrnehmung eines Partners einer Gemeinschaft sein mag, so kann er eine bestimmte Episode doch nicht allein nachvollziehen. Die gemeinsam-bewussten und die gemeinsam-unbewussten Zustände der Partner sind die Quelle ihrer Eingebung und ihres Wissens.

(Das Rollenkonzept, eine Brücke zwischen Psychiatrie und Soziologie 1961,
Petzold/Mathias 1982, 273f)

Die Begriffe Tele und Begegnung identifizieren den Gegenstand, dem sich Moreno in seinem soziometrischen Projekt zuwendet. Bereits in seiner Wiener Zeit versucht er, im Zwischenraum zwischen Menschen mehr oder weniger systematisch zu intervenieren. Verbunden sind diese frühen Experimente mit Morenos Praxis als Hauslehrer, Stegreif-Regisseur und praktischer Arzt. Erst im Kontext des Hudsonprojektes blickt Moreno ausdrücklich

aus der Perspektive des Sozialforschers auf die Telephänomene, die sich ihm darbieten, und
identifiziert sie als sozialwissenschaftlichen Forschungsgegenstand.

Schritte und Experimente auf dem Weg zur soziometrischen Wissenschaft

Die Königseltern

1923: Am Wahltag strömten die Kinder auf die große Wahlwiese zu. Jedes zog einen Vater und eine Mutter an der Hand. Nach einer Weile waren Hunderte von Kindern mit ihren Eltern da, sie versanken im hohen Grase, vergruben sich hinter Heckenrosen, kletterten wie Affen auf Bäume aller Art, die weit im Umkreis die Wiese begrenzten [...] In der Mitte des Rasens erhob sich eine Eiche, deren Wurzeln wie eine riesige Pranke den Boden umklammerte. Ich saß auf ihrem obersten Ast, zwanzig Fuß hoch über der Erde, weit sichtbar allen, die da waren, meine Narrenmütze schief auf dem Kopf [...] Ich fragte von der Höhe der Eiche mit weit vernehmlicher Stimme: „Kinder, wo habt ihr eure Eltern gelassen?" „Mein Vater ist hier", sagte der Tepp und wies mit den Augen auf einen Mann mit einem Bart. „Meine Mutter ist dort", schrie Wauwau und steckte das Köpfchen in den Schoß ihrer Mutter. „Sucht eure wahren Eltern und bringt sie her!" befahl ich von oben. Da trat Verwirrung ein, ein Umschauen, Tasten und Handergreifen, bis es ruhig wurde. „Habt ihr schon eure Eltern gefunden?" Da schlug plötzlich der Königsruf durch die Reihen. Wir wandten den Kopf nach der Richtung, woher er kam. Es war Helle, das Mädchenjunge, auch die Königin genannt [...] „Ich habe meine Eltern nicht gefunden", sagte sie mit Trauer in der Stimme. „Aber wir sind doch hier", sagten ihre Eltern, die unten im Grase lagen, voller Entsetzen. „Du schlecht erzogenes Kind", weinte die Mutter. „Nur du bist daran schuld", sagte der Vater zornig seiner Frau. „Nein", sagte Helle und schüttelte den Kopf. „ich habe euch nicht gefunden. Ich bin kein undankbares Kind. Ihr seid gut zu mir gewesen. Der König wird euch gnädig sein dafür. Aber ich will meine Königseltern haben. Ich werde mir meinen Vater und meine Mutter selbst wählen. Ich will nur tun, was mir mein Herz sagt." „Wir wollen andere Eltern", scholl es tausendstimmig über Wiesen und Wälder. [...] Plötzlich durchbrach meine scharfe Stimme das Getümmel: „Ruhe, Kinder! Helle, die Königin, hat gesprochen. Jeder gehe aus, seine neuen Eltern zu suchen. Ich gebe euch Zeit bis zum Abend. Lauft auseinander. Wenn aber die Sonne hinter dem Hügel zur Andacht verschwindet, dann müsst ihr alle mit den neuen Eltern an der Königseiche vorüberziehen."

Den ganzen Tag über, unter dem heißen Himmel, mit klopfenden Venen, leuchtend habgierigen Augen, ausgestreckten Armen und verkrampften Händen ging ein Suchen um wie das Gleiten der Schwalben, die ihren Weg nach dem Süden erspähen.

Gerade als die Sonne hinter dem Hügel war, ein leichter Wind durch die Blätter der Bäume zog, die im Umkreis der Waldwiese gegen Himmel wuchsen, klang aus dem Wald ein tausendstimmiger Ruf, der Elternruf, kam immer näher und jetzt, da sah ich schon die Kinder selbst. Wie groß war das Staunen meines närrischen Herzens! Voran schritt die Helle mit ihrer selben Mutter, ihrem selbigen Vater. Ich wollte meinem Verstand nicht trauen. Jedes Kind hatte seine alten Eltern gewählt. Die Väter und die Mütter gingen zu den Seiten ihres Kindes, als hätten sie es von neuem erhalten und weinten vor Freude. Die Eltern waren wohl die alten, aber doch neu. Hat es so der König befohlen? Ich zog schweigend meine Narrenmütze tief und schloss die Augen. Die Wiese aber wurde von da an von den Kindern die Elternwiese genannt.

(Der Königsroman 1923, 115-119)

Die Ursprünge im Stegreiftheater

1974: Keineswegs zufällig nahm ich die Mühe auf mich, zwischenmenschliche Beziehungen auszuzählen und zu messen. Es hatte mit der Aufgabe zu tun, ein Stegreiftheater zu führen. Logischerweise hielt ich nach natürlichen Prinzipien Ausschau, die für die spontanen Interaktionen zwischen Schauspielern wesentlich sind. In einem Theater der vollständigen, unzensierten Spontaneität versprachen die räumlichen und zeitlichen Affinitäten zwischen Schauspielern dem Leiter Hinweise über die Angemessenheit oder Unangemessenheit schauspielerischer Darstellung zu geben. Das Zählen von Sekunden, Zentimetern, Worten oder Wahlen wurde für mich umso bedeutungsvoller, je weniger fiktiv die Interaktionen für die Schauspieler waren, und je mehr sie sich persönlich und privat in ihren Rollen und Interaktionen engagierten. Je mehr das Stegreiftheater zu einem Gruppentheater der Privatwelten wirklicher Menschen wurde, desto lohnender wurde es für die Spontaneitätsforschung. Interaktionsforscher, die nicht mit einer Berechnung der spontan-kreativen Matrizen ihres experimentellen Designs beginnen, sind wie Architekten, die einen glauben machen wollen, dass ein Haus ohne Fundament gebaut werden kann. In meinem Fall war das Stegreiftheater das auf dem Boden meiner metaphysischen Spekulationen erbaute Fundament meiner Arbeit.

(Autobiografie 1974/1995, 110)

Der Brief an das Ministerium des Inneren

1974: Die positiven und negativen Gefühlsströme innerhalb jedes Hauses und zwischen den Häusern, innerhalb der Fabrik und zwischen den verschiedenen religiösen, nationalen und politischen Gruppen des Lagers können durch eine soziometrische Analyse der Beziehungen, die zwischen den Bewohnern walten, aufgedeckt werden. Eine Neuordnung mit Hilfe soziometrischer Methoden ist hiermit anempfohlen.

(Brief Morenos an das Ministerium des Inneren vom 6. Februar 1916)

6. II. 1916

An das österreichisch-ungarische
Ministerium des Innern
Wien, am Ballhausplatz.

Die positiven und negativen Gefühls-
strömungen innerhalb jedes Hauses und
zwischen den Häusern, innerhalb der
Fabrik und zwischen den verschiedenen
religiösen, nationalen und politischen
Gruppen des Lagers können durch
eine soziometrische Analyse der
Beziehungen, die zwischen den Bewohnern waltet, aufgedeckt werden.
Eine Neuordnung mit Hilfe soziometrischer Methoden ist hiermit
anempfohlen.

(Autobiografie 1974/1995, 71. Der Text wird 1934 auf dem
Titelblatt von „Who Shall Survive?" abgedruckt)

Ein Gedankenexperiment

1945: Abweichungen vom Zufallsexperiment. Eine Population von 26 wurde für geeignet gehalten, um sie mit einer Chancegruppierung, einer Gruppe von 26 fiktiven Individuen zu vergleichen. Von jedem Mitglied wurden drei Wahlen getroffen. Für unsere Analyse wäre jede Populationsstärke, groß oder klein, befriedigend gewesen, aber die Nutzung von 26 Personen erfolgte, um eine ungefilterte Benutzung bereits getesteter Stichproben zu ermöglichen. Sieben Gruppen á 26 Individuen wurden aus den Gruppen mit dieser Populationsgröße ausgesucht, ohne dass eine Gruppe öfter als einmal enthalten gewesen wäre. Als Testkriterium war die Wahl des Tischpartners gewählt worden und keine Wahl konnte außerhalb der Gruppe getroffen werden, sodass eine Vergleichbarkeit gewährleistet war. Die Untersuchung der Ergebnisse der Gruppenkonfigurationen (die sich aus der Interaktion der Individuen ergaben) bedurfte, um miteinander verglichen zu werden, eines gemeinsamen Referenzrahmens von dem aus Abweichungen gemessen werden konnten. Es zeigte sich, dass die logischste Basis, um eine solche Referenzgröße zu bekommen, durch die Ermittlung der charakteristischen Konfigurationen, die durch Zufallswahlen in einer gleichgroße Population, bei gleicher Anzahl von Wahlen hervorgebracht wurden, gewonnen werden könnte. Es wurde möglich, die einschlägigen Soziogramme (Diagramme von Interaktionsbeziehungen) aller Experimente zu zeichnen, so dass jede fiktive Person in ihrer Beziehung zu allen anderen fiktiven Personen derselben Gruppe betrachtet werden konnte. Es war auch möglich, die Spannweite der Strukturtypen innerhalb jeder Zufallskonfiguration einer Gruppe aufzuzeigen. Die erste Frage, die beantwortet werden sollte war: Was ist die wahrscheinliche Zahl von Individuen, die bei bloßen Zufallswahlen von ihren Partnern überhaupt nicht, einmal, zweimal, dreimal und so weiter gewählt werden? Wie viele Paare werden wahrscheinlich entstehen, wobei ein Paar aus zwei Individuen besteht, die sich gegenseitig wählen? Wie viele unerwiderte Wahlen können auf der Basis bloßer Zufallswahlen erwartet werden? Die experimentellen Zufallsergebnisse lagen nahe bei den theoretischen Zufallswahrscheinlichkeiten. Die durchschnittliche Zahl von Paaren war im Zufallsexperiment 4,3, in der theoretischen Analyse 4,68 (unter denselben Bedingungen von 3 Wahlen innerhalb einer Population von 26 Personen). Die Zahl der unerwiderten Wahlen war im Zufallsexperiment 69,4, die theoretischen Ergebnisse zeigten unten denselben Bedingungen 68,64.

Unter den vielen wichtigen Ergebnissen war für die Gruppenpsychotherapeuten folgendes am aufschlussreichsten: a) Ein Vergleich des Zufallssoziogramms mit dem tatsächlichen Soziogramm zeigt, dass die Wahrscheinlichkeit gegenseitiger Strukturen in der tatsächlichen Konfiguration 213% höher ist als in der Zufallskonfiguration und dass die Zahl der unerwiderten Strukturen in Wirklichkeit 35,8% geringer ist als in der Zufallskonfiguration. Komplexere Strukturen wie Dreiecke, Vierecke und andere geschlossene Figuren, von denen es im tatsächlichen Soziogramm sieben gab, fehlten im Zufallssoziogramm. b) Eine große Konzentration vieler Wahlen auf wenige Individuen und eine schwache Konzentration weniger Wahlen auf die Mehrheit der Individuen, verzerrte die Verteilung der Abfrage der realen Individuen noch mehr, als es im Zufallsexperiment passierte und in eine Richtung, die nicht notwendiger Weise hätte passieren müssen. Dieser Befund der Verteilung wird soziodynamischer Effekt genannt. Die reale Häufigkeitsverteilung zeigt, verglichen mit der Zufallsverteilung eine 250% höhere Zahl von Isolierten in der ersteren. Die Menge der überwahrscheinlich oft gewählten Individuen war 39% höher, während ihr Wahlvolumen 73% höher war. Solche statistischen Ergebnisse legen nahe, dass, wenn die Größe einer Population zunimmt und die Zahl der Wahlbeziehungen konstant bleibt, die Kluft zwischen der zufälligen Wahlverteilung und der realen Verteilung zunehmend anwachsen würde.

> (Psychodrama I 1946, 320f. Vgl. Gruppenpsychotherapie, Psychodrama
> und Soziometrie 1987, 72f. Vgl. Gruppenpsychotherapie 1959, 21f, 26f)

Am Ende dieser Entwicklungen steht die Ausformulierung des soziometrischen Systems, das – vielleicht mehr noch als das psychodramatische Handlungsinventar – als Zentrum von Morenos Erbe verstanden werden muss. Zumindest spricht er selbst von einem Primat, der soziometrischem Denken und Handeln auch im Psychodrama zukommt.

Der Gegenstand der Soziometrie: eine soziometrische Beschreibung der Realität

1947: Vielleicht ist es besser, die Wahrheit zu kennen, selbst wenn sie wahrscheinlich nie verwirklicht werden kann. Es kann für die Menschheit wertvoller sein, mit offenen Augen zugrunde zu gehen, als ewig in Unkenntnis ihres Verfalls zu leben.

> (Soziometrie und Marxismus, Methode 1981, 215)

1947: Soziometrisch gesehen gibt es aber nicht so etwas wie „Klasse", Kapitalistenklasse, Mittelklasse und Arbeiterklasse. Der Klassenkampf ist ein präsoziometrischer Mythos. Was eine soziometrische Untersuchung solch großer Menschenmassen, wie sie der Begriff Klasse umfasst, aufdecken könnte, ist beachtlich – ein Komplex von zahlreichen mikroskopischen Inseln interpersonaler und intergruppaler Strukturen und eine gigantische, engstirnige politische Organisation, die die einzelnen Teile zusammenhält.

(Soziometrie und Marxismus, Methode 1981, 216)

1949: Sobald die soziale Struktur als eine Gesamtheit betrachtet werden kann, kann sie auch in ihren kleinsten Einheiten untersucht werden. Damit gelingt es uns, soziometrische Fakten zu beschreiben (deskriptive Soziometrie) und die Funktion spezifischer Strukturen, die Wirkung einiger Teilbereiche auf andere zu berücksichtigen (dynamische Soziometrie). Wir können nun zwischenmenschliche Phänomene auf der soziologischen Ebene untersuchen, die einerseits nicht den Begrenzungen der psychologischen Ebene unterworfen sind und andererseits nicht zu verallgemeinerten, leblosen, massensymbolischen Daten abstrahiert und verzerrt werden. Wir können nun auch versuchen, die wirklich dynamischen sozialen Strukturen, die für das mikroskopische Auge selten sichtbar werden, zu entdecken.

(Ursprünge und Grundlagen der interpersonalen Theorie,
Soziometrie und Mikrosoziologie, Methode 1981, 273)

1949: Der schwächste Punkt der heutigen Gesellschaft und Kultur besteht in ihrer Unkenntnis der eigenen sozialen Struktur, insbesondere der kleinen, lokalen Struktur, in denen die Menschen wirklich ihr Leben verbringen. Nach fünfundzwanzig Jahren der Forschung in „Katakomben", wie zum Beispiel Gefängnissen, Krankenhäusern, Erziehungsanstalten, Schulen ist es an der Zeit, dass die Soziometrie von der geschlossenen zur „offenen" Gemeinschaft übergeht. Es ist daher wichtig, dass wir uns, bewaffnet mit mächtigen und dynamischen sozialen Erfindungen, „furchtlos" mitten in jede Stadt, jede Region, jeden Bezirk und Staat hinein begeben und den Mut haben, sie aus ihrem Traum von der Existenz einer individuellen Psyche zu rütteln. Nur durch einen solch praktischen, direkten und unmittelbaren Nachweis der Nützlichkeit der Sozialwissenschaften kann der Glaube an die Wissenschaft wiedergewonnen und gefestigt werden. Nur mit solchen Mitteln kann die Wissenschaft gerettet und voll ausgeschöpft werden. Unter der Mitwirkung aller Menschen sollten wir eine soziale Ordnung schaffen können, die ihrer höchsten Bestrebungen würdig ist. Das und nichts anderes hat die revolutionäre, dynamische Soziometrie im Sinn.

(Ursprünge und Grundlagen der interpersonalen Theorie,
Soziometrie und Mikrosoziologie, Methode 1981, 279)

1951: Die entscheidende Frage ist: „Hat die menschliche Gesellschaft eine spezifische Struktur? Wissen wir irgendetwas darüber? Kennen wir einige Regeln und Gesetze, die darin herrschen?"

(The Function of a „Department of Human Relations" Within the Structure of
the Government of the United States, GP III 4/1951, 290)

1974: Ohne den Blick aufs Ganze zu verlieren, ging sie [die Soziometrie] vom Großen auf das Kleine, die sozialen Atome und Moleküle, zurück. Sie kann deshalb auch „Soziologie mikrodynamischer Vorgänge" genannt [...] werden.

(Grundlagen 1974, 19)

1974: Die Erlebnisse, Gefühle, Wahlen und Entscheidungen der Individuen, die in sozialen Aggregaten leben, sind Tatsachenkomplexe, auf die wir Bezug nehmen; sie sind psychologische Kategorien. Die sozialen Einrichtungen, an denen diese Aggregate teilhaben – wie zum Beispiel Familie, Kirche, Industrie – sind eine zweite Gruppe von Fakten, auf die wir Bezug nehmen; sie verkörpern soziologische Kategorien. In ähnlicher Weise können wir kulturelle, ökologische, biologische und andere Kategorien unterscheiden, die ebenfalls einen Teil der sozialen Organisation ausmachen; aber gewissenhafte methodische Untersuchungen ergaben, dass keiner dieser Tatsachenkomplexe getrennt von den anderen bestehen kann; sie sind Abstraktionen wissenschaftlicher Denkweise. Die zu diesen Gebieten gehörenden Tatsachenkomplexe sind nur rohe, vorbereitende Materialien, aber keine soziometrischen Tatsachen. Um den Charakter soziometrischer Data zu erwerben, müssen sie in einen neuen Zusammenhang versetzt – z.B. in ein Soziogramm, eine soziometrische Geografie oder in das Rollendiagramm einer Gemeinschaft – und innerhalb dieses Zusammenhangs analysiert werden. Die einzige Kategorie, die wirklich volle soziometrische Gültigkeit hat, ist daher das ganze lebendige soziale Aggregat, das Kompositum aller individuellen und symbolischen Repräsentanten, zu dessen Bildung alle vorher erwähnten Kategorien ihren Beitrag liefern [...] Die soziometrische Arbeit strebt die Erkenntnis dieser innig verknüpften und reifen Konfiguration an. Daher ist das Objekt der soziometrischen Forschung nicht eine einzelne Reihe von Tatsachen, z.B. eine Reihe kultureller oder biologischer Zusammenhänge, sondern die gesamte Konfiguration, in die sie verwickelt sind.

(Grundlagen 1974, 32f)

1974: Der Kernpunkt unserer Klassifikation liegt in der Definition eines Individuums in seiner Beziehung zu andern Individuen und, im Fall von Gruppen, in der Definition einer Gruppe in ihrem Zusammenhang mit anderen Gruppen. Das ist soziometrische Klassifikation. Wir näherten uns diesem Problem nicht mit einem fertigen theoretischen sozialen Schema, das Hypothesen auf deduktive Weise aufstellt. Auch wir stellten Hypothesen auf, blieben aber auch nicht bei ihnen stehen, sondern erprobten sie an der sozialen Realität. Sie erwuchsen aus den Ergebnissen empirischer Induktion und wurden in ihrer weiteren Gestaltung von diesen beeinflusst.

(Grundlagen 1974, 108)

1974: Die Makrosoziologie ist die Soziologie großer Gruppen, ganzer Staaten, Nationen, Industrien etc. Im Gegensatz zu ihr sprechen wir in der Mikrosoziologie von Mikrogruppen. Nach der Definition des Autors ist die Mikrosoziologie die „Soziologie kleiner Gruppen" (sociology of small groups). Wir sprechen daher auch von Mikrogruppen oder von der atomaren Struktur der Gruppen. Grundlage der Mikrosoziologie ist die soziale Mikroskopie. Die traditionelle Sozialpsychologie des ersten Viertels unseres Jahrhunderts hat einige ihrer Funktionen eingebüßt. In diesem Zusammenhang ist es schwierig, ihren Platz und ihre Grenzen zu definieren. Einerseits überschneidet sie sich mit der Makrosoziologie, andererseits auch mit der Mikrosoziologie.

(Grundlagen 1974, 386)

1974: Es war die erste Aufgabe der Soziometrie, Begriffe wie Universum, Spontaneität, Kreativität, Angemessenheit, Kompetenz, Tele, Soziales Atom, Anziehung, Abstoßung, Wahl, Ablehnung, zwischenmenschliche Kontaktquote, emotionales Ausdehnungsvermögen, Erwärmung, Selbstverwirklichung, Katharsis, Intuition, Rolle, Gruppe, Kohäsion und therapeutische Veränderung aus dem Bereich mystischer Vorstellungen herauszuheben, neu zu definieren und in die Kategorie jener Begriffe zu übertragen, die empirisch definiert, gemessen und bewertet werden können. Diese Aufgabe ist im Laufe der letzten dreißig Jahre teilweise bewältigt worden, doch ist noch immer unendlich viel Arbeit zu leisten.

(Grundlagen 1974, 392. Vgl. Gruppenpsychotherapie 1959, 59)

1976: Wir haben gelernt, die Ozeane aus Wasser und Luft zu befahren. Es ist an der Zeit, in den Strömungen menschlicher und zwischenmenschlicher Beziehungen wissenschaftlich zu navigieren.

(A Sociometric View of Recent History: The Rise and Fall of Leadership, GP XXIX 1976, 69)

Die Soziometrie in der Therapeutischen Philosophie

Das soziometrische System

1923: Die Soziometrie hat drei Bezüge: socius – Mitmensch, metrum – Maß, und drama – Aktion. Daraus ergaben sich drei Forschungsbereiche: Gruppenforschung, metrische Forschung und Aktionsforschung. Diese drei Bereiche finden sich in den Termini und Definitionen der Soziometrie und der ihr verwandten Forschungsgebiete. Mit der Soziometrie wurde die Verbindung von Gruppen- und Aktionsforschung betont und zwei Arten der Metrik erkannt: die quantitative Metrik und die „Lokometrik" […]

Die Sozionomie untersucht und behandelt die Gesetze, denen die soziale Entwicklung und die sozialen Beziehungen unterliegen. Innerhalb des Systems der Sozionomie haben die noch metaphorischen Begriffe Wir, die Masse, die Gemeinde, die Gemeinschaft, wie auch die Begriffe Klasse, Staat, Kirche und viele andere Kollektive und Genossenschaften ihren Platz. Es obliegt der soziometrischen Forschung, diesen die Wahrheit nur annähernd erfassenden Begriffen eine exakte und dynamische Bedeutung zu geben.

Unter Soziometrie versteht man die Messung sozialer Beziehungen, im weitesten Sinn jede Messung jeder sozialen Beziehung. […] Solange zum Beispiel Bevölkerungsstatistiken und die gängigen Meinungsumfragen die einzigen soziometrischen Methoden darstellen, die vom soziometrischen Bewusstsein einer Bevölkerung akzeptiert werden, ist die Soziometrie am Ende ihrer Möglichkeiten. […] Sobald jedoch eine Bevölkerung feinere Instrumente akzeptiert, können diese für die Verbesserung und Messung zwischenmenschlicher Beziehungen und Beziehungen zwischen Gruppen verwendet werden; in diesem Fall werden die älteren Methoden weniger wünschenswert, ja sogar reaktionär, unwissenschaftlich und unsoziometrisch. […]

Die Soziometrie befasst sich mit der inneren Struktur gesellschaftlicher Gruppen, die mit dem Aufbau des Atoms oder der physiologischen Struktur der Zelle verglichen werden kann. Sie untersucht die komplizierten Gebilde, die sich aus den Kräften der Anziehung und Abstoßung zwischen den einzelnen Personen einer bestimmten Gruppe ergeben. Ihr Hauptaugenmerk ist nicht nur auf die verschiedenen Prozesse gerichtet, aus denen soziale Gebilde entstehen, wie etwa „Beziehungen" und „Interaktionen" zwischen Personen und Gruppen, sondern in erster Linie auf die sich ergebenden Gebilde selbst.

(Drei Bezugspunkte für die Soziometrische Forschung, Methode 1981, 21-23)

1955: Das soziometrische System ist kein allumfassendes System sozialer Beziehungen, sondern selbst ein Subsystem innerhalb eines größeren Rahmenkonzeptes. Ich habe dies allerdings nie ausbuchstabiert und in einem kompletten Schema dargestellt. Am oberen Ende des Systems steht [als übergeordneter Begriff] die Sozionomie; sie hat drei Zweige, Soziodynamik, Soziometrie und Soziatrie. Sozionomie ist die Wissenschaft sozialer Gesetze (oder welches moderne Äquivalent man für „Gesetz" einsetzen möchte). Soziodynamik ist die Wissenschaft der Strukturen sozialer Aggregate, von einzelnen Gruppen und Clustern von Gruppen (sie überschneidet sich zum Teil mit dem Gebiet, das oft als Gruppendynamik bezeichnet wird). Soziometrie ist die Wissenschaft der Messung des Sozialen, ein architektonisch strukturiertes System sozialer Messkunst mit soziometrischen Tests als deren Basis (die nicht umgangen werden können); dies ist keine quantitative Soziologie, sondern die Quantifizierung des Sozius, die Betonung liegt zuerst auf dem Sozius, das Messen kommt danach. Zuletzt kommt die Soziatrie, die Wissenschaft des sozialen Heilens. Aber ein Zweig ist vom anderen abhängig. In einem praktischen Bezugsrahmen ist die Reihenfolge umgekehrt, der Prozess des sozialen Heilens kommt dort zuerst und die Wissenschaft sozialer Gesetzmäßigkeiten kommt zuletzt.

(First Note on the Sociometric System, Sociometry XVIII 1/1955, 88.
Vgl. auch: Grundlagen 1974, 385f)

1956: Das neue Modell [der Sozialforschung] zeigte folgende Charakteristika:
1) Eine neue theoretische Orientierung: a) Spontaneität-Kreativität, b) das „Hier-und-Jetzt", c) ein operationaler Ansatz, d) topologische Psychologie und Feldtheorie, e) interpersonale Beziehungen, f) Rollenübernahme und Rollenspiel, g) induktive Vorbereitung zentraler Probleme;
2) Konkretisierung – Das Modell arbeitet mit konkreten Gruppen, nicht nur in einem konzeptuellen Sinn wie Cooley dies mit der „primary group" tut; es geht in die Gruppe hinein, um herauszufinden, was sich gerade in ihnen abspielt; der Ort der Forschung ist nicht nur im Kopf des Untersuchers, sondern im Feld oder im Labor;
3) Dynamisierung – es erforscht die Dynamik von Gruppenstrukturen mit Hilfe von sensiblen Instrumenten; diese sind so konstruiert, dass sie signifikante soziale Prozesse und den Austausch, der zwischen Individuen und Gruppen stattfindet, abgreifen können. Beispiele solcher Instrumente sind: der soziometrische Test, soziometrische Ratingskalen, soziometrische Fragebögen, die Skala des sozialen Abstandes, der Spontaneitätstest, interpersonale Beobachtung und Interview, der Rol-

lentest, Soziodrama, der Situationstest, Gruppenpsychotherapie etc. Es achtet in Ergänzung der Strukturen, die an der Oberfläche sichtbar sind, besonders auf die zugrunde liegenden sozioatomaren Strukturen;

4) Messung – es führt systematische Methoden ein, um interpersonale und Intergruppen-Beziehungen zu messen; es wagt operationale Definitionen; es wagt, angeregt durch das Verhalten und das Handeln von Individuen in einem Gruppensetting, Hypothesen aufzustellen, und es versucht, die Validität vorhergehender Hypothesen zu belegen. Es konzentriert sich auf greifbare und zentrale Studien. Es besteht auf präzisen soziometrischen Skalen und auf den Gebrauch eines realistischen experimentellen Designs. Aber ungezügeltes Messen ist zu einem exklusiven Trend innerhalb der soziometrischen Bewegung geworden; dies ist das Ergebnis der zunehmenden Abspaltung des Messens von der Soziometrie und der Vernachlässigung des Sozius-Aspektes. Eine Erfassung soziometrischer Studien würde folgendes zeigen: Einen drastischen Mangel an einer erfinderischen, theoretischen Vorbereitung der Befragungen und eine armselige Präsentation des Datenmaterials. Hier besteht die Gefahr, dass Soziometrie zu einem Zweig der Statistik verkommt. Diese Tendenz findet man immer wieder unter akademischen Soziometrikern;

5) Interdisziplinarität der Forschung und Annäherung aller Sozialwissenschaften;

6) Systematisierungen – es ermutigt, offen oder stillschweigend, die Konstruktion eines Systems auf der Basis von empirischer und experimenteller Evidenz, die zum Teil durch soziometrische Forschung erreicht wurde.

(The Sociometric School and the Science of Man, Sociometry XVIII 4/1956, 272)

1956: Das Ziel der Soziometrie ist es, am Aufbau einer Welt mitzuwirken, in der jedes Individuum, unabhängig von seiner Intelligenz, seiner Rasse, seinem Glaubensbekenntnis, seiner Religion oder ideologischen Zugehörigkeit, die gleiche Möglichkeit bekommt zu überleben und seine Spontaneität und Kreativität in ihr anzuwenden. Dieses Ziel ist durch revolutionäre Handlungen zu verfolgen.

(The Sociometric School and the Science of Man, Sociometry XVIII 4/1956, 275)

1962: Die Soziometrie hat das common-sense-Wissen wissenschaftlich bedeutungsvoll gemacht, dass jeder Mensch eine Gruppe von Freunden und eine Gruppe von Feinden hat und dass er oft daran scheitert, nicht genau zu wissen, wer wirklich seine Freunde und wer seine Feinde sind.

(The Group Psychotherapy Movement, Past, Present and Future, GP XV 1/1962, 21)

1963: Das Auftreten bestimmter klarer Strukturen ist kein zufälliges Phänomen, sondern ist durch den Reifegrad einer bestimmten Gruppe festgelegt. Davon leiten wir das so genannte „soziogenetische Gesetz" ab, das aussagt, dass höhere Formen der Gruppenorganisation immer aus einfacheren Formen hervorgehen. In ihrer ontogenetischen Entwicklung ist die Gruppenentwicklung zu einem großen Teil ein Spiegel der Formveränderungen, die prähistorische Gemeinschaften der Spezies im Verlauf ihrer Entwicklung durchgemacht haben. Ein Individuum kann einen niedrigen soziometrischen Status haben, während es soziogenetisch ein höheres Entwicklungsstadium aufweist. Dies erklärt, warum in Schulsoziogrammen ein bestimmtes Kind beispielsweise oft isoliert bleibt, weil seine soziale und emotionale Entwicklung weiter fortgeschritten ist als diejenige der anderen Gruppenmitglieder. Die populärsten Individuen in einem Soziogramm sind regelmäßig diejenigen, die zum gleichen soziogenetischen Rang gehören. Selbst dort, wo der Test wiederholt wird und die möglichen Wahlen ausgeweitet werden, erbringen die soziometrischen Strukturen – weit entfernt, sich mathematisch kalkulierbaren Wahrscheinlichkeiten anzupassen – konstant ähnliche Ergebnisse. Aufgrund dieser Wahrnehmung entwickelte sich das „soziodynamische Gesetz", das festlegt, dass soziometrisch isolierte Individuen, z.B. diejenigen, die im Soziogramm isoliert, nicht wahrgenommen oder kaum wahrgenommen erscheinen, dazu neigen, auch in den formalen sozialen Strukturen isoliert und kaum wahrgenommen zu werden; darüber hinaus wird diese Isolation umso spürbarer, je größer die Zahl der sozialen Kontakte ist. Umgekehrt tendieren Individuen, die im Soziogramm „bevorzugt" zu sein scheinen dazu, umso mehr bevorzugt zu werden, je größer die Zahl ihrer sozialen Kontakte ist. Dieses soziodynamische Gesetz beeinflusst die Gruppe genau in gleicher Weise, indem es ohne Rücksicht über alle ökonomischen und kulturellen Grenzen hinweg geht und neue Standards von „reich" und „arm" setzt, nämlich „emotional reich" und „emotional arm". Diese soziometrischen Differenzen, die offensichtlich in unserer Gesellschaft existieren, sind für unsere psychotherapeutische Situation von immenser Bedeutung. Es wurde beispielsweise beobachtet, dass die Chancen eines Individuums auf Erfolg und Zufriedenheit im psychologischen, sozialen und ökonomischen Bereich von seinem soziometrischen Status abhängen. Es wurde weiterhin beobachtet, dass soziometrisch isolierte Individuen dazu neigen, weniger erfolgreich zu sein, wenn sie sich um eine Arbeitsstelle bewerben, und dass sie anfälliger für Arbeitsunfälle zu sein scheinen als die „bevorzugten" und jene, die es einfach finden, mit anderen zusammen zu arbeiten. Die soziometrische Forschung führte noch zur Entdeckung zweier weiterer Gesetze, dem Gesetz der „sozialen Gravitation" und dem Gesetz des „interpersonalen und emotionalen Netzwerks".

(The Actual Trends in Group Psychotherapy, GP XVI 3/1963, 121f)

1974: In der Sozionomie werden die auf Grund soziometrischer Untersuchungen erhaltenen Ergebnisse theoretisch behandelt und die Gesetze, denen die soziale Entwicklung und die sozialen Formen unterliegen, erforscht. Innerhalb des Systems der Sozionomie haben Kollektive wie Masse, Gemeinschaft, Klasse, Staat, Kirche u. a. m. ihren theoretischen Platz. Durch soziometrische Methoden ist es möglich, die Dynamik dieser allgemeinen Formen exakt zu erforschen. Gleich anderen Zweigen der Wissenschaft setzt die Sozionomie voraus, dass den Phänomenen, mit denen sie sich befasst, eine natürliche Ordnung zugrunde liegt. Die Aktivität der Gruppe ist nicht ziellos oder nur vom Zufall abhängig. Wenn eine Gemeinschaft als Ganzes betrachtet wird, lassen sich in ihrer Konfiguration Regelmäßigkeiten erkennen. Es sind Tendenzen und Gesetze wahrnehmbar, die durch experimentelle und analytische Methoden erschlossen werden können. […]

Die Soziometrie als ein Teil der Sozionomie befasst sich mit dem mathematischen Studium psychologischer Eigenschaften der Bevölkerung, mit den experimentellen Methoden und den Ergebnissen, die aus der Anwendung quantitativer Prinzipien resultieren. Sie beginnt ihre Untersuchung mit der Erforschung der Entwicklung und Organisation der Gruppe und der Stellung der Individuen in ihr. Eine ihrer Hauptaufgaben ist es, die Zahl und die Ausdehnung psycho-sozialer Strömungen, wie sie in der Bevölkerung verlaufen, zu ermitteln. […]

In der Soziometrie haben sich drei Forschungszweige entwickelt: a) die dynamische oder revolutionäre Soziometrie, die sich mit den in Aktion begriffenen Gruppen befasst und sich um ihre Neuordnung bemüht; b) die diagnostische Soziometrie, die sich mit der Klassifizierung sozialer Gruppen befasst; c) die mathematische Soziometrie.

(Grundlagen 1974, 28f. Vgl. Gruppenpsychotherapie 1959, 19)

Primat der Soziometrie

1968: Ich werde oft gefragt, was ich für meinen größten wissenschaftlichen Beitrag halte. Meiner Meinung nach ist dies weder das Psychodrama noch die Gruppenpsychotherapie, sondern die Soziometrie, die Wissenschaft zwischenmenschlicher Messmethoden. Sie hat der Gruppenpsychotherapie ihr solides Fundament gegeben.

(Address of the Honorary President of the Fourth International
Congress of Group Psychotherapy, GP XXI 2-3/1968, 95)

Soziometrische Konfigurationen und Phänomene

Ein wesentlicher Beitrag Morenos zur Sozialforschung ist es, eine Vielzahl von Phänomenen und Gesetzmäßigkeiten beschrieben zu haben, die einen Interaktionsraum strukturieren. Im Folgenden findet sich ein Überblick über die wichtigsten seiner Befunde. Die Reihe beginnt mit Überlegungen zur Bedeutung des Kriteriums für den Akt der Wahl, wendet sich Strukturen zu, die die Tiefendimension einer Gruppe strukturieren, beschäftigt sich dann mit der soziometrischen Beschreibung des Individuums (als soziokulturelles Atom mit einem bestimmten emotionalen Ausdehnungsvermögen und der Angewiesenheit auf Einbindung, die im Bild vom sozialen Tod radikal auf den Punkt gebracht wird), um mit Gesetzmäßigkeiten zu enden, nach denen sich Gruppen entwickeln.

Kriterien

1937: Die wahre Gruppenorganisation kann enthüllt werden, wenn der Test in Übereinstimmung mit dem Kriterium, auf das er sich bezieht, erstellt wird. Wenn wir, zum Beispiel, die Struktur einer Arbeitsgruppe bestimmen wollen, ist das Kriterium nicht die Antwort auf die Frage, mit wem die einzelnen Personen gerne Mittagessen gehen würden, sondern ihre Beziehung als Arbeiter in der Fabrik. Wir unterscheiden deshalb zwischen einem wesentlichen und einem Hilfskriterium. Komplexe Gruppen werden in ihrem Aufbau durch mehrere wesentliche Kriterien bestimmt.

(Die Soziometrie in ihrer Beziehung zu anderen Sozialwissenschaften, Methode 1981, 40)

1947: Eine der Schwierigkeiten, auf die wir in der soziometrischen Arbeit gestoßen sind, ist die Definition und Analyse sozialer Kriterien. Soziale Kriterien sind die Brennpunkte, um die sich die Individuen sammeln und um die sich Gruppierungen verschiedener Beständigkeit und Dauer bilden. Je spezifischer die Kriterien sind, umso sorgfältiger muss ein entsprechender soziometrischer Test ausgearbeitet werden und umso größer sind die Chancen, dass er die spontansten intimen und wirklichen Strukturen, welche Individuen untereinander erzeugen, erfasst. Es gibt Studien, die auf kein einziges Kriterium gestützt sind: „Wen mögen Sie und wen mögen Sie nicht?" Diese sollten nicht soziometrisch genannt werden. Es gibt Studien, die ungenau definierte Kriterien benützen: „Wer sind Ihre besten Freunde und wer sind Ihre Feinde?" Es liegt auf der Hand, dass das soziometrische Test-Instrument um so weniger präzise und die Ergebnisse um so unvollständiger und verzerrter sein werden, je ungenauer die Kriterien definiert sind. Undeutlich definierte Kriterien weisen darauf hin, dass die Zielvorstellungen des soziometrischen Forschers unklar sind. Ein soziometrischer Test verlangt von der Versuchsperson nicht nur eine verbale Antwort auf eine verbale Frage. Er versucht, die Versuchspersonen zu mobilisieren, sie dazu zu bewegen, mit einer Handlung zu antworten, einer Handlung jedoch, die sie selbst bestritten haben mag, die aber der tiefste gegenwärtige Ausdruck ihrer Spontaneität ist.

Jeder soziometrische Test versucht, das Individuum dazu zu erwärmen, im Sinne und in Übereinstimmung mit seiner subjektiven Wirklichkeitsebene zu handeln.

> (Fortschritt und Missverständnis in der soziometrischen Theorie, Methode 1981, 170)

1948: Jedes Mitglied muss überzeugt sein, dass das Experiment in Übereinstimmung mit einem seiner wichtigen Lebensziele ist (Regel der adäquaten Motivation).

> (Soziometrie und die experimentelle Methode, Methode 1981, 63)

1949: Ich stimme mit Gurvitch und von Wiese darin überein, dass die Prozesse, durch die Individuen verbunden und soziale Gruppen gebildet werden, nicht „einen ausschließlich emotionalen Charakter" haben. Ich habe wiederholt den Standpunkt vertreten, dass emotionale Charakteristika nur einen, wenn auch entscheidenden, Teil des gesamten sozialen Prozesses darstellen.

> (Ursprünge und Grundlagen der interpersonalen Theorie,
> Soziometrie und Mikrosoziologie, Methode 1981, 276)

1963: Strukturelle Veränderungen finden in Gruppen in Anlehnung an verschiedene Faktoren wie Alter, Rasse, Geschlecht, Ökonomie und Kultur statt.

> (The Actual Trends in Group Psychotherapy, GP XVI 3/1963, 122)

1974: Es ist […] unentbehrlich, dass die Individuen selbst zur Mitarbeit angeregt werden, dass sie am Test ausreichend interessiert werden und dass sie dem Tester

ihre spontanen Haltungen, Gedanken und Motivierungen bezüglich der durch das
Kriterium betroffenen Personen offenbaren. Alles zusätzliche Material, das durch
andere Methoden, wie die Beobachtung oder das Interview, zur Unterstützung
dieser wesentlichen Informationen gewonnen werden kann, genügt nicht, um die
beiden oben erwähnten Erfordernisse zu befriedigen. Wenn daher die Mitglieder
einer Gruppe ohne Bezugnahme auf ein Kriterium gefragt werden, wen sie gerne
haben und wen nicht, so sollte dieses Verfahren nicht soziometrisch genannt werden. Es ist üblich geworden, solche Methoden „near sociometric" oder „infra-
soziometrisch" zu nennen. Die an kein bestimmtes Kriterium gebundenen Sympathien und Antipathien können nämlich nicht analytisch differenziert werden. Sie
sind nicht ohne Wert für die soziometrische Forschung; aber es kann nicht eindeutig festgestellt werden, ob solche Äußerungen auf sexuelle, auf Arbeits- oder sons-
tige Formen der Affinität zurückgehen. Außerdem haben gewöhnlich die Einzelnen kein Interesse daran, ihre wirklichen Sympathien und Antipathien offen zu
bekennen, solange keine persönliche Motivierung damit verbunden ist.

(Grundlagen 1974, 40f)

1974: Die erste Phase des Tests [in Hudson] wurde sehr einfach konstruiert, damit
wir einen Angriffspunkt in der spontanen Entwicklung des Gemeinschaftsgewebes
bekommen würden. Wir ließen jedes Mitglied der Gemeinschaft in Bezug auf das
Kriterium des Zusammenlebens seine Hausgenossen wählen, ohne Rücksicht auf
Alter, Nationalität usw. Aber im Verlauf der Analyse erschienen uns die Wahlre-
sultate derart widerspruchsvoll, dass wir auf dieser Grundlage allein unter keinen
Umständen neue Hausgemeinschaften organisieren konnten. [...] Nur eine Minderheit wählte sich gegenseitig und eine noch geringere Zahl bei der ersten Wahl.
Die große Mehrheit der Gemeinschaftsmitglieder „verfehlte" oder vernachlässigte
sich aus unbekannten Gründen. Außerdem durchbrachen die Wahlen alle rassischen und religiösen Bindungen und die Grenzen der Intelligenz. Negerinnen
wählten Weiße, Weiße Farbige, Katholiken Protestanten, Hochintelligente weniger
Intelligente und umgekehrt.

(Grundlagen 1974, 115)

1974: Besonders in Anstalten für Geisteskranke haben wir manchmal Personen angetroffen, die nicht wissen, wen oder was sie wählen sollen, die gleichzeitig eine
bestimmte Person lieben und hassen und die von dieser Person gleichzeitig geliebt
und gehasst werden. Man kann dieses Wahlverhältnis „ambivalente Wahl" nennen. Untersucht man solche Menschen genauer, so findet man häufig, dass diese
doppelten und verwirrten Gefühlsströme von einem Konflikt der Kriterien her-

stammen und isoliert werden können. Die sympathischen Gefühle wurden in einem Beispielfall durch die Zusammenarbeit verursacht; der Hass resultierte aus der Liebe zu demselben Mann. Durch Separieren der Kriterien kann in manchen Fällen die Ambivalenz gelöst werden.

(Grundlagen 1974, 119)

1974: Verschiedene Kriterien bewirken verschiedenartige spontane Gruppierungen der gleichen Gruppenmitglieder.

(Grundlagen 1974, 366)

1974: Gemeinschaften wie Hudson haben zwei Mängel und stellen für die Soziometrie ein außergewöhnliches Problem dar. Der biologische Faktor, der normale Gemeinschaften weitgehend bestimmt, fällt weg. Desgleichen fehlt der ökonomische Faktor, der sonst in normalen Gemeinschaften entscheidenden Einfluss hat. [...] Zwischen den Mitgliedern der Hudsongemeinschaft bestanden weder Blutsbande noch ökonomische Beziehungen.

(Grundlagen 1974, 283)

1974: Ein Kriterium, das für eine bestimmte Kultur bedeutungsvoll ist, kann in einer anderen unbedeutend oder bedeutungslos sein.

(Grundlagen 1974, 376)

o.J.: Ein Handlungskriterium bringt eine andere Situation mit sich. Es veranlasst die Klienten zu einem anderen Erwärmungsprozess [...]. Die Menschen haben ein unmittelbares Ziel, für das sie erwärmt werden. Die Wahlen, die sie treffen, sind sehr real, sie sind nicht nur Wünsche. Sie werden gegenwärtig und in Gegenwart der Gruppe zum Handeln veranlasst.

(Weitere Anmerkungen zum Unterschied zwischen diagnostischen und Handlungskriterien, Methode 1981, 184)

Anziehung, Abstoßung und Neutralität

1974: Angenommen, die ganze Menschheit stellt eine Einheit dar, so müssen Kräfte vorhanden sein, welche die einzelnen Teile zueinander in Beziehung setzen, und Kräfte, welche die einzelnen Teile verbinden und trennen. [...] In allen Beziehungen zwischen Individuen und Gruppen treten diese Kräfte – analog zu chemischen Affinitäten – als Anziehung und Abstoßung in Erscheinung. Anziehung und Abstoßung müssen daher als Kräfte angesehen werden, die im ganzen biologischen, sozialen und psychologischen Bereich wirksam sind. Ist dies der Fall, so müssen sie innerhalb dieser Gebiete erforscht werden können. Diese Anziehungen und

Abstoßungen und ihre Ableitungsformen haben eine mehr oder weniger starke
Wirkung, nicht nur auf unmittelbar beteiligte Individuen, sondern auch auf alle
Teile dessen, was wir Menschheit nennen.

(Grundlagen 1974, 3)

1974: In der griechischen Mythologie stellt Eros den Gott der Liebe dar und Eris
die Göttin der Zwietracht. Weniger bekannt ist der interessante Bruder des Eros,
Anteros, der Gott der gegenseitigen Liebe, der Gott der Dyade. So trugen die Griechen den Kräften der Anziehung und Abstoßung zwischen den Menschen Rechnung. Wunderschön symbolisiert die griechische Dichtung, wie zu Beginn der Liebe ein Pfeil auf den erwählten Menschen zufliegt. Dieses Pfeilsymbol hat sein Gegenstück in unserem Symbol der Anziehung, der roten Linie. Die Griechen glaubten, sinnbildlich gesprochen, dass alle roten Linien durch Eros, alle schwarzen Linien durch Eris und alle gegenseitigen roten Linien durch Anteros verursacht
würden und der Mensch diesen Kräften machtlos ausgeliefert sei. Statt mit einer
Fackel dieses Labyrinth der Liebe und des Hasses zu erforschen, hielten sie sich an
ihre mythischen Formeln. Wir haben versucht, dieses Labyrinth wissenschaftlich
zu analysieren.

(Grundlagen 1974, 137)

1974: Wenn wir eine Gemeinschaft betrachten, ohne auf ihre wirkliche Struktur
und ihren Wert einzugehen, erkennen wir zuerst zahllose auf ihrer Oberfläche
schwimmende Kollektive, Familien, Arbeitsgruppen, rassische Gruppen, religiöse
Gruppen usw. Wir werden uns bewusst, dass diese Gruppierungen keine willkürlichen Formationen sind, sondern um bestimmte Kriterien kreisen, wie Zusammenleben, Zusammenarbeit usw. Wir bemerken außerdem, dass die Stellung eines
Individuums innerhalb solcher Kollektive oft im Gegensatz zu seinen Wünschen
steht. Wenn zur Verwirklichung und Befriedigung der menschlichen Wünsche
mehr als eine Person notwendig ist, entwickelt sich eine soziale Situation; soziale
Beziehungen und soziale Notwendigkeiten, Geschlechtstrieb, Verlangen nach Ge-
borgensein und der Drang nach Nahrung gehören in diese Ordnung. Mehr als eine
Person ist notwendig, wenn die Absicht vorliegt, eine Heim- oder Werkeinheit zu
gestalten. Aber gleich Individuum A befinden sich Individuum B, C, D, E und Millionen anderer Individuen in derselben Lage: Sie brauchen außer sich noch andere
Personen, um eine Heim-, sexuelle oder Arbeitsbeziehung zu bilden. Diese Interessen werden von Millionen in gleicher Weise geteilt, sind aber in Grad und Einzelheiten verschieden von Individuum zu Individuum. Ihr Unterschied in Grad und
Einzelheiten macht die Angelegenheit außerordentlich kompliziert. Ein Mensch

braucht zur Erfüllung seiner Wünsche eine ganze Anzahl anderer Personen, und andere Individuen brauchen ihn zu diesem Zweck. Das Problem wäre leicht zu lösen, wenn alle betreffenden Personen voneinander angezogen würden. Unglücklicherweise haben wir es aber keineswegs mit durchgehender Paarbildung zu tun. Ein Individuum würde gerne mit einer bestimmten Person zusammenleben; sie ihrerseits wird von jemand anderem angezogen. Ein anderes Individuum hat den Wunsch, mit einer bestimmten Person zusammenzuarbeiten, diese jedoch stößt es ab usw.

Die Menschen unterscheiden sich durch die Größe ihres Interesses und die Aufmerksamkeit, die ihnen geschenkt wird. Das Ergebnis ist ein Netzwerk sozialer Emotionen. Die Anziehungen und Abstoßungen strahlen in alle möglichen Richtungen aus; manchmal treffen sie sich; oft kreuzen sie sich oder fließen aneinander vorbei.

(Grundlagen 1974, 159f)

1974: Die Tendenzen, welche die Menschheit durchströmen, treten an der Oberfläche als Anziehung, Abstoßung und Gleichgültigkeit in Erscheinung. Sie müssen zu biologischen, sozialen und psychischen Faktoren in Beziehung stehen.

Die sozio-emotionalen Zickzackströmungen positiver und negativer Natur – die Anziehungen und Abstoßungen, die zwischen den Gruppen hin- und herfließen – sind Formen der Energieverteilung. Nach der soziometrischen Theorie gibt es zweierlei Energieformen: konservierbare und unkonservierbare Energie. Die konservierbare Energie fällt unter das Gesetz der Erhaltung der Energie, so wie es die Physik postuliert; die „Kulturkonserve" im Sinne der Soziometrie ist ein Beispiel konservierbarer Energie. Spontaneität dagegen ist ein Beispiel für unkonservierbare Energie.

(Grundlagen 1974, 361)

Wahl

1934: Das Instrument zum Messen des Organisationsgrades sozialer Gruppen wird soziometrischer Test genannt. beim soziometrischen Test wird ein Individuum aufgefordert, seine Partner für eine Gruppe auszuwählen, deren Mitglied er ist oder werden könnte. Man erwartet von ihm, dass er seine Wahlen ohne Einschränkungen trifft und unabhängig davon, ob die gewählten Personen Mitglieder der gegenwärtigen Gruppe sind oder nicht. Der soziometrische Test ist ein Instrument, das soziale Strukturen überprüft, indem die Anziehungen und Abstoßungen gemessen werden, die unter den Personen einer Gruppe stattfinden. Im Bereich zwischenmenschlicher Beziehungen verwenden wir oft enger definierte Bezeichnungen wie „Wahl" und „Ablehnung". Die umfassenderen Ausdrücke Anziehung und Abstoßung reichen über die menschliche Gruppe hinaus und weisen darauf hin, dass es analoge soziale Konfigurationen in nichtmenschlichen Gruppen gibt.

(Who Shall Survive? 1934, Psychodrama und Soziometrie 1987, 157.
Vgl. Gruppenpsychotherapie 1959, 20)

1974: Es stellte sich […] außerdem heraus, dass die in freien Wahlen zur Äußerung kommenden Beziehungen oft stark von den aktuellen zwischenmenschlichen Beziehungen abweichen.

(Grundlagen 1974, 35)

1974: Die ersten und die zweiten Wahlen scheinen von großer Bedeutung zu sein. Nach einer Zeitspanne von drei Monaten hatten sich nämlich [in der Riverdale School] 92% der ersten und 82% der zweiten Wahlen nicht geändert. Bei dieser Wiederholung des Tests zeigte sich, dass gut platzierte Schüler ihre Position gewöhnlich beibehalten oder verbessern, dass schlecht platzierte Schüler ebenfalls ihre Position beibehalten oder sie noch verschlechtern.

(Grundlagen 1974, 55f)

1974: Erste Wahl und erste Abstoßung sind die zuverlässigsten soziometrischen Ergebnisse. Unzuverlässigkeit und Wechselhaftigkeit der Wahl wächst mit der Entfernung von der ersten Wahl; die dritte Wahl ist unzuverlässiger als die zweite, die vierte unzuverlässiger als die dritte usw. Das Tele wird immer schwächer.

(Grundlagen 1974, 367)

1974: Hypothese der Wahlkonstanz: Es ist von größter ethischer Bedeutung, dass alle Wahlen von den Individuen selbst (und nicht für sie) getroffen werden. Bewusst oder unbewusst ist das Individuum aber eher ein Durchgangskanal für wichtige kollektive Werte und Bestrebungen. Da ein solcher Kanal jedoch kein Automat, sondern eine lebendig-spontane Persönlichkeit ist, findet bei jeder Wahl ein Zusammentreffen kollektiver und privater Kräfte der Gemeinschaft statt.

(Grundlagen 1974, 371)

1974: Hypothese der Wahlambivalenz. Wenn ein Individuum in ein und demselben Test ein anderes wählt und abstößt, können solchem Verhalten verschiedene Ursachen zugrunde liegen: a) Seine Beziehung bezieht sich auf zwei oder mehrere Kriterien […]. Die Ambivalenz ist leicht zu erklären, wenn die beiden Kriterien getrennt und zwei verschiedene Tests veranstaltet werden. Wird ein unscharfes Kriterium verwendet, […] so kann eine ambivalente Wahl das Ergebnis sein. Auf diese Weise gelingt es der soziometrischen Analyse, die durchscheinend unbewussten psychodynamischen Mechanismen aufzudecken. b) Fühlt sich ein Individuum zu drei anderen Individuen aus demselben Grund gleich stark hingezogen, so mag es diese Individuen auf die gleiche Bevorzugungsstufe setzen. Es hat in diesem Fall dann drei erste Wahlen. Früher oder später muss es sich aber doch für ein Individuum entscheiden, das es z.B. heiratet. Diese Entscheidung mag einen bestimmten Grad von Abstoßung gegen seinen Ehepartner erzeugen, […] und dadurch eine Ambivalenz der Gefühle zeitigen. c) Ambivalenz ist manchmal die Folge einer Vermischung von Rollen bei der soziometrischen Wahl. […]

Wir sehen, dass eine Vermischung vieler Faktoren dieser Wahl zugrunde liegen können: private und kollektive, physische und axiologische Kriterien. Welche dynamischen Faktoren aber auch immer die Wahl bestimmen mögen, ändert nichts an der Tatsache, dass Entscheidung und Wahl getroffen worden sind und die quantitative Stärke zumindest zur Zeit des Testes das gewählte Individuum begünstigt hat.

(Grundlagen 1974, 372f)

1974: Wahlen sind grundlegende Faktoren in allen menschlichen Beziehungen. Wahlen betreffen Menschen oder Gegenstände. Ob die Motive dem Wählenden bekannt sind oder nicht, ist von sekundärer Bedeutung. Sie sind nur im Hinblick auf seinen kulturellen oder ethischen Index bedeutungsvoll. Es ist zunächst nebensächlich, ob sie unklar oder höchst deutlich, irrational oder rational sind. Solange sie spontan und echt das Selbst des Wählenden zum Ausdruck bringen, bedürfen sie keiner besonderen Rechtfertigung. Es sind Tatsachen erster Ordnung.

(Grundlagen 1974, 446f)

o.J.: Wahlen sind […] Entscheidungen für eine Handlung, nicht Einstellungen.

(Weitere Anmerkungen zum Unterschied zwischen diagnostischen und
Handlungskriterien, Methode 1981, 184)

Oberflächen- und Tiefenstrukturen

1947: Soziometrische Tests zeigen auf dramatische und exakte Weise, dass jede Gruppe unter ihrer oberflächlichen, greifbaren, sichtbaren, ablesbaren Struktur eine zugrunde liegende, nicht greifbare, unsichtbare inoffizielle Struktur besitzt, die allerdings lebendiger, wirklicher und dynamischer ist als die erstere. Dies konnte für Gruppen nachgewiesen werden, die einen sehr formalisierten, institutionellen

Charakter haben, wie auch für Gruppen, deren Struktur informell, fließend und vergänglich ist.

(Fortschritt und Missverständnis in der soziometrischen Theorie, Methode 1981, 169. Original: Sociometry X, 268-272)

1948: Ziel des soziometrischen Experiments ist es, die alte soziale Ordnung in eine neue soziale Ordnung umzuwandeln und, falls nötig, die Gruppen so umzugestalten, dass die formelle Oberflächenstruktur so weit wie möglich der Tiefenstruktur entspricht. Der soziometrische Test ist in seiner dynamischen Form eine revolutionäre Untersuchungskategorie. Von innen her verändert er die Gruppe und ihre Beziehung zu anderen Gruppen; auf mikroskopischer Ebene bewirkt er eine soziale Revolution. Wenn der Test überhaupt keine Umwälzung mit sich bringt, liegt der Verdacht nahe, dass ihn der Forscher aus Achtung vor einer bestehenden sozialen Ordnung in ein harmloses, armseliges Instrument verwandelt hat.

(Soziometrie und die experimentelle Methode, Methode 1981, 60)

1948: Es besteht eine Diskrepanz zwischen dem offenkundigen und dem verborgenen Verhalten der Mitglieder einer Gruppe (Regel der dynamischen Differenz in der Gruppenstruktur, peripher vs. zentral)

(Soziometrie und die experimentelle Methode, Methode 1981, 63)

1949: Die soziale Wirklichkeit selbst ist die dynamische Verflechtung und Interaktion der soziometrischen Matrix mit der äußeren, externen Welt. Die soziometrische Matrix existiert nicht allein, ebenso wie die äußere Gesellschaft nicht allein existiert; die letztere ist unaufhörlich dem Druck der zugrunde liegenden Struktur ausgesetzt. Innerhalb eines soziometrischen Systems unterscheiden wir deshalb drei Prozesse: die äußere Wirklichkeit der Gesellschaft, die innere Wirklichkeit der soziometrischen Matrix und die soziale Wirklichkeit selbst, die historisch wachsenden, dynamischen, sozialen Gruppierungen, aus denen sich das eigentliche soziale Universum zusammensetzt. Wenn man die Struktur der offiziellen Gesellschaft und die soziometrische Matrix kennt, kann man die kleinsten Teile, die aus den beiden Dimensionen in die Kompromissform der sozialen Wirklichkeit eindringen, erkennen. Je größer der Gegensatz zwischen der offiziellen Gesellschaft und der soziometrischen Matrix ist, umso intensiver sind die sozialen Konflikte und Spannungen zwischen ihnen.

Man könnte die Hypothese folgendermaßen formulieren: Soziale Konflikte und Spannungen steigen direkt proportional zur soziodynamischen Differenz zwischen offizieller Gesellschaft und soziometrischer Matrix.

> (Drei Dimensionen der Gesellschaft: Die äußere Gesellschaft, die soziometrische Matrix und die soziale Wirklichkeit, Methode 1981, 177)

1957: Die menschliche Gesellschaft hat drei Dimensionen: Die äußere Gesellschaft, die soziometrische Matrix und die soziale Realität, die die Interaktion dieser beiden ist, die Oberflächen- und Tiefendimension. Die Tiefendimension setzt sich aus affektiven Beziehungen zusammen, die entlang dem Kontinuum von Anziehung-über-Neutralität-zur-Ablehnung verteilt sind. Sie wirkt unter dem formalen sozialen Gefüge, das es beeinflusst, und durch das es beeinflusst wird. Die soziometrischen, psychotherapeutischen und soziatrischen Zusammenhänge einer zweidimensionalen gesellschaftlichen Struktur, einer offiziellen im Gegensatz zu einer inoffiziellen Gesellschaft, können direkt und experimentell untersucht werden. Die Beziehungen in einer soziometrischen Matrix können mit fast derselben Genauigkeit kartografiert werden wie die Anatomie des menschlichen Körpers. Aber der Konflikt zwischen diesen beiden gesellschaftlichen Dimensionen kann nicht durch individuelle oder Gruppentherapie gelöst werden. Wegen der globalen Tragweite aller menschlichen Beziehungen besteht die endgültige vermittelnde Instanz in einer Psychotherapie der ganzen menschlichen Gesellschaft.

> (Globale Psychotherapie 1957, Jahrbuch 1991, 25)

1957: Die menschliche Gesellschaft hat eine eigene Struktur, die nicht identisch ist mit der sozialen Ordnung oder der Regierungsform, die gerade herrscht; die Soziometrie zeigt uns, dass diese Struktur auf Soziogramme kartografiert und wie ein geografischer Atlas gehandhabt werden kann. Die Struktur wird zwar beeinflusst, aber nie gänzlich durch das Instrument geregelt, das seine Angelegenheiten wahrnimmt, z.B. den Staat. Der Staat mag „vergehen", aber die zugrunde liegende soziodynamische Struktur der Gesellschaft dauert auf die eine oder andere Weise an. Die Bemühungen um Heilung müssen sich daher um die Strukturen der soziometrischen Matrix kümmern, wenn eine dauernde und wahrhaftige Lösung der sozialen Übel erreicht werden soll.

> (Globale Psychotherapie 1957, Jahrbuch 1991, 28)

1974: Die innere konkrete Struktur einer Gruppe ist nur in seltenen Augenblicken auf der Oberfläche der sozialen Interaktion sichtbar. Und wenn dies wirklich einmal der Fall ist, weiß niemand mit Sicherheit, dass die Oberflächenstruktur der Tiefenstruktur genau entspricht. Um Bedingungen zu schaffen, unter denen diese

Tiefenstruktur sichtbar wird, müssen die Organismen der Gruppe in Tätigkeit gesetzt und in Aktoren verwandelt werden. Sie müssen zur Zeit des Testes im Begriff sein, sich auf ein gemeinsames Ziel hinzubewegen und ein gemeinsames Problem zu lösen, je nachdem, welches Kriterium ihre sozialen Entscheidungen motiviert. Die äußere Umgebung muss in eine spezifische aktionserfüllte Situation verwandelt werden, die an sich schon eine Provokation zur Tat darstellt. Da selbst unsere gewissenhaftesten Beobachtungen der Interaktionen unvollständig, bedeutungslos oder nutzlos für die Aktoren sein können, müssen wir unsere Aktoren dazu bringen, wie im wirklichen Leben zu handeln, und wir müssen sie veranlassen, uns die Beschreibung ihrer eigenen Erlebnisse zu geben. Der Organismus in der Umgebung wird zum „Aktor in situ".

(Grundlagen 1974, 32)

1974: Die offizielle soziale Funktion eines Mädchens [in Hudson] kann z.B. das Überwachen des Schlafraums sein, während es in seiner soziometrischen Funktion als affektbetonte erste Wahl und verhätschelter Liebling der Hausmutter gilt und von den übrigen Gruppenmitgliedern abgestoßen wird und innerhalb der Gruppe isoliert ist. Diese emotionale Verbindung zwischen den Mädchen bilden eine neuartige soziale Gestalt, eine soziometrische Organisation. Der Gegensatz zwischen der formalen und informalen Gemeinschaftsstruktur hat dynamische Konsequenzen.

(Grundlagen 1974, 98)

1974: Jede Gruppe hat eine innere Struktur, die sich oft von der äußeren Struktur unterscheidet.

(Grundlagen 1974, 364)

1974: Je stärker der Gegensatz zwischen offizieller Gesellschaft und soziometrischer Matrix ist, umso intensiver sind die zwischen ihnen bestehenden Konflikte und Spannungen. Soziale Konflikte und Spannungen sind proportional der soziodynamischen Differenz zwischen offizieller Gesellschaft und soziometrischer Matrix.

(Grundlagen 1974, 373)

Soziometrischer Status

1955: Unfallneigung ist eine Funktion des soziometrischen Status eines Individuums. Wenn der soziometrische Status eines Individuums an Kohäsion zunimmt, so sinkt seine Unfallneigung und umgekehrt. Bei Kindern ist die Unfallneigung eines der großen Probleme eines jeden Sozialisationsprogramms, aber überbehütendes Verhalten der Eltern ist keine Garantie für die Sicherheit der Kinder. Die umfassende Kohäsion ihres soziometrischen Status ist die einzige Garantie.

(The Discovery of the Spontaneous Man, GP VIII 2/1955, 124)

1959: Ein Individuum mag einen hohen soziometrischen „Status" (Rang) haben, aber soziogenetisch gehört es einer niedrigeren Entwicklungsstufe an. Daher sehen wir in Schulsoziogrammen, dass ein Schüler isoliert bleibt, weil er auf einer höheren sozialen und emotionalen Entwicklung steht als die anderen Mitglieder der Gruppe. Die populärsten Individuen der Soziogramme sind häufig Individuen derselben soziogenetischen Stufe.

(Gruppenpsychotherapie 1959, 31)

1974: In enger Beziehung zu seinem soziometrischen Alter hat jedes Individuum von der Geburt bis zum Tode seine „soziometrische Geltung" (Status). Diese ändert sich von Zeit zu Zeit, folgt aber bestimmten Entwicklungsgesetzen. Sie ist nicht identisch mit der offiziellen sozialen Geltung eines Individuums innerhalb der sozialen Institutionen, in denen es wirkt. Die Konzeption der soziometrischen Geltung hat große praktische Bedeutung, da sie die unsichtbare Stellung des Individuums innerhalb der Gruppe klärt. Wir sprechen daher oft von der Rolle eines Individuums. Ein Arzt oder Politiker z.B. mag offiziell eine große Rolle spielen, seine soziometrische Geltung im Soziogramm kann dagegen schwach sein. Hingegen mag der kleine Ausschenker in einer Bierstube einen mächtigen „unterirdischen" Einfluss in der Ortschaft haben.

(Grundlagen 1974, 72)

Führungsstrukturen

1941: In einer Gemeinschaft, die nach soziometrischen Grundsätzen verwaltet wird, ist nachgewiesen worden, dass die Gruppe von Individuen, die heute Schlüsselstellungen innehaben, durch soziometrische Tests leicht ermittelt werden kann. Im Laufe der in regelmäßigen Zeitabständen wiederholten Routineuntersuchungen wird deutlich sichtbar, dass diese Schlüsselfiguren an Einfluss verlieren und andere ihre Plätze (in statu nascendi) einnehmen. Dies wirft die Frage auf, ob künstlich aufrechterhaltene Führung nicht zur „Konserve" werden kann und somit zu einer verdummenden anstatt zu einer spontanen und anregenden Triebkraft.

(Grundlagen der Soziometrie. Konzepte und Experimente mit Gerüchten, Methode 1981, 207)

1943: Es kann gut sein, dass hinter dem Geschrei gegen Kultbegeisterung eine verborgene Angst vor Führung liegt. Aber die Angst vor dem Kult sollte nicht zu einer Verneinung von Führung führen, denn der Führungsprozess ist ein inhärenter Teil des sozialen Lebens, wie er aus jedem Soziogramm ersichtlich wird. Das Nicht-Führer-Prinzip kann ebenso gefährlich sein wie das Führer Prinzip. Beide sind soziometrisch unrealistisch. Sie sind Extreme, das erste führt zu Anarchie und Chaos, das zweite zu Zwang und Rigidität.

(Sociometry and the Cultural Order, Sociometry VI 3/1943, 301)

1943: Ohne Soziometrie sind wird der Gnade unserer Anführer ausgeliefert.

(A Sociometric View of Recent History 1943, GP XXIX 1976, 69)

1974: Hypothese der Führerschaft: Führerschaft ist eine Funktion der Gruppenstruktur. Ihre Form ist von der Konstellation der betreffenden Gruppe abhängig. Die Macht eines Führers ist abhängig von der Macht der ihn wählenden und von ihm beeinflussten Individuen. Ihre Macht drückt sich wiederum aus in der Macht der sie wählenden und der von ihnen beeinflussten Individuen. Die Macht des Führers ist aber außerdem noch abhängig von den psycho-sozialen Netzwerken, denen seine Anhänger angehören, und der Stellung dieser Netzwerke innerhalb des gesamten Kollektivs, das seiner Führerschaft unterliegt.

(Grundlagen 1974, 371)

1974: Der isolierte Führer erhält weniger Wahlen als erwartet, im extremsten Fall nicht mehr als eine gegenseitige Wahl. Diese Wahl kommt dann aber von einem mächtigen Führer, der selbst viele Wahlen von soziometrisch hoch gestellten Individuen erhält. Gleich einem unsichtbaren Herrscher, der Macht hinter dem Thron, kann der isolierte Führer regieren und weit reichenden Einfluss auf die soziometrischen Netzwerke ausüben.

(Grundlagen 1974, 447)

1976: Es gibt viele Typen von Anführern: den Isolierten (oder möglichen Anführer), den Hasser (oder negativen Anführer), das Schlüsselindividuum (mit einem weit verzweigten Netzwerk oder mit Netzwerken hinter sich), die populäre Person (mit einem großen face-to-face Netzwerk hinter sich), den Autokraten (der Machttaktik manipulativ nutzt), den aristokratischen Anführer (der mit einem oder mit mehreren Schlüsselindividuen Kontakt hat, die ihn unterstützen, und der sonst isoliert ist), den charismatischen Anführer (der Menschen dadurch anzieht, dass er ihnen das Bild einer besseren Welt vorhält, die durch ihn entsteht). Jede Gruppe bildet die Form von Anführerschaft aus, die sie braucht.

(A Sociometric View of Recent History: The Rise and Fall of Leadership, GP XXIX 1976, 64)

1968: Zuerst gibt es die Kategorie des Stars, eines Individuums, das auch oft Protagonist genannt wird. Er steht im Mittelpunkt zahlreicher Anziehungen. Dies macht ihn zum Anführer der Gruppe, zum Zentrum der mächtigsten Kommunikationsprozesse, Werte und Ideen, die immer wieder von der Mehrheit der Individuen der Gruppe getragen und imitiert werden. Die Kategorie des Stars zeigt mehrere Unterformen. Einer ist der populäre Anführer (mit vielen schwachen Anhängern); der zweite ist der machtvolle Anführer (mit wenigen, aber starken Anhängern); der dritte ist der elitäre Anführer (der prophetische, visionäre Typ). Jeder weist eine unterschiedliche Reihe von Charakteristika auf. Wenn es mehr als einen Star in der Gruppe gibt, dann passiert es häufig, dass sie entweder ein Paar ausbilden, das sich anzieht, das abwechselnd seine Dominanz über alle Bestrebungen der Gruppenmitglieder ausübet oder sie bilden ein Paar aus, das sich abstößt; dann könnte der Kampf zwischen ihnen die Gruppe in zwei Teile aufspalten.

(Address of the Honorary President of the Fourth International Congress of Group Psychotherapy, GP XXI 2-3/1968, 95f)

Antagonist und Isolierter

1968: Neben der Kategorie des Stars gibt es die seines Gegenspielers in der Gruppe, des Antagonisten oder des zurückgewiesenen Individuums. Er findet sich in der Lage wieder, von einer großen Mehrheit der Gruppe abgelehnt zu werden. Dies kann seine Feindseligkeit wecken oder Gier und hinterhältige Aktivitäten anregen, die ihn mit den anderen abgelehnten Individuen zusammenbringen. Er kann satanische Charakteristika zeigen; er kann etwas entwickeln, was man im Kontrast zu der des Protagonisten die „negative Position" nennt.

Die dritte wichtige Kategorie ist die des Isolierten. Er wählt nicht und wird nicht gewählt. Er möchte seine Gefühle mit niemandem teilen; er möchte alleine leben, sein eigener Herr sein, unwillig Kompromisse zu schließen. Es kann in der Gruppe viele Isolierte geben; sie reduzieren die Gruppenkohäsion auf ein Minimum und führen möglicherweise zum Zerfall und zum Tod der Gruppe.

(Address of the Honorary President of the Fourth International Congress of
Group Psychotherapy, GP XXI 2-3/1968, 96)

1974: Immer ist es die Organisation der Gruppe, die ein Individuum in der Gruppe festhält oder aus ihr hinaustreibt.

(Grundlagen 1974, 255)

Paare, Ketten, geschlossene Formationen

1968: […] Die vierte Kategorie, die wir in Soziogrammen finden, ist das Paar, Individuen die Gefühle erwidern. Sie sind darauf bedacht, ihre Gefühle miteinander zu teilen, wobei sie oft andere ausschließen. Je größer die Zahl der Paare in der Gruppe ist, umso größer ist das Potential für Kohäsion. Die Lebensdauer und die Lebenslinie der Gruppe hängen oft von ihren Paarformationen ab.

Eine fünfte Kategorie in einem Soziogramm sind die Menschen, die unbewusst eine Kette oder ein Netzwerk ausformen. Sie sind die Träger von Gerüchten, von Vorurteilen oder auf der anderen Seite von Hoffnung und Fantasien. Sie sind oft aufeinander bezogen und verbunden, ohne sich face-to-face zu kennen; sie beeinflussen das Verhalten der Gruppe durch indirekte Kommunikation.

(Address of the Honorary President of the Fourth International
Congress of Group Psychotherapy, GP XXI 2-3/1968, 96)

1974: Kette: Diese Struktur resultiert aus der gegenseitigen Anziehung zwischen zwei Individuen, von denen eines mit einem dritten in gegenseitiger Anziehung lebt, dieses mit einem vierten, das vierte mit einem fünften usw. Das Minimum der an einer Kette beteiligten Individuen ist fünf. Die Kette der verträglichen Individuen stellt innerhalb der Gruppe einen ununterbrochenen Strom der emotionalen Übertragung dar. Sie ist die natürliche Bahn für indirekte Nachahmung, Suggestion, Klatsch und die Bildung von Gruppenmeinungen und -gefühlen. Sie ist der soziale Telefondraht.

(Grundlagen 1974, 139)

1974: Gegenseitige erste Wahl verursacht eine Art axionormativer Verpflichtung zu guter Fortsetzung und den Versuch, diese Entscheidung aufrechtzuerhalten.

(Grundlagen 1974, 378)

Netzwerk und Sozioid

1941: Wir sahen, dass die ganze Gemeinschaft in verschiedene so genannte „psycho-soziale Netzwerke" zerfiel. Wir sahen, dass sie sich teilweise überlappten und dass Individuen in der Regel mehr als einem Netzwerk angehörten; wir sahen, dass nur ein Teil der Individuen, die demselben Netzwerk angehörten, einander persönlich kannten – die große Mehrheit wurde durch eine verborgene Kette von Televerbindungen zusammengehalten.

(Grundlagen der Soziometrie. Konzepte und Experimente mit Gerüchten, Methode 1981, 199)

1948: Es wurden mehr oder weniger beständige Strukturen entdeckt, die Individuen in kanalisierte Formationen einbinden, so genannte „psycho-soziale Netzwerke". Die Ausbildung der öffentlichen Meinung, die Übertragung von Gerüchten, die „Gerüchteküche" kann allein durch die Erforschung der individuellen Einstellungen nicht verstanden werden, selbst dann nicht, wenn die Zahl der untersuchten Einstellungen in die Millionen geht. Der Funke, der Individuen verbindet, verändert das gesamte Bild, weil er den Prozess von einem individualistischen, einstellungsorientierten, isolierten Niveau hin zu einem soziometrischen Niveau der Beziehungen verschiebt. Beweise, dass Netzwerke existieren, wurden 1932 während einer Studie über Gerüchte und eine Ausbruchsepidemie [in Hudson wurden innerhalb kurzer Zeit mehrere Ausbruchsversuche von verschiedenen Mädchen unternommen] erbracht. Die Funktion von Netzwerken ist architektonisch, ökonomisch und regulativ. Sie können gut mit dem System des Blutkreislaufs in der menschlichen Anatomie verglichen werden. In einer Gemeinschaft von 387 Individuen wurden beispielsweise fünf Netzwerke gefunden, die in Betrieb waren (je ein Netzwerk bestand aus 94, 85, 81, 67 und 60 Individuen). Obwohl diese Entdeckungen vor fünfzehn Jahren gemacht wurden, begrenzen sich alle Studien, die (meines Wissens nach) seither zu Gerüchten und zur öffentlichen Meinung gemacht wurden, starrsinnig auf einen individuell-einstellungsorientieren Zugang, als ob nichts geschehen wäre.

(The Three Branches of Sociometry: a Postscript, Sociometry XI 1-2/1948, 125)

1949: Die soziometrische Matrix besteht aus verschiedenen Konstellationen, dem Tele, dem Atom, dem Superatom oder Molekül (mehrere miteinander verknüpfte

Atome), dem „Sozioid", das als Bündel von Atomen, welches über zwischenmenschliche Ketten oder Netzwerke mit anderen Bündeln von Atomen verbunden
ist, definiert werden kann. Das Sozioid ist die soziometrische Entsprechung der
äußeren Struktur einer sozialen Gruppe; es ist selten mit der äußeren Erscheinungsform einer sozialen Gruppe identisch, da sich Teile seiner sozialen Atome
und Ketten auf ein anderes Sozioid ausweiten können. Andererseits kann ein Teil
der äußeren Struktur einer bestimmten sozialen Gruppe, was die Konfiguration
betrifft, als ein Teil eines bestimmten Sozioids keinen Sinn haben, aber einem in einer anderen Gruppe versteckten Sozioid angehören. Andere Konstellationen, die
innerhalb einer soziometrischen Matrix aufgefunden werden können, sind die psycho-sozialen Netzwerke. Hinzu kommen große soziodynamische Kategorien, die
zum Beispiel bei politischen und revolutionären Aktivitäten häufig mobilisiert
werden. Sie setzen sich aus der gegenseitigen Durchdringung zahlreicher Sozioide
zusammen und stellen die soziometrische Entsprechung der „gesellschaftlichen
Klasse" wie Bourgeoisie oder Proletariat dar; sie können als die soziometrische
Struktur gesellschaftlicher Klassen oder als Klassoide definiert werden.

(Drei Dimensionen der Gesellschaft: Die äußere Gesellschaft, die soziometrische
Matrix und die soziale Wirklichkeit, Methode 1981, 176f)

1960: Das Netzwerk verhält sich zu den Strömungen die es durchfließen wie ein
Glas zum eingefüllten Wasser, mit dem Unterschied, dass das Netzwerk von den
Strömungen geformt wird und das Glas nicht von der Flüssigkeit gebildet wird,
die es enthält. Das psychogeographische Netzwerk ist dem Nervensystem analog,
dessen Netzwerk ebenfalls von den durchlaufenden Strömungen gebildet wird.
[...] Gemäß dem Bildungsprinzip sozialer Atome steht jedes Individuum zu einer
bestimmten Anzahl anderer Individuen in Beziehung. Die meisten Individuen sei-
ner Gemeinschaft werden „ausgelassen", d.h. kein Tele verbindet es mit ihnen.
Dies ist die soziodynamische Ursache der Netzwerkbildung. Die Existenz von
Kommunikationswegen wie Netzwerken ist ein indirekter Beweis für den macht-
vollen Einfluss, den soziale Atome auf die Organisation einer Gemeinschaft haben.
[...]
Der Versuch ein Geheimnis zu wahren und Information auf eine ausgewählte
Gruppe zu begrenzen scheitert normalerweise am Ende. Eines Tages sickern sie in
die allgemeinen Netzwerke durch. Dennoch existieren diese feineren Netze innerhalb der Netzwerke und sie stellen eine wichtige psychogeographische Organisation dar. Sie sind wie Privatwege mit unterschiedlichen Wegweisern, die sagen, in
welche Richtung sie führen. Einer trägt das Schild „Sex"; ein anderer trägt das

Schild „Flucht"; ein anderer hat das Schild: „Personal gegen Mädchen"; ein anderer hat das Schild „Drogenabhängigkeit", „Kommunismus", „Faschismus" oder irgendeine andere Aktivität, die in der Gemeinschaft als subversiv angesehen wird. Ideen, die damit in Zusammenhang stehen können nicht jedem mitgeteilt werden, nicht einmal dem Freund oder Freunden der Freunde. Es ist, als ob man „private" Telefonnummern hat, die im Telefonbuch nicht aufgeführt sind.

(Theory of Interpersonal Networks 1960, 75f. Vgl. Grundlagen 1974, 273.)

1974: Nach Auffassung der dynamischen Soziometrie schaffen [...] Netzwerke die Grundlagen für alle sozialen Vermittlungs- und Verbindungssysteme und bewirken das allmähliche Entstehen der sozialen Traditionen und der öffentlichen Meinung.

(Grundlagen 1974, 22)

1974: Daher kann die Stellung eines Individuums nicht voll erkannt werden, wenn nicht alle Personen und Gruppen, zu denen es in emotionaler oder funktionaler Beziehung steht, in die Untersuchung mit einbezogen werden. Auch die Organisation einer Gruppe kann nicht ganz erkannt werden, wenn nicht alle zu ihr in Beziehung stehenden Individuen und Gruppen ebenfalls studiert werden. Individuen und Gruppen sind nämlich in ein weit verzweigtes Netzwerk verwickelt, so dass die gesamte Gemeinschaft, der sie angehören, dem soziometrischen Test unterworfen werden muss.

(Grundlagen 1974, 35)

1974: Das Ergebnis ist ein Netzwerk sozialer Emotionen. Die Anziehungen und Abstoßungen strahlen in alle möglichen Richtungen aus; manchmal treffen sie sich; oft kreuzen sie sich oder fließen aneinander vorbei.

(Grundlagen 1974, 160)

1974: Netzwerke sind die älteste Form sozialer Kommunikation. Ansätze sind bereits in nicht-humanen Gesellschaften zu finden. Diese Netzwerke sind kollektive Formationen, deren sich die einzelnen Teilnehmer nicht bewusst zu sein brauchen, obgleich ihnen diese oder jene Verbindung mit anderen Individuen bekannt sein mag. Kein Individuum kann sich diesen Netzwerken entziehen; sie bestehen zeitlich schon vor dem Individuum und seinen sozialen Gruppen.

(Grundlagen 1974, 259)

1974: Die psychogeographische Kartographie einer Gemeinschaft zeigt: 1. den Zusammenhang der örtlichen Geographie mit sozio-psychologischen Prozessen, 2.

die psychologische Gesamtheit der Gemeinschaft, die Beziehungen zwischen ihren
Teilen, d.h. Familien, industrielle Verbände usw., 3. den Verlauf psychologischer
Strömungen wie rassischer, sozialer, sexueller und kultureller Strömungen, welche
die Gruppennetzwerke aufbrechen und durchdringen. Aber dieses Strömungsnetz
ist nicht die tiefste Strukturschicht, die wir zu beleuchten suchten; es gibt noch tiefere Schichten. Wir nahmen an, dass sich unter den stets fließenden und wechselnden Strömungen eine dauerhaftere, flussbettähnliche Struktur befände, die all die
verschiedenen Strömungen trage und vereinige. Bei Spekulationen dieser Art erinnern wir uns einmal an die Ereignisse der strukturellen Gruppenanalyse, die das
regelmäßige Erscheinen bestimmter Strukturen (Paare, Ketten, Dreiecke etc.) in ihrem Zusammenhang mit einem bestimmten Differenzierungsgrad der Gruppenorganisation nachwies, und gedachten zum anderen der Individuen, die durch gewisse psychologische Strömungen veranlasst, die gewöhnlichen Netzwerke zu
sprengen suchten. Wir erkannten, dass selbst diese netzwerkzerreißenden Strömungen bestimmten Gesetzen unterliegen. Sie stehen in Beziehung zu mehr oder
minder dauerhaften Strukturen, welche die Individuen in große Netzwerke zu-
sammenschließen.

(Grundlagen 1974, 268f. Vgl. Theory of Interpersonal Networks 1960, 67)

Das soziokulturelle Atom

1936: Die Zahl der Bekanntschaften eines Individuums zum Zeitpunkt des Tests ist
von mir als „Bekanntschaftsvolumen" bezeichnet worden. Eine Person kann sich
an viele dieser Individuen nicht mehr erinnern, außer sie einmal getroffen oder mit
ihnen gesprochen zu haben. Die meisten spielen jedoch für sie keine Rolle und haben keine persönliche Bedeutung für sie. Umgekehrt spielt auch diese Person für
sie keine Rolle; sie bedeutet ihnen nichts, zumindest in diesem Augenblick. Doch
unter diesen Bekanntschaften gibt es eine kleine Gruppe, die in Bezug auf ein Kriterium eine gewisse persönliche Bedeutung für sie hat. Sie fühlt sich von ihnen angezogen oder lehnt sie ab. Ebenso gibt es in dieser Gruppe Individuen – ob sie es
weiß oder nicht – denen sie etwas bedeutet, die von ihr angezogen werden oder sie
ablehnen. [...] Zwischen der äußeren Masse und dem Kern der Beziehungen gibt
es häufig keine absolute Trennlinie. Es gibt manchmal Individuen, von denen man
nicht endgültig sagen kann, ob sie bereits eine Bekanntschaft oder lediglich ein
Massensymbol, ob sie lediglich eine Bekanntschaft oder bereits ein emotionaler
Partner sind. Aber die allgemeine Grenzlinie zwischen dem Kern der emotional
miteinander verbundenen Individuen, den ich das „soziale Atom" genannt habe,

und dem übrigen Bekanntschaftsvolumen ist sehr deutlich zu sehen. Die Partnerschaft kann ganz emotional oder – ohne intensive Gefühlsbeteiligung – beruflich,
kulturell oder geistig bestimmt sein. Sie kann auch sozial sein, wenn zum Beispiel
zwei Menschen nur deshalb miteinander verbunden sind, weil eine Person, zu der
man eine Beziehung hat, wiederum auf irgendeine Art mit der anderen Person in
Beziehung steht.

Der Übergang von einer bloßen Bekanntschaft zu einer emotionalen Partnerschaft
im sozialen Atom ist theoretisch signifikant. Eine Untersuchung zahlreicher sozialer Atome lässt eine eindeutige Grenzlinie, die „soziale Schwelle", zwischen dem
Bekanntschaftsvolumen und dem eigentlichen sozialen Kern zutage treten. Wir
können sagen, dass in dem Augenblick, in dem ich mir wünsche, dass ein bestimmter Bekannter, den ich gerade kennengelernt habe oder schon eine Zeit lang
kenne, mir näher rückt, eine mehr oder minder dauerhafte Beziehung in Bezug auf
ein bestimmtes Kriterium (Arbeit, Liebe oder was auch immer) mit mir eingeht,
diese Person die soziale Schwelle meines sozialen Atoms überschritten hat. Das
gleiche gilt für Individuen, die mit mir eine Beziehung eingehen wollen, ob ich ihren Wunsch erwidere oder nicht. Auch sie haben die Schwelle meines Atoms überschritten.

(Die Organisation des sozialen Atoms, Methode 1981, 85f)

1936: Neben den Präferenzen für Individuen gibt es aber auch Präferenzen für
Dinge, Objekte, Werte und Ziele wie Sexualität, Nahrung, Geld, Ideen etc. Ein soziometrischer Test wurde entwickelt, in dem die Versuchsperson in der Reihenfolge ihrer Präferenzen spontan die Dinge, von denen sie angezogen werden, benennen.

(Die Organisation des sozialen Atoms, Methode 1981, 87)

1937: Betrachten wir dagegen die Struktur einer Gemeinschaft in ihren Details, so
erkennen wir die konkrete Stellung eines jeden Individuums in ihr und sehen
auch, dass jedes Individuum von einem Beziehungskern umgeben wird, der beim
einen „dicker", beim anderen „dünner" ist. Dieser Beziehungskern ist die kleinste
soziale Struktur einer Gemeinschaft, ein soziales Atom. [...] Während bestimmte
Teile dieser sozialen Atome zwischen den beteiligten Individuen stillgelegt zu sein
scheinen, verknüpfen sich gewisse Teile mit Teilen anderer sozialer Atome, die ihrerseits mit Teilen wieder anderer sozialer Atome verbunden sind. Diese Verknüp-
fungen führen zur Bildung komplexer Beziehungsketten, die in der Terminologie
der deskriptiven Soziometrie als psychologische Netzwerke bezeichnet werden. Je
länger das Netzwerk besteht und je stärker es sich ausbreitet, umso geringfügiger

scheinen die Einflussmöglichkeiten des Einzelnen zu sein. Vom Standpunkt der dynamischen Soziometrie aus haben diese Netzwerke die Funktion, soziale Traditionen und öffentliche Meinungen zu bilden.

(Die Soziometrie in ihrer Beziehung zu anderen Sozialwissenschaften, Methode 1981, 42f)

1941: Da das Individuum seine Emotionen auf die ihn umgebende Gruppe projiziert, und da die Mitglieder dieser Gruppen ihrerseits ihre Emotionen auf es projizieren, kann an der Schwelle zwischen Individuum und Gruppe ein von beiden Seiten projiziertes Muster von Anziehung und Abstoßung festgestellt werden. Dieses Muster wird als sein „soziales Atom" bezeichnet.

(Grundlagen der Soziometrie. Konzepte und Experimente mit Gerüchten, Methode 1981, 195)

1941: Ursprünglich arbeiteten wir zwei Tests aus, den soziometrischen Test und den Spontaneitätstest. Der soziometrische Test brachte Ergebnisse, die uns nahe legten, das Konzept „soziales Atom" im Sinne eines Anziehung-Abstoßungsmusters zu entwickeln. Der Spontaneitätstest, unterstützt durch psychodramatische Verfahren, brachte Ergebnisse, die uns nahe legten, ein weiteres Konzept, das „kulturelle Atom", im Sinne eines Musters von Rollenbeziehungen zu entwickeln. Doch in Wirklichkeit gibt es nur ein Atom. Vom Standpunkt der tatsächlichen Situation aus ist die Unterscheidung zwischen sozialem und kulturellem Atom künstlich. Sie ist für theoretische Belange brauchbar, verliert aber in einer lebendigen Gemeinschaft ihren Sinn. Wir müssen das Atom als eine Konfiguration zwischenmenschlicher Beziehungen betrachten, in der die zwischen den beteiligten Mitgliedern existierenden Anziehungen und Abstoßungen in die zahlreichen, zwischen ihnen bestehenden Rollenbeziehungen eingegliedert werden. Jedes Individuum in einem sozialen Atom hat eine Reihe von Rollen, und diese Rollen sind es auch, die jeder Anziehung oder Abstoßung ihre tiefere und differenziertere Bedeutung geben.

(Grundlagen der Soziometrie. Konzepte und Experimente mit Gerüchten, Methode 1981, 198)

1943: Die menschliche Gruppe besteht aus einem komplizierten Netz sozialer Atome. Dies wurde durch Experimente und statistische Demonstrationen belegt. Auch wenn es keine Parallelen zum alten organischen Denken gibt, wurden meine frühen Vorhersagen, dass es viele Typen von Anordnungen sozialer Atome gibt, ebenso wie es viele Typen physiologischer Zellen gibt, in jüngster Zeit bestätigt. Beim Blick auf die Detailstruktur von Gemeinschaften sehen wir die konkrete Position jedes einzelnen Individuums in ihr: Ein Kern von Beziehungen um jedes Individuum, das um einige Individuen herum „dicker" um andere „dünner" ist. Dieser

Kern von Beziehungen ist die kleinste soziale Struktur in einer Gemeinschaft, ein soziales Atom. Aus Sicht der deskriptiven Soziometrie ist das soziale Atom ein Faktum und nicht ein Konzept, ebenso wie in der Anatomie beispielsweise das System der Blutgefäße zuallererst ein deskriptives Faktum ist. Sobald die Studie der Entwicklung sozialer Atome aber nahe legt, dass sie eine wichtige Funktion bei der Bildung der menschlichen Gesellschaft haben, erlangt es konzeptuelle Bedeutung.

(Sociometry and the Cultural Order, Sociometry VI /1943, 305)

1947: Die Menschen hielten gewöhnlich das Individuum für den Mittelpunkt des sozialen Universums, die Familie für die nächstgrößere Einheit, auf welche die Nachbarschaft, das Dorf etc. folgten. Vom Standpunkt einer phänomenologischen Betrachtungsweise aus akzeptierten die Soziologen stillschweigend eine Stufenleiter, die mit dem Individuum begann und mit dem ganzen Universum aufhörte. Wir Soziometriker stellten diese Auffassung in Frage. Für uns ist nicht das Individuum, sondern das soziale Atom die kleinste Einheit [...]. Ein Individuum wird bereits in eine Beziehungsstruktur hineingeboren, die aus Mutter, Vater, Großmutter und so weiter besteht. Mit unserem Heranwachsen dehnt sich das Volumen des sozialen Atoms fortwährend aus; in ihm erfährt unser Leben seine konkreteste Ausprägung. Wenn ein Mitglied es verlässt, tritt ein anderes Individuum, das eine ähnliche Rolle einnimmt, an seine Stelle. Sowie ein Freund austritt, wird dieser durch einen neuen ersetzt. Soziale Regeneration scheint fast automatisch einzusetzen. Wenn aber ein Individuum, das eine bestimmte Funktion erfüllt, verloren geht, wird es selten durch mehr als ein anderes Individuum ersetzt. Es ist, als könnte das zentrale Individuum nicht zwei oder drei derselben Art unterhalten. Gleichzeitig besteht eine von Millionen anderer sozialer Atome, die ebenfalls Ersatz anstreben, beständig ausgehende Anziehungskraft. Im Endeffekt scheint die emotionale Ökonomie in Übereinstimmung mit einem unbewussten Postulat – nämlich, die sozialen Atome im Gleichgewicht zu halten, was ich als „Soziostasis" bezeichnet habe – wirksam zu sein. Ein gewisser Spielraum von emotionalen Kontakten existiert daher immer und bleibt ziemlich konstant. Die Häufigkeit des sozialen Austausches tendiert zum Gleichgewicht. Aus diesem Grund kann das, was ich als die „emotionale Kapazität" eines Individuums bezeichnet habe, gemessen werden.

(Das soziale Atom und der Tod, Methode 1981, 93f)

1947: Die Hypothese besagt, dass – so wie das Individuum seine Gefühle in die umliegenden Gruppen projiziert und umgekehrt die Mitglieder dieser Gruppen die Gefühle auf ihn projizieren – ein Muster von Anziehung und Abneigung, so wie es von beiden Seiten projiziert wird, an der Schwelle zwischen Individuum und der Gruppe wahrgenommen werden kann. Dieses Muster wird „soziales Atom" genannt. Das soziale Atom jedes Individuums behält zwischen zwei Zeitpunkten eine signifikante Konsistenz bezüglich der Zahl seiner positiven Wechselwirkungen und der Zahl seiner Wahlen. Die charakteristische Struktur von Anziehungen und Abneigungen zu verschiedenen Momenten in einer bestimmten Gruppe tritt relativ konstant auf. In einer solchen Gruppe treten auch für sie spezifische Anziehungs- und Abneigungskonfigurationen auf. Während das Auftreten bestimmter Muster relativ konstant sein mag, zeigen die Ergebnisse weiterhin, dass die in spezifische Strukturen gebundenen Individuen zu den verschiedenen Zeitpunkten sowohl gleich geblieben sein als auch gewechselt haben können. Die Tendenz, in einem Sozialen Atom eine gesunde und funktionelle Balance zwischen den ständig gegenwärtigen gegensätzlichen Gefühlen herzustellen, um den daraus entstehenden ausgleichenden Effekt innerhalb der gesamten menschlichen Gesellschaft zu erhalten, kann Soziostasis genannt werden.

(Offener Brief an Gruppenpsychotherapeuten 1947,
Geßmann, Humanistisches Psychodrama 3, 1994, 17)

1960: 1) Das soziale Atom ist der Kern all der Individuen, mit denen eine Person auf bedeutsame Weise in Beziehung steht, oder die zur gleichen Zeit mit ihr in Beziehung stehen; die Beziehung kann emotionaler, sozialer oder kultureller Art sein.
2) Die Summe der zwischenmenschlichen Strukturen, die sich aus Wahlen und Zurückweisungen ergeben, die um ein gegebenes Individuum zentriert sind, ist sein soziales Atom.
3) Es ist der kleinste Kern von Individuen im sozialen Universum, die „emotional" miteinander verwoben sind. Wir sagen „emotional", weil sogar die intensivste spirituelle oder intellektuelle Beziehung ohne Gefühle bedeutungslos ist.
4) Die sozialen Atome sind die Zentren von Attraktion, Ablehnung oder Indifferenz. Wir sagen Attraktion oder Ablehnung, weil die Verflechtung emotionaler, sozialer oder kultureller Faktoren sich letztendlich in Form von Attraktion, Ablehnung oder Indifferenz an der Oberfläche menschlicher Kontakte zeigt.
5) Das soziale Atom ist der letzte, universale „gemeinsame Nenner" aller sozialen Formen, es ist nicht „normativ" wie die Familie und keine Abstraktion von der Gruppe wie das Individuum.
6) Mit Emotionen meinen wir nicht diese oder jene Emotion, sondern alle Emotionen, die Menschen verbinden oder trennen, wie Liebe und Hass, Mitleid und Mit-

gefühl, Eifersucht und Neid, Heiterkeit und Freude, Ärger und Hass; Attraktion und Abstoßung sind keine Emotionen, sie sind deren Endprodukte. Mit sozialen Beziehungen meinen wir alle sozialen Beziehungen, von bloßen Bekanntschaften bis hin zu professionellen und industriellen Beziehungen. Mit kulturellen Beziehungen meinen wir alle kulturellen Beziehungen vom einfachen Teilen von Ideen bis hin zu ästhetischen, ethischen und religiösen Beziehungen.

7) Soziale Atome sind die kleinste Einheit sozialer Beziehungen. Dies besagt nichts in einem numerischen oder absoluten Sinn. Für zwei Fremde, die sich an einer Straßenecke treffen oder für zwei gelegentliche Liebhaber ist die Zahl der Beteiligten zwei. Für ein machtvolles Individuum, das tausende von Individuen anzieht und von ihnen angezogen wird kann die Zahl der Beteiligten, die ihr unmittelbares emotionales Netzwerk formen tausende betragen, aber das Beziehungsmuster ist noch immer, auch in diesem Fall, das kleinste unter diesen Bedingungen vorstellbare. […]

9) Das soziale Atom kann sich aufgrund unterschiedlicher Umstände ausbilden: Zufall, Nähe und Wahl; aber die Wahl erzeugt die dauerhafteste Form von Kontakt, sie ist der soziale Ausdruck von Spontaneität par excellence.

10) […] Es gibt zwei wichtige mikroskopische Formationen des Atoms, das soziale Atom und das kulturelle Atom. Ihre Existenz wurde durch Mikrosoziologie und soziale Mikroskopie empirisch nachgewiesen. Ein Muster aus Attraktion, Ablehnung und Indifferenz kann im Grenzbereich zwischen Individuum und Gruppe wahrgenommen werden. Dieses Muster wird „soziales Atom" genannt. Es ist die kleinste funktionsfähige Einheit innerhalb einer sozialen Gruppe. Jede Person ist positiv oder negativ auf eine unendliche Zahl von sozii bezogen, die ihrerseits positiv oder negativ auf sie bezogen sein können. Neben diesen wechselseitigen Beziehungen sind einseitige Beziehungen zu beobachten. Einige sozii sind auf die zentrale Person bezogen, ihr aber unbekannt und sie mag auf sozii bezogen sein, die sie wiederum nicht kennen. Es ist [erst] die vollständige Konfiguration, die das soziale Atom bildet. Ein Individuum hat von Geburt an eine Beziehungsstruktur die es umgibt – Mutter, Vater, Großmutter und andere Mitglieder seiner frühen Umgebung. Während wir aufwachsen expandiert das Volumen unseres sozialen Atoms kontinuierlich; in diesem Prozess leben wir am konkretesten.

Ebenso wie jedes Individuum im Mittelpunkt unzähliger Anziehungen und Abstoßungen steht, erscheint es auch als Mittelpunkt unzähliger Rollen, die mit den Rollen anderer Individuen in Beziehung stehen. Ebenso wie es zu einem Zeitpunkt eine Reihe von Freunden und eine Reihe von Feinden hat, hat es auch eine Auswahl von Rollen und eine Auswahl von Gegenrollen. Sie sind in unterschiedlichen

Entwicklungsstadien. Die greifbaren Aspekte dessen was wir „Ego oder Selbst"
nennen sind die Rollen in denen [das Individuum] handelt. Das Muster von Rollenbeziehungen das ein Individuum umgibt nennen wir sein kulturelles Atom. Der
Begriff wurde analog zu dem des „sozialen Atoms" ausgewählt. Der Gebrauch des
Wortes „Atom" kann hier gerechtfertigt werden wenn wir ein kulturelles Atom als
kleinste funktionale Einheit innerhalb einer Kultur betrachten. Das Adjektiv „kulturell" kann gerechtfertigt werden, wenn wir Rollen und Beziehungen zwischen
Rollen als die wichtigsten Entwicklungen innerhalb einer spezifischen Kultur betrachten. Die sozio-atomare Organisation einer Gruppe kann nicht von ihrer kultu-
rell-atomaren Organisation getrennt werden. Das soziale und das kulturelle Atom
sind Manifestationen ein und derselben sozialen Realität.

(The Social Atom: A Definition, The Sociometry Reader 1960, 52-54)

1974: Bislang haben wir uns gewohnheitsmäßig vorgestellt, dass Gefühle im Organismus des Individuums entstehen und sich mehr oder weniger intensiv auf Personen und Dinge seiner Umgebung richten. […] Durch unsere Entdeckung der
dauerhaften Struktur sozialer Atome und Netzwerke und ihrer gesetzmäßigen
Entwicklung konnten wir die Existenz extra-individueller Strukturen nachweisen,
[…] die diesem Fluss an Ideen und Gefühlen als Bett dienen.

(Grundlagen 1974, 22f)

1974: Diese sozialen Atome sind keine willkürlichen Konstruktionen, sondern
wirkliche, energiereiche Netzwerke, die jeden Menschen umgeben und in zahllosen Formen, Größen, Gestalten und von verschiedener Dauer zwischen allen Menschen bestehen.

(Grundlagen 1974, 160)

1974: Das soziale Atom kann einerseits vom Gesichtspunkt des Einzelnen aus im
Verhältnis zur Gemeinschaft und andererseits vom Gesichtspunkt der Gemeinschaft aus im Verhältnis zum Einzelnen betrachtet werden. Im ersten Fall kann
man beobachten, wie die Gefühle vom individuell-zentrierten Atom in vielen Richtungen gegen andere Personen ausstrahlen, deren sympathische, antipathische
und indifferente Erwiderungen dem Kernindividuum bekannt sind oder deren
Zugehörigkeit zu seinem Atom es sich nicht bewusst ist. Dies ist der psychologische Aspekt des sozialen Atoms. Im zweiten Fall kann man das Atom vom Gesichtspunkt der Gemeinschaft aus betrachten, und tatsächlich ist das soziale Atom
auch auf diese Weise entdeckt worden. Bewegt man sich von der Gemeinschaft aus
auf das Atom zu, so tritt man den gleichen um ein bestimmtes Kernindividuum

gescharten Personen gegenüber. Man gewahrt jetzt aber auch die Verbindung dieser Personen und ihre Gefühlsausstrahlungen auf andere, die nicht unmittelbar der betreffenden sozioatomaren Konfiguration angehören. Man steht hier einem Phänomen gegenüber, das bei der Beschreibung des individuell zentrierten Atoms leicht unberücksichtigt bleibt. Man sieht, wie die dem Kernindividuum A verbunden Personen mit Teilen ihres eigenen Atoms nicht nur dem Kreis um A angehören, sondern gegenseitig in ihre verschiedenen Kreise eingreifen. Das zentrale soziale Atom erscheint umgeben von planetar-sozialen Konfigurationen [164-166], deren jede eine von zahlreichen planetar-sozialen Konfigurationen umgebene Zentralsonne darstellt und deren Beziehungen ad infinitum ineinander greifen. Anstatt unsere Aufmerksamkeit ausschließlich dem von vielen Personen umkreisten Kernindividuum zuzuwenden, können wir jetzt das Ineinandergreifen zahlreicher sozialer Atome von verschiedener Größe und Konfiguration beobachten. Dies veranschaulicht, wie selbst kleinste soziale Einheiten der menschlichen Gesellschaft in immer komplexere soziale Strukturen übergehen.

(Grundlagen 1974, 163-167)

1974: Bei der Betrachtung eines sozialen Atoms fällt uns zuerst auf, dass ein von einem Individuum ausgehender Gefühlskomplex nicht ziellos in den Raum ausstrahlt, sondern sich auf ein anderes Individuum richtet. Dieses andere Individuum empfängt den Gefühlskomplex nicht passiv wie ein Roboter, sondern reagiert auf ihn aktiv mit einem anderen eigenen Gefühlskomplex. Ein Tele kann sich mit einem anderen verketten und ein Beziehungspaar bilden. Das Tele an sich hat keine soziale Existenz; es ist eine Abstraktion und muss als Prozess im sozialen Atom aufgefasst werden.

(Grundlagen 1974, 180)

1974: Die menschliche Gesellschaft hat eine atomistische Struktur, die der atomistischen Struktur der Materie entspricht. Ihre Existenz kann durch die soziale Mikroskopie einem empirischen Test unterworfen werden.

(Grundlagen 1974, 362)

1974: Die Hypothese des sozialen Atoms besagt: a) dass ein Individuum seinem sozialen Atom so eng verbunden ist wie seinem Körper. b) Bewegt sich ein Individuum von seiner alten zu einer anderen Gemeinschaft, so ändert sich die Mitgliedschaft des Atoms, während dessen Konstellation die Neigung hat, konstant zu bleiben. Obgleich das soziale Atom in eine neue Struktur eingetreten ist, wird eine

Wiederholung seiner früheren Konstellation angestrebt; die einzelnen konkreten Mitglieder mögen wechseln, die Konstellation bleibt sich ungefähr gleich.

(Grundlagen 1974, 369f)

Emotionales Ausdehnungsvermögen

1974: Der Test des emotionalen Ausdehnungsvermögens misst die emotionale Energie, mit der ein Individuum Beziehungen eingehen und für eine gegebene Zeit aufrechterhalten kann. Ein Beispiel dafür ist die Mutter, die in der Lage ist, drei Kinder zu verstehen und mit Sicherheit und Ausgeglichenheit zu erziehen. Beim vierten Kind wird sie manchmal ängstlich und erregt. Falls diese Familie sich auf sieben Kinder vergrößern sollte, würde es für die Mutter schwierig werden, ihr emotionales Ausdehnungsvermögen auf alle sieben zu verteilen. Ein anderes Beispiel gibt der Arzt, der in seinen drei Sprechstunden zehn Patienten untersuchen und beraten kann. Sobald er aber von zwölf oder 15 Patienten konsultiert wird, lässt seine emotionale Ausdehnungskraft nach, Müdigkeit setzt ein und seine Beurteilung wird schlecht. Dasselbe gilt für Sozialarbeiter, Rechtsanwälte, Pfarrer, Kaufleute, ja für jede soziale Arbeitsleistung, in der die emotionale Produktivität gleichzeitig oder aufeinander folgend auf andere Menschen bezogen ist.
[...]
Das emotionale Ausdehnungsvermögen kann „trainiert" werden. Kein Individuum kann über seine anscheinend organischen Grenzen hinausgetrieben werden. Aber in den meisten von uns untersuchten Fällen konnten wir feststellen, dass diese Begrenzung die Folge von Unfähigkeit war, innerhalb der gegebenen Grenzen vollen Gebrauch vom emotionalen Ausdehnungsvermögen zu machen.

(Grundlagen 1974, 154f)

1974: Emotionales und soziales Ausdehnungsvermögen entwickelt sich mit zunehmendem Alter.

(Grundlagen 1974, 364)

Der soziale Tod

1947: Wenn wir [...] älter werden, wird es immer schwieriger, verlorene Mitglieder, die eine wesentliche Rolle gespielt haben, zu ersetzen – wie es auch schwierig ist, unseren alternden körperlichen Organismus wiederherzustellen. Es handelt sich um das Phänomen des „sozialen" Todes, also nicht um den Tod des Körpers oder der Psyche im individuellen Sinn und auch nicht um den Tod von innen her, sondern um den Tod von außen. Ein sechzigjähriger Mensch kann mit zwölf oder fünfzehn Individuen, Frauen und Männern verschiedener Altersstufen, mit verschiedenen Interessen, in unterschiedlichen Rollen, verbunden sein. Der soziale Tod wirft lange vor dem körperlichen oder seelischen Tod seinen Schatten auf ihn. Die Kohäsion des sozialen Atoms kann aus verschiedenen Gründen beeinträchtigt werden: a) Verlust von Zuneigung, b) Ersetzung durch ein anderes, weniger geeignetes Individuum und c) Tod. Der Tod eines einzelnen Mitglieds bedeutet gewöhnlich einen dauerhaften Verlust, der Schock, den er verursacht, wird selten in seiner vollen Tragweite betrachtet. Wenn wir diejenigen, die wir lieben oder hassen, überleben, sterben wir ein wenig mit ihnen, da wir den Schatten des Todes, der von einer Person unseres sozialen Atoms auf eine andere übergreift, spüren. Die Menschen, die an ihre Stelle treten, ersetzen nicht immer die verlorenen, ja sogar die Tatsache des Ersatzes selbst stellt einen gewissen Verlust dar. Aus diesem Grund spüren wir von Kindheit an durch die Netzwerke unseres sozialen Atoms die Bedeutung des Todes, lange bevor dieser mit den Anzeichen körperlicher und geistiger Schwäche tatsächlich eintritt. […]

Die Vorstellung, dass Liebe und Spontaneität nur den jungen Menschen zustünden und dass sich die alten auf den Tod vorbereiten sollten, ist eine überholte Grausamkeit. Die Erkenntnis, dass wir nicht nur innerhalb unserer selbst leben, dass es ein „Außen" des Selbst gibt, das sehr stark strukturiert ist und auf Wachstum und Verfall reagiert, sollte der Geriatrie, der Wissenschaft des Alters, einen neuen Hoffnungsschimmer geben. Der Tod ist eine Funktion des Lebens, er besitzt soziale Realität. Der Tod einer Person ist mit dem Tod vieler anderer verknüpft. Unser letztes soziales Atom besteht aus den Menschen, auf deren Tod wir sensibilisiert und die auf unseren sensibilisiert sind. Wir sind unaufhörlich von Menschen umgeben, mit denen wir sterben. Der körperliche Tod ist etwas Negatives, wir erfahren ihn nicht, er wird nur vom Mitmenschen, der Mitglied unseres sozialen Atoms ist, erfahren. Der soziale Tod ist eine positive Kraft. Wie die Geburt, ist auch der Tod unter uns. Wie der Säugling – bis zu einem bestimmten Grad – zur Geburt drängt, drängen wir uns selbst und einander oft frühzeitig in den Tod. Wie der S (Spontaneitäts)-Faktor während der Schwangerschaft auf die Geburt hin wirkt, schürt er in den sozialen Atomen Angst und drängt dessen Mitglieder in den Tod […].

Der Mensch lebt durch sein soziales Atom nach seinem körperlichen Tod weiter. Er stirbt, wenn sein soziales Atom stirbt. Der körperliche und der individuelle Tod

sind nicht das Lebensende, sie können als Funktionen einer älteren Einheit, nämlich der sozioatomaren Prozesse, in die beide eingebettet sind, aufgefasst werden.

(Das soziale Atom und der Tod, Methode 1981, 94f)

Gruppenentwicklung

1947: Der entscheidende Punkt ist, dass sich beim Eintritt eines Individuums in eine schon bestehende Gruppe mit bestimmten Organisationsformen die Beziehungskonstellation aller ändert und sich hieraus neue Gruppenphänomene bilden.

(Offener Brief an Gruppenpsychotherapeuten 1947, Geßmann,
Humanistisches Psychodrama III 1994, 12. Vgl.: Sociatry I/1947, 20)

1963: Gruppen wachsen wie Bäume. Sie haben eine spezifische Soziogenese. Man
kann die Evolution von Gruppen vom unstrukturierten Level bei der Geburt bis zu
ihrer horizontalen und vertikalen Verästelung in späteren Jahren studieren.

(The Actual Trends in Group Psychotherapy, GP XVI 3/1963, 122)

1974: Die Hauptstadien der Entwickelung [einer Säuglingsgruppe] können auf folgende Weise summarisch zusammengefasst werden: a) Das Stadium der Identität
oder der organischen Isolation, von der Geburt an. Die Individuen innerhalb der
Gruppe sind isoliert, ein jegliches ist völlig von seiner Welt absorbiert. b) Das Stadium der horizontal differenzierten Struktur, etwa von der 20.-28. Woche an. In
dieser Periode beginnen die Säuglinge aufeinander zu reagieren. Den Faktoren der
physischen Nähe und physischen Ferne entspricht eine psychische Nähe und Ferne. Es scheint, dass die psychische Nähe proportional ist der physischen Nähe und
dass die psychische Ferne proportional ist der physischen Ferne. Das Bekanntwer-
den beginnt mit den Nachbarn, und so entwickelt sich zuerst eine horizontale Differenzierung der Struktur. c) Die nächste Phase, von der 40.-42. Woche an, ist das
Stadium der vertikalen Differenzierung der Struktur. Das eine oder andere Kind
zieht mehr Aufmerksamkeit auf sich und verschiebt dadurch die Gruppenstruktur
von der Horizontalen zur Vertikalen. Die Gruppenstruktur, die bisher gleichmäßig
war, weist nun mehr oder weniger prominente Mitglieder auf, ein „Oben" und ein
„Unten". Diese drei Stadien sind nicht streng voneinander geschieden; sie gehen
fließend ineinander über.

(Grundlagen 1974, 50)

1974: Die ersten Strukturen in der Gruppenentwicklung treten auf im Stadium der
organischen Isolation (Identität), im Stadium horizontaler und vertikaler Differenzierung, im Verschmelzungsstadium differenzierter Strukturen zu Formen neuer

und höherer Identität und im Kohäsionsstadium, in dem die Integration und Stabilisierung der gesamten Gruppenstruktur auf einer bestimmten Entwicklungsstufe erfolgt.

Die Gruppenbildung vollzieht sich keineswegs zufällig oder ziellos. Der Nachweis des autonomen Charakters der sozialen Realität und ihrer Abweichung vom Zufall wird durch den Konfigurationstest und mathematische Analysen erbracht.

(Grundlagen 1974, 364)

1974: Die unter Mädchen mit zunehmendem Alter größer werdende Bereitschaft zu Paarbildungen sollte eingehend untersucht werden, um ein weiteres Licht auf folgende Hypothese zu werfen: Die Frau hat eine stärkere Neigung zur Sozialisierung als der Mann. In ihren Wahlen zeigt sie größere Konstanz.

(Grundlagen 1974, 367)

Der soziodynamische Effekt

1941: Das soziodynamische Gesetz wird in zwei Teile gegliedert. Der erste Teil besagt, dass das Einkommen an emotionalen Wahlen pro Kopf unter den Gruppenmitgliedern, ungeachtet der Größe oder der Art der Gruppe, ungleich verteilt ist. […] Der zweite Teil besagt: Wenn die Möglichkeiten, gewählt zu werden, durch Erhöhung der Zahl der Gruppenmitglieder und der Wahlmöglichkeiten pro Kopf zunehmen, entfällt die Mehrheit der Wahlen in direkt proportionalem Verhältnis zur Gruppengröße und der Zahl der Wahlmöglichkeiten pro Kopf weiterhin auf die Personen, die im obersten Bereich der Werte liegen (die „Stars"), wodurch die Kluft zwischen der kleinen Stargruppe, der Durchschnittsgruppe und der vernachlässigten Gruppe weiter vergrößert wird.

(Grundlagen der Soziometrie. Konzepte und Experimente mit Gerüchten, Methode 1981, 204),

1947: Der erste Teil des soziodynamischen Effekts besagt, dass die Anzahl der emotionalen Wahlen pro Kopf ungleich zwischen den Mitgliedern der Gruppe aufgeteilt sind, ungeachtet ihrer Größe oder ihrer Art. Vergleichsweise wenige bekommen einen besonders großen Anteil der gesamten emotionalen Wahlen in einem ungleichen Verhältnis zu ihren Bedürfnissen und ihren Fähigkeiten, sie für sich zu verwerten. Die größte Personenzahl bekommt durchschnittliche Wahlen, die ihrer Möglichkeit entspricht, diese entgegenzunehmen und eine beträchtliche Zahl an Personen bleibt ungewählt und missachtet. Der zweite Teil besagt: Wenn die Möglichkeiten zunehmen, gewählt zu werden, indem zum Beispiel die Mitgliederzahl in einer Gruppe erhöht wird und damit die Anzahl der Wahlen pro

Kopf, dann schlägt sich das Volumen der Wahlen zu denen an der Spitze der Reihe („den Stars") zu, wandert im direkten Verhältnis der Größe der Gruppe und der Anzahl der Wahlen, die pro Kopf zugelassen sind, wobei der Abstand zwischen der kleinen Stargruppe, der durchschnittlichen Gruppe und der missachteten Gruppe sich vergrößert.

(Offener Brief an Gruppenpsychotherapeuten 1947, Geßmann,
Humanistisches Psychodrama III 1994, 17f. Und: Sociatry 1/1947, 26)

1957: Die Soziometrie hat [...] ein „Gesetz" oder eine Hypothese der Soziodynamik aufgestellt. Die Anzahl der Wahlen, d.h. der affektiven gegenseitigen Beziehungen eines Individuums, ist ungleich unter Mitgliedern eines Kollektivs verteilt, unabhängig von der Größe oder der Art der Gruppe. Gruppen sind hinsichtlich relevanter soziometrischer Kriterien geschichtet. Daher sprechen wir heute von einem „soziometrischen Status", von einem „Wahl-Ablehnung-Status" und der „soziometrischen Ungleichheit" von Individuen. Wir sprechen häufig von einem „soziodynamischen Effekt"; dabei geht man davon aus, dass isolierte und vernachlässigte Individuen dazu neigen, isoliert und vernachlässigt zu bleiben, dass übermäßig gewählte Individuen übermäßig gewählt bleiben werden, und dass diese sogar eine weitere Überzahl an Wahlen auf sich versammeln werden, wenn die Anzahl der erlaubten Wahlen steigt. Dieser ‚Effekt' gilt genauso, wenn er auf Gruppen untereinander angewandt wird. Er betrifft alle ökonomischen Klassen und Gruppen. Er produziert neue Arten und Grade von arm und reich, von emotional „Haben" und „Nicht-Haben".

Die soziometrische Ungleichheit von Patienten ist von größter Wichtigkeit für psychotherapeutische Studien. Das psychologische Leiden, das aus der soziometrischen Ungleichheit entsteht, kann durch die Einwirkung des Psychotherapeuten insofern erleichtert werden, als er den Patienten erst einmal seine Stellung in der Gruppe akzeptieren lässt und ihn dann versuchen lässt, diese zu ändern. Es ist die hervorragende Aufgabe eines Soziaters, Methoden sozialer Organisation zu erforschen, die durch den soziodynamischen Effekt entstehen.

(Globale Psychotherapie 1957, Jahrbuch 1991, 25f)

1960: Die statistische Analyse gibt neue Hinweise für die Interpretation der Theorie des soziodynamischen Effekts. Eine Verzerrung der Verteilung von Wahlen zugunsten der mehr gewählt und zulasten der weniger gewählten ist für alle Gruppierungen charakteristisch, die soziometrisch getestet wurden. Es könnte erwartet werden, dass die Wahrscheinlichkeit gewählt zu werden durch die Zulassung mehrerer Wahlen innerhalb einer gleichgroßen Population erhöht wird und folglich die Wahrscheinlichkeit ungewählt zu bleiben allmählich verschwindend klein wird und desgleichen die Zahl der relativ selten gewählten mehr und mehr reduziert wird.

Aber in der Realität passiert das nicht. Stattdessen ist ein durchgehender Trend in die entgegengesetzte Richtung zu verzeichnen. Die zusätzlich erlaubten Wahlen gehen öfter an die bereits häufig Gewählten und nicht an diejenigen, die ungewählt sind, oder die nur wenige Wahlen haben. Die Zahl der Isolierten und wenig Gewählten stagniert schließlich, während die Zahl der Wahlen für diejenigen am oberen Ende der Skala weiterhin zunimmt. Die eingehende Analyse zeigt, dass bestimmte Individuen, wenn sie einmal weit überdurchschnittlich gewählt sind anfangen, die Wahlen vieler Mitglieder der Gemeinschaft weniger als Individuen, sondern vielmehr als Symbole auf sich ziehen. Die „Mehrwahlen" geraten analog zu dem von Marx beobachteten Mehrwert in den Prozess der Produktion und Akkumulation des Kapitals. Es gibt manchmal eine pathologische Verzerrung über den normalen Prozess der Differenzierung hinaus.

Der soziodynamische Effekt hat offensichtlich eine generelle Gültigkeit. Er wird zu einem bestimmten grad in allen sozialen Aggregaten, welcher Art auch immer angetroffen, egal ob das Kriterium die Suche nach einem Gefährten, die Suche nach Arbeit, oder eine soziokulturelle Beziehung ist. Er ist in Populationen von Kindern, sobald sie anfangen ihre eigene Gesellschaft[sstruktur] zu entwickeln, ebenso nachweisbar, wie in erwachsenen Populationen, in Gruppen unterschiedlichen chronologischen und mentalen Alters und in Populationen unterschiedlicher Rasse und Nationalität. Sein Effekt kann sich graduell verändern, aber er ist stets gegenwärtig und er wirkt wie ein Halo-Effekt, der jeglicher sozialer Struktur innewohnt. Er könnte noch deutlicher hervortreten, wenn irgendwelche Differenzen von den Mitgliedern intensiv gefühlt werden, seien dies ästhetische Differenzen, rassische Differenzen, sexuelle Differenzen, ökonomische Differenzen, kulturelle Differenzen oder Differenzen zwischen Alt und Jung.

Folgenden Grad an Verzerrung hat der soziodynamische Effekt beispielsweise innerhalb von sieben Häusern mit je 26 Individuen (182 Personen) hervorgerufen: 20% der Population mussten sich ohne eine einzige Wahl zufrieden geben; 35% der Population mussten sich mit 5% der Wahlen zufrieden geben; auf der anderen Seite kontrollierten 2% der Population 8% der der Wahlen, 8% kontrollierten 23% und 25% kontrollierten 58%. […]

Die Häufigkeitsverteilung von Wahlen, die sich in soziometrischen Daten zeigt, ist vergleichbar mit der Häufigkeitsverteilung von Reichtum in einer kapitalistischen Gesellschaft. […] In diesem Fall sind die Extremwerte der Verteilung betont. Es

gibt wenige äußerst wohlhabende; es gibt viele äußerst arme. Die Frage kann aufgeworfen werden, ob die ähnlichen Charakteristika der ökonomischen und der soziometrischen Kurve zufällig auftreten, oder ob sie nicht beide Ausdruck derselben
Gesetzmäßigkeit sind: des soziodynamischen Gesetzes.

(Statistics of Social Configurations 1960, 36f)

1974: Aber alle Anzeichen bei unserer Forschungsarbeit sprechen dafür, dass bei
mehr als fünf Wahlmöglichkeiten noch mehr Wahlen auf die Stars der früheren
Wahlen fallen und dass die Ungewählten auch weiterhin hartnäckig vernachlässigt
würden. Dieses konstante Auslassen etlicher Personen vom produktiven Kontakt
mit anderen Angehörigen der Gruppe nennen wir „soziodynamischen Effekt".

(Grundlagen 1974, 103)

1974: Die heutige menschliche Gesellschaft ist ein Präferentialsystem, das sich in
großem Ausmaß auf dem soziodynamischen Effekt – oft auch soziodynamisches
Gesetz genannt – aufbaut. Dieses Gesetz besteht aus zwei Teilen. Der erste Teil
sagt aus, dass das Einkommen an emotionalen Wahlen ungeachtet seiner Art und
Größe zwischen den Gruppenmitgliedern ungleich verteilt ist. Verhältnismäßig
wenige Individuen erhalten den über ihre Bedürfnisse und Konsumfähigkeit hi-
nausgehenden Löwenanteil aller emotionalen Wahlen. Die Mehrzahl hat ein
Durchschnittseinkommen an Wahlen, das ihre Konsumfähigkeit nicht überschreitet. Eine beträchtliche Anzahl bleibt ungewählt und vernachlässigt. Die grafische
Darstellung ergibt eine J-Kurve. Auf ungefähr zwei Drittel der Bevölkerung kommen Werte, die unter den Zufallswerten liegen. Nur wenige erfreuen sich hoher
Werte. Obgleich auf Grund der Zufallsergebnisse ungefähr gleichviel Isolierte und
Stars zu erwarten gewesen wären, hatten die Isolierten im Allgemeinen das Über-
gewicht. Der zweite Teil des Gesetzes: Wird durch Erhöhung der Zahl der Gruppenmitglieder und Wahlmöglichkeiten die Wahrscheinlichkeit des Gewähltwer-
dens erhöht, so fallen die meisten Wahlen weiterhin auf die Stars, und zwar in direkt proportionalem Verhältnis zu der Größe der Gruppe und der Zahl der Wahlmöglichkeiten per capita, wodurch die Kluft zwischen der kleinen Stargruppe, der
Durchschnittsgruppe und der benachteiligten Gruppe noch vergrößert wird.

(Grundlagen 1974, 362f)

Das soziogenetische Gesetz

1957: Das soziogenetische Gesetz bzw. die soziogenetische Hypothese nimmt an,
dass die höheren Formen von Gruppenorganisationen aus niederen entstanden

sind. […Ich habe darauf hingewiesen], dass „menschliche und nicht-menschliche soziale Strukturen, die durch tatsächliche Individuen gebildet worden sind, eine charakteristische Art und Weise der Organisation besitzen, die signifikant von Strukturen abweicht, wie sie durch „Zufall" oder durch imaginäre Individuen gebildet werden. Das konnte für die menschliche Gruppe durch Experimente sowie durch statistische und mathematische Analysen nachgewiesen werden. Es muss einen Faktor geben, „Tele", der zwischen den Individuen wirkt (z.B. bei der Suche nach geeigneten Lebenspartnern) die sie eine größere Anzahl positiver oder negativer Beziehungen, Paarbildungen, Dreiecke, Ketten, Vierecke und Vielecke bilden lässt, als es allein durch Zufall zu erwarten wäre. Ein entsprechender Prozess sollte für die nicht-menschlichen Gruppen ebenfalls nachweisbar sein. Es ist die Interaktion der Individuen, die der Gruppe ihre soziale Realität gibt, was auch immer die Erbfaktoren sein mögen, die die individuelle Reifung steuern, und was die Kräfte der Umwelt sein mögen, die die Individuen umgibt. Der Einfluss der Individuen soll natürlich nicht abgestritten werden, aber sie können nur wirksam werden durch die zwischen-individuellen Kanäle. Durch die Annahme des „Tele" ist es möglich, den Grad der sozialen Realität von Gruppenstrukturen festzulegen. Gewisse Sozialkonfigurationen haben eine Struktur, die sie dem Optimum des Zusammenhaltes näher kommen lässt. In Übereinstimmung mit dieser Hypothese sollte eine Gruppe von Primaten oder von menschlichen Kindern auf einer niedrigeren Stufe rangieren als z.B. eine Gruppe menschlicher Erwachsener." Beobachtungen von Säuglingen haben zur Unterscheidung verschiedener Entwicklungsstadien geführt, bei denen die gesellschaftlichen Strukturen zunächst die Stufe der organischen Isolation, dann die der horizontalen und schließlich die der vertikalen Differenzierung durchlaufen.

(Globale Psychotherapie 1957, Jahrbuch 1991, 26f)

1974: Die „Gruppentheorie der Evolution" postuliert, dass sich eine allmähliche Entwicklung einfacher sozialer Strukturen zu komplexeren Strukturen nach dem soziogenetischen Gesetz vollzieht. Unter einfachen sozialen Strukturen verstehen wir „soziometrisch einfache" Strukturen, die sich auf ein Minimum einfachster Kriterien aufbauen, wie dies z.B. zwischen Kindern und prätechnologischen Gesellschaften der Fall ist. Unter komplexen Strukturen verstehen wir „soziometrisch komplexe" Strukturen, die sich auf zahlreiche Kriterien beziehen. Gruppenbildung und Komplexität sind unmittelbar abhängig von der Art und Zahl der innerhalb einer Bevölkerung wirksamen Kriterien.

(Grundlagen 1974, 362)

Soziale Gravitation

1957: Die Soziometrie hat weiterhin ein „Gesetz" oder eine Hypothese der sozialen Gravitation aufgedeckt: Mit konstanten Möglichkeiten der Kommunikation und gleichem physikalischen Abstand zwischen zwei Gemeinschaften werden die Menschen der einen Gemeinschaft zu denen der anderen Gemeinschaft bewegt, in direktem Verhältnis zu der Menge kollektiver Anziehung, die gegeben und empfangen wird, und in umgekehrtem Verhältnis zur kollektiven Ablehnung.

Weiterhin ist die Existenz von interpersonalen, sozioemotionalen und soziometrischen Netzwerken gezeigt worden. Unterhalb der ständig fließenden und wechselnden sozialen Strömungen gibt es mehr oder weniger dauerhafte Strukturen, die lebendigen Kanäle der Kommunikation. Durch eben diese Kanäle treffen oder zerstören Menschen einander. Sie existieren aufgrund des ökonomischen Prinzips, die größte Wirkung mit der kleinsten Anstrengung zu erzeugen. Die interpersonalen Netzwerke sind die Basis jeder dynamischen Kommunikation. Manche verwirrenden Phänomene wie politische Revolutionen und Säuberungsaktionen und auch soziale Ansteckungsmöglichkeiten wie Vorurteile oder Moden in Kunst und Wissenschaft können dadurch erklärt und vielleicht sogar verhütet werden.

(Globale Psychotherapie 1957, Jahrbuch 1991, 26)

Ethnische Spaltung und Sättigung

1974: Im Laufe der Jahre wurde [...] durch zahlreiche Untersuchungen in Städten und ländlichen Bezirken festgestellt, dass Kinder keine spontane Abneigung hinsichtlich nationaler Unterschiede haben. Wo eine Spaltung auftritt, macht sich weitgehend der Einfluss der Eltern und Erwachsenen bemerkbar.

(Grundlagen 1974, 64)

1974: Im chemischen Sinne ist eine Lösung gesättigt, sobald die zu lösende Substanz im Lösungsmittel nicht mehr weiter in Lösung geht. In der Soziometrie sprechen wir vom „Sättigungsgrad" einer bestimmten Gruppe hinsichtlich einer bestimmten, ihr unter gegebenen Bedingungen eingegliederten Kontrastgruppe. Der chemische Sättigungsgrad für eine bestimmte Substanz kann z.B. durch Temperaturänderung variiert werden. Bei sozialen Gruppen kann sich der Sättigungsgrad mit der soziometrischen Organisation der betreffenden Gruppe ändern.

(Grundlagen 1974, 242)

1974: Schließlich wird es uns möglich, den Sättigungsgrad einer Gruppe und das emotionale Ausdehnungsvermögen ihrer Mitglieder auf einen gemeinsamen Nenner zu bringen. Wir haben festgestellt, dass das emotionale Ausdehnungsvermögen eines Individuums in Bezug auf homogene Elemente seine größte Ausdehnung erfährt. Offenbar scheint nach erfolgreicher Anpassung an einige homogene Elemente weniger Anstrengung für weitere derartige Verbindungen erforderlich zu sein. Das emotionale Ausdehnungsvermögen wird umso geringer, je mehr kontrastierende Elemente in die Gruppe eindringen und je schärfer die Unterschiede sind. Stellen wir uns vor, das Ausdehnungsvermögen der einzelnen Mitglieder sei hinsichtlich kontrastierender Elemente ebenso niedrig wie das der homogenen Gesamtgruppe, so können wir verstehen, dass die Mitglieder ihre Gefühle lieber auf leicht anpassbare Individuen verteilen und sich weigern, mit wesensfremden Individuen Beziehungen einzugehen. Aus den gefühlsmäßigen Interaktionen und dem emotionalen Ausdehnungsvermögen der Mitglieder entsteht als Gruppenmerkmal der Sättigungsgrad für ein bestimmtes rassisches Kontrastelement, der Rassenquotient.

(Grundlagen 1974, 244f)

1974: Es gibt eine Kluft zwischen Rassen oder Nationalitäten – eine rassische oder ethnische Spaltung.

(Grundlagen 1974, 366)

1974: Kinder zeigen keine spontane Abneigung gegen andere Rassen oder Nationalitäten.

(Grundlagen 1974, 366)

1974: Hypothese der ethnischen Spaltung und des ethnischen Sättigungspunktes: Es gibt einen Punkt in der Gruppenentwicklung, an dem eine Mehrheitsgruppe keine weiteren Mitglieder einer Minderheitsgruppe mehr aufnehmen und halten kann. Diese Situation kann sich auf zwei verschiedene Arten bemerkbar machen: a) Selbständige Absonderung der einen Gruppe oder beider Gruppen (Spaltung), b) offene Reibung (Feindseligkeit und Angriffe). Sobald die Minderheitsgruppe ihren Zustrom über den Sättigungspunkt hinausgehen lässt, entsteht entweder eine ethnische Spannung oder ein ethnischer Konflikt.

(Grundlagen 1974, 367)

1974: Der Sättigungspunkt einer Bevölkerung bezüglich einer Minderheitsgruppe darf nicht überschritten werden, wenn das Auftreten von Reibung und Zwischenfällen aller Art vermieden werden soll. Zu bestimmter Zeit kann eine bestimmte Bevölkerung bezüglich einer bestimmten Minderheitsgruppe gesättigt sein. Falls von außen ein neuer Zustrom von Mitgliedern der Minderheitsgruppe in die Gemeinschaft erfolgt, wird das empfindliche Gleichgewicht gestört. [...] Im Falle sozialer Gruppen kann sich der Sättigungspunkt mit der Organisation der betreffenden Gruppe ändern.

(Grundlagen 1974, 447f)

Die Bewertung soziometrischer Konfigurationen

1952: Die Zeit ist gekommen, um auf einige Fehler hinzuweisen, die im Verlauf der Geschichte der Soziometrie gemacht wurden und die sich zu einer großen Konfusion aufsummiert haben, was die Soziometrie eigentlich repräsentiert. Einer der Irrwege war die pauschale Annahme, dass der soziometrische Status eines Individuums – erhoben durch grobe oder raffinierteste Techniken – ein Maß für seine Akzeptanz durch die Gruppe ist. Dies ist, wenn nicht ein Trugschluss, so zumindest eine nicht völlig wahre Interpretation soziometrischer Fakten.

Offensichtlich ist die Akzeptanz durch eine Gruppe nicht möglich. Die Gruppe ist eine dynamische Realität, aber sie ist nicht jemand, der eine Frage beantworten kann oder jemand, der akzeptieren oder zurückweisen kann. So wichtig es auch ist, im systematischen Interesse die soziologische von der psychologischen Ebene zu trennen, so sollten wir dieses methodologische Problem nicht mit der elementaren Forschungsfrage vermischen, wen man als Partner für eine bestimmte Aktivität wählt.

Ein anderes Ablenkungsmanöver war die so genannte Gruppenentscheidung, die z.T. von Kurt Lewin befürwortet wird. Ebenso wie eine Gruppe ein Individuum weder akzeptieren noch zurückweisen kann, kann eine Gruppe keine Entscheidungen treffen. Dies ist eine unglückliche und irreführende Wendung. [...]

[Ein wesentliches Prinzip der dynamischen Soziometrie ist] das Ergebnis eines Treffens, das ich „Omnitele" genannt habe, den Konsens der Gruppe, eine Katharsis der Integration, einen sozialen Lernprozess, der durch unmittelbare Klärung und Handlungseinsicht gewonnen wird. Dies nennt Lewin eine Gruppenentscheidung. Aber es geht hier nicht um den Namen, der dieser Erfahrung gegeben wird, es geht darum, wie sich dieser Prozess manifestiert und wie er gemessen wird. Der Effekt des Konsens wird in den späteren Lebenssituationen sichtbar, in Situationen, in denen die sozialen Probleme getestet werden, die in der Sitzung behandelt wurden.

Wenn am Ende einer soziodramatischen Sitzung eine Wahl getroffen wird, und wenn in einer Gruppe von hundert Teilnehmern nur ein Abweichler ist, dann gibt es keine „Gruppenentscheidung". Weil es in soziodramatischen Sitzungen selten passiert, dass eine Entscheidung bezüglich einer sozialen Angelegenheit einstimmig getroffen wird, ist eine Gruppenentscheidung im Sinne einer völligen Zustimmung aller Teilnehmer eine Fiktion. Ein Weg, die Erwärmung der Gruppe zu gradueller und wachsender Teilnahme und Integration zu messen, ist weder die Wahl noch die magische Annahme einer einstimmigen Entscheidung; es ist vielmehr die Sicherung des Gruppensoziogramms, das in kurzen Intervallen an Schlüsselstellen der Sitzung, entweder durch präzise Beobachter oder durch wirkliche Testung, vor Beginn und nach Ende einer Sitzung erstellt wird.

(A Note on Sociometry and Group Dynamics, Sociometry XV 3-4/1952, 364+366)

1974: Selbst ungenaue Motivierungen zeigen, wie individuell verschieden die Reaktionen sind. Das Soziogramm einer Gruppe unterrichtet uns lediglich über die Beziehung zwischen den Einzelnen. Wir können ihm entnehmen, wie viele Personen isoliert und wie viele abgestoßen sind oder wie viele Paarformationen existieren; aber es ist uns an Hand des Soziogramms nicht möglich, zwischen den identischen Strukturen der einzelnen Paare zu unterscheiden. Erst durch die Motivierungen wird uns eine Differenzierung möglich. Eine der isolierten Personen wird als Neuling erkannt, den die Gruppe noch nicht eingegliedert hat. Ein anderes isoliertes Mädchen war früher bereits abgestoßen und wird jetzt einfach vernachlässigt, „weil sie so dumm ist und schlechte Angewohnheiten hat".

(Grundlagen 1974, 182)

1974: Studenten seien gewarnt, Isolation oder Nichtgewähltwerden für ungünstig oder häufiges Gewähltwerden für günstig zu halten. Solche Gedankengänge können leicht zu einer soziometrischen Astrologie führen. Soziometrische Ergebnisse sind Schlüssel und Ausgangspunkte für weitere Untersuchungen. Sie beruhen nicht auf unabänderlichen Verhältnissen, wie dies in manchen Tiergesellschaften der Fall ist. Es gibt freiwillig Isolierte, deren bestimmte Zurückhaltung augenblicklich das ihnen von ihren Partnern entgegengebrachte Tele vernichten kann. Sie wählen nicht und sagen durch ihr Verhalten oder auch ganz offen: „Wähle mich nicht! Ich ziehe die Einsamkeit vor." Außerdem darf die Bedeutung der Gesamtstruktur einer Gruppe nicht auf Grund ihrer starken oder schwachen Kohäsion beurteilt werden. Sie ist ganz von dem Kriterium abhängig, auf dem die Gruppe aufgebaut ist.

(Grundlagen 1974, 375)

Sozialforschung

Im Kontext seiner sozialwissenschaftlichen Forschungen beschäftigt sich Moreno mit dem herkömmlichen Verständnis von Sozialforschung und unterzieht dieses einer grundlegenden Kritik. Er selbst entwickelt ein Forschungsverständnis, das die Interessen und Wahrnehmungen der Betroffenen in den Mittelpunkt stellt, und in großer Parteilichkeit mit ihnen Forschungsprojekte mit unmittelbarer Praxisrelevanz vorantreibt

Wissenschaftskritik

1949: Die westliche Zivilisation im zwanzigsten Jahrhundert steht folgendem Problem gegenüber: Nachdem sie die Mauern starker und kohäsiver religiöser Systeme niedergerissen hat, ist sie darauf bedacht, diese – mit Hilfe der Wissenschaft – durch starke und kohäsive weltliche Systeme zu ersetzen. Die Schwierigkeit besteht darin, dass sich die Wissenschaft, vor allem die Sozialwissenschaft, nur langsam weiterentwickelt – denn wissenschaftliche Hypothesen verändern sich und widersprechen sich häufig. Die automatische Sicherheit autokratischer Systeme ist nicht leicht zu ersetzen, noch schlimmer ist jedoch die Tatsache, dass die Wissenschaft der Menschheit keine Hoffnung gibt, ihr keinen Weg weist. Was Menschen parallel zur ständig neuen Entwicklung und Anhäufung technologischer Apparate sehen, sind die ständig neuen Ankündigungen und Anhäufungen von Methoden der Sozialforschung, ohne dass eine einheitliche Vorstellung darüber herrscht, wie diese Millionen von kleinen Steinchen sich jemals in ein einziges Mosaik einfügen könnten. Das ist eine bedeutsame, aber tragische Sicht: eine Unmenge an Spontaneität und Kreativität, die von Tausenden von klugen Köpfen ausströmt, von denen jeder Abhilfe zu schaffen versucht, die aber wegen ständiger Widersprüche zu einer zunehmenden Wertverwirrung beitragen. Der Mensch ahnt in seinem tiefsten Inneren, dass er zwar aus einem Gefängnis entkommen, aber in einem Dschungel wissenschaftlicher Gefahren gelandet ist. Der Glaube an die Wissenschaft beginnt vielerorts zu schwinden, da sie ihre Versprechungen nicht einlöst. Die Wissenschaft ist jedoch neutral, sie ist Wissen, sie kann sich nicht selbst retten. Der Titel von Georg A. Lundbergs letztem Buch „Kann uns die Wissenschaft retten?" muss wohl in „Kann die Wissenschaft gerettet werden?" umgekehrt werden. Sie wird an Kraft verlieren oder zugrunde gehen, wenn sie nicht die Grundlagen für eine neue soziale Ordnung schaffen kann. Sie kann gerettet werden, wenn der verantwortliche Bereich der Sozialwissenschaft ausgeweitet wird und die unmittelbare und praktische Strukturierung und Führung der heutigen menschlichen Gesellschaft auf allen Ebenen, von der physikalischen bis zur axiologischen Ebene, übernimmt. Diese Arbeit muss vielleicht damit beginnen, dass „die Toten begraben werden", unsere wissenschaftlichen Bibliotheken und Laboratorien gesäubert und alle unsere Bemühungen auf wenige, strategisch entscheidende Punkte konzentriert werden.

(Ursprünge und Grundlagen der interpersonalen Theorie,
Soziometrie und Mikrosoziologie, Methode 1981, 278f)

1954: Wenn erfahrene, existentielle Wahrheit und Wissenschaft kombiniert werden könnten, würde dies ein ideales Gemeinschaftsleben hervorbringen; aber wenn Wahrheit und Wissenschaft voneinander getrennt oder in Ambivalenz funktionieren müssen, dann ist es wichtiger, an der Wahrheit zu partizipieren als an wissenschaftlicher Forschung.

(Old and New Trends in Sociometry, Sociometry XVII 2/1954, 184)

Die Betroffenen als Forscher

1937: Der Übergang von quasi-soziometrischen zu eigentlichen soziometrischen Verfahren hängt ab von den Methoden, die für die Motivierung zu adäquater Mitwirkung verwendet werden. Wenn es dem teilnehmenden Beobachter gelingt, seine Beobachtungsrolle mehr und mehr aufzugeben und stattdessen jedem Individuum der Gruppe bei der Verwirklichung seiner Bedürfnisse und Interessen zu helfen, erfährt er eine Veränderung, eine Veränderung vom Beobachter zum Hilfs-Ich. Die beobachteten Personen werden zu offenen Förderern des Projekts, anstatt mehr oder weniger widerwillig etwas über sich selbst oder jemanden anderen zu enthüllen. Das Projekt wird zum gemeinsamen Anliegen. Sowohl die eigenen Probleme als auch die der anderen werden dabei erlebt und gleichzeitig beobachtet. Die Teilnehmer werden zu Schlüsselfiguren der soziometrischen Forschung. Sie wissen, dass ihre Chancen, die Stellung in der Gruppe, die ihren Erwartungen und Wünschen am ehesten entspricht, zu erreichen, davon abhängen, wie offen und ehrlich sie zu verstehen geben, wen sie sich […] wünschen.

(Die Soziometrie in ihrer Beziehung zu anderen Sozialwissenschaften, Methode 1981, 39f)

1941: Vor allem [wurde bei der Entwicklung der Soziometrie] auf eine Revolution in der Beziehung zwischen dem Forscher und seinen Versuchspersonen [Wert gelegt]. Sie selbst wurden somit motiviert, sich als Forscher gegenseitig zu untersu-

chen. Eine Gemeinschaft von tausend Menschen, zum Beispiel, wurde durch soziometrische Methoden dazu angeregt, ihre sozialen Gefühle anzugeben und sie
vielleicht auch zu korrigieren. Die Soziometrie wurde damit, um den berühmten
Ausspruch Lincolns zu paraphrasieren: die Soziologie des Menschen, durch den
Menschen und für den Menschen.

(Grundlagen der Soziometrie. Konzepte und Experimente mit Gerüchten, Methode 1981, 192)

1941: Die Verantwortung, die der Wissenschaftler übernimmt, wenn seine Vorschläge auf konkrete, individuelle Situationen angewandt werden sollen, ist so
groß, dass es angebracht ist, die Auffassung vieler Psychologen, die zu glauben
scheinen, dass man Individuen Arbeiten und neuen Gemeinschaften ohne deren
volle Teilnahme und Zustimmung zuordnen kann, zu bezweifeln.

(Vorteile des soziometrischen Ansatzes bei Problemen der Landesverteidigung, Methode 1981, 244)

1947: Die soziale Natur hat soziometrischen Charakter; deshalb kann die Soziometrie erfolgreich eingesetzt werden. Die Lösung besteht darin, Bacons und Mills experimentelle Methode, die den Anforderungen der Physik gerecht werden sollte,
durch eine experimentelle Methode zu ersetzen, die die Realität der sozialen Veränderung genauestens untersuchen kann. Die Idee, im Bereich sozialer Aktion eine
Kontrollgruppe zu schaffen, strotzt vor Künstlichkeit und Abnormität und muss
zwangsläufig die Ergebnisse verzerren oder trivial machen. Spontane Kontroll-
gruppen sind möglich, doch nie außerhalb, sondern nur innerhalb einer soziometrischen Atmosphäre. Der Ersatz geschieht durch einen Umkehrungsprozess. Die
Menschheit selbst wird, im wörtlichen und konkreten Sinn, zum Experimentator,
und der frühere autokratische Experimentator wird zu einem ihrer zwei Milliarden
mitdenkenden Teilnehmer.

(Soziometrie und Marxismus, Methode 1981, 223)

1948: Wir müssen in das soziale Leben selbst hineingehen und ihnen [den Betrof-
fenen] an Ort und Stelle handelnd dabei helfen, ihre Flexibilität und Produktivität
zu steigern und ihre Realitätswahrnehmung über den jetzigen Horizont zu erweitern. Der einzige Erfolg versprechende Weg, sie dazu zu bewegen, einander – in
Bezug auf ein wesentliches Kriterium – ihr wahres Selbst zu offenbaren, besteht
darin, Methoden zu finden, durch die sie zur natürlichen Mitwirkung angeregt
werden. Die Soziometrie hat mehrere Methoden dieser Art entwickelt. Zwei Beispiele dafür sind das soziometrische Experiment in situ und das Soziodrama in situ.

(Soziometrie und die experimentelle Methode, Methode 1981, 59f)

1956: Welche theoretischen Prinzipien [sind] bei der soziometrischen Gruppenaktion und beim Soziodrama beteiligt? Das erste Prinzip ist die aktive und vollständige Beteiligung der Gruppe oder der Zuschauer. „Die Teilnahme des Publikums: Die Wandlung der Zuschauer in Zuschauspieler, des Zuschauerraums in ein Zuschautheater versetzt die Regie in ein neues Versuchsfeld. Die Teilnahme des Publikums muss von Willkür befreit sein"°. [aus: Das Stegreiftheater 1923, S.12] [...] „Die ganze Bevölkerung ist zu einem Treffen eingeladen und die Aufmerksamkeit wird auf die Frage gelenkt, wie die Bevölkerung für eine neue Gemeinschaft aufgeteilt werden kann." ... „Es ist leicht, die Kooperation der getesteten Menschen zu gewinnen, sobald sie anfangen daran zu glauben, dass der Test ein Instrument ist, das ihnen hilft, ihren Willen besser zu verwirklichen, dass er nicht nur ein Instrument ist, das den Status der Bevölkerung erforscht, sondern vor allem ein Instrument, das der Bevölkerung, mit Respekt vor der wesentlichen Aktivität, mit der sie beschäftigt ist oder beschäftigt wird, zu einem kollektiven Selbst-Ausdruck verhilft" [aus: Who Shall Survive? 1934, S. 356, 341] (A Note on Sociometry and Group Dynamics, Sociometry XV 3-4/1952, 364f).

[Die Theorie der Spontaneität-Kreativität] verlang[t] von den Sozialforschern, sich anders zu orientieren, und vom autoritären Beobachter und Manipulator zum Helfer, Mitarbeiter oder Subjekt des Forschungsprojektes zu werden. [... Das Theorem] garantier[t] den Subjekten die volle Autonomie in ihrem Wirken, ihren Wahlen und Handlungen und den Glauben an die Validität ihrer Erfahrungen und Urteile. Es definier[t] sie als Handelnde im Forschungsprozess anstatt als Objekte und Meerschweinchen, als Ko-Wissenschaftler und Ko-Produzenten in den Situationen, an denen sie direkt beteiligt sind.

(System of Spontaneity-Creativity-Conserve, Sociometry and the Science of Man 1956, 133)

1974: Die Doktrin der Spontaneität und der Kreativität ist Eckstein der Soziometrie. Sie hat eine experimentelle Methodologie geschaffen, die auf alle Sozialwissenschaften angewendet werden kann. Die soziometrische Revision der wissenschaftlichen Methoden besteht in der Verwandlung der Forschungsobjekte in teilnehmende und bewertende Aktoren; sie verleiht ihnen wissenschaftliche Autorität und schafft solide Grundlagen für die allmähliche Entstehung einer Gesellschaftswissenschaft. Eine Sozialwissenschaft wird in dem Maße soziometrisch, in dem sie den Gruppenmitgliedern wissenschaftliche Bedeutung verleiht und ihre Handlungen zu messen vermag. Sie befasst sich mit echten und prospektiven Gruppen und entwickelt auf wirkliche Lebenslagen anwendbare Methoden.

(Grundlagen 1974, XLIIIf)

1974: Der Unterschied zwischen dem „Organismus-in-der-Umgebung" und dem „Aktor in situ" ist wichtig aus folgenden Gründen: Der „homo metrum" teilt die Klassifikation „Organismus" mit allen Forschungsobjekten, die den Methoden der Beobachtung, des Experiments, des Vergleichs und historischen Studiums unterworfen werden können. Aber als Aktor in situ steht er in den Sozialwissenschaften einzig da, weil die neuen Methoden ihm erlauben, sein eigenes Experiment zu gestalten und Schlüsse daraus zu ziehen, die der Erweiterung seiner Erkenntnisse über die eigene Gesellschaft dienen.

(Grundlagen 1974, 30f)

1974: Die soziometrische Methode: Die Mitarbeit und Autonomie der Versuchspersonen am Experiment wurde erstmals im Rahmen der Soziometrie systematisch ausgenutzt. Sie ließ sich von ihnen die Leitmotive zur Erforschung ihrer eigenen Gruppe oder Gemeinschaft geben. Dass die zu studierenden Menschen zu ausschlaggebenden Experten und Forschern gemacht werden können, war eine methodisch wichtige Entdeckung. Sowohl in der Soziometrie als auch im Soziodrama geben uns die zueinander in Beziehung stehenden Individuen die wichtigsten Aufschlüsse, die in Zusammenarbeit mit den Forschern untersucht werden.

(Grundlagen 1974, 391f)

Parteiliche Forschung

1940: Um die schweren Fehler, die auf den Forscher selbst zurückgehen, zu überwinden, greifen wir auf einen soziometrischen Ansatz zurück, der besonders auf die mikroskopische Untersuchung sozialer Phänomene abgestimmt ist. Der teilnehmende Beobachter bleibt – in einer ganz bestimmten Form dieser Tätigkeit – nicht „objektiv" oder auf Distanz gegenüber den zu untersuchenden Personen: Er wird zu ihrem Freund. Er identifiziert sich mit ihrer Situation, er wird zu einer Erweiterung ihres Ichs. Anders ausgedrückt, aus dem „objektiven" wird ein „subjektiver" Teilnehmer.

(Bezugsrahmen für die Untersuchung, Objektivierung und
Messung des Sozialforschers, Methode 1981, 161)

Handlungsforschung

1923: Soziometrie ist immer Aktionswissenschaft. Ein soziometrischer Test ist in erster Linie eine Untersuchung der Handlungs- und Verhaltensweisen sozialer Gruppen.

(Drei Bezugspunkte für die Soziometrische Forschung, Methode 1981, 24)

1949: Die Soziometrie ist nicht die Summe vereinzelter Techniken, sondern liefert vor allem Ideen, die den Ausgangspunkt für theoretischen Rahmen, Konzepte und Methoden bilden. Der bedeutendste Einfluss der Soziometrie auf die Sozialwissenschaften ist wohl der gewaltige Druck, mit dem sie die Wissenschaftler vom Schreibtisch in aktuelle Situationen drängt, sie auffordert, sich in reale Gemeinschaften zu begeben und sich mit realen Menschen zu befassen, persönlich und unmittelbar teilzuhaben, warm- und offenherzig, gestützt auf ein paar Hypothesen und Instrumente, anstatt indirekt Informationen und Interpretationen heranzuziehen; sie auffordert, mit ihrer Wissenschaft hier und jetzt zu beginnen, Aktionsforschung zu betreiben, anstatt für das Jahrtausend der Bibliotheksregale zu schreiben.

(Prolog zur Soziometrie, Methode 1981, 19)

1952: Der Organismus ist eine Abstraktion, eine Abstraktion des Handelnden und Verhalten ist eine Abstraktion, eine Abstraktion der Handlung. Ich stimme zu, dass wir aus methodischen Gründen den Organismus als physikalisch-chemisches System vom Organismus als Verhaltenssystem unterscheiden sollten. Aber aus denselben methodischen Gründen sollten wir das Handlungssystem der menschlichen Gruppe vom Verhaltenssystem unterscheiden. Damit diese Kluft wirklich überwunden wird, wird eines Tages der psychoanalytisch orientierte Behaviorismus durch einen metrisch orientierten Aktionismus ersetzt werden, der auf Interaktions-Produktion vom Typ des Psychodramas basieren wird. Der Handelnde muss z.B. sein eigener Beobachter werden und ein Handelnder für den Beobachter; der Beobachter muss ein Handelnder für den Beobachter werden und sein eigener Beobachter; einer muss mit dem anderen ko-handeln, eine Begegnung [meeting] geschieht. In einem fortschreitenden Sozio-Psychodrama sind der subjektive Blick des Handelnden und der objektive Blick des Ko-Handelnden eins, sie sind Teil derselben Ebene.

(Current Trends in Sociometry, Sociometry XV 1-2/1952, 160)

1952: Das zweite Prinzip [der dynamischen Soziometrie] ist die Erwärmung der Teilnehmer für eine Handlung, die Vernetzung von Motivation mit Aktion. Ein soziometrischer Test verbindet den Akt der Wahl, die erwarteten Veränderungen und die Realisierung der Wahl mit dem Handlungswillen der Teilnehmer; die Erwärmung für die soziometrische Wahl bringt die Teilnehmer in Aktion. [...] In den Sozialwissenschaften müssen die Subjekte in eine wirkliche Lebenssituation gebracht werden und nicht vor oder nach [eine derartige Situation]. Sie müssen wirklich sie selbst sein, im wahrsten Sinne des Wortes ... Es ist evident, dass die gemessene Situation in statu nascendi erfasst werden muss und dass die Subjekte dafür erwärmt sein müssen. Dies betont die enorme Bedeutung des Konzeptes des Augenblicks für jedes konzeptionelle Denken, das für die Vorbereitung wirklich hochwertiger Experimente in menschlichen Gesellschaften relevant ist.

Die Beziehung zwischen Motivation und Aktion ist der Kern der dynamischen Soziometrie und des dynamischen Soziodramas. Die Verbindung zwischen Motivation und Aktion wird durch die Erwärmung für einen Akt der Wahl zementiert, der in der dynamischen Soziometrie den Charakter einer Lösung hat, im Soziodrama den Charakter von sozialer Integration und Kohäsion.

Es muss im Tele Faktoren geben, die eine Wahl in Erwartung einer nachfolgenden Aktion viel signifikanter machen als ohne diese, und die auch effektiver werden, wenn eine große Zahl von Individuen beteiligt sind, als wenn Wahl und Handlung von einem Individuum alleine getragen werden. Die Psychologie der Aktion kann den Akt nicht vom Handelnden – dem Aktor in situ – trennen und sie kann den einzelnen Handelnden nicht vom Ensemble der Aktoren in situ abtrennen. Das Treffen einer Entscheidung in einer Gruppe, gleich ob diese in einem religiösen, politischen oder industriellen Setting getroffen wird, kann ohne die Anwendung von soziometrischen und soziodramatischen Methoden nicht verstanden werden.

(A Note on Sociometry and Group Dynamics, Sociometry XV 3-4/1952, 365f)

1974: Das soziometrische Experiment baut sich nicht auf dem Interview oder der Fragebogenmethode auf (dies ist ein oft vorkommendes Missverständnis); es ist eine Aktionsmethode, eine Aktionspraxis. Der soziometrische Forscher stellt den status nascendi in der Forschung dar. Als ein beteiligter Aktor steht er selbst mitten im Experiment. Er besteht darauf, mit der größten Intensität bei den materiellen Tatsachen der experimentellen Methode zu verharren und den logischen Teil nicht verfrüht in Angriff zu nehmen. Er versucht zu messen, was gemessen werden kann, zu bewerten, was bewertet werden kann; aber er unterlässt Messungen und Bewertungen als Selbstzweck.

(Grundlagen 1974, 24)

Schwierigkeiten und Widerstände

1937: Vom Standpunkt einer medizinischen Soziologie aus ist es von entscheidender Bedeutung, die tatsächliche Struktur der menschlichen Gesellschaft zu einem gegebenen Zeitpunkt zu kennen. Die Schwierigkeiten, die der Erlangung dieser Kenntnis im Wege stehen, sind außergewöhnlich groß und entmutigend. Sie können im Wesentlichen in drei Kategorien unterteilt werden: die große Menschenzahl, das Angewiesensein auf valide Teilnahme, die Notwendigkeit fortdauernder und wiederholter Untersuchungen.

(Die Soziometrie in ihrer Beziehung zu anderen Sozialwissenschaften, Methode 1981, 35)

1937: Individuen zeigen Angst vor den Enthüllungen, die das soziometrische Verfahren an den Tag legen könnte. Bei manchen Menschen ist diese Angst stärker, bei anderen schwächer ausgeprägt. Der eine ist ängstlich darauf bedacht, seine Beziehungen in Übereinstimmung mit seinen wirklichen Bedürfnissen einzugehen, der andere fürchtet sich vor den Konsequenzen. [...] Diese und ähnliche Bemerkungen enthüllen ein grundlegendes Phänomen, eine Form zwischenmenschlichen Widerstandes, nämlich, die Vorlieben, die man für andere empfindet, zu äußern. Auf den ersten Blick scheint dieser Widerstand paradox, da er gerade dann auftaucht, wenn ein grundlegendes Bedürfnis befriedigt werden könnte. Eine Erklärung dieses Widerstandes des Individuums gegenüber der Gruppe ist möglich. Einerseits ist er auf die Angst des Individuums, seine Stellung in der Gruppe zu kennen, zurückzuführen. Sich seiner Stellung voll bewusst zu werden, kann schmerzvoll und unangenehm sein. Andererseits beruht dieser Widerstand auf der Angst, die anderen könnten erfahren, wen man mag, wer einem missfällt und welche Stellung in der Gruppe man wirklich wünscht und braucht. Der Widerstand wird durch die extrapersonale Situation des Einzelnen, durch seine Stellung in der Gruppe hervorgerufen. Er fühlt, dass seine Stellung in der Gruppe nicht nur von ihm selbst bestimmt wird, sondern in erster Linie von den Gefühlen abhängt, die ihm die Individuen, mit denen er beisammen ist, entgegenbringen. Er mag sogar ahnen, dass es jenseits seines sozialen Atoms unsichtbare Telestrukturen gibt, die seine Stellung beeinflussen. Die Angst, Vorlieben, die ein Mensch für andere empfindet, zu äußern, ist im Grunde die Angst vor den Gefühlen, die ihm die anderen entgegenbringen. [...] Der einzelne Mensch fürchtet sich vor den gewaltigen Gefühlsströmen, die die „Gesellschaft" gegen ihn richten könnte – es ist die Angst vor den psychologischen Netzwerken.

Es ist die Furcht vor den mächtigen Strukturen, deren Einfluss unbegrenzt und unkontrollierbar ist; es ist die Furcht, sie könnten ihn zerstören, wenn er nicht still-hält.

(Die Soziometrie in ihrer Beziehung zu anderen Sozialwissenschaften, Methode 1981, 48f)

1974: Es ist [...] die Frage aufgeworfen worden, ob eine Gesellschaft ohne soziody-namischen Effekt möglich sei, ob eine solche Gesellschaft jemals Bestand haben oder in Zukunft existieren werde und ob sie unserer gegenwärtigen Gesellschaft überlegen sein würde. Viele religiöse Gruppen haben versucht, den differenzierten Charakter der Gruppen durch Verwischung der Wahrnehmung der Differenzie-rungsgefühle in der eigenen Vorstellung auszulöschen und zwar in Übereinstim-mung mit ihrem Wertsystem, das z.B. besagt, dass alle Menschen gleich, Brüder und Kinder Gottes seien. Für eine solche Auffassung wird Differenzierung eine Kardinalsünde und Soziometrie eine Teufelswissenschaft. Eine andere Möglichkeit ist die Hinnahme des soziodynamischen Effektes als Schicksal.

(Grundlagen 1974, 369)

Messen

1941: Das Individuum stellt das feinfühligste uns heute bekannte Instrument zur Einschätzung seiner eigenen Empfindungen und Reaktionen auf die Umwelt dar.

(Vorteile des soziometrischen Ansatzes bei Problemen der
Landesverteidigung, Methode 1981, 244f)

1943: Eine Trennlinie zwischen soziometrischen und nicht-soziometrischen Me-thodologien ist die Gewichtung der Messung. Das empirische System, [...] das durch die Soziometrie eingeführt wurde, markierte eine neue Phase in der Ent-wicklung der Sozialwissenschaften.

(Sociometry and the Cultural Order, Sociometry VI 3/1943, 314)

1974: Das theoretische Prinzip der Mikrosoziologie: die soziometrische Wissen-schaft der kleinen Gruppen mit immer neuen Messungsmethoden und Variationen der alten Methoden zu bereichern, immer auf Präzision und experimentelle Be-weisführung gerichtet. Wir lernen von den kleinen Gruppen und gehen stufenwei-se auf die größeren Gruppen über. Wir lernen von den großen Gruppen und gehen stufenweise auf die kleinen Gruppen zurück.

(Grundlagen 1974, XXXIII)

1974: [Der soziometrische Forscher] besteht darauf, mit der größten Intensität bei den materiellen Tatsachen der experimentellen Methode zu verharren und den logischen Teil nicht verfrüht in Angriff zu nehmen. Er versucht zu messen, was gemessen werden kann, zu bewerten, was bewertet werden kann; aber er unterlässt Messungen und Bewertungen als Selbstzweck.

(Grundlagen 1974, 24)

1974: Der Kernpunkt unserer Klassifikation liegt in der Definition eines Individuums in seiner Beziehung zu anderen Individuen und, im Fall von Gruppen, in der Definition einer Gruppe in ihrem Zusammenhang mit anderen Gruppen. Das ist soziometrische Klassifikation.

(Grundlagen 1974, 108)

Methodische Fragen

1948: Die wichtigste methodologische Aufgabe der Soziometrie hat darin bestanden, die experimentelle Methode zu revidieren, um sie erfolgreich auf soziale Phänomene anwenden zu können.

(Soziometrie und die experimentelle Methode, Methode 1981, 54)

1948: Die soziometrischen Methoden stellen eine Synthese der subjektiven und objektiven Untersuchungsmethoden dar. Ein soziometrisches Experiment in situ verwirklicht in noch nie zuvor erreichtem Ausmaß (a) die Autonomie der individuellen Charaktere, (b) ihre Beobachtung und Beurteilung durch andere, (c) die Messung der subjektiven und der objektiven Aspekte ihres Verhaltens und (d) die Autonomie der einzelnen Gruppen und Interaktionen zwischen ihnen.

(Soziometrie und die experimentelle Methode, Methode 1981, 60)

1948: Experimente müssen sich organisch aus dem Gruppenprozess ergeben (Regel der „graduellen" Einbeziehung aller untersuchungsfremden Kriterien).

(Soziometrie und die experimentelle Methode, Methode 1981, 63)

1974: Den Verfechtern der reinen Beobachtungsmethode fehlt es an Verständnis für zwei wichtige Tatsachen, die der soziometrische Test eindeutig nachgewiesen hat. Erstens stimmt die aktuelle Lebensgruppe eines Einzelnen fast nie mit der von ihm gewünschten überein. Meistens wird von autoritärer Seite eine unerwünschte Struktur den natürlichen Strukturen aufoktroyiert. Wie wir festgestellt haben, kommt eine Übereinstimmung der beiden Strukturen nur in ganz seltenen Fällen vor. Es ist für den Beobachter sehr schwer, das soziale Atom einer Person genau zu bestimmen, da seine Methode nicht die emotionalen Strömungen berücksichtigt, die von einer Person zu vielen anderen in verschiedenen Bereichen der Gemeinschaft und von diesen zurück zur Ausgangsperson fließen. Zweitens zieht die Beobachtungsmethode nicht in Betracht, dass sich jedes Kollektiv mehr oder weniger erfolgreich auf einem bestimmten Kriterium aufbaut. Dies ist aber so, selbst dann, wenn sich die Mitglieder über die dynamischen Kriterien nicht klar bewusst sind. […] Die Beobachtungsmethode ist daher vom soziometrischen Gesichtspunkt aus nur als Hilfsmittel wertvoll. Der soziometrische Test mit seinen bestimmten Kriterien dagegen ist ein zweckmäßiger Wegweiser, ein sozialer Kompass. Er macht es möglich, aus verschiedenen Quellen systematisch Informationen zu schöpfen, welche die Erkenntnis der atomaren Struktur der Gesellschaft erweitern.

(Grundlagen 1974, 118f)

1974: Infolge des Bedürfnisses der Soziometrie nach einer höheren und umfassenderen Objektivität legt sie systematisch Wert auf: a) die Untersuchung sozialer Strukturen in statu nascendi (Begriff des Augenblicks); b) die Verschiebung des Schwerpunkts der sozialen Untersuchung von den groben Erscheinungsformen sozialer Aggregate zu den feinen „atomaren" Vorgängen, von den makroskopischen zu den mikroskopischen Forschungsmethoden; c) die Entwicklung einer situationsgerechten Soziologie (Situations- und Rollenanalyse); d) eine Revolution in der Beziehung zwischen Forscher und Untersuchungssubjekten. Diese Untersuchungssubjekte, d. h. die einzelnen Individuen, müssen selbst in Forscher ihrer eigenen Beziehungen verwandelt werden.

(Grundlagen 1974, 386f)

Axiome der Soziometrie

Morenos soziometrisches Projekt wirkt weit in die Metatheorien der Therapeutischen Philosophie hinein. So ist es die Soziometrie, die den Menschen als soziales Wesen und die Menschheit als Einheit und letztlich erst relevantes Objekt psycho-sozialer Interventionen identifiziert. Darüber hinaus verbinden sich für Moreno mit der Soziometrie weit reichende Vorentscheidungen für ein auf Freiheit, Demokratie und Aufklärung abzielendes Handeln von Professionellen.

Die Einheit der Menschheit

1941: Zwei Thesen standen an der Spitze meines ursprünglichen Forschungspro-
gramms in der Sozialwissenschaft: 1) „Die Gesamtheit der menschlichen Gesellschaft entwickelt sich nach ganz bestimmten Gesetzen"; 2) „Wirklich therapeutische Maßnahmen müssen auf die gesamte Menschheit gerichtet sein". Vom Standpunkt des „Systems" aus gesehen führen die beiden Thesen logischerweise zur
Unterscheidung zwischen Soziometrie und Soziatrie.

(Grundlagen der Soziometrie, Konzepte und Experimente mit Gerüchten, Methode 1981, 191)

1974: Ein wirklich therapeutisches Verfahren darf nichts weniger zum Objekt haben als die gesamte Menschheit. Es kann jedoch kein wirksames Heilmittel verschrieben werden, solange die Menschheit nicht als Einheit betrachtet wird und ihr
innerer Aufbau nicht bekannt ist. Obwohl zu Beginn unserer Forschung kein gültiger Beweis vorlag, haben wir mit der Hypothese begonnen, dass die Menschheit
eine soziale und organische Einheit sei. Nachdem wir dieses Prinzip als Richtlinie
gewählt hatten, entwickelten sich daraus notwendigerweise andere Ideen. Angenommen, die ganze Menschheit stelle eine Einheit dar, so müssen Kräfte vorhanden sein, welche die einzelnen Teile zueinander in Beziehung setzen, und Kräfte,
welche die einzelnen Teile verbinden und trennen. Ihre Wirkungen sind manchmal
schädlich für die Gesamtheit, günstig für einzelne Teile, vorteilhaft für gewisse
Teile, ungünstig für andere. In allen Beziehungen zwischen Individuen und Gruppen treten diese Kräfte – analog zu chemischen Affinitäten – als Anziehung und
Abstoßung in Erscheinung. Anziehung und Abstoßung müssen daher als Kräfte
angesehen werden, die im ganzen biologischen, sozialen und psychologischen Bereich wirksam sind. Ist dies der Fall, so müssen sie innerhalb dieser Gebiete erforscht werden können. Diese Anziehungen und Abstoßungen und ihre Ableitungsformen haben eine mehr oder weniger starke Wirkung, nicht nur auf unmittelbar beteiligte Individuen, sondern auch auf alle Teile dessen, was wir Menschheit nennen. Diese Kräfte, welche die einzelnen Teile zueinander in Beziehung setzen, müssen natürlichen Gesetzen unterliegen, die genau so fein differenziert sind
wie andere Gesetze im übrigen Universum.

(Grundlagen 1974, 3)

1974: Die Menschheit ist eine soziale und organische Einheit. Eine Wissenschaft der
Menschheit muss mit der Unterscheidung der Menschheit von den „menschlichen
Gesellschaften" beginnen. Die Menschheit umfasst alle menschlichen Gesellschaf-
ten, die jemals existiert haben; sie ist uns aber erst in neuester Zeit als selbständiges

System, als historisch wachsende und erfassbare Tatsache zu Bewusstsein gekommen. Die Menschheit als Ganze entwickelt sich nach bestimmten Gesetzen.

(Grundlagen 1974, 361)

1974: Die Soziometrie lehrte uns die menschliche Gesellschaft nicht nur als Fiktion, sondern als mächtige, von eigenen Gesetzen beherrschte Realität zu sehen, deren Ordnung bis in die kleinsten sozialen Einheiten reicht und deren Gesetze sich von anderen Gesetzen und Ordnungen im Universum unterscheiden.

(Grundlagen 1974, 388)

1974: Der erste Satz meines Buches: „Ein wirklich therapeutisches Verfahren darf nichts weniger zum Objekt haben als die gesamte Menschheit" bringt meine eigentliche Absicht zum Ausdruck. Obwohl ich diese Idee dem Leser direkt vor die Nase gesetzt habe, ist sie bedauerlicherweise gänzlich missverstanden worden. Kein anderer Satz des Buches ist öfter zitiert und in seiner Bedeutung weniger begriffen worden. […] Dieser erste Satz des Buches scheint von den meisten für die politische Metapher einer kranken Gesellschaft gehalten und sanft beiseite geschoben zu werden. Ich hatte diesen Gedanken jedoch kurz vor Beginn des Hudson-Experiments angekündigt: „Ich betrachtete die Gemeinschaft als Ganzes und sah jene Prozesse, die in unserer Gesellschaft am Werk sind, in ihrer einfachsten Form vor mir. Jeder Mensch folgt seiner inneren Sehnsucht, jeder ist guten Willens, und dennoch scheitert die Gemeinschaft als Ganzes. Selbst wenn jedes Mitglied unserer Gesellschaft die Vollkommenheit eines Heiligen erreichte, wären die Interaktionen der Heiligen vielleicht immer noch unvollkommen. Zwei Heilige müssen miteinander harmonieren und mehrere auch als Gruppe segensreich wirken können! Hier wird der Sinn der „therapeutischen Gesellschaft" klar: das harmonische Zusammenleben einer Gruppe von verschiedenen Individuen zu verwirklichen."

(Grundlagen 1974, 395f)

1976: Genauso wie ein Tropfen Wasser von denselben physikalischen Gesetzen beherrscht wird wie der Ozean, wird die kleinste Gruppe von Menschen, eine Familie, ein Unternehmen, eine Partnerschaft, ein Klassenzimmer, der soziale Kosmos en miniature von denselben sozialen Gesetzen beherrscht wie größere Gruppierungen.

(A Sociometric View of Recent History: the Rise and Fall of Leadership, GP XXIX 1976, 64f)

Der Mensch als soziales Wesen

1945: Die dadurch ausgelöste Verschiebung des Ortes der Therapie bedeutet buchstäblich eine Revolution dessen, was bisher als angemessene medizinische Praxis betrachtet wurde. Ehemann und Ehefrau, Mutter und Kind werden als Einheit behandelt, sitzen einander oft gegenüber – weil sie separat gar kein greifbares Leiden haben mögen.

(Gruppenpsychotherapie 1945, Psychodrama und Soziometrie 1989, 70)

1946: Für die späte Entstehung von Gruppenpsychiatrie und Gruppenpsychotherapie gibt es eine plausible Erklärung, wenn wir die Entwicklung der modernen Psychiatrie aus der somatischen Medizin heraus bedenken. Seit ihren Ursprüngen ist die Prämisse der wissenschaftlichen Medizin, dass der Ort physischer Gebrechen ein individueller Organismus ist. Deshalb richtet sich die Behandlung auf den Ort der Krankheit, wie er in der Diagnose bestimmt wurde. Die physische Krankheit unter der ein Individuum A leidet bedarf nicht der gleichzeitigen Behandlung von As Ehefrau, seinen Kindern und Freunden. Wenn A unter einer Bilddarmentzündung leidet und sein Blinddarm entfernt werden muss, denkt niemand darüber nach, den Blinddarm von As Frau und Kindern ebenfalls zu entfernen. Als man in der aufkeimenden Psychiatrie anfing, wissenschaftliche Methoden zu benutzen, wurden die Axiome, die man in der physischen Diagnostik und Behandlung gewonnen hatte automatisch auch auf Gemütskrankheiten angewendet. Extraindividuelle Einflüsse wie animalischer Magnetismus und Hypnose wurden als mythischer Aberglaube und Folklore beiseite geschoben. In der Psychoanalyse – am Beginn dieses Jahrhunderts die am weitesten fortgeschrittene Entwicklung psychologischer Psychiatrie – erhielt die Idee eines spezifischen individuellen Organismus als dem Ort psychischer Krankheit ihre triumphalste Bestätigung. Die „Gruppe" wurde von Freud implizit für ein Epiphänomen der individuellen Psyche gehalten. […] Die Prämisse setzte sich durch, dass es keinen Krankheitsort außerhalb des Individuums gibt, dass es beispielsweise keine Gruppensituation gibt, die einer bestimmten Diagnose und Behandlung bedarf.

[…]

Die ausschlaggebende Veränderung kam mit der Entwicklung soziometrischer und psychodramatischer Methoden. Der Wechsel des therapeutischen Ortes, den diese einleiteten, bedeutete buchstäblich eine Revolution dessen, was früher für angemessene medizinische Praxis gehalten wurde. Ehemann und Ehefrau, Mutter und Kind, werden als Einheit behandelt, oft während sie sich gegenüberstehen

und nicht getrennt (weil sie getrennt von einander möglicherweise keinerlei greifbare psychische Beschwerden haben).

(Psychodrama I 1946, 315f. Vgl. Gruppenpsychotherapie 1959, 1)

1949: Alle meine Publikationen zwischen 1914 und 1925 sind lediglich eine Wiederholung der Vorstellung von Gemeinde und Gemeinschaft, nicht nur in Bezug
auf ihre theoretische Formulierung, sondern auch in Bezug auf ihre Verwirklichung in der Praxis, indem sie vor einer häufig feindseligen Welt einer Wirklich-
keitsprüfung unterzogen wurden. Ein aufmerksamer Leser meiner situativen Dialoge über den Autor, den Redner und Schauspieler, meiner Rede über den Augenblick, über die Begegnung und die Anonymität, und nicht zuletzt meiner Autobiografie des Königs, wird erkennen, dass meine intensive Beschäftigung mit der Religion mich eher dazu veranlasste, die Bedeutung der in Gemeinde und Gemeinschaft ausgedrückten Wir-Erfahrung überzubewerten als zu unterschätzen. Man
kann tatsächlich leicht erkennen, dass derselbe Gedanke in Techniken wie dem Soziodrama und dem Axiodrama und in meinen Überarbeitungen der experimentellen Methode in der Wissenschaft noch immer zur Geltung kommt. Was bezweckt
meine heftige Kritik an der mechanischen Verwendung des soziometrischen Tests,
an seiner Verzerrung zu einem soziometrischen Fragebogen, meine wiederholte
Befürwortung soziometrischer Stadtversammlungen anderes als eine Strukturierung der soziometrischen Methode zu einer Gemeinschaftserfahrung, der stärksten
systematischen Äußerung des Wir-Gefühls, das in unserer Zeit bereits Form angenommen hat? Die soziometrischen Zusammenkünfte oder psycho- und soziodramatischen Sitzungen haben nichts Mystisches an sich, sie müssen aber als Zuschauer und Handelnde mit erfahren werden, damit ihre volle Bedeutung erfasst
werden kann. Es ist gerade das „Wir", das wir nicht in einem Artikel darstellen
können, wenn wir über „uns" schreiben. Wir können jedoch einige Phasen des Wir
in einem Soziodrama realisieren und sehen.

(Ursprünge und Grundlagen der interpersonalen Theorie,
Soziometrie und Mikrosoziologie, Methode 1981, 263)

1974: Wir stellten fest, dass die Mitglieder einer Gruppe sich oft anders gruppieren
würden, wenn es in ihrer Macht stünde. Solche spontanen Gruppen und die Art, in
der die Einzelnen in ihnen handeln oder zu handeln beabsichtigen, haben eine bestimmte Wirkung auf das Verhalten der Individuen und der Gruppe als Ganzes.
Wir erkannten, dass Gruppierungsformen, die spontanen Gruppen von autoritärer
Seite aus aufoktroyiert worden waren, eine Quelle verschiedener Zwistigkeiten
darstellten. Es stellte sich außerdem heraus, dass die in freien Wahlen zur Äuße-

rung kommenden Beziehungen oft stark von den aktuellen zwischenmenschlichen Beziehungen abweichen. Daher kann die Stellung eines Individuums nicht voll erkannt werden, wenn nicht alle Personen und Gruppen, zu denen es in emotionaler oder funktionaler Beziehung steht, in die Untersuchung mit einbezogen werden. Auch die Organisation einer Gruppe kann nicht ganz erkannt werden, wenn nicht alle zu ihr in Beziehung stehenden Individuen und Gruppen ebenfalls studiert werden. Individuen und Gruppen sind nämlich in ein weit verzweigtes Netzwerk verwickelt, so dass die gesamte Gemeinschaft, der sie angehören, dem soziometrischen Test unterworfen werden muss.

(Grundlagen 1974, 34f)

Soziometrie als ethisch-politisches Projekt

Methodik der Freiheit

1947: Das Ziel der neuen Wissenschaft sind die Prophylaxe, die Diagnostik und die Behandlung von Gruppen und Inter-Gruppen-Beziehungen, und insbesondere zu erforschen, wie Gruppen geformt werden können, die sich selbst dazu antreiben, sich durch Techniken der Freiheit zu verwirklichen, ohne die Hilfe von Soziatern und Psychiatern.

(Editorial II – Sociatry and Psychiatrie, Sociatry I 1947, 9)

Soziometrie, Aufklärung und Demokratie

1941: Die Soziometrie kann als der Grundstein einer noch nicht entwickelten Wissenschaft der Demokratie angesehen werden. Der so genannte demokratische Prozess ist nicht wirklich demokratisch, solange die durch soziometrische Verfahren ermittelten großen Bereiche unsichtbarer Prozesse nicht in das politische System der Demokratie eingegliedert und zu seinem Bestandteil gemacht werden.

(Grundlagen der Soziometrie. Konzepte und Experimente mit Gerüchten, Methode 1981, 208)

1947: Wie sehr dem Soziometriker auch daran liegt, die Welt zu verändern, vertritt er dennoch einen anderen Standpunkt [als Marx]. Was für den praktischen, revolutionären Marxisten unbedeutend sein mag, ist für ihn von äußerster Wichtigkeit – der Soziometriker interessiert sich für die soziale Revolution als „soziales Experiment". Für ihn ist es bis zu einem gewissen Grad belanglos, ob es glückt oder misslingt. Wegen des geringen Wissens um soziale Zusammenhänge ist er daran in erster Linie als einem informatorischen Experiment und nicht als einem sozialen

Kreuzzug interessiert – es interessiert ihn, ob man daraus etwas lernt, und nicht nur, ob sich die Gesellschaft dadurch verbessert. Was hätten wir davon, wenn eine gewaltsame Revolution aus purem Zufall einen solch schrecklichen oder vollkommenen Erfolg hätte, dass die menschliche Gesellschaft entweder für immer verkrüppelt sein oder auf eine höhere Stufe gelangen würde? Es gibt nämlich keine Garantie dafür, dass diese Auswirkungen nicht wieder aus purem Zufall ins Gegenteil verkehrt werden. Vielleicht ist es besser, die Wahrheit zu kennen, selbst wenn sie wahrscheinlich nie verwirklicht werden kann. Es kann für die Menschheit wertvoller sein, mit offenen Augen zugrunde zu gehen, als ewig in Unkenntnis ihres Verfalls zu leben.

(Soziometrie und Marxismus, Methode 1981, 215)

1947: Fast ein halbes Jahrhundert waren sie [die Sozialwissenschaftler] von Kriegen und Revolutionen umgeben und mussten passiv dabei zusehen, wie Generäle und Politiker die Welt veränderten. Sie versuchten zu argumentieren, während elementare Maßnahmen erforderlich waren. Intelligentes Diskutieren und höfliches Verhalten konnten sich gegen Parteislogans, Schmähungen, Gelächter, Geschrei, vulgäre Witze und Flüche, Lügen und Verdrehungen von Tatsachen nicht durchsetzen. Die Sozialwissenschaftler versuchten, Aktions- und Überrumpelungsmethoden mit Lyrik und Leitartikeln zu bekämpfen. [...]

Mit anderen Worten, die Avantgarde der akademischen Sozialwissenschaft hatte in einer Notsituation keine sozialen Instrumente des Angriffs und des Gegenangriffs zur Verfügung. Schließlich kamen wir Soziometriker zu Hilfe und entwickelten „psychologische und soziale Schockmethoden", die ohne weiteres zu wissenschaftlichen Instrumenten sozialer Aktion, zu Vorsichtsmaßnahmen oder Gegenmitteln gegen die Massenhypnose und -verführung durch rein politische Systeme werden könnten.

(Soziometrie und Marxismus, Methode 1981, 219)

1949: Es ist daher wichtig, dass wir uns, bewaffnet mit mächtigen und dynamischen sozialen Erfindungen, „furchtlos" mitten in jede Stadt, jede Region, jeden Bezirk und Staat hinein begeben und den Mut haben, sie aus ihrem Traum von der Existenz einer individuellen Psyche zu rütteln. Nur durch einen solch praktischen, direkten und unmittelbaren Nachweis der Nützlichkeit der Sozialwissenschaften kann der Glaube an die Wissenschaft wieder gewonnen und gefestigt werden. Nur mit solchen Mitteln kann die Wissenschaft gerettet und voll ausgeschöpft werden. Unter der Mitwirkung aller Menschen sollten wir eine soziale Ordnung schaffen können, die ihrer höchsten Bestrebungen würdig ist. Das und nichts anderes hat die revolutionäre, dynamische Soziometrie im Sinn.

(Ursprünge und Grundlagen der interpersonalen Theorie,
Soziometrie und Mikrosoziologie, Methode 1981, 279)

1956: Das Ziel der Soziometrie ist im weitesten Sinne, den Weg für eine „Wissenschaft" der Demokratie zu bereiten. Wir haben gehofft, dass die universalen und optimalen Methoden eines wirklich humanen sozialen Lebens – das, was zu Recht „Demokratie" genannt werden kann – auftauchen würde, wenn wir mit systematischen Studien von Gruppen und Gemeinschaften im status nascendi beginnen. Das Ziel von „International" [die neue Zeitschrift, in der „Sociometry" aufgehen sollte] wird deshalb sein, die Wissenschaft und die Methoden der Demokratie und den Mut, mit ihnen zu experimentieren, über die ganze Welt zu verbreiten.

(The Birth of a New Era for Sociometry, Sociometry XVIII 4/1956, 268)

1956: Die Amerikaner sind traditionell mit dem Wort „Demokratie" verbunden. Demokratie bedeutet Regierung durch das Volk. Demos ist das griechische Wort für Volk, krateo für Regierung [wörtlich: ich regiere]. Es beschreibt inzwischen eine Art der Gesellschaft, die so organisiert ist, dass allen Bürgern die gleiche Chance offen steht, zu leben und ihren Lebensunterhalt zu verdienen. Die Bewegung hin zu einer demokratisch orientierten Gesellschaft ist in unserer Erinnerung mit den antiken Griechen verbunden. Sie waren unter den ersten, die ihren Bürgern erlaubten, Repräsentanten zu wählen, und die den Zyklus politischer Demokratie starteten. Als die Demokratie scheiterte, ist sie nicht völlig ausgestorben, sondern sie fand in der christlichen Doktrin der ersten Jahrhunderte „Liebe deinen Nächsten" einen Erben. Die kapitalistische Demokratie, die aus der Technologie geboren wurde, war das nächste, was sich aus der Asche der französischen Revolution erhob und in Frankreich und den Vereinigten Staaten von Amerika zum Einsatz kam. Die kommunistische Demokratie der Sowjetunion entwickelte sich seit der russischen Revolution von 1917, und andere kommunistische Gesellschaften folgten dem russischen Modell in den Jahren danach. Aber jedes dieser politischen, religiösen und ökonomischen Regierungssysteme ist daran gescheitert, ein universell anerkennbares Format demokratischer Regierung zu schaffen. Sie alle scheinen einen Teil der Wahrheit enthalten zu haben, aber niemand weiß genau welchen. Sie sind gescheitert, weil sie keine andere, letzte Autorität haben, auf die sie ihre Ansprüche zurückführen können, als die Autorität Recht zu haben und das Wissen, dass jede andere Autorität, die zu ihr in Opposition steht, nicht Recht hat. Seitdem sich die Revolutionen über den ganzen Planeten ausbreiten, ist das Bedürfnis nach

einer neutralen, wirklichen Autorität zum größten Bedürfnis der Menschheit geworden. In der Tat muss der Grund für die gegenwärtige Ruhelosigkeit im Fehlen
eines universellen Formates, einer nicht diskutierbaren Autorität gefunden werden. Die einzige wirklich neue Autorität, die aufgetaucht ist und die immer mehr
Menschen in allen Teilen der Welt Respekt abnötigt, ist die „Wissenschaft". In sich
selbst ist sie völlig machtlos und sie hat keine andere Basis für ihr Ansehen als die,
dass sie die Wahrheit repräsentiert. Aber Wissenschaft sagt uns nur was „ist" und
nicht, was wir tun sollen. In Form der physikalischen und technischen Wissenschaften konnte sie nicht nur universelle Anerkennung gewinnen, sondern die
Welt erobern. Eine Wissenschaft demokratischen Verhaltens, die allmählich entsteht, könnte in der Lage sein, die Fundamente für eine Art der Demokratie zu legen, die nie zuvor existiert hat – eine wissenschaftliche Demokratie. Sie könnte in
der Lage sein, alle Formen der Demokratie, die es in der Vergangenheit gab, in eine Synthese zu bringen. Aber ist eine solche „Wissenschaft der Demokratie" erreichbar? Demokratie braucht eine wissenschaftliche Fundierung, damit sie nicht
nur eine politische, sondern eine soziale Realität wird. In diesem profunden Bedürfnis liegt die Verbindung zwischen Demokratie und Soziometrie.

(American Culture-in-Transition, Sociometry XVIII 4/1956, 351f)

1957: Therapeutische Gruppen sollten so organisiert sein, dass sie ein Modell demokratischen Verhaltens abgeben. Ungeachtet der ökonomischen, rassischen und
religiösen Unterschiede der Patienten sollte innerhalb der therapeutischen Gruppe
jedem der gleiche Status gegeben werden.

(Code of Ethics of Group Psychotherapists, GP X, 2/1957, 143)

Soziometrie und Werte

1947: Der wahre soziometrische Test, so wie wir ihn planten, ist eine revolutionäre
Forschungskategorie. Er verändert die Gruppe von innen her. Er erzeugt eine soziale Revolution auf einer mikroskopischen Ebene. Wenn er nicht zu einer gewissen
Umwälzung führt, kann der Verdacht entstehen, dass der Forscher ihn – aus Achtung vor einer bestehenden sozialen Ordnung – so modifiziert hat, dass er zu einem harmlosen, armseligen Instrument geworden ist.

(Fortschritt und Missverständnis in der soziometrischen Theorie,
Methode 1981, 172. Original: Sociometry X, 268-272)

1974: Eine soziometrische Studie wird zum Experiment […], wenn alle heute bekannten soziometrischen Methoden von der Bevölkerung zur Umwandlung ihrer

gegenwärtigen sozialen Struktur in eine neue soziale Ordnung verwendet werden, im Einklang mit dem der Gruppe zugrunde liegenden Wertsystem. Das Wertsystem kann ein christliches, ein hinduistisches, ein kooperatives, ein kommunistisches oder ein demokratisch-soziometrisches sein; welches Wertsystem auch immer der Gesellschaft zugrunde liegt, die soziometrische Methode ist der sicherste und kürzeste Weg zu seiner Realisierung, obwohl der dialektische Charakter der Soziometrie größere Schwierigkeiten in einem autokratischen System verursachen wird als in einem demokratischen und die Tendenz hat, die Absurdität autoritärer Systeme bloßzulegen.

(Grundlagen 1974, 42)

1974: Bei einem soziometrischen Experiment ist die Art des der Gemeinschaft zugrunde liegenden Wertsystems unbedeutend. Es ist auch nicht wichtig, ob die von den Einzelnen hochgehaltenen Werte religiöser, therapeutischer, kooperativer oder politischer Natur sind, oder ob eine noch unbekannte Ideologie vorherrscht. Wird das Experiment von geschickten soziometrischen Forschern unter Teilnahme aller Gemeinschaftsmitglieder ausgeführt und den soziometrischen Methoden als Kompass vertraut, so wird sich das Resultat immer klärend und günstig auswirken. Das Ergebnis, die aus dem Experiment resultierende neue Gemeinschaft, wird dem Therapeuten therapeutisch, dem Religiösen religiös, dem Kooperativen kooperativ, dem Demokraten demokratisch und dem Kommunisten kommunistisch erscheinen.

(Grundlagen 1974, 396)

Anwendungsfelder

Schließlich macht Moreno einige Notizen zu Anwendungsfeldern für soziometrisches Handeln, in denen er für eine größtmögliche Verbreitung dieses Denkens in unterschiedlichen Sparten plädiert.

1974: Das Studium der Psychogeografie von Hudson veranlasste uns, verschiedene wichtige Fragen aufzuwerfen: besteht ein Zusammenhang zwischen den zwei Häuser verbindenden Anziehungs- und Abstoßungskonfigurationen und der geografischen Entfernung? Ist es möglich, dass sowohl zu große Nähe als auch zu große Entfernung der Häuser die gesunde Gruppenbildung vergrößert? Durch welche Typen architektonischer Gemeinschaftsorganisation wird die Gruppenbildung angeregt oder gehemmt? In welcher Beziehung stehen die ästhetischen Faktoren, die Hässlichkeit der Häuser und Straßenzüge der Ghettos und Armenviertel zur Entwicklung sozialer Beziehungen und soziometrischer Gruppenbildung? Der zukünftige Architekt wird ein Schüler der Soziometrie sein; die Lage der Städte, Industriebezirke und Erholungsorte wird nach den Erfordernissen der Bevölkerung bestimmt werden, die in ihnen leben und arbeiten muss.

(Grundlagen 1974, 331-335)

1974: Was für einen Wert haben soziometrische Methoden für die industrielle Produktion? Sie erhöhen die Produktion des Arbeitskollektivs sowie die Qualität, Zeit-, Material- und Arbeitsersparnis. Was für eine Bedeutung haben sie für die Erhaltung der psychischen Gesundheit? Die Desintegration der Persönlichkeit steht in enger Beziehung zur Desintegration der Gruppe. Soziometrische Methoden verbessern die zwischenmenschlichen Beziehungen unter den Arbeitern und heben die Arbeitsmoral. Moralische Werte fließen in die Gemeinschaft zurück (feedback).

(Grundlagen 1974, 426)

10. Der kreative Zirkel

Die zweite Strukturtheorie Morenos beschäftigt sich mit der Fragestellung, wie sich Strukturen prinzipiell verändern. Unter Struktur kann dabei eine Beziehungskonstellation ebenso verstanden werden wie eine Institution, ein Theoriegebäude oder eine Überzeugung. Jede Veränderung beginnt für Moreno mit einem oder mehreren spontanen Impulsen, die einen Erwärmungsprozess in Gang setzen.

Spontaneität

1947: Es gibt drei Dimensionen, die zusammen den menschlichen Geist [mind] aufbauen: Erinnerung, Intelligenz und Spontaneität (mit einer vierten – Tele – die menschliche Beziehungen aufbaut). Spontaneität ist vermutlich die älteste der drei. Sie ist der andauernde Gegner der Trägheit. Ebenso wie sie dem Kind hilft, geboren zu werden, hindert sie jegliche geistige Erfahrung daran, dauerhaft festgeschrieben zu werden.

(Note on „Models" of Reality, Sociatry 1/1947, 128)

1952: Freie Assoziation und Spontaneität: […] Freie Assoziation hat, wie wir sehen, eine spontane Funktion, aber sie wurde in der psychoanalytischen Therapie auf die verbale Seite begrenzt. Diese Begrenzung hat die Übung der Spontaneität verkrüppelt und frustriert. Die Maxime „Sag alles, was dir in den Sinn kommt" muss logisch auf Aktionen und Interaktion erweitert werden. Therapeutische Ziele fordern regelmäßig, dass die freie Assoziation der Worte durch die freie Assoziation von Akten angereichert wird. In der Tat können die beiden nie trennscharf voneinander unterschieden werden.

(Some Misunderstandings in the Terminology of Group
Psychotherapy and Psychodrama, GP IV, 1-2/1952, 112)

1957: Das zweite Prinzip ist Spontaneität, das unterschiedliche Ausmaß angemessener Reaktion auf eine Situation mit unterschiedlichem Ausmaß an Neuartigkeit. Als ständiger Begleiter der Kreativität erfährt Spontaneität eine universale Ausbreitung. Ein Beispiel für die „physikalische" Spontaneität ist das Verhalten von Atomen in kleinen Mengen oder von Elementarteilchen. Ein Beispiel der „biologischen" Spontaneität ist das spontane Erzeugen, d.h. die Art und Weise, in der leblose Materie zum ersten Mal Anzeichen des Lebens zeigte, oder die Schöpfung neuer Lebewesen zu einer Zeit, als das tierische Leben auf das Meer beschränkt war. Als ein Beispiel für „psychokreative" Spontaneität kann Beethoven gesehen

werden, als er sich daran begab, seine monumentale Neunte Symphonie zu erschaffen. [...] Adolf Meyer bestätigt diese Vorstellung: „Es ist die Spontaneität, die
ich studieren, erforschen, kultivieren und respektieren möchte als die umfassend
wichtige Charaktereigenschaft einer Person. Es ist die Spannbreite der Spontaneität
mit ihren vielfältigen Möglichkeiten und Herausforderungen des Lebens ... Mit
Spontaneität der Person meine ich das, was von der Person erwartet werden kann,
wozu sie sich aufschwingt, und wie sie dies aus sich selbst heraus (sua sponte)
schafft, mit ihrem frei hervorgebrachten Wort (spons), mit ihren Antworten (responses) und schließlich mit ihrer Verantwortung (responsibility)."
Die Spontaneität (oder nennen Sie es Intuition, Inspiration oder mit irgendeinem
anderen Namen) ist der wesentliche Faktor, der wirksam werden muss, damit die
kreativen Prozesse in Gang kommen können. Die Spontaneität steht ganz im Gegensatz zu dem „Gesetz" der Energieerhaltung, das zu einem Axiom in der Physik
geworden ist und zu einem Modell für manche der bekanntesten psychologischen
und sozialen Systeme.
Nehmen Sie zum Beispiel die Vorstellung von der Libido in der psychoanalytischen Theorie. Freud war wie die meisten Wissenschaftler seiner Generation von
dem physikalischen Gesetz der Energieerhaltung so voreingenommen, dass er
dachte, wenn der sexuelle Impuls keine Befriedigung in seinem unmittelbaren Ziel
fände, müsse er sich einen Ausweg in der Sublimation verschaffen. Wenn eine Person dagegen dem umfassenderen Prinzip, nämlich dem der Spontaneität und Kreativität folgt, welches annimmt, dass ein gewisses Maß von Irregularität und Ge-
setzlosigkeit notwendig für jegliche Existenz ist, kann diese Person darin geübt
werden, das Ausmaß an Gefühl, an Gedanken und an Handlungen aufzubringen,
das von ihr in einer neuartigen Situation verlangt wird, anstatt von einem ‚Bank-
konto' abhängig zu sein. Spontaneität ist das Prinzip der „Nicht-Konservierbar-
keit" und der „Unvorhersehbarkeit". Wie es Charles S. Peirce vermerkte: „Wir
übertreiben den Teil gewaltig, den Gesetzmäßigkeiten im Universum spielen. Ein
Teil reiner Spontaneität oder gesetzloser Originalität vermischt sich überall mit
den Gesetzmäßigkeiten oder könnte es zumindest überall tun" [...] Die Heisen-
bergsche Unschärfe-Relation ist die andere Seite der Münze, ein Sekundäreffekt
der Spontaneität.

(Globale Psychotherapie 1957, Jahrbuch 1991, 21f)

1974: Spontaneität wirkt in der Gegenwart, jetzt und hier; sie treibt den Einzelnen
zu angemessenen Reaktionen auf eine neue Situation oder zu neuen Reaktionen
auf eine alte Situation. Sie ist den polaren Gegensätzen „Automatismus-

Reflexivität" und „Produktivität-Kreativität" strategisch verbunden. In ihrer Entwicklung ist sie älter als Libido, Gedächtnis oder Intelligenz. Obgleich universell und entwicklungsmäßig am ältesten, ist sie im Menschen doch die am schwächsten entwickelte Kraft und oft durch kulturelle Einrichtungen gehemmt und entmutigt. Ein großer Teil der menschlichen Psycho- und Soziopathologien kann der ungenügenden Entwicklung seiner Spontaneität zugeschrieben werden. Die Übung der Spontaneität ist daher das wichtigste Lehrfach und sollte in unseren Institutionen von allen Erziehern und Therapeuten verlangt werden. Ihre Aufgabe ist es, die Spontaneität von Schülern zu wecken und zu steigern. Die Geburt ist nicht nur auf mechanische Kräfte zurückzuführen, sondern auch von der Spontaneität des Kindes beeinflusst. Während der Schwangerschaft wird es für die Geburt vorbereitet. Die Dauer der Gestation wird in erster Linie vom Genotyp des Fötus und nicht nur vom Zustand der Mutter bestimmt. Das Kind will geboren werden. Die Geburt ist ein urschöpferisches Geschehen. Sie ist nicht krankhaft, sondern gesund. Sie ist kein Trauma, sondern ein Sieg […]. Das Individuum verfügt nicht über aufgespeicherte Spontaneität im Sinne eines „gegebenen" Volumens oder Quantums. Seine Spontaneität wirkt wie ein „Katalysator" und ist in verschiedenen Bereitschaftsgraden von 0 bis zu einem Maximum vorhanden. In eine neue Situation versetzt bleibt dem Individuum nichts anderes übrig, als seinem Spontaneitätsfaktor wie einer Laterne zu vertrauen, die es ihm ermöglicht, im Wirbel seiner Gefühle, Gedanken und Handlungen die passendste Wahl zu treffen. Den Anforderungen der unmittelbaren Lage oder Aufgabe entsprechend muss manchmal mehr, manchmal weniger Spontaneität aufgewendet werden. Das Individuum muss imstande sein, nicht weniger als den unbedingt erforderlichen Betrag an Spontaneität zu erzeugen – andernfalls braucht es ein „Reservoir", dem es die notwenige Spontaneität entziehen könnte. Es darf aber auch nicht mehr Spontaneität entwickelt werden, als die Situation erfordert, da man sonst versucht ist, die überschüssige Spontaneität für zukünftige Aufgaben in einem Reservoir aufzuspeichern und zu konservieren. Auf diese Weise entsteht der circulus vitiosus, der eine Schwächung der Spontaneität und die Bildung von Kulturkonserven bewirkt.

(Grundlagen 1974, 13-15)

1974: Solange Spontaneität ein vager, mystischer, geheiligter Begriff war, gelang es diesen starren Systemen [Moreno bezieht sich auf geschlossene Systeme, denen das Konzept der Energieerhaltung zugrunde liegt, insbesondere auf die Psychoanalyse], sich fast kritiklos zu entfalten. Mit dem Auftauchen eines so kraftvollen, eindeutig erkennbaren und messbaren Begriffs wie der Spontaneität drehte sich der

Wind zugunsten beweglicherer Systeme. [... Spontaneität und Kreativität] sind keine Abstraktionen, sondern wirken in lebenden Menschen und ihren Beziehungen. Ihre Anwendung auf soziale Phänomene bewies, dass Menschen nicht mit Puppen verglichen werden können, sondern in verschiedenen Graden Initiative und Spontaneität ihr eigen nennen. Die soziale Struktur, die aus der Interaktion von zweieinhalb Milliarden Einzelmenschen hervorgeht, ist nicht zu übersehen. Sie ist nicht wie die geografische Gestalt der Erde gegeben, sondern wird in jedem Augenblick von individuellen und kollektiven Faktoren verändert. Falls sich das geistige und soziale Universum auf irgendeinem grundlegenden Prinzip aufbaut, so muss es der Doppelbegriff der Kreativität und Spontaneität sein, dessen Greifbarkeit ununterbrochen zum Ausdruck kommt im Verhältnis von Mensch zu Mensch, Mensch zu Gegenstand, Mensch zu Arbeit, Gesellschaft zu Gesellschaft und Gesellschaft zur gesamten Menschheit.

(Grundlagen 1974, 16)

1974: Was ist Spontaneität? Das, was nicht gesetzmäßig aus Vorausgegangenem resultiert. Ich kann der Spontaneität keine andere Bedeutung als die des Neuen, Frischen, Andersartigen beimessen.

(Grundlagen 1974, 437f)

Spontaneität und Freiheit

1950: [An die Stelle der Analyse treten] Freiheit zur Spontaneität, Freiheit zur Körperlichkeit und zum Körperkontakt, Freiheit zur Bewegung, Aktion und Interaktion.

(Hypnodrama and Psychodrama, GP III 1/1950, 2)

1974: Wie wir im ersten Fall [beim Stegreiftheater] unter allen Umständen das Prinzip der Spontaneität aufrechterhalten wollten, so ging es uns jetzt im zweiten Fall [der Umstrukturierung in Hudson] um die Aufrechterhaltung des Prinzips der Freiheit für den einzelnen und das Kollektiv. Genau wie im ersten Fall jeder Teilnehmer direkten Anteil hatte an Autorität, Lenkung und Darstellung des Stückes, so hatte im zweiten Fall jeder die Freiheit, alle Tätigkeiten mit seinen Gedanken zu erfüllen.

(Grundlagen 1974, 8)

Spontaneitätstest

1974: Im Spontaneitätstest wird das emotionale Element des Einzelnen angewärmt, um seine spontanen Gefühle für die ihm gegenüberstehenden Personen und deren Reaktionen zu ermitteln.

Das Subjekt erhält die Anweisung: „Nimm X gegenüber eine gefühlsbetonte Haltung ein. Das Gefühl sei entweder Ärger, Furcht, Sympathie oder Herrschsucht. Entwickle mit deinem Partner die Situation, die du hervorbringen möchtest, um deinem Gefühl Ausdruck zu geben. Schalte alle Gedanken aus, die nicht deinen Partner betreffen, und stelle dir vor, er sei wirklich die Person, mit der du es im täglichen Leben zu tun hast. Rufe ihn beim wirklichen Namen. Sobald du eine solche Lage geschaffen hast, musst du versuchen, sie während der ganzen Situation lebendig zu erhalten." Der Partner wird lediglich aufgefordert, so zu reagieren, wie er sich auch in natürlichen Lebenslagen den Handlungen des Subjekts gegenüber verhalten würde. Es wird den beiden Personen nicht gestattet, vor dem Beginn ihres Handelns miteinander zu sprechen. Die zu testende Person wird jeder Person gegenübergestellt, die wir zu ihr in Beziehung stehend gefunden haben. Und da wir an beiden Teilen der Beziehung interessiert sind, müssen wir jeden Partner des Subjekts ebenfalls zum Subjekt machen, d.h. der Partner muss, nachdem das Subjekt seine vier Situationen dargestellt hat, seinerseits eine dieser Situationen wählen und sie in Bezug auf das Subjekt darstellen. Die getestete Person versucht vielleicht, jedem Partner gegenüber die gleiche Haltung, z.B. Sympathie, einzunehmen, oder sie bemüht sich, jedes Mal einen anderen Zustand, Herrschsucht usw., oder eine Zustandskombination zu entwickeln. Die Reaktionsgeschwindigkeit, die gesprochenen Worte und der mimische Ausdruck beider Spieler werden den Anweisungen des Testers gemäß auf Schallplatte und Filmen festgehalten.

Es kommt bei diesem Test darauf an, das Subjekt zu veranlassen, seiner ganzen Spontaneität freien Lauf zu lassen.

(Grundlagen 1974, 197)

Trainierbarkeit der Spontaneität

1924: Es wurde mir allmählich klar, nachdem hunderte von Individuen probiert wurden, dass das Talent für Spontaneität selten und unentwickelt ist, aber dass es „trainierbar" ist, dass die Spontaneität eines Individuums unerlässlich ist für Aufgaben, mit denen es nicht gründlich vertraut ist.

(Stegreiftheater 1924, V)

1946: Spontaneitätstraining muss das Hauptfach in den Schulen der Zukunft sein.

(Psychodrama I 1946, 130)

1949: Wenn man Spontaneität in einer imaginären Situation und mehr und mehr auch in einer lebensnahen Situation angemessen mobilisieren kann, wird man allmählich lernen, wie man sie jederzeit abrufbar machen kann, insbesondere in ungeprobten Augenblicken des Lebens.

(Gegenüberstellung der Situationstests in der amerikanisch-britischen
und in der deutschen Militärpsychologie, Methode 1981, 257)

1969: Der Patient darf so unspontan und ausdruckslos sein, wie er es zu diesem Zeitpunkt eben ist. [...] Zuerst einmal müssen wir seine Unfähigkeit akzeptieren und ihm Helfen, sich selbst zu akzeptieren; schrittweise versuchen wir ihn durch verschiedene Methoden wie Zur-Seite-Sprechen oder Selbstgespräche oder den Einsatz von Doppeln etc. von seinen eigenen Fesseln zu befreien. Die Tatsache, dass ein Patient ein Spontaneitätsdefizit hat, ist kein Hinderungsgrund [block] für ein Psychodrama. Dies ist der Grund für die Existenz von Hilfs-Ichen, die darauf trainiert sind, den Patienten zu unterstützen, ihm zu assistieren und ihn zu stärken. Dafür wurden auch die Techniken wie Selbstgespräch, das Doppel, der Spiegel, der Rollentausch etc. entwickelt. Die Person, die in ihrer eigenen Rolle unfähig ist spontan zu sein, kann im Rollenwechsel mit seiner Frau, Vater, Baby, Schoßhund etc. extrem spontan werden. Seine Ausdruckskraft wird wachsen, wenn seine Spontaneität zunimmt. Ausdruckskraft um jeden Preis ist nicht notwendiger Weise spontan. Es könnte auch eine Verschleierung authentischer Gefühle sein, wenn man beispielsweise einen ständigen Wort- und Handlungsfluss produziert. Ein Patient kann beispielsweise total spontan sein, während er ruhig auf einem Stuhl sitzt und andere um ihn herum beobachtet.

(Psychodrama III 1969, 236)

Starter

1946: Eine andere Trainingsmethode ist die Verwendung angemessener Starter. Diese sind für Patienten wichtig, die sich nicht so leicht für eine Aufgabe erwärmen können oder deren Erwärmungsprozesse zu einem deformierten Muster führen. Der katatone Patient illustriert das Individuum, das sich nicht für eine Aufgabe erwärmen kann. Der Stotterer illustriert das Individuum, das sich zwar erwärmt, aber zu einem deformierten Muster [...]. Spontaneitätslagen werden durch unterschiedliche Starter hervorgebracht. Das Subjekt bringt seinen Körper und seinen Geist in Bewegung, indem es Körperhaltungen und geistige Bilder benutzt, die es dazu führen, einen bestimmten Zustand erreichen lassen. Dies nennt man Erwärmungsprozess. Der Erwärmungsprozess kann durch körperliche Starter (ein komplexer physikalischer Prozess in dem Muskelkontraktionen eine führende Rolle spielen), durch mentale Starter (Gefühle und Bilder im Subjekt, die oft durch andere Personen angeregt werden) und durch psychochemische Starter (künstliche Stimulation, beispielsweise durch Alkohol) stimuliert werden.

Der therapeutische Prozess im Psychodrama kann nicht ohne vollständige Berücksichtigung der Erwärmungstechniken verstanden werden. Wie aus dem einfachen Training, wie Laufen, Schwimmen oder Boxen wohl bekannt ist, hat die Fähigkeit des Athleten sich leicht und ungestört für eine verlangte Aufgabe zu erwärmen, großen Einfluss auf seine Form und Effizienz. Ich habe das „Physiodrama" professioneller Athleten und ihr spontanes Verhalten in Wettkampfsituationen untersucht und habe herausgefunden, dass die psychopathologischen Charakteristika des Erwärmungsprozesses, die in dieser Studie und anderswo beschrieben werden („überhitzte" Verfassung, nicht entwickelte oder rudimentäre Verfassung etc.) auch in der Körperkultur relevant sind.

In der Spontaneitätsarbeit und im Psychodrama hat die Psychopathologie des Erwärmungsprozesses, wenn dies möglich ist, einen noch höheren Stellenwert als in der Körperkultur. Jede Rolle braucht für ihre angemessene Darstellung die Konzentration auf und den Beginn mit einer bestimmten Muskelgruppe, die während der Übung viele Hilfssysteme mitreißt. Jedes Mal, wenn eine bestimmte Rolle gespielt wird, z.B. die Rolle eines Angreifers, eines Schüchternen, eines Vorsichtigen, eines Beobachteten, eines Zuhörers, des Liebenden usw., wird eine andere Kombination von Muskelgruppen besonders betont und in die Übung eingebracht. Viele Rollen brauchen zwei oder mehr komplementäre Individuen um gespielt zu werden, z.B. Ehemann und Ehefrau oder Eltern und Kind.

Durch den Erwärmungsprozess kommen zahlreiche Rollen zur Darstellung, die das Individuum selten oder nie im täglichen Leben erlebt und die selbst in seinen Tag- und Nachtträumen selten oder nur leicht berührt werden. Ein Individuum mag in seiner täglichen Routine auf eine kleine Anzahl von Rollen und Situationen beschränkt sein, aber die Potentialität seiner Persönlichkeit für Rollen ist praktisch unbegrenzt. Wir leben die Spannweite unserer Persönlichkeit nur zu einem kleinen Teil aus, das meiste davon bleibt unbenutzt und unentwickelt. Im Verlauf einer Behandlung kann der Patient in hunderten von Rollen und Situationen leben. Ich fand während meiner Experimente mit unzähligen Subjekten heraus, dass jeder Erwärmungsprozess, der einen kleinen Bereich der Persönlichkeit abdeckt von je-

dem Erwärmungsprozess absorbiert und unschädliche gemacht werden kann, der
eine größeren Bereich abdeckt, aber diesen Teilbereich gleichzeitig enthält. Ich habe dieses Prinzip so oft wirksam gesehen, dass ich mich gerechtfertigt sehe, es als
eine praktische Regel zu betrachten. Auf der Basis dieser Beobachtung wurde eine
bedeutende therapeutische Technik entwickelt.

Ich instruierte einen schüchternen Stotterer, sich in die Rolle eines Aggressors hi-
neinfallen zu lassen, aber anstatt von Worten und Phrasen unsinnige frei Kombina-
tionen von Vokalen und Konsonanten zu produzieren [...]. Er stotterte während
dieses Zustands nicht, offenbar weil in dem therapeutischen Erwärmungsprozess
ein größeres Gebiet seiner Persönlichkeit mobilisiert wurde als in dem pathologischen Erwärmungsprozess des Symptoms.

(Psychodrama I 1946, 223f. Vgl. Inter-personal Therapy and the Psychopathology of Inter-personal
Relations, Sociometry I 1937, 66f. Vgl. Gruppenpsychotherapie 1959, 250f)

1974: Der Getestete wurde aufgefordert, sich dieser oder jener körperlichen Handlung hinzugeben, ohne an das dabei herauskommende Resultat zu denken. Es
wurde festgestellt, dass der Beginn dieser Handlungen von einem Anwärmungs-
prozess angeregt und begleitet wird. Wir konnten selbst dann, wenn der Unter-
suchte ohne bestimmtes Ziel keuchte, den Atem beschleunigte usw. die Entwicklung gewisser emotionaler Tendenzen beobachten. Letztere schienen weniger auf
ein ausschließliches Gefühl, vielmehr eher auf eine ganze Gruppe von Gefühlen
mit ähnlichen Eigenschaften bezogen zu sein.

Äußerungen wie z.B. Zähneknirschen, Fäuste ballen, funkelnde Augen, Zusam-
menziehen der Augenbrauen, energische Bewegungen, schrille Stimme, Schlagen,
Stampfen, Zurückwerfen des Kopfes, beschleunigter Atem und andere haben die
Tendenz, emotionale Zustände wie Ärger, Herrschsucht, Hass oder unbestimmte,
schwächere Vorläufer dieser Gefühle auszulösen. Eine andere Gruppe: Keuchen,
Zittern, Flucht, Zucken der Gesichtsmuskulatur, Sprachunfähigkeit, plötzliches
Aufschreien, sich anklammernde Hände, entwickelt eine andere Gefühlsrichtung:
Ängstlichkeit, Furcht, Verzweiflung, allgemeine Panikzustände oder unklare Ver-
haltenstendenzen in dieser Richtung. Wieder eine andere Gruppe: Lächeln, Lachen, Kichern, Weiten der Augen, Küssen, Umarmen, bahnt einen Zustand glück-
licher Erregung an.

Selbst wenn die entwickelten Gefühle undifferenziert sein mögen, kann man beo-
bachten, dass die eine Gruppe der Bewegungen andere Tendenzen im Gefolge hat.
Jede dieser drei Gruppen von Anlaufzeichen scheint als Einheit wirksam zu sein.
Wenn eine Gruppe zur Anwendung gekommen war und die Person aufgefordert

wurde, zusätzlich einen zu einer anderen Gruppe gehörenden „Starter" zu verwenden, konnte beobachtet werden, dass der Entwicklungsverlauf gestört und der [in] der ersten Gruppe koordinierte Zustand aufgelöst wurde oder an Intensität verlor. Wenn z.B. in der oben erwähnten dritten Gruppe, die warme, sympathische Gefühle hervorzurufen bestrebt ist, die Person aufgefordert wird, die Zähne zusammenzubeißen oder starr auf das Objekt zu blicken, wird die bereits begonnene Entwicklung aus ihrer Bahn geworfen. Es wurde festgestellt, dass gemäß dem ursprünglichen „Starter" die Körperbewegungen in einer bestimmten Reihenfolge aufeinander folgen. Wird diese Reihenfolge unterbrochen, so wird die zeitliche Ordnung gestört und die ausgelöste Gefühlssituation verwirrt. Auf dieser Grundlage können wir diagnostizieren, ob ein emotionaler Zustand den Höhepunkt erreicht hat oder erst im Werden begriffen ist. Die Anwärmungsindikatoren sind entscheidend für die Auslösung eines emotionalen Zustandes. Verbale Reaktionen sind weniger zuverlässig als die mimischen Zeichen für eine bereits oder beinahe erreichte Lage. Ein Subjekt kann ohne begleitende Gefühle gewandte Worte verwenden; aber es ist praktisch unmöglich, frei von tragenden Gefühlstendenzen zu handeln, wenn sich ein Gefühl bereits eingestellt hat. Alle verbalen und anderen Assoziationen sind in organischer Weise auf die entwickelten Gefühlstendenzen bezogen.

Wir experimentierten dann auch mit der willkürlichen Entwicklung emotionaler Zustände. In diesem Experiment wird der körperliche „Starter" durch einen psychischen ersetzt. Das Subjekt wird aufgefordert, sich in einen gewissen Zustand zu versetzen, z.B.: „Versetze Dich in einen Zustand des Ärgers." Es kennt sein Ziel im Voraus. Je leichter es für das Subjekt ist, sich in diesen gewünschten Zustand zu versetzen, desto besser werden seine mimischen und verbalen Assoziationen koordiniert sein. Solange das Subjekt unpassende körperliche Starter benützt, wird die gewünschte Stegreiflage nicht erreicht. Falls die Starter nicht ganz zweckentsprechend sind, wird der erreichte Zustand inadäquat sein und die Produktionsorganisation ihrerseits undifferenziert, lose und von kurzer Dauer (inadäquater Starter). Werden die Starter falsch koordiniert, so ist die Produktion oberflächlich, verwirrt, plötzlich und steht in keinem Verhältnis zu den Anstrengungen (überhitzte Lage). In der gut entwickelten Lage dagegen scheint das Individuum die Differenzierungsgrenzen der Emotion scharf einzuschätzen.

Wir haben Versuche mit persönlichen Startern gemacht, d.h. eine andere Person als Starter verwendet.

Schließlich wurden auch Versuche mit psychochemischen Startern gemacht, wie Kaffee, Alkohol, Sodium, Penthotal, Insulin usw., die zur Unterstützung der natürlichen Anwärmungsprozesse verwendet wurden.

Sowohl die körperlichen als auch die psychischen Starter spielen eine große Rolle bei allen wichtigen Tätigkeiten, in die der Gesamtorganismus einbezogen ist. In Hungerzuständen als Vorläufer der Nahrungsaufnahme werden bestimmte Muskelgruppen angeregt, die von psychischen Spannungen, wie Ängstlichkeit, Gier, begleitet werden und die sich – falls die Pause zwischen Drang und Befriedigung zu lange dauert – bis zur Panik steigern können.

(Grundlagen 1974, 188-190)

Erwärmung

1948: Der Erwärmungsprozess kann als der operationale Ausdruck der Spontaneität definiert werden.

(Soziometrie und die experimentelle Methode, Methode 1981, 60)

1956: Deshalb ist der Erwärmungsprozess ein konkreter, greifbarer und messbarer Indikator dafür, dass S-Faktoren wirksam sind. Aus der Analyse und der Messung des Erwärmungsprozesses folgt, dass wir die Präsenz und den Aktionsradius des S-Faktors bestimmen können. Wenn es kein Zeichen von Erwärmung gibt, schließen wir auf das Fehlen oder den Verlust von Spontaneität. Wenn in einem Sektor eines Bereichs ein bestimmter Grad an Erwärmung feststellbar ist, schließen wir darauf, dass ein korrespondierender Grad an Spontaneität in diesem Sektor wirksam ist. Dies zeigt aber nicht an, dass S-Faktoren in anderen Sektoren eines gegebenen Bereichs oder in anderen Bereichen wirksam sind, solange dort keine Zeichen für Erwärmungsprozesse auftreten. Ein optimaler oder maximaler Grad an Erwärmung würde anzeigen, dass S-Faktoren in einem gegebenen Bereich zu einem optimalen oder maximalen Grad wirksam sind. Ein überhitzter Erwärmungsprozess würde anzeigen, dass in einem bestimmten Bereich ein Überschuss an S-Faktoren wirksam ist – das ist jenseits dessen, was für einen ausgeglichenen Akt benötigt wird. Der Erwärmungsprozess manifestiert sich selbst in jedem Ausdruck des lebenden Organismus, der sich um einen Akt bemüht. Er hat einen somatischen Ausdruck, einen psychologischen Ausdruck und einen sozialen Ausdruck. Die Art seines Ausdrucks hängt von der Ausdifferenzierung des Körpers und der Umwelt ab, in der er existiert. Der somatische Ausdruck des Erwärmungsprozesses hat sich um verschiedene Bereiche (Zonen) auskristallisiert, die als körperliche Starter zur Erwärmung dienen. [...]

Jeder Erwärmungsprozess hat einen Fokus. Er hat die Tendenz, sich in einer Zone als seinem locus nascendi zu konzentrieren. Die ersten sensiblen Bereiche – sensibilisiert durch diese Akte der Erwärmung – gehören nicht wirklich zur Haut des Neugeborenen. Es gibt nicht wirklich eine orale oder eine anale Zone, sondern Zonen, von denen der Mund oder der Anus ein Teil sind. Im „soziometrischen" Sinne ist eine Zone ein Bereich, in dem beispielsweise der Mund, die Brustwarze der Mutter, der Milchfluss und die Luft zwischen ihnen die entscheidenden Faktoren sind. Sobald diese Komponenten zusammen kommen, tritt die Zone in Aktion.

(Spontaneity Theory of Child Development, Sociometry XVIII 4/1956, 397f.
Und: Sociometry and the Science of Man 1956, 141f)

Der Augenblick maximaler Erwärmung lässt sich mit Hilfe systemtheoretischer Überlegungen als Instabilitätsphase oder Sprungstelle verstehen. Moreno benennt diesen Punkt mit dem Terminus der Stegreiflage.

Stegreiflage

1924: Der Stegreifmime hat seinen Ausgangspunkt nicht außer ihm, sondern innen: Die Lage. Man muss Anlauf nehmen, um sie zu erreichen, wie um hoch zu springen; ist sie erfasst, so schießt sie heiß und voll an. Sie ist von allen Begriffen der Psychologie verschieden. Affekt sagt nicht dasselbe aus. Denn nicht nur Angst, Furcht, Zorn, Hass sind Lagen, sondern ebenso Komplexe wie Höflichkeit, Grobheit, Leichtsinn, Hoheit und Schlauheit oder Zustände wie Beschränktheit und Trunksucht. Zudem ist Lage nicht heraufgekommen oder bestehend, sondern willkürlich hervorgebracht. Sie ist mit der Tendenz, frei zu erscheinen, verknüpft. Es ist nicht die Willkür des Bewusstseins, das vielmehr als Hemmungsorgan wirkt, sondern die Freiheit, das Freisteigen des Unbewussten als Geist. Auch Bezeichnungen wie Gefühl oder Zustand entsprechen nicht völlig. Denn mit Lage ist nicht nur ein innerer Vorgang, sondern auch eine Beziehung nach außen gemeint – zur Lage einer anderen Person. Aus der Begegnung von zwei verschiedenen Lagen kann der Konflikt hervortreten (Begegnungslage). Eine Lage kann sittlichen oder mimischen Charakter haben.

(Stegreiftheater 1924, 28)

1937: Stegreiflagen sind von kurzer Dauer, extrem ereignisreich und manchmal überfüllt mit Inspirationen. Ich habe sie als ein „Zeitstückchen" definiert, als die kleinste Einheit der Zeit. Es ist die Form der Zeit, die von einem Individuum wirklich gelebt und nicht nur wahrgenommen oder konstruiert wird. Es ist methodologisch nützlich, sie als spontane Zeit von anderen Formen zu unterscheiden. Die spontane Zeit kann als primäre Struktur der Zeit angenommen werden, die allen anderen Konzepten, wie astronomischer Zeit, biologischer Zeit (und Bergsons durée), und psychologischer Zeit (beispielsweise der Geschichte eines Individuums) zugrunde liegt.

(Inter-personal Therapy and the Psychopathology of Inter-personal Relations,
Sociometry I 1937, 69. Vgl. Psychodrama I 1946, 226)

1946: [Die Stegreiflage] ist die Lage des Schaffens, das unentbehrliche Prinzip jeder kreativen Erfahrung.

(Psychodrama I 1946, 36f)

1946: Unser erstes Ziel in diesem Training ist das Erreichen der Stegreiflage. Diese Lage ist ein unverwechselbarer psycho-physiologischer Zustand; sie könnte z.B. als der Zustand beschrieben werden, in dem du als Dichter den Impuls fühlst zu schreiben oder in dem du als Geschäftsmann spürst, dass eine große Idee Besitz von dir ergreift; es ist der Augenblick der Liebe, der Erfindung, der Fantasie, des Kultes und der Schöpfung.

(Psychodrama I 1946, 36, 141)

1946: [Die Stegreiflage ist der] archimedische Punkt jeglicher psychodramatischer Arbeit.

(Psychodrama I 1946, 222)

Mit der Stegreiflage beginnt eine Gestaltungsphase, in der aus der vorher verflüssigten Situation neue Strukturen entstehen und sich verfestigen. Analog dazu, wie die Phase der Erwärmung von der Kraft der Spontaneität getragen wird, ist der Gestaltungsprozess von der Kraft der Kreativität getragen.

Kreativität

1941: Denk daran/Getrennt von mir verliert er [der Mensch] sein Verlangen zu kreieren/[...] Nur der Kreierende ist wirklich frei/nur die Kreativen sind frei.

(Words 1941, 122)

1956: Kreativität ist eine demokratische Kategorie.

(Psychotherapy, Present and Future, Progress I 1956, 336)

1957: Das erste Prinzip ist Kreativität. Das Universum ist unendliche Kreativität [...]. Sie kommt in allen großen Religionen vor. Die Genesis beginnt mit dem „Schöpfer" der Welt; das bedeutet, dass „Kreativität" und „erschaffen" das Wesen aller Dinge sind. Sie erfährt durch hervorragende Wissenschaftler und Künstler in ihren offiziellen und privaten Philosophien Wertschätzung (Goethe, Nietzsche, Beethoven, Bergson, Einstein, Planck, Whitehead). Kreativität ist die wahrhaftige kosmische Realität, das Leben der kosmischen Evolution. Es ist das größte und weiteste, das die menschliche Vorstellung als allumfassendes Prinzip begreifen kann. Es ist offensichtlich, dass die Erscheinungsformen der Kreativität nicht nur psychologische und soziale, sondern auch physikalische, biologische und kosmische Aspekte haben. Kreativität ist das Problem des Universums; daher ist es das Problem jeglicher Existenz, jeder Religion, von Wissenschaft, Psychologie, Verhaltenslehre und Psychotherapie.
Kreativität genügt sich selbst; sie ist zu nichts anderem da und bedeutet auch nichts anderes als das operationale Prinzip par excellence. Sie hat unzählige Formen und Stufen, aber diese entstammen letztlich alle derselben Wurzel. Die Kreativität in der Welt der sub-atomaren Physik ist unregelmäßig in Raum und Zeit verstreut; sie unterscheidet sich zwar im Charakter, aber nicht prinzipiell von der Kreativität, die auf einer menschlichen Ebene anzutreffen ist, z.B. in Dostojewskis „Die Brüder Karamasow" oder in Marconis Vorstellungen einer Antenne. Wenn es eine allerhöchste kreative nukleare Struktur des Universums gibt, gleich ob wir sie „x", „Gott" oder bei irgendeinem anderen Namen nennen, so vermuten wir, dass diese nichts ist als reine Kreativität, das mysterium aeternum et illuminosum. [...]

Auf der menschlichen Ebene konnten mehrere Formen von Kreativität unterschieden werden: die unbewusste, die aktive, die unaufhörlich treibende, die traumatische und die konservierende Kreativität kann für lange Zeit „unbewusst" sein, aber ganz plötzlich ausbrechen und die Form bewusster Entwürfe annehmen. Es gibt ganz wenige Individuen, die mit dem begabt sind, was man „immerfort treibende Kreativität" und Spontaneität nennen mag, deren Bereitschaft, schöpferisch zu sein, niemals stillsteht. Sie sind darauf aus, in jedem Augenblick ihres Hier-und-Jetzt kreativ zu sein, empfindsam auf neu entstehende Situationen reagierend. Menschen wie Jesus, Sokrates und Buddha sind besonders geeignet, die Welt um sich herum schöpferisch zu beeinflussen. Sie schrieben niemals ein Buch und haben niemals erlaubt, dass etwas von ihren Taten in eine Konserve eingefroren wurde. Ihr ganzes Leben war ein einziger schöpferischer Akt. Es ist möglich, die Träger dieser immer und überall treibenden Art von Kreativität von Individuen zu unterscheiden, die von Zeit zu Zeit durch eine tiefe Erfahrung „traumatisiert" werden, und die dann für eine bestimmte Zeit von dem Vorgang schöpferischen Denkens, Schreibens, Komponierens oder Erfindens eingenommen sind. Danach kehren sie zu ihrer eintönigen Existenz zurück. Dies kann man eine „traumatische Kreativität" nennen, die charakteristisch für die meisten Produzenten kultureller Erzeugnisse ist. Die Neigung, Kreativität zu bewahren, gipfelt in der Bildung „kultureller Konserven".

(Globale Psychotherapie 1957, Jahrbuch 1991, 20)

1959: Neben den Ressourcen der Natur sind die kreativen Ideen die Erzeuger der Produktion. Sie sind die Urquellen aller technischen und sozialen Erfindungen, der Instrumente und Blaupausen. Ohne sie könnte der Produktionsprozess nicht betrachtet werden. Ohne kreative Ideen könnten die allerreichsten Naturressourcen des Planeten in alle Ewigkeit ungenutzt weiter bestehen. Deshalb haben diese beiden Phänomene, Naturressourcen und Kreativität, den Vorrang vor den Arbeitsprozessen und konditionieren sie. Sie gehören nicht den Kapitalisten und sie gehören nicht der Arbeiterklasse, sie gehören zum Universum, sie sind Universalia. Beide Systeme, das kapitalistische ebenso wie das kommunistische Wirtschaftssystem, resultieren aus einem verzerrten Blick auf ein universelleres System einer kreativen Ökonomie.

(The Current Climate of Social Psychotherapy, Progress IV 1959, 24)

1974: Kreativität kann nur durch ihre innere Dynamik definiert werden. Zur Klärung dieses Begriffes müssen wir uns seinem dialektischen Gegenteil zuwenden. Eine Möglichkeit zur Definition der Kreativität ist die Beschreibung ihrer maximalen Erscheinungsform, des Universums, das von Urbeginn an von Kreativität durchdrungen war und seit seiner Existenz nicht aufhört, kreativ zu sein. Das Gegenteil dieser maximalen Kreativität wäre die Kreativität an ihrem Nullpunkt, eine völlig unkreative, automatische Welt ohne Vergangenheit und Zukunft, ohne Entwicklung, Wechsel und Sinn. Kreativität kommt in zahllosen kreativen Zuständen und Handlungen zum Ausdruck. Als Beispiel sei die Entstehung neuartiger Organismen erwähnt, die zu einer Zeit, als das tierische Leben noch ans Wasser gebunden war, an Land weiterzuleben vermochten. Ein neuer tierischer Organismus war im Laufe des Evolutionsprozesses durch die anatomische und physiologische Verwandlung seines Vorgängers entstanden.

(Grundlagen 1974, 438)

Spontaneität-Kreativität als Doppelkonzept

1946: Die Frage nach der Existenz oder Nichtexistenz Gottes spielt hier keine Rolle, als Postulat eines idealen Wertes hat er axiologische Bedeutung, vergleichbar den Begriffen Unendlich und Null in der Mathematik.

(Psychodrama I 1946, 105)

1956: Mir scheint, dass sie [Spontaneität-Kreativität] eine sichere Brücke zwischen Ontologie und Wissenschaft anbieten und dass sie besser als alle anderen Konzepte, die ich kenne, in der Lage sind, alle Phänomene des unbelebten und belebten Universums zu erklären. Unter ihrer Führung ist es vergleichsweise leicht, analoge Konzepte in allen Bereichen der Wissenschaft zu konstruieren und zu einem monistischen Verständnis des Lebens zu gelangen. [...] Wenn es im geistigen und sozialen Universum ein erstes Prinzip gibt, dann dieses Zwillingskonzept.

(Theory of Spontaneity-Creativity, Sociometry and the Science of Man 1956, 105)

1974: Kreativität ohne Spontaneität ist wirkungslos. Ihre Wirksamkeit wächst proportional mit der ihr zur Verfügung stehenden Spontaneität. Spontaneität ohne Kreativität ist ein zum Scheitern bestimmter Leerlauf. Spontaneität und Kreativität sind demzufolge Prinzipien verschiedener Kategorie. Kreativität gehört in die Kategorie der Substanzen – sie ist die Ursubstanz; Spontaneität gehört in die Kategorie der Katalysatoren – sie ist der Erzkatalysator.

(Grundlagen 1974, 12)

1974: Die Kreativität gleicht einem schlafenden Dornröschen, das zu seiner Erweckung eines Katalysators bedarf. Der Erzkatalysator der Kreativität ist die Spontaneität. Vom Lateinischen „sua sponte" her definiert kommt sie aus dem Inneren.

Was aber ist sie? Eine Form der Energie? Sie ist nicht konservierbare Energie, die sich im Augenblick ihres Entstehens verausgabt. Sie muss entstehen, um verausgabt zu werden, und muss verausgabt werden, um neu entstehen zu können – gleich jenen Tieren, die im Akt der Begattung Vollendung und Tod finden. Dass das Universum ohne konservierbare physikalische und geistige Energie nicht bestehen könnte, versteht sich für uns von selbst. Wichtiger ist es daher zu erkennen, dass ohne die andere Form der Energie – ohne die Spontaneität – die Kreativität des Universums weder anfangen noch weiterwirken könnte und alles zum Stillstand verdammt wäre. Spontaneität ist in der Gegenwart wirksam, im hic et nunc. Sie drängt das Individuum zu adäquaten Reaktionen auf eine neue Situation oder neuen Reaktionen auf eine alte Situation. Während die Kreativität auf die Handlung bezogen ist, bezieht sich die Spontaneität auf die Erwärmung für eine Handlung, die Bereitschaft zur Tat. Im Folgenden seien drei Formen der Spontaneität zur Diskussion gestellt:

Die eine Form ist die neue Reaktion auf eine alte Situation, die dieser Situation aber nicht adäquat ist. Wenn Psychotiker behaupten, zwei mal zwei ergäbe fünf, so stellt dies zweifellos eine neue, aber inadäquate Reaktion dar. Auch Kinder sind oft übervoll von Spontaneität und reich an neuen Erlebnissen. Der kreative Wert ihrer Reaktionen am Wertsystem der Erwachsenen gemessen ist aber oft ebenso zweifelhaft wie der kreative Wert der neuen Reaktionen der Psychotiker, gemessen am Wertsystem der Normalen. Diese Form der Spontaneität ist pathologisch. Sie ist inadäquat, obgleich sie Neuheit beinhaltet.

Die zweite Form der Spontaneität ist ihre stereotype Variante. Die spontane Reaktion auf eine Situation ist adäquat, entbehrt aber einer ausreichenden Neuheit oder bedeutender Kreativität, um sich in dieser Situation als fruchtbar zu erweisen. Die sich wiederholende Reaktion eines Komödianten auf eine gegebene Situation verliert bald ihre Frische. Obgleich sie auch später noch das Gelächter der Zuschauer auszulösen vermag, ist sie nicht mehr richtig spontan. Die dritte Form der Spontaneität geht mit einer hochwertigen Kreativität einher. Die adäquate Reaktion entbehrt nicht der kreativen Neuheit. Ihr Resultat kann in einer Tat oder substantiellen Form, einem Gedicht, Kunstwerk oder technischen Gegenstand zum Ausdruck kommen. Echte Spontaneität muss immer irgendetwas Neues hervorbringen und einem Zweck dienlich sein.

(Grundlagen 1974, 439f)

Am Ende des Gesamtprozesses steht eine neue Struktur, die Moreno als Konserve bezeichnet. Für Moreno ist klar, dass die Konserve sowohl Endpunkt als auch Anfangspunkt von spontan-kreativen Prozessen ist. Weder gibt es eine Spontaneität im völlig unstrukturierten Raum, noch gibt es eine Gestaltung, die nicht auch in eine Gestalt mündet. Damit entsteht ein fortdauernder Prozess, den Moreno kreativen Zirkel nennt, der aber besser als kreative Spirale beschreibbar ist, weil die Ausgangskonserve und die Endkonserve nicht identisch sind.

Konserve

1923: Daher die Folgen des Genusses von Büchern toter Menschen. Als ich einen Katechismus zum ersten Male las, bekam ich Masern. Nach dem Sieg über einen Roman unterlag ich einer Brechkrankheit. Ich kaute mich wund durch ein philosophisches System, bis ich Fraisen [Krämpfe] bekam und wäre gestorben, hätte ich nicht als Gegenmittel eine Wanderung durch meinen Garten gemacht.

(Der Königsroman 1923, 27f)

1940: [Konserven haben] einen Punkt meisterhafter Entwicklung und massenhafter Verbreitung gefunden [...], so dass sie zu einer Herausforderung und Bedrohung für die Sensitivität der kreativen Muster des Menschen geworden sind.

(Spontaneität und Katharsis 1940, Psychodrama und Soziometrie 1989, 77)

1946: Mit dem Eifer des verwundeten Adlers, der unfähig ist, mit seinen eigenen Flügeln zu fliegen, greift er [der Mensch], mit der Konsequenz, eine Krücke zu vergöttern, nach den Möglichkeiten, die ihm die kulturellen Konserven und Maschinen bieten. Die kulturelle Konserve wurde so zum Ausdruck eines Wesens, das nur eine begrenzte Menge an Spontaneität zu seiner Verfügung hat.

(Psychodrama I 1946, 113)

1949: In unserer Erfahrungswelt zumindest können wird niemals reiner Spontaneität oder einer reinen Kulturkonserve begegnen; die eine ist eine Funktion der anderen. Eine Kulturkonserve, eine musikalische oder dramatische Konserve zum Beispiel, benötigt eine gewisse Spontaneität oder Erwärmung, um innerhalb eines sozialen Settings eine entsprechende Darstellung oder Reaktion erzeugen zu können. Andererseits kann ein Stegreif-Regisseur nicht umhin, sich auf kulturelle Klischees zu beziehen, selbst wenn er versuchen sollte, sie zu „entkonservieren".

(Ursprünge und Grundlagen der interpersonalen Theorie,
Soziometrie und Mikrosoziologie, Methode 1981, 278)

1953: Einer der Beiträge der Spontaneitätsforschung war, die unterschiedlichen Phasen und Grade der Spontaneität als einen kontinuierlichen Prozess zu verstehen, Abnahme und Verlust der Spontaneität, impulsive Abreaktion und pathologische Exzesse ebenso wie angemessene und disziplinierte Spontaneität, produktive und kreative Spontaneität. Ein anderer Beitrag war zu erkennen, dass Spontaneität nicht in einem Vakuum wirkt, sondern in Beziehung zu bereits strukturierten Phänomenen, kulturellen und sozialen Konserven. Spontaneität ist eine Funktion der Organisation.

(Who Shall Survive? 1953, 545)

1956: Konserven repräsentieren eine enorme Vitalität und Realität, nicht nur in unserer menschlichen Kultur, sondern im ganzen Universum. Das Universum ist voll von ihnen. Jeder Stein, Planet und Stern, jeder tierische Organismus ist eine Konserve. Kreativität ist das Universum selbst, Spontaneität ist der Schlüssel zu seiner Tür und Konserven sind die Möbel, die Ausstattung, die es füllen Man kann die Wichtigkeit der Konserven, die die Lagerhallen unserer Kultur füllen, nicht überbewerten – die steinigen Felsen, die Museen, die Büchereien, die Friedhöfe, unser religiöses und musikalisches Erbe, angeliefert und aufgeschichtet für tausende von Jahren. Die intellektuellen Konserven wie philosophische und wissenschaftliche Systeme werden wieder und wieder von jeder Generation unverändert kopiert. Nichts wird ihnen beim Kopieren hinzugefügt, weil ihre Schöpfer tot sind, aber sie können immer noch andere Denker zu Variationen dieser Ideen oder zu neuen Ideen anregen. Es ist wahr, dass ein Produkt großer Kreativität selten nur das Ergebnis von Inspiration ist. Es ist normalerweise harte Arbeit, die der Inspiration oft vorangeht, ihr aber noch öfter folgt.

[...]

Die Inspiration, die Kulturkonserven angeregt haben, indem sie die Vorstellung jeder neuen Generation von Menschen gefüttert haben und indem sie das kulturelle Erbe durch die Jahrtausende getragen haben, sollte die Grundaussage nicht verschleiern: Auf sich selbst gestellt, als Endprodukte gehen sie nicht von selbst weiter, sie haben keine Spontaneität. Sie brauchen in jeder Generation neues Blut, neue Hilfs-Iche, die sie zurück ins Leben bringen. Sie sind wie eine schlafende Schönheit – sie brauchen einen bezaubernden Prinz, der sie erweckt.

[...]

Ein Universum, das reine Kreativität ist, eines, in dem andauernd kreative Akte entstehen, ohne dass sie in Konserven enden, ist paradox. Ein Universum, in dem

Konserven „verboten°" sind, ist bedeutungslos, es steht im äußersten Widerspruch zu der Art von Welt, in der wir leben.

(System of Spontaneity-Creativity-Conserve, Sociometry and the
Science of Man 1956, 130f. Und: Sociometry XVIII 4/1956, 386f)

1956: Wie aber kommen Konstanz und Vorhersagbarkeit ins Universum? – Durch das Prinzip der Konserve.

(System of Spontaneity-Creativity-Conserve, Sociometry XVIII 4/1956, 388.
Und: Sociometry and the Science of Man 1956, 132)

1957: Das vierte Prinzip ist die Konserve, das vergängliche Produkt der Kreativität. Dabei kann es sich um eine biologische Konserve handeln, z.B. den Organismus eines Tieres; um eine kulturelle Konserve, z.B. ein Buch, eine Symphonie, einen Film – oder eine mechanische Konserve, z.B. einen Rechner (Roboter). Die kulturelle Konserve ist einer der wichtigsten Wege für den menschlichen Hunger nach Unsterblichkeit. Es gibt drei Arten der kulturellen Konserve: erstens die „verbrauchte" Konserve – eine Batterie, die nicht geladen werden kann, weil sie leer ist; zweitens die „unverderbliche" Konserve – unverändert aktuell, der Vorstellung ihres Schöpfers entspringend, geläufige und kollektive Erfahrungen beinhaltend, deren wesentlicher Inhalt zu jedermanns Erleben gehört: leichte Musik oder Trivial-Lektüre; drittens die „ewigen" oder angebeteten Konserven, die lebendig und vital bleiben für Dutzende von Generationen, wobei jede Generation durch sie neu angeregt wird (das Alte und Neue Testament). Spontaneität und Kreativität sind niemals ganz erloschen, wenn es um kulturelle Konserven geht. Eine gewisse „Menge" von ihnen erscheint in jeder ihrer Darbietungen, in einem größeren oder kleineren Ausmaß. Mit „Menge" von Spontaneität meinen wir keine Mengen, die aufbewahrt oder konserviert wurden. Selbst die größtmögliche Menge von aufbewahrter Spontaneität und Kreativität könnte aus einem Schmetterling nichts anderes machen als einen Schmetterling. Aber selbst die kleinste Menge an „freier" Spontaneität, herbeigerufen und geschaffen durch ein Wesen, das einer plötzlichen Eingebung folgt – in anderen Worten, ein Produkt des Augenblicks – hat einen größeren Wert als alle Schätze der Vergangenheit, von vergangenen „Augenblicken". Spontane Kreativität – wie großartig sie in sich selbst auch immer sein mag – ist definitionsgemäß keine Spontaneität mehr, sobald sie konserviert ist. Sie hat ihre Aktualität im Universum verloren. Was „konservierte" Kreativität günstigenfalls wirklich darstellt, ist Macht (Power), also die Möglichkeit, Überlegenheit auszudrücken, wenn die tatsächliche Überlegenheit nicht mehr verfügbar ist. Ein Universum, das aus reiner Kreativität besteht, also eines, in dem unaufhörlich kreative

Akte vor sich gehen, ohne dass sie in Konserven einmünden, ist ein Paradox. Ein Universum, in dem Konserven „verboten°" sind, ist in völligem Widerspruch mit der Art von Welt, in der wir gegenwärtig leben.

Aber wir können uns das Erscheinen eines musikalischen Genius wie Beethoven vorstellen, der seine spontane Kreativität nicht der Welt der Konserven ausliefern will, einen Beethoven, der seine kreativen Embryos lieber in ihrem Stadium des Werdens und des Begriffenwerdens sterben lässt, der aber gleichzeitig darauf achten würde, dass er die unaufhörliche Produktion von musikalischer Energie nicht austrocknen lässt. Er würde hartnäckig versuchen, dauernd in diesem initialen kreativen Stadium zu bleiben – in der spontanen kreativen Matrix. Solch ein Beethoven könnte sich weigern, musikalische Konserven zu gebären, aber könnte seine musikalische Kreativität ausdrücken, wie sie ihm erscheint, im Hier-und-Jetzt, im status nascendi. Solch ein kreatives Verhalten an sich ist keinesfalls ein Hindernis für Kommunikation. In einer Welt, die allein durch Spontaneität und Kreativität lebt, wäre der Schöpfer der Schöpfer geblieben und hätte niemals entschieden, das Universum mit Organismen, Konserven und Menschen zu füllen, also so zu gestalten, wie wir das Universum kennen. Das Universum hätte in dem Stadium der Kreativität bleiben können, in dem es am ersten Tag der Schöpfung war. Der Fortgang des Universums hätte sich in eine völlig andere Richtung entwickelt; es wäre Kreativität gewesen ohne eine Welt.

(Globale Psychotherapie 1957, Jahrbuch 1991, 22f)

1974: Zumindest in unserer Erlebniswelt treffen wir nie reine Spontaneität oder reine „Kulturkonserven" an. Beide stehen in einem funktionellen Abhängigkeitsverhältnis.

(Grundlagen 1974, 11)

1974: Der Mensch des ersten Universums hatte keine Noten, mittels derer er die musikalischen Erlebnisse seines Geistes hätte ausdrücken können, kein Alphabet zur schriftlichen Niederlegung seiner Worte und Gedanken; es fehlten ihm auch die mathematischen Symbole, die später zur grundlegenden Sprache der Wissenschaft geworden sind. […E]r muss eine andere Beziehung zum Schöpfungsakt gehabt haben als der moderne Mensch. […]

Charakteristisch für unsere ganze Kultur ist ihr Kampf mit den Kulturkonserven, der in vielen Fluchtversuchen vor den Konserven zum Ausdruck kommt. Diese Flucht aus einer konservierten Welt erscheint wie ein Rückkehrversuch ins verlorene Paradies, ins „erste" Universum, das allmählich durch das „zweite" Universum, unsere Welt von heute, überdeckt und ersetzt worden ist.

(Grundlagen 1974, 12f)

1974: Das vollendete Produkt eines kreativen geistigen Vorgangs stellt eine Kulturkonserve dar. Die Konserve erhält die Werte einer besonderen Kultur. Sie kann die Form materieller Objekte, von Büchern, Partituren, Filmen oder Gebäuden annehmen oder in Form eines bestimmten Benehmens in Erscheinung treten, etwa in einer religiösen Zeremonie, der Aufführung eines geschriebenen Theaterstücks oder in Bruderschaftsinitiationen. Sie dienen zur Erhaltung der Errungenschaften menschlicher Vergangenheit und ermöglichen die Weiterentwicklung des kreativen menschlichen Egos. Ohne sie müsste der Mensch Tag für Tag gleiche Reaktionen auf gleiche Situationen in spontaner Weise hervorbringen. Eine Kulturkonserve garantiert den Errungenschaften menschlicher Existenz aber nicht nur die nötige Kontinuität, sondern spielt eine noch bedeutendere Rolle in der Ausrichtung neuer Spontaneität auf echte Kreativität hin. Es ist jedoch gefährlich, wenn die Menschheit sich zu sehr auf die Kulturkonserve verlässt. Die Gefahr liegt sowohl in der Begrenztheit der Konserve als auch in ihrem Missbrauch durch den Menschen. Spontane Kreativität entbehrt der Definition nach vom Augenblick ihrer Konservierung an der Spontaneität und ist im Universum nicht mehr aktuell. Es gibt die frei entstehende fließende Kreativität und ihre konservierte Form. Die letztere kommt vor in Form von Kulturkonserven. Sie enthalten die Kreativität sozusagen in gefrorener oder schlafender Form, die auf Erlösung durch den erweckenden Prinzen – die Spontaneität – wartet. Sich selbst überlassen könnte die Welt der Kulturkonserve nichts Neues entstehen lassen. Dennoch repräsentieren die Konserven das kulturelle Kapital und somit eine Form des Besitzes und der Macht, von der wir auch dann noch leben, wenn unsere Lebendigkeit für spontane Kreativität nicht mehr ausreicht. […]
Menschen verschiedenster Art haben die ihnen eigentümliche Beziehung zur Kreativität. Zwei hervorragende Kategorien bilden die „Anhänger des wahrhaft Perfekten" und die „Anhänger des wahrhaft Imperfekten". Der Anhänger des Perfekten sieht in der Konserve den höchsten Wert und ist der Spontaneität gegenüber skeptisch. Er ist Anbeter der Theorie und ein Meister des Wortes. Aus diesem Grunde ist er zwanghaft, autoritär und dem Handelnden gegenüber kritisch. Er liebt es,

große theoretische Systeme und soziale und kulturelle Pläne zu entwickeln. Er unterstützt Theorien der Religion, Liebe, des Altruismus vorzugsweise auf theoretischer Ebene. Vor dem existentiellen Experiment mit der religiösen oder theoretischen Kreativität schreckt er zurück. Er bemüht sich nicht, Heiligkeit in seinem eigenen Leben zu verwirklichen. Der improvisierende kreative Mensch hingegen fühlt sich dem Experiment verpflichtet, gleichgültig ob in religiöser, therapeutischer oder wissenschaftlicher Form. Er improvisiert in Kunst, Wissenschaft und Religion. Anstatt Bücher zu schreiben und Systeme zu formulieren lebt er in der spontanen kreativen Tat. Ihm gilt die Liebe der Menge, während der wirkliche Perfektionist sich die Verehrung einer Elite erwirbt. Wir stoßen hier auf den Gegensatz zwischen dem Aristokraten und dem Führer des Volkes. Denselben tief greifenden Unterschied finden wir auch zwischen den Theoretikern der Religion, Heiligkeit und des Altruismus wie dem Hl. Johannes, Augustus, Plato, Plotin, Spinoza, Kant, Hegel und den Religionsschöpfern, Experimentatoren und Praktikanten der Religion und Heiligkeit wie Buddha, Jesus, dem Hl. Franziskus und Baalshem. Diese Tatmenschen, aber auch weniger Erleuchtete wie Sabbatai Zwi Savonarola, Pascal und Kierkegaard, erscheinen uns oft inadäquat, unvollkommen, auffallend, überschwänglich, exzentrisch oder gar pathologisch. Es ist ihnen aber zugute zu halten, dass sie versuchten, nach ihren Ideen zu leben und eine imperfekte Existenz der perfekten Theorie vorgezogen haben. Die Zukunft einer Kultur steht und fällt mit der Kreativität ihrer Träger. Falls die Elite der Menschheit von einer Krankheit, einer Kreativitätsneurose befallen ist, dann ist es von höchster Wichtigkeit, das Prinzip der Kreativität erneut zu definieren und seine pervertierten Formen mit der ursprünglichen gesunden Kreativität zu vergleichen. Es gibt höhere und niedrigere Formen der Kreativität. Die höchste Form menschlicher Kreativität manifestiert sich im Leben der Propheten, Dichter, Heiligen, Wissenschaftler; ihre niedrigere Form kommt Tag für Tag in jeder bescheidenen Existenz zum Ausdruck.

(Grundlagen 1974, 440f)

Ergänzt werden die Ausführungen zum kreativen Zirkel durch zwei Aspekte, die Moreno nur am Rande streift. Zum einen denkt er über die Rolle des Zufalls im Universum nach, zum anderen identifiziert er das Experiment als einen der drei Erkenntnismodi (neben Begegnung und Verkörperung), die Psychodrama und Soziometrie zur Verfügung stellen.

Zufall

1957: Das dritte Prinzip ist der Zufall, ein mathematischer und statistischer Begriff; er ruft Willkür und Kreativität hervor, aber er hat keine eigenständige Existenz.

(Globale Psychotherapie 1957, Jahrbuch 1991, 22)

Das Experiment als Erkenntnismodus

1924: Das Experiment ist neben der Selbstanalyse das einzige Instrument der Stegreifforschung.

(Stegreiftheater 1924, 26)

11. Die Rollentheorie

Die dritte große Strukturtheorie ist die Rollentheorie. Diese entsteht in ihrer theoretischen Formulierung erst in den USA. Dabei greift Moreno aber wesentlich auf Erfahrungen zurück, die er in Wien mit Rollenspiel und Rollentraining gemacht hat. In den Frühschriften fehlt eine explizite Rollentheorie, vielmehr legt Moreno hier eine Antirollentheorie vor, in der er die engen Rollenvorgaben des Theaters an den Schauspieler verwirft. Der Theaterrolle gegenüber stellt er die Rolle Gottes, den Inbegriff von spontan-kreativem verantwortlichem Handeln. Diese Rolle zu verkörpern beschreibt er als die eigentliche Berufung des Menschen. Die Ausführungen zum Rollentausch mit Gott (vgl. die Texte zum Axiodrama) gehören damit in den Kontext von Morenos Überlegungen zu einem förderlichen Rollenhandeln des Menschen.

Antirollentheorie

1974: 1911 betraten wir eines Abends ein Theater, als gerade ein Schauspiel begann. Wir bahnten uns einen Weg in die erste Reihe und setzten uns. Der Rest des Publikums stand bereits unter dem hypnotischen Bann des Schauspiels Also sprach Zarathustra. Es war unsere Absicht, die Schauspieler und die Zuschauer aus ihrem „theatralischen Schlaf" zu wecken. Wir klagten den Schauspieler, der Zarathustra spielte, an, sich selbst falsch darzustellen. Wir wollten die Aufmerksamkeit auf den Konflikt zwischen Zarathustra, dem Zuschauer, und Zarathustra, dem Schauspieler lenken. Mein Begleiter trat als der wirkliche, im Zuschauerraum sitzende Zarathustra auf. Er gab sich entsetzt über die Gewalt, die seiner Persönlichkeit durch den Schauspieler und den Bühnenautor angetan wurde. Der „wirkliche" Zarathustra befahl dem Schauspieler, er selbst zu sein, nicht Zarathustra. Nachdem mein Freund den Schauspieler und den Autor konfrontiert hatte, betrat ich die Bühne und stellte meine radikale Philosophie vor. Ich verlangte den Abriss der Institution Theater, um ein neues Theater zu schaffen, das nicht nur „die Leiden fremder Dinge widerspiegelt, sondern unser eigenes Leid spielen würde". Gemäß meiner Arbeit, die ich mit den Kindern in den Wiener Parks machte, wollte ich ein Theater des Genius, der totalen Imagination, ein Theater der Spontaneität, erschaffen.

(Autobiografie 1974/1995, 79)

Sobald sich Moreno explizit mit der Rollentheorie beschäftigt, entwickelt er differenzierte Modelle, die darüber Auskunft geben, wie Rollen entstehen, wie sie sich verändern und wie aus ihrem Zusammenspiel menschliche Interaktion und Identität entstehen. Das komplexeste Modell im Rahmen dieser Überlegungen ist Morenos Beschreibung des Menschen als soziokulturelles Atom.

Rolle als übergreifendes Konzept

1961: Das Rollenkonzept übergreift die Wissenschaften vom Menschen – Physiologie, Psychologie, Soziologie, Anthropologie – und verbindet sie auf einer neuen Ebene. [...] Die psychodramatische Rollentheorie [...] trägt das Rollenkonzept in alle Dimensionen des Lebens hinein; sie beginnt bei der Geburt und hält das ganze Leben des Menschen und des socius hindurch daran fest.

(Das Rollenkonzept, eine Brücke zwischen Psychiatrie und Soziologie 1961,
Psychodrama und Soziometrie 1989, 104)

Rollengenese

1946: Rolle kann als eine imaginäre Person definiert werden, die von einem Schriftsteller geschaffen wurde, zum Beispiel ein Hamlet, ein Othello oder ein Faust; diese imaginäre Rolle muss niemals existiert haben, wie Pinocchio oder Bambi. Sie kann ein Lebensmodell sein wie Faust; oder eine Imitation davon wie Othello. Rolle kann also als ein von einem Schauspieler übernommener Part oder Charakter definiert werden, zum Beispiel als eine solch imaginäre Person wie Hamlet, die von einem Schauspieler zur Realität erweckt wird. Rolle kann auch als ein übernommener Charakter oder eine angenommene Funktion in der sozialen Realität definiert werden, zum Beispiel Polizist, Rechtsanwalt, Arzt, Abgeordneter. Rollen können definiert werden als die aktuellen und greifbaren Formen, die das Selbst annimmt; Selbst, Ich, Persönlichkeit, Charakter usw. sind Cluster-Effekte, heuristische Hypothesen, metapsychologische Postulate, „Logoïde". Rolle ist eine letzte Kristallisation aller Situationen in einem bestimmten Handlungsbereich, die das Individuum durchlebt hat (zum Beispiel der Essende, der Vater, der Flugzeugpilot).

(Definition der Rollen 1946, Petzold/Mathias 1982, 277)

1960: Es ist nützlich, zwischen folgendem zu unterscheiden: Rollenübernahme (role-taking), das Übernehmen einer geschlossenen, völlig ausgearbeiteten Rolle, die dem Individuum keinerlei Veränderung, keinerlei Freiheitsgrade erlaubt, Rollenspiel (role-playing), das dem Individuum einige Freiheitsgrade ermöglicht, und

Rollenkreation (role-creating), die dem Individuum einen hohen Grad an Freiheit erlaubt, wie z.B. dem spontanen Spieler (spontaneity player). Die greifbaren Aspekte dessen, was wir als „Ich" oder „Selbst" bezeichnen, sind die Rollen, in denen sie handeln. Rollen und die Beziehungen zwischen Rollen sind die bedeutendsten Entwicklungen innerhalb jeder spezifischen Kultur. Mit der „Rolle" als Bezugskonzept zu arbeiten scheint gegenüber den Begriffen „Persönlichkeit", „Selbst" oder „Ich" ein methodologischer Vorteil. Jene Begriffe sind weniger konkret und von metapsychologischen Geheimnissen umhüllt.

Das Entstehen von Rollen geht dem Entstehen des Selbst voran. Rollen entstehen nicht aus dem Selbst, sondern das Selbst mag aus den Rollen entstehen. Die Hypothese, die von vielen vertreten wird, dass das Entstehen von Rollen und das Entstehen von Sprache ein und dasselbe sind, kann aufgrund der Ergebnisse experimenteller Rollenforschung nicht gehalten werden. Lange bevor die sprachgebundenen Rollen in der Welt des Kindes auftauchen, funktionieren schon „psychosomatische Rollen" (z.B. die Rolle des Essenden, des Schlafenden und des Gehenden). Wir finden bei Kindern einen beträchtlichen psychischen Widerstand gegen das Eindringen der Sprache und sogar einigen Widerstand gegen das Einbringen von Gesten. Es gibt keinen Grund anzunehmen, dass die nonverbalen Bereiche nicht menschlich seien. Vielmehr gibt es überwältigende Belege dafür, dass diese „stummen" Bereiche mit den sprachlichen im Menschen koexistieren und ein großes Potential für unabhängiges Wachstum besitzen. Es gibt in vielen Formen sozialer Kommunikation die Beteiligung von Gesten. Das Telephänomen wird in allen Dimensionen der Kommunikation wirksam. Es ist deshalb ein Irrtum, wenn man es auf bloße Gedankenarbeit und entsprechende sprachliche Kommunikationsprozesse reduziert.

Rollenkategorien: Man kann drei Rollenkategorien unterscheiden: a) psychosomatische Rollen, wie der Schlafende, der Essende, der Gehende; b) psychodramatische Rollen, wie z.B. eine Mutter, ein Lehrer, ein Neger, ein Christ usw.; c) soziale Rollen, wie die Mutter schlechthin, der Sohn schlechthin, die Tochter, der Lehrer, der Neger, der Christ schlechthin usw. Die Genese von Rollen geht durch zwei Stadien: Rollenwahrnehmung und Rollenspiel (role-perception and role-enectment) […]

Für alle Untersuchungen, die wir gemacht haben, besteht Konsens, dass role-taking und role-playing einen gemeinsamen Ursprung haben. Die Genese der Rollenentwicklung zeigt klar, wie das eine aus dem anderen erwächst, dass role-playing und role-taking zwei Phasen des gleichen Prozesses sind. In hunderten von Versuchen wurde herausgefunden, dass der Prozess des role-taking kein bloß

kognitiver ist, und dass auf der anderen Seite der Prozess des role-playing nicht nur Verhalten oder bloßes Handeln ist, sondern dass Kognition, Perzeption, Verhalten und Handeln aufs Feinste miteinander verwoben sind und nicht säuberlich getrennt werden können. Es gibt spielbare und nicht spielbare Rollen, erkannte und nicht erkannte; Spiel von Rollen vor der Ebene, wo sie erkannt werden, und Erkennen von Rollen vor der Ebene, wo sie gespielt werden. Es gibt adäquate, verzerrte, teilweise und fehlende Rollenperzeption, adäquates, verzerrtes, teilweises und nicht vollzogenes Rollenspiel (role-enactment). Es besteht oft eine Diskrepanz zwischen der Feststellung des Rollenverhaltens durch Beobachter und der Feststellung solcher Rollen in der Aktion durch die Spieler und Mitspieler selbst. Wie fest geprägt und gefroren eine Rolle jedoch auch immer geworden ist und wie sehr sie auch in die Wahrnehmung und das Verhalten eines bestimmten Individuums integriert ist – hier findet sich immer ein schwacher Punkt in ihrer fest gefügten Form, denn damit sie zu einem bestimmten Augenblick ablaufen kann, muss sie a) durch einen Prozess des Warm-ups – und sei er auch nur minimal – laufen, in den der gesamte Organismus einbezogen ist, und b) durch einen Prozess mimetischen Lernens, um die Rolle des anderen zu übernehmen, wie „generalisiert" dieser „andere" auch sein mag. Das Individuum repräsentiert jedes Mal eine etwas andere Version. Rollenübernahme ist nicht möglich ohne ein minimales Anspielen der Rolle, ein schrittweises Lernen und darum Kämpfen, wie fragmentarisch, rudimentär und embryonisch dieser Rollenspielprozess auch sein mag. Rollenhandeln (role-acting) und Rollenwahrnehmung (role-perception), Rollenspiel (role-playing) und Rollenübernahme (role-taking) gehen in den primären Lern- und Konditionierungsprozessen Hand in Hand. In situ können sie nicht getrennt werden […] Im Unterschied zum role-playing ist role-taking eine im Verhalten einer Person schon gefrorene Haltung. Role-playing ist ein Akt, ein spontanes Spielen. Role-taking ist ein fertiges Produkt, eine Rollenkonserve. […]
Meine Rollentheorie beginnt mit einer Kritik der Rollenkonserven, und sie war umso schärfer, je rigider und unnachgiebiger die Rollenkonserven mir erschienen. […] Ich stellte […] die Idee der Rollenspontaneität gegen die der Rollenkonserve, das spontane Spiel von Rollen, die veränderbar sind und für immer neue Situationen sich erwärmen können, gegen die Rollenübernahme, das sich Übergeben an eine Rolle, die schon vorgeformt und fest etabliert ist. Das Ziel revolutionärer Rollenforschung würde damit das Studium von Rollen in statu nascendi und womöglich in locus nascendi. Die Rollen wurden häufig als fremd in Bezug auf das Selbst erlebt, wie sie auch häufig dem Leben des Schauspielers fremd sind. Für diesen Widerstand gegen Rollenkonserven und Stereotypen kann man verschiedene Er-

klärungen haben: 1. Wir leben in einer Welt, die sich verändert. Neue Rollen-Sets kommen auf und versuchen, die alten zu verdrängen. 2. Innerhalb einer gegebenen Gesellschaft repräsentiert ein Rollen-Set eine ethnische Gruppe, ein anderer andere ethnische Gruppen, und beide kämpfen um die Herrschaft. 3. Wie das Kind der Assimilation der organisierten, syntaktischen Sprache Widerstand entgegensetzt, wehrt es sich gegen soziale Rollenbündel (role-cluster), mit denen es während der Kindheit und der Adoleszenz konfrontiert ist. Dieser Widerstand kann wachsen, wenn es dadurch von sich weg geführt wird. Er ist minimal, wenn es seine eigene Rolle übernehmen kann. Dies ist z.B. der Fall bei der Rolle des Essenden, des Geräuschemachers, des Zerstörers, des Atmenden, des Schlafenden, des Laufenden – den psychosomatischen Rollen; er steigt, wenn es die Rollen einer Idee übernimmt, die über ihm steht, z.B. Geister, Engel, Gott usw. – psychodramatische Rollen. Der Widerstand erreicht sein Maximum, wenn das Kind die Rollen von anderen in Form von sozialen Rollen übernimmt. Jedes role-taking muss in statu nascendi eine Form von role-playing gewesen sein. Je weiter die Rolle zu einer Konserve wurde, desto weniger Spontaneität wurde benötigt um sie abzuspielen. Wann immer wir neue Rollen lernen, so geschieht dies durch übendes Rollenspiel; aber es gibt immer die Tendenz, mit einem Minimum an Anstrengung zu lernen, wie man die Rolle spielt. Es ist nicht ohne Bedeutung, dass Psychodrama, Soziodrama und Rollenspiel sich in einer rasch wandelnden Welt entwickelt haben, in der viele Rollen sich verbraucht haben und entweder verschwinden müssen, wiederbelebt werden oder durch neu entstehende Rollen ersetzt werden, die eine schnelle Akkulturation erforderlich machen. Role-playing erweist sich wahrscheinlich nicht nur für die Improvisation neuer Rollen als sehr nützlich, sondern auch in der Revitalisierung von Rollenkonserven. Die Rolle des anderen zu übernehmen ist eine Sackgasse. Der springende Punkt war, wie man Rollen vitalisieren und verändern könnte, wie man zu einem „Rollenveränderer" (role-changer) und „Rollenspieler" (role-player) würde. Diese Zielsetzung erforderte das Entdecken einer neuen Methode, der Technik des Rollenspiels.

(Rolle 1960, Petzold/Mathias 1982, 260-266)

Rollenzyklus

1940: Jede Rolle, in der ein Individuum handelt, hat eine bestimmte Dauer, eine bestimmte Lebenszeit. Jede hat einen Anfang, eine Reife und ein Verblassen. Wenn eine Rolle über eine Periode eine bestimmte Funktion innehatte, mag sie vom manifesten Lebensvollzug eines Individuums verschwinden, aber sie schreibt sich als dynamischer Faktor in seinem inneren Leben fort. Sie mag eine Matrix werden, aus der eine neue Rolle Stärkung und Unterstützung erhält – zunächst durch Imitation und später durch einen Kontrasteffekt, bis die neue Rolle sich in ihrer eigenen Sphäre und Berechtigung etabliert. Es gibt daher eine dynamische Interdependenz zwischen Serien von Rollen in der Dimension der Zahl. Dennoch steht es im Widerspruch zu den psychodramatischen Fakten, anzunehmen, dass eine Rolle, die in der frühen Kindheit erworben wurde, wie ein Zwang wirksam ist und nachfolgende Rollen dominiert, sie beherrscht und sie unter ihr Muster zwingt, wie z.B. psychoanalytische Forscher behauptet haben. Die Fakten der psychodramatischen Bühne legen vielmehr nahe, dass eine neue Rolle – wenn sie noch im Entwicklungsstadium ist – auf einer älteren Rolle aufruht, bis die Zeit kommt, dass sie in der Lage ist, sich zu befreien und selbständig zu fungieren. Es kann durchaus gesagt werden, dass eine Rolle, wenn sie ihr volles und selbstgenügendes Wachstum erreicht hat, sich von ihrem Mutter-Muster trennt wie eine Zelle sich von ihrer Stammzelle löst. Im Verlauf der Zeit kann diese neue Rolle das Mutter-Muster für andere neue Rollen werden. Bei Künstlern finden wir ein Beispiel hierfür, etwa bei Schriftstellern oder Malern, die bei ihren ersten Werken streng gewisse Formen kopieren, auf ihnen gründen und dann später ihre eigenen Formen entwickeln.

Manchmal jedoch kann eine neue Rolle unmittelbar aufkommen, ohne Vorläufe und ohne Anbindungen an irgendein Mutter-Muster.

Dies geschieht gelegentlich in einigen Situationen, die in einem solchen Ausmaß originär und neu für die Person sind, dass sie stimuliert wird, alle Spontaneität zusammenzufassen, die für diese besondere Anforderung notwendig ist.

(Die Entwicklung des kulturellen Atoms beim psychiatrischen
Patienten 1940, Petzold/Mathias 1982, 295f)

Individuelle und kollektive Rollenprägung

1943: Im Lauf des Psychodramas wurde von vielen Beobachtern ein seltsames Phänomen bemerkt. Z.B. ist eine verheiratete Frau, die sehr intime und persönliche Lebenssituationen darstellen will, um eine Lösung für ihre Konflikte zu finden, sehr überrascht, wie leicht ein vollkommen Fremder (ein Hilfs-Ich) nach einer kurzen Vorbereitung die Rolle ihres Mannes spielen kann und spontan Worte und Gesten hinzufügt, von denen sie glaubte, dass sie nur ihr bekannt wären. Das lässt sich leicht erklären. Jeder Mensch lebt in einer Welt, die ihm völlig privat und persönlich vorkommt, und an der er durch mehrere private Rollen teilnimmt. Aber die Millionen privater Welten überlappen sich in großen Bereichen. Den größten überlappenden Anteil bilden die rein kollektiven Elemente. Nur die wenigsten Anteile sind privat und persönlich. Daher ist jede Rolle eine Fusion privater und kollektiver Elemente. Jede Rolle hat zwei Seiten, eine private und eine kollektive Seite. Die Rollen einer Person können wie eine Zwiebel auseinander genommen werden. Zuerst schält man einen Teil ab und dann einen anderen, bis alle privaten Rollen entfernt sind. Aber im Gegensatz zur Zwiebel finden wir einen Kern, einen Kern von Rollen. Von diesem Kern aus erscheinen die privaten Rollen wie ein Anstrich, der den kollektiven Rollen individuelle Färbungen gibt, die in jedem Fall etwas anders aussieht. Es ist der Vater (schlechthin), die Mutter, der Liebhaber, der Gentleman, der Soldat (schlechthin) gegenüber einem bestimmten Vater, einer Mutter, einem Liebhaber, einem Gentleman, einem (bestimmten) Soldaten. In dem einen Fall versucht das Hilfs-Ich, den Vater, den Liebhaber, den Soldaten usw. darzustellen, wie er in einer bestimmten Kultur, z.B. in einem arabischen Dorf, in einer russischen Kollektivfarm, im Nazi-Deutschland oder in einer japanischen Kolonie auftritt. Im anderen Fall ist es ein Vater, ein Liebhaber, ein Soldat, den das Subjekt selbst darstellen muss, weil er mit ihm identisch ist oder weil er privat mit ihm verbunden ist. Aber sie repräsentieren einen bestimmten Vater, einen bestimmten Soldaten, einen besonderen Menschen. Diese Formen des Rollenspielens werden persönlich gelebt und erlebt, und sie müssen persönlich dargestellt werden. Die allgemeinen Rollen werden kollektiv gelebt und erlebt, und sie müssen kollektiv dargestellt werden. Die Rollen, die kollektive Ideen und Erfahrungen repräsentieren, werden soziodramatische Rollen genannt, solche, die individuelle Ideen und Erfahrungen repräsentieren, nennt man psychodramatische Rollen. Aber wir wissen von unseren Experimenten, dass diese zwei Formen des Rollenspielens nie wirklich getrennt werden können. Wann immer eine Frau ihre eigene Rolle als Ehefrau oder Mutter sehr individuell und intim und in ihrem realen Lebenskontext darstellt, geht zu einem großen Teil die allgemeine Frauen- und Mutterrolle in das Bild ein. Deshalb werden die Zuschauer des Psychodramas gleichzeitig von zwei Phänomenen berührt: eine Mutter und ihr Kind als persönliches Problem und die Mutter-Kind-Beziehung als ein Idealmuster.

(Soziodrama 1943, Petzold/Mathias 1982, 298f)

1947: Psychodramatische und soziodramatische Methoden zeigen, dass jedes Individuum oder jede Gruppe von Individuen gleichzeitig einer privat strukturierten und einer sozial strukturierten Welt angehört. In der Tat ist die Hypothese, dass in jedem Individuum und in jeder Gruppe eine Spaltung zwischen Privatem und Sozialem besteht, der Grund dafür gewesen, dass ich zwei verschiedene Instrumente, das Psychodrama und das Soziodrama, entwickelte. Die Unterscheidung zwischen psychischer und sozialer Strukturierung findet in jeder Gruppe statt, in Heim- als auch in Arbeitsgruppen, in Schul- als auch in Freizeitgruppen, in formellen als auch in informellen Gruppen. Der Einfluss unserer sozialen und kulturellen Ordnung ist so allumfassend und nachhaltig, dass es keine einzige Gruppierung gibt, die nicht von einer gewissen Kollektivität durchdrungen wird. Andererseits kann keine Gruppierung existieren, die – auf Grund des individuellen Widerstands gegen eine gegebene soziale Ordnung – nicht von einer gewissen Subjektivität durchdrungen wird.

(Fortschritt und Missverständnis in der soziometrischen Theorie,
Methode 1981, 172. Original: Sociometry X, 268-272)

1947: Der Begriff „Gruppe" bleibt gewöhnlich dem gesamten Bereich der Interaktion aller Faktoren, die auf der psycho-sozialen Ebene wirksam sind, vorbehalten, ähnlich wie der Begriff „Organismus" für den gesamten Bereich aller Faktoren, die auf der biologischen Ebene wirksam sind, benützt wird. Die Unterteilung einer Bevölkerung in zwei Kategorien, die Sozio- und die Psychogruppe, stellt daher eine neue, nicht notwendige Hypothese dar. Sie würde darauf hindeuten, dass es zwei grundlegend verschiedene Kategorien von Gruppen gebe, während wir bisher darin übereinstimmten, dass Gruppen jeder Art unaufhörlich und kontinuierlich nach spezifischen Kriterien gebildet werden und sowohl psychische als auch soziale Strukturen beinhalten. Die Unterscheidung zwischen Psycho- und Soziostrukturen in der Gruppe, in situ, auf der Wirklichkeitsebene, wie auch die Unterscheidung zwischen Psycho- und Soziodrama auf der instrumentellen Ebene sind sicherlich nützliche Abstraktionen. Aber so wie wir nicht behaupten, ein Psycho- und Soziodrama per se zu haben, können wir auch nicht behaupten, dass es eine Psycho- und eine Soziogruppe per se gibt. Die Gefahr von Missverständnissen wird beseitigt, wenn wir eine Spaltung zwischen Psycho und Sozio innerhalb der soziometrischen Struktur einer Gruppe annehmen, wobei in bestimmten Gruppen der Psycho-Trend eine größere Intensität besitzt, der Sozio-Trend in bestimmten anderen Gruppen.

Die Hypothese, dass es Gruppen gibt, die streng kollektiv sind und durch ein kollektives Verhaltensmuster bestimmt werden, und Gruppen, die streng privat sind und durch ein privates Verhaltensmuster bestimmt werden, kann soziometrisch nicht nachgewiesen werden. Es finden sich jedoch zunehmende Belege für ein Psycho-Sozio-Kontinuum. Die Vorstellung von zwei unabhängigen Welten, einer privaten und einer sozialen Welt, wird damit angezweifelt: a) Es gibt keine Psyche, die ein privates Produkt ist und in selbstherrlicher Isolation existiert, und es gibt keinen Sozius, der ausschließlich das Produkt sozialer Kräfte ist; b) es wäre ein Trugschluss anzunehmen, dass sich unsere soziale und kulturelle Ordnung unserer privaten Psyche auf teuflische Art und Weise aufdrängt, und dass wir unsere private Psyche unverfälscht und ungehemmt, in ihrem ursprünglichen Zustand der freien Spontaneität wiedergewinnen würden, wenn wir uns von dieser Ordnung befreien könnten.

(Fortschritt und Missverständnis in der soziometrischen Theorie,
Methode 1981, 173f. Original: Sociometry X, 268-272)

1948: Die Gruppenmitglieder werden teils von privaten, teils von kollektiven Bestrebungen gelenkt (Gruppenspaltung durch psychologische und soziale Strukturierung).

(Soziometrie und die experimentelle Methode, Methode 1981, 63)

1961: Rolle kann definiert werden als die aktuellen und greifbaren Formen, die das Selbst annimmt […]. Wir sprechen demgemäß von Rolle als der funktionellen Form, mit der der Mensch in einem bestimmten Augenblick auf eine bestimmte Situation reagiert, an der anderer Menschen oder Objekte beteiligt sind. Die symbolische Repräsentation dieser vom Individuum und von anderen wahrgenommenen funktionellen Form wird Rolle genannt. Diese Form wird aufgrund vergangener persönlicher Erfahrungen und kultureller Muster der Gesellschaft, in der das Individuum lebt, gebildet und kann durch die spezifische Produktivität des Individuums erfüllt werden […]. Jede Rolle ist eine Fusion von privaten und kollektiven Elementen. Jede Rolle hat zwei Seiten, eine private und eine kollektive […] Die psychiatrisch orientierte psychodramatische Rollentheorie […] bezieht den Rollenbegriff auf alle Dimensionen des menschlichen Daseins und auf sämtliche Lebensstadien eines Individuums und seiner Mitmenschen. Wir können den Beginn des Rollenprozesses nicht erst bei der Sprachentwicklung ansetzen; der Konsistenz halber müssen wir bereits die nonverbalen Lebensphasen mit einbeziehen. Aus diesem Grund kann die Rollentheorie nicht auf soziale Rollen beschränkt bleiben; sie muss vielmehr drei Dimensionen enthalten: die sozialen Rollen, Ausdruck der sozialen Dimension, die psychosomatischen Rollen, Ausdruck der physiologischen Dimension und die psychodramatischen Rollen, Ausdruck der psychologischen Dimension des Selbst. Psychosomatische Rollen können am Beispiel der Rolle des Essenden und der sexuellen Rolle illustriert werden. Charakteristische Interaktionsmuster zwischen Mutter und Säugling beim Prozess der Nahrungsaufnahme führen zu den Rollenkonstellationen des Essenden, die über verschiedene Lebensperioden hinweg verfolgt werden können. Psychodramatische Formen des Rollenspiels wie Rollentausch, Rollenidentifikation, Doppeln und Spiegeln wirken bei der seelischen Entwicklung des Individuums mit. Auf einer späteren Stufe entstehen die sozialen Rollen und bauen auf den psychosomatischen und psychodramatischen Rollen als früheren Formen der Erfahrung auf […].

Die Funktion der Rolle besteht unter anderem darin, das Unbewusste vom Sozialen her zu erschließen und Gestalt und Ordnung hineinzubringen (Moreno 1923). Der Zusammenhang zwischen Rollen und Situationen, in denen das Individuum handelt (Status), und die bedeutsame Beziehung zwischen Rolle und Ich wurden von Moreno (1934) mit Nachdruck betont. Von jedem wird erwartet, dass er gemäß seiner offiziellen Rolle im Leben handelt; ein Lehrer hat sich wie ein Lehrer zu verhalten, ein Schüler wie ein Schüler und so weiter. Aber das Individuum drängt nach wesentlich mehr Rollen als denjenigen, die es im Leben ausübt, und im Rahmen einer Rolle nach Variationen derselben. Jedes Individuum ist voll von verschiedenen Rollen, in denen es handeln möchte und die ihm auf verschiedenen Stufen seiner Entwicklung verfügbar sind. Angst entsteht nicht selten durch den aktiven Druck, der von den verschiedenen Rollen bzw. Rollenvarianten auf die manifeste, offizielle Rolle ausgeht (Moreno 1934). Jedes Individuum – genauso wie es jederzeit eine Reihe von Freunden und Feinden hat – besitzt ein Repertoire von Rollen, in denen es sich selbst entspricht, und von Gegen-Rollen, in denen es seine Mitmenschen sieht. Dabei gibt es verschiedene Stadien der Entwicklung. Die greifbaren Aspekte dessen, was als „Ich" bezeichnet wird, sind die Rollen, in denen es handelt, mit den Mustern von Rollenbeziehungen um ein Individuum als deren Zentrum. – Wir betrachten Rollen und Beziehungen zwischen Rollen als ein bedeutendes Spezifikum jeder kulturellen Entwicklung (Moreno 1940). Rolle ist die Einheit der Kultur; Ich und Rolle sind in fortwährender Interaktion.

Rollenspiel, Rollenwahrnehmung und Rollenausübung (Moreno 1945): Die Rollenwahrnehmung ist kognitiver Natur und antizipiert zukünftige Reaktionen (responses). Die Rollenausübung zeigt die Fertigkeit im Verhalten. Ein hohes Maß an Rollenwahrnehmung kann von geringer Fertigkeit in der Rollenausübung begleitet sein und umgekehrt. Rollenspiel ist sowohl Funktion der Rollenwahrnehmung als auch Funktion der Rollenausübung. Rollentraining besteht im Gegensatz zum Rollenspiel im Bemühen, durch Rolleneinübung zukünftige Situationen adäquat zu bewältigen.

Rollenpathologie (Moreno 1936): Regressives Verhalten ist keine wirkliche Regression, sondern eine Form des Rollenspiels. Beim paranoiden Verhalten z.B. ist das Rollenrepertoire des Patienten stark reduziert zu einem verzerrten Handeln in einer einzigen Rolle. Der Patient ist der adäquaten Rollenausübung in situ unfähig. Entweder überzieht er sie, oder er füllt sie nicht angemessen aus; inadäquate Wahrnehmung wird von verzerrter Ausübung begleitet. Die histrionischen Neurosen von Schauspielern gehen auf die Auswirkung von Rollenfragmenten zurück, die der Persönlichkeit des Schauspielers „fremd" sind.

(Das Rollenkonzept, eine Brücke zwischen Psychiatrie und Soziologie 1961, Petzold/Mathias 1982, 270-273)

1974: Bewusst oder unbewusst ist das Individuum [...] eher ein Durchgangskanal für wichtige kollektive Werte und Bestrebungen. Da ein solcher Kanal jedoch kein Automat, sondern eine lebendig-spontane Persönlichkeit ist, findet bei jeder Wahl ein Zusammentreffen kollektiver und privater Kräfte der Gemeinschaft statt.

(Grundlagen 1974, 371)

Rollen und das Selbst

1946: Rolle kann als eine erfundene Person definiert werden, die von einem Schriftsteller geschaffen wurde, zum Beispiel ein Hamlet, ein Othello oder ein Faust; diese imaginäre Rolle muss niemals existiert haben, wie ein Pinocchio oder ein Bambi. Sie kann ein Modell der Existenz sein wie ein Faust; oder eine Imitation davon wie ein Othello. Rolle kann auch als ein von einem Schauspieler übernommener Part oder Charakter definiert werden, zum Beispiel als eine als eine erfundene Person wie Hamlet, die von einem Schauspieler zur Realität erweckt wird. Rolle kann auch als Charakter oder Funktion definiert werden, die in der sozialen Realität übernommen werden, zum Beispiel ein Polizist, ein Richter, ein Arzt oder ein Abgeordneter. Rolle kann definiert werden als die aktuelle und greifbare Form, die das Selbst annimmt; Selbst, Ego, Persönlichkeit, Charakter etc. sind Cluster-Effekte, heuristische Hypothesen, metapsychologische Postulate, ‚Logoide'. Rolle ist eine letzte Kristallisation aller Situationen in einem bestimmten Handlungsbereich, die das Individuum durchlebt hat (zum Beispiel der Essende, der Vater oder der Flugzeugpilot).

(Psychodrama I 1946, 153)

1962: Rollenspiel geht dem Entstehen des Selbst voraus. Rollen entstehen nicht aus dem Selbst, sondern das Selbst entsteht aus Rollen. [...] Dies ist natürlich nur eine Hypothese, die dem Soziometriker und dem Verhaltenswissenschaftler nahe zu liegen scheint, aber von den Aristotelikern, Theologen und Metapsychologen zurückgewiesen werden könnte. Der Soziometriker wird darauf verweisen, dass das

Spielen von Rollen nicht nur ein ausschließlich menschlicher Zug sei, sondern dass Rollen auch von Tieren gespielt werden. Man kann sie beobachten, wie sie Sexualrollen einnehmen, die Rolle des Nestbauers oder z.B. Führerrollen. Dagegen werden die Aristoteliker geltend machen, dass ein latentes Selbst postuliert werden müsse, das allen Rollenmanifestationen gegenüber präexistent sei. Ohne eine solche Selbst-Struktur wären die Rollenphänomene ohne Bedeutung und Richtung. Sie müssen in etwas gegründet sein, das sie vereinigt. Es ist möglich, die Auffassungen der Verhaltenswissenschaftler mit denen der Philosophen zu versöhnen: Das Kind lebt vor und unmittelbar nach der Geburt in einem undifferenzierten Universum, das ich als „Matrix der Identität" bezeichnet habe. Diese Matrix ist eine existentielle, doch nicht eine erfahrene. Sie kann als der Ort angesehen werden, von dem aus in allmählichen Schritten das Selbst und seine Zweige, die Rollen, entstehen. Die Rollen sind die Embryos, die Vorläufer des Selbst. Rollen streben nach Bündelung und Vereinigung (clustering and unification). Ich habe psychologische oder psychosomatische Rollen, wie z.B. die Rolle des Essenden, des Schlafenden und die sexuelle Rolle, unterschieden von psychologischen oder psychodramatischen Rollen, z.B. Geistern, Feen, halluzinierten Rollen, und dann von sozialen Rollen, wie z.B. Eltern, Polizist, Doktor usw. Die ersten Rollen, die entstehen, sind die physiologischen oder psychosomatischen.

Wir wissen, dass „Handlungsverbindungen" (operational links) sich zwischen der sexuellen Rolle, der Rolle des Schlafenden, der Rolle des Träumenden und der Rolle des Essenden entwickeln, diese zusammenbinden und zu einer Einheit integrieren. An einem bestimmten Punkt können wir diese als eine Art physiologisches Selbst, ein „Partial-Selbst", eine Bündelung (clustering) von physiologischen Rollen ansehen. Ähnlich beginnen sich im Verlauf der Entwicklung die psychodramatischen Rollen zu bündeln und eine Art psychodramatisches Selbst hervorzubringen, und schließlich fangen die sozialen Rollen an, sich zu bündeln und eine Art soziales Selbst zu formen. Das physiologische, psychodramatische und soziale Selbst sind nur „Teil"-Selbste. Das wirklich integrierte, ganze Selbst späterer Jahre ist noch lange nicht geboren. Handlungs- und Kontaktglieder müssen sich allmählich zwischen den sozialen, psychologischen und physiologischen Rollenbündeln entwickeln, damit wir nach ihrer Vereinigung identifizieren und erfahren können, was wir das Ich-Selbst oder das Ich („me" or the „I") nennen.

Auf diese Weise kann die Hypothese eines latenten, metapsychologischen Selbst mit der Hypothese eines entstehenden Handlungs-Selbst (emerging operational self) versöhnt werden. Rollentheorie ist indes sehr nützlich, um ein mysteriöses Konzept des Selbst greifbar und operational zu machen. Es ist beobachtet worden, dass sich häufig Unausgewogenheiten in der Bündelung von Rollen innerhalb des Bereichs psychosomatischer Rollen, psychodramatischer Rollen oder sozialer Rollen finden und auch Unausgewogenheiten zwischen diesen Bereichen selbst. Diese Ungleichmäßigkeiten führen zu einer Verzögerung im Entstehen eines wirklichen, erfahrbaren Selbst oder verschärfen Störungen innerhalb des Selbst.

Da die Matrix der Identität im Augenblick der Geburt das gesamte Universum des Kindes umgreift, gibt es keine Differenzierung zwischen interner und externer Wirklichkeit, zwischen Objekten und Personen, Psyche und Umwelt, sondern es gibt nur eine totale Existenz. Es mag eine nützliche Vorstellung sein zu denken, dass die psychosomatischen Rollen im Ablauf ihrer Transaktionen dem Kind helfen, das zu erfahren, was wir den „Körper" nennen. Die psychodramatischen Rollen und ihre Transaktionen können dem Kind helfen, das zu erfahren, was wir die „Psyche" nennen, und die sozialen Rollen das, was wir die „Gesellschaft" nennen. Körper, Psyche und Gesellschaft sind demnach die miteinander verbundenen Teile des gesamten Selbst.

Wenn wir mit dem gegenteiligen Postulat beginnen würden, dass nämlich das Selbst vor den Rollen läge und die Rollen aus ihm entstünden, so müssten wir annehmen, dass die Rollen schon im Selbst eingebettet seien und dass sie dann notwendigerweise aus ihm hervorkommen. Vorgefertigt wie sie sind, müssten sie dann prädeterminierte Formen annehmen. Eine solche Theorie ist in einer dynamischen, sich verändernden, selbst-kreativen Welt schwer zu akzeptieren. Wir wären damit in der gleichen Position wie die Theologen der Vergangenheit, die annahmen, dass wir mit einer „Seele" geboren seien und dass von dieser ursprünglichen Seele all das herkommt, was ein Mensch tut, sieht oder fühlt. Auch für den modernen Theologen sollte es ein Vorteil sein, sich die Seele als eine Ganzheit vorzustellen, die sich aus Millionen kleiner Anfänge entwickelt und selbst schöpft. Die Seele ist damit nicht der Anfang, sondern das Ende der Evolution.

(Rollentheorie und das Entstehen des Selbst 1962, Petzold/Mathias 1982, 291-293)

1962: Selbst-Rollen-Diagramm

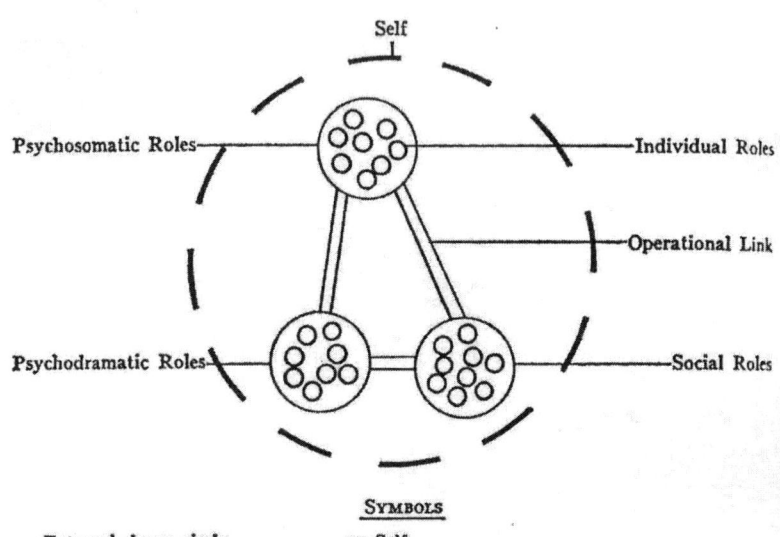

SELF-ROLE DIAGRAM

Äußerer großer Kreis = Selbst
Kleinere Kreise im großen Kreis = Ein Rollenbereich – Psychosomatische Rollen,
Psychodramatische Rollen und Soziale Rollen
Kleinste Kreise in den Kreisen = Individuelle Rollen
Verbindende Doppellinien = Handlungsverbindungen

(Role Theory and the Emergence of the Self 1962, 116)

Individualität

1950: Die Gruppenkonstellation muss die Basis der zwischenmenschlichen Attribute des Menschen sein. Anfangs könnte es so aussehen, als ob alle Charakteristika
eines Individuums unter allen Umständen, unter dem Druck seines Antriebs von
ihm selbst kommen. Wenn wir aber beobachten, dass dasselbe Individuum in einer
Gruppe intolerant und destruktiv, in einer anderen Gruppe [aber] tolerant und

ausgeglichen ist, dass dasselbe Individuum in einer Gruppe die Haltung eines Einzelgängers übernimmt, in einer anderen Gruppe [aber] kooperativ und beeinflussbar ist, beginnen wir zu vermuten, dass eine große Zahl dieser Charakterzüge fälschlicherweise als „individuell" etikettiert wurden und in Wahrheit Produkte von Wechselbeziehungen sind. [...]

Solche und nur solche Attribute, die ein Individuum in jede Gruppe begleiten und die hauptsächlich durch das Individuum bestimmt sind, sollen „individuell" genannt werden. Attribute sollten Beziehungs- oder Gruppenattribute genannt werden, wenn durch Experimente gezeigt werden kann, dass solche Attribute nur dann auftreten, wenn die Person in Beziehung zu bestimmten anderen Personen steht, oder wenn sie an einer bestimmten Gruppe oder bestimmten Gruppen teilnimmt, und dass diese Attribute verschwinden, wenn die Person in Beziehung zu anderen Personen oder Gruppen tritt. Solch ein Attribut ist ein Produkt, es bezieht sich auf zwei oder mehr Personen, es ruft nach der Mitwirkung von Faktoren von zwei Personen oder so vielen Menschen wie in der Gruppe sind, es ruft nach einer bestimmten Gruppenkonfiguration, es ist „zwei-zentrig und hat eine symmetrische Struktur". Das bedeutet, dass so ein Attribut nicht die Projektion einer Person ist, sondern dass die zwei oder mehr zueinander in Beziehung stehenden Personen etwas zu einer Synthese beisteuern, die subjektiv als individuelles Attribut jedes einzelnen erscheinen könnte.

(Group Psychotherapy, Theory and Practice, GP III 2-3/1950, 162f)

Das kulturelle Atom

1939: Jede Rolle, in der ein Mensch handelt, hat eine gewisse Dauer, eine gewisse Lebenszeit. Jede hat einen Beginn, eine Reifezeit und ein Verblassen. Nachdem eine Rolle eine Zeitlang in einer bestimmten Funktion gedient hat, kann sie aus dem manifesten Leben eines Menschen verschwinden, aber sie besteht als dynamischer Faktor in seinem inneren Leben weiter fort. Sie wird zu einer Matrix, aus der eine neue Rolle Unterstützung ziehen kann – zunächst durch Imitation und später durch Abgrenzung, bis die neue Rolle sich in ihrer eigenen Sphäre und mit ihrem eigenen Recht etabliert hat. Es gibt daher eine dynamische Interdependenz zwischen einer bestimmten Reihe von Rollen in der Dimension der Zeit, aber es stimmt nicht mit psychodramatischer Evidenz überein, wenn man annimmt, dass eine Rolle, die einmal in der frühen Kindheit erworben wurde, wie ein Zwang wirkt und die nachfolgenden Rollen dominiert, beherrscht und sie ihrem eigenen Muster unterwirft – wie es die psychoanalytischen Forscher beispielsweise erklärt haben. Das Geschehen auf der psychodramatischen Bühne legt vielmehr nahe, dass eine neue Rolle sich – wenn sie noch in ihren Kinderschuhen steckt – so lange an eine ältere Rolle anlehnt, bis die Zeit kommt, dass sie sich befreien und allein operieren kann. Man kann sagen, dass sich eine Rolle – sobald sie zu vollem und eigenständigem Wachstum gelangt – wie eine Zelle, die sich von der elterlichen Zelle abtrennt, von dem ursprünglichen mütterlichen Muster abtrennt. Im Laufe der Zeit kann diese neue Rolle zu einem mütterlichen Muster für andere, neue Rollen werden. Ein Beispiel sind Künstler wie Schriftsteller oder Maler, die in ihren ersten Bemühungen eine bestimmte Form mit religiöser Treue kopieren und sich an diese anlehnen, aber später Schritt für Schritt ihre eigenen Formen entwickeln.

Gelegentlich kann eine neue Rolle jedoch plötzlich auftauchen, ohne Vorgänger und ohne dass sie sich an irgendein Ursprungsmuster anlehnt. Dies wird durch eine Situation ausgelöst, die in solch einem Maß erstmalig und neu für die Person ist, dass sie dazu angeregt wird, die Spontaneität aufzubringen, die für die besondere Aufführung notwendig ist.

Wir haben gesehen, dass sich kulturelle Atome in der zeitlichen Dimension und in der zwischenmenschlichen Dimension (der Dimension von Rolle und Gegenrolle) schnell verändern. Diese Veränderung bedeutet nicht notwendigerweise, dass die Konfiguration des kulturellen Atoms zu einem Zeitpunkt nicht eine dynamische Ähnlichkeit – oder sogar Identität – mit der Konfiguration zu einem anderen Zeitpunkt hat. Beim Vergleich des sozialen Atoms eines Menschen zu verschiedenen Zeiten haben wir beobachtet, dass, obwohl bestimmte Personen aus seinem sozialen Atom verschwinden, sie von anderen Personen ersetzt werden, die ähnliche Bedürfnisse erfüllen. Wahrscheinlich gilt etwas sehr ähnliches für kulturelle Atome – dass Rollen und Gegenrollen verschwinden und durch neue Rollen und Gegenrollen, die eine Rollenkonfiguration mit einem ähnlichen Gleichgewicht ausmachen, ersetzt werden.

Wir haben auch festgestellt, dass diese Veränderungen selten plötzlich und vollständig stattfinden. In der Evolution des kulturellen Atoms gibt es eine strukturelle Kontinuität von einer zeitlichen Phase zur nächsten, die dazu dient, dass die kulturelle Entwicklung eines Menschen in einem Zusammenhang bleibt.

(Psychodramatische Behandlung von Psychosen 1939, Psychodrama und Soziometrie 1989, 118f)

1940: Jeder Mensch ist ebenso der Brennpunkt zahlreicher Anziehungen und Ablehnungen wie auch der Brennpunkt zahlreicher Rollen, die mit den Rollen anderer Menschen verbunden sind. Jeder Mensch hat, ebenso wie er immer eine Reihe von Freunden und eine Reihe von Feinden hat, auch eine Reihe von Rollen und sieht sich einer Reihe von Rollen gegenüber. Sie sind in verschiedenen Entwicklungsstadien. Die erfassbaren Aspekte dessen, was als „Ich" bekannt ist, sind die Rollen, in denen der Mensch handelt. Das Netz von Rollenbeziehungen um ein bestimmtes Individuum herum wird sein kulturelles Atom genannt. Wir prägen hier einen neuen Begriff, „kulturelles Atom", da wir keinen anderen kennen, der dieses besondere Phänomen der Rollenbeziehungen ausdrückt. Der Begriff wurde in Analogie zu dem Begriff „soziales Atom" gewählt. Die Verwendung des Wortes „Atom" kann hier gerechtfertigt werden, wenn wir ein kulturelles Atom als die kleinste funktionale Einheit innerhalb eines kulturellen Modells betrachten. Das Adjektiv „kulturell" lässt sich rechtfertigen, wenn wir die Rollen und Rollenbeziehungen als die bedeutsamste Entwicklung in jeder spezifischen Kultur ansehen (ungeachtet dessen, wie Kultur von irgendeiner Denkrichtung definiert wird). So wie soziometrische Methoden die Konfiguration des sozialen Atoms erforschen können, so sind Spontaneitätstests und psychodramatische Methoden die wichtigsten Mittel zur Untersuchung kultureller Atome.

(Ein Bezugsrahmen für das Messen von Rollen 1940, Petzold/Mathias 1982, 305)

Nicht nur in der theoretischen Diskussion, sondern auch in der Entwicklung einer psychosozialen Methodik bedient sich Moreno der Rollenmetapher. So lassen sich die drei zentralen Methoden des Psychodramas (Doppeln, Spiegeln und Rollentausch/-wechsel) in Begriffen der Rollentheorie fassen.

Doppeln

1952: Nun ist diese Idee des Doppelns so alt wie die Zivilisation. Man findet sie in den großen Religionen. Ich hatte immer die Vorstellung, dass Gott uns zweimal erschaffen hat. Einmal für uns, damit wir in dieser Welt leben, und das zweite Mal für ihn selbst. Was Sie also auf der Bühne sehen, ist solch eine Schöpfung ... Sie sehen zwei Menschen, die in Wirklichkeit die gleiche Person sind. Eine Person hält den Arm so (Moreno macht es vor). Und die andere macht das gleiche. Wenn die eine ihren Kopf beugt, macht die andere das gleiche. Das Doppel ist eine geschulte Person, geschult darin, die gleichen Verhaltensmuster, die gleichen Gefühlsmuster, die gleichen Gedankenmuster, die gleichen Muster verbaler Kommunikation, die der Patient hervorbringt, zu produzieren. Nun brauchen wir natürlich dieses Doppel nicht nur als einen ästhetisch Handelnden, sondern um Zutritt zum Bewusstsein dieser Person zu erhalten und um diese Person zu beeinflussen. Welche theoretischen Konzeptionen sind damit verbunden, dass man das Doppel als Werkzeug der Therapie konstruiert? Zunächst einmal stellen wir uns im metaphorischen Sinne vor, dass nach der Empfängnis der Embryo und die Mutter miteinander verbunden sind, um die Nahrung und den Ort zu teilen, bis das Kind geboren ist. […] Nachdem das Kind bei der Geburt von der Mutter getrennt wird, vergehen ein paar Wochen in einer bestimmten Art von Existenz. Wir nennen diese besondere Phase im Wachstum des Kindes die Matrix der Identität. Dieser Begriff beinhaltet eine Hypothese über den Sozialisationsprozess. […] Das Kind erfährt, wenn man es erfahren nennen will, eine Identität mit sich selbst und all den Personen und Gegenständen seiner Umgebung, mit der handelnden Mutter – sei es mit der Brust, der Flasche oder irgendeiner Art unmittelbaren Kontakts, der mit dem Kleinkind hergestellt wird. Mit anderen Worten, der Körper und das Selbst des Kindes existieren für das Kind noch nicht. Es gibt kein Selbst, keine Person, die von dem Kleinkind getrennt wäre. Es gibt eine Identität. Ich möchte hervorheben, dass wir mit Identität nicht Identifikation meinen. Identifikation ist ein völlig anderes Konzept, und es ist wichtig, dass Ihnen dieser Unterschied klar ist. Identifikation geht davon aus, dass es ein fest gefügtes Selbst gibt, das versucht, sich mit einem anderen fest gefügten Selbst zu identifizieren. Nun kann Identifikation nicht stattfinden, bis das Kind genügend gewachsen ist und die Fähigkeit, sich von einer anderen Person zu unterscheiden und abzugrenzen, entwickelt hat. Wir sagen also „Identität", und wir meinen es auch so. Es ist der Zustand des Kleinkindes, in welchem Mutter und Kleinkind und alle Gegenstände ein einziges Ganzes sind. Zu dieser Zeit jedoch wird das Phänomen des Doppelns zum ersten Mal für alle Bewegungen, Wahrnehmungen, Handlungen und Interaktionen aktiviert. […] Die Matrix der Identität zeigt, dass Einheit und Integration vor der Differenzierung kommen.

(Psychodramatische Produktionsverfahren 1952, Psychodrama und Soziometrie 1989, 190f. Original: GP IV, 4/1952, 244f. Vgl. Gruppenpsychotherapie 1959, 85f)

1955: Ich möchte Ihnen etwas klarmachen. Sie sehen, wie das Verfahren des Doppelns funktioniert. Intuitiv fädelt sie [die Protagonistin] sich ein. Allmählich erwidert sie die Bewegungen, Worte und Handlungen des Doppels; und Sie sehen, auf welch sinnvolle Weise sie sich einfädelt. Jede Erwiderung von Helen 1 wird von Helen 2 aufgegriffen, und sie beginnen ihre Gedanken, ihre Gefühle und ihre Handlungen zusammenzuweben, als wären sie eine Person. Die Matrix der Identität (der Prozess der wachsenden Identität) ist am Werk. Ich wüsste gerne, ob Sie schon einmal eine Mutter zu ihrem Baby haben sprechen sehen. Sie küsst und zwickt es. Wenn das Baby lacht oder alle möglichen Arten von Geräuschen von sich gibt, spricht sie noch mehr zu ihm. Natürlich freut sich das Baby darüber, aber es versteht kein einziges Wort, das sie sagt; das jedoch interessiert die Mutter nicht. Sie spricht für das Baby und für sich selbst und hat ihren Spaß dabei. (Zuschauer lachen) Das ist wirklich die Technik des Doppelns, angewandt auf unprofessionelle Weise in einer natürlichen Situation. Die Vorgehensweisen einer Mutter können nicht leicht in einer Psychiatrie oder durch Therapie ersetzt werden. Was wir auf bescheidene Weise zu tun versuchen, ist, diese wertvollen dynamischen Erfahrungen einer Mutter in wissenschaftliche Begriffe zu übersetzen. Wenn ein Doppel bei einer Person solch eine Erfahrung hervorrufen kann, hat sie diese Ebene der Kommunikation hervorgebracht, und bevor man sich umsieht, sind sie wie eine einzige Person. Sie könnten meinen, dass das Doppel vermittels Einfühlung kommuniziert, aber das ist es nicht nur. Es ist nicht nur Einfühlung seinerseits, sondern sie ist wechselseitig. Es ist eine wechselseitige Einfühlung, die fast gleichzeitig stattfindet. Etwas fließt von einem zum anderen und wieder zum ersten zurück. Es ist eine seltsame Art des Zusammenwebens von Gefühlen. Das Doppel tritt nicht nur in das Bewusstsein des Patienten ein (in seine Handlungen und Bewegungen, wie bizarr diese auch immer sein mögen), sondern der Patient fängt an, in das Bewusstsein des Doppels einzutreten und dann beginnen sie, einander zu beeinflussen. Diesen Interaktionsprozess habe ich das Tele-Phänomen genannt (wie ein „Tele-"fon hat es zwei Enden). Einfühlung ist ein Einbahn-Gefühl. Tele ist ein zweiseitiges Gefühl.

(Psychodramatische Produktionsverfahren 1952, Psychodrama und
Soziometrie 1989, 196. Original: GP IV, 4/1952, 249)

1955: Die Doppeltechnik ist die wichtigste Therapie für einsame Menschen und deshalb wichtig für isolierte und zurückgewiesene Kinder. Ein einsames Kind wird ebenso wie ein schizophrener Patient vielleicht nie in der Lage sein, einen Rollentausch zu machen, aber es wird ein Doppel akzeptieren.

(The Discovery of the Spontaneous Man, GP VIII 2/1955, 124)

Spiegeln

1952: Wenn das Kind erkennt, dass das Bild im Spiegel ein Spiegel seiner selbst ist, ist dies der Wendepunkt in seinem Wachstum – ein bedeutender Wendepunkt in seinem Selbstkonzept. [...] Es war die Besonderheit des Psychodramas, die es ermöglichte, Verfahren zu entwickeln, die in spezieller Weise auf diese Kleinkindphase bezogen werden können. Wenn wir das Verfahren des Spiegelns in psychodramatischen Sitzungen verwenden, beziehen wir uns auf die grundlegende Beziehung, die das Kleinkind zu seinem Spiegel-Begleiter im frühen Leben entwickelt. Wenn sie das erste Mal ins Wasser oder in einen Spiegel schauen und sich selbst nicht erkennen, denken sie, dass es ein Fremder ist, und sie bekommen Angst. Dann geschieht ein allmählicher, heimtückischer Wandel im Ausdruck und in der Gestik. Wie oft haben Sie Kinder gesehen, die zu einem Spiegel gehen, ihr Spiegelbild sehen, es berühren und vielleicht zerbrechen? Und natürlich hat all dies eine Menge damit zu tun, warum das Verfahren des Spiegelns so wirkungsvoll [...] genutzt werden kann.

(Psychodramatische Produktionsverfahren 1952, Psychodrama und
Soziometrie 1989, 192. Original: GP IV, 4/1952, 245f)

1959: Die Stufe der „Ich-Erkenntnis" entspricht der psychodramatischen Spiegelmethode. [...]

Es war das besondere Verdienst des Psychodramas, eine Forschungs-Methode zu entwickeln, die dem natürlichen Prozess der Selbsterkenntnis nahe steht. Wenn wir die Spiegelmethode in psychodramatischen Sitzungen anwenden, schöpfen wir aus den fundamentalen Erlebnissen des Kindes. Wenn das Kind zum ersten Male ins Wasser oder in einen Spiegel blickt und nicht weiß, dass es sich selbst sieht, glaubt es ein anderes Gesicht zu sehen und, vielleicht von einer Ahnung getrieben, fürchtet es sich. Im Laufe der Zeit können wir große Veränderungen in seinem Ausdruck und seinen Gesten sehen, wenn es vor dem Spiegel steht. Es studiert das Gesicht und bemerkt, dass das Individuum im Spiegel „seine" Bewegungen wiederholt, mit ihm lacht, mit ihm weint und mit ihm tanzt. Wenn es näher und näher auf den Spiegel zugeht, geht auch das andere, das Spiegelbild, näher, bis sie sich auf der Oberfläche des Spiegels treffen. Ich erinnere mich an einen Jungen, der in einer solchen Lage auf das Spiegelbild schlug und den Spiegel zerbrach. Er wollte wissen, was hinter dem Spiegelbild steht. Dieses kindliche Erlebnis hat eine Parallele in der psychodramatischen Technik des Spiegelns, nur haben wir hier nicht einen gegenständlichen Spiegel, sondern der Patient sieht sich, seine Psyche, wie in einem Spiegel. Ein Hilfs-Therapeut, der ihn sorgfältig studiert hat, stellt ihn auf der Bühne dar. Der Patient selber sitzt im Zuschauerraum und sieht eine Kopie von sich selbst: wie er sich benimmt, wenn er morgens aufsteht, wie er auf die Mutter schimpft, wie er sein Frühstück isst, und wie er sich in typischen Situationen seines Lebens verhält. Er sieht sich und kommt sich vielleicht merkwürdig vor. Die Technik gibt ihm die Möglichkeit, sich selbst wie in einem Spiegel zu sehen, von seinem Betragen zu lernen und therapeutischen Nutzen daraus zu zie-hen.

(Gruppenpsychotherapie 1959, 87)

1959: Die Spiegeltechnik portraitiert das Körperbild und das Unbewusste von A in einem Abstand zu ihm, sodass er sich selbst sehen kann. Die Darstellung wird von einem Hilfs-Ich übernommen, das A genau studiert hat. […] Bei der Spiegeltechnik ist der Protagonist ein Zuschauer, ein Zaungast. Er schaut in einen psychologi-schen Spiegel und sieht sich selbst.

(Psychodrama II 1959, 53f)

1969: Spiegel: Wenn der Patient unfähig ist, sich selbst in Worten oder Handlungen darzustellen, wird ein Hilfs-Ich ist in dem Teil des psychodramatischen Raums, der für die Handlung vorgesehen ist platziert. Der Patient bleibt oder die Patienten bleiben in dem für die Gruppe reservierten Teil sitzen. Das Hilfs-Ich stellt den Pa-tienten dar, indem es sein Verhalten kopiert und versucht seine Gefühle in Worten und Bewegungen auszudrücken und indem er dem Patienten oder den Patienten wie in einem Spiegel zeigt, wie andere Menschen ihn erfahren.

Der Spiegel kann überzeichnet werden, eingesetzt als Technik wohlüberlegter Ver-störung, um den Patienten aufzurütteln, weiterzukommen und von einem passi-ven Zuschauer zu einem aktiven Teilnehmer zu werden, einem Handelnden, um zu korrigieren, was seinem Gefühl nach, nicht die richtige Darstellung und Inter-pretation seiner selbst ist.

(Psychodrama III 1969, 240f. Vgl. Gruppenpsychotherapie 1959, 100)

Rollentausch und Rollenwechsel

1955: Ein existentieller Rollentausch ist nicht möglich. Am nächsten kommen wir ihm mit dem psychodramatischen Rollentausch, der für Kinder und bestimmte Typen von Psychotikern so gut wie real ist. Der Rollentausch ist eine Technik der Sozialisation und der Selbstintegration.

(The Discovery of the Spontaneous Man, GP VIII 2/1955, 109f)

1955: Der Rollentausch ist umso weniger riskant, je klarer strukturiert die beiden Personen sind, die die Rolle miteinander tauschen. Der Rollentausch ist ein umso größeres Risiko und beizeiten kontraindiziert, wenn das Ego der einen Person mi-nimal strukturiert ist und das Ego der anderen Person maximal. Ein Beispiel dafür ist die Behandlung psychotischer Patienten. Psychotische Patienten mögen es, die Rolle von Autoritäten, von Schwestern, Ärzten, Polizisten oder von idealen Personen zu spielen, z.B. mögen sie es Gott zu spielen, aber wenn sie mit einer wirklichen Person konfrontiert sind, die Autorität verkörpert, nehmen sie die Interaktion und den Rollentausch übel.

(The Discovery of the Spontaneous Man, GP VIII 2/1955, 123)

1956: Die Idee, die dem Rollentausch zugrunde liegt, ist noch immer wenig verstanden. Lassen Sie uns zuerst das Rollenspiel vom Rollentausch unterscheiden. Wenn ein Individuum die Rolle eines Doktors, eines Polizisten oder eines Verkäufers übernimmt, die Rolle seines Vaters oder seiner Mutter, um zu lernen, wie man in diesen Rollen funktioniert, dann ist dies Rollenspiel. Aber wenn er und sein Vater oder seine Mutter die Rolle „wechseln", der Vater der Sohn wird und der Sohn der Vater, dann ist dies Rollentausch. Im wirklichen Rollentausch sind zwei Individuen A und B körperlich präsent; A übernimmt die Rolle von B und B nimmt die Rolle von A. A ist der wirkliche A und B ist der wirkliche B wie z.B. im Rollentausch von Mann und Frau oder Vater und Sohn. Nachdem aber der Tausch abgeschlossen ist, kehrt A zurück in „A" und B kehrt zurück in „B" – das ist die Rollenrückkehr zum ursprünglichen Selbst. Aus dem Rollentausch oder aus der Rollenrückkehr herauszufallen ist eine häufige Erscheinung.

[...]

Die Rolle mit allen Individuen und Objekten des eigenen sozialen Universums zu tauschen, scheint zumindest theoretisch eine unumgehbare Bedingung für den Aufbau einer psychodramatischen Gemeinschaft zu sein.

(The Discovery of the Spontaneous Man, Sociometry XVIII 4/1956, 418.
Und: Sociometry and the Science of Man 1956, 162. Und: Psychodrama II 1959, 141f)

1956: Hypothesen [zum Rollentausch ...] Die Technik des Rollentauschs ist umso effektiver, je näher sich die zwei Individuen in psychologischer, sozialer und ethnischer Hinsicht stehen: Mutter-Kind, Vater-Sohn, Mann-Frau. [...]

Rollentausch ist eine effektive Technik, um eine ethnische Gruppe der anderen näher zu bringen. Je größer die ethnische Distanz zwischen den beiden sozialen Gruppen ist, umso schwieriger ist es, den Rollentausch auf sie anzuwenden. [...]

Der Rollentausch ist umso weniger riskant, je stabiler die beiden Personen strukturiert sind, die die Rolle tauschen. [...]

Rollentausch beinhaltet ein größeres Risiko und ist zeitweise kontraindiziert, wenn das Ich der einen Person minimal und das Ich der anderen maximal strukturiert ist. Veranschaulicht kann dies durch die Behandlung psychotischer Patienten werden. [...]

Die Rollenwahrnehmung ist eine Funktion des Rollentausches. [...]

Rollentausch ist für die Untersuchung zwischenmenschlicher Beziehungen und für die Kleingruppenforschung unumgänglich.

(The Discovery of the Spontaneous Man, Sociometry XVIII 4/1956, 431f. Vgl. Sociometry and the Science of Man, 1956, 175f. Vgl. Psychodrama II 1959, 155. Vgl. Gruppenpsychotherapie 1959, 198f)

1958: Der Rollenwechsel ist der krönende Abschluss der Begegnung zwischen „Du und Ich". Es ist der letzte Schliff, der der Gruppe Einheit, Identität und Universalität gibt. […]

Je unterschiedlicher und vor allem je distanzierter die Mitglieder sind, umso dringlicher ist es, dass sie im Verlauf einer gegenseitigen Therapie miteinander die Rollen tauschen.

(Fundamental Rules and Techniques of Psychodrama, Progress III 1958, 117)

1959: Der nächste Schritt, die Stufe der „Du"-Kenntnis des anderen, ist durch die Methoden des Rollenwechsels erforscht worden. Wir nehmen symbolisch an, dass das Kind fähig wird, aus seinem Ich herauszutreten und sich in die Rolle seiner Mutter versetzt, und dass die Mutter sich in die Rolle ihres Kindes einfühlt. Was in dieser Periode der kindlichen Entwicklung intuitiv erlebt wird, wird durch die experimentelle Methode des Rollenwechsels auf der psychodramatischen Bühne an parallelen Problemen konkret erforscht.

(Gruppenpsychotherapie 1959, 87f)

1969: Der Protagonist muss lernen, die Rolle mit allen zu tauschen, mit denen er in einer bedeutenden Beziehung steht, um die Personen in seinem sozialen Atom zu erfahren, ihre Beziehungen zu ihm und untereinander.

Wenn man dies noch einen Schritt weiter treibt, muss der Patient lernen im Psychodrama das zu verkörpern [to become], was er sieht, fühlt, hört, riecht, träumt, liebt, hasst, fürchtet, ablehnt, von dem er abgelehnt wird, wodurch er angezogen wird, wovon er gesucht wird, was er zu vermeiden versucht, was er werden möchte, was er zu werden fürchtet, was er nicht zu werden fürchtet etc. Der Patient muss mit mehr oder weniger Erfolg jene Personen, Situationen, Erfahrungen und Wahrnehmungen auf sich nehmen, unter denen er jetzt leidet. Um die Entstellungen und Manifestationen von Ungleichgewicht zu überwinden muss er sie auf einem neuen Niveau reintegrieren. Der Rollentausch ist eine der Methoden par excellence, um dies zu erreichen, so dass er diese Erfahrungen, die ihn negativ beeinflussen reintegrieren, verdauen, über sie hinauswachsen, sich befreien und spontaner werden kann.

(Psychodrama III 1969, 238)

1965: Ein Rollenwechsel findet statt, wenn zwei eng aufeinander bezogene Individuen ihre Rollen austauschen und sich gegenseitig darstellen. Zweck dieser Übung ist für die Agierenden, nicht nur auf intellektueller, sondern auch auf der Aktionsebene zu erfahren, was im anderen vorgeht. Im Sinne des Wirklichkeitsmehrwertes kommt dieser Methode besondere Bedeutung zu. So braucht der Mensch, mit dem die Rolle getauscht wird, nicht der wirkliche Vater oder die Frau zu sein, sondern kann auch durch ein Hilfs-Ich symbolisch repräsentiert werden.

> (Grundlagen 1974, 421. Original: Therapeutic Vehicles and the Concept of
> Surplus Reality, GP XVIII 4/1965, 214)

1966: Kürzlich sprach ich mit einer Gruppe von Theologen. Sie richteten an mich die Frage, wie sich die christliche These „Liebe deinen Nächsten wie dich selbst" von der unsrigen unterscheide. Meine Antwort war: „Nun, wir haben keine bemerkenswerten Fortschritte in der Verwirklichung dieses Gebotes gemacht, abgesehen von dem, was der Rollentausch dazu beiträgt!"

> (Universalia 1966, Petzold 1978, 106. Original: GP XIX, 3-4/1966)

Entwicklungstheorie und Basismethoden des Psychodramas

1952: Das Verfahren des Doppelns, des Spiegelns und des Rollentauschs: Diese Verfahren im Psychodrama können in plausibler Weise mit drei Stufen in der Entwicklung des Kindes verglichen werden: (a) das Stadium der Identität (oder das Stadium des Doppelns); (b) das Stadium der Selbsterkenntnis (das Stadium des Spiegelns); (c) das Stadium des Erkennens des anderen (das Stadium des Rollentauschs).

> (Psychodramatische Produktionsverfahren 1952, Psychodrama und
> Soziometrie 1989, 189. Original: GP IV, 4/1952, 243)

1952: Die Technik des Rollentauschs ist eine weit entwickeltere Technik. Wir haben über das Verhalten von Kleinkindern gesprochen. Um den Rollentausch richtig zu erfahren müssen sie in der Lage sein sich von ihren Menschen in der Umgebung abzugrenzen. Jetzt ist die Matrix der Identität aufgebrochen und das Spiegeln ist fest etabliert. Das Kind kann sich jetzt in den Spiegel hineinbewegen und die Rolle des spiegelnden Kindes übernehmen; das spiegelnde Kind kann sich aus dem Spiegel herausbewegen und die Rolle des wirklichen Kindes übernehmen. Dies ist wirklich der nächste Schritt in der Genese dieser Technik. Zuerst kommt die Matrix der Identität mit dem Doppel, dann der Spiegel mit dem Selbst. Und jetzt der Rollentausch mit dem anderen selbst.

> (Psychodramatische Produktionsverfahren 1952, Psychodrama und Soziometrie 1989, 189.
> Original: GP IV, 4/1952, 266f. Vgl. Gruppenpsychotherapie 1959, 88)

1959: Die wichtigsten Phasen [der kindlichen Frühentwicklung] sind: 1. die Stufe der Identität, des Ich mit dem Du, des Subjekts mit den umgebenden Objekten, 2. die Stufe der Ich-Erkenntnis, seiner Besonderheit als Person, 3. die Stufe der Du-Erkenntnis, der Erkenntnis des anderen.

> (Gruppenpsychotherapie 1959, 85)

Mit den drei Stichworten Verkörperung, Rollenanalyse und Rollentraining lässt sich schließlich rollentheoretisch beschreiben, welche Lern- und Entwicklungschancen das Psychodrama als psycho-soziales Verfahren zur Verfügung stellt.

Verkörperung als dritter Erkenntnismodus der Therapeutischen Philosophie

1941: Durch die experimentelle Verkörperung einer Idee wird die höchst mögliche Konzentration auf einen Zustand hervorgebracht und dessen exaktest mögliche Erfahrung erreichbar. Dies ist auch der wesentliche Vorbereitungsschritt für eine analytische Erforschung und Erkenntnis der Idee. Eine experimentelle Verkörperung mag den Nachteil haben, dass sie durch die Tatsache der Individualität eingeschränkt ist, aber wenn viele Experimente vom selben Individuum durchgeführt werden, wird eine Begrenzung die andere ausgleichen und ein universales Bild der Gottheit hervorbringen.

> (Words 1941, 200)

1959: Im Laufe der psychodramatischen Arbeit mit ihm, bestätigte Jonathan unsere Interpretation. Indem er die Rolle eines Hundes oder einer Katze spielte, war es als würde er versuchen sie zu verstehen, mit ihnen zu kommunizieren und sie in sich selbst hinein zu nehmen. Kinder benutzen diese Methode intuitiv. Wenn sie bewusst und systematisch für Trainingszwecke genutzt wird, dann nennt man das Rollenspiel. […] Eine Rolle zu spielen ist die Personifikation anderer Existenzformen durch das Medium des Spiels. Es ist eine spezialisierte Form des Spiels, obgleich das Wort spielen oft mit fehlleitenden Konnotationen einhergeht, die es auf die erwachsene Interpretation [des Phänomens] reduzieren […]. Rollenspiel kann als eine Technik der Erforschung und Erweiterung des Selbst in ein unbekanntes Universum hinein benutzt werden. Für ein Kind ist dies vielleicht die Methode par excellence, um zu begegnen und wenn möglich, um eine Situation zu lösen, die es verwirrt.

(Psychodrama II 1959, 140)

1966: Zentral, axiomatisch und universal in der psychodramatischen Welt steht die Verkörperung. Ihr gehört der Primat.

(Universalia 1966, Petzold 1978, 110)

Rollentest und -analyse

1923: O mein Theater wird ein Hohngelächter sein! Ich werde vor die Rampe eines jeden treten und ihn bemüßigen, hier im Komödienhaus ein Komödiant zu sein. Jeder wird über die Bühne stürzen und Zug um Zug dasselbe Leben zum Scheine abwandeln, das er bisher so erfolgreich bewies, dass es sein Gedächtnis wurde. Der König wird sich erheben und den König spielen müssen. Nur im Theater kann er beweisen, dass er wirklich König ist. Die Königin wird aus ihren beschämenden Kleidern flattern und sich zur Darstellung bringen. Nur im Theater kann sie beweisen, dass sie wirklich Königin ist. Der Dichter tritt vor. Sein Name wird ihm in eine Versenkung entrollen [sic!] Noch einmal wird er ohne Bogenwechsel bis auf die feinste Schwingung seine Werke erzeugen müssen. Nur im Theater kann er beweisen, auch sich, dass er Dichter ist. Der Priester wird seine Würde um den Versuch sammeln, sich im Theaterspiegel lachend zu zelebrieren. Nur im Theater kann er beweisen, auch sich, dass er Priester ist. Der Theaterdirektor wird an der Entwandlung seines Berufes würgen. Nur im Theater kann er beweisen, dass er ein Theaterdirektor ist. Nur im Theater werde ich beweisen können, dass ich ein Narr bin. O Komödie als höchste Beweisführung. Ein König ist ein großer König: im Staate. Eine Königin ist eine große Mutter: in ihrem Daheim. Ein Dichter ist ein großer Dichter: im Buch. Ein Priester ist ein großer Priester: in der Kirche. Aber aus

Gründen, aus Begier, aus Liebesgier, aus Wertwut, aus zusammengesetzten Antrieben, unbekannten Zwecken ist im Leben der König ein König, der Dichter ein Dichter, der Priester ein Priester. Hier aber verfällt das hinterhältige Triebwerk, hier geht die Welt unter, hier fallen die Wünsche, etwas zu tun, wie überreife Früchte vom Leib, hier ist die Gierde, der Geschmack, der Geruch, das Gefühl, der Gedanke gierdelos, geschmacklos, geruchlos, gefühllos, gedankenlos und bewusstlos worden, hier gibt es keine Gründe, Hintergründe mehr, aber Lachgründe, Scheingründe, Wahngründe, schlimme Gründe, Theatergründe, Abgründe genug. O Komödie, als selbst diktierter allerheiligster Weltuntergang, nach Verdienst (verglichen mit diesem ist das wirkliche jüngste Gericht unverdient), Theater der Selbstzerfleischung, ehrlichster Strafvollzug. Vermag der König, der Dichter, der Priester sich als seine Rolle spielend nicht kongruent zu entfalten, stockt er erblassend, ist er kein König, hätte er die sittlichsten Gesetze verfasst, kein Dichter, hätte er das schönste Gedicht erschaut, kein Priester, wäre sein Lebenswandel reiner als sein Talar. Denn nur wer ohne Anstrengung, ohne Gründe fortsetzt, was er abhängig war, ist echt.

(Der Königsroman 1923, 144-146)

1940: [Die Bühne eröffnet] den Weg für die Untersuchung von Rollen in vivo vom Augenblick ihrer Entstehung an. [...] Die Rollen brauchen nicht definiert zu werden – sie definieren sich selbst, während sie aus dem status nascendi auftauchen und zu reifer Form gelangen. [...] während der psychodramatischen Arbeit können wir studieren, wie sie [die Rollen] spontan Gestalt annehmen.

(Die psychodramatische Behandlung von Eheproblemen 1940,
Psychodrama und Soziometrie 1989, 146)

1940: Das Psychodrama stellt eine neue Methode für die Untersuchung von Rollen dar. Es bietet ein experimentelles Milieu, das nicht an die Grenzen einer bestimmten Gemeinschaft oder Kultur gebunden ist. Hier ist keine endgültige Festlegung von Rollen erforderlich (die gesetzliche, soziale und ökonomische Information ist nur eine Draufgabe). Sie werden in status nascendi untersucht; sie sind nicht gegeben, sie entstehen leibhaftig, sie werden vor unseren Augen geschaffen. Der Dichter ist nicht hinter dem Werk versteckt; er hilft uns Stufe für Stufe durch die Gedankengänge seines Entwurfs, durch alle Entwicklungsstufen der Darstellung. Dies bahnt nicht nur den Weg für die Untersuchung von Rollen in vivo vom Augenblick ihrer Geburt an, sondern bietet auch die Möglichkeit eines wissenschaftlichen Bezugsrahmens und messbaren Nachweises. Die Rollen müssen nicht festgelegt sein; sie definieren sich selbst, wenn sie sich vom status nascendi zu einer ausgereiften Gestalt entwickeln. Manche Rollen werden durch eine rechtliche Situation gefordert (der Rechtsanwalt, der Kriminelle), manche werden von einer technologischen Situation gefordert (z.B. ein Rundfunksprecher), oder manche werden durch eine physiologische Situation gefordert (der Essende), aber nur während der psychodramatischen Arbeit können wir untersuchen, wie sie spontan Gestalt annehmen.

(Ein Bezugsrahmen für das Messen von Rollen 1940, Petzold/Mathias 1982, 301)

1961: In der Regel können Rollen folgendermaßen entwickelt sein: 1. Rudimentär, normal oder überentwickelt; 2. fast oder ganz fehlend (bedeutungslos); 3. pervertiert zu einer negativen Funktion. Eine Rolle innerhalb der genannten Kategorie kann ebenso unter dem Gesichtspunkt ihrer zeitlichen Entwicklung klassifiziert werden: 1. Sie war niemals vorhanden; 2. sie ist gegenwärtig vorhanden; 3. sie war einmal vorhanden, ist jedoch nun gelöscht (Moreno 1940).

(Das Rollenkonzept, eine Brücke zwischen Psychiatrie und Soziologie 1961,
Petzold/Mathias 1982, 274)

Rollentraining

1949: Wenn man „eine Rolle spielen" kann, z.B. die Rolle Gottes, diese Rolle entwickeln und ihr Spiel nach Belieben beenden kann, wird man schließlich lernen, wie man sich von dieser Rolle nicht beherrschen lässt.

(Gegenüberstellung der Situationstests in der amerikanisch-britischen
und in der deutschen Militärpsychologie, Methode 1981, 257)

1955: Eine Rolle zu spielen bedeutet, eine andere Form der Existenz durch das Medium des Spiels zu personifizieren. [...] Rollen zu spielen kann als Technik genutzt werden, um das Selbst zu erforschen und es in ein unbekanntes Universum hinein zu erweitern. Für ein Kind ist es vielleicht die Methode par excellence, um zu begegnen und um eine Situation, die es verwirrt, wenn möglich, zu lösen. Es kann für das Kind auch zu einer Probe für das Leben werden, die es darauf vorbereitet, beliebigen erwarteten und unerwarteten Situationen in Zukunft zu begegnen.

(The Discovery of the Spontaneous Man, GP VIII 2/1955, 108. Vgl. Gruppenpsychotherapie 1959, 187)

1974: Von jedem wird erwartet, dass er gemäß seiner offiziellen Rolle lebt – ein Lehrer soll sich als Lehrer, ein Schüler als Schüler verhalten usw. Aber jeder Einzelne sehnt sich nach viel mehr Rollen, als er im wirklichen Leben bekleidet, und möchte selbst in einer gegebenen Rolle Abwechslung erleben. In Gedanken spielt jeder Mensch mit allerlei Rollen, die er gerne ausfüllen möchte und die verschieden stark in ihm entwickelt sind. Diese vielen unsichtbaren und ungelebten Rollen üben einen starken Druck auf seine offizielle Rolle aus und verursachen oft Gefühle der Angst und Unruhe.

Diese Methode hat besonders für Jugendliche echten Lebenserfahrungen gegenüber große Vorteile. 1. Im wirklichen Leben ist es infolge des Ernstes der Lage oft recht schwer, aus Fehlern zu lernen. In seiner Ängstlichkeit wiederholt der Einzelne bei nächster Gelegenheit seine Vergehen und verzögert dadurch die Überwindung seiner Schwächen. 2. Falls er in einer Rolle erfolgreich ist, bewirken wirkliche Lebenslagen oft eine emotionale Trägheit in anderen Rollen. 3. Füllt er im wirklichen Leben eine Rolle voll und ganz aus, so wird er oft einseitig und bringt anderen Situationen und Berufen kein Interesse entgegen. Für Entwicklungs- und Existenzzwecke sind Stegreifübungen wirklichen Lebenslagen überlegen. Durch die Erziehung der Personen für alle möglichen Lebenslagen und Rollen, die sie vielleicht einmal spielen müssen, wird ihnen die Meisterung des Lebens erleichtert. Die Rollenspiele machen den Menschen wendiger und schlagfertiger. Möglicherweise kann die menschliche Entwicklung durch Stegreifübungen so stark beeinflusst werden, dass unser kostbares Erbe, unsere Spontaneität, stark differenziert und vergrößert wird. Unser Unterricht wird sich dann nicht mehr mit der Verbreitung und Aufrechterhaltung bestimmter Gewohnheiten befassen, sondern sich um die Entwicklung und Übung der menschlichen Spontaneität bemühen.

(Grundlagen 1974, 328f)

Die inhaltlichen Dimensionen der Szene

12. Physiodrama

Moreno beschreibt unterschiedlichste Methoden, die er im Laufe seiner Arbeit entwickelt hat. Fünf dieser Methoden – Physiodrama, Psychodrama, Soziometrie, Soziodrama und Axiodrama – identifizieren fünf Inhaltsdimensionen, die in jeder Szene vorkommen. Das Physiodrama fokussiert dabei darauf, dass eine Szene stets aus dem Zusammenspiel von Körpern entsteht und auf die Bedeutung, die der somatischen Dimension der Szene zukommt.

Physiodrama als eigenständige Methode

1948: Physiodrama: Es fokussiert auf den Körper [soma]; es ist eine Synthese aus Körperkultur und Psychodrama. Gemessen werden dabei die körperlichen Bedingungen vor, während und nach der Produktion (der Erwärmungsprozess); dies liefert diagnostische Hinweise auf Trainingsanforderungen und bereitet den Einstieg in den Umlernprozess [retraining] vor.

(Forms of Psychodrama, Sociatry I 4/1948, 447)

Die somatische Dimension der Arbeit

1937: Es wird in der Tat evident, dass die Biologie des Menschen in vielfältiger Hinsicht [in a thousand ways] ein Spiegel seiner Umgebung ist, dass die menschliche Evolution rasch weitergeht, dass Variation, Selektion, unterschiedliche Fertilität und unterschiedliche Sterblichkeitsraten biologische Realitäten sind, die durch die soziale Situation beeinflusst sind. Es wird ebenso evident, dass die Biologie des einzelnen Organismus zutiefst und schwerwiegend auf den Druck der Lebensumstände reagiert. Das endokrine System und das neuromuskuläre System reagieren auf die Belastungen der Industrialisierung. Der zivilisierte Mensch ist ein Organismus, der dazu gezwungen wird, eine sehr außergewöhnliche und spezielle Anpassung zu vollziehen und kein Physiologe, kein Psychologe kann den Menschen als Organismus studieren, es sei denn im Lichte seiner ökologischen und seiner weiteren sozialen Vorgeschichte.

(Editorial Foreword, Sociometry I 1937, 5)

1946: Im Verlauf der Behandlung bemerkten wir, dass nicht-semantische Gefühlskomplexe trainiert werden können und dass diese Übungen hervorragende therapeutische Effekte haben. Es war nicht analytisch im gängigen Sinn, es war eine angeleitete Handlung. Mehr denn Psychotherapie war es Körpertherapie. Wir fingen auch an zu verstehen, dass der Einfluss der sprachlichen Strukturen auf die mentalen Prozesse überbewertet wird, dass diese nicht ohne beträchtlichen Widerstand in die Psyche eindringen, und dass es mentale Prozesse gibt, die mehr oder weniger unabhängig von psychosemantischen (sic!) Interaktionen bis zu ihrer Reife gelangen.

(Psychodrama I 1946, 217)

1959: Die persönlichen Dimensionen der gemeinsam-bewussten und gemeinsam-unbewussten Lagen zweier oder mehrerer Personen sind begleitet von einem System korrespondierender physischer und objektiver Zeichen. Diese Zeichen können durch die psychodramatische Methode der Wiedervorführung therapeutisch ausgenützt werden. Körperliche oder symbolische Zeichen sind Wegweiser in dem Prozess des gemeinsamen Zurückrufens maßgebender Episoden.
[…]
Solche physischen und objektiven Zeichen spielen eine wichtige Rolle im Verlauf einer jeden gruppenpsychotherapeutischen Sitzung, wie sie sich vor den Augen des Therapeuten abspielen, hic et nunc. Sprachliche Verständigung ist bei weitem nicht die einzige Quelle, die dem Therapeuten Hinweise gibt auf Stimmungen, die in der Gruppe herrschen. Er sieht plötzlich einen Patienten, der in der letzten Reihe allein in einer Ecke saß, vorwärts gehen und sich in die erste Reihe setzen. Er setzt sich neben eine andere Patientin und sieht sie ärgerlich an. Ein anderer Patient steht auf, nimmt seinen Hut und wandert, ohne ein Wort zu sprechen, aus dem therapeutischen Raum hinaus. Zwei Frauen, die bis dahin auf verschiedenen Plätzen saßen, setzen sich zusammen, beginnen zu kichern und laut zu werden und stören dadurch den Verlauf der Sitzung. Eine andere Patientin schläft ein. Der Therapeut benutzt diese und ähnliche Hinweise, um das „Aktogramm" und Soziogramm der Gruppe besser zu verstehen und diesen Patienten zu helfen.

(Gruppenpsychotherapie 1959, 49f)

Körperkontakt

1963: Nach psychodramatischer Theorie ist der früheste Teil der psychischen Entwicklung nicht durchdrungen von den üblichen, bedeutungsvollen Symbolen der organisierten, grammatikalisch geformten Sprache; die stummen Teile der Psyche spielen jedoch bei der Entwicklung der Neurosen und Psychosen eine große Rolle.

Für die Einleitung der psychodramatischen Arbeit ist es deshalb wichtig, dass, wenn immer möglich, bei Psychosebehandlungen ein körperlicher Kontakt mit dem Patienten, und zwar eine taktile und motorische Kommunikation hergestellt wird, sei es durch Berührung, Liebkosung, Umarmung, sei es durch Teilname an stummen Betätigungen, wie Essen, Gehen usw. Körperlicher Kontakt, Körpertherapie und Körpertraining sind ein wesentliches Element der psychodramatischen Situation. Ich habe daher ein sorgfältiges System von Methoden entwickelt, mit deren Hilfe sich der therapeutische Leiter und die Hilfs-Iche in die Welt des Patienten einarbeiten können, um sie mit vertrauten Gestalten zu bevölkern.

(Gedanken zu meiner Gruppenpsychotherapie 1963, 78)

1964: Wenn es angezeigt ist, dann ist es dem Hilfs-Ich erlaubt, so aktiv zu sein, wie es der Patient braucht. Körperlicher Kontakt ist eine basale Form der Kommunikation. Er ist dennoch nicht immer indiziert. In einigen Fällen sind Intimität und Wärme des Kontakts, besonders Körperkontakt kontraindiziert.

(Psychodrama I, 3. Aufl., 1964, XVIII)

1966: Körperlicher Kontakt ist bis zu einem gewissen Grad in allen Psychotherapien tabuisiert gewesen. Sieht eine Krankenschwester jedoch einen Patienten leiden, so kann sie nicht umhin, ihn tröstend zu berühren und zu sagen: „Sei unbesorgt, Jack, es wird schon wieder werden!" Ihre Berührung mag dem Patienten mehr bedeuten als ihre Worte, und zwar nicht in sexueller Hinsicht, sondern als Ausdruck ihrer mütterlich beschützenden Haltung ihm gegenüber. Ein Psychoanalytiker hingegen, der in irgendeinen physischen Kontakt zu seinen Patienten träte, würde geächtet. Bei der psychodramatischen Behandlung menschlicher Beziehungen bemühen wir uns, dem Modell des Lebens zu folgen, und in Grenzen auch von der Körperkontakttechnik Gebrauch zu machen. Diese Technik ist selbstverständlich dann kontraindiziert, wenn sie der Befriedigung von Bedürfnissen des Therapeuten dient, aber in hohem Maße indiziert, sofern sie dem Patienten nicht nur in Worten, sondern auch in Taten Wärme und unmittelbar pulsierendes Leben zu vermitteln vermag, in Situationen, da er ihrer am meisten bedarf. Leidet eine junge Frau z.B. unter einer tiefen Entfremdung von ihrem Mann oder ihrer Familie, so werden wir ihr ein Hilfs-Ich geben und – egal ob männlich oder weiblich – erwarten, dass er seinen Arm um der Patientin Schulter legt und, sofern indiziert, noch weiter geht. Wo die ethische, ästhetische und therapeutische Grenze gezogen werden muss, ist nicht leicht zu sagen. Sie können aber als Hilfs-Ich nicht Mutter, Vater oder Sohn sein, wenn Sie diese Rolle nicht leben.

(Universalia 1966, Petzold 1978, 106f. Original: GP XIX, 3-4/1966)

1974: Jeder körperliche Kontakt ist eine grundlegende Form der Kommunikation. Oft ist es gut für den Patienten, berührt und umarmt zu werden. In manchen Fällen kann die Intimität und Wärme des körperlichen Kontaktes aber kontraindiziert sein. So wehren sich gewisse Schizophrene gegen Berührung und Umarmung.

(Grundlagen 1974, 421)

13. Psychodrama

Benutzt man den Terminus Psychodrama nicht als Beschreibung des gesamten von More-no entwickelten Verfahrens, wie dies oft geschieht, so lässt sich mit dem Begriff eine zweite Inhaltsdimension der Szene identifizieren. In dieser Dimension ist die Szene als Endpunkt der individuellen Biografie des Protagonisten interpretierbar. Sie ist geprägt von seiner individuellen Lebenserfahrung und Produkt individueller Lern- und Entwicklungsschritte.

Historische Vorbilder

1946: Nach Auffassung der Historiker gab es im griechischen Drama als erstes das Publikum, den Chor, der ein gemeinsames Problem behandelte. Darunter gab es zwar „Stimmführer", sie blieben jedoch innerhalb des Chores. Aischylos soll den ersten Schauspieler in einen sozialen Raum außerhalb des Chores, auf die Bühne, gestellt haben, der nicht mit ihnen sprach, aber die Leiden ihres Helden darstellte. Euripides soll den zweiten Schauspieler auf die Bühne gestellt und damit den Dia-log und die Interaktion von Rollen möglich gemacht haben. Wir können für uns in Anspruch nehmen, die Psyche selbst auf die Bühne gestellt zu haben. Die Psyche, die ursprünglich aus der Gruppe kam, kehrt – nach einem Prozess der Umwand-lung auf der Bühne, personifiziert durch einen Schauspieler – in der Form des Psy-chodramas in die Gruppe zurück. Was auf der Bühne als höchst überraschend, neu und eindrucksvoll wahrgenommen und empfunden wurde, erscheint den Teil-nehmern nach intensiver Mitwirkung als ein vertrautes und gut bekanntes Verfah-ren – als ihr eigenes Selbst. Ähnlich einem Spiegel bestärkt das Psychodrama ihre eigene Identität.

(Psychodrama und Gruppenpsychotherapie, Methode 1981, 148)

1959: Um einen wirklichen Vorläufer [für das Psychodrama] zu finden, müssen wir in die Zivilisation der prähistorischen Periode schauen. In primitiven dramatischen Riten war der ursprüngliche Darsteller nicht ein Schauspieler, sondern ein Priester. Er war wie ein magischer Psychiater, der dazu verpflichtet war, den Stamm zu ret-ten, indem er die Sonne dazu überredete, zu scheinen oder den Regen, zu fallen. Um von den Göttern oder den Naturkräften eine dienliche Antwort zu bekommen, könnten Methoden des Scheins [methods of pretending], der Überzeugung und Provokation ähnlich primitiven Psychodramen weitgehend benutzt worden sein. Lange bevor sich die wissenschaftliche Medizin in unserem Sinne entwickelt hat, wurde die Reinigung von geistigen ebenso wie von physischen Gebrechen durch einen quasi-psychodramatischen Schock praktiziert. Vor einigen Jahren wurde diese Hypothese durch einen bekannten Anthropologen bestätigt. Nachdem er an einer Psychodramasitzung teilgenommen hatte informierte er mich darüber, dass er gerade von einer wissenschaftlichen Expedition zurückgekehrt war, die ihn in ein Dorf der Pomo-Indianer, nahe der Kalifornischen Küste geführt hatte. Dort hatte er die Möglichkeit einem Vorgang beizuwohnen, der atmosphärisch dem Psychodrama sehr ähnlich war. Ein Mann wurde krank und offensichtlich dem Tode nahe vom Feld nach Hause gebracht. Der Medizinmann kam sofort, zusammen mit seinem Assistenten und erfragte, was vorgefallen war. Der Mann, der mit dem Kranken zurückgekommen war erklärte: Er hatte sich erschreckt, als er einem wilden Truthahn begegnet war, einem Vogel, den er nie zuvor gesehen hatte. Der Medizinmann zog sich zurück. Nach einer Weile kam er zurück und reinszenierte zusammen mit seinem Assistenten (Hilfs-Ich), die traumatische Situation, wie sie stattgefunden hatte, wobei er fortwährend jedes Detail darstellte. Der Medizinmann spielte, wie der Truthahn wild um den kranken Mann herumflatterte, aber so, dass der leidende Mann merken konnte, dass der Vogel harmlos und seine Ängste unberechtigt waren. Allmählich erholte sich der Mann und wurde wieder gesund.

(Psychodrama, Arieti, American Handbook of Psychiatry II 1959/1967, 1376)

1967: Die Idee des Psychodramas als einer Form der Therapie hatte drei Entwicklungsschritte. Die erste Anfangsphase könnte man „die existentielle Phase" nennen; es [das Psychodrama] wird von den Menschen unreflektiert als Teil ihrer alltäglichen Kreativität genutzt, vergraben in Ritualen und primitiven Riten. Die zweite Phase war das ästhetisch-poetische Stadium, in dem einzelne Künstler, Poeten oder Dramatiker eine psychodramatische Idee in ihr Werk einbauten, um ihren Helden vom Wahnsinn oder anderen bedauerlichen Anpassungsschwierigkeiten zu befreien. Dies wurde in der Bibel in der Geschichte von Josef und seinen Brüdern gemacht, von Shakespeare in seinem „Spiel im Spiel" in Hamlet, oder von Cervantes in seiner Behandlung von Don Quixotes Eselei. Aber dann gibt es da noch eine dritte Phase, die Phase der wissenschaftlichen Erforschung eines Systems handlungsorientierter Psychotherapie, die jetzt Psychodrama genannt wird.

(Cervantes, Don Quixote and Psychodrama, GP XX, 1-2/1967, 17f)

Der erste Beleg

1937: Der zweite Teil der Ausführungen präsentiert eine andere Form der Psychotherapie, eine, die breit angewendet werden kann – das Psychodrama. Es ist ebenso eine Methode der Analyse wie eine Methode des Trainings. Eines der charakteristischen Kennzeichen ist, dass die Körperbewegungen organisch in den Behandlungsprozess einbezogen sind. Es kann für jede Altersgruppe angepasst werden. Probleme in der Kinderkrippe können mit seiner Hilfe ebenso einer Lösung näher gebracht werden wie die tiefsten psychischen Konflikte. Das Psychodrama ist die menschliche Gesellschaft en miniature, das einfachst mögliche Setting für ein methodisches Studium seiner psychologischen Strukturen. Durch Techniken wie das Hilfs-Ich, spontane Improvisation, Selbstgespräch und die Aufweichung [interpolation] von Widerstand werden neue Phasen des Geistes geöffnet und – was das wichtigste ist – sie können unter experimentellen Bedingungen erforscht werden.

(Inter-personal Therapy and the Psychopathology of Inter-personal Relations, Sociometry I 1937, 9)

Definitionen

1948: Psychodrama: Es fokussiert auf das Individuum. Es ist eine Synthese aus der Psychoanalyse und dem Drama. Es versucht private Welten und individuelle Ideologien aktiv zu strukturieren.

(Forms of Psychodrama, Sociatry I 4/1948, 447)

1959: Das Psychodrama besteht aus strukturierten Szenen, jede Szene aus strukturierten Rollen und jede Rolle aus strukturierten Handlungen. Es ist eine Symphonie von Gebärden, Gefühlen und Bestrebungen.

(Gruppenpsychotherapie 1959, 295)

1960: Ich möchte versuchen, Ihnen eine intellektuelle Definition [des Psychodramas] zu geben: Sie wissen alle, was ein Theater ist und Sie kennen den Unterschied zwischen Theater und Leben. Im Theater gibt es Schauspieler, die Rollen spielen, welche von Dramatikern für sie geschrieben wurden und die im Voraus einstudiert wurden; deshalb ist es Fiktion, wenn sich im Theater jemand verliebt oder wenn er kämpft oder stirbt; es ist nicht real. Aber im Leben ist die Situation völlig anders; alles, was du spielst, bist du selbst. Wenn du ein Kind gebierst, macht das kein Schauspieler für dich, sondern du gebierst es; wenn du isst oder schläfst, wenn du dich verliebst oder stirbst, bist du es, der leidet oder es genießt. Es ist immer ein Teil deiner Existenz. Das Psychodrama ist dem Leben nachgebildet; es ist nicht dem Theater nachgebildet. Es unterscheidet sich vom Leben nur dadurch, dass es eine „wissenschaftliche Methode" ist.

(Psychiatric Encounter in Soviet Russia. Journey to Moscow and Leningrad, Progress V, 1960, 19)

Der Fokus des Psychodramas

1943: In einer psychodramatischen Sitzung richtet sich die Aufmerksamkeit des Leiters und seiner Mitarbeiter auf das Individuum und seine privaten Probleme. Diese werden vor einer Gruppe ausgebreitet, und die Zuschauer fühlen sich proportional zu der Übereinstimmung zwischen ihrem eigenen Rollenkontext und dem Rollenkontext des zentralen Subjekts durch die psychodramatische Handlung angesprochen.

(Soziodrama 1943, Petzold/Mathias 1982, 299)

1946: Psychodrama kann [...] als die Wissenschaft, welche die „Wahrheit" durch dramatische Methoden ergründet, definiert werden.

(Psychodrama und Gruppenpsychotherapie, Methode 1981, 143)

1957: Das Psychodrama erforscht die Wahrheit mit Hilfe von dramatischen Methoden – es stellt die Tiefentherapie der Gruppe dar. Es beginnt dort, wo die Gruppentherapie endet, und setzt diese fort, um therapeutische Effekte zu erzielen. Der Zweck der therapeutischen Gruppe ist, eine Welt im Kleinen darzustellen, so dass die Teilnehmer lernen, sich gegenseitig und der Gemeinschaft besser anzupassen. Daher müssen der Diskussion und der Analyse andere, lebensnähere Methoden angeschlossen werden. Die wichtigste Methode ist das Prinzip des Acting Out, das Prinzip des vollen Auslebens. Bedeutsame psychische Erlebnisse werden von den Protagonisten strukturiert, gründlicher und vollständiger, als es das Leben unter normalen Umständen erlauben würde.

(Die epochale Bedeutung der Gruppenpsychotherapie, Zeitschrift für Diagnostische Psychologie und Persönlichkeitsforschung V, 3-4/1957, 146. Vgl. Psychodrama II 1959, 191)

1973: Psychodrama ist ein Weg, die Welt im Hier und Jetzt zu verändern, indem man die grundlegenden Regeln der Imagination benutzt, ohne dem Missbrauch von Illusion, Halluzination oder Täuschung zu verfallen.

Die wichtigsten Barrieren und Herausforderungen auf der Suche nach Verständnis, Wahrheit und Freude in unserer Welt sind: 1. Geschlecht, 2. Rasse, 3. Alter und Altern, 4. Krankheit, 5. Tod, 6. Angst und Frustration, 7. Sprache, 8. Tiere, 9. Objekte wie Essen, Geld, Verkehrsmittel und Computer und 10. menschliche Begrenzungen und der Mangel an Einheit mit dem Kosmos.

Der menschliche Geist ist das Vehikel der Imagination. Psychodrama überwindet die Differenzen, die die Kommunikation zwischen Geschlechtern, zwischen Rassen, Generationen, Gesunden und Kranken, zwischen Menschen und Tieren, zwischen Menschen und Objekten, zwischen Lebenden und Toten behindert, indem es die Imagination trainiert. Die einfachen Methoden des Psychodramas geben uns den Mut, uns die verlorene Einheit mit dem Universum zurückzugeben und die Kontinuität des Lebens wiederherzustellen.

(The Magic Charter of Psychodrama, GP XXV 1973, 131)

14. Soziometrie

Ebenso wie „Psychodrama" ist „Soziometrie" ein mehrdeutiger Begriff. Zum einen meint Soziometrie ein psycho-soziales Forschungs- und Interventionsinventar. Zum anderen identifiziert Moreno innerhalb der soziometrischen Dimension, die jeder Szene zueigen ist, eine Vielzahl von Konfigurationen, Phänomenen und Gesetzmäßigkeiten.

Die Trennung zwischen der inhaltlichen und einer strukturellen Betrachtung der Szene ist natürlich künstlich und nur unter theoretischen Gesichtspunkten zielführend. In der Praxis gehen die beiden Bereiche ineinander über. So erhellend es auch ist, eine Szene sowohl mit Morenos Strukturtheorien als auch mit dem inhaltlich orientierten Instrumentarium der szenischen Diagnostik zu erschließen, es darf darüber nicht vergessen werden, dass die Beschäftigung mit Strukturen und Inhalten im Raum zwischen Menschen Morenos Denk- und Handlungsansatz seine Richtung gegeben hat. Um dieser Kohärenz des Gegenstandes Rechnung zu tragen, wurden die inhaltlichen und strukturellen Aspekte der Soziometrie im Kapitel „Begegnung, Tele und das soziometrische Projekt" zusammengefasst.

An dieser Stelle sei auf das entsprechende 9. Kapitel verwiesen.

15. Soziodrama

Moreno stellt sein szenisches Handlungsrepertoire ausdrücklich nicht zur Verfügung, um innerpsychische Prozesse besser verstehen zu lernen. Mit dem Soziodrama erhebt er den Anspruch, dass durch szenische Interventionen eine präzise Gesellschaftsanalyse und die Veränderung der Gesellschaft im Sinne der Betroffenen (Soziatrie) möglich werden. Nach einer Abgrenzung zwischen Psycho- und Soziodrama geht es in den folgenden Texten zuerst um eine inhaltliche Klärung dessen, was das Soziodrama leisten möchte. Danach wird mit einigen Fragmenten veranschaulicht, welche Modifikationen sich für die Instrumente des Psychodramas, den Prozess und den Begriff der Katharsis ergeben. Den Abschluss dieses Abschnittes bildet ein Text zu einem Soziodrama, das Moreno als Reaktion auf den Eichmannprozess inszeniert hat.

Psychodrama und Soziodrama

1943: Psychodrama wurde als Tiefenhandlungsmethode definiert, die sich mit interpersonalen Beziehungen und privaten Ideologien befasst, und Soziodrama als eine Tiefenhandlungsmethode, die sich mit Inter-Gruppen-Beziehungen und kollektiven Ideologien befasst. Die soziodramatische Arbeitsweise unterscheidet sich in vielerlei Hinsicht von der als psychodramatisch beschriebenen Arbeitsweise. […] Das eigentliche Subjekt eines Soziodramas ist die Gruppe. Die Teilnehmerzahl ist unbegrenzt, sie kann aus so vielen Personen bestehen wie irgendwo leben, oder zumindest aus so vielen, wie zur selben Kultur gehören. Soziodrama beruht auf der stillschweigenden Annahme, dass die Teilnehmergruppe bereits durch die sozialen und kulturellen Rollen, die in gewissem Maße alle Träger der Kultur miteinander teilen, organisiert ist. Es ist daher nebensächlich, wer die Individuen sind oder von wem die Gruppe zusammengestellt wird oder wie groß sie ist. Die Gruppe als Ganzheit muss auf die Bühne gestellt werden und ihre Probleme bearbeiten, weil die Gruppe im Soziodrama dem Individuum im Psychodrama entspricht. aber da die Gruppe nur eine Metapher ist und nicht an sich existiert, besteht sie eigentlich aus aufeinander bezogenen Personen, jedoch nicht aus privaten Individuen, sondern aus Repräsentanten derselben Kultur. Wenn das Soziodrama effektiv werden soll, muss es daher die schwierige Aufgabe in Angriff nehmen, Tiefenhandlungsmethoden zu entwickeln, in denen das Werkzeug nicht private Individuen, sondern repräsentative Typen innerhalb einer bestimmten Kultur sind. Es interessiert sich für die typisch deutsche Vaterrolle im Allgemeinen und nicht im Besonderen für einen individuellen Vater, der zufällig Müller heißt, ein Deutscher ist und in Deutschland lebt. Es interessiert sich für die Rolle des Gentlemans, wie er als ideale Rolle in Englisch sprechenden Ländern aufrechterhalten wird – und nicht für ein bestimmtes Individuum, das sich wie ein bestimmter Gentleman benimmt. [...]

Soziodrama führt einen neuen Zugang zu anthropologischen und kulturellen Problemen ein, Methoden der Tiefenhandlung und der experimentellen Verifikation. Diesem Zugang liegt die Erkenntnis zugrunde, dass der Mensch ein role-player ist, dass jeder Mensch durch ein bestimmtes Rollenspektrum charakterisiert ist, das sein Verhalten bestimmt, und dass jede Kultur durch ein bestimmtes Rollenset charakterisiert ist, das sie mit mehr oder weniger Erfolg ihren Mitgliedern aufdrängt. Das Problem ist, wie eine kulturelle Ordnung durch dramatische Methoden sichtbar gemacht werden kann. Das wäre verhältnismäßig einfach, wenn (a) alle entscheidenden Rollen und Situationen einer Kultur bekannt wären, (b) mehrere Mitglieder dieser Kultur für die Darstellung zur Verfügung stünden.

(Soziodrama 1943, Petzold/Mathias 1982, 299f)

Inhalte und Themen

Das Soziale als Thema der Szene

1946: Soziodrama behandelt Probleme, die unseres Wissens nach im stillen Kämmerchen und der Abgeschiedenheit von nur zwei Personen weder geklärt noch behandelt werden können. Es bedarf aller Augen und Ohren der Gemeinschaft, ihrer Tiefe und Weite, um angemessen zu funktionieren.

(Psychodrama I 1946, 363)

1948: Soziodrama: Es fokussiert auf die Gruppe. Es ist eine Synthese zwischen dem Genossen [socius] und dem Psychodrama. Es versucht soziale Welten und kollektive Ideologien aktiv zu strukturieren. Zu den wichtigsten Typen, die verwendet werden, gehör[t ...] die völlig unstrukturierte Situation. Problem und Produktion erwachsen spontan aus dem Hier und Jetzt der Gruppe.

(Forms of Psychodrama, Sociatry I 4/1948, 447)

Die Heilung des Sozialen

1946: Die Bedeutung, die das soziodramatische Verfahren als Forschungsmethode hat, ist nur der halbe Beitrag, den es beisteuern kann. Die andere Hälfte ist, dass es

heilen und [Probleme] lösen kann, dass es Einstellungen verändern und untersuchen kann.

(Psychodrama I 1946, 363)

Die Gruppe als Lernort für demokratisches Verhalten

1974: Sie [die Soziometriker] sollten in alle Lebensbereiche der USA und Übersee
geschickt werden, um dabei zu helfen, eine neue Form von Demokratie hervorzubringen – eine Form, in der [...] jedes Mitglied dieser Gruppen durch Soziometrie
verstehen lernen sollte, dass eine wahrhaft lebendige Demokratie nicht erreicht
werden kann, sofern sie nicht auf der Kenntnis der tatsächlich wirkenden interpersonellen und intergruppalen Beziehungen basiert. Diese existieren und funktionieren unter der Oberfläche offizieller Institutionen, Gesetze, Gerichtshöfe und deren
unterschiedlichen kulturellen Einrichtungen. Die wahre und vollständige Bedeutung der Soziometrie wird unerkannt bleiben, falls nicht eine weltweite Perspektive gewählt wird. Ihre Aufgabe kann in einem isolierten und vom lebendigen Netz
sozialer Aktualitäten losgelösten Laboratorium nicht erfüllt werden. Wenn eine
ganze Nation in einen Konflikt involviert ist, darf man sich in einem wissenschaftlichen Sozialprogramm nicht auf eine Gruppe konzentrieren und alle anderen auslassen. Das ganze, durch die gesamte Nation repräsentierte Gewebe menschlicher
Beziehungen muss als ein einziger Betrachtungsgegenstand ins Auge gefasst werden.

(Autobiografie 1974/1995, 140f)

Interkulturalität als Thema

1946: In Kultur A hat jedes Mitglied ein durch seine subjektiven Erfahrungen mo-
difiziertes geistiges Bild der Rolle des Vaters, der Mutter, des Richters, des Bür-
germeisters, des Staatschefs, der Rolle des Priesters, der Rolle Gottes. Aber all diese
geistigen Bilder beziehen sich auf seine eigene Kultur. Die Mitglieder der Kultur A
haben kein oder ein sehr verkürztes und verzerrtes Bild der für die benachbarte
Kultur B repräsentativen Rollen. [...] Bestimmte Rollen, die in einer Kultur existieren, z.B. die Rolle Gottes oder die Rolle des Gentleman, existieren in einer anderen
Kultur überhaupt nicht oder in einer unterschiedlichen Form. Oder eine bestimmte
Kultur entwickelt eine bestimmte Rolle so unzureichend, z.B. die Rolle des Krie-
gers, dass sie andauernd durch die benachbarte Kultur erschreckt wird, in der die
Kriegerrolle hoch entwickelt ist. Darüber hinaus kann dieselbe Rolle in einer ande-
ren Kultur eine unterschiedliche oder sogar völlig entgegengesetzte Wertung be-

sitzen, z.B. die Rolle des Eigentümers oder des Kapitalisten in den USA und in der Sowjetunion.

(Psychodrama I 1946, 355)

Soziodrama praktisch

Das Hilfs-Ich im Soziodrama

1943: [Im Soziodrama steht das Hilfs-Ich für] einen abwesenden Typ, Träger von Ideen oder Repräsentanten einer bestimmten Kultur.

(Sociometry and the Cultural Order, Sociometry VI 1943, 334)

Die Gruppe als Protagonist

1947: Das Soziodrama ist ein Instrument, mit dem die soziale Wahrheit, die Wahrheit über die soziale Struktur und die Konflikte ermittelt und soziale Veränderungen durch dramatische Methoden herbeigeführt werden kann. Es kann wie eine Stadtversammlung ablaufen, mit dem Unterschied, dass nur die in ein soziales Problem verwickelten Individuen anwesend sind und dass Entscheidungen getroffen und Handlungen gesetzt werden, die für ihre eigene Gemeinschaft von grundlegender Bedeutung sind. Die Produktionen und Lösungen in einem Soziodrama gehen aus der Gruppe hervor. Die Wahl des sozialen Problems und die Entscheidung über seine Behandlung kommen aus der Gruppe und nicht von irgendeinem Leiter. Soziodramatiker haben die Aufgabe, präventive, didaktische und therapeutische Zusammenkünfte in der Gemeinschaft, in der sie leben und arbeiten, überall in Problemgebieten auf Abruf zu organisieren; in Gemeinschaften, die mit neuen oder chronischen Problemen konfrontiert sind, hineinzugehen, an Massenstreikversammlungen, Rassenunruhen, Tagungen politischer Parteien etc. teilzunehmen, die Situation an Ort und Stelle zu bereinigen und zu klären. Der Soziometriker begibt sich, begleitet von einem Team von Hilfs-Ichen, wenn notwendig mit der Entschlossenheit, dem Mut oder der Heftigkeit eines Führers oder Gewerkschaftsbosses in die Gruppe. Die Zukunft mag sich ähnlich einer politischen Versammlung zu einer schockierenden und enthusiastischen Aktion entwickeln, mit dem Unterschied, dass die Politiker die Massen ihren politischen Programmen zu unterwerfen suchen, während der Soziodramatiker die Massen zu maximaler Gruppenverwirklichung, Gruppendarstellung und Gruppenanalyse bewegen möchte. [...] Das

Soziodrama […] nimmt seinen Ausgang vom anwesenden Publikum, es zielt darauf ab, für alle Mitglieder erzieherisch, aufklärend und anspornend zu sein.

(Soziometrie und Marxismus, Methode 1981, 220)

Der soziodramatische Prozess

1948: Soziodrama meint das Drama des Sozius, ein Prozess, durch den soziale Wahrheit, Wahrheit über soziale Strukturen und Konflikte, durch dramatische Methoden erforscht und gelehrt werden kann. In der klassischen Form des Soziodramas gibt es vier Schritte: Erwärmung und die Wahl des sozialen Plans, die Produktion und die Analyse. Der Leiter oder Lehrer nähert sich der Gruppe folgendermaßen: Gibt es irgendein soziales Thema, das eurer Meinung nach unmittelbar Aufmerksamkeit verdient und das einschlägig ist für das Wohl der Stadt, der Nation oder der Menschheit? Ein Mitglied bringt das Thema „Die Beziehung zwischen Weißen und Schwarzen". Ein anderes Mitglied bringt ein zweites Thema auf: „Das Verhältnis von Liebe und Ehe". Ein anderer nennt ein drittes Thema: „Die Beziehung zwischen Arbeitgeber und Arbeitnehmer". Kein anderes Thema wird vorgeschlagen. Jedes Thema wird pro und kontra abgestimmt und für jedes wird ein Wert – erster, zweiter und dritter – festgestellt. Dann findet eine kurze Diskussion statt. Nach der Diskussion wird die Gruppe gebeten eine endgültige Entscheidung zu treffen, zu welchem Thema soziodramatisch gearbeitet werden soll. Die Entscheidung der überwiegenden Mehrheit (85%) lautet beispielsweise „das Verhältnis zwischen Liebe und Ehe". Auf diese Art und Weise erwächst die Bühnenproduktion aus der Gruppe, die Wahl und die Entscheidung für das Thema kommen von der Gruppe und nicht vom Leiter. Es handelt sich nicht um ein privates Problem von dem einen oder anderen Individuum in der Gruppe wie im Psychodrama, sondern um ein Problem, mit dem alle Individuen der Gruppe, indem sie an einem verbreiteten sozialen Konflikt bewusst oder unbewusst teilhaben, involviert sind. Wenn sich das Soziodrama mit dem Schwarze-Weiße Thema beschäftigt, steht im Fokus der Präsentation der Schwarze und nicht ein bestimmter Schwarzer, der Weiße und nicht ein bestimmter Weißer, die Beziehung zwischen Schwarzen und Weißen und nicht jene zwischen einem bestimmten Schwarzen und einem bestimmten Weißen. Wenn das Thema die Beziehung zwischen Liebe und Ehe ist, wird nicht die private Welt eines bestimmten Individuums, ein Liebhaber oder eine Ehefrau oder ein Ehemann und die Dreiecksbeziehung zwischen ihnen gezeigt, sondern die Rolle der Ehefrau, des Ehemanns, der anderen Frau, wie sie kollektiv in Erscheinung treten.

Der zweite Schritt, die Planung, hängt von der Zielsetzung der soziodramatischen Sitzung ab. Dies könnte (a) eine soziale Katharsis sein, z.B. der Versuch, die anwesenden und potentiellen Zuschauer von bestimmten sozialen Spannungen zu befreien und sie auf eine neue Perspektive hin umzutrainieren; oder (b) soziales Lernen, eine Vorbereitung auf das Leben. Auch wenn die beiden Kriterien sich nicht trennscharf voneinander unterscheiden lassen, legen sie unterschiedliche Formen der Planung nahe. Die Zuschauer, für die das Soziodrama als Sozialtherapie verschrieben wurde, werden mehr von einer Produktion profitieren, zu der sich alle Mitglieder schrittweise erwärmt haben; dies wird mit wenig Planung effektiver sein, weil der sozio-emotionale Gehalt der zu spielenden Situation wichtiger ist als ihr sozio-intellektueller Gehalt. Ein erfahrener Leiter kann alle vier Schritte, die Erwärmung mit der Wahl des Themas, die Planung, die Produktion und die Analyse in einer einzigen Sitzung entwickeln. Bei einem Soziodrama, in dem es um soziales Lernen geht, muss die Planung umso ausführlicher sein, je weniger informiert die zuschauenden Teilnehmer über die Fakten sind, die mit dem sozialen Thema zu tun haben. Ein, zwei oder mehr Sitzungen sollten möglicherweise der Sitzung mit der Produktion vorangehen.

Der dritte Schritt ist die Produktion selbst. Das Publikum wird dem Fall entsprechend in soziale Handlungsträger und Informanten unterschiedlicher Größe aufgeteilt. Es hat sich als nützlich erwiesen, wenn nicht nur im „sozio-kathartischen", sondern auch im „sozio-edukativen" Soziodrama die sozialen Handlungsträger aus den Reihen des Publikums stammen. In der Arbeit mit großen Populationen hat der Leiter einen Staff professioneller Hilfs-Iche, die die sozialen Handlungsträger, die aus der Gruppe kommen, ergänzen und anregen.

Ein vierter Schritt ist die soziale Analyse eines kompletten Abschnitts der Produktion. Durch einen Mitschnitt kann die Sitzung nochmals abgespielt und eine Prozessanalyse gemacht werden. Die Prozessanalyse, die in Zusammenarbeit mit dem Publikum gemacht wird, kann Hinweise für den nächsten Abschnitt in einem soziodramatischen Entwicklungsprojekt geben.

(Soziologie and Soziodrama, Soziatry II 1-2/1948, 67f)

Die soziodramatische Katharsis

1945: Die Katharsis im Soziodrama unterscheidet sich von der Katharsis im Psychodrama. Der psychodramatische Ansatz beschäftigt sich hauptsächlich mit persönlichen Problemen und zielt auf eine persönliche Katharsis […]. Beim soziodramatischen Vorgehen ist das Subjekt nicht eine Person, sondern eine Gruppe. Deshalb ist es nicht ein individueller Neger, der betrachtet wird, sondern alle Neger, alle Christen, alle Juden werden betrachtet. Es gibt interkulturelle Konflikte, in denen ein Individuum nicht um seiner selbst willen verfolgt wird, sondern wegen der Gruppe, zu der es gehört. Es ist nicht ein Neger, sondern der Neger, es nicht ein Christ, sondern der Christ, und umgekehrt ist der Verfolger in der Vorstellung des Verfolgten nicht ein Weißer, sondern der Weiße, nicht ein individueller Deutscher, sondern die Nazis. Deshalb ist es in der soziodramatischen Sitzung unerheblich, welches Individuum die Rolle eines Christen, eines Juden oder eines Nazis spielt, solange es ein Mitglied der kollektiv behandelten Gruppe ist. Jeder kann der Darsteller sein. Ein Individuum, das die Rolle des Christen auf der Bühne übernimmt, spielt sie für jeden Christen, wer auch immer die Rolle eines Juden übernimmt, für jeden Juden, weil das Ziel der Methode nicht seine eigene Rettung ist, sondern die Rettung aller Mitglieder seines Clans. Der Protagonist auf der Bühne spielt nicht eine Person der Handlung, das kreative Ergebnis des Gehirns eines individuellen Dramatikers, sondern eine kollektive Erfahrung. Er ist als Hilfs-Ich eine emotionale Erweiterung vieler Iche. Deshalb gibt es, im soziodramatischen Sinn, keine Identifikation des Zuschauers mit dem Spieler auf der Bühne, die ja eine Differenz zwischen ihm und dem Charakter unterstellt, den jener darstellt. Es ist Identität. Alle Christen, alle Neger, alle Juden oder alle Nazis sind kollektive Charaktere. In der Anfangsphase kollektiver Identität gibt es deshalb keine Notwendigkeit für Identifikation. Dort gibt es keine Differenz zwischen Zuschauer und Spieler; alle sind Protagonisten.

(The Concept of Sociodrama, Sociometry VI 4/1945, 448f)

Ein Beispiel: Der Eichmann-Prozess

1964: Am Sonntag, dem 7. Mai 1961 wurde während des Jahrestreffens der Amerikanischen Akademie für Psychodrama und Gruppenpsychotherapie eine Sitzung mit dem Titel „Psychodrama und Soziodrama des Judentums und der Eichmannprozess" abgehalten [...] Dieses Psychodrama ist nicht identisch mit dem Gerichtshof, sondern es ist die Reinszenierung von Eichmanns Leben und Taten innerhalb des Bezugssystems des Judentums. Es ist kein Theater, sondern die Repräsentation der Erfahrungen von wirklichen Opfern. Vor Gericht steht nicht nur Eichmann selbst, sondern praktisch jedes lebende menschliche Wesen mit unterschiedlichen Graden der Verstrickung.

(The First Psychodramatic Family 1964, 108)

16. Axiodrama

Vorbilder und erste Schritte

Die fünfte inhaltliche Dimension der Szene ist die Axiologie. Hier geht es um Werte, Normen und Traditionen, um Kultur und existentielle Fragestellungen, die eine Szene implizit und explizit prägen. Moreno selbst identifiziert die Axiologie als Kern eines jeden Denksystems. Er möchte sich hier einmischen und ausdrücklich auch Beiträge zur philosophischen Diskussion seiner Zeit liefern. Einer ersten Annäherung an den „philosophischen Moreno" sollen frühe Texte dienen, in denen sich Moreno ganz dieser axiologischen Vergewisserung widmet. Verstehen wird man diese Texte nur dann können, wenn man sie in den kunst- und kulturgeschichtlichen Rahmen des Expressionismus, des fin de siècle und der Wiener Moderne einordnet.

Homo juvenis

1914: Homo juvenis (Jesuitenwiese: Sommer 1909) (Diese Angaben haben bloß den Wert eines Berichts)

Das Rätsel des Lebens ist mit dem des Wachstums verknüpft. Dieses spiegelt sich in der Steigerung und im Verfall der Kräfte. Kind-Jüngling, Mann-Greis. Der Kritiker sieht die Bewegung des Lebens im Sinne einer Unendlichkeit, die sich bei der Berührung verflüchtigt, der Dialektiker im Sinne eines Stromes oder ruhenden Sees, in den er sich durch eine Anstrengung versenkt. Beide vernachlässigen das Wachstum des eigenen Ich auf Kosten der Sehnsucht nach einem unerfahrenen Gott, den sie aus der Welt herausschälen oder verbannen, oder nach einer unerfahrenen Entwicklung, die sie aus gelebten Stücken zusammenschweißen. Aber die Wirklichkeiten des eigenen Ich spuken, wenn auch verdeckt, in diesen Ergüssen. Bei der Betrachtung des Charakters von Mensch und Tier bauen sie Gegensätze auf zwischen Form und Inhalt, Geist und Stoff, die sie auch in die zeitliche Dimension übersetzen, wobei ein Glied das andere hervorbringt oder auslöst, eines zum Scheine herabgedrückt wird, auf Kosten der Erhöhung des andern. Dabei bleibt es gleichgültig, ob ein schöpferischer oder mechanischer Prozess in die Zwei- oder Mehrteilung der ursprünglichen Einheit endet. Stets bleibt die Methode die, das Gelebte zu erklären, statt es in sich zu vertiefen und vollständig auszuschöpfen, das Gesehene zu zerlegen, statt es für sich zu steigern, das Geschaffene zusammenzustellen, statt es für sich fortzusetzen. Daher umgehen wir die Versuche, die auf ein allgemeines Leben oder eine allgemeine Entwicklung zielen und berufen

uns auf das Selbstgelebte und Selbstgesehene, wenn die Frage des Lebens aufgerollt wird. Ein solcher Fall liegt im Wachstum des eigenen Ich vor: der einzigen,
von der Natur gesetzten Versuchsanordnung im uns zur Verfügung gestellten Daseinsausschnitt, in dem wir Betrachter und Versuchsperson sind. Die Vorstellung
ist uns eingebrannt, als ob das Eigenleben in allen Stadien des Wachstums ein kon-
stanter Wert wäre, gleich der Bewegung eines Schwimmers, der sich auf glatter
Fläche von dem einen Ufer zum anderen begibt: vom Ufer des Lebens zum Ufer
des Todes. Das Leben bewegt sich vielmehr im Sinne eines Springbrunnens, der
die Erde durchstößt, den Gipfel erklimmt und zum Boden hin zerflattert, oder eines Berges, der über den Saum und Scheitel hin wieder abfällt. [Seite 20] Der auf-
wärts geworfene Stein gestaltet eine einheitliche Kurve, deren steigender Bogen
die Lebensbewegung darstellt, die sich über Kind und Jüngling hinausstreckt.
Homo juvenis, deren sinkender Bogen den Absturz vom Lebensgipfel über Mann
und Greis abbildet: Homo sapiens. Der Entwicklung folgt die Rückentwicklung.
Homo juvenis: steigender Wert: Homo sapiens: fallender Wert! Der Zweiheit zwischen Leib und Seele in räumlicher Dimension entspricht ein den Gesamtmenschen durchgreifender Dualismus zwischen Homo juvenis und Homo sapiens in
zeitlicher Dimension.
Das wachsende Kind ist der Spiegel der Brechung vieler Geschlechter. Sie lauern
an der Schwelle des Bewusstseins und an der Schwelle des Lebens. Doch nur bestimmte Glieder ragen durch die Enge des Bewusstseins ans Licht und graben ihr
Antlitz in die formbereite Enge des Leibes. Daher stammt die vorläufige Unent-
schiedenheit für die Endgestalt, wodurch die Charakterlosigkeit des kindlichen
Kopfes bedingt ist. Die Seele des Kindes ist bestimmt durch die Ahnung! Mehr
vorwärts schauend als rückwärts gerichtet, mehr ablenkbar und erregbar als be-
fangen, nimmt es mit allem vorlieb, was sinnes- oder geistesgefällig wird. Ihm ist
noch nicht der letzte Anschluss an die Wirklichkeit befohlen, sondern Fantasie und
Wirklichkeit durchdringen einander, wodurch eine Art Unabhängigkeit vom Stoff
vorgetäuscht wird. Die Kategorien des Verstandes sind wie die der Seele elastisch
und hungrig, den Reichtum der Welt aufzusaugen. Sein Triebleben rückt die
Pflanzennatur in den Vordergrund, während der Tiercharakter weniger durch-
schlägt. Keine Vergangenheit lastet auf ihm und es kennt daher weder die Reue
noch das Ringen der Strebungen, die das Gewissen erschaffen. Kinder sind unschuldig, Kinder sind Engel.
Jünglinge und Mädchen vollenden den Leib. Die lang bereitete Schönheit tritt an
die Ufer der Seele aus: die Erfüllung des Leibes. Der Leib hat keine Ziele mehr, es
sei zu verwelken. Das Höhenwachstum schließt ab, Knochen und Muskeln errin-

gen die größte Geschmeidigkeit. Die Seele der Jugend ist bestimmt durch den Wert. Die Leitinhalte des Lebens werden zu Ende gebaut: nichts Wesentliches kommt später hinzu. Jede Frage wird angezapft, Lösungen umrissen, wenn auch nicht ausgeführt, weil die Verwirklichung an Macht und Dauer geknüpft ist, darum ist ihre Gefahr: der Schauspieler, den der Widerspruch zwischen Wunsch und Wirklichkeit bildet. Jugend ist die Zeit der Konzeption. Der Dichter, der Denker, der Geisteskranke: sie legen die Wurzel der künftigen Leistung an. Das junge Weib hat die größte Tragfähigkeit und gebärt die meisten und gesündesten [Seite 21] Kinder. Der Tiercharakter tritt in den Vordergrund und treibt an. Die Vergangenheit gärt schon: die Reue und das Sündenbewusstsein steigen auf. Aber die Zukunft ist doppelsinnig: das eine Antlitz zeigt die Ewigkeit, das andere den eigenen Tod, der Jüngling vergräbt sich in das erste und wird für das zweite blind. Jünglinge sind Sieger, Mädchen sind Göttinnen. Homo juvenis: Zunge des Morgens, Tag der Gottheit, Pfeil des Glaubens.

In welcher Breite zwischen Jüngling und Mann die Wendung eintritt, ist ungewiss. Wahrscheinlich leitet ein neuer Chemismus den Abbau von Geist und Stoff ein. Kind-Jüngling steht im Bilde des Vogels und wird vom positiven lustbetonten Pol des Lustprinzips gefärbt: lachende Weltanschauung.

Homo juvenis: Lebensspannung, Sinn für die Zeit, Sinn für die Schöpfung. Sein Gott ist: das Ding außer sich.

Mann und Weib zielen auf ein Wachstum in die Breite, und für den Knochen und Muskel tritt ein Antrieb zur Fettbildung. Sie sind bestimmt durch die Macht. Die lange Vergangenheit macht die Lebensführung straffer und die Erscheinung tritt kräftiger hervor: Vergangenheit baut die Seele aus. Vergangenheit bedingt das Gedächtnis, die eine Art Macht in zeitlicher Dimension ist. Gedächtnis ist eine Art Geld. Ihr Werk ist die Heilung des Vereinsprinzips, das auf Vervielfachung und nicht auf Steigerung ausgeht. Familie, Gesellschaft, Staat. Männer sind Könige, Mütter Königinnen. Der Hass gegen das Jüngere wird ausgelöst durch die Angst vor der sicheren Niederlage und prägt dem Manne das Bild der gefallenen Gottheit auf.

Der Greis wird durch die Erinnerung bestimmt. Er ist zukunftslos und betrachtet sein Leben, aber seine Vergangenheit ist selbst eine Art Raum, in dem er sich spiegelt. Die Triebe sind schlaff, die Gebärden versteinert. Er ist der Scheiterhaufen nach der Feuersbrunst, die das Leben angelegt hat. Der Greis steht im Bilde des Heiligen und des Weisen.

Mann-Greis stoßen den positiven Pol des Lustprinzips ab unter Anziehung der schmerzbetonten negativen Seite: weinende Lebensanschauung. Sie geben den

Schatten, den der Baum des Lebens aufwirft. Homo sapiens: Lebensspannung, Sinn für den Raum, Sinn für Ordnung. Sein Gott ist: das Ding an sich.

Die Geschichte stellt uns die Gottheit im Bilde des Alten der Zeiten hin, aber uns steigt die Frage auf, ob nicht der alt gewordene [Seite 22] Jüngling die Maske des Greises über den jungen Gott war. In den vier Weltaltern hat der Mythos den Sinn der Menschenalter vorweggenommen. Die verschiedenen Rassentypen scheinen stehen gebliebene Tendenzen der vier Menschenalter darzustellen. Der Wilde dürfte das Kind, der Südländer den Jüngling, der Nordländer den Mann, der Ostländer den Greis verbildlichen.
Die Jugend ist die Genialität des organischen Lebens. Die Tiere, die in der Hoch-Zeit des Daseins nach dem Geschlechtsakt sterben, bezeugen, dass für sie das Altern etwas biologisch Überflüssiges ist. Das Altern hat nur für den Einzelnen Wert. Da die Zeugung zunächst in das junge Mannes- und Frauenalter fällt, hat die erste Hälfte des Lebens in den übertragenen Vererbungsmassen und bei der Prägung der Mneme die weitaus beherrschende Bedeutung. Die Konturen des Wachstums machen selbst wahrscheinlich, dass unser Organismus stofflich und seelisch weniger durch Periodengesetze als durch ein dem Homo juvenis und Homo sapiens zugeordnetes Steig- und Fallgesetz bestimmt wird. In gleichem Sinne wird die Pflanzenwelt im Grunde von zwei Jahreszeiten durchzogen: Frühling-Sommer, Herbst-Winter. Das Alter ist die Genialität des Anorganischen, aber auch dieses wird durch eine Furche entzweit: auf die Flut folgt die Ebbe, die ersten feurigen Erden erstarren und erkalten, auf den Tag folgt die Nacht. Ja, vielleicht ist die anorganische Welt selbst die Schlacke, welche das organische Leben in seiner Fortbewegung zurückließ. Immer ist der Greis die Frucht, welche unmerklich in der Blüte der Jugend verborgen schläft.
Aber diese Zweiheit ist der Einheit des Gesamtmenschen eingebettet, der selbst ein Ganzes ist und den Widerspruch aufheben könnte. Der göttlichen Natur allein gelingt der Versuch, den Homo sapiens, der von oben drückt, in sich aufzusaugen, und wer gar die große Einheit gewonnen hat, der weiß vom Grunde aus, dass auch diese Doppelung nur ein Schein ist, das Maß des Menschen und nicht die Dimension des Gottes ausdrückt. Und er versucht sich an das größere Werk durch sein Leben: nicht die Rätsel zu lösen, sondern die Rätsel zu mehren.

(Einladung zu einer Begegnung 1914, 19-22)

Das Theater des Schöpfers

1924: Ist ein Theater im Himmel möglich? Gott als Komödiant? Wie muss das Brett geartet sein, auf dem Gott, ein vollkommenes Wesen, spielt? Wer sich liebt, liebt den Schein noch viel mehr. Wer nach sich die Welt geschaffen hat, könnte es nicht zu seiner Erhabenheit gehören, sie wie im Spiel zu wiederholen? Nicht zu Gottes Lust, der keinen Beweis nötig hat, sondern für seine Geschöpfe. Das Repertoire der himmlischen Bühne besteht in der ewigen Wiederholung eines einzigen Stückes: die Erschaffung der Welt. Zahllose Bühnen sind nötig, um dieses Stück aufführbar zu machen. Auf jeder Stufe ein Theater und auf der höchsten Höhe die Bühne des Schöpfers. Die Sterne gehen auf. Das Stück beginnt. Erster Akt: Der schönste Engel stürzt aus den Umarmungen seiner Freunde entseelt zu Boden. Ihre Liebe zu ihm ist aber nicht mitgestorben: sie wollen seinen Tod nicht begreifen. Bist du Gott? Bist du allmächtig? Sind wir wirklich erschaffen? Zweiter Akt: Das Wehklagen der Engel löst im Schöpfer das Motiv aus, ihnen den verstorbenen ein zweites Mal zu geben. Im Eigen-Glanz, wie er einst war und sie umgab. Aber diesen einzigen Toten zu erlösen, muss er alle Toten, alle Vergangenen, Entrückten, endlich die ganze Welt seit Erschaffung noch einmal erwecken. Er muss, was ihm einmal unschuldig geschah, nochmals schuldig tun. Er treibt die Schöpfung aus dem Nichts, Glied an Glied, noch einmal hervor, trägt den Schein von Schöpfung noch einmal durch den Schein von Zeit und Raum bis zum Augenblick, wo der schönste Engel verstorben wieder erscheint. Dritter Akt: Durch seine Auferstehung im Schein sind alle von der Trauer genesen und begrüßen den durch Gottes Allmacht im Theater Auferstandenen wieder. Im himmlischen Theater ist der Schein kein Schein, sondern wahres Sein, die Erschaffung der Welt bis zum jeweiligen Augenblick von Gott und seinen Geschöpfen zum zweiten Male gelebt. Jedes Wesen geht gleichzeitig durch zwei verschiedene Stadien seiner Existenz. Alle Geburt ist doppelt, aber auch aller Tod, alle Gedanken sind doppelt, aber auch alle Ohren, alles Glück ist doppelt, aber auch aller Hass. Jedes Geschöpf ist doppelt. Die Welt ist doppelt. Gott ist doppelt. Auferstehung der gesamten bisherigen Schöpfungszeit: in einen einzigen Augenblick gedrängt. Das Theater des Schöpfers erzeugt keine Milderung des Leides: Wirklichkeit, Geburt und Tod, Liebe und Qual werden unterstrichen und ins Ungeheure gesteigert. Die Wiederholbarkeit der Schöpfung macht das Unsterblichsein lächerlich. Was Gott spricht, wird sofort Wirklichkeit. Auch im Theater setzt er die Schöpfung fort. Keine Kreatur weiß daher, aus welcher Hand Gottes sie kommt, aus der ersten oder aus der zweiten, aus der ernsten oder spielenden, aus der traurigen oder lachenden, ob sie Gottes Kind oder Gottes Komödiant ist.

(Stegreiftheater 1924, 79-81)

Das Testament des Vaters

Moreno publizierte in Österreich (vor seiner Emigration 1925) drei umfangreichere Schriften: „Das Stegreiftheater", „Der Königsroman" und den expressionistischen Gedichtband „Das Testament des Vaters". In diesem dritten Band vollzieht Moreno den von ihm immer wieder proklamierten Rollentausch mit der Gottheit und er beschreibt aus dieser ungewöhnlichen Perspektive das Universum, dessen Entstehung und weitere Perspektive. So umstritten die Einordnung und Bedeutung dieses Buches in der Rezeption ist, für Moreno stellen seine frühen Gedichte einen bleibenden Bezugspunkt dar. Er gibt später eine stark überarbeitete englische Version heraus – „The Words of the Father" – und lässt sich auf seinem Sterbebett aus dem deutschen Band vorlesen. Exemplarisch werden daraus das erste und das letzte Gedicht abgedruckt

1922: Ich bin der Vater. / Ich bin der Vater meines Sohnes. / Ich bin der Vater meiner Mutter und meines Vaters. / Ich bin der Vater meines Ahns und meines Urahns. / Ich bin der Vater meines Bruders und meiner Schwester. / Ich bin der Vater meines Enkels und meines Urenkels.

(Testament 1922, 7)

1922: So rinne rinne Reglein
So fliege fliege Vöglein, / So wehe wehe Wind // So ringle ringle Ringlein, / So welke welke Blütlein, / So weine weine Kind. // So schnuppe schnuppe Sternlein, / So belle belle Hündlein, / So tropfe tropfe Blut. // O Väterchen kommt wieder, / Denn Väterchen ist gut. // Sein Himmel hält sich heiter, / Die Wiese hält sich grün. / Die Schwalben schweben weiter / Von sich zum Maithal hin. / O Sterne fallen nieder / Auf seinen grünen Hut. // O Väterchen kommt wieder, / Denn Väterchen ist gut. // Sein Haupt wird sich erheben / Aus diesem gelben Kraut. / Sein Mund wird dir entschweben / Als ein verzückter Laut. // O schöpfe ihm die Glieder / Aus deinem Tropfen Blut. // O Väterchen kommt wieder, / Denn Väterchen ist gut. // O hat er sich verloren, / Warum sind wir noch da? / O hat er uns geboren, / So ist auch er noch da. / O knieet alle nieder, / Wo seine Asche ruht // O Väterchen kommt wieder, / Denn Väterchen ist gut. // So rinne rinne Reglein, / So fliege fliege Vöglein, / So wehe wehe Wind // So ringle ringle Ringlein, / So welke welke Blütlein, / So weine weine Kind. // So schnuppe schnuppe Sternlein, / So belle belle Hündlein, / So tropfe tropfe Blut. / O Väterchen kommt wieder, / Denn Väterchen ist gut.

(Testament 1922, 143f)

1974: Eine meiner lebendigsten Kindheitserinnerungen kann bis ins sechste Lebensjahr zurückverfolgt werden. Mitten in der Nacht schlich ich mit einem meiner jüngeren Brüder in die Küche. Meine Mutter hatte Teig für einen großen Kuchen vorbereitet, der über Nacht gehen sollte. Wir arbeiteten still im Dunkeln und schlichen zurück in unsere Betten. Als meine Mutter am nächsten Morgen aufwachte und in die Küche ging, muss sie entsetzt gewesen sein, dass der Teig weg war. Stattdessen waren Gestalten von Menschen, Tieren und Dingen auf Tisch und Fußboden, im Waschbecken und auf den Fensterbänken. Es muss sie einige Mühe gekostet gaben, die Gestalten wegzumachen und den Teig zu bereiten. Als wir aufwachten, trauten wir unseren Augen nicht, als wir den Kuchen auf dem Tisch sahen. Die Moral der Geschichte ist, dass bedeutende Männer in der Krippe anfangen, ihre bedeutenden Bücher zu schreiben, kurz nachdem sie gelernt haben zu laufen und zu sprechen. Ich erschuf die Welt und schrieb „Das Testament des Vaters" in Teig, bevor ich es mit Tinte schrieb.

(Autobiografie 1974/1995, 24)

1974: Diese allumfassende und unparteiische Gottheit, der Gott Spinozas, stand für den Physiker Modell, und dies war gut. Aber er war den Bedürfnissen des Sozialwissenschaftlers nicht, zumindest nicht vollständig, angemessen. Solange der Sozialwissenschaftler ein pedantischer Rechner und Demograf, ein lebender Statistiker und naiver Ökonom war, ging das Modell als angemessen durch. Aber sobald er sich mit dem „Wir", den Kollektiven von Handelnden, beschäftigte, brauchte das Modell eine Erweiterung. Das im Testament des Vaters angekündigte Modell einer „operationalen" Gottheit führte mich zum soziometrischen System – entwickelt für einen vollkommen anderen Zweck, die Suche nach einem Modell wissenschaftlicher Objektivität in den Sozialwissenschaften. Das großartigste Modell der „Objektivität", das der Mensch je erdacht hat, war die Idee der Gottheit, eines Wesens, das mit dem Universum fühlt und darum weiß, da sie es geschaffen hat. Ein Wesen unbegrenzt in der Kraft, alle Facetten des Universums zu durchdringen und dennoch vollkommen frei von Befangenheit zu sein.

(Autobiografie 1974/1995, 88)

Einführung zu „The Words of the Father"

1941: Wir leben in einer außergewöhnlichen Zeit. Dies ist ein außergewöhnliches Buch. Es ist einzigartig, aufgrund seiner Prämisse. Schon bevor eine einzige Zeile davon gelesen ist – ehe es nach seinem Inhalt bewertet ist – ist seine Prämisse: dies sind Gottes eigene Worte.

In den Religionen, die die westliche Zivilisation dominieren, hat Gott der Vater
noch nie zu allen gesprochen. Im Alten Testament ist er zu seltenen Anlässen dem
einen oder anderen erschienen, aber normalerweise hat man ihn sich als getrennt
von dem Universum vorgestellt, das er geschaffen hat. Der Mensch stand mit ihm,
außer durch den Mund der Propheten, nicht in direkter Kommunikation. Auf Gott
hat man sich in der dritten Person bezogen. Im Neuen Testament kam Gott näher.
Er hat durch seinen Sohn zu den Menschen gesprochen, aber seine Existenz war
eine Frage des Glaubens. So weit religiöse Berichte zurückreichen gibt es kein Beispiel, dass Gott jemals über sich selbst gesprochen hätte. In der Botschaft aller Propheten, in den Lehren aller großen Gelehrten war implizit immer klar, dass Gottes
eigene Worte, sein Urteil über die Welt, die Menschen nicht direkt erreichen kann.
Dieses Buch enthält die Worte Gottes, unseres Vaters, des Schöpfers des Universums. Die Frage, die sich unmittelbar stellt, lautet: Wie ist das möglich, und welchen Beweis gibt es dafür, dass Gott der Autor dieser Worte ist?
Irgendwer – ein anonymer, isolierter Mensch, irgendwo auf diesem Kontinent –
muss zum Vehikel gemacht worden sein, die Worte zu erhalten und sie zu gebären. Es ist egal, wer dieser Mensch ist, er ist es zufällig. Gott spricht zu jedem Menschen. Deshalb hätte jeder Mensch Gebärer der Worte sein können. In der Tat ist
dies selbst ein Zeichen hoher Authentizität, dass eine spezifische physische und
mentale Existenz in die Idee Gottes eingebunden ist und den Leser damit vom Faktum von Gottes Autorenschaft der Worte ablenkt. Das Triviale und Gefährliche in
theologischen Angelegenheiten war, dass der Sprecher, der Prophet, durch die
Idee verwirrt war, dass Gott durch ihn hindurchgeht und dadurch selbst andere
dazu verführt, ihn mit der Idee Gottes zu verwechseln.
Auf der Ebene menschlicher Kreativität ist das Prinzip klar. Wir identifizieren
Shakespeare nicht mit Hamlet, Lear, Macbeth, Julia oder Cordelia. Wenn dies für
die Beziehung zwischen dem Schauspieler und einem seiner Charaktere gilt, wie
viel eindeutiger muss dies für die Beziehung zwischen Mensch und Gott sein.
Eine theologische Vorstellung – eine Vorstellung, die Stück für Stück von jeder
möglichen anthropomorphen Einwirkung auf die Gottesidee gereinigt wurde –
funktioniert sehr ähnlich wie die Imagination eines Künstlers. Ein Maler stellt sich
das Portrait oder die Landschaft, die er abbilden wird, vor. Ein Dichter stellt sich
das Gedicht, ein Schauspieler sein Subjekt vor. Ein imaginativer Theologe steigert
dieses Vorgehen bis ins Extrem. Er wendet es auf das höchste mögliche Subjekt an:
die Idee Gottes. Wie ein Dichter Gottes gibt er dem höchsten Wesen Körper und
Realität, sodass ihn auch der uneingeweihte Geist erfassen kann. Während sich der
gewöhnliche Schauspieler Charaktere ausmalt, die die Vergöttlichung des alltägli-

chen Menschens sind, malt sich der Schauspieler Gottes das allerhöchste Wesen aus.

Es kann keinen Zweifel daran geben, dass die Worte des Vaters in einer Art und Weise präsentiert werden, die sie aus allen anderen Botschaften von Gott hervorheben. Hier lesen wir „Ich, dein Gott", nicht „Du, mein Vater" und „Ich", nicht „Er, der Vater". Gott selbst spricht nicht nur, sondern er wird handelnd, schaffend, regierend und richtend gezeigt. Gott ist präsent. Er schafft sein eigenes Universum. Er steht in direkter Kommunikation mit jedem Atom des Universums. Er ist hier und sagt „Ich". Alle altehrwürdigen theologischen Prinzipien sind aufgehoben: hier haben wir das ganze Universum – in der Tat jede Existenz – vom Standpunkt Gottes, des Schöpfers aus gesehen und beurteilt.

Es scheint mir, dass, wenn es einen Gott gibt, er so denken, fühlen, handeln, schaffen und richten würde. Er, sein Autor, würde das Universum als Ganzes sehen. Hier haben wir seine angenommene, ausgedrückte und – zu Recht – vollständige Objektivität und sein Wissen über das Universum. Das Absolute spricht.

Das Konzept Gottes hat, wie jedes andere Konzept, viele Veränderungen erlebt und hat viele Entwicklungsstufen durchgemacht. Der Brahma der Veden war eine Stufe, Jehova der Hebräer war eine andere, der christliche Gott der Liebe war noch eine dritte Stufe. Wenn diese Konzepte Gottes mit Gott verglichen werden, wie er sich selbst in seinen eigenen Worten in diesem Buch darstellt, wird deutlich, dass sie nur ein partieller Ausdruck eines größeren und umfassenderen Wesens sind. Es scheint so, als habe die Idee Gottes in diesem Buch ihren letzten, vollständigen Ausdruck gefunden.

In diesem Buch wird Gott nicht als Objekt, als Essenz, als Substanz vorgestellt, gestaltet nach dem Abbild und in den Grenzen der Erfahrung des Menschen. Hier kommt Gott weiter allein und in völliger Ernsthaftigkeit, schaffend und erfahrend, mit aller Subjektivität eines realen Wesens. Dies ist aber nicht die Subjektivität eines normalen, fehlbaren, imperfekten Wesens, sondern jene des absoluten Schöpfers der Welt.

Die Philosophen haben einen verbissenen Versuch gemacht, jeglichen menschlichen Zug von der Gottesidee zu tilgen, aber indem sie dies taten, haben sie jede Subjektivität, jede Persönlichkeit, jede Kreativität – in der Tat jede Realität, außer die Attribute, die in der Natur selbst gefunden werden – ausgetrieben. So wurde Gott, entleert von jedem Inhalt, ein axiomatisches, logisches und formales Konzept. In diesem Buch sehen wir Gott mit einer eigenen Subjektivität. Es ist die Subjektivität einer nicht-menschlichen Natur. Sie ist nicht-natürlich, obgleich sie dem Gan-

zen der Natur angegossen ist. Gottes Subjektivität ist auf einem unnachahmlichen
Erfahrungsniveau abgebildet, einem Niveau, das bezeichnend ist für seinen erha-
benen Status. Die allegorischen Eigenschaften der meisten volkstümlichen Gotthei-
ten sind vollkommen mangelhaft.

Es ist entscheidend, dass Gott seine eigene Subjektivität hat. Vielleicht hat er keine
Persönlichkeit, Form oder Gestalt im menschlichen Sinn. Vielleicht hat er keine Intelligenz, Psyche oder Logik, wie wir sie kennen, aber Gott ohne eigene Subjektivität wäre ein toter Gott. Subjektivität ist die unabdingbare Prämisse für die wichtigste Funktion Gottes, der Schöpfer unseres Universums und vieler anderer Uni-
versen zu sein.

Indes, durch seine Objektivität partizipiert Gott an der Majestät der Natur, durch
seine Subjektivität teilt er die kleinen Nöte und Leiden von Millionen von kleinen
Subjekten, die die Welt erfüllen. In der Folge davon ist er nicht nur ein kalter, distanzierter Gott, sondern auch ein mitleidender, personaler Gott. Ein anderer Aspekt Gottes, der in diesem Buch mit Nachdruck vorangebracht wird, ist seine unmittelbare Präsenz. Hier sehen wir Gott in seiner aktivsten und kreativsten Form;
wir werden uns seiner Bereitschaft für jegliches unerwartete Ereignis bewusst. Seine Kreativität scheint so machtvoll und so allgegenwärtig zu sein, als lasse sie keinem anderen etwas zu vollenden übrig. Dies ist allerdings nur der erste Eindruck.
Weitere Studien erschließen ein radikal umfassenderes Bild. Gottes Beziehung zum
Universum scheint vielmehr eine der gegenseitigen Teilhabe zu sein denn eine der
Herrschaft. Jedes von Gott neu geschaffene lebendige Ding, egal ob es ein Orga-
nismus ist oder eine Person, wird zu einem Kokreator Gottes, sobald es den Be-
reich der Existenz betritt. Dadurch expandiert und wächst Gottes Autorität und
Macht in dem Maße, in dem das Universum der Wesen expandiert und wächst.
Gleichermaßen muss, wenn das Universum der Wesen schwindet und vergeht, die
Autorität und Macht Gottes darin auch schwinden und vergehen. Wir können uns
die universale Interdependenz zwischen dem Schöpfer des Universums und allen
Wesen, die es erfüllen, vorstellen.

Die meisten Attribute, die normalerweise mit der Gottesidee verknüpft sind – seine Allmacht, seine Allwissenheit, seine Gerechtigkeit, seine Güte, seine Liebe und
seine Nächstenliebe – haben vordem bereits angemessene Aufmerksamkeit erhalten; es gibt aber eine von Gottes Funktionen, die nur wenig mehr als oberflächliche
Aufmerksamkeit erhalten hat. Seine Funktion als Schöpfer. Das Universum ist eine
Kreation in beständiger Entwicklung, und jedes neugeborene Individuum schafft –
mit Gott – die kommende Welt. Deshalb ist die Welt, die ein Mensch bei seiner Geburt vorfindet, eine Welt, bei der Millionen seiner Mitgeschöpfe Gott geholfen ha-

ben, sie zu schaffen. Es ist keine von einem Tyrann – einem Gott-Diktator – aufge-
zwungene Welt. Es ist eine Welt, in der jeder Mensch bei der Schöpfung helfen
kann und in die er seine Träume projizieren kann. An jedem entscheidenden Punkt
der Geschichte hat die Bedeutung des Universums den Geist des Menschen her-
ausgefordert. Gott – oder was auch immer für die Sinn gebende, zentrale Idee des
Universums stand – musste eine Form erreichen, die den Platz des Menschen im
Gesamtzusammenhang beschreiben konnte. Aus tiefen, emotionalen Gründen war
die Tendenz immer, von Gott und von jedem von ihm abgeleiteten Wertestandard
zu erwarten, dass er und sie unverändert blieben – derselbe für alle Zeit –, mit dem
Ergebnis, dass insgesamt veraltete Konzepte in einer Welt erhalten blieben, die mit
neuen Erfahrungen angefüllt war, und die eine Verbesserung und Reorganisation
ihres Gotteskonzeptes und verwandter Ideen unbedingt gebraucht hätte. Deshalb
hatte der Mensch nur die beiden Alternativen, eine Gottesidee zu akzeptieren, die
ihre Dynamik verloren hat, oder ungläubig zu werden. Aber ethische Ideen und
die Standards universeller Werte haben nicht aufgehört zu existieren, nur weil bestimmte Formen versagt haben, eine lebendige Beziehung zu unserer Zeit aufrecht
zu erhalten. In der Tat kann der Mensch ohne ein Wertesystem – ein System, das
möglichst vollständig seine inneren und äußeren Erfahrungen abbildet– nicht leben.

In diesem Buch finden wir, aus dem Mund der höchsten Autorität – von Gott
selbst – eine Skizze des Weltenplans [scheme of existence]. Das Wesentliche unserer Existenz ist die Sehnsucht, schöpferisch zu sein – nicht in einem intellektuellen
Sinn, sondern als dynamische Kraft, als Strom von Kreativität. Der Kern dieses
Funkens der Kreativität ist Gott. Er ist der Schöpfer des Universums, nicht nur in
einem historischen Sinn, sondern in dem Sinn, dass er allzeit bereit ist, sich am
Schöpfungsprozess zu beteiligen, eine Position, die sich auf der Idee der Identität
aller Formen von Kreativität mit seiner eigenen gründet. Er hat viel mehr Univer-
sen geschaffen als nur dieses eine und er gebraucht Formen kreativer Energie, die
jenseits unserer Möglichkeiten, sie zu verstehen oder zu erfahren, liegen.

Wenn es einmal geschaffen ist, ist das Universum niemals von ihm getrennt. Es
wächst in kontinuierlicher Interaktion mit ihm. Deshalb wird Gott, wenn das Universum einmal geschaffen ist, zum Zentrum vergrößerter Kreativität, der letzte
Gebieter über die Ausmaße, zu denen die ursprüngliche Leere durch kreative
Energie angewachsen ist. Er ist das Zentrum einer Sphäre unendlicher Dimensionen, ein Zentrum, von dem der kreative Funke unaufhörlich in alle Richtungen
überspringt und zu dem Funken vermehrter Kreativität unaufhörlich von jedem
Punkt zurückkehren und so ein multidimensionales Netzwerk von Beziehungen

schaffen. Aufgrund von Gottes Ko-Identität mit jedem kreativ Tätigen im ganzen Universum ist er nicht nur im Zentrum, sondern an jedem Punkt bis an die Grenzen des Universums und an jedem Punkt, der dazwischen liegt.

So sehen wir, dass Gott selbst in allen Kämpfen der Menschen präsent ist – im Sinne der Ko-Existenz und nicht als Schatten oder Alter-Ego. Weil Gott vom Universum nicht abtrennbar ist und weil das Universum von keinem Menschen darin abtrennbar ist, ist auch kein Mensch von Gott abtrennbar. Wie entlegen ein Individuum vom Zentrum der Existenz aus auch scheinen mag, dieses Wesen ist immer noch Teil des Schöpfers. Daher kann wohl gesagt werden, dass Gott nicht in den Lauf der Dinge eingreift, weil dies bedeuten würde, dass er in sich selbst eingreifen würde, weil alles was passiert, in der Essenz Gott selbst ist.

Die grundlegende Aussage dieses Buches ist, dass Gott nicht anders ausgedrückt werden kann als durch sich selbst, durch seine eigenen Begriffe und nur auf der Basis seiner eigenen Erfahrung; dass kein anderes Wesen ihn wirklich ausdrücken kann – kein Mensch, kein Prophet, kein Heiliger Geist, nicht einmal der Sohn Gottes; dass es für Gott keine anderen legitimen Mittel gibt sich zu artikulieren als seine eigene Stimme. Diese Stimme muss gehört werden. Es gibt keine Kommunikation mit Gott, die dieser direkten Kommunikation gleichkommt. Kein Mensch, kein Prophet, keine Kirche – nein, nicht einmal Gottes Sohn kann den Platz von Gottes Stimme wirklich einnehmen.

In allen religiösen Philosophien der Vergangenheit haben Männer in der Rolle von Gottes Propheten versucht auszudrücken, was Gott in ihren eigenen Begrifflichkeiten bedeutet. Der Mensch in seinem Universum war der Fixpunkt, vom dem das Bild Gottes abgeleitet wurde. Hier in diesem Buch finden wir die gegenteilige Situation: Gott ist der Fixpunkt und der Mensch ist es, der von diesem Standpunkt aus Erklärungen braucht. Der Mensch wird nicht nur als Einheit mit der Schöpfung des Universums gesehen, sondern mit dem Schöpfer selbst. Wir sind an die Idee gewöhnt, dass Gott das Universum schafft und an die Idee, dass es Schritt für Schritt erschaffen wurde, aber für viele Menschen ist diese geschwächte und ferne Beziehung zum entfernten Ursprung der Welt, weit zurück in der Vergangenheit, zum Verzweifeln und hoffnungslos geworden. In diesem Buch stehen wir vor einer neuen Idee: Um sinnvoll zu existieren, müssen wir einen Pfad der Kreativität finden und müssen uns von ihm in die direkte Kommunikation und Identität mit dem Schöpfer führen lassen. So können wir nicht nur Teil der Schöpfung, sondern ebenso Teil des Schöpfers werden. Die Welt wird unsere Welt, die Welt unserer Wahl, die Welt unserer Schöpfung – eine Projektion von uns selbst. Durch die spektakuläre duale Beziehung zwischen Gott und Mensch, die in diesem Buch ihren Ausdruck findet – einer Beziehung, in der Gott in den Menschen einzieht und der Mensch in Gott – wird die unendliche Vergangenheit unmittelbar, und Gott wird eine Realität, eine Kategorie der Gegenwart.

In der Vergangenheit war die Menschheit mit vielen Existenzbedrohungen konfrontiert. Sie kamen von der Natur in Form von Fluten und von um sich greifendem Eis, aber sie wurden bewältigt und die Menschheit hat überlebt. Durch viele dieser Krisen hindurch kamen neue Gotteskonzepte auf, und die Idee des höchsten Wesens hat in jedem neuen Konzept zu neuer Stärke gefunden. In unserer Zeit aber kommt die Gefahr für die Fortexistenz der Menschheit nicht von den Naturkräften, sondern durch den menschlichen Geist.

Im Lauf der letzten zweitausend Jahre hat der Mensch versucht, seine Macht und seinen Komfort dadurch zu vergrößern, dass er sich mit Mengen von Konserven [ready-made products] wie Büchern, Radios, Filmen und vielen anderen derartigen Hilfsmittel umgab. Er entwickelte sie bewusst so stereotyp wie möglich, damit er immer darauf zählen konnte, dass sie problemlos, präzise und in je gleicher Art und Weise für ihn arbeiten würden. Diese kluge Anstrengung hatte immensen Erfolg. Sie erreichte den Höhepunkt, als sich Konserven – besonders solche des Geistes – mit Bausteinen wie Werkzeugen und Maschinen verbanden. Konserven wurden für die Millionen erreichbar und sie erreichten universelle Verbreitung. Surrogate konnten jetzt jede kreative Anstrengung ersetzen. Das Leben schien eine Kopie des Paradieses zu sein; der Weg zu unbegrenztem Fortschritt und in ein letztes, vollständig vorgefertigtes Universum schien offen zu sein. Aber was als großes Abenteuer der Kreativität begann, wurde Schritt für Schritt zum Gegenteil von Kreativität. Der Mangel an Notwendigkeit für Kreativität trieb das Vertrauen des Menschen in und seine Abhängigkeit von diesen wunderbaren Dingen und letztlich seine Versklavung durch sie voran. Ehe er es bemerkte, war der Mensch ein Schöpfer geworden, der an seine Kreationen gefesselt war.

Die Auswirkungen dieser Situation fingen an, die ganze Welt des Menschen zu infizieren. Vor diesem Abenteuer war er ein Kind der Natur, spontan und voller Initiative. Konfrontiert mit einer Welt, unvergleichlich viel stärker als er selbst, musste er lernen mit ihr zu kämpfen. Jetzt konnte er sich hinter Barrikaden schützen, die er aus den Produkten seines Geistes und seiner Kreativität errichtete. Er war dort wohlbehütet. Gefahr konnte ihn nicht mehr berühren und kein Notfall konnte seinen Komfort beunruhigen, aber der Geisteszustand, der sich daraus für ihn ergab, hatte auf seine ganze Existenz verheerende Auswirkungen. Sein Wille wurde weicher, seine Initiative verlangsamte sich und sein Wagemut wurde schläfrig. Er verlor an Visionen, an Bereitschaft und an Geschwindigkeit. Es war ein systematischer Verfall, angefangen bei seinen Idealen, seinen Werten und seinen Träumen bis hin zu seinen Regierungen, seinen Rechtssystemen und seiner Ökonomie. Am dramatischsten wird dies durch die falsche, von Menschenhand geschaffene Interpretation des Gottes der Genesis illustriert, der das Universum in sechs Tagen schuf und dann ruhte. Der Mensch deutete dies so, dass er zu Recht aufgehört hatte zu schaffen. Die Vision des Menschen vom Universum als einer Konserve, von Gott für ihn zurechtgemacht, ist die dämonische Vorwegnahme einer abscheulichen Ausarbeitung und fortdauernden Anwendung dieses heimtückischen Prinzips auf seine Ideale, seine Gewohnheiten und sein alltägliches Leben.

Aber der wahre Gott – wie er in diesen Worten dargestellt wird – hörte nach sechs Tagen nicht auf zu schaffen, um danach ein komfortables Leben zu leben, heilig, weise und intellektuell zu werden, während er auf die Erde hinunter sieht und sein Werk preist. Der wahre Gott machte weiter mit seiner Schöpfung und er schafft immer noch, wobei er locker mit all den Konserven, den Büchern und Maschinen umgeht.

Die weltweite Revolution, die all das verwüstet, was der Mensch am meisten schätzt, wird nicht enden bis die letzte Wahrheit dämmert, dass das Prinzip des Universums Kreativität ist und dass jeder, der gegen dieses Prinzip sündigt, früher oder später vom Angesicht der Erde ausradiert wird. Dies ist keine ökonomische Revolution. Dies ist keine rassische Revolution. Ökonomische und rassische Fragen, soziale und religiöse Fragen – so wichtig sie auch scheinen mögen – sind Oberflächlichkeiten. Sie können nicht letztgültig beantwortet werden, außer und solange das grundlegende Problem der Balance zwischen unserer vom Menschen gemachten Welt und der geschaffenen Welt nicht gelöst ist.

Die Menschen, die die Erde bevölkern, können in drei Gruppen unterteilt werden: die primitiven Menschen, die mit ihren Händen arbeiten und aufgrund von Erfahrung entscheiden, die zivilisierten Menschen, die nicht ohne Maschinen existieren und nicht ohne Bücher denken können und die Menschen, die Meister der Maschinen und der geschriebenen Worte geworden sind, deren Initiative und Spontaneität durch Konserven stimuliert und nicht abgetötet wird.

Es wäre töricht zu denken, dass diejenigen, die eine große Anzahl der existierenden Zerstörungswaffen angehäuft haben, die ganzen Menschen erobern und zerstören könnten, die lediglich darin versagten, eine vergleichbare Anzahl an Zerstörungswaffen anzusammeln, obwohl diese ihnen an Initiative, Spontaneität, Mut und Ideenreichtum überlegen sind. Wie die Geschichte immer wieder gezeigt hat, sind es die Qualität und die Charakteristika der Menschen, die in einem Kampf entscheidend sind. Diese Qualitäten der Initiative, der Spontaneität, des Mutes und des Ideenreichtums erweisen sich jedes Mal als stärker als irgendeine materielle Überlegenheit.

Gott ist Spontaneität. Nächstenliebe – was wäre sie außer einer toten Hülle, wenn sie nicht spontan wäre? Kraft und Autorität, Weisheit und Gerechtigkeit – was wären sie, wenn sie gewaltsam aufgezwungen würden? Und die Liebe Gottes selbst – fließt sie nicht in dem Augenblick spontan von ihm, in dem sie gebraucht wird? Ihre Spontaneitätsrate bestimmt über den Aufstieg und Fall von Nationen. Deshalb lautet das Gebot: „Sei spontan!"

In der Geschichte unserer westlichen Zivilisation war das Gotteskonzept – besonders in Form des christlichen Gottes – das Zentrum all unserer Wertesysteme. Lobenswerte Qualitäten wie Liebe, Nächstenliebe, Moralität, Weisheit, Kreativität und Stärke waren in ihm, dem höchsten Gebieter über alle humanen Werte begründet. Alle Abweichungen von ihm, wie Hass, Egoismus, Zügellosigkeit, Dummheit, Unfruchtbarkeit und Weichheit wurden für kriminell und satanisch gehalten. Dieses Wertesystem drang in jede Faser unserer Kultur ein. Deshalb konnte der Prozess der Säkularisierung von Werten nicht allmählich und friedvoll vonstatten gehen, sooft sich in den letzten dreihundert Jahren eine Revolte gegen bestimmte Lebensentwürfe ausbreitete. Die verschiedenen Entwürfe waren miteinander und auch mit unserem gesamten Wertesystem verknüpft. Unser Eigentums- und Gesetzessystem, unsere Bräuche und Rechte, unsere Ökonomie, politischen und Klassenbeziehungen wurden durch ein unsichtbares Thema, durch den ersten Wert, der von der Gottes-Idee ausging, zu einer Einheit verbunden. Eine wirklich revolutionäre Veränderung hätte deshalb, um das ganze Wertesystem zu verändern, zuerst sein Zentrum treffen müssen: das Gotteskonzept.

Die letzten Jahrhunderte waren das dialektische Schlachtfeld für die politischen Werkzeuge, die im gegenwärtigen Krieg an allen Fronten benutzt werden. Die Unfähigkeit der Standardsetzter und der Verteidiger des alten Wertesystems, das Gotteskonzept der sich rasch verändernden Welt anzupassen, ist der eigentliche Grund für den weltweiten Umbruch, von dem der Krieg nur eine Manifestation ist. Es war so etwas wie ein theologischer Rückstand, an dem das ganze System gelitten hat. Wenn er rechtzeitig hätte korrigiert werden können, wäre der gegenwärtige Krieg vielleicht zu verhindern gewesen.

Ein anderer Grund für unsere tief greifende gegenwärtige Krise ist die Unfähigkeit der Angreifer auf das alte Wertesystem, einen Ersatz dafür zu schaffen. Es ist offensichtlich, dass die Welt sich ohne ein Wertesystem nicht aufrechterhalten lässt. Das alte System – wie todgeweiht es auch sein mag – hatte und hat immer noch einen universellen Charakter und es war tausend Jahre und länger universell akzeptiert. Der tragische Konflikt in der derzeitigen Situation der Welt ist, dass die neuen Systeme höchst experimentell und durch Vorurteile und Befangenheiten verhangen sind, obwohl sie Vitalität und Kraft haben, während die Protagonisten des alten Systems dringend Einheit und Führung brauchen.

Angesichts dieser fundamentalen Krise aller Werte, für die Menschen gelebt haben und gestorben sind, hätte der Versuch einer Reevaluation und Reformation dieser Hauptkonzepte eine immense praktische Bedeutung. Gibt es keinen Vermittler zwischen dem Gott der Christen, der Religion des Nazis und der Gottlosigkeit des Kommunismus? In diesem Licht betrachtet kann „The Words of the Father" als spektakulärer und zeitgemäßer Versuch angesehen werden.

Es passt zu seinen facettenreichen Potentialen, dass so vieles problemlos in dieses Manuskript hineingelesen werden kann. Auf den ersten Blick scheint es eine poetische Vergötterung zu sein – die Vergötterung des Führer-Prinzips. Hier ist das große „Ich bin". Hier spricht der oberste und unerreichbare Plutokrat, der jemals die Welt gegrüßt hat. Es scheint eine sublime Affirmation der Millionen egoistischer Gedankenstürme zu sein, die die Welt verwüsten. Doch dieser Eindruck macht dem gegenteiligen Effekt Platz. Plötzlich tauchen die kleinen menschlichen Anführer im richtigen Licht und in richtiger Gestalt auf. Es ist, als ob die majestätische Stimme des wahren Meisters die falschen Köder der sterblichen Regenten ertränken und sie in die Vergessenheit schwemmen würde.

Es hat viele Kriege gegeben, die als gegen den Geist Gottes verstoßend verurteilt wurden, aber der Krieg, der die Welt heute hinwegfegt, ist der erste, der sich mehr oder weniger offen direkt gegen die Gottheit als den Meister des Universums stellt. Es begann und wurde mit Unterbrechungen während der so genannten Neuzeit fortgesetzt, aber das Tempo der Revolte hat in den letzten zwanzig Jahren plötzlich zugenommen. Millionen seiner Kinder haben offen den Glauben an ihn aufgegeben und andere Millionen sind zu satanischen Glaubensrichtungen konvertiert. Und nichts außer Schweigen von ihm! Endlich spricht er.

Dies ist sein erstes Wort, das erste Wort, das erste Wort, das in der ersten Person gesprochen ist. Sein Schweigen hat ein Ende. Seine eigene Offensive hat begonnen. Gott ist in den Krieg eingetreten.

Wiederum erstmals in der Geschichte ist es nicht völlig unvorstellbar, dass ein großer Teil – vielleicht sogar der größte Teil – der Menschheit ohne jeden wahrnehmbaren Verlust an den höchsten Standards von Rasse, Kultur und sozialer Wohlfahrt des Gleichgewichtes der Menschheit ausgerottet werden kann. Es bleibt nur die Frage zurück: Wer werden die Ausgerotteten sein und wer die Ausrottenden? Der Mensch hat sich selbst gegen das Leiden abgeschirmt, er hat sich angepasst an die Idee des Todes von Individuen – seiner Freunde und seines eigenen Todes – aber der Gedanke an einen Gruppen-Tod, an das Abgeschnitten-Werden einer ganzen Gruppe mit ihrem rassischen und kulturellen Erbe, mit ihren Visionen und Träumen für die Menschheit, ist ein Gedanke, den er nicht ertragen kann. Eine Angst, die zur Panik wird, ist das verständliche Ergebnis. Seinem gepeinigten Geist kommt es derzeit so vor, als ob das Ende der Welt bevorsteht.

Es ist ein Trost, dass die Botschaft des Vaters zu dieser Zeit in die Welt kommt. Es gab nie einen Augenblick, in dem ein Wort des Zuspruchs mehr willkommen war. Es gab nie eine Zeit, in der es dringlicher war, allen kriegführenden Glaubensüberzeugungen und Ideologien, den kämpfenden Nationen und Rassen gegenüber herauszustellen, dass es ein oberstes Prinzip gibt, dem sich alle unterwerfen müssen.

(Words 1941, VII-XXI)

Der Stellenwert der Religion für Morenos Denken

Moreno belässt es nicht dabei, sich literarisch in die Diskussion um Werte und Religion einzumischen, er bestimmt die Axiologie ausdrücklich als eine Grunddimension, mit der sich psycho-soziale Arbeit auseinandersetzen muss, möchte sie nicht der Beliebigkeit oder der Irrelevanz anheim fallen. Ausgangspunkt für dieses Argument ist die Beobachtung, dass die Welt durch Nietzsches Botschaft vom Tod Gottes in ihren Grundfesten erschüttert ist, und der Mensch durch die fortschreitende Säkularisierung mit einer noch nicht dagewesenen Wucht mit existentiellen Fragen und Ängsten konfrontiert wird. Darauf – so Moreno – muss der Psychodramatiker im Axiodrama reagieren.

Säkularisierung und der Tod Gottes

1922: O wer mich sehen will, / Muss mir begegnen. / Wer mir begegnen will, / muss sich beeilen. / Ich verspäte nicht meine Geburt. / Ich schiebe meinen Tod nicht auf.

(Testament 1922, 15)

1922: Mein Kind, mein Kind / Warum hast du mich verlassen // O der Schmerz verwittert mein Haupt zu Stein, / Das Licht vertrocknet in meinen Augen / Meine besten Worte sind Hadern worden / Auf dem Markt. // Ich gedenke Edens. / Die Engel zankten um den Ruhm, / Mich zu säugen. / Mein Spruch war Balsam / Auf ihrer Wunde. / Ich aber floh. // O nun ertrinke ich in einer Wasserlache. / An allem Aussatz verfaule ich, / Von dem ich lossprach. / Ihr fliehet das Heil. / Ihr zanket um den Ruhm, / Mich zu töten. / Ihr seid verflucht, / Kinder Kindeskinder zu werfen, / Die das Grab verschmäht.

O ich höre eure Stimme blasen, / Rastlos auf allen Märkten um die Sterne feilschen. / O Zeit ist Geld, so speicheln eure Lippen, / Indes ich meine Zeit hier leicht verspiele / Bei Kindern und beim reinen Tier des Feldes. / Denn meine Zeit ist Kraft, / Denn meine Zeit ist Glück, / Denn meine Zeit ist Liebe.

(Testament 1922, 37f)

1922: Wer mich vergisst / Wird nie vergessen werden. / Wer mich nicht ehrt, / Hat seinen Traum entehrt / Wer mir nicht hilft, / Dem wird kein Sterben helfen. / Wer mich nicht liebt, / Hat sich umsonst gelebt.

(Testament 1922, 39)

1922: O wie viele Male werdet ihr auf mich warten! / Ich aber werde schon tot sein. / Wie viele Male werden sich Mädchen Straßen lang nach mir wundlaufen! / Ich aber werde nicht mehr sein. / Wie viele Male werden Jünger nach meinen Spuren suchen! / Ich aber werde meinen Winden Auftrag gegeben haben, meine Spuren vollständig zu verwehen. / Wie viele Male werden Mühselige nach meinem Grabe pilgern! / Mein Grab wird aber nicht von dieser Welt sein. / O wie viele Male werden Kinder nach ihrem Vater verlangen! / Der Vater aber wird tot sein.

(Testament 1922, 116)

1947: Wenn sich das menschliche Selbst in seiner Kreativität und Kraft unbegrenzt ausdehnen kann – und die ganze Geschichte des Menschen scheint darauf hinzuweisen – dann muss es irgendeine Beziehung zwischen der Idee des menschlichen Selbst und der Idee des universellen Selbst oder Gott geben. Als die modernen Apostel der Gottlosigkeit die Fäden kappten, die den Menschen an ein heiliges System, einen überweltlichen Gott banden, da kappten sie in ihrer enthusiastischen Eile ein bisschen zuviel, sie kappten auch das eigene Selbst des Menschen. Im selben Akt, in dem sie den Menschen von Gott emanzipierten, emanzipierten sie den Menschen von sich selbst. Sie sagten, Gott sei tot, aber es war der Mensch, der starb. Meine These ist deshalb, dass im Zentrum des Problems weder Gott noch die

Leugnung seiner Existenz steht, sondern der Ursprung, die Realität und das Wachstum des Selbst. Mit Selbst meine ich dabei alles, was von dir und mir übrig bleibt, nachdem vergangene und zukünftige Reduktionisten das „wir" [us] so radikal wie möglich reduziert haben.

(The Future of Man's World 1947, 9)

1947: Kopernikus zeigte, dass die Erde nicht das Zentrum der Welt ist, sondern um die Sonne kreist. […] Mit Kopernikus' Theorie war die überlegene Position des Menschen im Kosmos verloren. Darwin zeigte, dass der Mensch als Gattung Teil einer biologischen Evolution ist, die vom Menschenaffen herkommt; damit war die Idee des Menschen als einer speziellen Kreation verloren. Marx zeigte, dass die menschliche Geschichte selbst von Massenbewegungen und ökonomischen Klassen bestimmt wird; der einzelne Mensch, isoliert von der Masse, ist machtlos. Mendel hat gezeigt, dass die Konzeption des einzelnen Körpers von Genen bestimmt ist. Freud zeigte, dass die individuelle Psyche des Menschen nicht seinem Willen folgt, sondern ein Produkt unbewusster Impulse ist. Und schließlich zeigte die Soziometrie durch die Entdeckung mikroskopischer Gesetze, die die menschlichen Beziehungen bestimmen, dass der Mensch sogar in seinem eigenen Haus und in der von ihm geschaffenen Gesellschaft noch unfrei ist. Das Individuum hat den Nullpunkt seiner Bedeutung erreicht. […] Da war mein erster Impuls, der Menschheit eine neue Vision von Gott zu geben.

(The Futur of Man's World 1947, 12)

1947: Die Götter und die Unsterblichen, welche die Menschen durch Jahrtausende hindurch verehrt haben, haben sehr viel von der Würde und dem Wert, der ihnen zugesprochen wurde, verloren. Ist die Vorstellung von der Unsterblichkeit eine reine Erfindung des menschlichen Geistes? Ich glaube, dass sie in der Zukunft wieder modern werden wird. Wir sind aus dem Himmel gestürzt worden und haben Mühe, auf halbem Weg zwischen Himmel und Hölle unseren Platz zu behaupten.

(Das soziale Atom und der Tod, Methode 1981, 93)

1957: Magische, theologische und metaphysische Modelle des Universums haben das Feld seit den Zeiten beherrscht, in denen die ersten greifbaren Aufzeichnungen der kulturellen Evolution entstanden. Metaphysische Modelle sind, wenigstens vom Standpunkt des Individuums aus betrachtet, wissenschaftlichen Modellen überlegen. Metaphysische Modelle wie das System des Zen-Buddhismus z.B. versorgen den Menschen mit einem vollständigen System des Universums, in dem

auch für ihn ein Platz vorgesehen ist. Ob wir nun seine Spekulationen akzeptieren
oder nicht, hat ein solches System doch den Vorzug, dass der ganze Mensch, seine
Ursprünge, seine Geburt, sein Tod, seine Moral und die entferntesten Stadien seiner vergangenen und zukünftigen Evolution im Kosmos inbegriffen sind. Im Gegensatz dazu sind die wissenschaftlichen Modelle des modernen Kosmos unvollständig; sie haben es noch nicht einmal versucht, den Menschen in ein System des
Universums zu integrieren, außer als eine physikalische Existenz.

Für mehrere Jahrtausende bestand der verbreitetste Beitrag eines religiösen Glaubens in der Vorstellung, dass es ein höchstes Wesen gäbe, das der Schöpfer des
Universums ist, und das unter anderem den Menschen als eine Art besondere
Schöpfung gemacht hat. Er wurde als eine Vaterfigur verstanden, als großer Helfer
in der Not, der stärker war als alle anderen Dämonen des Universums. Seinetwe-
gen wurde das Universum freundlich angesehen. Als die große Verheißung durch
die theologischen und metaphysischen Systeme aufhörte […], blieb ein großes Vakuum übrig. Dieses Vakuum wurde niemals mehr richtig gefüllt. Das wissenschaftliche Zeitalter war hereingebrochen und begann, Agnostizismus und
Atheismus zu fördern. […]

Es gibt einen tiefen, unbewussten Widerstand gegen die Beschäftigung mit dem
Problem von Gott und dem Universum in der Öffentlichkeit. „Hast du nicht gehört, dass Gott gestorben ist?", fragt Nietzsches Zarathustra. Religion ist eine „Illusion", sagte Freud. Das ist bereits das Äußerste, bis zu dem sich die radikalsten
Aussagen hervorwagten! Bemühungen, die alten Lehren von der Weltentstehung
durch neue zu ersetzen, waren bisher erfolglos. Diese paradoxe Situation kann
nicht unendlich lange andauern; der Mensch lebt ja nicht nur mit sich selbst, mit
einer Gesellschaft oder mit der biologischen Evolution. Das ganze Universum hat
seine eigene kosmische Evolution und der Mensch ist ein Teil davon. Seine Beziehung zum Universum muss definiert und strukturiert werden. Um sich geborgen
zu fühlen, braucht der Mensch nicht nur ein Verständnis seiner individuellen Existenz und der Gesellschaft, in der er lebt, sondern auch ein Verständnis des Universums, das ihn umgibt. Wenn der Mensch der Nicht-Existenz Gottes gegenübersteht
und diese akzeptiert, würde das seinen „Status-Verlust" im Kosmos bedeuten. Wie
könnte der Mensch von nun an bedeutungsvoll leben? An wen sollte er sich wenden, um eine ähnlich wirksame Verankerung zu finden? […]

Wenn es keine Götter gibt, wenn das Universum ein riesiges Unternehmen kosmischer Kräfte ist, kann der Mensch allmählich zu einer neuen Rolle in den Angelegenheiten des Universums finden. Er, der zur absoluten Bedeutungslosigkeit de-
gradiert worden ist, verderblich wie Staub, kann – parallel zur Rolle des Zerstörers

– die Rolle des Befehlshabers annehmen [...] Ist der Mensch auf dem Weg, der
Herr des Universums zu werden? Das ist der faustische Traum des Menschen in
einer gottlosen Welt.

(Globale Psychotherapie 1957, Jahrbuch 1991, 17-19)

1959: Die dritte Wurzel der Gruppenpsychotherapie ist [neben Medizin und Sozio-
logie] die Religion. Religion ist abgeleitet von religare, binden, es ist das Prinzip
des „Alles-Einschließens" und Zusammenbindens, des Strebens nach einem kosmischen Universalismus. In einer streng umgrenzten Weltordnung wie der christ-
lich-katholischen oder der buddhistisch-indischen wäre eine Gruppenpsychotherapie religiös, d.h. ihre Grund- und Zielwerte wären vorausbestimmt durch die
betreffenden religiösen Systeme. Fehlen solche Systeme, muss sich der Gruppen-
psychotherapeut mit den Wertzielen, die den Zeitgeist erfüllen, selbst auseinandersetzen und mit Wertsystemen befassen, die auf wissenschaftlicher Grundlage
beruhen.

Die Entgötterung der Welt, die Spinoza mit der Gleichsetzung von Gott und Welt
begonnen hat, haben Nietzsche, Marx und Freud durch Umwertung der moralischen Werte, durch ökonomische Analyse und Psychoanalyse weitergeführt. Der
deus sive natura ist herabgesunken zu einem Lucifer sive Natura. Alle alten Werte
wurden aus guten oder schlechten Gründen zerstört, und neue Werte wurden geschaffen, um sie zu ersetzen. Die historische Situation zwang uns daher, mit dem
Wiederaufbau ganz von vorn zu beginnen in einer radikaleren und ausgedehnte-
ren Weise als irgendjemand vor uns in der westlichen Welt.

Marx sah die Lage des Menschen bloß als Mitglied der Gesellschaft, er sah den
Kampf innerhalb der Gesellschaft als sein letztes Schicksal. Freud sah die Stellung
des Menschen als die Stellung eines Wanderers zwischen Geburt und Tod. Der
weitere Kosmos wurde nicht einbezogen. Es ist die Aufgabe unseres Jahrhunderts
geworden, den Menschen zurück in das Universum zu stellen.

Der Mensch ist ein kosmisches Wesen; er ist mehr als ein psychologisches, biologisches, soziales oder kulturelles Wesen. Durch Einschränkung der Verantwortlichkeit des Menschen auf das nur psychologische, soziale oder biologische Gebiet des
Lebens macht man ihn zu einem Verstoßenen. Entweder er ist mitverantwortlich
für das ganze Universum, für alle Formen des Seins und für alle Werte, oder seine
Verantwortlichkeit bedeutet überhaupt nichts. Die Existenz des Universums ist
wichtig, ist tatsächlich das einzige, was von Bedeutung ist; es ist wichtiger als Leben und Tod des Menschen als Individuum, als besondere Zivilisation oder als
Gattung. Nach dem „Willen zum Leben" Schopenhauers, dem „Willen zur Macht"

Nietzsches, dem „Willen zum Wert" Weiningers, postuliere ich einen „Willen zum höchsten Wert", den alle Wesen ahnen und der sie alle vereinigt. Ich stelle daher die Hypothese auf, dass der werdende Kosmos die erste und letzte Existenz und der höchste Wert ist. Nur er kann dem Leben irgendeines Teilchens im Universum, sei es der Mensch oder ein Protozoon, Sinn und Bedeutung verleihen. Wissenschaft und experimentelle Methoden, wenn sie Anspruch auf Wahrhaftigkeit machen, müssen anwendbar sein auf die Theorie des Kosmos.

Die therapeutische Gruppe ist daher nicht nur ein Zweig der Medizin und eine Form der Gesellschaft, sondern auch der erste Schritt in den Kosmos.

(Gruppenpsychotherapie 1959, 2f)

1966: Eines der größten Dilemmas des Menschen unserer Zeit ist der Verlust seines Glaubens an ein höchstes kosmisches Wesen, der oft vom Verlust des Glaubens an ein höheres Wertsystem als Richtschnur für das menschliche Handeln begleitet ist.

(Universalia 1966, Petzold 1978, 110)

Existentielle Ängste

1957: Eine tiefe Angst unserer Zeit ist die Furcht, dass das „Ende der Welt" zu einer ernsthaften Möglichkeit in unserer kurzlebigen Zeit geworden ist, und dass die ganze Menschheit und vielleicht alles Leben innerhalb einer überschaubaren Zukunft enden wird. [...] Das Leben im 20. Jahrhundert ist gekennzeichnet davon, dass die Menschen wissen, dass das Ende jederzeit kommen kann, aus Gründen, die die Menschen selbst hervorgebracht haben. Die Erwartung der zweiten Ankunft von Christus war eine metaphysische Projektion, aber heutzutage ist das Ende der Welt eine berechenbare Realität, die wir erwarten können, je nachdem was wir tun oder nicht tun. Der Psychotherapeut kann es sich kaum leisten, über die allgemeine Furcht hinwegzugehen, dass die ganze Menschheit untergehen kann, dass das Universum selbst aufhören kann zu existieren. Welchen Ersatz kann die Psychotherapie anbieten, wenn es letztlich keinen Sinn im Leben geben würde? Die philosophische Zustimmung zum kollektiven Nicht-Sein könnte die einzig mögliche Antwort sein.

(Globale Psychotherapie 1957, Jahrbuch 1991, 12)

1957: Der Mensch ist das kosmische Tier. „Der Ursprung der Angst ist die Trennung des Individuums vom Rest des Universums – das Ergebnis, vom Universum abgeschnitten zu sein." Angst ist kosmisch [...] Das Selbst ist untrennbar mit dem Kosmos verbunden. Angst ist also ein universelles Phänomen, in der Tat die Folge der Wahrnehmung vom Kosmos. Sie bedarf einer kosmischen Therapie, deren Methode und Kunstfertigkeit auf den beiden Grundpfeilern Spontaneität und Kreativität ruht. Im Verlauf der Geburt wird das Kind von seiner Mutter getrennt, aber es wird für diesen Verlust entschädigt; es tritt in das große Abenteuer des Lebens ein. Im Tod jedoch wird der Mensch vom Leben und vom Universum selbst getrennt, ohne dass er eine Entschädigung erhält. Das Geburts-Trauma ist die Projektion der Erwachsenen. Obwohl es tatsächlich erlebt ist, erzeugt es weniger Angst als das „Todestrauma", das nur vorweggenommen ist. Im Tod in allen seinen Formen – im Vergehen der Zeit, im Altern, im Sterben, in der Entfremdung von Wertvorstellungen – besteht die größere Quelle der Angst das ganze Leben hindurch und reicht weit über das Faktum der Geburt hinaus. Der Psychotherapeut kann es sich nicht leisten, die Tatsache der dauernden Nicht-Existenz nach dem Tod zu leugnen, die den eigentliche Grund der Angst seines Patienten darstellt. Auch die Hoffnung, dass das Leben in irgendeiner Form unaufhörlich weitergeht, mag nur ein süßer Traum sein. Spontaneität dreht sich um Geburt, Angst dreht sich um den Tod.

(Globale Psychotherapie 1957, Jahrbuch 1991, 16)

Das religiöse Fundament der Therapeutischen Philosophie

1953: Verglichen mit der Tiefe meiner religiösen Ideen waren meine wissenschaftlichen Entdeckungen ziemlich einfach und naiv.

(Who Shall Survive? 1953, XXXV)

1956: Die mystischen Neigungen meiner Jugend haben mich nie verlassen. Entgegen aller entgegengesetzter Meinungen ist es die Religion, mit der ich begann und die mich als Wissenschaftler produktiv werden ließ. Religion ist der spirituelle Boden, auf dem die Wissenschaft am besten wächst.

(The Birth of a New Era for Sociometry, Sociometry and the Science of Man 1956, 8)

1956: Mein Leben war von Anfang an der Religion und dem therapeutischen Experiment gewidmet.

(System of Spontaneity-Creativity-Conserve, Sociometry and the Science of Man 1956, 134)

1971: Gott ist der Anfang des Psychodramas, dies ist zumindest meine Erfahrung.

(Opening Address, Sixth International Congress of Psychodrama, Amsterdam, GP XXIV, 3-4/1971, 82)

1972: Ungefähr 1920 endete die Periode meines totalen religiösen Engagements [involvement].

(The Religion of God-Father, Johnson 1972, 204)

1972: Meine ganzen wissenschaftlichen Versuche im Feld der Psychotherapie hatten einen starken religiösen Unterbau [undercurrent].

(The Religion of God-Father, Johnson 1972, 214)

1974: Ich wählte eine den Freudianern und Marxisten entgegengesetzte Position, die Seite der positiven Religion. Die Tatsache, dass das Christentum, der Buddhismus, das Judentum und die anderen Religionen der Vergangenheit nur begrenzten Erfolg hatten, bewies nicht, dass das Konzept der Religion an sich gescheitert war. Mein Streitpunkt war der, dass Religion neu versucht werden musste, eine Religion neuer Art mit veränderten, göttlichen Eingebungen und Techniken, die durch die Einsichten der Wissenschaft verbessert wurden. Auf keinen Fall sollten die durch Marxismus und Freudianismus hervorgebrachten Einsichten ausgeschlossen werden. Meine Position war dreifach: 1) Spontaneität und Kreativität sind die treibenden Kräfte menschlichen Fortschritts – jenseits und unabhängig von Libido und sozioökonomischen Motiven, die oft mit Spontaneität und Kreativität verwoben sind. Diese Annahme verneint, dass Spontaneität und Kreativität lediglich Funktionen und Abkömmlinge von Libido oder sozioökonomischen Motiven sind. 2) Liebe und wechselseitiges Teilen sind mächtige, unverzichtbare Arbeitsprinzipien im Gruppenleben. Deshalb ist es erforderlich, dass wir Vertrauen in die Intentionen unserer Mitmenschen haben, ein Vertrauen, das reinen, aus physischen und legalen Zwängen erwachsenden Gehorsam überschreitet. 3) Dass eine auf diesen Prinzipien beruhende superdynamische Gemeinschaft durch neue Techniken verwirklicht werden kann. Meine Ziele wurden erstmals bei der Schaffung der Religion der Begegnung zusammen mit meinem Freund Chaim Kellmer ausgedrückt. Nach dem Ersten Weltkrieg schrieb ich die „Rede über den Augenblick" und das „Testament des Vaters", die meinen religiösen Standpunkt darstellen. Ich habe ihn nicht aufgegeben. Meine Philosophie ist missverstanden worden. Sie ist in vielen religiösen und wissenschaftlichen Kreisen missachtet worden. Dies hat mich nicht davon abgehalten, weiterhin Techniken zu entwickeln, durch die meine Vision, wie die Welt sein könnte, tatsächlich verwirklicht werden könnte. Es ist interessant, dass die Techniken der Soziometrie, des Psychodramas und der Gruppenpsychotherapie, die zur Umsetzung einer zugrunde liegenden Philosophie des Lebens geschaffen worden waren, fast weltweit akzeptiert wurden, wäh-

rend die zugrunde liegende Philosophie in die dunklen Ecken von Büchereien verbannt oder gänzlich beiseite geschoben wurde. [...]
Es ist in der Tat möglich, sie gewissenhaft zu trennen, sodass die eine Aktivität die andere nicht beeinträchtigt. Kurz gesagt: Der Sozialwissenschaftler beschäftigt sich mit Rollenspiel. Es muss hinzugefügt werden, dass die von mir dargebotene positive Religion zur damals offiziellen Religion und den gänzlich agnostischen, psychologischen und politischen Lehren gleichermaßen im Widerspruch stand. Ich meine, dass die von mir hochgehaltenen religiösen Grundsätze – aus ihrer metaphorischen Umhüllung gelöst – den revolutionärsten Kern meiner Arbeit beinhalten.

(Autobiografie 1974/1995, 59f)

1974: All meine Eingebungen für meine Methoden und Techniken entstammen direkt oder indirekt meiner Idee der Gottheit und des Prinzips seines Werdens. Meine Gottes-Hypothese hat mich ungeheuer produktiv gemacht. Alle Schlussfolgerungen, die ich daraus zog und in wissenschaftliche Begriffe übersetzte, sind richtig gewesen. Ich hatte keinen Grund für die Annahme, dass die ursprüngliche Hypothese an sich falsch war, nur weil sie unter Wissenschaftlern nicht beliebt war. Meine Gottes-Idee, aus der das soziometrische System erwuchs, war somit mein größtes Hindernis, um nach Russland zu gehen, die sowjetische Doktrin zu akzeptieren und sozusagen meine linke Hand nicht wissen zu lassen, was die rechte tat. Ich strebte nach einer Menschheit, die so wie Gott am ersten Tag der Schöpfung modelliert war. Ich zog es vor, Hebamme einer widerspruchsvollen, konfusen, demokratischen Lebensart zu sein, anstatt Kommissar einer genau organisierten Welt. Mein Gott führte mich in die Vereinigten Staaten.

(Autobiografie 1974/1995, 87f)

1974: All meine wissenschaftlichen Versuche im Feld der Psychotherapie hatten starke religiöse Unterströmungen.

(Autobiografie 1974/1995, 145)

Der Primat der Axiologie

Am eindeutigsten und umfassendsten formuliert Moreno den Primat der Axiologie in seinem Einleitungskapitel zu „The Words of the Father" (s.o.).

1949: Man kann sich von einem abstrakten Himmel oder einer abstrakten Hölle inspirieren lassen. Freud ließ einmal durchblicken („Flectere si nequeo superos,

Acheronta movebo"[2], das Motto zu „Die Traumdeutung"), dass er in den Hades gehen musste, um bedeutsame Zusammenhänge und Interpretationen für die Welt darüber zu finden. Mein Weg führte in die entgegengesetzte Richtung: ich musste in den Himmel gehen, um für die Welt darunter Ratschläge zu bekommen. Ich hatte keine Wahl: die Welt, in der ich mich befand, als ich mir Gedanken zu machen begann und die ersten intellektuellen Formulierungen über Dinge traf, war geistig und physisch in Auflösung begriffen. Nietzsche, Marx und Freud haben, jeder in einem anderen Bereich, die von Spinoza begonnenen Gedankengänge umgesetzt und zu einem unheilvollen Ende geführt; das „deus sive natura" ist mehr und mehr zu einem „luzifer sive natura" verfallen. Alle alten Werte wurden – aus welch guten oder schlechten Gründen auch immer – zerstört, ohne dass neue Werte geschaffen wurden, um sie zu ersetzen. […] Marx sah die Stellung des Menschen als Stellung eines Mitglieds der Gesellschaft, den Kampf in ihr als seine grundlegende Bestimmung. Freud sah die Stellung des Menschen als die Stellung eines Reisenden zwischen Geburt und Tod; der ihn umgebende Kosmos war zerstört. Ich stellte den Menschen in das Universum zurück. Der Mensch ist mehr als ein psychologisches, soziales oder biologisches Wesen. Die Einschränkung der Verantwortung eines Menschen auf den psychologischen, sozialen oder biologischen Lebensbereich macht ihn zu einem Ausgestoßenen. Wenn er nicht für das ganze Universum mitverantwortlich ist, hat seine Verantwortung keinen Sinn. Das Leben und die Zukunft des Universums sind wichtig, ja, das Einzige das zählt – wichtiger als das Leben oder der Tod des Menschen als Individuum, als bestimmte Zivilisation oder Art. Ich forderte daher, dass eine Theorie Gottes an erster Stelle stehen sollte. Diese muss zuerst ausgearbeitet werden und ist unentbehrlich, um dem Leben jedes Teilchens des Universums Bedeutung zu geben, ob es sich um einen Menschen oder ein Protozoon handelt. Wenn Wissenschaft und experimentelle Methode ihrem Anspruch gerecht werden wollen, müssen sie auf die Theorie Gottes oder auf eine Theorie des höchsten Wertes, welchen Namen wir ihm auch geben, anwendbar sein. Ich befand mich in einer strategischen Position, da die alten Wertvorstellungen von Gott tot waren und Agnostizismus im ersten Viertel des zwanzigsten Jahrhunderts die Menschheit beherrschte. Ich konnte darum mit einer gewissen Missachtung vergangener Vorstellungen einen neuen Gottesbegriff schaffen. Theologie wurde für mich das, was sie wörtlich bedeutet: die Wissenschaft von Gott selbst, vom höchsten Wert (nicht von der Schöpfung Gottes, den

---

[2] Kann ich die höheren Mächte nicht beugen, bewege ich doch die Unterwelt.

Lebensgeschichten der Heiligen oder den Religionen der Menschheit). [...] Es ist aber hier zumindest autobiografisch von Bedeutung, dass mein Modell des göttlichen Universums zum Entwurf, zur ontologischen Richtschnur wurde, nach welcher ich die Soziometrie entwickelte: die Vorstellung von einer Gesellschaft, in der unser tiefstes Selbst verwirklicht wird. Meinen theologischen Analysen und Experimenten verdanke ich die Anregungen und die Gewissheit, in völlig weltliche, materialistische und nüchterne Bereiche vorgedrungen zu sein. Die Anwendung der experimentellen Methoden auf die Theologie bereitete mich auf die Aufgabe ihrer Anwendung auf menschliche Beziehungen vor. Diese Experimente auf dem Gebiet der Theometrie halfen mir dabei, die Lücken in den von Mill proklamierten, gängigen experimentellen Methoden in der Wissenschaft zu sehen. Die Form, die die experimentelle Methode in der theologischen Wissenschaft annimmt, unterscheidet sich natürlich von der Form, die sie in der Sozialwissenschaft annimmt, welche sich wiederum weitgehend von ihrer Form in der Biologie oder Physik unterscheidet. Es gibt aber keine „absolute" Spaltung zwischen der interpersonalen, experimentellen dynamischen Theologie und der interpersonalen, experimentellen Soziometrie. Die alte Kluft zwischen Wissenschaft und Theologie existiert nur mehr für altmodische Theologen und unwissende Wissenschaftler.

(Ursprünge und Grundlagen der interpersonalen Theorie,
Soziometrie und Mikrosoziologie, Methode 1981, 261f)

1949: Die Revolte – und das ist meine These, die sorgfältige historische Forschung bestätigen wird – die Revolte ging unerwartet von Menschen aus, die von neotheologischen oder, um einen modernen Ausdruck zu gebrauchen, von axiologischen Prinzipien angeregt wurden.

(Ursprünge und Grundlagen der interpersonalen Theorie,
Soziometrie und Mikrosoziologie, Methode 1981, 264)

Religion und Wissenschaft

1949: Die religiösen Massen der Menschheit, die sich vor dem Ansturm des Atheismus und Agnostizismus zurückzogen, drängten ihre Führer zu einer neuen Bewertung der wesentlichen Inhalte aller großen religiösen Lehren, und das Ergebnis war Spontaneität-Kreativität, Soziometrie und Soziodrama, das Geschenk einer sterbenden religiösen Welt als die Grundlage für eine neue soziale und axiologische Ordnung.

(Ursprünge und Grundlagen der interpersonalen Theorie,
Soziometrie und Mikrosoziologie, Methode 1981, 266)

1953: Wissenschaft und Religion sind wie die beiden Enden eines Stabes. Es gibt keinen Konflikt zwischen ihnen.

(Who Shall Survive? 1953, XXXVIII)

1974: Mein Streitpunkt war der, dass Religion neu versucht werden musste, eine Religion neuer Art mit veränderten, göttlichen Eingebungen und Techniken, die durch die Einsichten der Wissenschaft verbessert wurden. Auf keinen Fall sollten die durch Marxismus und Freudianismus hervorgebrachten Einsichten ausgeschlossen werden.

(Autobiografie 1974/1995, 58f)

Axiologie und psycho-soziale Arbeit

1957: Die Phase weltweiter Veränderungen, durch die die Menschheit gegenwärtig geht, brachte eine zunehmende Annäherung zwischen den verschiedenen Disziplinen wie Naturwissenschaften, Psychiatrie und Religion mit sich. [… Die Religionen] kombinieren neuerdings ganz offen theologischen Beistand mit modernen psychotherapeutischen Methoden, um die moralische Kraft ihrer jeweiligen Kirche zu unterstützen. Die Psychotherapeuten befinden sich in der Mitte zwischen den Naturwissenschaftlern, die den Vorschriften der wissenschaftlichen Methoden folgen, und den religiösen Kräften, die sich auf geistliche Autorität und auf Glauben berufen.

Gegenüber dem Patienten – sei es ein einzelner oder eine Gruppe – befinden wir uns häufig in dem Dilemma, dass wir ihm auf seine Fragen Antworten geben müssen, für die es keine wissenschaftlichen Anhaltspunkte gibt. Aber wir müssen dem Patienten antworten oder offen zugeben, dass wir sein Unwissen über die letzte Wahrheit teilen. Es ist unbefriedigend und unrealistisch, wenn wir gegenüber dem Patienten auf den Priester seiner Religion verweisen, sobald vitale Fragen auftreten wie nach dem Sinn und Zweck des Lebens oder dem Leben nach dem Tode, und uns so davor schützen, selbst die Grenze zwischen Naturwissenschaft und Metaphysik überschreiten zu müssen. Wenn der Therapeut über ein Wertsystem verfügt, demgegenüber er sich persönlich verpflichtet fühlt, sei er Agnostiker, Nihilist, Atheist, Kommunist, Buddhist, Katholik, Quäker oder Angehöriger irgendeiner anderen Lebensphilosophie, so werden diese Werte in der besonders empfindlichen Patient-Therapeut-Situation deutlich werden. Der psychisch Kranke reagiert auf die gesamte Persönlichkeit des Therapeuten. Der Patient hat eine übertriebene Vorstellung von dessen Weisheit und therapeutischen Möglichkeiten. Er erwartet eine totale Verantwortlichkeit. Der Psychotherapeut, der in einer Person den Naturwissenschaftler, den Psychiater und den „kosmischen Philosophen" vereinigt, ist wahrscheinlich das Ergebnis dieses dynamischen Konflikts von Ansprüchen. Wir befinden uns an dem Scheideweg, entweder eine allumfassende Therapeutische Philosophie zu entwickeln oder ein begrenztes und kontroverses Teilgebiet der Medizin zu bleiben. Hier liegt das eigentliche Problem, das keines der einen oder anderen psychotherapeutischen Richtung ist, sondern Psychotherapie insgesamt betrifft und ihre vergangene, gegenwärtige und zukünftige Stellung in der Welt einbezieht.

(Globale Psychotherapie 1957, Jahrbuch 1991, 11f)

1957: Eine [...] Lösung, die Fata Morgana des Nihilismus zu überwinden, liegt in der Schöpfung einer modernen Wissenschaft vom Universum, wenigstens in ersten Umrissen. „Angesichts einer Haltung, die dazu führte, dass die Wissenschaft ihren Fortschritt überwiegend in Richtung der Erforschung einzelner Elemente suchte, konnte der Sinn für Einheit und Gesamtheit durch Integration keinen ebenbürtigen Fortschritt machen", bemerkt Adolf Meyer [...] „Das Gefühl für Einheit ist früher im philosophischen, religiösen und animistischen Denken übertrieben worden. Es hatte eine Entwertung hinzunehmen. Heutzutage erlebt dieses Gefühl eine unnötig niedrige Ebbe in der Wissenschaft und hat doch noch nicht so viel an Vorstellungen von Integration aufgenommen, als es hätte aufnehmen können." Die Psychotherapie hat sich durch viele Stadien hindurch entwickelt: von den magischen und religiösen über die biologischen und psychologischen zu den soziologischen und kulturellen Stadien und nun zu dem Angebot eines kosmischen Modells, das natürlich alle früheren Stadien enthalten sollte. Ein neuer theoretischer Bezugsrahmen, der für den Menschen und das Universum gleichermaßen gilt, muss die Naturwissenschaften und die Verhaltenswissenschaften umschließen [...] Ein zentrales Modell des Universums schwebt uns vor, vielleicht nicht bewusst, aber zumindest unbewusst. Es beeinflusst die Form, die dem zentralen Modell des Menschen zugrunde liegt. Wir schlagen vor, dass fünf „kosmodynamische" Prinzipien im Universum aktiv sind: Kreativität, Spontaneität, Zufall, Konserve und Tele oder universale Interaktion. Die weitere Entwicklung eines kosmodynamischen Systems wird die Zusammenarbeit von vielen Forschern erfordern. Es wird von Zeit zu Zeit neu formuliert werden müssen, wobei es die Fortschritte in jedem Zweig der Wissenschaft berücksichtigt.

(Globale Psychotherapie 1957, Jahrbuch 1991, 19f)

1957: Die Psychotherapie ist in unserer Zeit zu weltweitem Einfluss gelangt. Die immer kürzer werdenden Verbindungskabel in einer schrumpfenden Welt beschleunigen die Kombination und Integration aller Methoden – historisch gesehen eine Annäherung moderner psychotherapeutischer Techniken an die jüdisch-christlichen und griechischen Philosophien; geografisch gesehen die Konfrontation wissenschaftlicher Ansichten des Westens mit hinduistischen, islamischen, chinesischen und anderen metaphysischen Tendenzen. Alle Religionen befinden sich in einer Krise; unter dem Einfluss von Wissenschaft und Technologie müssen sie kritisch ihre alten Wertsysteme überprüfen. Aber umgekehrt ist der Westen konfrontiert mit der Herausforderung, wie er die Lebensweisheit der ältesten kulturellen Traditionen der Welt mit seinen eigenen logischen und methodologischen Allheilmitteln integrieren will. Die Ausbreitung der Psychotherapie in den letzten hundert Jahren ist ein Phänomen, das in seiner vollen Bedeutung erfasst werden sollte. Es kann teilweise auf eine Produktivität in therapeutischen Ideen zurückgeführt werden und z.T. auf den Niedergang der Religionen. Die Konsequenzen des Glaubensbekenntnisses von der Nicht-Existenz Gottes sind in der westlichen Welt enorm gewesen und beginnen, ihren Einfluss auf die Völker in Asien auszuüben. Gott in seinen verschiedenen Repräsentationen und Ritualen als Jahwe, Allah, Brahma, Vishnu und Wotan war und ist die gewünschte und universalste Form der Psychotherapie für die Massen – wie in der Form der Christian Science populärer als alle modernen Psychotherapien zusammengenommen. Die zunehmende Abschaffung Gottes als einem „globalen" Psychotherapeuten ist ein teurer Bestandteil im Budget manch einer modernen Familie geworden. In Metropolen wie New York City haben unzählige Familien mit irgendeiner Art von Therapeut zu tun, der versucht, sie zu beraten oder ihre Krankheiten zu heilen. Gott, der große Therapeut, wird allmählich durch Millionen kleiner Therapeuten überall ersetzt, die die wachsenden Bedürfnisse befriedigen. Die therapeutische Epidemie ist besonders in den freien westlichen Ländern sichtbar, und die Flut hat vielleicht erst angefangen. Sie entspricht dem erheblichen Bedürfnis nach Liebe und moralischer Unterstützung. Sollte der „Eiserne Vorhang" fallen, wird eine Flut von Psychotherapeuten in die Sowjetunion eindringen und in den Rest der sowjetisch kontrollierten Welt, ebenso wie auch Radios, Automobile, Filme, Kühlschränke und Flugzeuge diese Gegend überschwemmen. Es stellt sich heraus, dass Gott und die Religionen kein „Opium für die Massen" (Marx) sind, sondern eine tiefe Notwendigkeit, die es ihnen ermöglicht, in einem anstrengenden Universum weiterzuleben.

Bei Tendenzen, die in Richtung einer therapeutischen Weltordnung weisen, lässt sich oft eine Verwobenheit mit theologischen Prinzipien in allen Religionen feststellen („Liebe deinen Nächsten wie dich selbst!"). Liebe ist abgesehen von ihrer Bedeutung in einem theologischen Zusammenhang ein therapeutisches Prinzip.

Ein souveräner Staat mag therapeutische Aspekte in seiner politischen Charta haben, z.B. in dem Motto der französischen Revolution „Liberté, Fraternité, Egalité". Diese Ziele mögen weder wissenschaftlich gültig sein noch in der Realität ausgeführt werden, aber „Freiheit" und „Gleichheit des Status" sind unverzichtbar in therapeutischen Beziehungen. Ebenso findet man weltumspannende Organisationen wie die UNO, deren Charta strotzt vor therapeutischen Anspielungen: Die in ihr vertretenen Nationen haben eine ungleiche Macht im Prozess der Entscheidungen, aber als „Angreifer" wird jede Nation gleichermaßen verdammt. Das nackte Überleben der UNO mag von ihrer Fähigkeit abhängen, mit diesem Problem wirksam umzugehen. Der „Angreifer" ist ein berüchtigtes therapeutisches Problem in der Gruppenpsychotherapie, und die Behandlung der Aggression ist oft entscheidend über den therapeutischen Prozess.

(Globale Psychotherapie 1957, Jahrbuch 1991, 30f)

1966: Entsprechend den Funktionen von Zeit, Raum und Realität muss auch die Funktion des Kosmos dergestalt der therapeutischen Situation integriert werden, dass sie für den Protagonisten experimentellen und existentiellen Wert bekommt. Im Rahmen des Psychodramas können, dank seine[r] zahlreichen Techniken, kosmische Phänomene in den therapeutischen Prozess einbezogen werden. Eine therapeutische Methode, welche sich nicht mit den ungeheuren kosmischen Implikationen, der eigentlichen Bestimmung des Menschen, befasst, ist unvollkommen und inadäquat.

(Universalia 1966, Petzold 1978, 109. Original: GP XIX, 3-4/1966)

Das Menschenbild

Morenos Überlegungen zur axiodramatischen Dimension der Szene werden in seinem Menschen- und Gottesbild wirksam. Hier formuliert er drei Sätze, die von großer Tragweite für die Therapeutische Philosophie sind: Der Mensch ist ein kosmisches Wesen (das bedeutet, dass keine seiner Einbindungen vernachlässigbar ist). Der Mensch ist prinzipiell verantwortlich. Gott (im Sinne der Kraft, die das Universum letztlich prägt) ist zu verstehen als kreative, Beziehungen stiftende Kraft. Schöpferisch und in Beziehung zu sein ist dann aber (mit der alten Figur der imitatio dei gesprochen, die Moreno in seiner Denkfigur des Rollentausches mit Gott aufnimmt) auch die eigentliche Bestimmung des Menschen. Der Rollentausch mit Gott präzisiert also Morenos Verantwortungsethik und füllt sie inhaltlich.

Der cosmic man

1937: Vielleicht ist darüber hinaus das vorrangige Ziel, den Beitrag der Künste und der Wissenschaft zu einem Verständnis der menschlichen Natur wahrzunehmen, eine Ausweitung der Wahrnehmung, dass der Mensch nicht nur über den Weg der Biochemie und der Genetik, sondern auch über den Weg der vergleichenden Linguistik, der Mythologie, der Religion und der Geschichte von Kunst und Wissenschaft erreichbar ist. Dies ist zumindest unser Ideal, unser erklärtes Ziel [, das wir mit dieser Zeitschrift, Sociometry, erreichen wollen].

(Editorial Foreword, Sociometry I 1937, 6)

1957: Der Mensch ist das kosmische Tier. [...] Das Selbst ist untrennbar mit dem Kosmos verbunden. Angst ist also ein universelles Phänomen, in der Tat die Folge der Wahrnehmung vom Kosmos. Sie bedarf einer kosmischen Therapie, deren Methode und Kunstfertigkeit auf den beiden Grundpfeilern Spontaneität und Kreativität ruht.

(Globale Psychotherapie 1957, Jahrbuch 1991, 16)

1966: Ich selbst erkannte schon früh einen anderen „Bereich", eine größere Welt hinter der Psycho- und Soziodynamik der menschlichen Gesellschaft, nämlich die „Kosmodynamik". Der Mensch ist ein kosmischer Mensch, nicht nur ein sozialer oder individueller Mensch. Als ich diese Ansicht vor ungefähr fünfzig Jahren erstmals aussprach, klang sie nach übertriebener Mystik. Heute ist sie beinahe ein Allgemeinplatz. Der Mensch ist ein kosmisches Wesen.

(Universalia 1966, Petzold 1978, 108. Original: GP XIX, 3-4/1966)

Verantwortung

1919: Der Redner: Aber einer kann einfach da sein, eine simple Existenz. Er wird nichts von anderen fordern, weil er ohne Obrigkeit ist, und für nichts sich einsetzen, weil er ohne Zweck lebt; eine Ansicht wird ihm ebenso gleichgültig sein wie die andere, und der Unterschied zwischen wichtig und unwichtig in seiner geistigen Zeit nicht aufgehen.

Bruder Martin: Richtig – genau so lange als die Verantwortung fehlt. Ist diese aber da, so muss sie zwischen den Handlungen funktionieren; sie muss: in der Zeit zwischen dem Wort eines Autors und dessen Veröffentlichung, in der Zeit zwischen der Rede eines Redners und ihrem Vortrag, in der Zeit zwischen dem Erlass eines Gesetzes und seiner Anwendung durch den Richter, in der Zeit zwischen einem Leben der Nächstenliebe und der Ablehnung des Fahneneides. Die eigentliche Barschaft eines Propheten ist sein Bestand an existentieller Verantwortung.

Der Redner: Gewiss hat jeder von uns die Verantwortung, aber er besitzt sie ein für allemal und wird nicht von ihr gehabt.

Bruder Martin: Im Handumdrehen wandelst du die Verantwortung in eine These. Nicht ein für allemal, sondern im Einzelfall ist einer gut oder böse, so wie du jetzt der konkrete Fall meiner Angst bist, ob die Verantwortung mit dir ist; denn der wesentliche Einzelfall ist der eigene Fall […] Ohne die Verantwortung, die in und zwischen den Zuständen einer Seele funktioniert, bestände der Geist aus zusammenhanglosen Stücken. Die Verantwortung erst schafft die Einheit zwischen den Zuständen, Worten, Taten, Zielen; sie konstituiert erst den Geist, verwirklicht erst – das Ich.

(Die Gottheit als Redner, Der neue Daimon 1919, 6f)

1972: Ich begann mich zu fragen, ob ich nicht neben der Verantwortung für mich selbst und die Sorge um mich ebenso eine Verantwortung für die Menschen habe, die mich umgeben, meine Mutter und meinen Vater, meine Schwester und meinen Bruder, meine Freunde, alle Menschen in der Stadt und darüber hinaus, eine Verantwortung für alles, was in der Nation passiert, in weit entfernten Kontinenten, mitten unter allen Menschen auf der Erde, ihre Kriege, Revolutionen und ihre Not – ist das nicht meine Verantwortung? Ist nicht das ganze Universum meine Verantwortung? Verantwortung kann nirgends stoppen, es sei denn in der Allumfassung aller Dinge, die sich bewegen und das Leben ausbreiten. Wenn es Verantwortung gibt, dann muss sie für mehr gelten als für die bloße Existenz. Es muss um eine größere Rolle gehen. Wie kann ich sie übernehmen, außer wenn ich eine Aufgabe bei der Erschaffung der Welt habe, außer wenn ich ein Partner in dieser Schöpfung bin?

(The Religion of God-Father, Johnson 1972, 198)

1972: Plötzlich fühlte ich mich neugeboren. Ich fing an, Stimmen zu hören, nicht im Sinne eines psychisch Kranken, sondern im Sinne eines Menschen, der allmählich fühlt, dass er eine Stimme hört, die alle Wesen erreicht, die zu allen Wesen in der gleichen Sprache spricht, die von allen Menschen verstanden wird und die uns Hoffnung gibt, die unserem Leben eine Richtung gibt, die unserem Kosmos eine Richtung und einen Sinn gibt, dass das Universum nicht nur ein Dschungel und ein Durcheinander wilder Kräfte, dass es im Grunde unendliche Kreativität ist. Und dass uns diese unendliche Kreativität, die für alle Ebenen der Existenz gilt, zusammenhält, ganz gleich, ob sie nun physisch oder sozial oder biologisch ist, ob sie in unserer Galaxie oder in anderen Galaxien, weit entfernt von uns, existiert, ob sie in der Vergangenheit oder in der Gegenwart oder in der Zukunft ist. Wir sind alle durch die Verantwortung für alle Dinge zusammengebunden, es gibt keine begrenzte, teilweise Verantwortung. Und die Verantwortung lässt uns auch automatisch zu Schöpfern der Welt werden. Und ich begann das Gefühl zu haben, dass ich bin, und ich begann das Gefühl zu haben, dass ich der Vater bin und dass ich verantwortlich bin, ich bin verantwortlich für alles, was geschieht, ich bin verantwortlich für alles, was in der Zukunft geschehen wird, für alles, was in der Vergangenheit geschah, und das selbst dann, wenn ich hilflos bin, irgend etwas zu tun, um die Ursachen des Leides zu beseitigen, dass ich also das Verbindungsglied zur gesamten Welt gefunden habe. Alles gehört mir, und ich gehöre jedem. Verantwortung ist das Band, an dem wir teilhaben und das uns in den Kosmos bringt. Und Verantwortung für die Zukunft der Welt, eine Verantwortung, die nicht immer rückwärts schaut, sondern die vorwärts schaut. Und so sah ich den Kosmos als ein riesiges Unternehmen mit Milliarden von Partnern, unsichtbaren Händen, ausgestreckten Armen, die einander berühren, und die alle durch Verantwortung in der Lage sind, Götter zu sein.

Und in dieser Stimmung äußerster Eingebung eilte ich in das Haus, in dem ich lebte. Es war ein Haus mitten im Maithal, in einer kleinen Stadt in der Nähe von
Wien. Das einzige, was ich hörte, war eine Stimme, Wörter, Wörter, die kamen und
mir durch den Kopf gingen. Ich hatte nicht die Geduld, mich hinzusetzen und sie
aufzuschreiben, deshalb ergriff ich einen roten Bleistift nach dem anderen, ging in
das oberste Zimmer des Hauses neben dem Turm und begann, all die Wörter auf
die Wand zu schreiben, all die Wörter, die ich gehört hatte, und die laut zu mir gesprochen wurden …
Ich hörte „Ich". Ich hörte nicht „Er" oder „Du". Ich hörte „Ich". Darin liegt tiefe
Bedeutung. „Er" wäre falsch gewesen; es hätte die Verantwortung auf den kosmischen Gott abgeschoben. „Du" wäre falsch gewesen. Es hätte die Verantwortung
auf Christus abgeschoben. Es ist „Ich". Es ist meine Verantwortung. Ich schrieb
und schrieb und schrieb an diesem Morgen, bis ich erschöpft auf den Boden fiel.

(Eine religiöse Erfahrung 1972, Psychodrama und Soziometrie, 1989, 300f)

1974: Ich fühlte, dass eine universelle, axio-normative Ordnung des Kosmos eine
der ersten Blaupausen gewesen sein könnte. Entsprechend formulierte ich zwei
Hypothesen: 1) Die Hypothese der räumlichen Nähe postuliert, dass zwei Individuen einander umso mehr unmittelbare Aufmerksamkeit, Akzeptanz, und Liebe
schulden, je näher sie sich räumlich stehen. Die Verschreibung wäre: Solange du
deine Verantwortung gegenüber deinem Nächsten nicht erfüllt hast bzw. diese ihre Verantwortung dir gegenüber nicht erfüllt haben, solltest du den Individuen
weiter weg keinerlei Aufmerksamkeit schenken. Mit dem „Nächsten" ist derjenige
gemeint, der dir am nächsten wohnt, den du als Ersten auf der Straße triffst, der
neben dir arbeitet, der neben dir sitzt, der, der dir zuerst vorgestellt wird. Die Abfolge der räumlichen „Nähe" etabliert eine präzise Ordnung sozialer Bindungen
und Akzeptanz; die Abfolge des Liebe und Aufmerksamkeit Schenkens ist damit
entlang eines räumlichen Imperativs genau vorherbestimmt. 2) Die Hypothese der
zeitlichen Nähe postuliert, dass die Abfolge der zeitlichen Nähe eine präzise Ordnung sozialer Aufmerksamkeit und Bewunderung entlang eines „zeitlichen Imperativs" etabliert. In anderen Worten: Hilfe gebührt zunächst dem Hier-und-Jetzt.
Das dem Hier-und-Jetzt zeitlich gesehen Nächste, sei es in Zukunft oder Vergangenheit, erfordert danach Hilfe oder Aufmerksamkeit. Mit diesen beiden Hypothesen besaß ich einige der Ingredienzien des soziometrischen Systems: die Idee der
Nähe und des Metrischen, die Liebe für den Mitmenschen, die Idee der Begegnung
und zusätzlich die Faktoren der Spontaneität und Kreativität.

(Autobiografie 1974/1995, 60f)

Gottesbilder

Moreno beschreibt Gott im Bild des kreativen und beziehungsstiftenden Funken. Zentrale Zitate dazu finden sich im Vorwort zu „The Words of the Father" (s.o.).

Gott ist Spontaneität

1941: Gott ist Spontaneität. Was wäre Nächstenliebe außer einer toten Schale, wäre sie nicht spontan? Strenge und Autorität, Weisheit und Gerechtigkeit – was wären sie, wenn sie durch Zwang auferlegt wären? Und die Liebe Gottes, Er selbst – fließt sie nicht im Augenblick, in dem sie gebraucht wird, spontan von ihm?

(Words 1941, XVIII)

1948: Für Jesus war Gott die Quelle aller Spontaneität – der Spontaneität der Liebe und der Spontaneität der Schöpfung. Er bemerkte die Grenzen, die die Menschen gegen ihre Mitmenschen errichtet hatten; er verurteilte die Konserven seiner Zeit – die konservierte Weisheit, konservierten Besitz, konservierte Nächstenliebe und jede konservierte Ethik. Noch wichtiger ist die klare Vision, mit der er die Evolution der Konserven und deren Konsequenzen voraussah. In diesem Sinn war Jesus unser Zeitgenosse. Nichts Wichtiges passiert heute, das nicht von ihm antizipiert wurde. Auch wenn sie in seiner Botschaft nicht explizit wurde, war die Philosophie des Kreators implizit in seinem Leben.

(Experimental Theology, Sociatry II 1-2/1948, 96)

Rollentausch mit Gott – Der Ich-Gott

1957: Gott zu spielen ohne gewählt zu sein, ist ein Akt gegen die Gruppe.

(Ontology of Group Formation, GP X, 4/1957, 347)

1966: Eines der größten Dilemmas des Menschen unserer Zeit ist der Verlust seines Glaubens an ein höchstes kosmisches Wesen, der oft vom Verlust des Glaubens an ein höheres Wertsystem als Richtschnur für das menschliche Handeln begleitet ist. Wird das Universum nur von Zufall und Spontaneität beherrscht? Die psychodramatische Antwort auf das Postulat „Gott ist tot" heißt: wir können ihn leicht wieder lebendig machen. Dem Beispiel Christi folgend können wir Gott neues Leben geben, allerdings nicht in der Form, die unseren Ahnen heilig war. Wir sehen anstelle des toten Gottes Millionen von Menschen, die Gott in ihrer eigenen Person verkörpern können. Diese Ansicht bedarf der Erläuterung. Das große Ereignis der

Religionsgeschichte war ein einfacher Mensch, Jesus Christus, der sich Gottes Sohn nannte und die Beziehung eines großen Teils der Menschheit zu dem kosmisch entrückten Supergott des Alten Testaments grundlegend veränderte. Seine Kraft lag nicht in seiner Klugheit oder der Schärfe seiner Intelligenz, sondern in der Verkörperung [...]. Zentral, axiomatisch und universal in der psychodramatischen Welt steht die Verkörperung, ihr gehört der Primat. Jeder darf seine Version Gottes durch seine Handlungen zum Ausdruck bringen und den anderen mitteilen.

(Universalia 1966, Petzold 1978, 110. Original: GP XIX, 3-4/1966)

1966: Propheten, Führer und Therapeuten haben sich schon immer bemüht, „Gott" zu spielen und ihre Macht und Überlegenheit armen, einfachen Menschen zu oktroyieren. In der psychodramatischen Welt hat sich die Lage verkehrt. Nicht mehr der Meister, der Hohe Priester oder Therapeut verkörpert Gott. Das Bild Gottes kann in jedem Menschen Gestalt annehmen, – durch den Epileptiker, den Schizophrenen, die Prostituierte, die Armen und Unterdrückten verkörpert werden. Sie alle können im Augenblick der Inspiration auf die Bühne treten und ihre Version von der Bedeutung des Universums verkünden. Gott ist ewig in und um uns – wie für die Kinder! Steigt er nicht mehr von Himmel herab, so kann er doch durch die Bühnentür treten ... Gott ist nicht tot. Er lebt im Psychodrama!

(Universalia 1966, Petzold 1978, 111)

1972: Solange ich mich erinnern kann, sah ich zwei Alternativen vor mir. Ich fragte mich: „Wer ist dieses Ich? Ein Name? Ein Nichts, das wie ein Regenbogen am Himmel verschwindet, um nie zurückzukehren? Oder ist dieses Ich das Wirklichste was es gibt, der Schöpfer der Welt, das erste und das letzte Wesen, das Allumfassende? In anderen Worten, bin ich nichts oder bin ich Gott?"

(The Religion of God-Father, Johnson 1972, 197)

1972: Nun klingt das natürlich für einen Augenblick, als würden wir Grund verlieren, weil wir einen einzigen Gott hatten und nun plötzlich, dadurch dass wir die Idee Gottes, die Idee der Kreativität zu allen Individuen in Beziehung setzen, Millionen von Göttern haben. Wir haben das Problem, diese Millionen von Göttern auf einen gemeinsamen Nenner zu bringen. Der kosmische Gott kam zuerst, dann kam das Konzept des Gottes der Liebe, das den kosmischen Gott enthielt. Und nun, in unserer Zeit, enthält der „Ich-Gott" beide, den kosmischen Gott und den Gott der Liebe.

(The Religion of God-Father, Johnson 1972, 200)

1974: All meine wissenschaftlichen Versuche im Feld der Psychotherapie hatten starke religiöse Unterströmungen. Um die Nachricht von meinen Entdeckungen bekannt zu machen und den Nutzen zu demonstrieren, den die Menschen aus ihnen ziehen können, machte ich Reisen um die Welt. Bei diesen Reisen fand ich meine Frau Zerka, eine schwer zu übertreffende Partnerin. Jede Gruppe und Psychodramasitzung war eine lebendige Begegnung. […] Sie [Morenos Reisen] verkündeten das Erwachen einer neuen therapeutischen Religion, die allmählich die Nachricht eines neuen kosmischen Menschen verbreitet und den Anti-Menschen bekämpft. Jedoch täuschen mich all diese Erfolge und Fortschritte nicht über das Scheitern hinweg, den Vater-Gott konkret als einigendes Band für alle Menschen zu etablieren. Vor allem deshalb ist die Welt gespalten, fragmentiert, hoffnungslos in die Dunkelheit einer ungewissen Zukunft irrend.

Letztlich lautet die Frage, wie das Bild des Gott-Vaters konkretisiert werden kann. Wenn man wie der Mensch nur einen kleinen Körper hat, ist es ein Weg, sich auszudehnen, das ganze Universum zu sein, zu expandieren, mehr Gehirne zu haben, mehr Augen, mehr Ohren, mehr Arme, mehr Beine, mehr Lungen, mehr Herz. Ein anderer Weg ist, alles, was bereits im Universum ist, all die Menschen, in sich aufzunehmen, sie zusammenzubringen – zu vereinen, was getrennt ist, Mensch und Mensch, Mensch und Tier, Mensch und Pflanze, Mensch und Planeten und Sterne, die Integration der Welt. Ein anderer Weg ist, die Zukunft des Universums in den Schranken deiner Kraft zu halten, bevor sich die Dinge von dir trennen und sich getrennt von dir entwickeln. Der Roboter entwickelt sich z.B. getrennt vom Menschen und baut für sich selbst eine zukünftige Welt. Es ist noch möglich, die Verästelungen seines Wachstums aufzuhalten, ihn wieder unter die Kontrolle des Menschen zu bringen. Oder ist es zu spät? Der Gott-Vater ist unwiderstehlich; er hat einen unwiderstehlichen Drang, alles in sich aufzunehmen. Es ist schwer, den Gott-Vater zu formen, sofern er nicht die Kooperation jedes Teils der Existenz erweckt, ihm bei der Entwicklung der Fähigkeit zu helfen, alles, was in der Welt geschieht, zu hören, alles zu sehen, alles zu fühlen, mit jedem Schmerz und Freude zu teilen, Hoffnung und die Erregung des Lebens, mehr und mehr alles teilend, alles erschaffend, alles umfassend zu werden. Dann werden sie dich überall sehen und erkennen, dass du nicht nur ein Mensch oder ein anderer Mensch bist, sondern der Gott-Vater selbst. In unserer Zeit sollte Gott nicht nur in der einen oder der anderen Kirche sein, sondern in jedem Medium, das Menschen miteinander verbindet, auf jedem Fernsehschirm, auf jedem Schiff, in jedem Flugzeug, in jedem Traum. Wenn er es nicht ist, so sollte er es sein. Er sollte dazu gebracht werden, so zu sein. Das Ende der Welt mag kommen, aber nicht das Ende des Gott-Vaters, so-lange es Dinge zu erschaffen gibt.

(Autobiografie 1974/1995, 145f)

Axiodrama praktisch

Moreno denkt sehr konkret darüber nach, wo sich die Axiologie einerseits und die psycho-dramatische und soziometrische Arbeit andererseits berühren. Hier reflektiert er die Lebens-form des Klosters, er denkt über die Arbeit mit Archetypen und anderen axiologischen Themen nach, er identifiziert das Psychodrama als ritualisierte Praxis und er plädiert da-für, die Bühne (und das Leben) für eine experimentelle Erforschung religiöser Phänomene (experimentelle Theologie) zu öffnen.

Das Beispiel des Klosters

1964: Es gab in verschiedenen Kulturen unterschiedliche Formen von Vorläufern der modernen Gruppenpsychotherapiebewegung. In der frühen Christenheit er-wuchs sie aus den Klöstern, in denen vergleichsweise kleine Gruppen von Mön-chen oder Nonnen in vertrauten Gemeinschaften lebten. Obgleich die Wertesyste-me und die Ziele religiös waren, waren ihre Ergebnisse oft unbewusst therapeu-tisch. Es ging darum die Seele zu retten und nicht die Kranken zu heilen. Die Idee der Geisteskrankheit ist ein modernes Konzept. Ein Mönch half dem anderen in-nerhalb der religiösen Rituale der monastischen Hierarchie.

(The Third Psychiatric Revolution and the Scope of Psychodrama, GP XVII 2-3/1964, 155.
Vgl. Gruppenpsychotherapie 1959, 132f)

Axiodrama und Archetypen

1957: Jungs Begriffe des kollektiven Unbewussten und der Archetypen finden im Sozio- und Axiodrama eine unerschöpfliche Quelle der empirischen Forschung und Weiterentwicklung.

(Die epochale Bedeutung der Gruppenpsychotherapie, Zeitschrift für
diagnostische Psychologie und Persönlichkeitsforschung V, 3-4/1957 147)

Axiologische Themen auf der Bühne

1941: [Im Axiodrama können psychologische und spirituelle Kategorien, Ideen und Emotionen wie] Liebe, Nächstenliebe, Mitleid und Sympathie, Glück, Freude und Ekstase, Schuldbewusstsein, Verantwortung, Leitung, Dominanz, Unterordnung, Unterwürfigkeit und Loyalität, Frömmigkeit, Frieden und Ruhe [mit Hilfe psychodramatischer Methoden] initiiert, entwickelt und trainiert werden.

(Words 1941, 204)

1959: Das Axiodrama [...] ist die Synthese des Psychodramas mit der Wissenschaft der Werte (Axiologie): es dramatisiert die ethischen Strebungen der privaten und kollektiven Psyche, z.B. Gerechtigkeit, Wahrheit, Schönheit, Gnade, Mitleid, Vollkommenheit, Ewigkeit und Frieden.

(Das Psychodrama. Mit einleitenden Anmerkungen über die Gruppenpsychotherapie, Frankl/Freiherr
von Gebsattel/Schultz, Handbuch der Neurosenlehre und Psychotherapie 1959, 318)

Rituale

1955: Die therapeutischen Formate sind Analogien zu den „Ritualen" in der Religion.

(The Significance of the Therapeutic Format and the Place of
Acting Out in Psychotherapy, GP VIII 1/1955, 7)

1957: In der Entwicklung einer therapeutischen Gesellschaft werden Rituale eine große Rolle spielen. Ritual kommt vom lateinischen Ritus, ein „Ritus" ist jeglicher Verlauf oder jegliche Verhaltensanweisung, die als zeremoniell gilt. Man spricht von einem magischen Ritual, wenn es für animistische Menschen die Kraft eines Talisman hat, der die höheren Kräfte dazu bringen kann, den Menschen Vergünstigungen zu gewähren, selbst wenn die Kräfte das gar nicht wollen. Ein religiöses Ritual ist z.B. das der amerikanischen Kirchen. Ein säkulares Ritual ist das der Kriegsbeendigung oder der Erste Mai der Sozialisten. Das vielleicht größte Säkularritual der modernen Welt ist jedoch die Wissenschaft. Man spricht von einem „therapeutischen Ritual", wenn die Technik der Psychotherapie ein Teil der zugrunde liegenden Ethik ist: Psychodrama, Ethnodrama, Axiodrama und gruppenpsychotherapeutische Methoden, die das Potential in sich bergen, die modernen therapeutischen Rituale zu werden.
Rituale können existentiell oder formal sein. „Existentielle Rituale" sind gekennzeichnet durch die völlige Einbindung aller Teilnehmer in ein gemeinsam erfahrenes, kollektives Erlebnis, im Gegensatz zu „formellen" Ritualen, die ausschließlich

zeremoniell sind. Vom Standpunkt des Psychotherapeuten funktionieren existentielle Rituale wie kollektive therapeutische Verbinder, die die sozialen Nöte und Hoffungen bestätigen und integrieren wie durch ein riesiges psychodramatisches Handeln. Diese Rituale haben nur Bedeutung für die Akteure, die in den Akt des Rituals eingebunden sind; für diese haben sie eine „existentielle" Gültigkeit. Das Erleben zweier Liebender oder zweier Freunde zum Beispiel braucht keine Gültigkeitserklärung über die Zustimmung und den Genuss der Teilnehmer hinaus. Ein Nachweis der Gültigkeit in individueller und gruppenpsychotherapeutischer Praxis ist so lange nicht zwingend erforderlich, wie auf die Behauptung verzichtet wird, dass aus den Aufzeichnungen Verallgemeinerungen abgeleitet werden könnten oder dass das zukünftige Verhalten der Teilnehmer daraufhin vorausgesagt werden könnte. Sie mögen keine „wissenschaftliche" Gültigkeitserklärung haben, und die Teilnehmer werden sich nicht im Mindesten darum kümmern, ob ihre Aktivitäten wissenschaftlich sind oder nicht. Sie werden es vielmehr einem wissenschaftlichen Beobachter so schwer wie möglich machen, teilzunehmen und auszuwerten. Aber wissenschaftliche und existentielle Gültigkeitserklärung schließen einander nicht aus und widersprechen einander nicht. Diese beiden Arten, ein und dasselbe Ereignis zu beobachten, können erfolgreich kombiniert werden, wie es in soziometrischer und psychodramatischer Forschung geschieht […]. Die Rituale mögen ebenfalls keine „ästhetische" Gültigkeitserklärung haben, wenn sie dem Zuschauer als heftig, übertrieben, unverhältnismäßig und unharmonisch erscheinen. Aber die Teilnehmer in einem Ritual kümmern sich nicht darum, ob sie attraktiv aussehen oder wie Künstler wirken. Ein existentielles Gebet eines Individuums oder einer Gruppe kann ohne offenen Ausdruck stattfinden. Die bizarren Verhaltensmuster einiger psychotischer Patienten können in diesem Zusammenhang als „private" existentielle Rituale klassifiziert werden. Andererseits tendiert das formelle Ritual dazu, ästhetisch, sorgfältig aufgebaut und angenehm für das Auge zu sein. Es mag sich sogar wissenschaftlicher Beobachtung anbiedern, weil all das, woraus es besteht, auf die Oberfläche projiziert wird. Es sind die existentiellen Rituale, die aus unseren modernen Kirchen verschwunden sind, obwohl diese voll von rituellen Praktiken sind, ob in der Realität oder im Fernsehen. […]
Die gegenwärtigen gruppentherapeutischen und psychodramatischen Methoden haben eine „Gemeinde-typische Art" und erzeugen eine intensive persönliche Betroffenheit wie auch ein gemeinsames Erleben überindividueller Anliegen. Indem sie wie kollektive therapeutische Verbinder funktionieren, sind sie besonders nützlich für Individuen, die in der Mitte des 20. Jahrhunderts leben und die von den alten Religionen entfremdet worden sind, selbst wenn sie noch formale religiöse

Beziehungen aufrechterhalten. Aber die therapeutischen Methoden können ebenso die alten religiösen Rituale befruchten und verjüngen. Die Gruppensitzungen werden zur Möglichkeit individuellen und gemeinsamen Ausdrucks von Gefühlen und Gedanken, durch die selbst der Nicht-Eingeweihte gefühlsmäßig betroffen werden kann. Seine privaten und kollektiven Ängste hinsichtlich Geburt und Tod, Ehe und Familie können hier ein Ertasten nach Lösungen finden.

(Globale Psychotherapie 1957, Jahrbuch 1991, 31-33)

Experimentelle Theologie

1941: Der Kanon der Kreativität ist die Basis, auf der die Theologie ein experimentelles Vorgehen entwickeln kann. Die großen Theologen haben, ohne sich dieser Methode bewusst zu sein, in dieser Richtung experimentiert, indem sie ihre eigene Existenz als Material und als Werkzeug nutzten, mit dem sie die Existenz und die Essenz der Gottheit erforschten. Indem sie sich von einer Ebene der Verkörperung zur nächsten erwärmten, versuchten sie stückweise nicht primär die Bedeutung ihres eigenen individuellen Lebens, sondern die Bedeutung der Existenz selbst zu bestimmen. Ungeachtet ihrer großen Erfolge überlieferte uns die Tradition nur eine Erbschaft religiöser Konserven. Die wirkliche, dynamische Spontaneität und Kreativität ihrer Versuche ging in den Wirren der Geschichte verloren. Wenn wir das wiedererlangen könnten, was sie wirklich durchlebt haben, könnten wir eine Basis für eine experimentelle Theologie finden – eine operationale Annäherung an unser Verhältnis zur Gottheit.

(Words 1941, 196f. Und: Experimental Theology, Sociatry II 1-2/1948, 94)

17. Stegreifspiel

Für Moreno ist klar, dass sich eine Szene nicht in ihrer somatischen, individuell-biografischen, soziometrischen, gesellschaftlichen und axiologischen Dimension erschöpft. Vielmehr ist jede Szene geprägt von einer unveräußerlichen Einmaligkeit und Übersummativität. Mit Michel Foucault könnte man sagen, die Szene ist eine Singularität. Damit kommen wir zurück zum Ausgangspunkt von Morenos Praxisentwürfen, denn in seiner Wiener Zeit hat er ja gerade damit angefangen, die improvisierte, aus dem Stegreif entstehende Szene in ihrer Einmaligkeit auf die Bühne zu stellen. Innerhalb der szenischen Diagnostik kommt dieser sechsten Dimension ein völlig anderer Stellenwert zu als den vorher benannten. Es geht hier nicht darum, Inhalte zu identifizieren, sondern die letzte Unverfügbarkeit der Szene sicherzustellen und sie theoretisch festzuschreiben. Auf einer methodisch-praxeologischen Ebene ist diese letzte Dimension der Szene der Ort, an die Wurzeln von Morenos Praxis im Spiel und im Theaterexperiment zu erinnern und einige markante Anmerkungen zu seinem Stegreifkonzept zu präsentieren.

Hintergründe

Das Spiel

1950: Historisch gesehen erwuchs das Psychodrama aus dem Prinzip des Spiels. Das Spiel hat es immer schon gegeben; es ist älter als die Menschheit, es hat das Leben der Organismen als einer seiner Exzesse begleitet, Wachstum und Entwicklung vorwegnehmend. In unserer Kultur waren es besonders Rousseau, [1959 ergänzt Moreno: Pestalozzi] und Fröbel, die unsere Aufmerksamkeit auf den erzieherischen Wert des Spiels gelenkt haben. Eine neue Vision des Spielprinzips wurde geboren, als ich in den Jahren vor dem Ausbruch des Ersten Weltkrieges anfing, mit Kindern in den Gärten und Straßen Wiens zu spielen: das Spiel als ein Prinzip der Selbst-Heilung, als Form der Spontaneität, als eine Form der Therapie und als eine Form der Katharsis; Spiel nicht nur als Epiphänomen, biologische Ziele begleitend und unterstützend, sondern Spiel als Phänomen sui generis, ein positiver Faktor verbunden mit Spontaneität und Kreativität. Das Spiel wurde allmählich von seinen metaphysischen, metabiologischen und metapsychologischen Verbindungen getrennt und zu einem methodischen und systematischen Prinzip ausgestaltet. All dies hat die Idee des Spiels zu neuer, vordem unbekannter Universalität geführt. Es hat die Entwicklung von Spieltechniken, Spielpsychotherapie, Stegreif-

theater und therapeutischem Theater vorangebracht und inspiriert und in Rollenspiel, Psychodrama und Soziodrama unserer Zeit seinen Höhepunkt erreicht.

(Hypnodrama and Psychodrama, GP III 1/1950, 1f. Vgl. Gruppenpsychotherapie 1959, 80f)

Die Theaterkritik

1919: Alle Zuschauer (erheben sich von ihren Plätzen): Die göttliche Komödie ist
tot. Wo ist der göttliche Komödiant?

Der linke Narr (duckt sich): Was soll geschehen? Ist Gott auch unter den Komödianten?

Der rechte Narr (hüpfend): Nichts ist mir erspart geblieben: ich werde Prophet.

Der Theaterdirektor (hastig): Publikum! Ich bedaure, das Stück wird nicht gespielt.
Die Apokalypse reitet durch, und Zarathustra hat eben seine Rolle – vergessen.
Und der Herr des Himmels hat eben meinem Dichter die Einbildungskraft ge-
nommen [...]

Der Älteste der Zuschauer: Der Dichter ist aus. Das Theater schließt sich von selbst
Der Jüngste der Zuschauer: Der Große Mensch geht auf. Ich bin der Makrokosmos.
Aus meinem männlichen Glied wird die Hütte Gottes gebaut. Die neue Erde, der
neue Himmel, das neue Paradies.

Alle Zuschauer (erheben sich von ihren Plätzen, beschwörend): Gott! Wir wollen
keine Mittler mehr gebären. Wenn du nicht selbst zu uns herunterkommst, so steigen wir zu dir hinauf.

(Die Gottheit als Komödiant, Der Neue Daimon 1919, 48)

1919: Vor der Herstellung des wesentlichen Theaters müssen alle seine bisherigen
Elemente, Stück für Stück, restlos bis auf den ursprünglichen Grund vernichtet
worden sein. Verdammnis der gesamten Maschinerie. Wiederherstellung des Chaos. Wenn es am Ende des Gespräches nur mehr Vernichtete, also keine Schauspieler, Dichter und Zuschauer gibt, so kann aus dem Urzustand die Geburt des Theaters neu entspringen, der vollkommene Schein entwickelt werden.

(Die Gottheit als Komödiant, Der Neue Daimon 1919, 56f)

1923: Drei Teile setzen immer das Theater zusammen: der Dichter, die Schauspieler
und das Publikum. Was auch der Dichter schuf und schafft, entzückt uns nicht
mehr. Entkräftet ist sein Schaffen, das, keine Zersetzung des Schöpfers duldend,
Wort, Mund und Ohr zugleich erzeugt. Entthront sind die Schauspieler, die ihre
einmalige Seele und körperlichen Male zu Masken fremder Historie machen. Ent-

thront ist das Publikum, das, statt in den eigenen Adern zu erwachen, auf beschlafenen Polstern träumt.

Die Elemente des alten Theaters sind: Die Sklaverei der Zeit: Spracharbeit des Dichters, Gedächtnis- und Leibesübung des Schauspielers, das im Augenblick der Theaterhandlung zu einer Szene erstarrte Vorleben der Historie und Sprache. Die Sklaverei des Raumes: entfernte Örtlichkeit des Konflikts, die unbefugt hierher versetzt wird, reziproke Sünde, statt rechtens im eigenen Haus und Hof zu bleiben. Die Sklaverei der Einheit: Spaltung des lebendigen Geistes in drei fixe Rollen, Dichter, Schauspieler, Publikum, denen Gehirn, Bühne und Zuschauerraum als Arbeitsstätten zugewiesen sind.

Ich aber wünsche nicht das Theater des guten Gedächtnisses, der kreisförmigen Behaglichkeit, des Selbstvergessens. Die Idee des reinen Theaters fordert die einmalige Zeit, den einmaligen Raum, die einmalige Einheit, den Schöpfer. An Stelle der alten Dreiteilung tritt unsere Einheit. Es gibt keine Dichter, Schauspieler und Zuschauer mehr. Jeder ist Dichter, Schauspieler und Zuschauer in Person. Es gibt keine Zuschauer mehr. Fort mit den Augen der Gaffer und den Ohren der Horcher.

Ihr seid alle meine Komödianten. Die Bühne ist ebenso dort, wo ihr seid, wie hier, wo ich stehe. Ich grüße euch Schauspieler der Galerien, der Stehplätze, der Logen und Parkettreihen, hinter den Kulissen, Souffleure! Unser Theater ist Einheit des Seins und des Scheins. Wir spielen das Theater des Augenblicks, der identischen Zeit, commédie immédiate, den Scheinwerfer unseres gegenwärtigen Geistes. Unser Theater ist Théâtre immédiate, des identischen Raumes, der Unwiederholbarkeit. Sein Triumph oder Misslingen ist Funktion unserer augenblicklichen Mächtigkeit. An Stelle der Direktoren, Regisseure tritt der Spielmächtige, der als erster den Theatermund auftut, der in den Stoff bläst, das Spiel beginnt, mich. Ich werfe mich in den Rachen meiner Einfälle. Folgt mir nach.

(Der Königsroman 1923, 150-152)

1924: Die Vorgänge auf der historischen Bühne reizen den spielmächtigen Geist zum ironischen Protest. Deren Abgeschiedenheit vom Augenblick treibt eben seinen Reflex hervor. Die Theater auslösende Kraft ist aber nicht auf der Bühne, die Schauspieler, noch hinter den Kulissen, der Regisseur oder Dichter, sondern vor der Rampe, das Publikum. Der Zuschauer spielt sich in Konflikt mit auf der Szene handelnden Personen.

(Stegreiftheater 1924, 11)

1969: Entgegen der derzeitigen Einschätzung hatte das Psychodrama keinen Ursprung im Theater. Der Einfluss des Theaters kam später; sein Einfluss war eher negativ als positiv. Es lehrte mich, was ich nicht zu tun hatte.

(Psychodrama III 1969, 24)

1969: So war ich aufgrund meiner extremen Lebensbejahung gegen das Theater eingestellt. Mein Anliegen war, dass das Leben so dynamisch, intensiv, reichhaltig, schön und einfallsreich wie möglich sein sollte. Keine Behörde, nicht einmal das Theater, sollte es seiner Erhabenheit, Weisheit oder Liebe berauben. Wenn es irgendetwas Wertvolles am Theater gibt, dann, das Leben theatralischer und intensiver zu machen. Wir sollen die menschliche Begegnung zur höchsten Essenz der Existenz machen, anstatt zu einer Verkürzung, Reduktion oder Diffusion des Lebens.

(Psychodrama III 1969, 26f)

Das Theater als Rückzugsort und Gegenwelt

1946: [Das Stegreiftheater war ein] Sammelplatz von Unzufriedenen und psychologischen Rebellen [und eine] Wiege einer kreativen Revolution.

(Psychodrama I 1946, 6)

1947: Warum ich den Weg des Theaters wählte, anstatt eine religiöse Sekte zu gründen, ins Kloster zu gehen oder ein theologisches System zu entwickeln (obgleich sich die Wege nicht gegenseitig ausschließen), kann man verstehen, wenn man einen Blick auf den Rahmen wirft, in dem meine Ideen entstanden sind. Ich war von einer fixen Idee besessen. [...] Diese fixe Idee wurde für mich zu einer beständigen Quelle der Produktivität; ihr Inhalt war, dass es eine Art Urnatur gibt, die unsterblich ist und mit jeder Generation von neuem zurückkehrt, ein erstes Universum, das alle Wesen enthält und in dem alle Ereignisse heilig sind. Ich liebte dieses bezaubernde Reich und hatte nicht vor, es je zu verlassen.

(The Future of Man's World 1947, 4f)

1947: Niemand kann in einer materialistischen Zeit die Rolle von Göttern und Heiligen spielen, ohne den Vorwurf des Wahnsinns oder der Kriminalität an den Kopf geworfen zu bekommen. Das Theater war ein sicherer Rückzugsort für unverdächtige Revolutionen und bot unbegrenzte Möglichkeiten für die experimentelle Untersuchung von Spontaneität.

(The Future of Man's World 1947, 7)

1974: Das Stegreiftheater [ist] das auf dem Boden meiner metaphysischen Spekulationen erbaute Fundament meiner Arbeit.

(Autobiografie 1974/1995, 110)

Stegreif

Die Vision

1924: Theater ist nur die Premiere, Theater die Idee in voller Einfallswärme, Theater das Ideal des Augenblicks, Augenblick das Ideal des Theaters.

(Stegreiftheater 1924, 9)

1924: [Das Stegreifspiel will] den Augenblick produzieren, ihn der Form wie dem Inhalt nach erschaffen.

(Stegreiftheater 1924, 22)

1924: Stegreif und Vogelflug sind urverwandt. Wie ein Vogel fliegen – wenn nicht mit Eigenflügeln, so durch Technik – oder wie ein Gott leben können – wenn nicht wirklich, zumindest im Theater – es sind die zwei ältesten Wünsche der Menschen. Sie haben einen gemeinsamen Ursprung. Es ist der Wunsch, durch ein Wunder zu beweisen, dass das Streben nach Gottähnlichkeit begründet ist. Es ist weder eine theologische noch kritische, sondern die ästhetische Bestimmung der intelligiblen Freiheit.

(Stegreiftheater 1924, 70)

Die Mundart

1924: Die Verwandtschaft der Mundart mit dem Stegreif ist sinnfällig. Mundart ist unmittelbare Sprach-, Stegreif unmittelbare Sprechart. Darum kann Stegreif als Mundart, die alte Bühne als Buchart des Theaters angeredet werden.
Dieser Sprachwitz deutet es an: die Mundarten sind im bestehenden Theater unliebsame Gäste. Ursache ist die Vorherrschaft der zensurierten Sprache. Diese Überordnung ist im Stegreiftheater gestrichen. Die Buchsprache ist hier ein besonderer Fall der vielen Spracharten. Der alten Bühne als dem Theater des Hofes tritt die Stegreifbühne als Theater des Volkes gegenüber. Die von der Schriftsprache unterdrückten Sprachklassen eines Volkes werden in der Stegreifbühne eine natürliche Stätte ihrer Auswirkung erhalten. Die Schauspieler, von Diktatur befreit,

werden den klassischen Weg der Sprache wiederherstellen: vom Mund in die Schrift, nicht umgekehrt von der Schrift in den Mund.

Die Erfahrung lehrt, dass die Gestaltung einer Aufgabe in Mundart geringere Hemmungsarbeit als in der Buchsprache benötigt. Die Spielleichtigkeit, bei ungleich größerer Magie, ist verständlich, weil der Dialekt eine heimliche, unterdrückte Sprachwelt ist. Als Kind hat ihn jeder gesprochen und mit den Jahren allmählich zensuriert, Zensur der ersten Sprache (Mundart, Kindart), durch die Sprache der herrschenden Klassen (der Erwachsenen).

Sie steigt wie ein Traum auf, unverletzt durch den Gebrauch, weniger gestört durch die Redaktion des Bewusstseins. Sie strömt hemmungsloser aus, weil das Darstellen primitiver Gedanken, Gefühle und Konflikte ihrem Geiste entspricht. Der Spieler darf in ihr Zierrat und Schnörkel vernachlässigen.

(Stegreiftheater 1924, 69f)

Der Stegreifkörper

1924: Es muss die Mächtigkeit erworben werden, ebenso wie Systeme psychischer auch die Systeme physischer Reflexe allmählich zu lockern und aufzulösen. Tanz und gymnastische Übungen bilden den Grund, hinzu tritt die besondere Technik des Stegreifkörpers. Während die alte Methode, wie es die Rolle fordert, mit einem bestimmten Wort eine bestimmte Geste einüben lässt, ist im Stegreifsinn eine neue, sachentsprechende Technik auszubilden; denn jene Koordinationen bleiben als Residuen fixiert, aber gerade jeder Kausalnexus zwischen Wort und Geste muss gemieden, der schon vorhandene aufgelöst werden. Der Körper des Spielers muss wie ein Reservoir von Freiheit die Ansätze zu einer möglichst großen Anzahl verschiedener, rapid und sicher ausführbarer Bewegungen bereit haben. Denn die Schwierigkeit des Stegreifspielers besteht darin, dass ihm die Idee ein Nu früher einfallen kann als die zugehörige Gebärde, wodurch die im Akt zusammengehörigen Teile leicht auseinander geraten. Um diese Gefahr auszuschalten, muss im Körper ein möglichst großer Reichtum von Mitbewegungen aufgespeichert werden, die durch aufkommende Ideen herausgelockt werden können. An frei steigende Vorstellungen werden sich sinngemäß frei steigende Gesten schließen.

(Stegreiftheater 1924, 40f. Vgl. Psychodrama I 1946, 43f. Vgl. Gruppenpsychotherapie 1959, 252)

Das Stegreiftheater als Wegbereiter für Soziometrie und Psychodrama

Das Stegreiftheater ist nicht darauf zu reduzieren, ein erstes, letztlich später immer weniger wichtig werdendes Projekt in Morenos Wiener Jahren gewesen zu sein. Er identifiziert im Stegreifspiel nicht nur wesentliche Instrumente, die seine späteren Praxisentwürfe prägen (Bühne, Protagonist, Regisseur etc.), sondern er verfolgt auch zentrale Fragen, die er in der Diskussion um ein wahres Theater entwickelt hat, später im soziometrischen und soziatrischen Diskurs weiter: Wie kann ein Mensch einen guten Ort finden? Wie können Menschen zusammenspielen? Welche Gesellschaft soll in der gemeinsamen Arbeit geschaffen werden?

1959: Das Psychodrama erbte (zwischen 1918 und 1923) von dem Stegreiftheater vier grundlegende Regeln: 1. Die Gesamtheit der Produktion einer Sitzung, Ereignisse, Handlungen und Dialoge, ob sie sich in der Gruppe oder auf der Bühne abspielen, werden als die Richtschnur für die Fortführung und Analyse der Behandlung angesehen. Die Produktion in der Gegenwart ist die einzige ausschlaggebende Instanz. Alles Vergangene drückt sich in irgendeiner Form in der gegenwärtigen Produktion aus. Es ist natürlich und sozusagen unvermeidlich, alle Hilfsquellen und Anreize für ein spontanes Drama in der Gegenwart zu finden, da es eine unmittelbare Schöpfung ist. Es liegt weder das Manuskript eines von einem Autor verfassten Spiels noch die Krankengeschichte einer Person vor. Der ganze Prozess war notgedrungen experimentell und bahnbrechend für die Entwicklung einer ausgesprochen handelnden und aktiven Tiefentherapie. 2. Die Produktion ist auf die Gegenwart (sub specie praesentis) und nicht auf die Vergangenheit gerichtet. 3. Die Regel der freien Assoziation wird ersetzt durch die Regel des „freien Handelns", worin auch die Assoziation von Worten eingeschlossen ist. 4. Der zweidimensionale Diwan der Psychoanalyse wird durch einen dreidimensionalen Raum ersetzt. Jede Räumlichkeit kann benützt werden, ein Zimmer, eine Straße, ein Garten oder ein auf diesen speziellen Zweck abgestellter Bau, wie die therapeutische Bühne, wo die inneren Erlebnisse gespielt und konkretisiert werden.

(Gruppenpsychotherapie 1959, 98f)

1970: Das Theater einer „hundertprozentigen Spontaneität" fand den größten Widerstand vom Publikum und von der Presse. Sie waren gewöhnt, sich auf kulturelle „Konserven" des Dramas zu stützen und sich nicht auf spontane Schöpferkraft zu verlassen. Wenn daher im Stegreiftheater gutes Theater, ehrliche künstlerisch wirksame Spontaneität geboten wurde, kam ihnen die Sache verdächtig vor. Das

Stegreif-Spiel schien ihnen gründlich vorbereitet und probiert, mit anderen Worten ein Schwindel. Wenn aber ein Spiel schlecht und leblos war, zogen sie den voreiligen Schluss, dass echte Spontaneität nicht möglich ist. Wir verloren das Interesse des Publikums und es wurde schwierig, die finanzielle Stabilität des Theaters zu erhalten. Ich sah vor mir die Aufgabe, die primäre Verhaltensweise des Publikums und der Kritiker zu ändern. Das schien mir nicht möglich ohne eine totale Revolution unserer Kultur. Meine Entmutigung, ein reines Stegreiftheater fortzusetzen, stieg zur höchsten Krise, als ich erkannte, dass meine besten Stegreifspieler – Peter Lorre, Hans Rodenberg, Robert Müller und andere – sich allmählich vom Stegreiftheater abwendeten und zum normalen Theater und zum Kino kehrten. […] Später fand ich einen glücklicheren Ausweg im therapeutischen Theater. Hundertprozentige Spontaneität war in einem therapeutischen Theater leichter zu erfüllen. Es war schwer, einem normalen Schauspieler ästhetische und psychologische Unvollkommenheiten zu verzeihen. Aber es war leichter, Unvollkommenheiten und Unregelmäßigkeiten einer abnormalen Person, eines Patienten, zu tolerieren. Unvollkommenheiten von ihnen waren sozusagen zu erwarten und öfters willkommen. Die Schauspieler wurden in Auxiliary Egos – Hilfs-Iche – verwandelt und auch sie, innerhalb des therapeutischen Klimas, wurden toleriert. Das Theater der Spontaneität entwickelte eine Zwischenform des Theaters, das Theater der Katharsis, das Psychodrama.

(Stegreiftheater 1970, VI-VIII)

1970: Theater und Therapie sind eng verbunden. Aber auch hier gibt es viele Stufen. Es wird ein Theater geben, das reine Therapie ist, und dann wird es ein Theater geben, das frei ist von therapeutischen Zielen, und weiter wird es viele Zwischenglieder geben.

(Stegreiftheater 1970, XV)

1974: Daher ist es wichtig zu wissen, ob es möglich ist, eine Gemeinschaft so zu organisieren, dass jedes ihrer Mitglieder eine freie Person ist, die voll und ganz an der Bildung der Kollektive beteiligt ist. Bei der Bildung einer solchen Gemeinschaft werden Individuen und Kollektive so aufeinander abgestimmt, dass eine harmonische, dauerhafte Vereinigung daraus entsteht.

Die Schwierigkeit begann, als wir jedem Einzelnen und jeder Gruppe volle Spontaneität erlaubten. Wir ließen, in voller Freiheit, „einen auf den anderen los". Jeder war bestrebt, sein persönliches Glück zu verfolgen und seine Pläne zu verwirklichen. Wir konnten aus unseren Untersuchungen den Ursprung verschiedener psychologischer Strömungen erkennen, welche die Gemeinschaft durchfließen und in verschiedene Teile aufspalten. Angesichts der Disharmonien und des Zusammenprallens der spontanen sozialen Kräfte kamen wir wieder auf das Problem der Freiheit zurück.

Auf der Suche nach einer Lösung erinnerte ich mich eines ähnlichen Dilemmas, in dem ich mich befunden hatte, als ich vor Jahren versuchte, die geistige, emotionale und nervöse Konstitution des modernen Menschen einem Stegreiftheater anzupassen. Die Widersprüche, die dabei zutage traten, waren ungeheuer groß. Es handelte sich damals um die Organisation von Stegreifspielgruppen. Von den Teilnehmern solcher Gruppen wurde die größtmögliche spontane Aktion erwartet. Oft war die spontan-schöpferische Fähigkeit einer einzelnen Person hervorragend, solange sie allein spielte. Sobald sie aber mit einer anderen, auch aus dem Stegreif handelnden Gruppe zusammenspielen musste, war im Spiel oft ein Mangel an Einheitlichkeit und Harmonie zu beobachten. Angesichts dieser Schwierigkeiten weigerten wir uns, auf starre dogmatische Spielformen zurückzugreifen; wir wollten unter allen Umständen das Prinzip der Spontaneität für die am Gruppentraining teilnehmenden Personen aufrechterhalten. Wir führten eine neue Arbeitsmethode ein, um die einzelnen Spieler in ihrem Versuch einer neuen spontanen Gruppenbildung zu unterstützen.

Später, als wir vor dem Problem standen, eine Gemeinschaft neu zu organisieren, erkannten wir sofort die Ähnlichkeit des Problems. Wir brauchten lediglich soziale Gruppen an die Stelle der Spielgruppen zu setzen. Wie wir im ersten Fall unter allen Umständen das Prinzip der Spontaneität aufrechterhalten wollten, so ging es uns jetzt im zweiten Fall um die Aufrechterhaltung des Prinzips der Freiheit für den Einzelnen und das Kollektiv. Genau wie im ersten Fall jeder Teilnehmer direkten Anteil hatte an Autorität, Lenkung und Darstellung des Stückes, so hatte im zweiten Fall jeder die Freiheit, alle Tätigkeiten mit seinen Gedanken zu erfüllen. Hier kamen wieder die Konflikte zwischen den Erwartungen der Individuen und der Kollektive zur Erscheinung. Wir sahen, dass Konflikte und Spannungen umso intensiver und mächtiger wurden, je größer die Gruppen waren. Eine psychologische Strömung wirkte der anderen entgegen und wieder weigerten wir uns, auf alte dogmatische Formen zurückzugreifen. Wir führten eine Technik ein, die Technik der Freiheit, die es möglich machte, die spontanen sozialen Kräfte aufeinander abzustimmen und dadurch die größtmögliche Harmonie und Einheit zu erzielen.

(Grundlagen 1974, 7f)

Die Instrumente des Psychodramas
18. Die Gruppe

Die Bilder der Frühschriften

Die Praxeologie des Psychodramas stützt sich neben den bereits beschriebenen Spielformen auf die so genannten Instrumente des Psychodramas, die Moreno in seinem Werk immer wieder beschreibt. Der Primat unter den Instrumenten kommt dabei sicherlich der Gruppe zu. Sie ist der soziale Raum und Rahmen, in dem sich alle weiteren Interaktionen abspielen. Auffallend ist, dass ein so zentraler Begriff in den Frühschriften gänzlich fehlt. Hier greift Moreno auf andere Begriffe zurück, die das, was Gruppe ist, im Rahmen von Theaterexperimenten oder philosophischen Diskursen beschreiben: die Stegreiftruppe (s.o.), das Gott-Volk oder die „ganze anwesende Gemeinde".

Das Gott-Volk

1919: Angenommen, er [Gott] hätte seinen Sohn in die Welt gesandt, diesmal nicht um die Seelen, sondern die Gesellschaft zu befreien. Würde er strategisch Friedenskonferenzen, Völkerbündnisse, Revolutionen der untersten gegen die oberen Klassen stiften oder sich eher einfältig und strahlenden Antlitzes vom Heidentum aller Religionen hinrichten lassen? Diese Alternative ist paradox, selbst für den Gott-Menschen, der nur für alle Einzelnen geschickt ist, denn um die vollkommene Politik zu treiben, muss er gewissermaßen in allen Gliedern der Gesellschaft zugleich tätig sein. Die Lösung der zwischenmenschlichen Differenzen bedarf eines eigenen göttlichen Beispiels, das menschliche ist ungenügend. Gott als Politiker wird nicht als Gott-Mensch, sondern als auserwähltes Volk, als Gott-Volk, auf die Welt kommen.

(Erklärung an Spartakus, Der Neue Daimon 1919, 31)

Die Gemeinde

1924: Die ganze Gemeinde ist anwesend. An Stelle des Feier- und Ruhetages ist der Scheintag getreten. Die Lebensmächtigsten müssen die Spielmächtigsten sein. Hier ist der Ort der Überwinder, jeder, wie viel er scheint. Das Theater aller mit allen, die restlose Dämmerung des Seins: nicht ein Spielmächtiger, den eine gaffende und horchende Menge umsteht; alle müssen mit ihm spielen, ihn mächtig machen,

wie Gott nicht wird, wenn ihn nicht alle gebären. Alle schreiten aus der Bewusst-
seins- in die Stegreiflage, aus der Welt der Taten, Gedanken, Gefühle die Stegreif-
leiter der Scheinleiber und Scheingeister hinan, aus dem Ding an sich in den Schein
an sich, aus der Lebensmoral in die Stegreifmoral.

(Stegreiftheater 1924, 15f)

1924: Die Spieler der Weihebühne sind die Bewohner des Privathauses. Die Wanderung der Empfindungs-, Gefühls- und Gedankenreihen durch eine persönliche
Welt könnte sich traumhaft ohne Widerstand vollziehen. Wenn aber zwei einander
im Widerstand begegnen, Freuden habend oder leidend: diese Lage ist der Konflikt. Er bildet aus den einsamen Bewohnern des Hauses eine Gemeinschaft.

(Stegreiftheater 1924, 75)

1924: Zuschauer der Weihebühne ist die gesamte Gemeinde. Alle sind geladen und
versammeln sich vor dem Haus. Die Einweihung beginnt, wenn der Letzte erschienen ist.

(Stegreiftheater 1924, 77)

Die Gruppe als primäres Instrument der Therapeutischen Philosophie

*Die Beeinflussung von Gruppen und ihren Prozessen macht Moreno zum Gegenstand sei-
ner praktischen, primär psychotherapeutischen Arbeit. Er begründet, warum er gerade an
dieser Stelle ansetzt, verweist mit seiner Absage an die Idee einer „unstrukturierten Gruppe" auf seine soziometrischen Befunde und entwickelt mit dem Begriff der Gruppenpsychotherapie ein Arbeitsformat, das die psycho-soziale Landschaft bis heute nachhaltig verändert hat. Es entspricht dem Gewicht dieses Praxisentwurfes, dass Moreno einen dem hippo-
kratischen Eid nachempfundenen „Gruppeneid" entwickelt, dem der letzte Abschnitt gewidmet ist.*

Die Gruppe als natürliches Umfeld des Menschen

1931/1932: Durch Techniken der Reorganisation, der Zuweisung, der Umschulung und anderer Methoden der Gruppenmanipulation, die jedes Mitglied der Gemeinschaft darin unterstützen, für sich selbst den wünschenswertesten Platz zu finden, können die Asyle der Unglücklichen, die Strafanstalten und Ausbildungsstätten für unsere Zeit das hervorbringen, was die christlichen Klöster für ihre Zeit erreicht haben: eine Renaissance der Gesellschaft.

> (The First Book on Group Psychotherapie 1931/1932, 131. Vgl. Gruppenpsychotherapie 1959, 134)

1950: Nach den Studien der Vererbungslehre, der Anatomie, der Physiologie, der inneren Medizin, der Geschichte, der Neurologie, nachdem man eine Psychoanalyse gemacht hat und sogar nachdem eine Lobotomie gemacht wurde, muss man in den Prozess des Lebens selbst eintreten, in eine Welt voller unbekannter Möglichkeiten und Grenzen oder zumindest voller Unsicherheiten; in eine Welt, die sich immer ändert, voll von unbekannten Objekten und Menschen. Nachdem man sich alles Wissen angeeignet hat, bedarf das Lernen einer letzten Abrundung – man muss immer noch lernen, wie man lebt. Dies bieten das Psychodrama und die verwandten Methoden und Techniken den Menschen an: sie liefern ihnen die Wissenschaft und Fähigkeiten des Lebens, eine „Lebenspraxis".

> (Hypnodrama and Psychodrama, GP III 1/1950, 1)

1950: Der Mensch lebt nicht allein und er wird nicht alleine krank. Seine Probleme entwickeln sich in Gruppen, Formationen einer eigenen Art; in der modernen Gesellschaft sind sie nicht mit unseren sozialen Institutionen, der Familie, der Berufsgruppe oder der religiösen Gruppierung identisch; sie sind fließend und beweglich, schwer aufzuspüren und festzumachen. Die Menschen, die den dynamischen sozialen Status einer Person beeinflussen, sind oftmals eine wunderliche Sammlung von Individuen.

> (The Sociometric Approach to Social Case Work, Sociometry XIII 2/1950, 173)

1959: Am Anfang war die Gruppe, am Ende war das Individuum. Die Hypothese, die ältesten, tiefsten und unbewusstesten Konstellationen der Menschheit seien am spätesten zur Reife und zur bewussten Gestaltung gelangt, kann man auch auf die Entwicklung der Psychotherapie anwenden.

> (Gruppenpsychotherapie 1959, 9)

1959: Die Gruppenpsychotherapie hat Anerkennung gefunden, weil sie gewisse Bedürfnisse erfüllt, die die individuellen Therapien nicht befriedigen können. Wir leben von Geburt an in Gruppen. Störungen, die in großem Maße durch die uns umgebende Welt bedingt sind, können nicht beseitigt werden, wenn nicht das Milieu zu einem Teil der therapeutischen Situation gemacht und gleichzeitig behandelt wird.

(Gruppenpsychotherapie 1959, 55)

1963: In Gruppen zu leben ist [...] eine Frage des Überlebens. Es gibt nicht die Alternative in Gruppen zu leben oder nicht. Wir sitzen existentiell [in Gruppen] fest. [...] Wie real auch immer das Individuum ist, die Gruppe ist eine größere Realität und sie beinhaltet es. Die Menschheit ist eine noch größere Realität als die Gruppen, und das Universum als Ganzes beinhaltet alle Individuen, alle Gruppen und alle möglichen Menschheiten. In Morenos Philosophie war die Essenz des Universums seine Kreativität-Spontaneität. Die Entwicklung physischer und kultureller Konserven – wobei das letztere immer mehr die Oberhand gewann – führte zur Pathologie des Menschen, der in seinem spontanen und kreativen Handeln immer unzureichender wurde. Ziel der Gruppenpsychotherapie wurde deshalb, die menschliche Spontaneität und Kreativität in dem Setting [in the vehicle] anzuregen und zu trainieren, in dem sie natürlicherweise existieren, d.h. in der Gruppe.

(The Actual Trends in Group Psychotherapy, GP XVI 3/1963, 119)

1974: Das Universum wäre nicht entstanden, wenn Gott lediglich Gott gewesen wäre, ein in sich selbst und die eigene Ausbreitung verliebter Narziss. Er war in der Lage die Welt zu schaffen, da er ein „Liebender" und ein „Schöpfer" wurde. Wenn Gott wieder auf die Welt käme, würde er nicht als Individuum inkarniert, sondern als Gruppe, als Kollektiv.

(Autobiografie 1974/1995, 60)

Der Vorrang der soziatrischen Fragestellung

1959: Die ursprüngliche Frage in den experimentellen Untersuchungen, welche mich in Wien vor und nach dem Ersten Weltkrieg beschäftigte, war: „Wie kann man jenen Menschen helfen, die in Gruppen leben, aber sich nicht anpassen können?" „Wie kann man ihnen helfen, schöpferisch zu sein?" Die ursprüngliche Frage war daher eine therapeutische, nicht eine abstrakt-wissenschaftliche Frage: „Was ist eine Gruppe?"

(Das Psychodrama. Mit einleitenden Anmerkungen über die Gruppenpsychotherapie,
Frankl/Freiherr von Gebsattel/Schultz, Handbuch der Neurosenlehre
und Psychotherapie 1959, 313. Vgl. Gruppenpsychotherapie 1959, 10f)

Die Struktur der Gruppe

1948: Wie komplex die materiale Struktur der Lebenssituation eines einzelnen Menschen auch sein mag, so kann man ihn doch abgesondert vom übrigen Universum beobachten. Man kann persönlich mit ihm sprechen und er kann antworten; die materiale Struktur der Lebenssituation der Gruppe dagegen ist weit komplizierter: Je größer die Gruppe, umso komplizierter und unergründlicher ist ihre materiale Struktur. Man kann nicht mit der Gruppe sprechen und die Gruppe kann einem nicht antworten. Sie hat kein Ich. Die Natur des Erwärmungsprozesses der Gruppe ist ein noch größeres Rätsel als jene eines einzelnen Individuums, und sofern keine Methode gefunden würde, mit deren Hilfe das Gruppengeschehen von innen her durch sich selbst mobilisiert werden kann, wären wahrscheinlich alle Bemühungen um eine Wissenschaft der Gruppe noch mehr zum Scheitern verurteilt, als dies bei der Wissenschaft des Individuums der Fall war.

(Soziometrie und die experimentelle Methode, Methode 1981, 58)

1952: Hier folgen einige Hypothesen, die ältere und neuere Forschung in diesem Bereich [der Gruppenstrukturforschung] nahe legen. 1) Die Struktur der Gruppen, die durch einander völlig Fremde gebildet werden, weichen von zufälligen Strukturen ab und zeigen von Beginn an einen ziemlich hohen Grad an Organisation und Kohäsion. 2) „Unstrukturierte" Gruppen existieren offensichtlich nicht. Der Mythos der unstrukturierten Gruppe wurde von der Gestalt und von topologischen Schulen in die Soziometrie gebracht, deren Beitrag zur Gruppenforschung nicht nur von Vorteil war. 3) Die Struktur der Gruppen, die durch einander völlig Fremde gebildet werden, ist von der Struktur der Gruppen beeinflusst, von denen die einzelnen Teilnehmer kamen, hier gibt es Übertragungen. 4) Eine Erweiterung der dritten Hypothese lautet folgendermaßen: Soziale Stereotypen und soziale Konserven üben einen heimtückischen Einfluss auf die spontanen Handlungen und Entscheidungen der Mitglieder aus und verfälschen deren Wahlen und Zurückweisungen. 5) Die offenkundige Indifferenz und Apathie, die bei der Wahl von Partnern immer wieder angetroffen wird, ist von großer Bedeutung. Einer der am meisten negierten Aspekte soziometrischer Gruppenforschung ist die Dynamik der Neutralität. Während Wahl- und Zurückweisungsprozesse systematisch studiert wurden, wurde Neutralität hartnäckig ignoriert, obwohl sie das dritte Mitglied der ursprünglichen soziometrischen Trichotomie Wahl-Zurückweisung-Neutralität ist. Aber der Effekt von physischer Nähe und Verwandtschaft auf Interaktion ist nur scheinbar ein physischer und mechanischer; es scheint so zu sein, als ob hier ein altes Wertesystem die Interaktion beeinflusst, das in unserem religi-

ösen und ethischen Erbe verwurzelt ist; es befiehlt: Versuche mit jedem auszukommen und akzeptiere jeden, den du in deiner Nähe antriffst. Sei freundlich und
versuche, jeden zu mögen, den du zufällig triffst und der zufällig in deiner Nähe
ist, deinen Nachbarn, deinen Mitarbeiter und deinen Lebenspartner.

(Current Trends in Sociometry, Sociometry XV 1-2/1952, 162f)

1959: Soziometriker […] haben gezeigt, dass keine unstrukturierten Gruppen im
allgemeinen Sinne des Wortes existieren. Die unstrukturierte Gruppe ist ein ange-
nehmer konzeptueller Mythos. In Wirklichkeit zeigt selbst eine Gruppe von Fremden vom ersten Moment ihres Treffens an eine minimale Struktur. Was eigentlich
mit unstrukturierten Gruppen gemeint ist, ist die Arbeit mit einer Gruppe von
Fremden, die ohne Vorurteile und ohne vorgefasste Absichten ganz von vorne
miteinander anfangen. Alle funktionalen Gruppen sind „ko-strukturierte" und
nicht unstrukturierte Gruppen. Aber wenn vom ersten Treffen an eine Struktur
existiert, können wir es uns dann leisten, die Teilnehmer zu trainieren, ohne die
existierende Struktur der Gruppe zu beachten?

(Introduction, GP XII 2/1959, 123. Und: Philosophy of the
Third Psychiatric Revolution, Progress I 1956, 31)

1963: Gruppen haben eine Matrix zwischenmenschlicher Beziehungen, eine spezifische soziale Struktur, die anhand gut arrangierter Gruppenmethoden erforscht,
definiert und gemessen werden kann.

(The Actual Trends in Group Psychotherapy, GP XVI 3/1963, 122)

1964: Mit anderen Worten: Tele wirkt bereits vom ersten Treffen an zwischen den
Mitgliedern einer Gruppe. Diese schwache „primäre Kohäsion" kann vom Therapeuten genutzt werden, um allgemeine therapeutische Ziele zu entwickeln […].
Jegliche Interaktion zwischen den Menschen, Abreaktion, Selbstgespräch, Dialog,
Tele- und Übertragungsbeziehungen zum Therapeut, zu den Hilfs-Ichen und untereinander werden im Lauf der Therapie von dieser Ursprungsstruktur beeinflusst und verändern sie ihrerseits. Dies ist der neue operative Bezugsrahmen, von
dem aus man die fortlaufende Entwicklung einer synthetischen Gruppe betrachten
kann.

(Psychodrama I 1964, XX)

Gruppenpsychotherapie

1947: Eine psychodramatische Sitzung z.B. ist weit davon entfernt, immer Gruppenpsychotherapie zu sein. Es ist oft nur die Behandlung eines bestimmten Individuums in der Gruppe.

(Offener Brief an Gruppenpsychotherapeuten 1947, Geßmann,
Humanistisches Psychodrama III 1994 19)

1947: Psychodrama und Gruppenpsychotherapie sind historisch gesehen zwei unabhängige Entwicklungen. Gruppenpsychotherapie ist mit der Soziometrie verbunden, Psychodrama mit Aktion und Gruppenkatharsis. Psychodrama ist als eine wissenschaftliche und therapeutische Methode älter als Gruppenpsychotherapie. Es ist keine Form der Gruppenpsychotherapie. Es ist eher umgekehrt. Psychodramatische Prozeduren bestehen aus zwei Teilen: der Bühne (Aktionstherapie) und dem Publikum (Gruppenpsychotherapie).

(Offener Brief an Gruppenpsychotherapeuten 1947, Geßmann,
Humanistisches Psychodrama III 1994, 21)

1951: Die unmittelbare Abhängigkeit der Gruppenpsychotherapie von der Soziometrie muss betont werden; es ist letztere, die einen objektiven diagnostischen Zugang zu Gruppen entwickelt hat. Gruppenpsychodiagnostik geht Hand in Hand mit der Entwicklung der Gruppenpsychotherapie. Wie in jedem anderen Feld der Medizin kann ohne Diagnose keine Therapie verschrieben werden.

(The Situation of Group Psychotherapy, GP III 4/1951, 282)

1954: Alle drei Systeme [von Freud, Jung und Adler] weisen das gleiche Defizit auf: sie beinhalten weder eine logisch konstruierte Theorie noch eine klinische Methode, durch die wir von einer individuellen Behandlung zu einer Behandlung interpersoneller Ensembles kommen könnten. Solche Methoden sind aber der nächste Schritt über die individuelle Therapie hinaus und unverzichtbar für Forschung und Therapie auf einem interaktionalen Niveau.

(Interpersonal Therapy, Group Psychotherapy and the Function
of the Unconscious, GP VIII 3-4/1954, 196)

1955: Die Rolle mit allen Individuen und Objekten des eigenen sozialen Universums zu tauschen, scheint, zumindest theoretisch, eine unumgängliche Anforderung für die Errichtung einer psychodramatischen Gemeinschaft zu sein.

(The Discovery of the Spontaneous Man, GP VIII 2/1955, 110)

1956: Gruppenpsychotherapie ist nicht die Aufgabe einer einzelnen Disziplin, noch ist sie der Exklusivbereich irgendeiner Profession; Gruppenpsychotherapie gehört

zu allen; und sie ist mit all ihrer Komplexität und all ihren Irritationen ein essen-
tieller Teil der Menschheit. Sie repräsentiert die beinahe verzweifelte Suche nach
Brüderlichkeit, ein Sehnen nach einem Zustand vollständiger Akzeptanz für sich
und andere, die Ankunft einer Zeit, in der jede Person sie selbst sein kann und sich
mit ihrem gesamten Potentialen ausprobieren kann. Es ist eine Revolution in der
Psychotherapie; eine Flucht vor der Priester-Klasse hin zu den Massen. Ich habe
geschrieben: „Eine wahre Psychotherapie kann nicht weniger zum Objekt haben
als die ganze Menschheit." Gruppenpsychotherapie in ihren unzähligen Formen ist
ein Ausdruck dieser Idee.

(Foreword, GP IX, 3/1956, 177)

1959: [Gruppenpsychotherapie ist] eine Methode, die die Selbstregulationsmechanismen natürlicher Gruppierungen schützt und stimuliert. Sie greift ein Problem
an, indem sie einen Menschen als therapeutisches Agens für den anderen, eine
Gruppe als therapeutisches Agens für die andere benutzt [Erstveröffentlichung
1932].

(Earliest Definitions of Group Psychotherapy, GP XII 1/1959, 110)

1959: Die Gruppe funktioniert für sich selbst und der therapeutische Prozess
strömt durch die gegenseitigen [mutual] Beziehungen [Erstveröffentlichung 1932].

(Earliest Definitions of Group Psychotherapy, GP XII 1/1959, 110)

1959: Die theoretische Grundlage aller Arten der Gruppenpsychotherapie kann
heute mit einer viel größeren Sicherheit formuliert werden. Es sind vier gemeinsame Grundlinien vorhanden.

1. Das Prinzip der „Begegnung" liegt allen Formen der Gruppenpsychotherapie
zugrunde.

2. Die gemeinsame „interaktionale Struktur" der Individuen bestimmt deren
wechselnde Stellung zueinander und deren Zusammengehörigkeit, die sich in
mehrfachen psychischen Spannungen ausdrückt.

3. Die gemeinsamen Erlebnisse des „gemeinsamen Bewusstseins" und des „gemeinsamen Unbewusstseins". Je länger eine künstlich zusammengesetzte Gruppe
dauert, je mehr fängt sie an, einer natürlichen Gruppe ähnlich zu werden, ein gemeinsames unbewusstes soziales und kulturelles Leben zu entwickeln und zu teilen, von dem die Mitglieder ihre Stärke, ihre Kenntnisse und ihre Sicherheit beziehen. Dieses „zusammenunbewusste System", das sich in ihrer Rollenverteilung
ausdrückt und die Mitglieder zusammenhält und mehr oder minder identifiziert,
ist sozusagen ein Flussbett. Es ist der „Strom" des „Zusammenbewussten und Zu-

sammenunbewussten" zweier oder mehrerer Personen, in das sich die Geschichten der Individuen als Nebenflüsse ergießen.

4. Der Rollenwechsel jedes Mitglieds mit jedem anderen Mitglied: Je verschiedener und fremder sich die einzelnen Mitglieder sind, umso wichtiger ist es, dass sie die Rollen miteinander wechseln, um zu einer erfolgreichen, gegenseitigen Therapie zu gelangen. Vertauschung der Rollen ist die Krise der Begegnung zwischen „Ich und Du", ein „Sich-Begegnen". Sie ist der Höhepunkt, der die Einheit, Identität und Zusammengehörigkeit der Gruppe vollkommen macht.

(Gruppenpsychotherapie 1959, 51)

1959: Die Gruppentherapie hat [...] drei prinzipielle Gesichtspunkte: a) das Subjekt – das sind die individuellen Teilnehmer der Gruppe oder die Gruppe als Ganzes; b) das Agens – die wirkenden Kräfte, welche der Therapie zugrunde liegen, z.B. Kreativität, Spontaneität, Tele, autoritäre Figuren etc.; c) das Medium – das sind die Mittel, durch welche das Agens auf die Subjekte der Therapie Einfluss nimmt, z.B. Vorlesung, Diskussion, Tanz, Musik, Drama, Film.

(Gruppenpsychotherapie 1959, 61)

1962: Die Frage war dann, was Soziometrie, Gruppenpsychotherapie und Psychodrama im Unterschied zu Annäherungen an die individuelle Psyche verbindet. Nun, ich sagte dann, dass das, was die individuelle Psyche für die Psychoanalytiker ist, der Sozius für uns ist; deshalb sind wir, im Kontrast zu den Psychoanalytikern, mit einer Form der Sozioanalyse beschäftigt, egal ob wir Gruppenpsychotherapeuten, Soziometriker oder Psychodramatiker sind.

(The Group Psychotherapy Movement, Past, Present and Future, GP XV 1/1962, 23)

1963: Die Methode der Gruppenpsychotherapie besteht darin, dass sie die günstigste therapeutische Gruppierung der Beteiligten erstrebt. Wenn nötig, findet einen Umgruppierung statt, um die Konstellation der Gruppe in Übereinstimmung mit den spontanen Motiven und Neigungen der Einzelnen zu bringen. Fundamentales Prinzip ist, dass jedes Individuum – nicht nur der Arzt – als therapeutisches Agens für jedes andere Individuum, jede Gruppe als therapeutisches Agens für eine andere Gruppe wirken kann. [...] Gruppenpsychotherapie behandelt nicht nur das einzelne Individuum, das sich wegen Schwierigkeiten der Anpassung und Einordnung im Brennpunkt der Aufmerksamkeit befindet, sondern die ganze Gruppe und alle Individuen, die mit ihm in Beziehung stehen. Ein echtes therapeutisches Verfahren kann am Ende nur die ganze Menschheit im Auge haben.

(Gedanken zu meiner Gruppenpsychotherapie 1963, 70)

1974: Durch soziometrische und ähnliche Methoden kann in einer Werkstatt eine therapeutische Atmosphäre geschaffen werden, die eine „indirekte" Form der Gruppenpsychotherapie ermöglicht.

(Grundlagen 1974, 147)

1974: Die Gruppenpsychotherapie ist heute das am weitesten ausgedehnte und bedeutendste Anwendungsgebiet der Soziometrie. Sie bringt das Individuum zur Konfrontation mit anderen Gruppenmitgliedern, löst es aus seiner Verkapselung heraus und veranlasst es, die eigenen Probleme und deren Lösungsmöglichkeiten in einem klaren Licht zu sehen und die Möglichkeiten der eigenen Persönlichkeit zweck- und zielgerichtet zu verwirklichen.

(Grundlagen 1974, 412)

Der Gruppeneid

1955: Dies ist der Gruppeneid für die Wissenschaft der Therapie und ihre Schüler. Was auch immer im Verlauf der Gruppentherapie- und Psychodramasitzungen im Kopf des Patienten passiert, oder im Kopf des Arztes, in Verbindung mit der Krankheit des Patienten, Ich-er-sie, wir sollten nichts voreinander geheim halten; wir sollten freimütig aussprechen, was immer wir denken, wahrnehmen oder für einander empfinden; wir sollten unsere Ängste und Hoffnungen, die wir gemeinsam haben, ausagieren und uns von ihnen reinigen.

(The Group Oath, GP VIII 4/1955, 357)

1957: Der Hippokratische Eid bindet den Arzt, alle Belange seiner professionellen Praxis geheim zu halten. In der Gruppenpsychotherapie wird der Hippokratische Eid auf alle Patienten ausgeweitet und bindet jeden mit gleicher Strenge, die Geheimnisse, die ihm andere Patienten anvertraut haben, nicht an Außenstehenden zu verraten. Ebenso wie der Therapeut ist jeder Patient damit beauftragt, das Wohlergehen der Mitpatienten zu beschützen. [...]
Von jedem Patienten wird erwartet, dass er frei ausdrückt, was er jedem anderen gegenüber während der Sitzung denkt, spürt oder fühlt. Er soll wissen, dass er durch das „Gelöbnis" geschützt ist und dass er aufgrund eines ehrlichen Bekenntnisses einer begangenen Straftat, einer psychologischen Abweichung von sexuellen oder sozialen Normen oder geheimer Pläne und Aktivitäten keinen Nachteil haben wird.

(Code of Ethics of Group Psychotherapists, GP X, 2/1957, 144)

1959: Jedes Gruppenmitglied trägt volle Verantwortung.

(Gruppenpsychotherapie 1959, 5)

1961: Ebenso wie wir dem Arzt in einer individuellen Behandlung vertrauen, sollten wir einander vertrauen. Was auch immer im Verlauf einer Gruppenpsychothe-
rapie- oder Psychodramasitzung passiert, wir sollten nichts verheimlichen. Wir
sollten freimütig aussprechen, was wir denken, wahrnehmen oder für die anderen
empfinden; wir sollten unsere Ängste und Hoffnungen, die wir gemeinsam haben,
ausagieren und uns von ihnen reinigen. Aber ebenso wie der Arzt, der durch den
Eid des Hippokrates gebunden ist, sind wir als Teilnehmer dieser Gruppe gebunden, Außenstehenden die Geheimnisse anderer Patienten nicht zu offenbaren. Wie
dem Arzt ist es jedem von uns anvertraut, das Wohlergehen der Mitpatienten zu
schützen.

(Group Oath, GP XIV, 3-4/1961, 242)

Gruppenfunktionen

*Fragt man nach dem Wirkfaktor Gruppe, so finden sich bei Moreno interessante Ideen da-
zu, warum der Gruppenraum ein so idealer Raum sein kann, um psycho-soziale Verste-
hens- und Veränderungsprozesse zu initiieren. All diese Ideen operationalisieren letztlich
seinen Gedanken, dass die Gruppe die natürliche Lebensrealität eines jeden Menschen ist.*

Die Gruppe als Abbild der Gesellschaft

1946: [Das Rollenspiel] kann an jeden Problemtyp angepasst werden, für persönliche oder Gruppenprobleme von Kindern oder Erwachsenen. Es kann für jede Al-
tersstufe angewendet werden. Mit seiner Hilfe können Probleme im Kindergarten
ebenso einer Lösung näher gebracht werden, wie tiefste psychische Konflikte. Das
Psychodrama ist eine menschliche Gesellschaft en Miniatur, das einfachste mögliche Setting für eine methodologische Studie ihrer psychologischen Strukturen.
Durch Techniken wie das Hilfs-Ich, spontane Improvisation, Selbstpräsentation,
Selbstgespräch oder die Einführung von Widerständen, werden neue Dimensionen
der Psyche eröffnet und, was am Wichtigsten ist, sie können unter experimentellen
Bedingungen erforscht werden.

(Psychodrama I 1946, 177)

1946: Das Psychodrama bietet – ebenso wie das Soziodrama – alle Zeichen einer menschlichen Gesellschaft en miniature. Die Menschen im Publikum repräsentieren die öffentliche Meinung, die Welt.

(Psychodrama I 1946, 247)

1946: Das Publikum hat zwei Funktionen: a) im Verhältnis zum Protagonisten und den Vorgängen auf der Bühne (ausgerichtet auf die Produktion); b) im Verhältnis zu sich selbst (zuschauerzentriert).

a) Im Verhältnis zum Protagonisten ist es die Repräsentation der Welt. Er hat immer mehr oder weniger anonym in der Welt gelebt, aber er hat noch nie „vor ihr" gelebt. Viele Schwerpunkte seiner Produktion können der Tatsache zugeschrieben werden, dass ein Publikum anwesend ist. Dies kann sich in erhöhter Feindseligkeit oder Exhibitionismus äußern, in gesteigerter Angst vor Handlung, in Form von Gestammel oder als Abbruch. Die Anwesenheit des Zuschauerfaktors erhöht den Bereich der Reaktionen, die dem Protagonisten auf der Bühne entlockt werden können, er stellt dem Leiter strategisches Material für die Analyse zur Verfügung.

(Psychodrama I 1946, 261)

1959: Solange nur ein einziges Individuum in die Therapie kam, konnte der therapeutische Prozess auf einen Dialog zwischen den zweien, die sich gegenüberstanden, beschränkt werden. Die Welt konnte draußen gelassen werden. Sobald aber die Gruppe in die Therapie eintrat, musste die ganze Welt – ihre Ängste und Werte – Teil der therapeutischen Situation werden. Solange wir das Individuum mit individuellen Methoden behandelten, konnten wir es ihm überlassen, einen Test für den Erfolg der Behandlung draußen in der Realität zu finden. Aber jetzt, nachdem wir die ganze Welt in die therapeutische Situation eingebracht haben, kann die Angemessenheit seines Verhaltens in der Welt innerhalb des Rahmens der Therapie selbst nachgeprüft werden. Die Probleme der menschlichen Gesellschaft können jetzt ebenso wie das Problem des Individuums – die Darstellung menschlicher Beziehungen, Liebe und Ehe, Krankheit und Tod, Krieg und Frieden, die das Panorama der Welt im großen beschreiben –, in Miniatur, innerhalb eines Settings das von der Realität abgelöst ist, dargestellt werden, im Rahmen der Gruppe.

(Psychodrama II 1959, 192. Vgl. Gruppenpsychotherapie 1959, 76f)

Die Gruppe als offener sozialer Raum

1950: Wir haben neue Vehikel und neue Abläufe eingeführt. Die vielleicht wichtigste Veränderung ist der Wechsel des Vehikels, die Ablösung der psychoanalytischen Couch durch einen offenen sozialen Raum; veranschaulicht wird dies durch die Bühne als multidimensionalem Raum für Handlung und Produktion, und durch den freien, flexiblen Zuschauerraum für die Gruppe.

(The Ascendance of Group Psychotherapy and the Declining
Influence of Psychoanalysis, GP III 2-3/1950, 122)

Die Gruppe als Publikum

1946: Das fünfte Instrument ist die Gruppe als Publikum. Sie kann dazu dienen, dem Patienten zu helfen, oder kann selbst zum Patienten werden. Indem sie dem Patienten hilft, wird sie zum Resonanzboden der öffentlichen Meinung. Ihre Reaktionen und Bemerkungen kommen genauso aus dem Stegreif wie die des Patienten, sie können von Lachen bis zu heftigem Protest reichen. Je isolierter der Patient ist – zum Beispiel weil sein Drama auf der Bühne voller Wahnvorstellungen und Halluzinationen ist – umso wichtiger wird für ihn die Gegenwart einer Gruppe, die bereit ist, ihn zu akzeptieren und zu verstehen. Erfährt das Publikum durch den Protagonisten Hilfe und wird damit selbst zum Patienten, so hat sich die Situation gewandelt. Das Publikum sieht sich selbst in einem seiner kollektiven Syndrome auf der Bühne dargestellt.

(Psychodrama und Gruppenpsychotherapie 1946, Soziometrie als
experimentelle Methode, 146. Vgl. Gruppenpsychotherapie 1959, 79)

1946: In einer Psychodramasitzung ist das Publikum immer der Patient, oder zumindest ein Lernender. Es mag sich dieser Situation nicht bewusst sein, wie wenn es ein klassisches Drama oder einen Film ansieht, oder die Situation kann systematisch bewusst gemacht werden, wie im psychodramatischen Theater.

(Psychodrama I 1946, 262)

Der Anteil der Gruppe an der Leitungsfunktion

1953: In der psychodramatischen Arbeit macht nicht nur der Leiter die Untersuchung, sondern ihr alle experimentiert mit mir, indem ihr gegenseitig die Themen der anderen erforscht.

(Sociodrama of a Family Conflict, GP V, 1-3/1953, 20)

1958: Die Gruppe funktioniert für sich allein, und der therapeutische Prozess fließt durch ihre gegenseitigen Beziehungen.

(Earliest Definitions of Group Psychotherapy, GP XI 4/1958, 361)

Die Gruppe als Chorus und Öffentlichkeit

1954: Wir sind wie der griechische Chor, er [der Protagonist] sitzt hier in einer Schlüsselposition [like a key individual] und bearbeitet ein Problem, das nicht nur sein Problem ist. Es ist das Problem von Millionen von Kindern.

(Psychodramatic Frustration Test, GP VI 3-4/1954, 164)

19. Die Bühne

Herkunft und frühe Texte zur Bühnenmetapher

*Der Gruppe gegenüber steht als zweiter zentraler Handlungsort die Bühne. Von den Früh-
schriften an meint Bühne nicht nur das real abgegrenzte Stück Raum, auf dem eine szenische Arbeit stattfindet. Bühne ist immer auch Handlungsprinzip und symbolischer Ort,
der die Möglichkeit, Realitäten zu gestalten, versinnbildlicht. Ihrer Herkunft nach ist die
Bühne dem Theater entliehen, axiologisch gedeutet wird sie zum sakralen Raum der Weihebühne.*

Bühnenabbildung auf dem Titelblatt des International
Journal of Sociometry and Sociatry V, 1-2/1966

Bühne und Theater

1947: Nichts stand mir ferner als die Bühne und alles, was damit zusammenhing.
Ich rang mit den Ideen von Gott, dem Selbst und der Freiheit, wie viele junge Menschen meiner Generation; mit dem Unterschied, dass ich mich ihnen auf einem un-

gewöhnlichen Weg näherte, durch eine neue Methode des Theaters, des Theaters der Spontaneität und der Katharsis.

(The Future of Man's World 1947, 4)

1954: Unter den praktischen Künsten des Menschen steht über allen anderen das Drama. Das Wort Drama stammt aus dem Griechischen und bedeutet Aktion. Die Sprache der Naturwissenschaften ist die Mathematik. Die archaische Sprache der Sozialwissenschaften ist das Drama. Das Drama wird in der ganzen überlieferten Geschichte durch einige einzigartige Eigenschaften charakterisiert: 1) Es ist der Versuch, die Probleme der menschlichen Gesellschaft en miniature in einem Setting zu präsentieren, das von der Realität abgelöst ist. 2) Es schafft ein Portrait menschlicher Beziehungen im weitesten Sinne des Wortes, von Liebe und Ehe, Krankheit und Tod, Krieg und Frieden, wobei sie ein Panorama des sozialen Kosmos zeichnet. 3) Es stellt ein Instrumentarium zur Realisation und Objektivierung dieser Welten, des Theaters und seiner artverwandten Medien.

(Sociometry and Experimental Sociology, Sociometry XVII 4/1954, 95, 359f)

1966: Entgegen der gegenwärtigen Annahmen hatte das Psychodrama keinen Ursprung im Theater. Der Einfluss des Theaters kam später; sein Einfluss war eher negativ als positiv. Es hat mich gelehrt, was ich nicht zu tun hatte. Tatsächlich war das Psychodrama, als es 1911 auf die Bühne kam, ebenso in Opposition zum traditionellen Drama wie die Commedia dell'Arte. Vielleicht war das die radikalste Zurückweisung des Theaters seit Sokrates und Plato. Die philosophischen Gründe waren zumindest teilweise dieselben wie bei diesen zwei illustren griechischen Philosophen: die Realität des alltäglichen Lebens selbst ist eine armselige Imitation des höheren Lebens der unsterblichen Götter. Deshalb ist das Theater ihnen zufolge eine „Imitation einer Imitation" und damit eher eine Entfremdung vom wirklichen Leben statt ein Mittel zu seiner Befreiung und Erhebung. Einige Religionen des nahen Ostens lehnen das Theater ebenso ab. Sie spürten, dass es dazu diente, die Massen zu verhätscheln und ihnen zu helfen, vor den ethischen Verantwortungen des Lebens zu entfliehen, dass es ein Ausdruck des Satans war, eine Erfindung des Teufels. Karl Marx verkündete, dass Religion „Opium fürs Volk" sei. Mit besseren Gründen könnte gesagt werden, dass das Theater Opium fürs Volk ist.

(The Roots of Psychodrama, GP XIX, 3-4/1966, 140)

Die Weihebühne

1924: Die Weihebühne ist das Privathaus. Hier entsteht das tiefste Theater, weil sich der heimliche Schatz am heftigsten gegen Berührung wehrt. Es ist das völlig Private. Das erste Haus selbst, Geburts- und Sterbehaus, Haus der persönlichen Bezüge wird Spielbrett und Kulisse, die Rampe ist das breite Tor, das Fenstergesims und die Balkone, Zuschauerraum der Garten und die Straße davor. Im dogmatischen Theater ist weder Augenblick noch Ort frei. Im Stegreiftheater ist der Augenblick gegenwärtig, der Ort abgeleitet. Im Weihespiel ist Ort wie Augenblick original, es fallen die wahre Zeit und der wahre Raum zusammen.

(Stegreiftheater 1924, 74)

Die Bühne als Symbol

1925: Die Bühne, das Gleichnis einer noch unsichtbaren Menschheit, und meine Gedanken über das Spiel wurden in einer Schrift niedergelegt, welche anonym erschien.

(Rede vor dem Richter 1925, 3)

1925: Der Gegenstand des Streites ist eine Bühne mit drei Eigenschaften – Lage im Zentrum, vertikaler Aufbau, kreisförmig einschließender Zuschauerraum. Und da nun diese Bühne ein Gleichnis des verborgenen Ganzen ist, wird keiner sie entdecken, sichten, fordern können, der nicht das Ganze in sich trägt. Wer solch eine Bühne fordert, wird auch um das Theater dafür wissen. Und wer das Theater dafür fordert, wird auch um die Gesellschaft wissen, welche es beansprucht. So kann selbst der niedrigste Gegenstand, der geringste Griff nur vom Zentrum aus wirklich gefordert und von ihm aus auf seinen wahren Platz gestellt werden.

(Rede vor dem Richter 1925, 13f)

1925: Zentralbühne – Sie hat drei Eigenschaften: die Lage im Zentrum – der vertikale Aufbau – der kreisförmig umschließende Zuschauerraum. Das Zentrum ist das die Gegensätze vereinende Symbol. Es ist wieder sichtbar. Die Zuschauer sind Teilnehmer, ein Teil des Ganzen. Es sind nicht zwei verschiedene Welten, die einander feindlich gegenüberstehen wie im bestehenden Theater, sondern eine einzige Allgemeinheit, welche in der Bühne das gemeinsame Zentrum hat. Der vertikale Aufbau ist das Symbol der Rangordnung. Der Aufstieg von unten nach oben. Oben und unten sind nicht mehr zwei feindlich gegenüberstehende Welten, sondern in einer Einheit. Der lückenlos die Bühne einschließende Zuschauerraum ist das Symbol des offenen Spiels. Der Spieler ist von allen Seiten sichtbar, ist unentrinnbar allen Blicken preisgegeben. Der Rückzug, die Flucht hinter Kulissen, ist abgeschnitten. Er muss die Situation erfüllen, den Ort behaupten, welchen er einnimmt. Die Nebenbühnen sind Publikumsbühnen; sie symbolisieren die Teilnahme der Zuschauer am Spiel.

Die Zentralbühne und das geschriebene Drama (seine historischen Arten) sind unvereinbar. Mit Recht ist gegenwärtig auf dieser Bühne nur eine Theaterart möglich: das Stegreifspiel.

(Rede vor dem Richter 1925, 32)

1948: Psychodrama begann mit meiner Verwerfung der Couch und der Technik der freien Assoziation und mit ihrem Ersetzen durch einen offenen, multidimensionalen Raum (die Bühne oder ein beliebiges, offenes Feld) und die psychodramatischen Methoden.

(Psychodrama und Gruppenpsychotherapie, Methode 1981, 150)

Die Bühne als Instrument

Neben die symbolische Ebene tritt die konkret praxeologische Ebene. Aber auch hier ist die Bühne mehr als der abgetrennte Bühnenraum. Bühne meint jetzt einen Handlungsmodus, der immer dann zum Tragen kommt, wenn die Realität der Gruppe nicht mehr ausreicht, die Lebenslage der Betroffenen in ihrer gesamten Komplexität darzustellen. Verbunden mit dem instrumentellen Umgang mit der Bühne sind eine Vielzahl von praktischen Fragen wie die nach dem Verhältnis von Bühnen- und Gruppenraum, nach kulturspezifischen Grenzen der Inszenierbarkeit und nach einzelnen methodischen Elementen.

1946: Das erste Instrument ist die Bühne. Warum eine Bühne? Sie umgibt den Patienten mit einem mehrdimensionalen und äußerst beweglichen Lebensraum. Im oft engen und beengten Lebensraum der Wirklichkeit kann er leicht das Gleichgewicht verlieren. Auf der Bühne kann er es auf Grund der Methodologie der Freiheit wieder finden – Befreiung von unerträglichem Druck und Freiheit für Erlebnis und Ausdruck. Der Bühnenraum ist eine Erweiterung des Lebens über die Realitätsprüfung des Lebens selbst hinaus. Wirklichkeit und Phantasie sind nicht im Widerstreit, sondern beide sind Funktionen innerhalb einer weiteren Sphäre – der psychodramatischen Welt von Objekten, Personen und Ereignissen. Dementsprechend ist Hamlets Vater genauso wirklich und daseinsberechtigt wie Hamlet selbst. Sinnestäuschungen und Halluzinationen nehmen Gestalt an als Verkörperungen auf der Bühne und werden normalen, sinnlichen Wahrnehmungen gleich-

gestellt. Die architektonische Gestaltung der Bühne wird entsprechend den therapeutischen Anforderungen vorgenommen. Kreisförmiger Aufbau und Stufen der
Bühne, die das Anspruchsniveau verdeutlichen, weisen in die vertikale Dimension,
regen dadurch Entspannung an und erlauben Beweglichkeit und Elastizität des
Handelns. Der Ort des Psychodramas kann, wenn nötig, überall, wo immer Patienten sind, bestimmt werden, auf dem Schlachtfeld, im Klassenzimmer oder zu Hause. Die endgültige Lösung tiefer seelischer Konflikte erfordert jedoch ein objektives
Setting, das therapeutische Theater.

(Psychodrama und Gruppenpsychotherapie 1946, Methode 1981, 143f.
Vgl. Psychodrama II 1959, 192f. Vgl. Gruppenpsychotherapie 1959, 77)

1950: Der Procrustes-Diwan wurde in eine multidimensionale Bühne verwandelt, Raum und Freiheit für Spontaneität schaffend, Freiheit für den Körper und für körperlichen Kontakt, Freiheit der Bewegung, der Handlung und des Zusammenspiels. Freuds freie Assoziationen wurden ersetzt durch psychodramatische Schöpfung und Teilnahme des Publikums, durch die Dynamik der Handlung und Dynamik von Gruppen und Massen. Durch diese Änderungen in Forschung und therapeutischer Handhabung wurde das Gerüst des psychoanalytischen Systems – Sexualität, Unbewusstes, Übertragung, Widerstand und Sublimation – ersetzt durch ein psychodramatisches System, Kreativität und Spontaneität, Tele, Interaktion und Rolle. Diese Umwandlung in Mittel, Form und Konzept übertraf wohl, aber entfernte nicht, die nützlichen Teile der Psychoanalyse. Der Diwan ist immer noch in und auf der Bühne, und in allen ihren Dimensionen, senkrecht und waagrecht und tief. Sexualität ist immer noch in der Spontaneität, das Unbewusste ist immer noch in der Kreativität des Patienten, Übertragung ist immer noch im Tele. Aber es gibt Konzepte, wie „spontane Kreativität", für das uns die Psychoanalyse kein Gegenstück gegeben hat, oder nur ein ungenügendes: „Sublimation", und ein anderes, „die Rolle", das unentbehrlich geworden ist in der psychodramatischen Theorie.

(Hypnodrama and Psychodrama, GP III 1/1950, 2. Vgl. Gruppenpsychotherapie 1959, 81)

1959: Jetzt werde ich die Formate der therapeutischen Situation untersuchen, von denen gesagt wird, dass Analyse, Behandlung und Heilung sich in ihnen vollziehen. Ein therapeutisches Format besteht aus zwei Teilen. Zum einen aus dem Vehikel, wie der „Couch", dem „Stuhl", dem „Tisch" in der Runde, der „Bühne" des therapeutischen Theaters oder dem offenen Feld etc. Und zum anderen der Instruktion, wie man sich in Bezug auf das Vehikel zu verhalten hat.

(Psychodrama II 1959, 91)

1963: Es ist ein häufiges Missverständnis, dass das Psychodrama eine theatermäßige Inszenierung verlangt, es wird ad hoc durchgeführt, d.h. wo immer sich der Patient befindet. Es ist sozusagen ein Natur- und Realheilverfahren.

(Gedanken zu meiner Gruppenpsychotherapie 1963, 78)

Das Verhältnis zwischen Gruppe und Bühne

1959: Es wurde im Lauf der Zeit klar, dass man die Verwirklichung des Ausagierens nicht dem Zufall überlassen sollte und sich nicht aufgrund eines Mangels an Möglichkeiten mit verbalen Diskussionen abfinden sollte. Das Errichten einer

Plattform oder einer Bühne in einem Raum oder das Kennzeichnen eines bestimmten Bereichs für die Produktion, erteilte einer zaghaft akzeptierten Praxis die „offizielle Lizenz". Die Gruppe hatte dann verstanden, dass dieser Platz für die Produktion benützt werden kann, wenn ihre tiefen Gefühle nach einem dramatischen Ausdruck verlangten. Die Bühne ist nicht außerhalb der Gruppe, sondern in ihr.

(Psychodrama II 1959, 191f. Vgl. Gruppenpsychotherapie 1959, 76)

1974: Das psychodramatische Theater baut sich in verschiedenen Ebenen auf, deren jede ein anderes Lebensniveau darstellt. Von der unstrukturierten Ebene leitet es über das wenig strukturierte zum hoch strukturierten Niveau und schließlich dem durch eine Art Balkon dargestellten Niveau der Superstruktur über. Auf jeder dieser Ebenen erfordert die Handlung einen anderen Erwärmungsgrad. Gruppe und Handlung sind nicht streng getrennt, sondern fließen ineinander über und ergeben eine totale Handlungseinheit und den Eindruck einer alles umfassenden Liebe.

(Grundlagen 1974, 419)

Grenzen der Inszenierbarkeit

1959: Es gibt im Allgemeinen ästhetische und ethische Grenzen der Darstellung, die sich ein therapeutischer Leiter immer vor Augen halten muss. Dasselbe Problem mag in verschiedenen Kulturen verschieden behandelt werden. Derselbe eheliche Konflikt müsste in Indien anders behandelt werden als in Katalonien, in der Türkei wieder anders als in den Vereinigten Staaten.

(Gruppenpsychotherapie 1959, 183)

Der leere Stuhl

1974: Der „leere Stuhl" wird als ein Stuhl definiert, der einen Abwesenden darstellt. Dieser braucht nicht unbedingt durch einen Stuhl symbolisiert zu werden, doch sollte das betreffende Objekt in irgendeiner Beziehung zu der dargestellten Person stehen. Dem Großvater kann ein alter bequemer Sessel, dem Kind ein Kinderbettchen gedient haben, dem Pfarrer eine leere Bank in seiner Kirche. Er wendet sich an die Bank, so als ob sie von Zuhörern besetzt sei. Für einen heimkommenden Sohn können um einen Tisch herum mehrere Stühle gestellt werden. Sie stellen die verschiedenen Familienmitglieder, Vater, Mutter, Schwestern und Brüder dar. Wichtig ist nur, dass der Stuhl, die Bank oder das Bettchen als von konkreten Personen besetzt erlebt werden, mit denen der Protagonist so lebhaft wie mit wirklich vorhandenen Menschen verkehrt. Das Erlebnis kann unter Umständen sogar stärker als in Wirklichkeit sein, da die wirkliche, der Spontaneität des Protagonisten entgegenwirkende Person nicht vorhanden ist.

(Grundlagen 1974, 420. Und: Therapeutic Vehicles and the Concept
of Surplus Reality, GP XVIII 4/1965, 213)

Die Auflösung der Bühne in Welt

1964: Er [Johnny Psychodramatiker] ging auf die Bühne und spielte den freundlichen Nachbarn, den starken, mutigen Mann und den Glücksbringer. Und während er dies tat, fühlte er sich verändert, die Bühne unter ihm wurde größer und größer, bis sie so kraftvoll und vollkommen war wie jede andere Bühne, die jemals gebaut worden war.

(The First Psychodramatic Family 1964, 9)

1969: Es war und es ist ein Problem, wie man die Begegnungen auf der psychodramatischen Bühne ebenso real werden lassen kann wie sie im Leben selbst sind. Dies war im Lauf der Jahre die schwierigste Herausforderung. In den Anfängen (1908 bis 1921) wurde Psychodrama im Leben gespielt, auf der Straße, in den Parks und in den Häusern. Damals hatten wir keine Psychodramabühne. Das theatralische Element war mehr implizit als explizit [vorhanden]. Die Teilnehmer waren reale Menschen und die Probleme waren real, diejenigen, die sie im Augenblick der Begegnung hatten. Es gab keine Hilfs-Iche. Es war kein Unterschied, ob man unter den Zuschauern war oder auf der Bühne. Es gab keine Bühne. Die Handlung floss wie im Leben und sie war für die Teilnehmer ebenso real wie ihr Leben, weil sie ein stetig weiter gehender integraler Teil ihres Lebens war. Dies war die Geschichte des Psychodramas bis 1921. Ab dann begann eine neue Entwicklung.

(Psychodrama III 1969, 27f)

20. Der Protagonist

Den doppelten Handlungsraum der Gruppe und der Bühne „bevölkert" Moreno mit den weiteren psychodramatischen Instrumenten. Sie beschreiben alle Handlungsrollen, die in diesem Raum interagieren. Die erste dieser Rollen ist der Protagonist, den Moreno in seinen Frühschriften als „Spielmächtigen" identifiziert. Es ist der erste Spieler, der ausgestattet mit und auf der Suche nach Autonomie die Gruppe und ihre aktuellen Themen vertritt und stellvertretend für die Gruppe und getragen von ihr am Gruppenthema weiterarbeitet, das er in ganz besonderer Weise zu verkörpern im Stande ist.

Der Spielmächtige

1924: Der Spielmächtige ist zentrifugal. Der Geist, die Rolle, ist nicht wie beim Schauspieler in einem Buch, das Material nicht wie beim Maler oder Bildhauer draußen im Raum, sondern ein Teil von ihm. Was den Schauspieler zuerst, erreicht den Spielmächtigen zuletzt: das Wort. Er rollt das Untere hinaus, nicht das Obere hinunter, das Innere hinaus, nicht das Äußere hinein. Die Lage läuft allmählich an und bis sie erwärmt, wird das Wort ausgehaucht, herausgezogen. Zur originären Lage des Sinnes (Gemüt + Leib) tritt das originäre kongruente Wort, zum arteigenen Leib der arteigene Geist, zur mimischen die dichterische Konzeption. In der Idee eines Spielmächtigen ist die Idee eines freien Willens mit einbegriffen.

(Stegreiftheater 1924, 28)

1924: In der Mehrheit der Stegreifkomödien ist ein Spieler mit der Führung betraut. Er muss von der Spielidee am stärksten beherrscht sein. Vom Grad des Einflusses, den er auf die Mitspieler hat, hängt in zahlreichen Fällen die Geschlossenheit und Stärke der Leistung ab.

(Stegreiftheater 1924, 48)

1924: Ein alter Rollenspieler kann Stegreif „simulieren". Er spielt aus den Residuen oft abgekurbelter Rollen. Dieser „Überschuss" (Klischees) ist nach kurzer Zeit erschöpft und die Unfähigkeit, schnell und selbständig zu kombinieren, tritt zum Vorschein. Sein Gedächtnis hat die natürlichen Bezugsquellen verlegt und dieses bleibt permanent seine Gefahr (spezielle Hemmungsarbeit des Rollenspielers). Zum Stegreif gravitieren die Lebensmächtigen, die Nichtschauspieler. Ihre Quelle ist das Leben.

(Stegreiftheater 1924, 63f)

Autonomie

1940: Das therapeutische Theater ist kein Gerichtshof, die Hilfs-Iche, die dabei sein können, sind keine Geschworenen, und der Leiter ist kein Richter. Außerdem ist das therapeutische Theater kein Krankenhaus, in das die Menschen kommen, um ihre Wunden zu zeigen und sie von professionellen Helfern geheilt zu bekommen. Die Initiative, die Spontaneität, die Entscheidung müssen allesamt in den Personen selbst entstehen.

(Die psychodramatische Behandlung von Eheproblemen 1940,
Psychodrama und Soziometrie 1989, 133)

Stellvertretung

1940: [Hier] wird ein anonymer, durchschnittlicher Mensch fast so etwas wie ein Kunstwerk – nicht nur für andere, sondern auch für sich selbst. Eine winzige, unbedeutende Existenz wird hier auf eine Ebene von Würde und Respekt erhoben. […] Die Welt, in der wir alle leben, ist unvollkommen, ungerecht und amoralisch, aber im therapeutischen Theater kann ein ganz normaler Mensch über unsere alltägliche Welt hinauswachsen. Hier wird sein Ego zu einem ästhetischen Prototyp – er wird zum Stellvertreter der Menschheit.

(Spontaneität und Katharsis 1940, Psychodrama und Soziometrie 1989, 102)

1957: Gott zu spielen ohne gewählt zu sein ist ein Akt gegen die Gruppe, der viel Ärger gegen den Gott-Spieler hervorruft.

(Ontology of Group Formation. Group Training Versus Group Therapy, GP X, 4/1957, 346)

1959: Das Problem, das der Einzelne hat, wird oft von allen Mitgliedern der Gruppe geteilt. Der Einzelne wird zum Repräsentanten in Aktion.

(Gruppenpsychotherapie 1959, 76)

Protagonist und Leitung

1954: Die Hilfs-Iche sind Starter. Sie sind bis zu einem bestimmten Punkt tauglich, aber wenn etwas Tiefgreifendes passiert, benutzen wir den Protagonisten, indem wir ihn in jede Rolle drängen, vor und zurück, vor und zurück, und ihn stets strategisch dazu benutzen, das Drama zu entfalten.

(Psychodramatic Frustration Test, GP VI 3-4/1954, 164f)

1959: Der Patient ist der Schöpfer und Hauptdarsteller. Seine Handlungen und Stimmungen deuten den Weg an.

(Gruppenpsychotherapie 1959, 248)

1975: Immer wenn dies möglich ist, wählt der Patient Zeit, Ort, Szene und Hilfs-Iche, die er für die Produktion seines Psychodramas benötigt. Der Leiter dient als Dramaturg, indem er dem Patienten oder Protagonisten hilft. Der Leiter und der Protagonist sind Partner; der Leiter mag in einem Augenblick aktiver sein, aber dem Protagonist bleibt es stets vorbehalten, das Spielen einer Szene zurückzuweisen oder sie zu verändern.

(Psychodrama, Freedman/Kaplan/Sadock, Comprehensive Textbook of Psychiatry – II 1975, 1897)

Der Protagonist als Instrument

1946: Das zweite Instrument ist der Protagonist oder der Patient. Er wird aufgefordert, auf der Bühne sich selbst darzustellen, seine eigene private Welt zu zeichnen. Er soll er selbst sein, kein Schauspieler, da vom Schauspieler verlangt wird, dass er sein eigenes privates Selbst der Rolle opfert, die der Dramatiker ihm vorschreibt. Wenn sich der Patient erst einmal für diese Aufgabe erwärmt hat, ist es für ihn verhältnismäßig einfach, über sein tägliches Leben in der Spielhandlung Rechenschaft zu geben, da nur er selbst seine größte Autorität ist. Er soll frei handeln, wie es ihm gerade in den Sinn kommt. Daher muss ihm Freiheit des Ausdrucks und Spontaneität ermöglicht werden. [...] Von Bedeutung ist auch das Prinzip des „Einbezogenseins". Wir haben gelernt, dass sowohl in Test- als auch in Behandlungssituationen en Minimum an Beziehung zu anderen Personen und Objekten für den Patienten höchst wünschenswert ist. Ein Beispiel dafür ist der „Rorschach". Die Rorschach-Situation ist auf Tintenflecke reduziert. Im Rorschach ändern sich die Versuchspersonen, die Situation bleibt jedoch immer dieselbe. Besonders hoch angerechnet wird dabei seine Reinheit und damit die Ermöglichung eines „objektiven" Tests. Auch das psychoanalytische Interview in seiner orthodoxen Form versuchte rein und objektiv zu sein, indem es die Beziehung zum Analytiker auf ein Minimum reduzierte. In der psychodramatischen Situation dagegen ist ein Maximum der Beziehung zu anderen Personen und Dingen nicht nur möglich, sondern wird geradezu erwartet. Die Wirklichkeit wird nicht nur gefürchtet, sondern hervorgerufen. Tatsächlich finden sich in der psychodramatischen Situation alles Abstufungen des Einbezogenseins, von minimalem bis zu maximalem Einbezogensein. [...] Das Ziel dieser verschiedenen Methoden ist nicht, die Patienten in Schauspieler zu verwandeln, sondern sie dazu zu bringen, auf der Bühne das zu sein, was sie sind, nur tiefer und klarer als sie im wirklichen Leben zu sein scheinen.

(Psychodrama und Gruppenpsychotherapie 1946, Methode 1981, 144f.
Vgl. Gruppenpsychotherapie 1959, 77f)

21. Die Hilfs-Iche

Für Moreno steht fraglos fest, dass der Protagonist losgelöst von unterstützenden Rollen und Beziehungen nicht existieren und sich schon gar nicht konstruktiv weiterentwickeln kann. Im Buch „Das Stegreiftheater" steht der Begriff der Selbstlosigkeit für die Einsicht, dass die Angewiesenheit aufeinander schon bei der Improvisation ein zentrales Faktum ist. In der psychodramatischen und soziometrischen Arbeit stehen dem Protagonisten in Form von Alter-Ego, Doppel und Mitspielern vielfältige Hilfs-Iche zur Seite.

Selbstlosigkeit im Stegreiftheater

1924: Beginn und Ende von Rede und Gegenrede sind im historischen Theater zeitlich scharf fixiert und überdies durch den Souffleur überwacht. So ist die Gefahr des Durcheinanders, gegenseitiger Hinderung bei Gestaltung eines Gedankens oder einer Lage von selbst gemieden. Im Stegreifspiel aber gewinnt diese Schwierigkeit große Bedeutung. Selbstlosigkeit ist vor allem nötig: den Anderen „ausreden" lassen und nur zu Hilfe eilen, wenn er in Gefahr ist.

(Stegreiftheater 1924, 54)

Das Hilfs-Ich als Instrument

1937: Ein Hilfs-Ich muss davon „überzeugt" sein, dass der [Protagonist] Recht hat. Es genügt nicht, dass es seine „Rolle" spielt, es muss zustimmen und daran glauben, dass der Patient subjektiv Recht hat. Dies ist möglich, weil jedes Ich aus seiner eigenen Perspektive Recht hat. Der Arzt sollte in der Lage sein, sich zu identifizieren, ohne dabei zu „mogeln". Es ist die Aufgabe des Hilfs-Ichs, die Subjektivität des Patienten zu durchleben und sich mit jedem Ausdruck des Patienten zu identifizieren, soweit dies die körperlichen Grenzen erlauben.

(Inter-personal Therapy and the Psychopathology of Inter-personal Relations,
Sociometry I 1937, 12. Vgl. Psychodrama I 1946, 234)

1937: Man muss verstehen, dass der Prozess der aktiven Vereinigung niemals vollständig ist. Er hat sowohl organische als auch psychologische Grenzen […] Auch die beste Technik des Hilfs-Ichs kann nicht zufrieden stellend funktionieren, wenn es zwischen dem Hilfs-Ich und dem Patienten nicht klickt.

(Inter-personal Therapy and the Psychopathology of Inter-personal Relations,
Sociometry I 1937, 15. Vgl. Psychodrama I 1946, 237)

1937: Das Hilfs-Ich kann sich die Lücke zwischen sich selbst und der Person, die unterstützt werden soll, zunutze machen. Weil nur ein Teil seines Ichs für die Vereinigung verwendet wird, bleibt ein Teil frei, um für dieses Ich noch mehr zu tun, als wir selbst für es tun können.

(Inter-personal Therapy and the Psychopathology of
Inter-personal Relations, Sociometry I 1937, 17)

1946: Das vierte Instrument ist ein Team von Hilfs-Ichen. Diesen Hilfs-Ichen oder therapeutischen Mitspielern kommt eine doppelte Bedeutung zu. In Exploration und Therapie sind sie Erweiterungen des Leiters; sie fungieren aber auch als Erweiterungen des Patienten, indem sie wirkliche und fiktive Personen seines Lebensraums darstellen. Die Hilfs-Iche haben dreierlei Funktionen: die des Schauspielers, der die für die Welt des Patienten erforderlichen Rollen verkörpert; die des therapeutischen Helfers, der den Protagonisten leitet, und schließlich die Funktion eines Sozialforschers.

(Psychodrama und Gruppenpsychotherapie, Methode 1981, 145f.
Vgl. Gruppenpsychotherapie 1959, 78f)

1946: Das Hilfs-Ich hat drei Funktionen: (a) Die Funktion des Darstellers, der Rollen spielt, die in der Welt des Protagonisten gebraucht werden, (b) die Funktion der Leitung, eines therapeutischen Agens und (c) die Funktion des Sozialforschers. […] Er wird vom Leiter mit Anweisungen auf die Bühne geschickt, eine bestimmte Rolle zu spielen und gleichzeitig sich selbst bei der Handlung genau zu beobachten; kontinuierlich zu registrieren, wie es sich für die Rolle erwärmt, was die Rolle mit ihm macht und was es selbst mit der Rolle macht. Unmittelbar nach der Szene, wenn die Erfahrungen noch warm sind, kann es von seinen eigenen Reaktionen berichten. So verkörpert das Hilfs-Ich ein neues Werkzeug in der Sozialforschung. Der teilnehmende Beobachter wird hier zum „teilnehmenden Darsteller" […].
Das Hilfs-Ich fühlt während der Handlung nicht nur, es tut etwas; es tut zweierlei – es konstruiert und rekonstruiert ein an- oder abwesendes Subjekt in einer spezifischen Rollenbeziehung. Oft macht es wenig aus, ob die Rekonstruktion eine identische Kopie des natürlichen Settings ist, solange es die Dynamik und Atmosphäre des Settings abbildet; dies kann eindrucksvoller sein als seine identische Kopie.

(Psychodrama I 1946, 259)

1954: Ein Hilfs-Ich ist vor allem ein Stellvertreter [stand-in]. Nur das Subjekt weiß, was passiert ist. Darum vertausche ich die Parts, wann immer es zu einer tief greifenden Beziehung kommt, die nur von ihm dargestellt werden kann, ich tausche die Rollen. Es ist eine „Karussell-Technik". Die Hilfs-Iche sind Starter.

(Psychodramatic Frustration Test, GP VI 3-4/1954, 164f)

1959: Wenn der leitende Therapeut im Psychodrama die Notwendigkeit spürt, eine spezielle Rolle für den Patienten zu spielen, beispielsweise die Rolle eines Vaters oder eines Arbeitgebers, dann gibt es eine Alternative: Er kann eine andere Person als Helfer nutzen, um diese Aufgabe zu erfüllen: ein Hilfs-Ich. Es gibt vier Gründe, aus denen heraus das Hilfs-Ich in die psychodramatische Therapie eingeführt wurde. Einer davon waren ökonomische Gründe. Es geschah, weil der physische Abstand es unmöglich machte, Menschen die weit entfernt wohnten in die Szene zu bringen. Zweitens ein soziologischer Grund. Die Individuen die die private Welt des Patienten bevölkern sind aufgrund ihrer eigenen sozialen Verpflichtungen an der Teilnahme verhindert. Drittens ein psychologischer Grund. Es half dem Therapeuten nicht verstrickt zu werden und seine Objektivität und Neutralität zu erhalten. Das Hilfs-Ich entlässt den Therapeuten aus der Verpflichtung eine Rolle für den Patienten zu spielen. Der leitende Therapeut kann es sich leisten neutral und objektiv zu sein und es hilft dem Patienten eine vernünftige psychologische Distanz zu ihm aufrecht zu erhalten. Viertens ein therapeutischer Grund. Oft ist es vorzuziehen eine andere reale Person nicht gegenwärtig zu haben.

Das Hilfs-Ich braucht ein ganz anderes Training als der leitende Therapeut. Seine Funktion ist vor allem die eines teilnehmenden Akteurs und nicht die eines Beobachters oder Analysten. Seine Neutralität würde den Zweck der Therapie vereiteln. Es muss die von ihm verlangte Rolle im vollen Sinne des Wortes spielen. Es muss lernen, das Spiel des Patienten mitzuspielen und dennoch nicht davon fort getragen zu werden. Aber wenn die Rolle von ihm verlangt sich mit dem Patienten so einzulassen wie dies im Leben geschieht, dann soll es diese Verordnung ausführen. Es sollte auch nicht vergessen werden, dass der Therapeut, im Gegensatz zur Psychoanalyse, in der psychodramatischen Situation nicht mit dem Patienten alleine ist. Andere Individuen sind gegenwärtig. Deshalb ist die Neutralität und Objektivität des Therapeuten besser abgesichert.

(Psychodrama II 1959, 231f)

1959: Wenn eine Rolle dargestellt wird, dann wird erwartet, dass das Hilfs-Ich sich selbst nach Kräften privat mit der Rolle identifiziert, dass es sie nicht nur spielt und vorgibt, sondern, dass es sie „ist".

(Psychodrama, Arieti, American Handbook of Psychiatry II 1959, 1384)

1963: Ich habe daher ein sorgfältiges System von Methoden entwickelt, mit deren Hilfe sich der therapeutische Leiter und die Hilfs-iche in die Welt des Patienten einarbeiten können, um sie mit vertrauten Gestalten zu bevölkern. Der Vorzug dieser Gestalten ist es, dass sie weder reine Täuschung noch reine Realität sind, sondern halb erfunden, halb wirklich. Die Hilfs-Iche sind ja reale Menschen, dringen aber wie eine gute Fee mit ihrem Zauber in die Psyche des gescheiterten Menschen ein. Wie gute oder böse Poltergeister, ein andermal überraschen und trösten sie ihn. Gleichsam in einer Falle ist er in einer halb realen, halb irrealen Welt gefangen; er sieht sich selbst spielen, er hört sich selbst reden, aber seine Handlungen und Gedanken, seine Gefühle und Wahrnehmungen kommen nicht von ihm, sie kommen seltsamer Weise von einer anderen Person, den therapeutischen Spiegelbildern seines Geistes.

(Gedanken zu meiner Gruppenpsychotherapie 1963, 78. Vgl. Gruppenpsychotherapie 1959, 84)

1972: Die „Auxiliary egos" sind therapeutische Schauspieler. Sie haben eine doppelte Bindung; sie sind Helfer des Patienten, sie porträtieren reale oder symbolische Personen in seinem Lebensdrama. Sie sind aber auch Helfer und Mitarbeiter des Direktors. Sie haben drei Funktionen: als Spieler der Rollen, die der Patient braucht, als therapeutische Helfer und als Analytiker der Situation.

(Das Psychodrama, Grundzüge der Neurosenlehre I 1972, 403)

Weiterführende Fragestellungen

Nicht-professionelle Hilfs-Iche

1939: Eine Vielzahl von Helfern aller Art umgeben uns im Verlauf unseres Lebens und steigern oft ohne ihr eigenes Wissen unsere Kraft und unser Wohlergehen, dienen uns als Hilfs-Ich und erweitern unser Ego.

(Psychodramatische Behandlung von Psychosen 1939, Psychodrama und Soziometrie 1989, 123. Und: Psychodrama I 1946, 59)

Die Wahl des Hilfs-Ichs

1966: Es ist das Privileg des Protagonisten, aus dem Publikum diejenige Person auszusuchen, die die Rolle von Micheles Schwiegermutter spielen soll. Sie wird durch eine besondere Hellsichtigkeit [clairvoyance] geführt. Aber manchmal kann es sein, dass der Leiter eine Intuition hat, wer die richtige Person ist und ein Hilfs-Ich auswählt, das darauf trainiert ist, unangenehme, garstige Schwiegermutterrollen zu spielen.

(Psychodrama of a Marriage, a Motion Picture, GP XIX, 12/1966, 55. Und: Psychodrama III 1969, 139)

Die bleibende Differenz

1946: Die persönliche Situation des Hilfs-Ichs muss von seiner Funktion unterschieden werden. Wie sehr es auch zum Hilfs-Ich geworden sein mag, wie tief es sich dem Ideal der Vereinigung auch angenähert haben mag, die Einheit ist infolge organischer und psychologischer Grenzen nie vollständig. Der Grad dieser organischen und psychologischen Grenzen variiert. Die Mutter ist während der Schwangerschaft ein ideales Hilfs-Ich für ihr Baby. Auch nach der Geburt ist sie es für ihr Neugeborenes, das sie stillt und pflegt, aber die organische und psychologische Kluft äußert sich nach der Geburt mehr und mehr. Die Mutter ist ein Beispiel für ein instinktives Hilfs-Ich [...]. Das Hilfs-Ich kann für sich selbst und für die unterstützte Person einen großen Nutzen aus dieser Kluft ziehen. Weil nur ein Teil seines Egos für den Prozess der Vereinigung verwendet wird bleibt ein [anderer] Teil frei, um im Namen der anderen Person mehr zu tun, als sie für sich selbst tun kann.

(Psychodrama I 1946, 240)

1959: Die Einsicht, die eine Person in den Geist der anderen hat, ist höchstens skizzenhaft. Wir leben gleichzeitig in verschiedenen Welten, die nur zuweilen und nur an bestimmten Stellen miteinander in Verbindung treten, und dann nur unvollständig. Die Psyche ist nicht durchsichtig. Das volle Psychodrama unserer Beziehungen untereinander kommt nicht ohne weiteres zum Vorschein. Es ist in und zwischen uns begraben.

(Gruppenpsychotherapie 1959, 226)

Das Hilfs-Ich als therapeutisches Agens

1947: Das neue gruppentherapeutische Denken gipfelt in dem Ausspruch: Ein Patient kann die therapeutisch wirkende Kraft für den anderen sein, im Gegensatz zu der älteren Idee, dass die gesamte therapeutische Kraft im Arzt liege.

(Offener Brief an Gruppenpsychotherapeuten 1947, Geßmann, Humanistisches Psychodrama III 1994, 14. Und: Sociatry 1/1947, 23)

1959: Der weise Therapeut wird sich aus der unmittelbaren, engen Beziehung mit dem Patienten verabschieden und durch andere Individuen arbeiten, die in einer besseren Position sind um zu helfen als er selbst. Gemäß der Gruppenmethode kann das therapeutische Agens für ein Gruppenmitglied irgendein anderes oder eine Kombination verschiedener Individuen sein.

(Psychodrama II 1959, 9f)

1964: Nachdem es die Aufgabe des Hilfs-Ichs ist, die Wahrnehmung der Rollen und Figuren zu repräsentieren, die die innere Welt des Patienten dominieren, wird der Effekt auf den Patienten umso größer sein, je angemessener sie in der Lage sind, diese darzustellen. Anstatt mit dem Patienten über seiner inneren Erfahrungen zu sprechen, stellen die Hilfs-Iche sie dar und ermöglichen es dem Patienten ihren eigenen inneren Figuren draußen zu begegnen. Solche Begegnungen gehen über die verbale Kommunikation hinaus und helfen dem Patienten seine vage innere Wahrnehmung, zu der er sich ohne externe Hilfe in Beziehung setzen kann, zu stärken. Diese symbolischen Figuren seines inneren Lebens sind nicht mehr bloß Phantome, sondern therapeutische Akteure mit einem realen Eigenleben.

(Psychodrama I, 3. Aufl. 1964, XVII)

Mutualismus

Wie alle anderen Instrumente ist auch das Hilfs-Ich-Prinzip nicht auf methodische Handgriffe im Rahmen der Praxeologie zu reduzieren. Vielmehr verkörpert sich darin Morenos Grundüberzeugung einer absoluten Sozialität des Menschen. Diese Grundüberzeugung ist nicht nur ein anthropologischer Glaubenssatz, dass der Mensch eingebunden ist, sondern es ist vor allem auch eine sozialpolitische Botschaft, dass er (immer wieder) eingebunden werden und aus seinen Bezügen heraus verstanden werden soll. Der Sozialutopist Peter Kropotkin antwortet auf Charles Darwins These vom Kampf der Arten gegeneinander (survival of the fittest) mit einem Buch über gegenseitige Hilfe in der Tier- und Menschenwelt (Mutual Aid). Diesen Begriff der gegenseitigen Hilfe (Mutualismus) greift Mo-

reno auf und platziert ihn, verkörpert im Hilfs-Ich, wirkmächtig im Kernbestand seines Verfahrens. Gegenseitige Hilfe (man könnte auch sagen Solidarität) zu lehren ist eines der wesentlichen Ziele von Morenos Praxisentwürfen.

1958: Gruppenpsychotherapie ist eine Methode, die die Selbstregulationsmechanismen von natürlichen Gruppen absichert und stimuliert. Sie geht die Probleme an, indem sie einen Menschen als therapeutisches Agens des anderen nutzt und eine Gruppe als therapeutisches Agens der anderen.

(Earliest Definitions of Group Psychotherapy, GP XI 4/1958, 361)

1959: Es war einer der Höhepunkte soziometrisch orientierter Gruppenforschung, zu zeigen, dass diese Beziehung umgekehrt werden kann, dass der Arzt der Patient werden kann und der Patient der Arzt, dass jedes Mitglied einer Gruppe zum Therapeuten für jedes andere werden kann. […] a) Die Gruppe kommt zuerst, und der Therapeut ist ihr untergeordnet; b) der Therapeut ist, bevor er als therapeutischer Leiter in Erscheinung tritt, nur ein Mitglied der Gruppe; c) einer ist therapeutisches Agens des anderen, und eine Gruppe ist therapeutisches Agens der anderen.

(Psychodrama II 1959, 9f. Vgl. Gruppenpsychotherapie 1959, 12, 52)

22. Die Leitung

Frühe Motive

Als letztes und den anderen Instrumenten zugeordnet wird die Leitung als nuancenreiche Handlungsrolle installiert. In Morenos frühen Schriften ist der Leiter der Regisseur der Stegreiftruppe. Aber auch wenn er in dieser Zeit noch kaum in therapeutischen Kategorien denkt, verwendet Moreno wiederholt zwei Motive, die für die spätere Ausgestaltung der Leitungsrolle von Bedeutung sind: das Schweigen und die Anonymität.

Der Stegreif-Regisseur

1924: Das Unwahrscheinliche ist wahr: je vollkommener die Spieler sich in die gewünschte Idee verwandeln, desto mehr ist einer nötig, der sie miteinander verbindet. Der Regisseur reguliert das Zusammenspiel.

(Stegreiftheater 1924, 60)

Schweigen

1914: Das Schwert des Schweigens / In einer Stadt stritten die Männer. / Wer ist mächtiger, die Rede oder das Schweigen? / Da sie sich nicht einen konnten, baten sie die Rede und das Schweigen herbei. / Das Schweigen kam verhüllt, die Rede kam mit Flitterwerk. / Der Richter wurde gerufen. / Der Richter sprach: „Rede sage, was du zu sagen hast!" / Die Rede begann: „Ich, die Rede, ich gebe dem Dichter meine Süße, dem Krieger meine Härte, dem Elenden meinen Schmerz, dem Liebenden meinen Rausch. Du selbst Richter, bedienst dich meiner." / Der Richter unterbrach sie und sagte: „Schweigen, erhebe dich!" / Das Schweigen begann: „Ich, das Schweigen – –" / Da brach die Rede aus: „Bei der Blume, das Schweigen hat gesprochen." / Die Rede hatte gesiegt. // Eines Morgens ging ich über die Wiese. / Ich bat die Rede und das Schweigen herbei. / Ich wurde Richter. / Das Schweigen kam verhüllt, die Rede kam mit Flitterwerk. / Die Rede erhob sich, aber ich wandte mich an das Schweigen. / Das Schweigen begann zu schweigen und schwieg und das Schweigen hatte kein Ende. / Die Rede kam nicht zu Wort und die Rede platzte vor Zorn. / So siegte das Schweigen.

(Einladung zu einer Begegnung 1914, 28)

1918: Das vollendete Schweigen. / Das Schweigen wurde Meer. / Und aus dem feuchten Stoff ging Gott hervor. / Gott wurde Weib. Ein junges Weib im Flor. / Sie:

Aug' ohne Augenweide. / Vom Knie des Abgrunds bis zur Stirn der See / brannte ihr Leib wie ein Gebirge im Schnee. / Und keiner sah: wie sehr // Aus blauer Flut empor / tauchte das Weib wie blitzendes Gestirn. / Ins Blaue fuhr die junge Göttin vor. / Sie: Auge und Augenweide. / Begegnete dem Himmel und der Gier. / Und sie gebar. Gebar den Vogel und den Stier. / Geteilter Körper und geteiltes Meer. // Auch Götter werden leer. / Am Strand des Meeres heil'ger Spross erfror / Als Fisch, als Perle und als Muschelohr. / Die Göttin schrie, sie sah was Gott verlor / Ihr Wort und jede süße Tat, zuletzt / ihr Anbeginn und Ziel verworfen und zerfetzt. / Die Göttin schwieg entsetzt. Sie schrie über das Meer. // Und alles wie zuvor. / Das Leben trat in sie zurück. Wort wurde Mund. / Die Handlung Faust, das Ziel ein stummer Bund. / Die ewige Stadt: öffnete weit das Tor. / Das Weib glitt schwebend in den blauen Schoß / und schwand. Kein Schiffer kennt ihr Los. / Augen gesenkt: das Schweigen wurde groß.

(Daimon 1918, 110f)

1922: O wann wird mein Vaterherz am strahlendsten entflammt sein? / O wann wird meine Seele die Sonne sein, um die sich alle Sterne drehen? / O wann wird mein Leib ein Gotteshaus sein, zu dem tausende Beter pilgern? / O wann wird mein Wort so erhaben sein, dass plötzlich alle Münder stillestehen? / O wann wird mein Schweigen so beredsam sein, dass meine Augen genügen? / O wann werden meine Augen so beredsam sein, dass sie geschlossen genügen?

(Testament 1922, 115)

1923: Wie der Arzt, vom Kranken gerufen, erst schweigt; doch hat er einmal die Wunde erkannt, die Hand auf sie legt, die Wunde wäscht, vom Schmutze befreit, mit heilender Salbe belegt, so schwieg auch ich, bis dieser Augenblick kam. Da schaute ich ihn an, horchte ihn ab; doch kaum hatte ich den Grund seiner Krankheit erkannt, begann diese Rede und sie legt sich, ärztlich besorgt, auf euch, eine heilende Salbe. Denn das ist der Grund der Rede: dass ich nicht mehr schweigen, auch nicht tanzen, fliegen, noch lachen darf, sondern reden muss, um zu heilen.

(Rede über den Augenblick 1923, 10f)

1923: Ein Schweigen entsteht, wenn es Grund hat hervorzutreten, indem eine vorangegangene Rede unterbrochen wird. Wenn aber ein Schweigen zu rasch entsteht, bevor ein notwendiger Satz ausgesprochen ist, dann ist ein Schweigen als nicht entstanden zu betrachten, denn ein Schweigen darf nicht an die Stelle notwendiger Rede drängen. Wenn ein Schweigen zu spät entsteht, nachdem ein unbefugter Satz ausgesprochen wurde, auch dann ist das Schweigen als nicht entstanden zu betrachten, denn das Schweigen hätte seinen Ort gehabt an überflüssiger Rede statt.

(Rede über den Augenblick 1923, 16f)

1974: „Als Drittes und Wichtigstes", sagte er [Chaim Kellmer], „will ich ein gutes, tugendhaftes Leben führen. Tugend kommt zuerst." […] „Sag mir, wie ich leben und was ich tun soll." Es war, als ob er sein ganzes Leben in meine Hände legte. Es war ein sehr dramatisches, tiefes Erlebnis für mich. Es war nie zuvor geschehen, dass mich ein Mann grüßte und mir so viel Respekt erwies. Ich fühlte mich demütig. Wer war ich, das zu verdienen? Ich blieb still. Wir schritten weiter. Er hörte auf zu sprechen. Die Stille, die wir teilten, schien eine bleibende Verbindung zwischen uns zu schaffen. Mein Schweigen sagte ihm Folgendes: „Ich möchte keine eitlen Worte sprechen. Du weißt, dass du deine Entscheidungen selbst treffen musst, und du wirst sie treffen."

(Autobiografie 1974/1995, 47f)

Anonymität

1919: Die Himmlischen sind anonym; die Visitenkarte ist eine Einrichtung der Hölle.

(Die Gottheit als Redner, Der Neue Daimon 1919, 9)

1925: Die Lage, in der ich mich befand: mein Werk war anonym erschienen. Nicht nur ein Buch. Eine ganze Reihe. Nicht etwa einmalig. Durch viele Jahre. Ich hatte es im Streben getan, ein Gesetz aufzurichten, eine Form zu prägen, nach welcher allein ein Werk der Welt übergeben werden kann. Das wirklich wahre Werk gehört der Allgemeinheit, ist ein Nationalgut. Die Werte sind namenlos.

(Rede vor dem Richter 1925, 5f)

1925: Der Unfug, Geist als Kapital anzusehen, hat zu Fug geführt, von seinen Zinsen leben zu wollen. Werk schob sich als Ware vor und sein Index, der Fabrikant. Man dachte, im Interesse eines allgemeinen Bewusstseins, die private Essenz vernachlässigen zu dürfen. Der Imperativ, Geist in Geld, wurde allmählich zum Desperativ, Geld in Geist umzusetzen. Irgendeiner, etwa unser Repräsentant, nicht erpicht, sich privat anzustrengen, sah sich auf dem Markt nach Geld und wertbeständiger Geistware um, sie zu lancieren. Eine Synthese von Geld und Geist entstand nicht auf produktivem, sondern energetischem Wege. Vom Geld kam Geltung, Geltung ist an das kontinuierliche Band des Namens gebunden, und Name trägt Zinsen. So bringt Geld zu Namen, Name zu Geld, und beide werden zuletzt

Wechselbegriffe. Kapitalskraft des Geistes ist sein Untergang. Geist darf nicht Er-
werbsquelle sein. Er ist auch Mehrwert, aber der anonymen, nicht kapitalshungri-
gen Gesellschaft. Geist ist kein Beruf, unübertragbar, eine Ausnahme, Beruf ist keine Ausnahme, austauschbar, eine Ware. Adel und Entsagung sind unlösbar miteinander verknüpft. Das Opfer ist ein physischer oder sozialer Beruf, in der letzten
Resignation – völlige Preisgabe, freiwillige Armut. Da in dieser Zeit Geist Geltung,
Geltung einen Namen, Name Zins und Zins wieder Geist trägt, musste ich, um
diesem Kreislauf zu entgehen, mich und mein Werk völlig herausstellen. Der Gewinn aus meinen Werken fällt der Öffentlichkeit zu und sie selbst sind Allgemein-
gut durch ihre Anonymität.

(Rede vor dem Richter 1925, 18f)

1956: Anonymität bedeutet etwas um seiner selbst willen zu tun, ohne Rücksicht
auf deinen Namen und dein Ich.

(The Birth of a New Era for Sociometry, Sociometry XVIII 4/1956, 10)

1963: Ideen gehören, sobald sie geboren sind, dem Universum, und niemand hat
das Recht, sie auf dem Markt zu kaufen oder zu verkaufen; sie gehören der Allgemeinheit.

(The First Psychodramatic Family, GP XVI 4/1963, 208)

1964: Er [Moreno] lebte in Beacon, N.Y. Er erfand nichts. Er ist eine wertlose Kreatur, ein Scharlatan. Er ist nur der Sohn eines reichen Vaters, den er jetzt ausschlach-
tet. Er ist ein falscher Prophet. Er behauptet, der Schöpfer von Psychodrama,
Gruppenpsychotherapie, Soziometrie und vieler anderer nicht genannter Dinge zu
sein. Aber seine Ideen sind nicht seine. Sein Vater ist tot. Sie gehören der Welt. Jeder kann sie nehmen. Wenn Besucher nach Beacon kommen, nimmt Moreno die
Qual auf sich, mit einem Schimmer in seinen Augen klar zu machen, dass die Geschichte nicht wahr ist, dass er beides sei – Vater und Sohn.

[…]

Die Geschichte von Morenos Größenwahn wird weithin erzählt, aber die Geschichte seiner Bescheidenheit kennt man kaum […] Moreno besteht standfest darauf,
dass Ideen, wenn sie einmal geboren sind, dem Universum gehören und niemand
das Recht hat, sie auf dem Markt zu kaufen oder zu verkaufen; sie gehören der
Allgemeinheit. Moreno ging mit seiner Idee des Größenwahns als eines Geburts-
rechts des Menschen bis ins Extrem, indem er verkündetet: „Ich bin Gott, der
Schöpfer des Universums." Nebenbei war Moreno dabei lange vor seiner Zeit ein
Prophet unserer Tage. Heute glaubt jeder Therapeut, er sei Gott und versucht Gott

zu spielen. Sie stehen in Morenos Schuld für diese Idee, für die er immer wieder von seinen Gegnern angegriffen wurde. Aber auch mit seiner Idee der Anonymität ging er ins weiteste Extrem. In der Stadt Vöslau war er nur als der „Doktor" bekannt. Niemand kannte seinen Namen. Moreno behauptete, dass ein guter Therapeut durch seine Taten und sein Wissen ist, was er ist – ein Name ist überflüssig.

(The First Psychodramatic Family 1964, 11f)

1974: Die Geburt ist der schicksalsschwerste Augenblick im Menschenleben. Der biologische Fortpflanzungsprozess findet sein Ende; das Leben auf der Erde beginnt. Aber als fatalistische Folge der Fortpflanzung sind Eltern und Erzieher des Neugeborenen identisch mit seinen Erzeugern und der ersten sozialen Organisation, in der sich seine Persönlichkeit zu entfalten beginnt. Unsere Eltern werden uns gegeben, anstatt von uns gewählt zu werden. Es ist eigenartig, dass die Vorbestimmung im sozialen Bereich uns viel heftiger herausfordert als die biologische Vorbestimmung; dass uns unsere Ahnen gegeben, nicht aber von uns auf die Probe gestellt werden, stört uns wenig. Mit wem wir aber zusammen leben und wirken sollen, scheint uns ebenso wichtig, wie der Eintritt in das Leben zu sein. Das neugeborene Kind wird oft als Besitz oder vielleicht als Belohnung für die Leiden und Schmerzen der Geburt betrachtet.

Dieses Gefühl findet sein Gegenstück im Verhältnis des kreativen Menschen zu seinem Werk; auch er ist geneigt, sein geistiges Kind als absolutes Eigentum zu betrachten. Eltern und Schöpfer aber sind beide Opfer derselben menschlichen Lust, die „Elternillusion" genannt werden kann. Sie ist im ersten Fall eine mehr gefühlsmäßige, im zweiten Falle eine mehr intellektuelle Illusion und bedarf einer eingehenderen Erklärung.

Ein Schöpfer hat nach der Vollendung nur noch ein moralisches und psychisches Recht auf sein Werk. Solange er an seinem Werk arbeitet, hat er alle Rechte, verwirkt sie aber, sobald seine Ideen aus ihm hinausgetreten und ein Teil der Welt geworden sind. Dann gehören sie der Allgemeinheit. Nur selten kennt das Individuum seine Stellung innerhalb der kulturellen Strömungen der Gemeinschaft und ist sich all des aufgenommenen Gedankengutes bewusst, an dem oft tausend andere Geister geformt haben. Diesen ist jeder Einzelne verschuldet. Welch einflussreiche Stellung ein Mensch inmitten der zahllosen Strömungen auch immer bekleiden mag, sein Arbeitsmaterial wird dem Universum entnommen und von der Allgemeinheit vorbereitet. Für die Elternschaft hat diese Behauptung noch höhere und buchstäblichere Geltung. Die biogenetische Forschung steht noch in ihren Anfängen; aber wir wissen, dass die auf das Kind übergehenden Chromosomen nicht

von den beiden Eltern allein erzeugt worden sind. Zukünftige Studien mögen nachweisen, dass der biologische Beitrag der Eltern entscheidender ist, als wir heute vermuten. Verglichen mit dem Beitrag der gesamten Menschheit und des ganzen Universums wird er aber auch dann noch recht unbedeutend sein. Gleich dem Schöpfer eines Werkes haben auch Eltern lediglich ein moralisches und psychisches Recht auf ihre Nachkommenschaft. Die Kinder gehören der Allgemeinheit.
Wir besprechen diese Tatsache nicht einer kommunistischen oder platonischen Utopie willen. „Alle" ist so gut wie „Niemand", und Allgemeinheit ist ein ähnlich oberflächlicher Begriff. Genauer: kein Kind kann mit der Allgemeinheit leben oder wetteifern. Es bedarf besonders auf der Vorstufe der sozialen Reifung des elterlichen Schutzes. Wir schlagen nicht die Abdankung der Eltern vor, sondern versuchen ihre wirkliche Stellung zu beleuchten. Elternschaft wird immer eine individuelle Angelegenheit bleiben.
Die Beobachtung der Beziehung zwischen Kindern und Erwachsenen, welche die Rolle von Eltern zu spielen versuchen, wirft noch ein weiteres Licht auf dieses Problem. Wir alle kennen nachlässige und herzlose Eltern und wissen, dass kinderlose Leute solchen vernachlässigten Kindern oft gute Eltern geworden sind. Der Fortpflanzungsinstinkt ist nicht identisch mit dem Elterninstinkt. Daher schlagen wir vor, die Elternschaft ihren beiden Funktionen nach zu klassifizieren und „biologische Eltern" von „sozialen Eltern" zu unterscheiden. Beide können in einem Individuum oder einem Paar vereinigt sein. Es handelt sich darum, eine soziometrische Methode zu entwickeln, welche die hergebrachte Ordnung zu ersetzen und vielleicht zu verbessern vermag. Der Soziometrist hat keine vorgefasste Meinung hinsichtlich der biosozialen oder soziometrischen Familienform. Er lässt sich nur von Erfahrungen und Experimenten leiten.
Die erste Situation, die uns beim Betreten dieser Welt erwartet, wiederholt sich durch das ganze Leben. Brüder und Schwestern, Schul- und Arbeitskameraden werden uns gegeben, aber nicht von uns gewählt. Wir leben in einem sozialen Universum, dessen Organisation in den Fabriken und Werkstätten mechanischen und ökonomischen Gesetzen und in der Familie biologischen Gesetzen unterliegt. Fast nirgendwo erblicken wir des Menschen eigene Welt. Wollen wir aber die Welt dem menschlichen Willen nach gestalten, so müssen wir zuerst das Bild einer soziometrischen Gesellschaft schaffen.

(Grundlagen 1974, 281-283)

1974: Es half, mir eine mysteriöse Aura zu geben und die angemessene Distanz zu anderen zu wahren. Den Namen eines Menschen zu kennen bedeutet auch, Macht über ihn zu haben. Wir gebrauchen immer einen Namen, um ein bestimmtes Individuum in dessen Abwesenheit zu bezeichnen. Durch den Gebrauch seines Namens besitzen wir ihn regelrecht. Ich wollte von niemandem besessen werden. Ich wollte frei von allen Ketten – spirituellen, moralischen, psychologischen oder nominellen – sein. Deshalb wollte ich nicht, dass mein Name auf den Lippen von irgendjemandem war, ohne dass ich anwesend war. Und wenn ich anwesend war, gab es keinen Grund, um mich mit meinem Namen anzusprechen. Dies war die Quelle, aus der meine Idee der Anonymität, der Anonymität Gottes, des „Ichs" und der Namenlosigkeit der Dinge entsprang.

(Autobiografie 1974/1995, 32)

1974: Ich ging [in Vöslau] mit der Idee der Anonymität bis zum äußersten. In Vöslau war ich nur als der Doktor bekannt. Ich hatte weder ein Schild an der Tür, noch hatte ich einen Rezeptblock, […]. Ich erzählte niemandem meinen Namen. […] Ich hatte die feste Idee, es sei nicht fair, von Patienten Geld zu nehmen, und so akzeptierte ich von denen, die privat zu mir kamen, nie Geld.

(Autobiografie 1974/1995, 92)

Leitungsfunktionen

In Auseinandersetzung mit der Leitungsrolle ist es wichtig, die unterschiedlichen Funktionen differenziert wahrzunehmen, die damit verbunden sind. Leitung ist in den Kanon der anderen psychodramatischen Instrumente eingereiht, sie ist selbst Hilfs-Ich-Funktion, hat viele Qualitäten des Regisseurs behalten. Leitung ist nur aus dem inneren Bezug zur und der Einbindung in die Gruppe zu definieren, und sie kann für Moreno nur im Einklang mit der Gesamtphilosophie des Verfahrens gute Leitung sein. Dann erst ist es für die Leitung möglich zu heilen und die Suche nach der Wahrheit der jeweiligen Situation entschieden voranzutreiben.

Leitung als Instrument

1946: Das dritte Instrument ist der Leiter. Er hat drei Funktionen: die des Spielleiters, des Therapeuten und des Analytikers. Als Spielleiter muss er darauf bedacht sein, jeden Fingerzeig des Klienten aufzunehmen und in dramatische Handlung umzusetzen, das Spiel mit dem Leben des Klienten in Übereinstimmung zu bringen und es nie die Fühlung mit dem Publikum verlieren zu lassen. Als Therapeut darf er bisweilen den Klienten „angreifen" und schockieren, wie es ihm auch erlaubt ist, mit ihm zu lachen und zu scherzen. Bisweilen darf er auch so indirekt und passiv werden, dass die Sitzung praktisch vom Patienten geleitet zu sein scheint. Als Analytiker kann er seine eigenen Deutungen durch Antworten aus dem Publikum, des Ehemanns, der Eltern, von Kindern, Freunden oder Nachbarn ergänzen.

(Psychodrama und Gruppenpsychotherapie, Methode 1981, 145)

1946: Der Leiter ist der Forscher – hinter seiner neuen Maske des Leiters sind die alten Masken des Beobachters, des Analytikers, des teilnehmenden Gruppenmitglieds und des Darstellers verborgen, aber noch immer funktionsfähig. Er selbst ist, indem er instrumentiert, integriert, synthetisiert und die Teilnehmer zu einer Gruppe verschmilzt, ein Symbol für ausgewogenes Handeln.

(Psychodrama I 1946, 247)

1946: Die Objektivierung des Sozialforschers: Ein wichtiger Beitrag wurde von den soziometrischen und psychodramatischen Methoden zum Konzept des Sozialforschers geleistet. Sie umfassen stufenweise aufeinander aufbauend beobachtende, operationale, partizipatorische und Handlungsmethoden. Mit den Beobachtungsmethoden ist der soziometrische Forscher ein Beobachter oder Zuschauer. Er versucht, unter anderem, wechselseitige Beziehungen, Kohäsion und Desintegration der Gruppe zu erforschen, die ihm gegenübersteht. Er versucht den Schlüsselpersonen und allen Individuen der Gruppe immer näher zu kommen, aber er wird nie ein Teil der Gruppe oder mit ihnen identisch. Sobald er mit ihnen als Teilnehmern identisch wird verliert er ein wenig seine Funktion als Beobachter und die besondere Objektivität, die damit verbunden ist. Sein Forschungsertrag dabei ist, dass er an einer Erfahrung teilnehmen kann, die er als Beobachter niemals vollständig erreichen könnte. Die Beobachter sind nicht länger außerhalb der Gruppe, sondern versteckt und integriert in die Gruppe. In diesem Sinn wird die Funktion des Beobachters nie aufgegeben. Die operationalen Methoden des Soziometrikers, die jetzt mit den Beobachtungsmethoden verbunden sind, erschließen einen neuen Blickwinkel. Der Forscher kann zwischen der Rolle des Beobachters und der Rolle des Teilnehmers wechseln, indem er seine Funktion so verändert, wie es die Situation verlangt. Die Funktion des Beobachters ist im Kern des teilnehmenden Beobachters versteckt. So weit kann der soziometrische Forscher gehen. Aber in der psychodramatischen Arbeit kann der Sozialforscher noch einen Schritt weiter gehen, seine Herangehensweise ist noch weiter vertieft, ausgeweitet und objektiviert. Die Funktionen des Beobachter und des teilnehmenden Forschers sind jetzt im Kern des Forschungshandelnden (Hilfs-Ich) und des Forschungsleiters verborgen (das Hilfs-Ich kann analog zum teilnehmenden Beobachter teilnehmender Darsteller genannt werden).

(Psychodrama I 1946, 248)

1959: Der Leiter ist Teil der Gruppe und nicht eine Person, die außerhalb steht.

(Earliest Definitions of Group Psychotherapy, GP XII 1/1959, 110)

1959: Mesmer, Bernheim, Charcot, Freud, Adler und Jung begannen alle mit der Prämisse, dass der Arzt oder Berater der Therapeut ist und der Patient der Patient. Sie hielten dies für eine unabänderliche Beziehung. Es war einer der Höhepunkte der soziometrisch orientierten Gruppenforschung, als wir zeigen konnten, dass diese Beziehung umgekehrt werden kann, dass der Arzt zum Patienten werden kann und der Patient zum Arzt, dass jedes Mitglied der Gruppe für jedes andere zum Arzt werden kann. Wir müssen deshalb zwischen dem „Gesamtleiter" einer Sitzung und dem „therapeutischen Agens" unterscheiden. Das therapeutische Agens muss in der Gruppenpsychotherapie kein Individuum mit professionellem Status sein, kein Arzt, Priester oder Berater. In der Tat kann aus gewissen Gründen derjenige mit professionellem Status für ein bestimmtes Individuum das Aufmerksamkeit braucht [sogar] schädlich sein. Wenn er ein weiser Therapeut ist, wird er sich aus dem direkten face-to-face Kontakt mit dem Patienten zurückziehen und durch andere Individuen arbeiten, die in einer besseren Position sind um zu helfen als er selbst. Gemäß der Gruppenmethode kann jeder, oder die Kombination aus mehreren Individuen das therapeutische Agens für einen bestimmten Teilnehmer sein. Bei der Kritik des professionellen Psychotherapeuten muss man zu dem Schluss kommen, dass die Wahl des Therapeuten nicht auf Spezialisten, Priester, Ärzte, Berater, Sozialarbeiter etc. beschränkt sein sollte, sondern dass die Wahlmöglichkeit ebenso universal sein sollte, wie die Reihe der Individuen, die in einer speziellen Situation möglicherweise helfen können. Dies sind die neuen Postulate: a) Die Gruppe kommt zuerst und der Therapeut ist ihr untergeordnet. b) Ehe er als therapeutischer Leiter hervortritt ist der Therapeut lediglich ein normales Gruppenmitglied. c) Eine Person ist therapeutisches Agens der anderen und eine Gruppe ist therapeutisches Agens der anderen.

(Psychodrama II 1959, 9)

1959: Aber beim Psychotherapeuten ist es extrem schwierig, wenn nicht gar unmöglich, die Fähigkeiten von der Persönlichkeit des Therapeuten abzuspalten. Hier sind Fähigkeit und Persönlichkeit, zumindest im Handeln während der Sitzung, untrennbar eins. Man könnte geradezu sagen: die Persönlichkeit des Therapeuten ist seine Fähigkeit. [...] Allgemein gesprochen könnten wir deshalb in der Psychotherapie zwischen drei Typen professioneller Darstellung unterscheiden: Fähigkeit ohne Liebe, Liebe ohne Fähigkeit und Fähigkeit plus Liebe.

(Psychodrama II 1959, 39)

1959: Die Objektivität und Neutralität des Therapeuten: Der Spielraum für eine direkte Beobachtung des Verhaltens des Patienten ist in der Psychoanalyse sehr begrenzt, im Psychodrama ist er unermesslich viel größer. Der psychoanalytische Therapeut muss „deuten", weil er keine andere Alternative hat. Es hängt von seiner Intuition richtig zu deuten ab, was im Patienten passiert. Im Psychodrama deuten das Verhalten und die Handlungen des Patienten im Hier und Jetzt für den Therapeuten, die Deutung des Therapeuten ist auf ein Minimum beschränkt.
Im klassischen Psychodrama nimmt der leitende Therapeut ähnlich wie in der klassischen Psychoanalyse selbst nicht an der Produktion teil. Er ist wie der Dirigent eines Orchesters. Er spielt nicht selbst ein Instrument, sondern er supervidiert, leitet und beobachtet. Er hält einen bestimmten Abstand vom Patienten ein. [...] Manchmal können die Bedürfnisse des Patienten den Analytiker dennoch dazu herausfordern [aus der Abstinenz] herauszutreten und eine spezifische Rolle für ihn einzunehmen, aber die psychoanalytische Theorie verbietet ein solches Handeln. Die psychodramatische Regel erlaubt es dem Therapeuten, offenen und direkt zu handeln.

(Psychodrama II 1959, 231)

Leitung als Hilfs-Ich

1937: Ein weiterer Testfall für das Hilfs-Ich ist die Beziehung zwischen dem Leiter und seiner Gruppe. Wahre Leitung arbeitet wie ein Hilfs-Ich. [... Der Leiter] ist nur dann ein guter Leiter, wenn er es geschafft hat, mit jedem Einzelnen eine Vereinigung zu erreichen, und wenn er sichergestellt hat, dass sie [die TeilnehmerInnen] füreinander zum Hilfs-Ich geworden sind.

(Inter-personal Therapy and the Psychopathology of Inter-personal Relations, Sociometry I 1937, 18. Vgl. Psychodrama I 1946, 240)

Die Leitung als Regisseur

1951: Der Leiter moderiert die Produktion, während sie fortschreitet, und während er die Hinweise und Schlüsselstellen aus der Produktion selbst gewinnt, in die der Protagonist involviert wird, kann er die Produktion dahin lenken, dass sie immer spezifischer wird. Die Information, die hervorgelockt wird, dient als Grundlage für die Fortsetzung der Produktion, und während die Information akkumuliert, ist der Leiter in der Lage, die wichtigen Szenen, die dargestellt werden sollen, umsichtig auszuwählen. Jede Szene liefert immer mehr Informationen, auf die sich die Interviews konzentrieren können.

(Ein Experiment mit Soziodrama und Soziometrie in der Industrie 1951,
Psychodrama und Soziometrie 1989, 260)

Der Leiter in der Gruppe

1957: Es war aber nicht nur eine neue Richtung zur Erforschung der Gruppe nötig, um unserer Therapie wissenschaftliche Grundlagen zu vermitteln. Es war auch eine neue Einstellung des Arztes nötig, der sich mit der neuen Methode identifiziert. Im Gegensatz zur Zurückhaltung und Distanz des Therapeuten, der hinter der Couch sitzt, ist die Stellung des Gruppentherapeuten offen, er ist von allen Seiten bedroht und muss allen Aggressionen, die aus der Gruppe kommen, gewachsen sein. Der Gruppenleiter muss nicht nur die Erfahrung des Analytikers besitzen, sondern auch die Geistesgegenwart und den Mut, seine gesamte Persönlichkeit im richtigen Moment einzusetzen, um den therapeutischen Raum mit Wärme, Einfühlung und emotionaler Expansion zu erfüllen. Mit anderen Worten, er ist nicht isoliert vom Patienten und der Patient ist nicht isoliert von ihm. Sie sind beide Mitglieder einer kleinen Gruppe. Der Therapeut steht in der Mitte seiner Gruppe und muss daher eine besondere Form der „Gruppenpersönlichkeit" entfalten.

(Die epochale Bedeutung der Gruppenpsychotherapie, Zeitschrift für diagnostische
Psychologie und Persönlichkeitsforschung V, 3-4/1957 145)

Leitung als Anwalt des Verfahrens

1969: Der Leiter muss der psychodramatischen Methode als dem letzten Schieds-
richter und Führer im therapeutischen Prozess vertrauen. Dieser Imperativ ist so
universal, dass er bei allen Psychodramaleitern Bestätigung findet. Wenn die Erwärmung des Leiters objektiv ist, die Spontaneität seiner Präsenz und seine Er-
reichbarkeit für die Bedürfnisse des Patienten und der Gruppe, oder umgekehrt,
wenn es keine Angst in seinem Auftritt gibt, dann wird die psychodramatische
Methode ein flexibles, allumfassendes Medium, das systematisch zum Herz der
Leiden des Patienten führt und den Leiter, den Protagonisten, die Hilfs-Iche und
die Gruppenmitglieder in die Lage versetzt eine geschlossene Macht zu werden,
zusammengeschweißt, um das emotionale Lernen zu maximieren.

(Psychodrama III 1969, 238)

Der Leiter als Heiler

1974: Mein Interesse an der Psychiatrie ließ mich nie los, aber Psychoanalyse und
die kraepelinische Psychiatrie ließen mich kalt. Später realisierte ich, dass mein
Streit nicht so sehr der Impfmalariatherapie Wagner von Jaureggs oder dem psychoanalytischen System Freuds galt. Mein Streit galt ihrem Verhalten als therapeutische „Akteure". Ich glaubte nicht, dass ein großer Heiler oder Therapeut aussehen und handeln würde wie von Jauregg oder Freud. Ich stellte mir einen Heiler
als spontanen, kreativen Protagonisten inmitten einer Gruppe vor. Mein Konzept
des Arztes als Heiler und die von Freud und Jauregg vorgebrachten Konzepte
klafften weit auseinander. Für mich waren Personen wie Jesus, Buddha, Sokrates
und Gandhi die wirklichen Doktoren und Heiler. Freud hätte sie wahrscheinlich
als Patienten klassifiziert. Es sollte im Sinn behalten werden, dass die Psychoanalyse der neuropsychiatrischen Welt Charcots und Breuers entstammte, während die
Ursprünge meiner Arbeit auf die primitiven Religionen zurückgehen und mein
Ziel die Verbreitung einer neuen kulturellen und sozialen Ordnung war.

(Autobiografie 1974/1995, 66)

Träger der Wahrheit [Bearer of Truth]

1964: <u>Moreno</u>: Der Psychodramatiker ist ein „Träger der Wahrheit".
<u>Student</u>: Was bedeutet das?
<u>Moreno</u>: Es bedeutet das, was ich sagte – Träger der Wahrheit. Der Psychodrama-
tiker muss in der Zeit, in der er eine Sitzung leitet, die höchste Verkörperung der

Wahrheit sein. Er muss eine Atmosphäre der Wahrheit um sich herum schaffen, wo immer er auftaucht, im gewöhnlichen Umfeld, auf der Straße, in einem Haus, aber besonders im Psychodramatheater. Alle Teilnehmer müssen von seiner Erfahrung totaler Ehrlichkeit gefangen sein und ebenso reagieren.

Student: Aber „Träger der Wahrheit" klingt religiös, theologisch, mystisch. Wie kann irgendjemand die Wahrheit tragen? Wie kann jemand behaupten, dass er die Wahrheit „ist", außer in einem Akt des Glaubens, einer fixen Idee?

Moreno: Dein Protest ist verständlich. Die Idee eines Trägers der Wahrheit klingt unwissenschaftlich; sie stammt aus den alten Zeiten der Magie und Religion, als sich Menschen als die Repräsentanten von Göttern und höheren Wesen verstanden haben.

Student: Aber die Frage ist, wie das in unserer Zeit, in unserem – nichtreligiösen und anti-mythischen – wissenschaftlichen Zeitalter bedeutungsvoll werden kann?

Moreno: Viele Ideen unserer Urahnen haben ihren Weg zurück in eine lebendige Form gefunden, in einem neuen Format, das zeitgemäß und für unsere Wahrnehmungen plausibel ist.

Student: Ist dies identisch mit dem deutschen Begriff „Wahrheitszeuge°"?

Moreno: Der Träger der Wahrheit, wie ich ihn definiere, hat eine andere Bedeutung als der deutsche Begriff „Wahrheitszeuge°" […]. Zumindest ist es verwirrend, Zeuge zu sagen. Der Träger ist ein heroischer, existentieller Darsteller, nicht nur ein Zeuge; der Zeuge trägt zu viel von einem Zuschauer in sich und zu wenig von einem Akteur und Kämpfer.

Student: Kannst du mir aus der Vergangenheit irgendeine Illustration oder ein Beispiel für Wahrheitszeugen geben?

Moreno: Ja, unter den alten jüdischen Propheten – Christus war ein Träger der Wahrheit, als er in den Tempel ging und die Geldwechsler hinauswarf. Er hätte getötet werden können, aber er wagte es ohne Angst. Ein Träger der Wahrheit hat keine Angst, wenn er die Wahrheit repräsentiert und seiner Berufung folgt.

Student: Aber all dies passierte in einer alten Welt, die ihre Bedeutung für uns verloren hat. Nach modernem Recht hatte Jesus kein Recht dazu, sich in die Angelegenheiten der Händler einzumischen. Er war kein Priester, er war nur ein Außenseiter. Er hatte keine Autorität; wer gab ihm die Autorität einzugreifen und sie aus dem Tempel zu werfen? In der heutigen Zeit hätten sie ihn gefangen genommen und ins Gefängnis oder in eine Psychiatrie gesteckt. Gib mir ein Beispiel, das in unsere Zeit passt und das erklärt, was du damit meinst, wenn Du einen Psychodramatiker einen Zeugen der Wahrheit nennst.

Moreno: Ein Psychodramatiker ist, wie Du weißt, nicht auf ein Psychodramatheater beschränkt. Es gibt unzählige Situationen im Leben, die einen einfachen Menschen dazu herausfordern, Psychodramatiker zu werden. Stell dir vor, du sitzt in
einem Restaurant und isst, und ein Schwarzer setzt sich neben dich. Der Manager
kommt und befiehlt ihm zu gehen: „Neger sind bei uns nicht als Gäste erlaubt."
Du könntest den Drang haben, dich an die Stelle des Schwarzen zu versetzen und
aus Protest verlässt Du das Restaurant mit ihm, wenn er geht. Das ist das erste psychodramatische Gesetz: Stell dich selbst an die Stelle des Opfers von Ungerechtig-
keit und teile seine Verletzung. Tausche die Rolle mit ihm.
Student: Ich verstehe, ein Psychodramatiker im weiten Sinne des Wortes ist nicht
an ein Psychodramatheater gebunden.
Moreno: Vielleicht erinnerst Du Dich an die Konzentrationslager in Auschwitz.
Millionen Juden wurden in die Gaskammern getrieben und lebendig verbrannt.
Männer, Frauen und Kinder. Millionen Menschen wussten davon, Deutsche und
Nicht-Deutsche, und haben sich nicht darum gekümmert. Aber während dieser
Periode tiefster Inhumanität tauchten ein paar Menschen auf, die es wagten, diesen
Aktionen, diesem Massenmord den Kampf anzusagen. Es gab einige deutsche
Priester, die darauf bestanden, mit den jüdischen Opfern in die Lager zu gehen
und mit ihnen jede Art der Erniedrigung, des Hungers, der Brutalität zu erleiden
und mit ihnen in die Gaskammern zu gehen, um dort lebendig verbrannt zu werden. Gegen den Hochmut der Naziautoritäten fühlten sie ihre Verantwortung, mit
den unschuldigen Opfern dasselbe Martyrium zu teilen. Und wenn es ihnen nicht
erlaubt war zu gehen, dann wurden sie erschossen und starben. Unter diesen ungewöhnlichen Charakteren in Auschwitz waren drei Männer – ein Priester namens
Kolbe, ein anderer Priester mit dem Namen Lichtenberg und ein weiterer mit Namen Gerstein, der offiziell bei der SS war. Diese Männer starben als Träger der
Wahrheit.
Student: Was trieb sie dazu, so törichte Dinge zu tun? Sie konnten die Nazis nicht
daran hindern, Massen von unschuldigen Opfern zu töten. Ihr Tod war unnötig
und nutzlos. Niemand hörte ihre Proteststimmen, und selbst wenn sie gehört worden wären, hätte dies keinen Effekt gehabt. Es sieht so aus, als sei das nur eine
symbolische Aktion gewesen, um eine abstrakte kollektive Moral oder persönliche
Launen zu befriedigen. Aber was hat sie dazu getrieben? Haben sie die Stimme
Gottes zu sich sprechen hören? Haben sie als Christen im Auftrag einer moralischen Autorität gehandelt? Oder wollten sie als Deutsche ihr Gewissen beruhigen,
um vor den Augen der Geschichte die Schuld der Deutschen abzuwaschen?

Moreno: Ein Träger der Wahrheit ist nicht notwendigerweise das Instrument einer Gottheit oder irgendeiner bestimmten Religion, obwohl er (wie im Beispiel der Christen) einer bestimmten Religion verbunden sein kann. Der Träger der Wahrheit tut das, was er macht, aus dem innersten Verlangen heraus, die Wahrheit und Gerechtigkeit und die Liebe zur Humanität ohne Rücksicht auf die Konsequenzen herzustellen. Wenn sein Handeln irgendeinen Effekt hat und das Verbrechen stoppt, dann wird er sich im Recht fühlen, aber er erwartet das nicht als eine Bedingung. Wenn er in der Konsequenz getötet würde, wäre es ihm egal. Er tut das, was er macht, weil es getan werden muss. Es ist ein moralischer Imperativ. Er möchte nicht, dass solche Gesetzesübertretungen ohne Protest und Korrektur erlaubt sind. Das hervorstechende Merkmal von Trägern der Wahrheit ist, dass sie in einer Situation im Hier und Jetzt eingreifen, in einer Situation, die eines Korrektivs bedarf. Dass er mit seiner eigenen Person eingreift, direkt, ohne zu erwarten, dass ein öffentlicher Gerichtshof, eine Jury oder irgendeine andere Autorität eingreift. Er muss selbst eingreifen, es ist seine Verantwortung.

[…]

Moreno: Das herausragende Merkmal dieser Menschen war, dass sie nicht von einer offiziellen Autorität abhängig waren, die ihnen diesen Auftrag geben musste, sondern dass sie mit ihrer eigenen Person, konkret und direkt ohne Angst vor Konsequenzen eingriffen.

Student: War Kierkegaard ein Träger der Wahrheit?

Moreno: Auf dem Niveau der Reflexion: ja; aber im Leben selbst versagte er. Er hoffte durch seine eigene Person ein heroischer Prophet zu werden, aber er erreichte sein Ziel niemals, außer in seinen brillanten Gedanken und Fantasien. Er erstarrte auf dem psychologischen Niveau. Kierkegaard wusste dies. Er wusste, dass die einfachsten religiösen Akteure wie Petrus oder der Evangelist Markus ihm überlegen waren. Kierkegaards Scheitern bei dem Versuch, ein Prophet zu werden, ist eng verbunden mit seiner Überlegenheit als Psychologe. Er wusste zuviel über die Wahrheit. Es gibt eine negative Korrelation zwischen dem Wissen, was an einem Akt wichtig ist, und dem Akt selbst.

Student: Ist es nicht paradox, dass exzessive Einsicht die Spontaneität und das Streben nach Selbstverwirklichung daran hindern aufzublühen?

Moreno: Es ist eine Tragödie. Wir wenden uns immer wieder dem Intellekt zu und werden dabei oft von einer falschen Euphorie fort getragen, wir verlieren den Kontakt zum Hier und Jetzt, zur unmittelbaren Aufgabe unserer Verantwortung. Andererseits verlieren wir das Bewusstsein für Sinn und Wert, die wir einem Akt beimessen wollen, wenn wir uns vom Intellekt abwenden. Und so sind wir mit zwei Extremen konfrontiert: dem einfältigen, naiven, arglosen Heroen und dem exzessiven, anmaßenden, paralysierten Nichtstuer.

Student: Es muss doch einen Mittelweg zwischen diesen beiden Extremen geben.

Moreno: Das aktuelle Scheitern der religiösen Doktrinen und das aktuelle Scheitern der Psychotherapien hängt mit unserem Versagen zusammen, einen Mittelweg zu finden.

Student: Was ist mit Nietzsche?

Moreno: Wie Kierkegaard scheiterte auch Nietzsche. Er schenkte dem Konzept des Übermenschen das Leben, aber ohne irgendwelche fruchtbaren Folgen.

Student: Wie ist es mit Freud?

Moreno: Freuds Fehler war, dass er nie versuchte ein Heroe zu sein, sondern an der sicheren Einfriedung eines geordneten, routinierten Lebens festhielt, ohne jemals zu versuchen, die Wand zu durchstoßen und in die Freiheit zu kommen. Das Ergebnis ist unsere Ära, eine Ära immer mehr wachsender globaler Aufklärung, in der wir mit Hilfe von Wissenschaft und Technologie mehr und mehr wissen, aber immer weniger „sind".

Student: Was ist mit den Existentialisten?

Moreno: Sie haben Kierkegaards Postulate betrogen. Sie sind antiheroische Parasiten – Akademiker, Professoren, Schreiber des Existentialismus. Sie sind Heroen vor ihren Schreibtischen oder in ihren Klassenzimmern, aber wenn sie damit konfrontiert sind, ihre Predigten in Aktion umzusetzen, dann sind sie Angsthasen.

Student: Was ist mit dir?

Moreno: Nun, in der ersten Phase meines Lebens versuchte ich über Kierkegaard, den Träumer Christi und über Nietzsche, den Träumer des Übermenschen und über Freud, den Träumer der Psychoanalyse, hinauszugehen. Einige Jahre lang versuchte ich ein wirklicher Held zu werden. Ich machte ein paar Experimente und deren Ergebnis sind die Psychodramatiker und das Psychodrama wie wir es heute kennen.

Student: Und deshalb glaubst du, dass du dort erfolgreich warst, wo Kierkegaard, Nietzsche und Freud gescheitert sind?

Moreno: Ich kam an derselben Kreuzung an, aber von dort bewegte ich mich in eine andere Richtung.

Student: Wie erklärst du dir Freuds Dilemma?

Moreno: Er wollte nie ein Prophet werden. Denk an seine Studie über Moses. Er wollte die heroische Haltung überwinden, indem er sie weganalysierte. Er fühlte sich mit Heroen und Propheten nicht wohl. Er war ihren Verdiensten gegenüber misstrauisch. Er machte einem klar, dass es unter seiner Würde sei, ein Prophet zu werden, oder zumindest jenseits seiner Motivation.

Student: Aber was ist mit Kierkegaard und Nietzsche? Sie haben sicherlich versucht, Propheten zu werden.

Moreno: Sie schätzten die heroische Haltung sehr, aber sie traten nie in den Akt ein. Sie strebten darauf hin, umrundeten ihn, reflektierten jede mögliche Version von heroischem Handeln, Dilemmata, Aussichten und Erklärungen, was im Verlauf des Aktes passieren könnte eingeschlossen, sie antizipierten die Furcht und produzierten sie. Aber je mehr sie in eine heroische Lebenshaltung verstrickt wurden, desto mehr entfernte sich der wirkliche Akt von ihnen. Im wahrsten Sinne des Wortes rutschte er ihnen durch die Finger. Kierkegaard bestand darauf, dass ein „dialektischer Sprung" – unbegründet und beinahe irrational – notwendig sei, um die die Brücke zwischen Gedanken und Aktion zu überqueren. Um effektiv zum Propheten oder zum Apostel zu werden, bedarf es eines Wunders der Gnade. Es ist hier von sekundärer Bedeutung, dass Kierkegaard durch das Beispiel Christi inspiriert war und dass Nietzsche versuchte, das Beispiel Christi durch das Modell des Übermenschen – Zarathustra – zu ersetzen.

Student: Möchtest du damit sagen, dass sie nicht wirklich dafür qualifiziert waren zu erklären, was in einem heroischen Akt passiert, außer auf poetische, magische Art und Weise?

Moreno: Während und zwischen der Akte finden neue Reflektionen statt, die schwer mit der notwendigen Genauigkeit in allen Details vorstellbar sind, ehe der Bereich der Aktion betreten ist. In dieser Atmosphäre der Aktion wurden die Methoden und Techniken des Psychodramas entwickelt.

Student: Vielleicht ist dies der Grund dafür, dass Freud die psychodramatischen Methoden nicht entwickeln konnte.

Moreno: Freud versuchte sich selbst aus dem Rennen zu nehmen und dadurch ein Prophet zu werden, dass er jedes Streben nach Werten und Macht in eine säuberlich konstruierte Kategorie packte – das „Über-Ich". Er hatte Angst vor dem Akt, er hatte Angst, in etwas verwandelt zu werden, das jenseits seiner selbst liegt und er versuchte sich durch Analyse zu überwachen. Die Analyse war seine Flucht vor der heroischen Haltung. Er reduzierte die heroische Haltung, indem er sie plausibel und verstehbar machte und sie in den Bereich der Mittelmäßigkeit brachte. Dasselbe versuchte er mit dem Genie.

Student: Du hast den Weg für eine „heroische" Form der Psychotherapie bereitet – das Psychodrama. Wie hat das Ganze angefangen?

Moreno: Es war 1912, als mir der Gedanke kam, einen Prediger aufzuhalten, der auf dem Weg zur Kirche war, um dort eine Predigt zu halten, deren Titel er vorher angekündigt hatte: „Liebe deinen Nächsten wie dich selbst." Töricht wie es für den Prediger und jeden vernünftig denkenden Menschen vielleicht ausgesehen hat, bestand ich darauf, dass er sein Gebot, „den Nächsten zu lieben" an den vielen armseligen Menschen praktizieren sollte, die er auf dem Weg zur Kirche traf. Er war ein ehrenhafter Mann, aber er wollte warten und die Predigt im Gottesdienst halten, der für 9.30 Uhr angesetzt war. Ich stoppte ihn um 9.10 Uhr. Ich verlangte von ihm, die Wahrheit an Ort und Stelle auszuleben, indem er einer kranken Frau und ihren zwei Kindern helfen sollte und so das sofort praktizieren sollte, was er predigen wollte. Als das geschah, mischten sich mehrere Menschen in das Gespräch ein und forderten den Prediger heraus. In heutigen Begriffen gesprochen: Ich praktizierte Psychodrama in den Straßen Wiens. Es war nicht vorbereitet; es war durch eine Situation provoziert, die mein Verantwortungsgefühl weckte. In diesem Augenblick war ich nicht mehr ich selbst, durch eine Art „Rollentausch" repräsentierte ich alle Menschen, die dieser Prediger vielleicht getroffen hätte. Ich repräsentierte auch ihn. Ich fühlte, dass er auf jeden Fall das gleiche Verantwortungsgefühl haben sollte wie ich. Er hätte natürlich seinen Mund halten können, indem er nicht angekündigt hätte, dass „liebe deinen Nächsten" ein notweniger Lebensstil ist. Aber sobald er sich festlegte, saß er fest und ich saß mit ihm fest.

Student: Warum hast du dich so sehr auf das Ganze eingelassen? Was ging es dich an, sodass du dich in seinen Lebensplan eingemischt hast? Er hat in Einklang mit den Regularien seiner Kirche und den Routinen, die von einem Prediger erwartet werden, gehandelt. Hättest du ihn nicht so leben lassen können? Wer hat dich befugt einzugreifen?

Moreno: Du legst den Finger genau in die Wunde. Das ist es, was ich mit „Träger der Wahrheit" meine. Der Träger der Wahrheit ist eine Person, die die Universalität einer Wahrheit in dem Augenblick repräsentiert, in dem sie von dem Menschen verlassen wird, der eigentlich für die Wahrheit verantwortlich ist.

Student: Welchen Beweis hattest du, dass es wirklich notwendig war?

Moreno: Ich hatte keinen anderen Beweis als meine innere Überzeugung, dass das Leben kein Existenzrecht besitzt, solange ich oder sonst irgendwer nicht als Träger der Wahrheit handelt. Wenn wir Gebote haben wie „Du sollst nicht töten" oder „Liebe deinen Nächsten", müssen wir handeln, um sie zu erfüllen. Ich möchte klar stellen, dass die Situation unwichtig und beiläufig war, nur eine kleine Kirche und ein unbekannter Prediger und ich ein unbekannter junger Mann mit einer fixen Idee. Aber in einem spirituellen Sinn hatte meine simple Aktion eine große Konsequenz. Wir können unser Leben sozusagen mechanisch ablaufen lassen, ohne allzu aufrichtig damit umzugehen, was passiert. Dann aber gibt es bestimmte Augenblicke, in denen wir den Fluss der Wertlosigkeit des Lebens anhalten müssen und die Dummheit, mitten im Leben tot zu sein, zum Stoppen bringen müssen. In diesem Augenblick, in dem ich an der Straßenecke gestanden habe und den Prediger, den ich nie vorher getroffen hatte, überredete, seine Liebe und seine Gedanken mit mir und den Umstehenden zu teilen und nicht noch zehn Minuten zu warten, bis die Kirchentüren sich öffnen würden, fühlte ich, dass ich unter dem Zauber eines großen Befehlshabers stand, der zu mir sagte: „Jetzt Du, Moreno, mach Du es, stopp ihn einfach." Ich hatte ein Gefühl, als ob ich in die Seele dieses Predigers eingetreten wäre. In diesem Augenblick fühlte ich mich im Recht. Egal ob ich geschlagen worden wäre oder gekreuzigt, ich hätte mich nicht darum gekümmert. Ein Träger der Wahrheit zu sein hat meinem Leben und seinem eine neue Bedeutung gegeben.

Student: Was passierte danach?

Moreno: Ich entdeckte eine Form der Konfrontation, die auf alle Probleme des Lebens angewandt werden könnte und die von allen Menschen benutzt werden könnte.

Student: Ich kann mir vorstellen, dass du denkst, dass das Psychodrama diese neue Form ist?

Moreno: Ja, dieser Vorfall inspirierte mich, das zu entwickeln, was wir heute einen Psychodramatiker nennen. Wie sehr der psychodramatische Prozess im Lauf der Jahre auch verändert und verwässert wurde, die wahre Botschaft eines jeden Psychodramatiker ist es, dass er ein Träger der Wahrheit ist, oder er ist nichts.

Student: Ist es das, was du mit Psychodrama „in situ" meinst?

Moreno: Ja, wie du siehst, entstand das Psychodrama zuerst inmitten der Menschen, wo auch immer sie zusammen kamen.

Student: Kannst du heute auf abgeklärte, objektive Art und Weise handeln oder würdest du sagen, dass du auch jetzt noch dieses intensive Gefühl in der Situation, in der du auftauchst, aufrechterhalten musst?

Moreno: Ja, so ist es. Wann auch immer ich in eine Situation komme, in der psychodramatisches Handeln notwendig ist, mache ich angeblich eine „Transformation" durch. Ich fühle mich unruhig, ruhelos, als ob ich versuche, der Herausforderung des Augenblicks und den größten Erwartungen der Gruppe gerecht zu werden. […]

Eine Sitzung zu beginnen ist in meinem Leben jedes Mal ein großer Augenblick; es ist, als ob ich versuche, meine eigene Identität aufzubauen, mich von den kleinen

Aufgaben des täglichen Lebens zu entfernen und ein Niveau wahrer Kommunikation zu erreichen. Träger der Wahrheit zu sein bedeutet Träger der Wahrheit zu werden.

(The First Psychodramatic Family 1964, 39-46)

Einordnungen

Einerseits stattet Moreno die Leitungsfunktion sehr machtvoll aus. Andererseits ist ihm daran gelegen, die Wirkmächtigkeit nicht nur der Leitung zuzuschreiben. Insbesondere die Gruppe und ihr heilendes Potential relativieren den Einfluss der Leitung.

Relativierung der Leitungsrolle

1946: [Die Veränderung des therapeutischen Ortes] revolutioniert auch das therapeutische Agens. Agens der Therapie war gewöhnlich eine einzelne Person, ein Doktor oder ein Heiler. Der Glaube an ihn, Rapport (Mesmer), oder die Übertragung auf ihn (Freud) werden gewöhnlich als unabdingbar für die Patient-Arzt-Beziehung angesehen. Aber soziometrische Methoden haben diese Situation radikal verändert. In einer bestimmten Gruppe kann eine Person als diagnostisches Instrument oder als therapeutisches Agens benutzt werden, um eine andere Person zu behandeln. Der Doktor oder Heiler als letzte Quelle von Psychotherapie ist gefallen. Soziometrische Methoden haben gezeigt, dass therapeutische Werte (Tele) auf die Mitglieder einer Gruppe verteilt sind, ein Patient kann den anderen behandeln. Die Rolle des Heilers hat sich vom Besitzer und Akteur der Therapie zu ihrem Bevollmächtigten und Treuhänder verändert.

(Psychodrama I 1946, 316f)

1948: Der Patient ist nun ein Handelnder auf der Bühne, der vor einem kleineren oder einem größeren Publikum von anderen Patienten spielt. Die Arzt-Patient-Beziehung ist nebensächlich geworden.

(Psychodrama und Gruppenpsychotherapie, Methode 1981, 150)

Abstinenz

1946: Der Leiter soll mit minimalem Aufwand an emotionaler Energie arbeiten. Sobald eine Bühnenarbeit begonnen hat, soll er deren Weiterentwicklung dem Protagonisten [subject] überlassen. Wenn und wo es einer Lenkung bedarf, solle er diese den Hilfs-Ichen überlassen, die in der Szene mitspielen. Er solle die Tatsache nutzten, dass die Hilfs-Iche eine Erweiterung seiner selbst sind, indem er ihnen gestattet subjektiv verstrickt zu werden, während er selbst, objektiv und unbeteiligt auf Abstand bleibt. Dies hat den Vorteil, dass er aus den Übertragungs- und Telebeziehungen ausgespart wird, die Übertragungs- und Telebeziehungen, die im Verlauf der Handlung zwischen dem Protagonisten und den Hilfs-Ichen auf der Bühne entstehen aber korrigieren kann. Viele Male haben wir gesehen, dass sich der Protagonist in das Hilfs-Ich mit dem er arbeitet verliebt, oder dass er von ihm abhängig wird. Dieses Phänomen, das in der psychoanalytischen Situation oftmals fatale Folgen hat kann in der psychodramatischen Arbeit leicht korrigiert werden, weil der erste Maschinist der Therapie selbst außerhalb der Situation steht und entweder die Rolle des Hilfs-Ichs und seine Taktik gegenüber dem Protagonisten verändern kann oder das Hilfs-Ich kann gegen einen anderen therapeutischen Darsteller ersetzt werden. Dennoch gibt es Notfälle, in denen der Leiter selbst als Person zur Rettung kommen muss, aber dies wird als Ausnahme betrachtet. Je entspannter er ist, desto besser wird er in der Lage sein, seine Aufmerksamkeit auf die Entwicklung der gesamten Sitzung zu richten und dabei besonders die Reaktionen der Zuschauer im Blick haben.

(Psychodrama I 1946, 257f)

Leitung und Selbsterfahrung

1946: Gelegentlich soll der Therapeut selbst Subjekt der psychodramatischen Analyse sein.

(Psychodrama I 1946, 183)

1946: Eine derartige Analyse des Leiters hat zwei Ergebnisse. Zum einen erhalten wir dadurch ein klares Bild von den Grenzen des Leiters. Auch der Leiter kann von diesem Prozess profitieren und seine Grenzen können bei einer objektivierten Darstellung seiner Aufgaben sorgfältig berücksichtigt werden. Es kann aber auch passieren, dass seine Grenzen einen grundlegenden Fehler in seiner Arbeit darstellen und so zur unüberwindlichen Barriere für eine Korrektur werden. Zweitens können einige oder alle seiner Grenzen einer Korrektur durch Spontaneitätstraining offen stehen. Immer mehr Flexibilität kann entstehen und er kann so wachsen, dass er all seinen Klienten die größtmögliche Chance sich auszudrücken geben kann, indem er jede Situation so leitet, dass sie vor allem die Bedürfnisse des Klienten befriedigt und erst dann seine eigenen.

(Psychodrama I 1946, 257)

Der psychodramatische Prozess
23. Rahmenbedingungen

Neben den Instrumenten des Psychodramas stellt Moreno ein Prozessmodell zur Verfügung, um psycho-soziale Veränderungsprozesse zu gestalten. Zu Rahmenbedingungen und Settingfragen (die eher vom jeweiligen Format als vom verwendeten Verfahren abhängig sind) finden sich nur einige wenige Aussagen.

Gruppenzusammensetzung

1959: Es gibt keine „astrologische" Zahl für die optimale Größe der Gruppe. Das direkte und perzeptuelle Soziogramm ist der verlässlichste Führer. Wichtig für die Bestimmung der Größe ist die emotionale Kontaktfähigkeit, die ein Individuum therapeutisch erreichen kann. [...] Mitglieder werden in die Gruppe eingeführt gemäß der Fähigkeit der Gruppe neue Mitglieder zu absorbieren, ohne die therapeutische Produktivität der Gruppe zu verringern. Die bevorzugte Komposition ist eine gemischte Gruppe, die beide Geschlechter, alt und jung, ethnische Minderheiten umfasst – kurz, ein Miniatur-Querschnitt der Gesellschaft, in der die Gruppe lebt. Individuelle Behandlungen, mit Ausnahme von kurzen Interviews, parallel mit und unabhängig von den Gruppensitzungen sind im Allgemeinen kontraindiziert.

(Gruppenpsychotherapie 1959, 57f)

1959: Da jedes Mitglied der Gruppe mit dem anderen in Kontakt sein muss, ist schon aus diesem Grund die Zahl der Mitglieder reduziert. Wenn die Zahl zu groß ist, ist eine wirklich intime und intensive Beziehung schwer herzustellen. Es ist daher üblich, die Zahl der Mitglieder auf sieben oder acht zu beschränken. Diese Zahl ist aber keineswegs unabdingbar.

(Gruppenpsychotherapie 1959, 66)

1969: Es sollte berücksichtigt werden, dass das Psychodrama als individuelle Behandlungsmethode angewandt werden kann – ein Patient mit einem Leiter und Hilfs-Ichen, oder ein Patient und der Leiter. Wo es als Gruppenmethode angewandt wird, können andere Patienten in der Gruppe einander sehr gut als Hilfs-Iche dienen.

(Psychodrama III 1969, 233)

Sitzungsdauer

1959: Es ist falsch, die Dauer einer Sitzung starr festzulegen, genauso wie es ungünstig ist, deren Mitgliederzahl von vornherein genau festzusetzen. Die Dauer einer Sitzung hängt von dem Intensitätscharakter des Problems ab, das aus der Gruppe zur Behandlung drängt. Wenn Gruppenpsychotherapie in einem Endstadium ist und die Sitzung einen explosiven Charakter hat, sind 30-40 Minuten genug. Wenn aber das Problem unterentwickelt und unklar ist, sozusagen in einem Dämmerzustand, dann ist es oft nötig, eine Sitzung auf zwei Stunden und mehr auszudehnen. Anderthalb Stunden ist erfahrungsgemäß üblich, aber keineswegs die stets optimale Zeit.

(Gruppenpsychotherapie 1959, 67)

24. Erwärmung

Der psychodramatische Prozess folgt idealtypisch der oben beschriebenen kreativen Spirale. Im entsprechenden 10. Kapitel sind Zitate zu Morenos metatheoretischen Überlegungen zum psychodramatischen Prozess zusammen gestellt. Im Folgenden finden sich Textauszüge zu einzelnen konkreten Handlungsschritten, die auf dem Weg von der ersten Begegnung der TeilnehmerInnen hin zu einer gemeinsamen soziometrischen oder psychodramatischen Arbeit zu gehen sind.

Das Aktogramm

1959: Die Mitglieder haben in jeder Sitzung freie Wahl sich zu setzen, wohin sie wollen, in die Nähe des Therapeuten oder irgendeines Mitglieds, das sie anzieht. Dadurch entsteht vor den Augen des Therapeuten ein „visuelles" Aktogramm und Soziogramm, das mit jeder späteren Sitzungen charakteristische Änderungen zeigt.

(Gruppenpsychotherapie 1959, 68)

1964: Das Hauptinteresse des Psychodramatherapeuten gilt dem unmittelbaren Verhalten der Gruppe. Wenn der Therapeut seine Gruppe zur ersten Sitzung trifft, nimmt er mit seinem geübten Sinn für zwischenmenschliche Beziehungen unmittelbar einige Interaktionen zwischen den Mitgliedern wahr, beispielsweise den Ausdruck von Liebe, Hass und Gleichgültigkeit. Es ist nicht lediglich eine Ansammlung von Individuen. Er bemerkt einen oder zwei die alleine sitzen, physisch von den anderen isoliert; zwei oder drei hängen zusammen, lächeln und tratschen; ein oder zwei diskutieren miteinander oder sitzen Seite an Seite nebeneinander, zeigen sich aber die kalte Schulter. Mit anderen Worten, die ersten Umrisse eines Soziogramms beginnen in seiner Vorstellung aufzuscheinen [simmer]. Er muss keinen formalen Test durchführen, um sein Wissen zu bekommen. Er nimmt diese „embryonale Matrix" wahr. Er bekommt sie durch unmittelbare Beobachtung. Die Gruppe hat, egal wie große sie ist, von der ersten Sitzung an eine spezifische Struktur zwischenmenschlicher Beziehungen, die sich jedoch nicht sofort an der Oberfläche zeigt, eine zugrunde liegende soziometrische oder Gruppenmatrix.

(Psychodrama I, 3. Aufl., 1964, XX)

Sprechen oder Handeln

1959: Wenn der psychodramatischen Darstellung einer Episode ein mündlicher Bericht vorausgeht, dann tritt es häufig ein, dass die Produktivität und die Intensität der Darstellung verringert werden. Je weniger die Gruppe von dem Vorfall im Voraus unterrichtet wird, umso mehr wird der Protagonist einbezogen sein, und umso spontaner wird das Spiel der Gruppe alle beeindrucken.

(Gruppenpsychotherapie 1959, 93)

1969: Der Leiter übernimmt die Initiative, den Protagonisten ins Handeln zu bringen. Der Anfangsdialog hat sich erschöpft; es gibt keinen Grund damit weiterzumachen.

(Psychodrama III 1969, 136)

Erwärmung als Phase im Prozess

1941: Der erste Schritt muss mit der Zustimmung und Mitwirkung der beteiligten Personen gemacht werden. Er muss von ihnen unternommen werden, als ob es sich um ihr eigenes Projekt – ihren eigenen Lebensplan – handeln würde. Es ist nicht denkbar, dass die Spontaneität, die kritische Intelligenz und die Begeisterung von erwachsenen, denkenden Menschen auf andere Weise gewonnen werden könnten.

(Vorteile des soziometrischen Ansatzes bei Problemen der Landesverteidigung, Methode 1981, 246)

1953: Der Erwärmungsprozess hinter der Bühne – wenn sie den Plot entwerfen und interagieren, bevor sie bereit sind – ist eine der interessantesten und faszinierendsten Phasen und würde selbst wunderbares Forschungsmaterial abgeben. Zu leben ist vielleicht weniger interessant als sich darauf vorzubereiten.

(Sociodrama of a Family Conflict, GP V 1-3/1953, 36)

1960: Der Erwärmungsprozess, die greifbare [operational] Manifestation der Spontaneität, ist eine Rahmenbedingung die vor und während jedes kreativen Aktes auftritt – vor und während des Schlafens, des Essens, des sexuellen Beischlafs, des Gehens, des artistischen Schaffens oder jedem anderen Akt der Selbstverwirklichung. Spontaneität wird jedes Mal produziert, wenn sich ein Organismus im Prozess der Erwärmung befindet. Die Frage, ob Spontaneität Erwärmung hervorbringt, oder Erwärmung Spontaneität ist ähnlich der Frage, was zuerst da war – die Henne oder das Ei.

Es ist sinnvoll, unterschiedliche Typen der Erwärmung zu unterscheiden: (a) Ungerichtete Erwärmung, eines Individuums oder einer Gruppe – unbestimmt, chaotisch, konfus, die sich auf unterschiedlichen Bahnen gleichzeitig auf unterschiedliche Ziele hin bewegt. (b) Gerichtete Erwärmung, eines Individuums oder einer

Gruppe – die sich ohne irgendeine Abweichung klar und kraftvoll auf einen kreativen Akt, sein exklusives und spezifisches Ziel hinbewegt. Auf halbem Wege zwischen ungerichteter und gerichteter Erwärmung tauchen viele Wahrnehmungs-
hinweise auf. Im Laufe des Prozesses für eine Antwort bereit zu werden kann das
Individuum versuchen, sich zu orientieren – aus dem Nebel herauszukommen,
wenn es Auto fährt; eine Melodie zu finden, die in seine Musicalkomposition passt;
eine mathematische Formel für eine hypothetische Fragestellung zu finden; das
Ende für ein Gedicht zu finden oder eine Antwort auf die Vorwürfe seiner Frau.
Sobald es sich sicher ist, was zu tun ist, hat es plötzliche Wahrnehmungsblitze.
Dann handelt es schnell – prägt sich das Ende des Gedichts ein, eilt zum Klavier
und probiert die Melodie aus, schreibt einen Brief, um seinen Job zu kündigen oder
es spricht mit seiner Frau etc. Oft ist die wahrgenommene Spontaneität dennoch
nicht von der Bereitschaft zur Handlung zu unterscheiden. (c) Ein genereller Er-
wärmungszustand – das Individuum ist sich bewusst, dass eine neuartige Antwort
in der Situation in der es sich befindet von ihm verlangt sein wird. Beispiele dafür
sind: Ein Mädchen, das das erste Mal zu einem blind date ausgeführt wird, oder
ein Doktor, der seinen ersten Krankenbesuch macht, oder ein Pastor, der seine erste Predigt hält. Das Individuum ist zu unterschiedlichen Graden aufgeregt, der
Organismus bereitet sich auf ein unvorhergesehenes Geschehen vor – sein Herz-
schlag steigt, der Puls wird schneller, seine Atmungsfrequenz wird höher etc. (d)
Unmittelbare Erwärmung in einem Notfall. (e) Kettenerwärmung – eine Idee oder
ein Gefühl vergrößert sich, indem es vom Urheber zu jemandem anderes wandert
und zum Urheber zurückkehrt.

(Creativity-Spontaneity-Cultural Conserve 1960, 11f)

1969: Der Erwärmungsprozess schreitet schnell voran. Er hat den Charakter eines
Interviews oder Dialogs zwischen dem Leiter und den zwei Protagonisten. […] Es
ist eine allmähliche Bewegung in ihre Welt hinein, auf der Suche nach einem be-
deutsamen Hinweis auf die erste Szene, die ausgespielt werden soll.

(Psychodrama III 1969, 137)

1969: Der Protagonist [the subject] muss eine Wahrheit ausspielen, wie er sie fühlt und empfindet, auf vollständig subjektive Art und Weise (ganz egal, wie verzerrt dies den Zuschauern erscheint). Der Erwärmungsprozess kann nicht richtig voranschreiten, bis wir den Patienten mit all seiner Subjektivität akzeptiert haben. Das Nachspielen kommt zuerst, das Umlernen [re-training] kommt später. Wir müssen ihm zuerst die Befriedigung der Vollendung seiner Handlung geben, ehe wir ein Umlernen vorschlagen können, um Verhaltensveränderungen zu erreichen.

(Psychodrama III 1969, 234)

1969: Der Erwärmungsprozess schreitet von der Peripherie zum Zentrum voran. Der Leiter wird deshalb nicht mit dem traumatischsten Ereignis im Leben des Patienten beginnen. Der Beginn ist eher auf einem vordergründigen Niveau, um der eigenen Beteiligung des Patienten zu erlauben, ihn tiefer und tiefer zum Kern der Sache zu bringen. Die Fertigkeiten des Leiters werden sichtbar in der Konstruktion der Szenen und in der Auswahl der Personen oder Objekte, die gebraucht werden, um den Patienten in seiner Erwärmung zu unterstützen.

(Psychodrama III 1969, 235)

1969: Die Erwärmung zum Psychodrama kann von Kultur zu Kultur unterschiedlich vor sich gehen und es muss angemessene Veränderungen in der Anwendung der Methode geben. Es könnte unmöglich sein, im Kongo ein Psychodrama mit einem verbalen Austausch zu beginnen; es könnte notwendig sein, dort mit Gesang und Tanz zu beginnen. Was in Manhattan eine brauchbare Anwärmung sein könnte, könnte in Tokio durchfallen. Kulturelle Anpassungen müssen gemacht werden. Es ist nicht wichtig, wie wir beginnen, es ist wichtig, was wir beginnen.

(Psychodrama III 1969, 237)

1969: Psychodramasitzungen bestehen aus drei Teilen: der Erwärmung, der Handlungsphase und dem Sharing durch die Gruppe, nach der Handlung. Störungen in irgendeinem dieser Bereiche strahlen auf den ganzen Prozess aus.

(Psychodrama III 1969, 237)

1974: Das psychodramatische Theater baut sich in verschieden Ebenen auf, deren jede ein anderes Lebensniveau darstellt. Von der unstrukturierten Ebene leitet es über das wenig strukturierte zum hochstrukturierten Niveau und schließlich dem durch eine Art Balkon dargestellten Niveau der Superstruktur über. Auf jeder dieser Ebenen erfordert die Handlung einen anderen Erwärmungsgrad. Gruppe und Handlung sind nicht streng getrennt, sondern fließen ineinander über und ergeben eine totale Handlungseinheit und den Eindruck einer alles umfassenden Liebe.

(Grundlagen 1974, 419)

Die Rolle des Leiters im Erwärmungsprozess

1966: Der Leiter übernimmt die Initiative, die Protagonisten ins Spiel zu bringen. Der Eingangsdialog hat sich erschöpft; es gibt keinen Grund, ihn weiter zu führen. Der Leiter verhält sich wie ein Dramatiker, der gerade sein Stück schreibt. Er kennt den strategischen Augenblick für die nächste Episode. Wenn er es zuließe, dass sich der Dialog in die Länge zieht, hätte dies keinen Zweck.

(Psychodrama of a Marriage, a Motion Picture, GP XIX 12/1966, 52)

1966: Der Leiter wird […] initiativ und strukturiert die Szene. Er erlaubt nicht, dass lange und unbestimmte Geschichten erzählt werden, sondern er besteht auf Konkretisierungen. Indem er den Protagonisten (die Protagonisten) zwingt, bei den Tatsachen zu bleiben, erwärmt er ihn dafür, die Fakten direkt zu zeigen und die gegenwärtigen Erfahrungen auszudrücken. Nichts erwärmt einen Protagonisten besser als seine wirkliche Lebenssituation, z.B. wo er lebt und was er tut.

(Psychodrama of a Marriage, a Motion Picture, GP XIX 12/1966, 53. Vgl. Psychodrama III 1969, 137)

Methoden und Ziel der Erwärmung

1946: Das Erwärmen des Klienten für die psychodramatische Darstellung wird durch verschiedene Methoden angeregt, von denen nur einige hier erwähnt werden: Selbstdarstellung, Selbstgespräch, Projektion, Einschalten von Widerständen, Rollenwechsel, Doppelgänger, Spiegelmethoden, Hilfs-Welt, Verwirklichung und psycho-chemische Techniken. Das Ziel dieser verschiedenen Methoden ist nicht, die Patienten in Schauspieler zu verwandeln, sondern sie dazu zu bringen, auf der Bühne das zu sein, was sie sind, nur tiefer und klarer als sie im wirklichen Leben zu sein scheinen.

(Psychodrama und Gruppenpsychotherapie, Methode 1981, 145)

1954: Wenn wir ein Subjekt haben und das Subjekt beginnt, sich für seine eigene Situation zu erwärmen, dann erinnere dich daran, dass ich ihm niemals erlaube, seine eigene Geschichte zu erzählen. Normalerweise zwinge ich es in die direkte Aktion. So wird das Leben gelebt. Wir kehren hier zur lebensechten Handlung [life action] zurück.

(Psychodramatic Frustration Test, GP VI 3-4/1954, 164)

1957: Auf diese Weise bereitete er sich selbst und sie darauf vor, wahrhaftig anwesend zu sein und existentiell [...] gegenüberzustehen (die „Aufwärmphase" in Gruppenpsychotherapie).

(Globale Psychotherapie 1957, Jahrbuch 1991, 33)

Der Schritt auf die Bühne

1946: Die verbale Ebene geht auf die Handlungsebene über und wird in sie eingefügt. Es gibt zahlreiche Formen der Darstellung: die Vortäuschung des Rollenspiels, das Ausagieren oder die Neuinszenierung einer vergangenen Szene, das Ausleben eines bedrückenden Gegenwartsproblems, lebendige Gestaltung auf der Bühne oder der Versuch, sich in die Zukunft zu versetzen.

(Psychodrama und Gruppenpsychotherapie, Methode 1981, 144)

1959: Häufig erlebt im Verlauf typischer verbaler, interaktioneller Gruppensitzungen, ein Mitglied der Gruppe ein Problem mit solcher Intensität, dass Worte allein unbefriedigend sind. Es hat das Bedürfnis, die Situation auszuagieren und eine Episode aufzubauen; Ausagieren meint dabei sie „zu leben", sie sorgfältiger zu strukturieren als das Leben außerhalb es zulassen würde. Das Problem, das es hat, wird oft von allen Mitgliedern der Gruppe geteilt. Er wird zu ihrer Verkörperung in Aktion. In solchen Augenblicken gibt ihm die Gruppe spontan Raum, denn Raum ist das erste, was er braucht. Er bewegt sich in die Mitte oder vor die Gruppe, so dass er mit allen kommunizieren kann. Das eine oder andere Mitglied der Gruppe mag in ähnlicher Weise in eine Gegenrolle verwickelt sein und tritt in die Szene ein, um mitzuspielen. Das ist die natürliche und spontane Transformation einer einfachen Gruppenpsychotherapiesitzung in ein Gruppenpsychodrama.

(Psychodrama II 1959, 191. Vgl. Gruppenpsychotherapie 1959, 76)

25. Aktionsphase

Hat die Gruppe als Ganze ihre Spontaneitätslage erreicht, so wird es möglich, gemeinsam an einem relevanten Thema zu arbeiten. Diese Aktionsphase kann sich auf alle in der szenischen Diagnostik beschriebenen Inhaltsebenen beziehen. Formal geht es dabei darum, das Material des Protagonisten in Szene zu setzen (Inszenierung) und die entstehenden Bilder gemeinsam mit dem Protagonisten und der Gruppe zu erforschen (Exploration). Diagnostik wird dabei zu einer prozessualen Kategorie, die die gesamte Arbeit begleitet.

Bühnenaufbau

1959: Da es unmöglich ist, in die Seele des Menschen direkt einzudringen und das, was sich in ihr abspielt, erkennen und sehen zu können, versucht das Psychodrama den seelischen Gehalt des Individuums nach „außen" zu bringen und ihn im Rahmen einer greifbaren und kontrollierten Welt gegenständlich zu machen. Das Psychodrama mag in seinem Bemühen, die Welt des Patienten aufzubauen, bis zur Schwelle des Erträglichen gehen, die Wirklichkeit durchdringend und sogar überschreitend. Das Psychodrama muss auf die Beobachtung der kleinsten Einzelheiten der Vorgänge im physischen, psychischen und sozialen Raum, der erforscht werden soll, bestehen. Sein Ziel ist, das Gesamtverhalten unmittelbar sichtbar und abschätzbar zu machen. Der Protagonist wird auf eine Begegnung mit sich selbst vorbereitet. Wenn diese Phase des „Objektivmachens" vollendet ist, beginnt die zweite. Es ist die Phase des Wieder-„Subjektivmachens", Wiederordnens und Wiedereinbeziehens dessen, was objektiviert wurde. In der Praxis gehen die beiden Phasen Hand in Hand.

(Gruppenpsychotherapie 1959, 111)

1969: Wann immer dies möglich ist wird der Protagonist die Zeit, den Ort, die Szene und die Hilfs-Iche auswählen, die er für das Spielen seines Psychodramas braucht. Der Leiter dient als Dramaturg um den Protagonisten zu unterstützen. Der Leiter und der Protagonist sind Partner; Manchmal kann der Leiter aktiver sein, aber der Protagonist hat immer das Recht die Inszenierung abzulehnen oder die Szene zu verändern.

(Psychodrama III 1969, 235)

Szenenfolge, prozessuale Diagnostik

1948: Die Szenenfolge muss sich so natürlich entwickeln wie das Gewebe des Interviews. [...] Verbindungen müssen vom Leiter aus der Dynamik des Augenblicks heraus blitzschnell geknüpft werden. Sie können nicht im Voraus geplant werden, weil alles von der Bereitschaft des Menschen [subject] für die Hinweise abhängt. Die besten Hinweise werden nicht funktionieren, wenn er noch nicht für sie bereit ist, und ganz gewagte Anhaltspunkte mögen unerwartet wirken. Diagnostische Vorbereitung ist gut; der Psychodramatiker sollte soviel wie möglich über den Fall wissen. Aber oft müssen Diagnose und Behandlung Hand in Hand gehen. Ein diagnostischer Anhaltspunkt wird im Augenblick entdeckt und sofort für therapeutische Ziele verwendet.

(Psychodrama of an Adolescent, Sociatry II 1-2/1948, 26. Vgl.
Gruppenpsychotherapie 1959, 220. Vgl. Psychodrama III 1969, 58)

Methoden

Selbstgespräch

1959: Das Psychodrama musste eine Reihe von Methoden entwickeln, um tiefere Ebenen unserer zwischenpersönlichen Welt zum Vorschein zu bringen. Eine dieser Methoden ist das Selbstgespräch. Es wurde oft von Dramatikern, wie Shakespeare, für künstlerische Zwecke benutzt. Aber im Psychodrama hat das Selbstgespräch eine neue Bedeutung. Es wird vom Patienten angewandt, um verborgene Gefühle und Gedanken zu duplizieren, die er tatsächlich in einer Situation mit einem Partner im Leben hatte, oder die er jetzt hat, im Augenblick der Darstellung; der Wert des Selbstgespräches liegt in seiner Wahrhaftigkeit; sein Ziel ist Selbstklärung.

(Gruppenpsychotherapie 1959, 226f)

1969: Therapeutisches Selbstgespräch: Die Darstellung von verborgenen Gedanken und Gefühlen durch Seitendialoge und Seitenhandlungen, parallel zu offenen Gedanken und Handlungen. [...] Der Leiter stoppt die offene Handlung, bittet die Patientin ihre Gefühle auszudrücken und erklärt, dass ihre Vorgesetzte sie nicht hören und nicht auf sie reagieren kann, weil sie in der realen Situation nicht wissen konnte, was in ihr vorging.

(Psychodrama III 1969, 239)

Realitätsprobe

1946: Von Bedeutung ist […] das Prinzip des „Einbezogenseins". Wir haben gelernt, dass sowohl in Test- als auch in Behandlungssituationen ein Minimum an Beziehung zu anderen Personen und Objekten für den Patienten höchst wünschenswert ist. […] In der psychodramatischen Situation dagegen ist ein Maximum der Beziehung zu anderen Personen und Dingen nicht nur möglich, sondern wird geradezu erwartet. […]

Ferner ist das Prinzip der Konkretisierung hervorzuheben. Der Patient wird nicht nur in die Lage versetzt, Teilen seines eigenen Selbst zu begegnen, sondern auch den anderen Personen, die in seinen psychischen Konflikten eine Rolle spielen. Diese Personen können wirklich oder illusionär sein. Die Wirklichkeitsprobe – in anderen Therapien nur ein Wort – wird hier auf der Bühne wahr gemacht.

(Psychodrama und Gruppenpsychotherapie, Methode 1981, 144f)

Psychomusik und Psychotanz

1946: Wir erreichen hier neue Gefilde des Psychodramas, den Bereich der Pantomime, den Bereich von Rhythmus, Tanz und Musik, den Bereich des (scheinbar) Unsinnigen. Wir brauchen Methoden zur Erforschung und Entwicklung sprachfreier, nicht-semantischer Psychopathologie. Beispiele für solche Methoden sind die Experimente mit Stegreiflagen, mit Erwärmungsprozessen und mit der Körperbewegung im Raum. Wir haben uns nicht primär mit den Wortassoziationen beschäftigt. Es wurden keine verbalen Prozesse erwartet. Der Körper erwärmte sich für einen Tanz und unter Umständen erwuchs daraus ein Dialog. Deshalb schlugen wir, analog zu den Noten in der Musik, nicht-semantische Zeichen vor, um den Verlauf der unmittelbaren Handlung und die verwobenen Gefühlskomplexe darzustellen. Die Tanztherapeuten wurden in zwei Kategorien eingeteilt: Der Tänzer [dancer-actor], der tanzt um sich selbst zu heilen – Autokatharsis, und der Tänzer, der im Auftrag einer Gruppe von Zuschauern tanzt, die zusammen mit ihm die Tanz-Performance erleben – Gemeinschaftskatharsis.

(Psychodrama I 1946, 216f)

1946: Es gibt zwei Arten von Psychomusik, die beide noch in einem experimentellen Stadium sind: a) die organische Form – Instrumente sind ausgeschlossen, der Organismus wird, allein oder in der Gruppe zum einzigen musikodramatischen Agens; b) die Instrumentalform – Instrumente werden wieder eingeführt, aber als Funktion und Erweiterung der musikalischen Spontaneität, die der menschliche Organismus hervorbringen kann und nicht als dessen Meister und Kontrolleur.

(Psychodrama I 1946, 278)

Traumdrama

1969: In einer psychodramatischen Traumarbeit sagen wir zum Protagonisten: „Erzähl den Traum nicht, sondern spiele ihn durch." Wir meinen das nicht nur oberflächlich. Lass den Patienten zu Bett gehen. Lass ihn jedes Detail nachspielen: Hier ist mein Bett; es ist Nacht, ich mache mich fertig, um zu Bett zu gehen. Die Konkretisierung der Situation bewirkt etwas und nicht diese Art unverbundener Präsentation, die die Analytiker bevorzugen. Der Patient geht zuerst in die Rolle des Schlafenden, ehe er ein Träumender sein kann. Es war eine ziemliche Revolution als wir anfingen Träume zu bearbeiten, nicht indem wir sie nur analysierten, sondern indem wir darauf bestanden, dass der Patient zuerst ein Schlafender wird. Wir versuchen den natürlichen Prozess des Lebens zu wiederholen, anstatt [ihn] auf unverbundene Art und Weise lediglich zu analysieren. Dies ist die Konkretisierung der Situation, in der der Traum gezeigt wird im Hier und Jetzt.

(Psychodrama III 1969, 157)

1969: Der Patient spielt den Traum durch, anstatt ihn zu erzählen. Er nimmt die Position ein, die er normalerweise im Bett hat, wenn er schläft; bevor er sich hinlegt und die Position des Schlafenden einnimmt, erwärmt er sich gesondert für dieses Setting. Der Leiter fragt ihn, wann und wo er diesen Traum hatte. Er bittet ihn den Raum zu beschreiben, den Platz und die Größe des Bettes, die Farbe seines Schlafanzugs, ob er Ober- und Unterteil trägt, oder ob er nackt schläft, ob er alleine schläft, mit oder ohne Licht, mit offenem oder geschlossenem Fenster und wie lange er normalerweise braucht um einzuschlafen.

Der Patient soll dann in liegender Position tief und gleichmäßig atmen, so wie er dies im Schlaf tut. Er soll sich im Bett so bewegen wie er es normalerweise macht, wenn er schläft und schließlich sich entspannen und einschlafen. Die letzten Anweisungen des Leiters sind: „Versuche dir, ohne mir davon zu erzählen den Anfang, die Mitte und das Ende [deines Traums] vor Augen zu holen. Siehst du es? Antworte einfach mit Ja oder Nein." Wenn der Patient die unterschiedlichen Ein-

drücke einigermaßen vor seinem inneren Auge fixiert hat fragt der Leiter: Wo bist
du in deinem Traum? Siehst du dich selbst? Ja? Dann tritt heraus aus dem Traum.
Was tust du? Gehst du, schwimmst du, sitzt du, rennst du, was…? […] Steh auf
und nimm die Position ein ….

(Psychodrama III 1969, 242)

1959: Die verbale Erzählung eines Traums ist eine reine Verdoppelung der Erfahrungen, die der Träumende in situ, wenn er schläft, wirklich durchläuft. Psychodrama ist die Essenz des Traums. Die latenten Traumkonstellationen im Unbewussten sind lebendiger als jene, die das Traumniveau des Schlafenden erreichen.
Indem man die Träume durch psychodramatische Techniken ausagieren lässt, können diese tieferen Teile des Unbewussten vor dem Analysten und Beobachter
sichtbar gemacht werden, auch wenn sie dem Handelnden nicht bewusst gemacht
werden können. Aber der Handelnde kann, wenn die Handlung abgeschlossen ist,
mit Hilfe seiner Beobachter seine eigenen Erfahrungen rekonstruieren. Vorsichtig
angeleitete experimentelle Sitzungen könnten enthüllen, dass der Beitrag des Handelnden zu dem Prozess der Rekonstruktion weit höher ist als jetzt noch angenommen.

(Psychodrama II 1959, 98f)

1964: Aus Sicht der Produktion wurde die bedeutsame Beziehung zwischen Psychodrama und Traum oft betont. Lewis Mumford sagte gelegentlich: „Das Psychodrama ist die Essenz des Traums." Es stimmt, dass wir es in beiden Fällen oft mit
Fantasieerzeugnissen zu tun haben in die der Protagonist schwerwiegend verstrickt ist. Ebenso wie im Traum erscheint das Psychodrama eine Darstellung unbewusster Dynamik zu sein.

(Psychodrama I, 3. Aufl. 1964, XIVf)

26. Integrationsphase

Die Rückkehr in die Gruppe

1950: Aber diese zweite Phase im Psychodrama wird allmählich ersetzt durch eine dritte. Jetzt übernimmt das Gruppendrama, das Publikum die Führung der Darstellung. Der Therapeut verschwand von der Szene am Ende der ersten Phase, jetzt aber verschwindet das ganze Theater, die Darstellung selber mit den Hilfs-Ichen, den guten Mitarbeitern und Geistern, die ihm, dem Protagonisten-Patienten, geholfen hatten, ein neues Gefühl von Einheit, Macht und Klarheit zu erwerben. [...] Die Gegenwart der Gruppe im Auditorium wird nun dem Patienten dynamisch bewusst. Im Lauf der Darstellung vergaß er die Existenz der Gruppe, aber jetzt sieht er sie wieder, einen nach dem anderen, Fremde und Freunde. Er hat seine tiefsten persönlichen Geheimnisse vor ihnen aufgedeckt, seine Gefühle von Schuld und Scham erreichen jetzt ihren Höhepunkt. Eine dritte Umstellung der Kräfte tritt ein. Während er sich anfeuerte, seine Probleme darzustellen, feuerte er das Auditorium an, sich mit ihm zu identifizieren. Er tritt in direkten Kontakt mit den Zuschauern, den Mitgliedern der Gruppe, und diese treten in direkten Kontakt zueinander. Der gruppentherapeutische Teil der Sitzung beginnt.

(Hypnodrama and Psychodrama, GP III 1/1950, 5. Vgl. Gruppenpsychotherapie 1959, 83)

1954: Man muss sich immer bewusst machen, dass die Gruppe der allerwichtigste Teil der Sitzung ist. Von der Bühne zurück in die Gruppe zu kommen ist in gewissem Sinne der eigentliche Beginn einer Sitzung.

(Psychodramatic Frustration Test, GP VI 3-4/1954, 162)

1959: Die soziale Struktur der individuellen Psyche kam ursprünglich aus der Gruppe. In einer Verwandlung auf der Bühne, durch die therapeutischen „Iche" personifiziert, werden ihre Probleme im Verlauf jeder Sitzung von der Gruppe wieder erlebt in Gestalt des Psychodramas. Das, was am auffallendsten und dramatischsten auf der Bühne sichtbar wird, erscheint den Beteiligten nach gründlicher Darstellung als etwas ihnen Bekanntes und Vertrautes, als ihr eigenes Selbst. Das Psychodrama zeigt ihnen ihre eigene Identität, ihr Selbst wie in einem Spiegel.

(Gruppenpsychotherapie 1959, 79f)

Sharing

1950: Der Komplex aus Tele, Empathie und Übertragung durchlebt eine dritte Neuordnung der Kräfte; er bewegt sich von der Bühne zu den Zuschauern und initiiert unter ihnen intensive Beziehungen. Wenn die Fremden der Gruppe anfangen sich zu erheben und ihre Gefühle mit dem verbinden, was sie von der Darstellung gelernt haben, erreicht er [der Prozess] eine neue kathartische Dimension, eine Gruppenkatharsis; er hat Liebe gegeben und jetzt geben sie ihm Liebe zurück. Was auch immer seine Psyche jetzt ausmacht, es war ursprünglich von der Gruppe geformt; durch das Psychodrama kehrt es jetzt in die Gruppe zurück und die Mitglieder des Publikums teilen ihre Bedrängnisse mit ihm, wie er sie mit ihnen geteilt hat.

(Hypnodrama and Psychodrama, GP III 1/1950, 5)

1952: Nun ich lade Sie ein teilzunehmen und auf all das zu reagieren, was auf der Bühne geschehen ist. Gibt es irgendjemanden, der noch etwas im Sinn hat, was ihn an dem, was er gerade gesehen hat, besonders berührt hat? Wiederum kann eine wahre Gruppenbeteiligung nicht auf eine Erörterung über andere Menschen beschränkt bleiben. Es beinhaltet immer ein Geben und Nehmen. Sie ist keine Erörterung allgemeiner Prinzipien. Darum geht es nicht. Auf der Ebene der Gruppendynamik diskutiert man nicht über Helen und George. Sie nehmen einfach zusammen mit ihnen teil, und jemand kann sich anschließen und erzählen, was ihm vor fünf Jahren geschah. Jemand anderes könnte sagen: „Das könnte auch mir passiert sein" oder „Genau so ist meine Schwester." Aber lassen sie uns an dieser Stelle nicht intellektualisieren – Analysen, Meinungen usw. von uns geben. Das ist entwürdigend. Mit anderen Worten: Sie haben viel gegeben, und sie haben ein Recht darauf, etwas von uns zu erwarten. Denken sie daran, dass es die Funktion der Gruppenmitglieder ist, das an Liebe zurückzugeben, was der Protagonist gegeben hat. Wenn sie das tun, dann wird die Gruppensitzung sehr sehr real werden statt flach und bedeutungslos.

(Psychodramatische Produktionsverfahren 1952, Psychodrama und
Soziometrie 1989, 221f. Original: GP IV, 4/1952, 272f)

1969: Das „Sharing" kann beizeiten nonverbal sein, ein emotionsgeladenes Schweigen ist oft der angemessenste Weg, etwas mit dem Protagonisten zu teilen, oder ein gemeinsames Kaffeetrinken, oder Pläne zu machen, sich wieder zu treffen, oder was auch immer.

Der Protagonist soll nie mit dem Eindruck zurückbleiben, dass er mit einem bestimmten Problem in der Gruppe allein ist. Der Leiter muss in der Diskussionsphase nach der Aktion Identifikationen mit dem Protagonisten herausarbeiten. Dies wird in der Gruppe Verankerungen für gegenseitige, befriedigende Beziehungen zwischen den Gruppenteilnehmern herstellen, die Kohäsion vergrößern und die zwischenmenschlichen Wahrnehmungen ausweiten.

Wenn es unter den Zuschauern keinen gibt, der sich offen mit dem Protagonisten identifiziert, dann fühlt er sich entblößt, und des heiligsten Teils seiner selbst beraubt: seiner persönlichen Psyche. Dann ist es die Aufgabe des Leiters, sich nicht nur mit seiner Sympathie für den Protagonisten zu zeigen, sondern auch als jemand der ähnlich belastet ist oder war. Es ist keine Analyse, die hier angezeigt ist, sondern Liebe und das Teilen seiner selbst. Nur so kann man einer Person zurückzahlen, was sie von sich selbst gegeben hat. Dies wird regelmäßig die anderen Personen unter den Zuschauern erwärmen, sich in ähnlicher Art zu zeigen, sodass die Zuschauer in eine aufrichtige Erwärmung einbezogen werden, die den Protagonisten aufs Neue umfasst und die hilft, einen Abschluss zu finden.

(Psychodrama III 1969, 237f)

27. Evaluation

Das Motiv der existentiellen Validierung in den Frühschriften – Die Schwalbe

1908/1909: Die Schwalbe / Im Augarten war es; ich folgte dem Flug einer Schwalbe. / Da nahte ein Mann: „Wie geht es, wie geht es?" / Ich schwieg. / Nach einer Weile: „Wie denkst du über das Leben?" / Ich schwieg. / Nach einer Weile: „Wie denkst du über die Schwalbe?" / Ich schwieg beharrlich. / Nach einer Weile schaute er auch. // Am anderen Tage, ich sah ihn, da lag er im Arm eines Weibes. / Ich sagte: „Wie geht es, wie geht es?" / „Wie denkst du über das Leben?" / „Und über die Liebe?" / „Und über die Schwalbe?" / Ich grüßte und ging.

(Einladung zu einer Begegnung 1908/1909, 29. Und: Daimon 1918, 143)

Existentielle Validierung

1955: Um dem besonderen Charakter der psychotherapeutischen Prozesse und der Schwierigkeit, sie in ein experimentelles Design zu bringen, gerecht zu werden, könnte es hilfreich sein, zwei Arten der Validierung zu unterscheiden, wissenschaftliche Validierung, wie sie derzeit in der wissenschaftlichen Gemeinschaft für unerlässlich gehalten wird, und „existentielle" Validierung, wie sie sich in allen psychotherapeutischen Praktiken herausbildet und Anlass vieler Missverständnisse darüber ist, was wissenschaftlich ist und was nicht. Für die Bedeutung der existentiellen Validierung sollte klargestellt werden, dass sie nur in situ den Anspruch der Validität erhebt, im Hier und Jetzt ohne irgendeinen Anspruch, die Vergangenheit zu bestätigen oder die Zukunft vorauszusagen. Es sollte als mehr denn als Kunst eingeordnet werden, obwohl es schon eine existentielle Gültigkeit dessen impliziert, was hier passiert, wenn Menschen von der Kunst der Psychotherapie sprechen. Wissenschaftliche und existentielle Validierung schließen sich nicht aus, sie sollten als Kontinuum konstruiert werden.

(Clarification and Summary, GP VIII 1/1955, 91)

1956: Man kann mit Sicherheit feststellen, dass – und dies ist das Wichtige – die Wahlen und Entscheidungen für die Teilnehmer selbst in dem Moment, in dem sie sie treffen, valide sind. In diesem Fall kann man von einer „existentiellen" Validierung sprechen und diese sollte definitiv von einer wissenschaftlichen Validierung getrennt werden. Aber wenn man an existentielle Validierung denkt, sollte man nicht denken, dass diese ein impulsives und irrationales Verhalten ist. Es könnte auch ein höchst und bestorganisiertes Verhalten sein. Immer wieder verwechseln psychotherapeutische oder religiöse Gruppen existentielle und wissenschaftliche Validierung, wenn sie behaupten, dass das, was sie tun, valide ist.

(The Sociometric School and the Science of Man, Sociometry XVIII 4/1956, 279)

1959: Wir haben verschiedene Arten der Bewertung unterschieden, die ästhetische, die existentielle und die wissenschaftliche. 1. An erster Stelle steht die ästhetische Bewertung. Das Psychodrama hat sich vom Theater und dem literarischen Drama losgelöst, hat jedoch den Einfluss ästhetischer Prinzipien für die Therapie betont und weiterentwickelt. 2. Die existentielle Bewertung. Das Psychodrama hat trotz seiner Entwicklung als Wissenschaft seine existentielle Verwurzelung im Leben niemals aufgegeben. Das Existentielle ist noch immer eines seiner wesentlichen Charaktere. Die Schöpfungen in der Begegnung des Hier und Jetzt sind einmalig und unmittelbar. Die gemeinsamen Erlebnisse zweier Eheleute und zweier Freunde bedürfen nicht besonderer Beweise und wissenschaftlicher Bewertung. Sie besitzen für die Beteiligten die höchste innere Wahrhaftigkeit und existentiellen Wert. Aber existentielle und wissenschaftliche Wertung schließen einander nicht aus. Diese zwei Wertungsweisen sind in soziometrischer und psychodramatischer Forschung wirksam verbunden worden. 3. Als Drittes steht die wissenschaftliche Bewertung. In einer Kultur, die von Wissenschaft beherrscht ist, kann keine Form ernsthafter Psychotherapie gedeihen, die nicht versucht, den Anforderungen der wissenschaftlichen Methoden gerecht zu werden. Der experimentelle Wert der psychodramatischen Gruppenmethoden ist weitgehendst untersucht worden und hat sich als verifizierbar erwiesen.

(Gruppenpsychotherapie 1959, 110f)

1959: Um dem speziellen Charakter psychotherapeutischer Prozesse gerecht zu werden, nämlich der Schwierigkeit, sie in ein experimentelles Design zu bringen, könnte es nützlich sein, zwischen zwei Arten der Validierung zu unterschieden, der wissenschaftlichen Validierung wie sie derzeit ausnahmslos in der wissenschaftlichen Gemeinschaft bedacht wird und der „existentiellen" Validierung, die sich in allen psychotherapeutischen Praktiken abzeichnet und die der Grund vieler Missverständnisse ist, was wissenschaftlich ist und was nicht. Bezüglich der Bedeutung der existentiellen Validierung sollte klar durchbuchstabiert werden, dass sie lediglich in situ einen Anspruch auf Validität erhebt, im Hier und Jetzt, ohne irgendeinen Versuch, die Vergangenheit zu erhärten oder die Zukunft vorauszusagen. Es sollte höher als Kunst klassifiziert werden, obgleich Menschen, wenn sie über die Kunst der Psychotherapie sprechen implizieren, dass das was hier stattfindet eine existentielle Gültigkeit hat. Wissenschaftliche und existentielle Validierung schließen sich gegenseitig nicht aus, sondern sie können als Kontinuum verstanden werden.

(Psychodrama II 1959, 88)

1959: Religiöse Menschen werden gelehrt, sich strikt an die Ausführung jedes Rituals zu halten, obgleich ihre subjektive Teilnahme daran lau geworden oder abgestorben ist. Um den Verlust der subjektiven Teilnahme zu kompensieren tendieren religiöse Autoritäten oft dazu, die Leere, den religiösen Leichnam, mit einer wunderschönen Fassade zu überdecken – imposante Architektur, bunte Szenarien und magische Worte. Die Kluft zwischen der existentiellen Validierung religiösen Verhaltens und ihrer äußerlichen Erscheinungsform nahm ab der der Mitte des 19ten Jahrhunderts ernsthafte Ausmaße an, wodurch der Weg für den Agnostizismus und Atheismus unserer Zeit bereitet wurde.

Aber wir sollten nicht vergessen, dass es auch rigorose Vertreter einer „ästhetischen Validierung" gab (wenn diese auch im religiösen Bereich selten waren). […] Existenz und Leben sind zu vernachlässigen; sie sind lediglich das Material, von dem sich der Künstler bedient. Die ästhetische Validierung des Produktes, eines Gedichts oder einer Novelle, ist das einzige was zählt.

Die Unterscheidung, die ich zwischen den drei Kategorien der Validierung vorschlage – einer wissenschaftlichen, einer ästhetischen und einer existentiellen – klärt ein allgemeines Phänomen auf.

(Psychodrama II 1959, 209)

1959: In der therapeutischen Untersuchung sind zwei einander widersprechende Prinzipien wirksam. Das eine ist die vollkommen subjektive und existentielle Situation des Subjekts; das andere sind die objektiven Ansprüche der wissenschaftlichen Methode. Die Frage ist nun, wie man die beiden Extrempositionen miteinander versöhnen kann. Soziometrie und Psychodrama haben dieses methodologische Problem aufgeworfen und versucht es zu lösen. „Existentielle Validierung" respektiert das Faktum, dass jede Erfahrung in dem Augenblick in dem sie gemacht wird – im Hier und Jetzt – wechselseitig befriedigend sein kann. Die Erfahrung von zwei Liebhabern oder zwei Freunden bedarf beispielsweise keiner Validierung jenseits der Zustimmung und der Freude der Beteiligten. Wenn in einem soziometrischen Test jedes Individuum seine Präferenzen ehrlich offen legt, ist der Test perfekt reliabel und valide. Psychotherapeutische Methoden, individuelle und Gruppenmethoden, sind von der aufrichtigen Interaktion zwischen Therapeut und Patient abhängig. Jede Sitzung ist für die Beteiligten eine einmalige Erfahrung. Eine Validierung der individual- und gruppenpsychotherapeutischen Praxis muss nicht

stattfinden, solange nicht der Anspruch erhoben wird, dass irgendwelche der aufgenommenen Abläufe generalisiert werden können, oder dass das zukünftige Verhalten der Teilnehmer durch die Ereignisse vorhergesagt werden kann. Wichtig ist
nur, dass die therapeutischen Erfahrungen für die Teilnehmer selbst, zu dem Zeitpunkt in dem sie gemacht werden, valide sind. In der Tat wäre eine wissenschaftliche Validierung für die Teilnehmer bedeutungslos, denn der Wert ihrer Erfahrung
ist offensichtlich. Aber wissenschaftliche und existentielle Validierung schließen
sich nicht gegenseitig aus, sondern sie können als Kontinuum verstanden werden.

(Psychodrama II 1959, 216)

1968: Die Frage nach der Validierung des Psychodramas hat im Lauf der Jahre er-
hebliche Kontroversen entfacht. Es gab dabei zwei Meinungen. Die einen betonen,
dass die gewöhnlichen Messinstrumente für Reliabilität und Validität für das Psychodrama nicht besonders geeignet erscheinen. Wenn jede Person ihr Leben ehrlich ausagiert, dann sind die Daten perfekt reliabel und valide. Die zweite Meinung ist, dass die geläufigen Methoden zur Messung der Validität angewandt
werden können.
Die beiden Meinungen schließen sich nicht aus. Die beiden Methoden der Validierung können kombiniert werden. Aber es ist korrekt zu sagen, dass die Validität
des Psychodramas jenseits ihres offensichtlichen Wertes keines Beweises bedarf. Es
sind Feststellungen der Personen selbst, die sie zu einem bestimmten Moment hinsichtlich einer bestimmten Handlung machen. Psychodrama beschäftigt sich mit
primären Akten und Verhaltensweisen und nicht mit „Faktoren" wie Intelligenz,
Genen oder irgendwelchen anderen verborgenen Faktoren. Eine Wahl ist nicht eh-
renvoller, weil sie statistisch valide ist. Es gibt keinen Bedarf für weitere Validierung, solange die Gruppenteilnehmer und ihr Verhalten so genommen werden,
wie sie gegenwärtig ausgedrückt werden und solange nicht der Anspruch erhoben
wird, dass die Zukunft der Teilnehmer aus den produzierten Vorgängen vorhergesagt werden können oder dass Generalisierungen von den gezeigten Geschehnis-
sen abgeleitet werden können.
Aber was man mit Sicherheit behaupten kann ist, dass es darum geht, dass die
Aussagen und Entscheidungen für die Teilnehmer selbst, in dem Moment, in dem
sie erlebt werden, valide sind. In so einem Fall könnte man von einer „existentiellen" Validierung sprechen und diese sollte definitiv von einer „wissenschaftlichen"
Validierung unterschieden werden. Wenn dann aber einer über existentielle Validierung nachdenkt, muss er sich davor hüten automatisch zu denken, dass dies ei-

ne impulsive und irrationale Verhaltensweise wäre. Es könnte ein Verhalten der höchsten und best organisiertesten Art sein.

(The Validity of Psychodrama, GP XXI 1/1968, 3)

Anhänge

Monografien, Sammelbände und Herausgeberschaften[3]

- **(1918)** Levy, Jakob Moreno (Hrsg.), Daimon, Brüder Suschitzky, Wien.
- **(1919)** (Hrsg.), Der Neue Daimon, Genossenschaftsverlag, Wien.
- **(1920ff)** (Hrsg.) Die Gefährten, Genossenschaftsverlag, Wien.
- **(1922)** Das Testament des Vaters, Kiepenheuer, Potsdam 1922.
- **(1924)** Das Stegreiftheater, Kiepenheuer, Potsdam ²1970. Erweiterte engl. Auflage: The Theatre of Spontaneity, Beacon House Inc., Beacon N.Y. 1947, ²1973.
- **(1934)** Who Shall Survive? A New Approach to the Problem of Human Interrelations, Nervous and Mental Disease Publishing, Washington D.C.
- **(1937ff)** (Hrsg.) Sociometry. A Journal of Inter-personal Relations, Beacon House Inc., Beacon N.Y. Ab 1956 hrsg. von der American Sociological Society.
- **(1941)** The Words of the Father. Stark veränderte engl. Übertragung von „Das Testament des Vaters" (1922), Beacon House Inc., Beacon N.Y., ²1971.
- **(1946)** Psychodrama I, Beacon House Inc., Beacon N.Y. ³1964.
- **(1947ff)** (Hrsg.) Sociatry. Journal of Group and Intergroup Therapy, Beacon House Inc., Beacon N.Y.
- **(1950ff)** (Hrsg.) Group Psychotherapy. Journal of Sociopsychopathology and Sociatry, Beacon House Inc., Beacon N.Y.
- **(1953)** Who Shall Survive? Foundations of Sociometry, Group Psychotherapy and Sociodrama. 2. stark erweiterte Auflage von „Who Shall Survive?" (1934), Beacon House Inc., Beacon N.Y. ³1978.
- **(1956)** zusammen mit Frieda Fromm-Reichmann (Hrsg.), Progress in Psychotherapy I, Grune & Stratton, New York.
- **(1956ff)** International Journal of Sociometry and Sociatry, Beacon House Inc., Beacon N.Y. Ab 1957 zusammen mit Helen Hall Jennings. Ab 1960 zusammen mit Zerka Toeman Moreno.
- **(1957)** zusammen mit Jules H. Masserman (Hrsg.), Progress in Psychotherapy II Anxiety and Therapy, Grune & Stratton, New York.
- **(1958)** zusammen mit Jules H. Masserman (Hrsg.), Progress in Psychotherapy III Techniques of psychotherapy, Grune & Stratton, New York.
- **(1959)** Gruppenpsychotherapie und Psychodrama. Einleitung in die Theorie und Praxis, Thieme Verlag, Stuttgart, ⁴1993.
- **(1959)** zusammen mit Zerka T. Moreno. Psychodrama II, Beacon House Inc., Beacon N.Y.
- **(1959)** zusammen mit Jules H. Masserman (Hrsg.), Progress in Psychotherapy IV Social Psycho-therapy, Grune & Stratton, New York.
- **(1960)** zusammen mit Helen H. Jennings et al. (Hrsg.) The Sociometry Reader, The Free Press of Glencoe, Illinois.
- **(1960)** zusammen mit Jules H. Masserman (Hrsg.), Progress in Psychotherapy V Review and integrations, Grune & Stratton, New York.
- **(1969)** zusammen mit Zerka T. Moreno. Psychodrama III, Beacon House Inc., Beacon N.Y.

---

[3] Im Folgenden wird die Literatur aufgeführt, die zur Erstellung dieses Buches gesichtet wurde. Eine Bibliografie der Schriften Morenos, die punktuell über diesen Bestand hinausgeht, findet sich bei Paul A. Hare (1986). Bibliography of the Works of J. L. Moreno, Group Psychotherapy XXXVIII, 95-128.

- **(1970ff)** (Hrsg.), Group Psychotherapy and Psychodrama, Beacon House Inc., Beacon N.Y.
- **(1974)** Die Grundlagen der Soziometrie. Wege zur Neuordnung der Gesellschaft, Westdeutscher Verlag, Opladen 1954, 2. erweiterte Auflage 1967. Nachdruck der dritten Auflage, Leske + Budrich, Opladen 1996.
- **(1974/1995)** Moreno, Jacob Levy, Auszüge aus der Autobiografie, hrsg. von Jonathan D. Moreno, übers. von Michael Schacht, inScenario Verlag, Köln.
- **(1981)** Soziometrie als experimentelle Methode, herausgegeben von Hilarion Petzold, Junfermann Verlag, Paderborn.
- **(1989)** Psychodrama und Soziometrie, Edition Humanistische Psychologie, o. Ort, hrsg. von Anna und Milan Sreckovic. Engl. Original: The Essential Moreno – Writings on Psychodrama, Group Method, and Spontaneity, Springer Verlag, New York 1987, hrsg. von Jonathan Fox.

Hefte und Aufsätze

- **(1914)** Der verschwiegene Menschenschutz, Einladung zu einer Begegnung I, 27.
- **(1914)** Die Schwalbe, Einladung zu einer Begegnung I, 1914, 29. Auch: Daimon, 143.
- **(1914)** Einladung zu einer Begegnung I, Selbstverlag, Wien.
- **(1914)** Homo Juvenis (1909), Einladung zu einer Begegnung I, 19-22.
- **(1914)** Unter dem Namen: Levy, Jakob, Das Schwert des Schweigens, Einladung zu einer Begegnung I, 28. Auch: Daimon, 1918, 142.
- **(1918)** Bericht aus fünf Zeiten, Daimon, 140-143.
- **(1918)** Das Recht der Toten. Zum Evangelium des Apollonios, Daimon, 161f.
- **(1918)** Das Testament des Schweigens, Daimon, 207.
- **(1918)** Das vollendete Schweigen, Daimon, 110f.
- **(1918)** Die Gottheit als Autor, Daimon, 3-21.
- **(1918)** Einladung zu einer Begegnung, Daimon, 206.
- **(1918)** Ich, Daimon, 110.
- **(1919)** Das Königreich der Kinder, Der Neue Daimon, 116f. Auch: Einladung zu einer Begegnung I, 1914, 14.
- **(1919)** Die Gottheit als Komödiant, Der Neue Daimon, 48-63.
- **(1919)** Die Gottheit als Redner, Der Neue Daimon, 3-18.
- **(1919)** Erklärung an Spartakus, Der Neue Daimon, 31f.
- **(1919)** Gespräche der Königin Helle, Der Neue Daimon, 117f. Auch: Einladung zu einer Begegnung I, 1914, 11.
- **(1919)** Kleiner Knabe fragt, Der Neue Daimon, 118. Auch: Einladung zu einer Begegnung I, 1914, 30.
- **(1919)** Unter dem Namen: Levy, Jakob Moreno, An die Leser zum Aufstand gegen die Autoren, Der Neue Daimon, 29-31.
- **(1919)** Sprüche aus dem ‚Buche der Kinder', Der Neue Daimon, 118f. Auch: Einladung zu einer Begegnung I, 1914, 10.
- **(1920)** Anonym, Das Testament des Vaters, Die Gefährten II, Genossenschaftsverlag, Wien/Prag/Leipzig.
- **(1923)** Der Königsroman, Kiepenheuer, Potsdam.
- **(1923)** Rede über den Augenblick, Kiepenheuer, Potsdam.
- **(1923/1950)** Drei Bezugspunkte für die Soziometrische Forschung, Soziometrie als experimentelle Methode, 1981, 21-25.

- **(1924)** Lokometrie, die Wissenschaft der Örter und Positionen, Soziometrie als experimentelle Methode, 1981, 27-29.
- **(1924)** Rede über die Begegnung, Kiepenheuer, Potsdam.
- **(1925)** Rede vor dem Richter, Kiepenheuer, Potsdam.
- **(1931)** Ave Creator, Impromptu Magazine, 4f. Auch: Psychodrama I, 1946, 31964, 31-33.
- **(1931/1932)** The First Book on Group Psychotherapy, Psychodrama and Group Psychotherapy Monographs 1, Selbstverlag, o. Ort 31957.
- **(1933)** Bemerkungen zur Soziometrie, Gestalttheorie und Psychoanalyse, Soziometrie als experimentelle Methode, 1981, 31-33.
- **(1936)** Die Organisation des sozialen Atoms, Soziometrie als experimentelle Methode, 1981, 85-92. Auch: Organization of the Social Atom, The Sociometry Reader, 1960, 55-61.
- **(1936)** Drei experimentelle Projekte: Laissez Faire, Autokratie und Demokratie-Test, Soziometrie als experimentelle Methode, 1981, 109-125.
- **(1936)** Sociometric Review, Selbstverlag, Hudson N.Y.
- **(1936)** Umgruppierung von Gemeinschaften und Aktionsforschung ‚in situ‘, Soziometrie als experimentelle Methode, 1981, 99-107.
- **(1937)** Die Soziometrie in ihrer Beziehung zu anderen Sozialwissenschaften, Soziometrie als experimentelle Methode, 1981, 35-49.
- **(1937)** Editorial Foreword, Sociometry I, 1-2/1937, 5-7.
- **(1937)** Inter-personal Therapy and the Psychopathology of Inter-personal Relations, Sociometry I, 1-2/1937, 9-76. Auch: Psychodrama I, 1946, 31964, 177-232.
- **(1937)** Sociometry in Relation to Other Social Sciences, Sociometry I, 1-2/1937, 206-219. Dt.: Die Soziometrie in ihrer Beziehung zu anderen Sozialwissenschaften, Soziometrie als experimentelle Methode, 1981, 35-49.
- **(1937)** Soziometrie, Psychodrama und Soziometrie, 1989, 53-68. Original aus: Sociometry in Relation to Other Social Sciences, Sociometry I/1937, 206-219
- **(1939)** Creativity and Cultural Conserves, with Special Reference to Musical Expression, Sociometry II, 2/1939, 1-36.
- **(1939)** Psychodramatische Behandlung von Psychosen, Psychodrama und Soziometrie, 1989, 113-129. Original aus: Sociometry III/1940, 115-132.
- **(1939)** zusammen mit Joseph Sargent/Anita Uhl, Normal and Abnormal Characteristics of Performance Patterns, Sociometry II, 4/1939, 38-57.
- **(1940)** Bezugsrahmen für die Untersuchung, Objektivierung und Messung des Sozialforschers, Soziometrie als experimentelle Methode, 1981, 159-163. Original: A Frame of Reference for Testing the Social Investigator, Sociometry III, 4/1940, 317-327.
- **(1940)** Die Entwicklung des kulturellen Atoms beim psychiatrischen Patienten, Petzold/Mathias, Rollenentwicklung und Identität, 1982, 295f. Original aus: Psychodramatic Treatment of Psychoses, Sociometry II/1940, 115-132.
- **(1940)** Die psychodramatische Behandlung von Eheproblemen, Psychodrama und Soziometrie, 1989, 131-151.
- **(1940)** Ein Bezugsrahmen für das Messen von Rollen, Petzold/Mathias, Rollenentwicklung und Identität, 1982, 301-309. Original aus: Treatment of Marriage Problems, Sociometry II/1940, 1-23.
- **(1940)** Mental Catharsis and the Psychodrama, Sociometry III, 3/1940, 209-244. Auch: Ira A. Greenberg, Psychodrama. Theory and Therapy, 1974, 157-198. Auszüge dt.: Psychodrama und Soziometrie, 1989, 77-102.

- **(1940)** Moreno, Jacob Levy/Helen Hall Jennings/Joseph Sargent, Time as a Quantitative Index of Inter-Personal Relations, Sociometry III, 62-80. Auch: Sociometry Monograph 13, Beacon House Inc., Beacon N.Y. 1940.
- **(1940)** Psychodramatic Treatment of Marriage Problems, Sociometry III, 1/1940, 1-23.
- **(1940)** Spontaneität und Katharsis, Psychodrama und Soziometrie, 1989, 77-102. Original aus: Sociometry III/1940.
- **(1941)** Foundations of Sociometry, Sociometry IV, 1/1941, 15-35.
- **(1941)** The Main Issue of the War, Sociometry IV, 419f.
- **(1941)** Grundlagen der Soziometrie. Konzepte und Experimente mit Gerüchten, Soziometrie als experimentelle Methode, 1981, 185-208.
- **(1941)** Vorteile des soziometrischen Ansatzes bei Problemen der Landesverteidigung, Soziometrie als experimentelle Methode, 1981, 239-246.
- **(1942)** Sociometry in Action, Sociometry V, 298-315.
- **(1942)** zusammen mit Zerka Toeman, The Group Approach in Psychodrama, Sociometry V, 2/1944, 191-196.
- **(1943)** Open Letter to the Contributors and Readers of Sociometry, Sociometry VI, 3/1943, 197f.
- **(1943)** Sociometry and the Cultural Order, Sociometry VI, 3/1943, 299-344.
- **(1943)** Soziodrama, Petzold/Mathias, Rollenentwicklung und Identität, 1982, 297-300. Original aus: Sociodrama, Sociometry I/1943, 434-449.
- **(1943)** The Philosophy of the Moment and the Spontaneity Theatre, Sociometry IV, 2/1943, 205-226.
- **(1943)** zusammen mit William Dunkin, The Function of the Social Investigator in Experimental Psychodrama, Sociometry IV, 4/1943, 392-417.
- **(1943)** zusammen mit Zerka T. Moreno, A Sociometric View of Recent History: The Rise and Fall of Leadership, Group Psychotherapy XXIX, 1976, 63-69.
- **(1944)** Group Method and Group Psychotherapy, Beacon House Inc., Beacon N.Y., Zugleich: Sociometry Monograph 5.
- **(1945)** Gruppenpsychotherapie, Psychodrama und Soziometrie, 1989, 69-74.
- **(1945)** Ideas as Plans for the Development of a Sociometric Society, Sociometry VIII, 1/1945, 103-107.
- **(1945)** In Memoriam – Richard Firestone, Sociometry VIII, 1/1945, 90f.
- **(1945)** Psychodrama and Therapeutic Motion Picture, Psychodrama Monograph 11, Beacon House Inc., Beacon N.Y. Auch: Psychodrama I, 1946, [3]1964, 385-400.
- **(1945)** The Concept of Sociodrama, Sociometry VI, 4/1945, 434-449.
- **(1945)** The Two Sociometries, Human and Subhuman, Sociometry VIII, 1/1945, 64-75.
- **(1946)** Definition der Rollen, Petzold/Mathias, Rollenentwicklung und Identität, 1982, 277-285. Original: Psychodrama I, 1946, 153-160.
- **(1946)** Psychodrama and Group Psychotherapy, Sociometry IX, 2-3/1946, 249-253.
- **(1946)** Psychodrama und Gruppenpsychotherapie I, Soziometrie als experimentelle Methode, 1981, 143-148.
- **(1946)** Psychodrama und Soziodrama, Psychodrama und Soziometrie, 1989, 45-52.
- **(1946)** Situation Test, Sociometry IX, 2-3/1946, 166f.
- **(1947)** Das soziale Atom und der Tod, Soziometrie als experimentelle Methode, 1981, 93-97. Original: The Social Atom and Death, Sociometry X, 1947, 80-84. Auch: Sociatry, the Social Atom and Death, Jules H. Masserman/Jacob Levy Moreno, Progress in Psychotherapy II, 1957, 117-120. Auch: The Social Atom and Death, The Sociometry Reader, 1960, 62-66.

- **(1947)** Editorial I. The Sciences and Sociatry, Sociatry I, 1/1947, 7f.
- **(1947)** Editorial II. Sociatry and Psychiatry, Sociatry I, 1/1947, 9.
- **(1947)** Editorial: International Sociatry and the United Nations Organization, Sociatry I, 2/1947, 145-147.
- **(1947)** Fortschritt und Missverständnisse in der soziometrischen Theorie, Soziometrie als experimentelle Methode, 1981,169-174.
- **(1947)** Foundations of Sociatry, Sociatry I, 1/1947, 10-15.
- **(1947)** Note on ‚Models‘ of Reality, Sociatry I, 1/1947, 128.
- **(1947)** Note on the Spontaneity Theory of Birth, Sociatry I, 1/1947, 127.
- **(1947)** Offener Brief an Gruppenpsychotherapeuten , Hans-Werner Geßmann, Humanistisches Psychodrama III, 1994, 7-21. Original: Open Letter to Group Psychotherapists, Sociatry I, 1/1947, 16-30.
- **(1947)** Soziometrie und die Rollentheorie, Soziometrie als experimentelle Methode, 1981, 165-168.
- **(1947)** Soziometrie und Marxismus, Soziometrie als experimentelle Methode, 1981, 211-223.
- **(1947**) Tests mit anarchistischen, utopischen, demokratischen und sozialistischen Regierungsformen, Soziometrie als experimentelle Methode, 1981, 233-235.
- **(1947)** The Future of Man’s World, Beacon House Inc., Beacon N.Y. Zugleich: Psychodrama Monograph 21.
- **(1947)** zusammen mit Helen Hall Jennings, Sociometric Control Studies of Grouping and Regrouping, Sociometry Monographs 7, Beacon House Inc., Beacon N.Y.
- **(1948)** Discussion of ‘Group Psychotherapy: An Appraisal’, Paul H. Hoch, Failures in Psychiatric Treatment, 129-131.
- **(1948)** Editorial, Sociatry II, 1-2/1948, 5.
- **(1948)** Editorial: The Sociodrama of Mohandas Gandhi, Sociatry I, 4/1948, 357f.
- **(1948)** Experimental Theology, Sociatry II, 1-2/1948, 93-98. Auch: The Words of the Father, 1941, ²1971, 194-203.
- **(1948)** Forms of Psychodrama, Sociatry I, 4/1948, 447f.
- **(1948)** Gruppenpsychotherapie und soziale Kohäsion, Soziometrie als experimentelle Methode, 1981, 151-153.
- **(1948)** Psychodrama of a Marriage, Sociatry II, 1-2/1948, 121-169. Auch: Psychodrama III, 1969, 84-132. Dt.: Gruppenpsychotherapie und Psychodrama, 1959, ⁴1993, 150-184.
- **(1948)** Psychodrama of an Adolescent, Sociatry II, 1-2/1948, 7-26. Auch: Psychodrama III, 1969, 39-58. Dt.: Gruppenpsychotherapie und Psychodrama, 1959, ⁴1993, 203-220.
- **(1948)** Psychodrama und Gruppenpsychotherapie II, Soziometrie als experimentelle Methode, 1981, 149f.
- **(1948)** Sociology and Sociodrama, Sociatry II, 1-2/1948, 67f.
- **(1948)** Sociometric Planning of the International Congress on Mental Health, Preliminary Notes, Sociatry I, 4/1948, 361-365.
- **(1948)** Spontaneity Training and Experimental Theology, Sociatry II, 1-2/1948, 170f.
- **(1948)** The Three Branches of Sociometry: A Postscript, Sociometry XI, 1-2/1948, 121-128.
- **(1948)** The Triadic System, Psychodrama-Sociometry-Group Psychotherapy, Group Psychotherapy XXIII, 1-2/1970, 16.
- **(1948/1949)** Soziometrie und die experimentelle Methode, Soziometrie als experimentelle Methode, 51-80.

- **(1949)** Drei Dimensionen der Gesellschaft: Die äußere Gesellschaft, die soziometrische Matrix und die soziale Wirklichkeit, Soziometrie als experimentelle Methode, 1981, 175-182.
- **(1949)** Gegenüberstellung der Situationstests in der amerikanisch-britischen und in der deutschen Militärpsychologie, Soziometrie als experimentelle Methode, 1981, 247-258.
- **(1949)** Prolog zur Soziometrie, Soziometrie als experimentelle Methode, 1981, 19f.
- **(1949)** The Spontaneity Theory of Learning, Robert Bartlett Haas, Psychodrama and Sociodrama in American Education. Beacon House Inc., Beacon N.Y., 3-8. Auch: Sociatry II, 3-4/1948, 191-196.
- **(1949)** Ursprünge und Grundlagen der interpersonalen Theorie, Soziometrie und Mikrosoziologie, Soziometrie als experimentelle Methode, 1981, 261-279.
- **(1950)** Cradle of Group Psychotherapy, Group Psychotherapy III, 2-3/1950, 126-141.
- **(1950)** Group Psychotherapy, Theory and Practice, Group Psychotherapy III, 2-3/1950, 142-188.
- **(1950)** mit James M. Enneis. Hypnodrama and Psychodrama, Group Psychotherapy III, 1/1950, 1-10.
- **(1950)** Note as to the Possible Meaning of Group Psychotherapy for the People of the United States, Group Psychotherapy III, 2-3/1950, 256f.
- **(1950)** Note on Cohesion in Social Groups, Sociometry XIII, 2/1950, 176.
- **(1950)** Sociometric Theory of Leadership and Isolation in Who Shall Survive?, Sociometry XIII, 4/1950, 382f.
- **(1950)** The Ascendance of Group Psychotherapy and the Declining Influence of Psychoanalysis, Group Psychotherapy III, 2-3/1950, 121-125.
- **(1950)** The Sociometric Approach to Social Case Work, Sociometry XIII, 2/1950, 172-175.
- **(1951)** zusammen mit E. F. Borgatta, Ein Experiment mit Soziodrama und Soziometrie in der Industrie, Psychodrama und Soziometrie, 1989, 223-263.
- **(1951)** The Function of a Department of Human Relations Within the Structure of the Government of the United States, Group Psychotherapy III, 4/1951, 284-291. Auch: International Journal of Sociometry and Sociatry V, 1-2/1966, 3-10. Dt.: Die Soziometrie und ihre Anwendbarkeit auf die praktische Politik der Gegenwart, Karl Gustav Specht, Soziologische Forschung in unserer Zeit, FS Leopold von Wiese, Westdeutscher Verlag, Köln 1951, 158-170.
- **(1951)** The Situation of Group Psychotherapy, Group Psychotherapy III, 4/1951, 281-283.
- **(1952)** A Note on Sociometry and Group Dynamics, Sociometry XV, 3-4/1952, 364-366.
- **(1952)** Current Trends in Sociometry, Sociometry XV, 1-2/1952, 146-163.
- **(1952)** Psychodramatic Production Techniques, Group Psychotherapy IV, 4/1952, 243-273. Dt.: Psychodramatische Produktionsverfahren, Psychodrama und Soziometrie, 1989, 189-222.
- **(1952)** Some Misunderstandings in the Terminology of Group Psychotherapy and Psychodrama, Group Psychotherapy IV, 1-2/1952, 112f.
- **(1953)** How Kurt Lewin's 'Research Centre for Group Dynamics' Started and the Question of Paternity, Group Psychotherapy V, 1-3/1953, I-III.
- **(1953)** Sociodrama of a Family Conflict, Group Psychotherapy V, 1-3/1953, 20-37.
- **(1953)** Sociodramatic Approach to Minority Problems, Group Psychotherapy V, 1-3/1953, 7-19.
- **(1953)** Some Comments to the Trichotomy Tele-Transference-Empathy, Group Psychotherapy V, 1-3/1953, 87-90.
- **(1954)** Interpersonal Therapy, Group Psychotherapy and the Function of the Unconscious, Group Psychotherapy VII, 3-4/1954, 191-204. Auch: Psychodrama II, 1959, 45-58.
- **(1954)** Old and New Trends in Sociometry: Turning Points in Small Group Research, Sociometry XVII, 2/1954, 179-193.

- **(1954)** Psychodramatic Frustration Test, Group Psychotherapy VI, 3-4/1954, 137-167.
- **(1954)** Sociometry and Experimental Sociology, Sociometry XVII, 4/1954, 358-363.
- **(1954)** Transference, Countertransference and Tele: Their Relation to Group Research and Group Psychotherapy, Group Psychotherapy VII, 2/1954, 107-117, 326-333. Auch: Psychodrama II, 1959, 3-42.
- **(1955)** Crisis of the Hippocratic Oath, Group Psychotherapy VIII, 4/1955, 357.
- **(1955)** First Note on the Sociometric System, Sociometry XVIII, 1/1955, 88f.
- **(1955)** Preludes to my Autobiography. Introduction to Who Shall Survive?, Beacon House Inc., Beacon N.Y. 1955. Zugleich: Sociometry Monographs 34. Und: Who Shall Survive?, [2]1953, XIII-CVIII.
- **(1955)** The Significance of the Therapeutic Format and the Place of Acting out in Psychotherapy, Group Psychotherapy VIII, 1/1955, 7-19, 87-91. Auch: Psychodrama II, 1959, 91-103.
- **(1956)** American Culture-in-Transition, Sociometry and the Science of Man, 95-99. Auch: Sociometry XVIII, 4/1956, 351-355.
- **(1956)** Canon of Creativity, Sociometry and the Science of Man, 103f. Auch: Sociometry XVIII, 4/1956, 359f.
- **(1956)** Foreword, Group Psychotherapy IX, 3/1956, 177.
- **(1956)** Freud's Hundreth Birthday, Group Psychotherapy IX, 4/1956, 251.
- **(1956)** Johnny Psychodramatiker, Psychodrama und Soziometrie, 1989, 301-304.
- **(1956)** Philosophy of the Third Psychiatric Revolution, with Special Emphasis on Group Psychotherapy and Psychodrama, Frieda Fromm-Reichmann/Jacob Levy Moreno, Progress in Psychotherapy I, 24-53.
- **(1956)** Psychotherapy, Present and Future, Frieda Fromm-Reichmann/Jacob Levy Moreno, Progress in Psychotherapy I, 324-342.
- **(1956)** Sociometry and the Science of Man, Beacon House Inc., Beacon N.Y.
- **(1956)** System of Spontaneity-Creativity-Conserve, Sociometry and the Science of Man, 126-136. Auch: Sociometry XVIII, 4/1956, 382-392.
- **(1956)** The Birth of a New Era for Sociometry, Sociometry and the Science of Man, 1956, 5-12. Auch: Sociometry XVIII, 4/1956, 261-268.
- **(1956)** mit Zerka T. Moreno und Jonathan Moreno. The Discovery of the Spontaneous Man, Sociometry and the Science of Man, 155-182. Auch: Sociometry XVIII, 4/1956, 411-438. Auch: Group Psychotherapy VIII, 2/1955, 103-129, 168f. Auch: Psychodrama II, 1959, 135-162, 186f.
- **(1956)** The Sociometric School and the Science of Man, Sociometry and the Science of Man, 15-35. Auch: Sociometry XVIII, 4/1956, 271-291.
- **(1956)** Theory of Spontaneity-Creativity, Sociometry and the Science of Man, 105-118, Auch: Sociometry XVIII, 4/1956, 361-374.
- **(1956)** zusammen mit Florence Bridge Moreno, Spontaneity Theory of Child Development, Sociometry and the Science of Man, 137-155. Auch: Sociometry XVIII, 4/1956, 393-411. Auch: Sociometry VII, 1944, 89-128. Auch: Psychodrama I, 1946, [3]1964, 49-89.
- **(1957)** Code of Ethics of Group Psychotherapists, Group Psychotherapy X, 2/1957, 143f.
- **(1957)** Die epochale Bedeutung der Gruppenpsychotherapie, Robert Heiß/J. H. Schultz/Hans Zullinger, Zeitschrift für diagnostische Psychologie und Persönlichkeitsforschung V, Verlag Hans Huber, Bern 3-4/1957, 139-150.
- **(1957)** Globale Psychotherapie und Aussichten einer therapeutischen Weltordnung, Ferdinand Buer, Jahrbuch 1991, 11-44.

- **(1957)** Ontology of Group Formation. Group Training versus Group Therapy, Group Psychotherapy X, 4/1957, 346-348.
- **(1957)** Open Letter to all Group Psychotherapists, Group Psychotherapy X, 1/1957, 1f.
- **(1957)** Psychodrama of Adolf Hitler, International Journal of Sociometry and Sociatry I, 2-3/1957, 71-80. Auch: Psychodrama III, 1959, 191-200.
- **(1957)** Sputnik and the Psychodramatic Space Traveler, International Journal of Sociometry and Sociatry I, 4/1957, 193.
- **(1957)** The Psychodrama, Johnson E. Fairchild, Personal Problems & Psychological Frontiers, Sheridan House, N.Y., 276-285.
- **(1958)** Earliest Definitions of Group Psychotherapy, Group Psychotherapy XI, 4/1958, 361. Identisch oder unter dem Titel Definitions of Group Psychotherapy: Group Psychotherapy XII, 1/1959, 110. XII, 2/1959, 192. XII, 3/1959, 263. XII, 4/1959, 342. XIII, 1/1960, 56. XIII, 2/1960, 119. XIII, 3-4/1960, 230.
- **(1958)** Fundamental Rules and Techniques of Psychodrama, Jules H. Masserman/Jakob Levy Moreno, Progress in Psychotherapy III, 86-129. Dt.: Gruppenpsychotherapie und Psychodrama, 1959, ⁴1993, 290-317.
- **(1958)** On the History of Psychodrama, Group Psychotherapy XI, 3/1958, 257-260.
- **(1958)** Research Note on Transference and Tele, Group Psychotherapy XI, 4/1958, 362. Identisch und unter dem Titel Earliest Definitions of the Transference-Tele Relation: Group Psychotherapy XII, 1/1959, 111. XII, 2/1959, 193. XII, 3/1959, 264. XII, 4/1959, 343. XIII, 1/1960, 57. XIII, 2/1960, 119f. XIII, 3-4/1960, 230f.
- **(1958)** Rosemary Lippitt, a Portrait, Group Psychotherapy XI, 1/1958, 5.
- **(1959)** Concerning the Origin of the Terms Group Therapy and Group Psychotherapy, Group Psychotherapy XII, 3/1959, 265f. Auch: Group Psychotherapy XII, 4/1959, 344. XIII, 1/1960, 58f. XIII, 2/1960, 120f. XIII, 3-4/1960, 231f.
- **(1959)** Das Psychodrama. Mit einleitenden Anmerkungen über die Gruppenpsychotherapie. In: V. E. Frankl / V. E. Freiherr von Gebsattel / J. H. Schultz (Hg.). Handbuch der Neurosenlehre und Psychotherapie. München: Urban&Schwarzenberg. 312-319.
- **(1959)** Introduction, Group Psychotherapy XII, 2/1959, 123.
- **(1959)** Psychodrama of a Dream, Jules H. Masserman/Jacob Levy Moreno, Progress in Psychotherapy IV, 193-211. Auch: Fragments of the Psychodrama of a Dream, Group Psychotherapy III, 4/1951, 344-365. Dt.: Gruppenpsychotherapie und Psychodrama, 1959, ⁴1993, 253-275.
- **(1959)** Psychodrama, Silvano Arieti, American Handbook of Psychiatry, Basic Books, N.Y. ⁹1967, 1375-1395.
- **(1959)** The Current Climate of Social Psychotherapy, Jules H. Masserman/Jacob Levy Moreno, Progress in Psychotherapy IV, 1-31.
- **(1959)** The Sociometric System, Acta Psychologica XV, 623f.
- **(1960)** zusammen mit Zerka T. Moreno, An Objective Analysis of the Group Psychotherapy Movement, Group Psychotherapy XIII, 3-4/1960, 233-237.
- **(1960)** Creativity-Spontaneity-Cultural Conserves, The Sociometry Reader, 8-14.
- **(1960)** Political Prospects of Sociometry, International Journal of Sociometry and Sociatry II, 1/1960, 3-6.
- **(1960)** Psychiatric Encounter in Soviet Russia. Journey to Moscow and Leningrad, Jules H. Masserman/Jacob Levy Moreno, Progress in Psychotherapy V, 1-24. Auch: International Journal of Sociometry and Sociatry II, 1960, 63-87.

- **(1960)** Rolle, Petzold/Mathias, Rollenentwicklung und Identität, 1982, 259-266. Original: Role, The Sociometry Reader, 80-86.
- **(1960)** Social and Organic Unity of Mankind, The Sociometry Reader, 3-7. Dt. (fast identisch): Grundlagen der Soziometrie, 1954, 1996, 3-8.
- **(1960)** Sociogram and Sociomatrix, The Sociometry Reader, 236f.
- **(1960)** Creativity-Spontaneity-Cultural Conserve, The Sociometry Reader, 8-14.
- **(1960)** The Principle of Encounter, The Sociometry Reader, 15f.
- **(1960)** Tele: A Definition, The Sociometry Reader, 17f.
- **(1960)** The Social Atom: A Definition, The Sociometry Reader, 52-54.
- **(1960)** Theory of Interpersonal Networks, The Sociometry Reader, 67-79.
- **(1960)** zusammen mit Helen Hall Jennings, Statistics of Social Configurations, The Sociometry Reader, 19-51. Auch: Sociometry I, 3-4/1938, 342-374.
- **(1961)** Academy of Psychodrama and Group Psychotherapy, Group Psychotherapy XIV, 1-2/1961, 97-104.
- **(1961)** Das Rollenkonzept, eine Brücke zwischen Psychiatrie und Soziologie, Petzold/Mathias, Rollenentwicklung und Identität, 1982, 267-276. Original: The Role Concept, a Bridge between Psychiatry and Sociology, American Journal of Psychiatry 118/1961, 518-523.
- **(1961)** Group Oath, Group Psychotherapy XIV, 3-4/1961, 242.
- **(1961)** Interpersonal Therapy and Co-unconscious States, a Progress Report in Psychodramatic Theory, Group Psychotherapy XIV, 3-4/1961, 234-241.
- **(1961)** Note on Psychodrama of the Blind, Group Psychotherapy XIV, 1-2/1961, 54.
- **(1961)** Psychodrama and Sociodrama of Judaism and the Eichmann Trial, Group Psychotherapy XIV, 1-2/1961, 114-116.
- **(1961)** The 'Open Door' Policy in Mental Hospitals vs. the 'Closed Door' Policy in the Community, Group Psychotherapy XIV, 1-2/1961, 18f.
- **(1962)** Common Ground for all Group Psychotherapists. What is a Group Psychotherapist? International Group Psychotherapy I, 2/1962, 263f.
- **(1962)** Die einheitliche Rollentheorie und das Drama, Petzold/Mathias, Rollenentwicklung und Identität, 1982, 287-289. Original: The „United Role Theory" and the Drama, Group Psychotherapy XV, 3/1962, 253f.
- **(1962)** Rollentheorie und das Entstehen des Selbst, Petzold/Mathias, Rollenentwicklung und Identität, 1982, 291-293. Original: Role Theory and the Emergence of the Self, Group Psychotherapy XV, 2/1962, 114-116.
- **(1962)** The Group Psychotherapy Movement, Past, Present, and Future, Group Psychotherapy XV, 1/1962, 21-23.
- **(1962)** The Place of Group Psychotherapy, Psychodrama and Psychoanalysis in the Framework of Creativity and Destruction, Group Psychotherapy XV, 4/1962, 339-341.
- **(1963)** Common Ground for all Forms of Group Psychotherapy, International Group Psychotherapy I, 3/1963, 345-347.
- **(1963)** Genesis of Sociometry, International Journal of Sociometry and Sociatry III, 1-2/1963, 21-25.
- **(1963)** The Actual Trends in Group Psychotherapy, Group Psychotherapy XVI, 3/1963, 117-131.
- **(1963)** zusammen mit Zerka T. Moreno/Jonathan Moreno, The First Psychodramatic Family, Beacon House Inc., Beacon N.Y. Zugleich: Psychodrama and Group Psychotherapy Monographs 40. Auch: The First Psychodramatic Family, Group Psychotherapy XVI, 4/1963, 203-249.

Auch: New Moreno Legends, from the First Psychodramatic Family, Group Psychotherapy XVII, 1/1964, 1-35.

- **(1963)** unter Mitarbeit von Grete A. Leutz: Gedanken zu meiner Gruppenpsychotherapie, in: Ciba-Symposium 4. Wiederabdruck: Hilarion Petzold (Hg.), Dramatische Therapie. Neue Wege der Behandlung durch Psychodrama, Rollenspiel, Therapeutisches Theater, 1982, Hippokrates Verlag, Stuttgart, 70-79.
- **(1964)** Discussion of J. D. Sutherland´s Address, Recent Advances in the Understanding of Small Groups, Their Disorders and Treatment, International Journal of Sociometry and Sociatry IV, 1-2/1964, 56-59.
- **(1964)** Psychodrama of Murder, a Joint Trial of Lee Harvey Oswald and Jack Ruby, Group Psychotherapy XVII, 1/1964, 61f.
- **(1964)** zusammen mit Zerka T. Moreno/Jonathan Moreno, The First Psychodramatic Family, Beacon House Inc., Beacon N.Y. Auch: Group Psychotherapy XVI, 4/1963, 203-249. Zusammen mit: New Moreno Legends, from the First Psychodramatic Family, Group Psychotherapy XVII, 1/1964, 1-35.
- **(1964)** The Third Psychiatric Revolution and the Scope of Psychodrama, Group Psychotherapy XVII, 2-3/1964, 149-171.
- **(1964)** zusammen mit Zerka Toeman Moreno/Jonathan Moreno, Dialogue of the Bearer of Truth, The First Psychodramatic Family, 39-46.
- **(1965)** Psychodrama in Action, Group Psychotherapy XVIII, 1-2/1965, 87-117. Auch: Psychodrama III, 1969, 199-229.
- **(1965)** Therapeutic Vehicles and the Concept of Surplus Reality, Group Psychotherapy XVIII, 4/1965, 211-216.
- **(1966)** Die Psychiatrie des Zwanzigsten Jahrhunderts als Funktion der Universalia Zeit, Raum, Realität und Kosmos, Petzold, Angewandtes Psychodrama, 1978, [4]1993, 101-112, Übersetzung Leutz. Original: Psychiatry of the Twentieth Century: Function of the Universalia: Time, Space, Reality, and Cosmos, Group Psychotherapy XIX, 3-4/1966, 146-158.
- **(1966)** Letter to President Johnson, International Journal of Sociometry and Sociatry V, 1-2/1966, 70.
- **(1966)** Psychodrama of a Marriage, a Motion Picture, Group Psychotherapy XIX, 1-2/1966, 49-93. Auch: Psychodrama III, 1969, 133-177.
- **(1966)** Role Playing and Psychodrama in Politics: A Brief Note, International Journal of Sociometry and Sociatry V, 1-2/1966, 67-69.
- **(1966)** The Roots of Psychodrama. Autobiographical Notes: A Reply to Sarró, Group Psychotherapy XIX, 3-4/1966, 140-145. Auch: Psychodrama III, 1969, 24-29.
- **(1967)** Cervantes, Don Quixote and Psychodrama. Reply to Professor Francisco Garcia Valdecasas, Group Psychotherapy XX, 1-2/1967, 15-24.
- **(1967)** Preface, Group Psychotherapy XX, 3-4/1967, 109f.
- **(1968)** Address of the Honorary President of the Fourth International Congress of Group Psychotherapy, Group Psychotherapy XXI, 2-3/1968, 95f.
- **(1968)** Open Letter to the Members of the International Council of Group Psychotherapy, Group Psychotherapy XXI, 2-3/1968, 89f.
- **(1968)** Psychodrama and Sociatry, Abraham A. Roback, Present-Day Psychology. An Original Survey of Departments, Branches, Methods, and Phases, Including Clinical and Dynamic Psychology, Greenwood Press, N.Y., 680-686.
- **(1968)** The Validity of Psychodrama, Group Psychotherapy XXI, 1/1968, 3.

- **(1968)** Universal Peace in Our Time, Group Psychotherapy XXI, 2-3/1968, 175f. Auch: Psychodrama III, 1969, 7f.
- **(1969)** The Concept of the Here and Now, Hic et Nunc. Small Groups and Their Relation to Action Research, Group Psychotherapy XXII, 3-4/1969, 139f.
- **(1970)** Homo Juvenis, The Generation Gap, Group Psychotherapy XXIII, 3-4/1970, 79-83.
- **(1970)** Is God A Single Person? My First Encounter with A Muse of High Order, Zerka, Group Psychotherapy XXIII, 3-4/1970, 75-78. Auch: Ira A. Greenberg, Psychodrama. Theory and Therapy, Behavioral Publications, New York 1974, 213-217.
- **(1970)** What is Sociometry? Group Psychotherapy XXIII, 1-2/1970, 30.
- **(1970)** zusammen mit Zerka Toeman Moreno, Origins of Encounter and Encounter Groups, Psychodrama and Group Psychotherapy Monographs 45, Beacon House Inc., Beacon N.Y. 1970.
- **(1971)** Comments on Goethe and Psychodrama, Group Psychotherapy and Psychodrama XXIV, 1-2/1971, 14-16.
- **(1971)** Influence of the Theatre of Spontaneity upon the Modern Drama, Handbook of International Sociometry VI, 84-90. Auch: The Theatre of Spontaneity, ²1973, a-f.
- **(1971)** Jules Masserman's Psychiatric Odyssey, with Special Emphasis on Chapter Eleven, Psychodramatic Ventures and Misadventures, Group Psychotherapy and Psychodrama XXIV, 1-2/1971, 64-74.
- **(1971)** Opening Address, Sixth International Congress of Psychodrama, Amsterdam, Group Psychotherapy XXIV, 3-4/1971, 81-86.
- **(1972)** Das Psychodrama. Mit einleitenden Anmerkungen über die Gruppenpsychotherapie, Gustav Bally et al., Grundzüge der Neurosenlehre I, Urban & Schwarzenberg, München, 397-404.
- **(1972)** Eine religiöse Erfahrung, Psychodrama und Soziometrie, 1989, 300f.
- **(1972)** Gott spielen, Psychodrama und Soziometrie, 1989, 290f.
- **(1972)** The Religion of God-Father, Paul E. Johnson, Healer of the Mind, 197-215.
- **(1973)** The Magic Charter of Psychodrama, Group Psychotherapy XXV, 131.
- **(1974)** Psychodrama of Sam Slavson, Ira A. Greenberg, Psychodrama. Theory and Therapy, 273-276.
- **(1974)** The Creativity Theory of Personality: Spontaneity, Creativity, and Human Potentialities, Ira A. Greenberg, Psychodrama. Theory and Therapy, 73-84.
- **(1974)** The Viennese Origins of the Encounter Movement, Paving the Way for Existentialism, Group Psychotherapy and Psychodrama, Group Psychotherapy XXII, 1-2/1969, 7-16. Auch: Ira A. Greenberg, Psychodrama. Theory and Therapy, 253-265.
- **(1975)** Psychodrama, Alfred M. Freedman/Harold I. Kaplan/Benjamin J. Sadock, Comprehensive Textbook of Psychiatry - II, Williams & Wilkins Company, Baltimore, 1891-1909.
- **(1976)** zusammen mit Zerka T. Moreno, A Sociometric View of Recent History: The Rise and Fall of Leadership, Group Psychotherapy XXIX 1976, 63-69.
- **(1981)** Soziometrie der Kooperation (o.J.), Soziometrie als experimentelle Methode, 229-232.
- **(1981)** Soziometrie und die industrielle Revolution (o.J.), Soziometrie als experimentelle Methode, 225-227.
- **(1984)** To the Editor (o.J.), J. B. Rhine/J. G. Pratt/Betty M. Humphrey, The Journal of Parapsychology XII, 303.

Weitere verwendete Literatur

- Buer, Ferdinand (Hg.) (1991), Jahrbuch für Psychodrama, psychosoziale Praxis & Gesellschafts- politik 1991, Leske + Budrich, Opladen.
- Marineau, René F (1989). Jacob Levy Moreno 1889-1974. Father of psychodrama, sociometry, and group psychotherapy, Tavistock/Routledge: London/New York.
- Petzold, Hilarion (Hg.) (1977). Angewandtes Psychodrama, Junfermann, Paderborn.
- Petzold, Hilarion/Ulrike Mathias (1982). Rollenentwicklung und Identität. Von den Anfängen der Rollentheorie zum sozialpsychiatrischen Rollenkonzept Morenos, Junfermann, Paderborn.

Personen- und Namenregister

Sowohl im Personen- als auch im Sachregister finden sich nicht nur die Belegstellen für das angegebene Stichwort. Vielmehr finden sich Hinweise auf alle Textbelege, die für die Rekonstruktion eines Begriffs von Bedeutung sind.

Sachregister

Printed by Publishers' Graphics LLC